BERLIN. POLNISCHE PERSPEKTIVEN
19.–21. Jahrhundert

My, berlińczycy. Polen in der Entwicklung Berlins (18.–21. Jahrhundert)
Projekt des Zentrums für Historische Forschung Berlin
der Polnischen Akademie der Wissenschaften

ZENTRUM für HISTORISCHE FORSCHUNG BERLIN
der Polnischen Akademie der Wissenschaften
CENTRUM BADAŃ HISTORYCZNYCH
Polskiej Akademii Nauk w Berlinie

Dorota Danielewicz-Kerski, Maciej Górny (Hrsg.)

BERLIN. POLNISCHE PERSPEKTIVEN
19.–21. Jahrhundert

Deutsche Nationalbibliothek – CIP Einheitsaufnahme
Danielewicz-Kerski, Dorota/Górny, Maciej (Hrsg.):
Berlin. Polnische Perspektiven – 19.-21. Jahrhundert
1. Auflage – Berlin: Berlin Story Verlag 2008
ISBN 13: 978-3-929829-89-1
Alle Rechte vorbehalten.

Berlin Story Buchhandlung & Verlag 2008
Unter den Linden 26, 10117 Berlin
Tel.: (030) 20 45 38 42
Fax: (030) 20 45 38 41
www.BerlinStory.de
E-Mail: Service@BerlinStory.de

Redaktionelle Mitarbeit: Sabine Stekel
Umschlag und Grafische Gestaltung: Piktogram, Berlin (www.piktogram.com)

© Centrum Badań Historycznych Polskiej Akademii Nauk w Berlinie
www.panberlin.de

Veröffentlicht mit Unterstützung
des Ministerstwo Nauki i Szkolnictwa Wyższego Rzeczypospolitej Polskiej/
Ministeriums für Wissenschaft und Hochschulwesen der Republik Polen

INHALT

Editorische Notiz .... Seite 10

1. Basil Kerski, Polski Berlin .... Seite 16

2. Unterwegs in Berlin. Polnische Berlin-Besucher
Einleitung: Maciej Górny, „Mein Traum war es, nach Paris zu gelangen".
Berlin in den Augen von Polen im 19. uns 20. Jahrhundert .... Seite 34
- Józef Ignacy Kraszewski, Reiseblätter .... Seite 39
- Karol Libelt, An meine Ehefrau .... Seite 43
- Henryk Szuman, Erinnerungen an Berlin und Poznań .... Seite 45
- Bolesław Prus, Von meiner Berlinreise .... Seite 64
- Stanisław Stempowski, Erinnerungen .... Seite 68
- Stanisław Koszutski, Kampf der polnischen Jugend für grosse Ideale .... Seite 72
- Stanisław Grabski, Memoiren .... Seite 73
- Stanisław Wachowiak, Zeiten, die ich miterlebt habe .... Seite 84
- Józef Kostrzewski, Aus meinem Leben .... Seite 85
- Jerzy Stempowski, Berliner Merkur .... Seite 88
- Aleksander Wat, Mein Jahrhundert .... Seite 92
- Kira Gałczyńska, Die silberne Natalia .... Seite 96
- Wojciech Krzyżanowski, Konstanty Ildefons in Berlin .... Seite 99
- Antoni Sobański, Nachrichten aus Berlin .... Seite 101
- Maria Jehanne Wielopolska, Gefängnistage des Kommandanten. Danzig – Spandau – Magdeburg .... Seite 116
- Roman Wodzicki, Erinnerungen .... Seite 120
- Peregrinus, Die deutschen Städte heute .... Seite 134
- Józef Czapski, In Berlin über das vereinte Europa .... Seite 136
- Witold Gombrowicz, Das Tagebuch .... Seite 144

3. „Solch ein Weihnachtsfest hat man uns bereitet!" Polnische Häftlinge, Gefangene und Zwangsarbeiter
Einleitung: Andreas Mix, Stereotypen von langer Dauer. Deutsche Polenbilder .... Seite 158
- Karol Libelt, An meine Ehefrau .... Seite 164
- Natalis Sulerzyski, Erinnerungen .... Seite 165
- Karolina Lanckorońska, Mut ist angeboren .... Seite 177
- Ludomiła C. Szuwalska, Keine Minute für mich allein .... Seite 183
- Henryk Adamczewski, Fünf lange Jahre in Teltow .... Seite 196

4. „Die Rächer Warschaus auf den Trümmern Berlins".
   Die Polnische Armee im Kampf um die Reichshauptstadt
   Einleitung: Edmund Dmitrów, „Ihr seid solche Schurken..."
   Die Deutschen in den Augen der Eroberer .... Seite 210
   – Marian Brandys, Meine Abenteuer mit dem Militär .... Seite 216
   – Edmund Jan Osmańczyk, Es war 1945 .... Seite 230
   – Edmund Jan Osmańczyk, Bericht über die politische Lage in Berlin .... Seite 244
   – Leopold Marschak, Das heutige Berlin .... Seite 247

5. **„Erinnerungen eines gebürtigen Berliners". Polnische Berliner**
   Einleitung: Joanna Schallert, „Die Berliner Polonia".
   Polnische Zuwanderer im Wandel der Zeiten .... Seite 260
   – Maria Małgorzata z Radziwiłłów Franciszkowa Potocka, Erinnerungen ... Seite 264
   – Stanisław Przybyszewski, Aus der Ferne komm ich her...
   Erinnerungen an Berlin und Krakau .... Seite 288
   – Władysław Berkan, Autobiografie .... Seite 295
   – Wojciech Kossak, Erinnerungen .... Seite 312
   – Karol Rose, Berliner Erinnerungen .... Seite 323
   – Bronisław Abramowicz, Erinnerungen eines gebürtigen Berliners .... Seite 360
   – Antoni Nowak, Scouting – das polnische Pfadfinderwesen in Berlin 1912-1939 ... Seite 371
   – Edward Kmiecik, Haltestelle Berlin .... Seite 382
   – Edmund Jan Osmańczyk, Die Entstehung des „Rodło" .... Seite 388
   – Anatol Gotfryd, Der Himmel in den Pfützen.
   Ein Leben zwischen Galizien und dem Kurfürstendamm .... Seite 392
   – Viktoria Korb, Leben mit „68ern".
   Tagebuch aus dem Studentenhof Berlin-Schlachtensee 1969-1972 .... Seite 400
   – Leszek Szaruga, Kleine Berliner Narration .... Seite 408
   – Dorota Danielewicz-Kerski, 1981, Berlin .... Seite 414
   – Basil Kerski, Homer auf dem Potsdamer Platz. Ein Berliner Essay .... Seite 418

6. **Verzeichnisse**
   – Personenverzeichnis .... Seite 425
   – Berliner Ortsnamenregister .... Seite 440
   – Quellenverzeichnis .... Seite 446

EDITORISCHE NOTIZ

Der vorliegende Band entstand aus der Idee heraus, das Interesse einer breiteren deutschsprachigen Leserschaft für die polnische Wahrnehmung Berlins zu wecken sowie das Wissen um die Präsenz von Polen in der Spreemetropole zu vertiefen. Neben der Vielfalt der Erinnerungslandschaft polnischer Emigranten in Berlin soll unser Buch auch die Wahrnehmung der preußischen und später deutschen Hauptstadt durch polnische Reisende rekonstruieren. Der Band versammelt Texte polnischer Autoren über Berlin aus zwei Jahrhunderten, größtenteils Reportagen und Tagebuchnotizen, persönliche Zeugnisse also, die ohne literarische Ambitionen geschrieben wurden. Da wir uns auf künstlerisch unverfremdete Wahrnehmungen und Reflexionen konzentrieren wollten, haben wir auf polnische Prosatexte und Lyrik mit Berliner Motiven verzichtet.

Unser Buch entstand nicht in dem Bewusstsein, dass es ohne Polen keine multikulturelle Metropole Berlin gäbe oder gar dass Polen wichtigere Kulturträger als die anderen Einwanderergruppen seien. Nein, im Mittelpunkt unseres Interesses steht die Stadt, die jedem polnischen Betrachter ein besonderes Gesicht zeigt. Berlin steht im Zentrum aller hier versammelten Texte und nicht die persönlichen Erlebnisse der polnischen Autoren. Alle hier vorgestellten Zeugnisse spiegeln verschiedene Epochen des Leben der Spreemetropole wider. Wir wollten an Hand der ausgewählten Textfragmente die unterschiedlichen Lebens- und Arbeitsbedingungen, die Atmosphäre auf den Plätzen und in den Strassen Berlins, die Dynamik der historischen Umbrüche dokumentieren. Jeder Text spiegelt eine bestimmte Zeitspanne wider, repräsentiert ein besonderes Fragment der Berliner Geschichte. Unsere Auswahl konzentrierte sich nicht alleine auf polnische Erstveröffentlichungen, einige der Texte der Berliner Polen sind ursprünglich in deutscher Sprache geschrieben worden.

Unser Lesebuch haben wir nicht nach chronologischen Kriterien geordnet. Die Perspektiven und Rollen der Autoren charakterisieren die jeweiligen Kapitel. So besteht das erste Kapitel des Buches aus Erinnerungen von polnischen Reisenden, Journalisten, Wissenschaftlern und Politikern, die nur flüchtig Berlin besuchten, einen schnellen Eindruck von der Stadt bekamen und größtenteils Auftragsarbeiten (Zeitungsberichte und Reportagen) verfassten. Das zweite Kapitel versammelt Erinnerungen politischer Opfer des preußischen Obrigkeitsstaates und des NS-Terrorregimes, Zeugnisse von Häftlingen des 19. Jahrhunderts oder von NS-Zwangsarbeitern. Das dritte Kapitel umfasst Texte von Kriegs- und Nachkriegskorrespondenten, die als Teil der sowjetischen und der Moskautreuen polnischen Truppen an den Kämpfen um Berlin teilnahmen und nach der Kapitulation des Dritten Reiches das Leben im zerstörten Berlin beobachteten. Das vierte Kapitel ist das umfangreichste, es präsentiert Erinnerungen und Reflexionen von Polen, die sich in Berlin für einen längeren Zeitraum niederlassen mussten oder wollten, von Polen, für die Berlin zu einer neuen Heimat wurde. Unser Ordnungsprinzip kann dazu führen, dass die Texte eines Autors in verschiedenen Kapiteln vertreten sind und dass er quasi in verschiedenen Rollen auftaucht, mal als politischer Häftling und später als Reporter im offiziellen Auftrag.

Es ist uns bewusst, dass unser Ordnungsprinzip und die Auswahl der Textfragmente subjektiv sind. Gewiss könnte man die Texte in anderer Form gruppieren. Sicherlich schöpfen die vier ausgewählten Perspektiven nicht die Vielzahl der Aspekte der Beziehungen zwischen Polen und Berlin aus. Auch wenn unser Buch einen breiten Einblick in zweihundert Jahre polnischer Präsenz in Berlin bietet, so stellt es keinen Ersatz für eine konventionelle, wissenschaftlich edierte Quellensammlung dar, die leider zu unserem Thema bislang nicht erschienen ist. Eine solche Quellensammlung könnte sicherlich eine wichtige Grundlage für neue Forschungsarbeiten zur deutsch-polnischen Beziehungsgeschichte legen.

Jedes Kapitel des Buches wird von einem Essay eröffnet, dessen Aufgabe es ist, eine Perspektive zur Lektüre der ausgewählten Textfragmente vorzuschlagen. Es sind vier Problemkreise, die den thematischen Hintergrund für die einzelnen Kapitel bilden. Da ist zum einen das Thema der polnischen Stereotype von Deutschen beziehungsweise von Preußen in Zusammenhang mit Berlin und zum anderen das deutsche Stereotyp Polens sowie die deutsche Wahrnehmung des Ostens im 19. und 20 Jahrhundert. Weitere Schlüsselthemen sind der Einfluss des Zweiten Weltkrieges auf die gegenseitige Wahrnehmung sowie die Bedeutung von Migrationbewegungen für die Geschichte Polens und die der polnischen Einwanderer für die Geschichte Berlins. Innerhalb der einzelnen Kapitel wurden die Texte chronologisch geordnet, wobei wir uns hier an dem jeweils reflektierten historischen Zeitpunkt und nicht am Zeitpunkt der Erstveröffentlichung des Textes orientiert haben.

Den vier Kapiteln haben wir zudem einen einleitenden Essay vorangestellt, der nicht nur einen Überblick über die Geschichte der polnischen Einwanderungen in Berlin gibt, sondern auch auf wichtige Persönlichkeiten und Zeugnisse verweist, die in unseren Band nicht aufgenommen wurden.

Zu den einzelnen persönlichen Zeugnissen haben wir kurze biografische Informationen zusammengestellt. Leider ist es uns nicht bei allen Textes gelungen, ausreichende biografische Information über die Autoren zu rekonstruieren. In einzelnen Anmerkungen haben wir versucht, Personen und Zusammenhänge polnischer Geschichte, die dem deutschen Leser unbekannt sind, kurz zu erläutern. Die Fußnoten entsprechen dem populärwissenschaftlichen Charakter unseres Buches.

Die übersetzten Texte verfolgen die Regeln der neuen deutschen Rechtschreibung. Bei der Übersetzung der Ortsnamen haben wir uns nach dem zeitgenössischem Gebrauch orientiert, wobei einzelne Fälle, in denen ein zeitgenössischer deutscher Name auf Polnisch angegeben wurde – oder auch umgekehrt – ausdrücklich genannt werden.

Das vorliegende Lesebuch mit polnischen Zeugnissen über die Spreemetropole ist Teil eines größeren Projektes des Zentrums für Historische Forschung der Polnischen Akademie der Wissenschaften in Berlin, das unter dem Titel „My, berlińczycy! Polen Polen in der Entwicklung Berlins (18.- 21. Jh.)." realisiert wird. Das Projekt wurde vom Direktor des Zentrums Prof. Dr. Robert Traba initiiert und wird auch von ihm wissenschaftlich geleitet. Neben diesem Band umfasst das Projekt Seminare an der Freien Universität Berlin, in denen sich Studenten mit polnischen Erinnerungsorten in Berlin auseinandersetzen, sowie mehrere zusammengehörende Publikationen. Im Mittelpunkt des Projekts steht aber eine Ausstellung über die Geschichte der polnischen Einwanderung in Berlin. Diese Ausstellung soll voraussichtlich im Frühjahr 2009 im Berliner Ephraimpalais eröffnet werden.

Dieser Band wäre ohne die Hilfe von vielen Personen nicht entstanden. Der Dank der Herausgeber gilt vor allem Robert Traba, der nicht nur das gesamte Projekt leitet, sondern auch in seiner Funktion als Gründungsdirektor das erst 2006 gegründete polnische Zentrum für Historische Forschung in die Berliner und gesamtdeutsche Forschungs- und Kulturlandschaft zu verwurzeln versucht. Joanna Schallert hat uns als Koordinatorin des Gesamtprojekts in organisatorischen Fragen bei der Realisierung des Buchprojekts geholfen. Unser Praktikant, Łukasz Jackiewicz führte u. A. eine umfangreiche Korrespondenz mit allen Rechteinhabern, die wir identifizieren konnten. Sabine Stekel hat uns bei der sprachlichen Bearbeitung der Übersetzungen unterstützt und die beiden Register erstellt. Herr Prof. Tomasz Szarota hat uns wichtiges Bildmaterial zur Verfügung gestellt und mit konstruktiven Bemerkungen unsere Arbeit begleitet. Jerzy Kochanowski lieferte uns einen Bericht des Kriegskorrespondenten Edmund Osmańczyk aus dem Warschauer „Archiv neuer Akten" (Archiwum Akt Nowych). Unser Dank geht auch an die Übersetzerinnen und Übersetzern Ingo Eser, Gerhard Gnauck, Agnieszka Grzybkowska, Ruth Henning, Markus Krzoska, Olaf Kühl und Isabella Such. Unser Respekt und unsere Dankbarkeit gelten auch den Übersetzern, deren Arbeiten bereits vor dem Beginn unseres Projekts vorlagen und auf die wir zurückgreifen konnten. Schließlich möchten wir uns auch bei unseren Grafikerinnen Rita Fuhrmann und Joanna Wawrzyniak für die gute Zusammenarbeit bedanken. Den Lesern unseres Buches wünschen wir eine anregende Lektüre.

Maciej Górny und Dorota Danielewicz-Kerski

B E R L I N

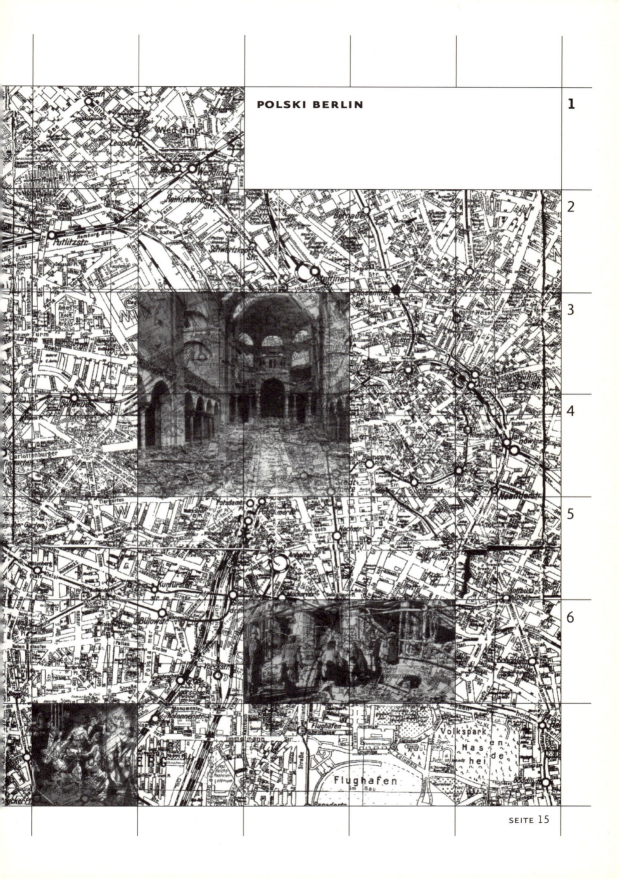

POLSKI BERLIN

BASIL KERSKI
POLSKI BERLIN[1]

Berlin ist eine Metropole mit einer langen und vielfältigen Einwanderungsgeschichte. Zentrale Baudenkmäler der Stadt, wie der Französische Dom am Gendarmenmarkt, die Neue Synagoge in der Oranienburger Straße oder die russisch-orthodoxe Kirche am Hohenzollerndamm sind bekannte Zeugnisse weit in die Vergangenheit der Spreemetropole reichender Zuwanderungen. In den Westberliner Stadtteilen Kreuzberg, Wedding und Neukölln ist der kulturelle Einfluss der modernen Gastarbeiterwellen aus Südeuropa unübersehbar. 200.000 Türken leben an der Spree, Berlin ist heute eine bedeutende türkische Kulturmetropole. Trotz mancher Konflikte zwischen den Religionen und Kulturen sowie Misserfolgen der Integration, werben die politischen Eliten Berlins gerne mit dem farbigen, multiethnischen Charakter der Stadt. Deutsche mit Migrationshintergrund treten auf der politischen und kulturellen Bühne der Stadt immer stärker in Erscheinung. Die Stadt feiert sich als kosmopolitische Metropole von Weltrang und verweist auf ihre reiche Multikulti-Geschichte.

In der Berliner Ausländerstatistik stehen Polen mit offiziell 43.000 angemeldeten Personen an zweiter Stelle hinter den Türken. Polen repräsentieren somit die größte EU-Staatsbürgergruppe in der deutschen Hauptstadt. Rechnet man zu diesen Zahlen noch polnische Einwanderer mit deutschem Pass, so verwundert es nicht, dass manche Experten polnischsprachige Berliner auf über 100.000 schätzen. Polen in Berlin – das ist eine sozial heterogene Gruppe von Menschen, die alle Berufs- und Gesellschaftsgruppen widerspiegelt, Künstler und Köche, Prostituierte und Unternehmer, Obdachlose und Handwerker, Studenten, Wissenschaftler, Ärzte, Krankenschwestern und Arbeiter. Es ist eine Gruppe von Menschen mit unterschiedlichen Migrationsbiographien, die zu unterschiedlichen Zeiten nach Berlin gekommen sind. Polnischsprachige Bürger sind über alle Berliner Stadtteile zestreut und bilden keine Ghettos. Die Nähe zur Grenze lässt kaum Heimweh aufkommen und ermöglicht regelmäßigen Kontakt zu polnischen Freunden und Verwandten. Die meisten Polen haben sich an der Spree gut eingerichtet, sie leben zurückgezogen, engagieren sich kaum in polnischen Vereinen, haben keine einflussreichen Interessengruppen aufgebaut. Sie fallen kaum auf, werden in Berlin kaum wahrgenommen. Sie sind da, doch die meisten sind nicht präsent.

Berliner Palimpsest

Zwar ist den meisten Berlinern bekannt, dass ihre Heimatstadt traditionell seit Jahrhunderten ein wichtiges Migrationsziel für Menschen aus Mittel- und Osteuropa war, so ist die polnische Einwanderung ein großer, weißer Fleck im kulturellen Bewusstsein der Berliner. Nur wenige kennen Namen von prominenten polnischen Einwanderern, kaum jemand kann einen Ort oder ein Gebäude nennen, die symbolisch für diese Enwanderung stehen würden. In der Vorstellungskraft der deutschsprachigen Berliner sind Polen meistens

---

1   Der Autor dieses Essays dankt ganz herzlich Dorota Danielewicz-Kerski, Christian Schröter und Prof. Robert Traba für ihre Anregungen und Kommentare.

eine große, graue Masse von Gast-, Saison und Zwangarbeitern. In der Dauerausstellung des Berliner Märkischen Museums sind keine polnischen Spuren zu entdecken. Auch ist in Berlin noch keine Gesamtdarstellung polnischer Einwandungsgeschichte erschienen. Vor allem Russen, darunter Namen solcher Legenden wie Nabokov, Pasternak oder Zwetajewa repräsentieren das slawische Element Berlins, Charlottengrad ist weit über die Grenzen Berlins ein Mythos, der die polnischen Spuren Berlins überschattet.

Wer jedoch den Berliner Palimpsest genauer untersucht, entdeckt unter seinen Schichten faszinierende und unerwartete polnische Spuren. Schauen wir uns zum Beispiel eine frühe Aufnahme der Siegessäule von 1878 an, die im heutigen Berliner Landesarchiv zu finden ist.[2] Die Perspektive auf das Berliner Wahrzeichen ist in doppelter Weise für heutige Betrachter ungewöhnlich. Das Bild zeigt das Denkmal der Vereinigungskrieges an seiner ursprünglichen Stelle auf dem damaligen Königsplatz, dem heutigen Platz der Republik, und nicht mitten nicht im Tiergarten. Die Säule wurde von Hitlers Baumeister Albert Speer im Zuge der Realisierung der größenwahnsinnigen Germania-Pläne aus dem Vorplatz des Reichstages in das Zentrum des Tiergartens umgestellt. Die sollte Bestandteil einer neuen, breiten Ost-West-Achse sein. Für den Betrachter ist es ungewöhnlich, dass auf der Abbildung der Siegessäule und des Königsplatzes der Reichstag fehlt. Doch das Grundstück des späteren Reichstagsgebäudes ist auf dem Foto nicht ungebaut. An der östlichen Seite des Königsplatzes ist ein spätklasssizistisches Gebäude zu erkennen. Es ist das Palais des polnisch-preußischen Grafen Athanasius Raczyński. Nach seinem Tod 1874 erwarb das Deutsche Reich das repräsentative Gebäude, um es abzutragen und auf dieser Stelle Berlins das Reichtsagsgebäude zu bauen. Das vor der Siegessäule stehende Raczynski-Palais spielte in der Kulturgeschichte Berlins im 19. Jahrhundert bedeutende Rolle. Zwischen 1847 und 1874 beherbergte das Gebäude eine private Bildergalerie des Grafen, die zu den größten öffentlichen Kunstsammlungen an der Spree zählte. Graf Raczyński war ein bekannter Kunstsammler, Mäzen und Kunstkritiker.[3]

Der Name Raczyński hat in den polnischen Ohren einen besonders positiven Klang. Eine der großen politischen Gestalten des 20. Jahrhunderts Polens war der 1993 in London verstorbene Exilpräsident Edward Raczyński, der während des Zweiten Weltkrieges als Polens Botschafter in London und Außenminister eine herausragende Rolle spielte. An das Mäzenatentum der Familie erinnert heute noch mitten in Posen die von dem Bruder des Grafen Athanasius, Edward, gestitetete Raczyński-Bibliothek, ein klassizistisches Wahrzeichen der großpolnischen Hauptstadt.

---

2 *Diese frühe Aufnahme der Siegessäule wurde in dem folgenden Buch veröffentlicht: Felix Escher / Jürgen Vietig, Deutsche und Polen. Eine Chronik, Berlin 2002, S. 94.*

3 *Vgl. Konstanty Kalinowski / Christoph Heilmann (Hrsg.), Sammlung Graf Raczynski. Malerei der Spätromantik aus dem Nationalmuseum Poznań, München 1992.*

Nach der endgültigen Zerschlagung der polnischen Adelsrepublik Ende des 18. Jahrhunderts wurden die Raczyńskis und andere polnische Adelsgeschlechter zu Untertanen des preußischen Königs. Über die Hälfte Preußens bestand nach der dritten Teilung Polens aus ehemals polnischen Territorien, Preußen wurde de facto zum Zweinationenstaat, Berlin zum politischen Zentrum für einen großen Teil Polens, polnische Hochadelsgeschlechter, wie die Raczyńskis und Radziwills siedelten sich in der Spreemetropole an.

Zwar traten die in Preußen ansässigen polnischen Hochadelsgeschlechter im 19. Jahrhundert für die Pflege der polnischen kulturellen Identität ein, als Konservative und königstreue Aristrokraten lehnten sie unter dem Eindruck der Französischen Revolution stehend, jegliche revolutionäre Veränderungen in Europa ab und betonten ihre Loyalitäten gegenüber Preußen. Auf der Basis einer engen Zusammenarbeit mit Preußen erhofften sie größtmögliche Autonomie für die polnischen Gebiete. Einige Vertreter des polnischen Hochadels konnten sogar wichtige politische Ämter einnehmen. Athanasius Raczyński etwa war von 1841 bis 1852 als preußischer Gesandter in Lissabon und Madrid tätig. Seine Leidenschaft galt jedoch nicht der Diplomatie, sondern der Kunst. Bevor er an den Königsplatz zog, wohnte er in einem Palais Unter den Linden 21. Mit Hilfe Schinkels baute er das dortige Palais um und errichtete seine erste, öffentlich zugängliche Galerie. Die Sammlung Raczyński, die neben älteren italienischen und holländischen Kunstwerken, vor allem deutsche Gegenwartskunst beherbergte, wurde schnell über die Stadtgrenzen bekannt. In der von ihm verfassten Geschichte der neueren deutschen Kunst erklärte Raczyński die Beweggründe für seine Sammelleidenschaft mit folgenden Worten: „Ein Museum ist ein Tempel des Geschmacks. Es braucht weder vollständig noch nach der Zeitfolge geordnet zu sein, zumal wenn beides nur auf Kosten des Geschmacks bewerkstelligt werden kann. Mir scheint der Hauptzweck einer Galerie zu sein, denjenigen, welche Geschmack haben, Vergnügen zu machen, und denen, die desselben entbehren, diese Gabe zu entwickeln, und bei denen die bereits in ihrem Besitze sind, den Geschmack in Übung zu erhalten."[4] Vor allem die von Raczyński erworbenen Bilder von Nazarener und Spätromantiker trugen einen neuen Ton in die Berliner Bilderlandschaft. Nach dem Tod von Athanasius Raczyński wurden die Bilder seiner Sammlung Teil der neu geöffneten Nationalgalerie. 1903 wurde schließlich die Sammlung nach Posen übergeben. Botticellis „Madonna mit singenden Engeln", das berühmteste Bild der Raczyński-Sammlung, blieb jedoch in Berlin.

Radziwill-Palais in der Wilhelmstrasse

Ein anderes polnisches Hochadelsgeschlecht, das in der Berliner Geschichte des 19. Jahrhunderts eine bedeutende Rolle spielte, waren die Radziwiłłs. Wer ihre Spur in Berlin verfolgt, gelangt an zentrale Stellen der Stadt und entdeckt verschüttete deutsch-polnische Verbindungen. Der aus dem polnisch-litauischen Magnatengeschlecht stammende Fürst Anton Heinrich heiratete Ende des 18. Jahrhunderts die Hohenzollerprinzessin Luise von Preußen. Das Paar wählte Berlin zu seinem Lebensmittelpunkt und erwarb 1796 in der Wilhelmstraße 77, der heutigen Nummer 93, ein von der Familie Schulenburg erbautes barockes Palais.[5] Anton Radziwiłł war ein musischer Aristokrat, ein begabter Sänger und Cello-Solist. Als Komponist trat er

---

4   Athanasius Raczynski, Geschichte der neueren deutschen Kunst, III. Band, Berlin 1842, S. 18-19.
5   Vgl. Laurenz Demps, Berlin-Wilhelmstraße. Eine Topographie preußisch-deutscher Macht, Berlin 1994, S. 63-66 und S. 79-81.

mit der Vertonung von Goethes „Faust" hervor. Das Werk wurde 1810 in der Berliner Singakademie mit großem Erfolg aufgeführt. Zahlreiche renommierte Künstler, wie Frédéric Chopin, der im Berliner Radziwill-Palais seine Etüden und Walzer vortrug, zählten zu den Freunden der Familie. Unter dem Fürstenpaar Anton und Luise wurde das Radziwill-Palais zu einem künstlerischen Mittelpunkt Berlins. Die in der Wilhelmstrasse veranstalteten Gesellschaften boten nach 1810 Ersatz für das kulturelle Leben am königlichen Hof, der nach dem Tod der Königin Luise immer mehr vereinsamt war. Wer im Berliner Geistesleben etwas galt oder gelten wollte, kam in das Radziwill-Palais. Aufgrund des katholischen Glaubens von Anton Radziwill war sein Haus auch ein Zentrum des Katholizismus im protestantischen Berlin. Obwohl Radziwills Frau nach dem Tode von Königin Luise eine wichtige Rolle am Hofe, unter anderem bei der Erziehung der verwaisten Königskinder, spielte, musste die Familie wegen der polnischen Herkunft des Fürsten und seinem katholischen Glauben Vorbehalte hinnehmen. Deutlich zu spüren bekam dies die Familie Radziwill, als sich Prinz Friedrich Wilhelm, der Sohn des Preußen-Königs Friedrich Wilhelm II. in Elisabeth Radziwill verliebte. Die Liaison wurde in Berlin zu einem politischen Streitthema. Preußische Hochadlige warfen offen die Frage auf, ob man Elisabeths Vater, einem polnischen Fürsten trauen könne, ob die „polnischen Angelegenheiten" nicht durch eine deutsch-polnische Verbindung im Königshaus eine neue Richtung erhielten. Hofjuristen warfen zudem die Frage der Ebenbürtigkeit der Familien auf. Ein langer Rechtsstreit begann, an dessen Ende ein vom Hof bestelltes Gutachten die Unebenbürtigkeit des Hauses Radziwill mit dem Hause Hohenzollern feststellte. Prinz Friedrich Wilhelm verzichtete auf eine Verbindung mit Elisabeth. Diese Ehe hätte für ihn den Verzicht auf Thronfolge bedeutet. Am preußischen Hof hatte sich damit erneut die Ansicht durchgesetzt, dass nur die Töchter aus den regierenden Fürstenhäusern sowie der reichsständischen Landesherren für ebenbürtige gelten konnten. Eine wichtige Chance wurde verpasst, ein positives Signal an den polnischen Adel zu senden, Preußen eine deutsch-polnische Identität zu geben.

Die unglückliche, polnisch-preußische Romanze inspirierte in den 30er-Jahren NS-Drehbuchautoren zu einem Liebesfilm. Schließlich war der verliebte Prinz Wilhelm nicht irgendein Hohenzoller der zweiten Reihe, sondern nach 1861 preußischer König und 1871 Kaiser des Reiches. 1938 wurde der Film unter dem Titel „Preußische Liebesgeschichte" mit den Ufa-Stars Willy Fritsch und Lída Baarová in den Hauptrollen uraufgeführt. Doch nachdem die Goebbels-Geliebte gezwungen wurde, ihre Liaison mit dem Propagandaminister zu beenden, wurde sie zur unerwünschten Person im NS-Film erklärt, die „Preußische Liebesgeschichte" verschwand in den UFA-Archiven. Erst Mitte der fünfziger Jahre wurde die Liebesromanze in den westdeutschen Kinos gezeigt.

Auch nach dem Tode des musischen Fürsten Anton spielten die Radziwills eine bedeutende Rolle in Berlin. Der 1833 geborene Enkel Antons, Wilhelm Anton, zählte als Adjutant vom König Wilhelm I., dem späteren ersten Kaiser zu den einflussreichsten politischen Gestalten in Preußen. Als Offizier nahm er an den Vereinigungskriegen teil, er verfügte über weitreichende politische Beziehungen in Preußen, sein Salon zählte zu den exklusivsten in Berlin. Dank seiner Vermittlung konnten sich die prominenten polnischen Maler Julian Fałat und Wojciech Kossak am Hof Kaiser Wilhelm II. etablieren.

Das Palais in der Wilhelmstraße gaben die Radziwiłłs 1875 auf, die Wilhelmstrasse 77 sollte für lange Zeit eine der wichtigsten Adressen in Berlin bleiben. Das Deutsche Reich erwarb das Gebäude von den Radziwiłłs, um es zur Arbeits- und Wohnstätte des Reichkanzlers umzubauen. Bis 1890 lebte und wirkte hier Otto von Bismarck. Im Festsaal des Gebäudes fand 1878 der Berliner Kongress zur Regelung der Balkanprobleme statt, bei dem Bismarck die Vorreiterrolle übernahm. Von 1934 bis 1939 waren hier die Wohn- und Arbeitsräume von Adolf Hitler. Im Garten des ehemaligen Radziwill-Palais entstand während des Krieges ein großer Luftschutzbunker für den Diktator. Heute stehen an der Stelle der Alten Reichskanzlei und ehemaligen Radziwill-Sitzes DDR-Blockbauten, die unmittelbar vor dem Mauerfall entstanden. Eine Glastafel erinnert am Straßenrand an die Alte Reichskanzlei und das Schulenburg-Palais, die polnisch-preußischen Radziwiłłs bleiben jedoch unerwähnt.

Preußens Polen-Politik

Zwar können anhand der Familiengeschichte der Raczyńskis und Radziwiłłs bedeutende kulturelle und politische Verbindungen zwischen Polen und Preußen in Berlin aufgezeigt werden, doch in den über hundert Jahren der Teilung Polens hat es die preußische Politik nicht verstanden, die Mehrheit der polnischen Staatsbürger nachhaltig mit Preußen zu versöhnen. Das bedeutet jedoch nicht, dass es in Preußen keine Phasen der selbstkritischen Reflexion der politischen Eliten über Berlins Polen-Politik gegeben hat. Nach der siegreichen Beendigung der antinapoleonischen Freiheitskriege (1812/13) zeigte sich etwa die Regierung Friedrich Wilhelms III. durchaus bereit, die kompromisslose Polenpolitik zu revidieren. Der König versicherte im Mai 1815 seinen polnischen Untertanen, sie müssten ihre „Nationalität" nicht verleugnen. Ein Großherzogtum Posen entstand, in dem der König Anton Radziwiłł zum Statthalter berief. Dem polnischsprachigen Herzogtum wurde eine Verfassung und weitgehende Autonomie versprochen.

Doch diese tolerante Politik wurde schon 1830 aufgegeben, als sich Preußen verpflichtet fühlte, Russland bei der Niederschlagung eines polnischen Aufstandes zu helfen. Der neue Oberpräsident der Provinz Posen, Eduard von Flottwell, betrieb eine Politik, die darauf ausgerichtet war, eine „Vereinigung beider Nationalitäten" durch eine gezielte Förderung der „deutschen Kultur" zu erreichen. Flottwell wurde 1841 abgelöst, und König Friedrich Wilhelm IV. versicherte 1841 den polnischen Vertretern des Posener Landtages, dass der „Gegensatz der Namen Polen und Deutsche (…) seinen Vereinigungspunkt (…) in dem Namen Preußen" finde, dem Deutsche und Polen als gleichberechtigte Staatsbürger angehören sollten. Doch dieses Bekenntnis zum übernationalen Charakter des preußischen Staates war durch die vorausgegangene und die nachfolgende germanisierende Tendenz der preußischen Polenpolitik unglaubwürdig geworden. Preußen verlor die Unterstützung und Loyalität seiner Staatsbürger polnischer Nation.

In den dreißiger und vierziger Jahren des 19. Jahrhunderts lagen in der Frage der Polenpolitik der Preußenkönig und die Mehrheit der öffentlichen Meinung noch weit auseinander. Mit großer Sympathie verfolgten Bürgerliche und Liberale im gesamten deutschprachigen Raum den polnischen Aufstand 1830-1831 gegen das zaristische Russland. Als der Aufstand niedergeschlagen wurde und Tausende polnische Freiheitskämpfer Richtung Westen ins Exil zogen, wurden Sie in den deutschen Landen begeistert aufgenommen. Spontan gründeten sich Polenvereine mit dem Ziel der Unterstützung der polnischen Unabhängigkeitsbewegung. Eine Polenbegeisterung großen Ausmaßes erfasste das deutsche Bürgertum.

Die deutsche Polensympathie wurde auch 1848 während der März-Revolution in Berlin sichtbar. Zu den spektakulärsten Ereignissen der Revolte gehörte die Befreiung polnischer politischer Gefangener, darunter Ludwik Mierosławski, aus dem Moabiter Gefängnis am 20. März 1848. Mierosławski, der Che Guevara der damaligen Zeit, und andere Freiheitskämpfer warteten in Moabit auf die Vollstreckung des Todesurteils, das 1847 in einem großen öffentlichen Prozess ausgesprochen wurde. Mierosławski und seine Mitkämpfer nutzen den Berliner Polen-Prozess von 1847, um ihre patriotischen Ziele mit Leidenschaft vorzutragen. Der Prozess stieß auf aufmerksames Pressecho.[6]

Nach der Befreiung zog Mierosławski mit polnischen und deutschen Fahnen unter dem Beifall der Berliner durch die Innenstadt. Vom Balkon der Berliner Universität richtete er an die deutschen Revolutionäre einen Appell, sich gemeinsam gegen das absolutistische Russland zu wenden. König Friedrich Wilhelm IV. empfing die freigelassenen Polen gar zu einer Audienz.

Doch die deutsche Polenbegeisterung hielt nicht lange. Um die territoriale Integrität Preußens nicht zu gefährden, distanzierten sich schon bald liberale deutsche Bürger von den polnischen Freiheitsbstrebungen, das Posener Gebiet sollte preußisch bleiben. Die Debatten der Deutschen Konstituierenden Nationalversammlung in der Frankfurter Paulskirche vom Sommer 1848 zeigten diese politische Wende ganz deutlich. Antipolnische Haltungen dominierten, die Abgeordneten sprachen sich mehrheitlich für die Einbeziehung des Großherzogtums Posen in den Deutschen Bund. Mit der offenen Unterstützung der deutschen Liberalen verschärfte Preußen nun seine Bemühungen, den „Polonismus" zu bekämpfen, weil dieser, wie sich der Oberpräsident Eugen von Puttkamer 1851 ausdrückte, ein „feindliches Element" sei, das man zwar nicht „ausrotten", aber auch nicht „versöhnen" könne.

Nachdem bereits 1873 Deutsch zur alleinigen Unterrichtssprache in der Provinz Posen erklärt worden war – nur der Religionsunterricht durfte zunächst noch in der polnischen Muttersprache der Kinder erteilt werden –, wurde 1876 bestimmt, dass bei Behörden nur die deutsche Sprache zu benutzen sei. 1886 wurde durch das „Gesetz betreffend die Beförderung deutscher Ansiedlungen in den Provinzen Westpreußen und Posen" vom Staat 100 Millionen Mark zur Verfügung gestellt, um polnischen Grundbesitz aufzukaufen und zu günstigen Konditionen an deutsche Bauern zu verteilen. Eine 1908 verabschiedete Novelle zu diesem Ansiedlungsgesetz sah sogar unter gewissen Umständen die Enteignung von polnischen Gütern vor.

Mit der antipolnischen Politik gewann Preußen zwar die Zustimmung der deutschen Liberalen, die den „deutschen Beruf" des Staates, der sich anschickte, eine Vormachtstellung in Deutschland zu erringen, anerkannten und feierten, dafür verlor Preußen jedoch die Unterstützung und Loyalität polnischer Bürger, die allenfalls Preußen, aber niemals Deutsch sein wollten. Zugunsten seiner „deutschen Sendung" verzichtete Preußen auf seine ursprüngliche und wegen des Vorhandenseins der polnischen Minderheit auch notwendige transnationale Stellung und Struktur.

Interessant ist, dass selbst die von Bismarck bekämpfte deutsche Arbeiterbewegung trotz der von ihr propagierten Freiheitsideen die polnische Unabhängigkeitsbewegung kaum unterstützt hat. Nach Ansicht des Preußenhistorikers Rudolf von Thadden, eines aktiven Sozialdemokraten, konnten Polen nur begrenzt auf die SPD setzen, denn diese sei typisch deutsch gewesen: „Sie (die SPD, Anmerkung B.K.) war im Unter-

---

6 Daniela Fuchs, *Der große Polenprozeß von 1847 in Berlin*, Berlin 1998.

schied zur Parteienwelt des französischen Sozialismus straff und zentralistisch organisiert und hatte wenig Sinn für Minderheiten. Bebel war ein linker Bismarck."[7] Auch die aus Polen stammende Protagonistin der deutschen Arbeiterbewegung, die in Zamość geborene Rosa Luxemburg hielt die polnische Frage für nicht zeitgemäß und zog die Emanzipation des Proletariats der nationalen Emanzipation Polens vor.

Parallel zum Prozess der Zuspitzung des deutsch-polnischen Konfliktes in Preußen, wurde die kulturelle und politische Autonomie der Polen im von Österreich besetzen Teil der untergegangenen Adelsrepublik erweitert. Auf die Niederlage im österreichisch-preußischen Krieg von 1866 reagierte Wien nicht nur mit einer Vergrößerung der ungarischen Autonomie, auch in Galizien wurden die kulturellen und politischen Freiheiten für Polen erweitert. 1869 wurde Polnisch zur Amtssprache, 1871 wurde ein Minister für Galizien ernannt, die Universitäten in Krakau un Lemberg wurden polonisiert und eine Akademie der Wissenschaften in Krakau errichtet, die die polnische Wissenschaft recht bald zu einer international anerkannten Blüte verhalf. Auch der polnische Adel wurde in Österreich anders behandelt als in Bismarcks Preußen. Polen stellten verschiedene Minister in Wien, zweimal den Ministerpräsidenten. Galizien entwickelte sich zum politischen und kultrellen Mittelpunkt der Polen vor dem Ersten Weltkrieg, stellte die preußisch besetzten Provinzen in den Schatten. Wien, Krakau, Lemberg und Prag waren für Polen attraktivere Kultur- und Wissenschftsmetropolen als Berlin.

Größte polnische Stadt in Preußen

Trotz des sich in der zweiten Hälfte des 19. und zu Beginn des 20. Jahrhunderts zunehmend verschlechternden politischen Klimas zwischen Deutschen und Polen, wuchs mit dem Wirtschftsboom nach 1890 und der zunehmenden Industrialisierung Preußens die Zuwanderung von polnischprechenden Menschen nach Berlin. Die Berliner Hochschulen blieben attraktive Ausbildungsorte für polnische Akademiker aus dem Posener und dem pommerschen Raum. Unter den Berliner Hoschulabsolventen und Dozenten finden sich vor 1914 zahlreiche bedeutende Polen, wie zum Beispiel die Slawisten Wojciech Cybulski und Aleksander Brückner. Mit einer in deutscher Sprache verfassten Studie über Nietzsche und Chopin begann in Berlin Ende des 19. Jahrhunderts auch die stürmische Karriere des polnisch-deutschen Schrifstellers Stanisław Przybyszewski. Doch die polnische Kolonie bestand hauptsächlich aus Arbeitern. Sie spielten eine beträchtliche Rolle beim Aufbau der modernen Infrastruktur der Stadt, beim Bau von Straßen, Kanälen, der Untergrundbahn, beim Verlegen von Straßenbahnschinen oder bei der Trockenlegung von Sümpfen. Vor dem Ersten Weltkrieg zählte Berlin zu den großen polnischen Städten der Welt. Zwischen 40.000 und 100.000 Polen lebten vor dem Ersten Weltkrieg im Gebiet des späteren Groß-Berlin. Die polnischsprachige Gruppe repräsentierte etwa die Hälfte aller Einwanderer in Berlin.

Auf die polendistanzierte Haltung der preußischen Behörden reagierten Polen sowohl in den östlichen Provinzen, als auch in Berlin mit der Gründung eigener kultureller und wirtschaftlicher Organisationen, die einen Krieg gegen die Germanisierungsbestrebungen führten. Die Vielfalt der Initiativen ist beachtlich. Zu Beginn des 20. Jahrhunderts existierten in Berlin folgende polnische Intitiativen: 31 akademische Vereini-

---

7 *Dialog über Preußen – Adam Krzemiński im Gespräch mit Rudolf von Thadden*; in: Basil Kerski (Hrsg.), *Preußen – Erbe und Erinnerung*, Potsdam 2005, S. 244.

gungen, 20 Verbände von Kaufleuten, Handwerkern und Gewerbetreibenden, 8 politische Organisationen plus 3 Arbeitervereine, 2 Gewerkschaften, 18 Frauen-, 25 Gesangs- und 28 Sportvereine (meist unter dem Namen „Sokól" [Falke]), 6 Schul- und Bildungsvereine, 13 Spar-, Leih- oder Lotterieverbände, 24 Kirchengemeindekomitees sowie eine Reihe anderer Vertretungen vom Raucherverein bis zum Gefangenenhilfsbundes.

Die in Petersburg erscheinende polnische Zeitung „Kraj" bezeichnete Berlin im Jahr 1894 als größte polnische Stadt in Preußen. Die Zeitung berichtet davon, dass die Polen in Berlin nicht in einem Stadtteil konzentriert, sondern zersterut lebten, was den Zusammenhalt erschwere. Der Kampf ums tägliche Brot bestimme die Existenz der meisten Polen. Von Heterogenität und großen sozialen Problemen berichtet auch der Korrespondent der „Nowa Reforma" in einem Artikel vom 10. November 1895: „Die Mehrheit (der Polen) hingegen, die zehntausende der Landsleute verbringen ein jämmerliches, in gesitiger sowohl als in materieller Beziehung gleich elendes Leben. (…) Die Creme sammelt sich von Zeit zu Zeit zum Tanze oder zu einer Liebhaber-Vorstellung, doch ist das ein enger Kreis, welcher sich vor der Masse der hier lebenden Polen abschließt. Und diese geht, zusammengepfercht in die elendsten Gassen, zugrunde oder geht gehorsam dem Nachahmungsinstinkt im Ozean unter, assimiliert sich mit dem Feinde. Es sind dies Arbeiter, die Ärmsten der Armen, vom heimlichen Boden verdrängte, hier Verdienstsuchende, es sich unqualifizierte Arbeiter, die sich darum den niedrigsten Arbeiten unterziehen."[8]

In seiner umfasenden Studie von 1990 über die polnische Zuwanderung nach Berlin versuchte der Berliner Historiker Gottfried Hartmann die polnische Kolonie am Vorabend des Ersten Weltkrieges zu charakterisieren. Dies fiel ihm angesichts ihres vielschichtigen, in sich widersprüchlichen Bildes nicht leicht: „Je nach ihrer sozialen Lage und der Länge ihres Aufenthaltes in der Stadt bildeten sich innerhalb der polnischen Zuwanderer beträchtliche, von ihnen selbst wahrgenommene Unterschiede heraus. Sie äußerten sich in den Formen sprachlichen Umgangs und kultureller Identität. So bildete die gemeinsame Muttersprache zwar noch die Klammer zum nationalem Selbstbewusstsein, besonders in Zeiten, die durch scharf antipolnische Maßnahmen und Stimmungslagen sich auszeichneten."[9] Ein einheitliches polnisches Milieu in Berlin, eine polnische Subkultur, etwa wie sie sich vor dem Ersten Weltkrieg im Ruhrgebiet herausbildete, konnte Hartmann zur gleichen Zeit an der Spree nicht feststellen. In seiner Analyse der polnischen Berlin-Einwanderer stellte Hartmann zudem einen relativ hohen Grad der Distanzierung der polnischsprachigen Migranten zu ihrer Nation, das Entstehen einer regionalen Identität. 1914 verstanden sich gut ein Drittel der polnischsprachigen Migranten nicht mehr in erster Linie als Polen, sondern vielmehr als Berliner. Es dürfe allerdings, so Hartmann, bezweifelt werden, ob die sich deshalb bereits als Deutsche einstuften, auch wenn die spezifische, tief eingewurzelte Loyalität gegenüber dem preußischen Staat bei vielen polnischpsrachigen Berlinern besonders hervorzuheben sei.

---

8 Zitiert aus: Gottfried Hartmann, Polen in Berlin, in: Steffie Jersch-Wenzel / Barbara John (Hrsg.), Von Zuwanderern zu Einheimischen. Hugenotten, Juden, Böhmen, Polen in Berlin. Berlin 1990, S. 678 f.
9 Ebenda, S. 769.

Rückkehrwelle nach Polen

Wie stark sich jedoch die sozial besser gestellten und gebildeten polnischspachigen Berliner mit dem Schicksal ihrer Nation identifizierten, zeigte sich nach dem Untergang des deutschen Kaiserreiches. Nach 1918 kehrten viele Berliner Polen, vor allem die sozial besser gestellten, wie Kaufleute, Handwerker, Facharbeiter und Vertreter der Intelligenz, in den wiedergeborenen Staat zurück. Das neu errichtete polnische Konsulat berichtete zu Beginn der Weimarer Republik, dass etwa 12.000 Polen Berlin Richtung Heimat verließen. Selbst der polnisch-preußische Hochadel, die Radziwiłłs und Raczyńskis, kehrte Berlin den Rücken und suchte nach neuen politischen Aufgaben in der wiedererstandenen Republik Polen. So eröffnete 1919 der greise, 85-jährige Ferdinand Radziwiłł, langjähriger Reichstagesabgeordneter und Chef des polnischen Kreises im deutschen Parlament, als Alterspräsident die erste Sitzung des verfassungsgebenden Parlaments der polnischen Republik.

Die Gruppe von Polen mit ausgeprägtem Nationalbewusstsein schwand in Berlin. 1925 gaben nur noch 15.000 Einwohner der Stadt Polnisch als Muttersprache an. Dennoch verschwand das rege polnische Organisationsleben in Berlin nicht, die Spreemetropole wurde eines der wichtigsten politischen Zentren der polnischsprachigen Minderheit in der Weimarer Republik.

Als Kultur- und Wirtschaftsmetropole und Hochschulstandort von Weltrang übte Berlin auch in der wirtschaftlich und politisch turbulenten Zeit der Weimarer Republik eine hohe Anziehungskraft für viele Polen aus. Unmittelbar nach Kriegsende begann hier die Filmkarriere der polnischen Schauspielerin Pola Negri, die durch ihre Rollen in Filmen von Ernst Lubitsch in kurzer Zeit zum Weltstar des Stummfilms wurde und Mitte der zwanziger Jahre ihre Karriere in Hollywood fortsetzte. Zur musikalischen Ausbildung kam nach Berlin auch der renommierte polnische Komponist Władysław Szpilmann, dessen Schicksal während des Zweiten Weltkrieges in Warschau durch die Oscar-preisgekrönte Verfilmung von Roman Polański in den letzten Jahren weltweit Beachtung fand.

Deutsch-polnische Symbiosen

Durch die lange Teilungszeit entstanden viele kulturell gemischte deutsch-polnische Familien. Perfekte Zwei- und Mehrsprachigkeit war Anfang des 20. Jahrhunderts ein häufiges Phänomen unter Künstler und Intellektuellen im deutsch-polnischen Kulturbereich. Für viele dieser Menschen war die pulsierende Kulturmetropole Berlin der Zwanziger Jahre, die europäische Hauptstadt der künstlerischen Experimente ein attraktiver Arbeits- und Wirkungsort. In den letzten Jahren haben jüngere polnische Kulturhistoriker auf die in Berlin der Zwischenkriegszeit wirkende und nach dem Krieg vergessene deutsch-polnische Künstler aufmerksam gemacht, wie zum Beispiel die Schauspielerin und Theaterautorin Eleonora Kalkowska oder der expressionistische Maler Stanisław Kubicki.[10] Beide Künstler waren politisch stark engagiert, für die sozialen Fragen ihrer Zeit sensibilsiert, beide versuchten neue künstlerische Wege zu gehen, beiden bot Berlin die Chance, Gleichgesinnten zu begegnen.

10 Vgl. Lidia Głuchowska, Stanisław Kubicki. Kunst und Theorie, Berlin 2001; Jagoda Hernik Spalińska, Eleonora Kalkowska – przywracanie pamięci [Eleonora Kalkowska – Wiederbelebung der Erinnerung]; in: Eleonora Kalkowska, Sprawa Jakubowskiego. Doniesienia drobne. Dramaty [Josef. Zeitungsnotizen. Dramen], Warszawa 2005.

Die Theaterschauspielerin und Lyrikerin Eleonora Kalkowska wirkte in Berlin der Weimarer Republik vor allem als Autorin von sozialkritischen Dramen. Unter der Regie von Erwin Piscator wurde 1929 an der Berliner Volksbühne ihr Theaterstück „Josef" uraufgeführt. Für die Arbeit an diesem Stück inspirierte Kalkowska das Schicksal des polnischen Landarbeiters Józef Jakubowski, der zum Opfer von antipolnischen Vorurteilen in der deutschen Provinz und Unrechtsjustiz in der Weimarer Republik wurde. Ihre experimentellen Theaterstücke bezeichnete Kalkowska als „dichterische Reportagen". Großen Erfolg bei Publikum und Kritikern brachte ihr 1932 in Berlin uraufgeführtes Drama „Zeitungsnotizen", in dem sie das soziale Elend der späten Weimarer Republik thematisierte. Nach der Machtübernahme durch die Nationalsozialisten wurde Eleonora Kalkowska 1933 zweimal verhaftet, jedoch nach Interventionen des polnischen Botschafters jeweils kurz darauf wieder freigelassen. Sie verließ 1933 Deutschland und lebte bis zu ihrem Tod 1937 in Polen, England und Paris.

Auch der deutsch-polnische Maler und Dichter Stanisław Kubicki musste 1933 Berlin, nach der Machtergreifung durch die Nationalsozialisten, Richtung Polen verlassen. Kubicki lebte in Berlin seit 1910, als er sein Studium an der Königlichen Kunsthochschule begann. Seine erste Ausstellung präsentierte er nach dem Ersten Weltkrieg in den Redaktionsräumen der Zeitschrift „Die Aktion". 1920 stellte er bei Herwarth Waldens „Sturm-Galerie" aus. In Berlin schloss er Freundschaften mit den expressionistischen Künstlern, Raoul Hausmann, Otto Freundlich und Franz W. Seifert. Der Maler, Dichter und Kunstphilosoph Stanisław Kubicki war politisch sehr aktiv, er war Teilnehmer am Kongress der „Union fortschrittlicher internationaler Künstler". 1933 zerstörten SA-Männer bei mehreren Hausdurchsuchungen Werke von Kubicki und seinen Freunden. 1934 entschloss er sich zur Emigration nach Polen. Während des Zweiten Weltkrieges wurde er in der von Sozialisten organisierten polnischen Untergrundbewegung aktiv. Er nutzte seine perfekten Deutschkenntnisse und seine deutsche Staatsbürgerschaft zu gefährlichen Kurierfahrten zwischen Warschau und Berlin. Über die in Berlin landsässigen Botschaften von neutralen Staaten konnten Kuriere polnische Exilkreise Gelder und Dokumente in das von Deutschen besetzte Polen schmuggeln. 1942 kam die Gestapo auf Kubickis Spur, er wurde in Warschau verhaftet und 1943 ermordet. Doch mit dem Tod des deutsch-polnischen Expressionisten und polnischen Widerstandskämpfers riss die Berliner Familiengeschichte der Kubickis nicht ab. Sein 1926 geborener Sohn, Stanisław Karol, überlebte in Berlin den Zweiten Weltkrieg. Als Medizinstudent beteiligte sich Stanisław Karol Kubicki 1948 an der Gründung der Freien Universität in West-Berlin und war der erste an dieser antisowjetischen Hochschule immatrikulierte Student. Kubicki promovierte an der FU und wurde Professor für Neurologie. Der renommierte Schlafforscher lebt immer noch in Berlin, er spricht kein Polnisch, nur sein Name erinnert noch an die deutsch-polnischen Wurzeln der Familie.[11]

Polenfeindliches Klima

Nicht erst durch Hilters Machtübernahme hatte sich in Berlin das Klima gegenüber Fremden, vor allem gegenüber osteuropäischen Juden und in Deutschland lebenden Polen, getrübt. Der Berlin-Historiker Gottfried Hartmann hat in seiner Studie über polnische Einwanderer daruf aufmerksam gemacht, dass schon vor 1933 die „Aufnahmebereitschaft gegenüber den Andersartigen, Fremden, durch Stereotypen und Feindbilder

---

11 Vgl. Oliver Trenkamp, Lehrstück für die Freiheit, Der Tagesspiegel, 9. Februar 2008.

beeinträchtigt" war, so dass von einer „toleranten Einstellung nur bei einem sehr kleinen Teil" der Deutschen in Berlin der Weimarer Zeit gesprochen werden konnte. „Die Einstellung verstärkte sich noch in einem Klima, das durch die wirtschaftliche und politische Entwicklung, duch Krisenlagen, Inflation und schließlich die Weltwirtschaftskrise sowie den Aufsteig und Masseneinfluss der nationalsozialistischen Bewegung gekennzeichnet war", so Hartmann weiter.[12] Fremdenfeindlichkeit bekamen besonders die aus Polen und Osteuropa nach Berlin eingewanderten Juden. Viele von ihnen waren nach dem Zusammenbruch des Zarenreiches vor dem russischen Bürgerkrieg aber auch vor den ethnischen Konflikten im östlichen Mitteleuropa Richung Westen geflüchtet, viele dieser Einwanderer entstammten dem polnisch-jüdischen Kulturbereich. Die meisten von ihnen wollten nach Übersee auswandern, blieben jedoch vielfach in Deutschland, vor allem in Berlin hängen. Von den weitgehend assimilierten deutschen Juden wurden sie als Fremde, als Endringlinge aus dem Osten und nicht als Brüder wahrgenommen.

Negative Einstellung gegenüber Polen und den polnischen Unabhängigkeitsbestrebungen war in der politischen Landschaft der Weimarer Republik selbst unter Liberalen und Sozialdemokraten, weit verbreitet. Nach dem Sturz der Monarchie und dem Verlust der so umkämpften preußischen Ostprovinzen zeigten sich die deutschen Parteien nicht bereit, das Wiederentstehen Polens anzuerkennen. Alle Parteien strebten mehr oder minder offen nach einer Revision der neuen Ostgrenze. Verschiedene konservative Politiker hielten sogar die bloße Existenz Polens für „untertäglich" und trachteten danach, den polnischen „Saisonstaat" zu beseitigen. Sozialdemokraten wie Hermann Müller und Otto Braun sowie Liberale wie Gustav Stresemann lehnten zwar den Einsatz gewaltsamer Methoden ab, gaben jedoch offen zu, dass sie ebenfalls große Teile der ehemaligen preußischen Ostprovinz zurückgewinnen wollten. Alle Regierungen der Weimarer Republik führten einen mit wirtschaftlichen und politischen Methoden ausgetragenen „kalten Krieg" gegen Polen, der wegen der drohenden Haltung der Westmächte und wegen der Schwäche der Reichswehr nicht zum offenen Konflikt eskalierte. Zwar konnte in der Weimarer Republik die Tradition polnischen Presse- und Vereinswesen fortgesetzt werden, die Arbeit der Organisationen der Polen in Deutschland wurde jedoch von deutschen Behörden mit Misstrauen beobachtet. Bis in die dreißiger Jahre hinein gab es aber in Berlin noch einen Polnischen Schulverband, Sängerbund, Turnverein, Pfadfinderbund, einen Verband polnischer Akademiker. An der Spree erschienen die Tageszeitungen und Zeitschriften „Dziennik Berliński", „Der Pole in Deutschland" samt Nebenausgaben für Kinder und Jugendliche sowie die Zeitschrift „Kulturwehr". An elf Orten gab es polnischen Unterricht, in zehn Kirchen polnischen Gottesdienst. Im März 1938 kamen gar etwa 5.000 Polinnen und Polen zum Kongress der Polen in Deutschland nach Berlin.

Nach der Niederschlagung der Weimarer Republik wurde das Leben für die Berliner Polen immer schwieriger. Im Zuge der antisemitischen Pogrome wurden im Herbst 1938 alle Juden mit polnischer Staatsbürgerschaft nach Polen zwangsausgewiesen. Die Gewalt der Nazis richtete sich auch gegen in Deutschland lebende nichtjüdische Polen. Kurz vor Kriegsende wurde im Sommer 1939 in Berlin der Arzt Augustyn Kośny, ein aktives Mitglied des Verbandes der Polen in Deutschland, durch Agenten der Gestapo ermordet. Ähnlich wie im Falle Kubickis blieben die Nachkommen von Kośny in Berlin. Auch sein Sohn, Witold, studierte nach Kriegsende an der FU Berlin und wurde in den achtziger Jahren an den Lehrstuhl für Slawistik an der Freien

---

12 Gottfried Hartmann, Polen in Berlin, S. 771.

Universität Berlin berufen. Als Hochschullehrer bildete der deutsch-polnische Berliner Witold Kośny viele deutsche Polen- und Osteuropaexperten aus und betätigte sich als Kulturvermittler zwischen Deutschland und Polen.

Hitlers NS-Regime führte vor dem Zweiten Weltkrieg eine doppelte Polen-Politik. Es verfolgte aus Polen stammende Juden und Funktionäre polnischer Organisationen in Deutschland, gleichzeitig führte es große Propagandaktion durch, die der Welt zeigen sollten, wie Hitler mit den revisionistischen Zielsetzungen der deutschen Polenpolitik brach. Im Januar 1934 schloss der Diktator eine Art „Bündnis" mit Polen. Neben propagandistischen Motiven waren für diesen Schritt auch antikommunistische Motive maßgebend, denn Polen sollte sich an dem geplanten Angriffskrieg gegen die Sowjetunion beteiligen. Im Rahmen des neuen deutsch-polnischen Nichtangriffspaktes sollten auch die bilateralen Kultubeziehungen gefördert werden. So fand am 25. Februar 1935 im überfüllten Marmorsaal am Zoo die feierliche Eröffnung des Deutsch-Polnischen Instituts in Berlin. Unter den Ehrengästen waren neben dem polnischen Botschafter Józef Lipski auch Hermann Göring und Propagandachef Goebbels anwesend. Im Rahmen des Festprogramms trat der polnische Sänger und Schauspieler Jan Kiepura auf, der damals neben der polnischen, von Hilter sehr geschätzten UFA-Schauspielerin Pola Negri der größte polnische Star der Unterhaltungsbranche in NS-Deutschland war.[13]

Das Deutsch-Polnische Institut organisierte in Berlin vor allem Vorträge von polnischen Gelehrten in Berlin. Auf der Liste der Referenten finden sich so renommierte Wissenschaftler wie der Philospoh Roman Ingarden oder Historiker Oskar Halecki. Das Institut ging 1938 in die Deutsch-Polnische Gesellschaft auf. Dieser Verein wurde im Beisein des Staatssekretärs des Auswärtigen Amtes Ernst von Weizsäcker, des polnischen Botschafters Józef Lipski und des Polizei-Generals Kurt Daluege am 4. November 1938 gegründet. In der Kurfürstenstraße 58, gegenüber dem heutigen Cafe Einstein, befand sich der Sitz der Gesellschaft. Vorsitzender der Deutsch-Polnischen Gesellschaft wurde der Rektor der Technischen Hochschule, der SA-Oberführer Professor Achim von Arnim. Doch die Gesellschaft konnte kaum noch aktiv werden, denn 1939 kühlten sich die Beziehungen zwischen Nazi-Deutschland und dem polnischen Nachbarn merklich ab. Da Polens Regierung es endgültig abgelehnt hatte, zwischen Pommern und Ostpreußen gelegene Gebiete an Nazi-Deutschland abzutreten, brach Hitler mit Warschau und initiierte im Sommer 1939 einen Pakt mit der Sowjetunion, der zum Überfall Deutschlands und der Sowjetunion auf Polen und zur neuerlichen Teilung der polnischen Nation führte.

Mit dem Kriegsbeginn wurden führende Vertreter der Polen in Deutschland verhaftet und der Besitz der polnischen Institutionen enteignet. In den Berliner Gefägnissen saßen während des Krieges auch zahlreiche polnische Widerstandskämpfer, unter ihnen der legendäre Befehlshaber der polnischen Heimatarmee General Stefan Grot-Rowecki, der 1943 in Warschau verhaftet wurde und über Berliner Gefägnisse in das Konzentrationslager Sachsenhausen kam. Dort wurde er 1944 ermordet.

1,7 Millionen polnische Männer und Frauen wurden während des Krieges zur Zwangsarbeit nach Deutschland verschleppt. Im Herbst 1942 bildeten in Berlin 45.000 Polinnen und Polen die zweitgrößte Gruppe der NS-Sklavenarbeitern. Diese Menschen wurden nicht nur in kriegswichtigen Fabriken eingesetzt, sondern

---

13 Vgl. Bogusław Drewniak, *Polen und Deutschland 1919-1939. Wege und Irrwege kultureller Zusammenarbeit*, Düsseldorf 1999.

auch in vielen Berliner Privathaushalten. Ihr Leben war stark reglementiert, ihre Arbeitskraft wurde extrem ausgebeutet. Täglich mussten sie mindestens 12 Stunden arbeiten und sie erhielten nur ein Viertel des Lohnes eines deutschen Arbeiters. Im Vergleich zu den Deutschen bekamen sie nur die Hälfte der Lebensmittelmarken zugeteilt. Bei Luftangriffen durften die Fabrikzwangsarbeiter nicht in die Luftschutzanlagen. Eine Polizeiverordnung führte schon 1940 die Kennzeichnung von polnischen Zwangsarbeitern mit einem Quadrat mit einem hohen violetten „P" durch. Wer dieses Abzeichen nicht trug, wurde mit Haft bestraft. Dies war die erste Kennzeichnung von Menschen im Dritten Reich, nach deren Muster im September 1941 der Judenstern eingeführt wurde.

Den meisten Deutschen ist der große Anteil der Polen an der Niederschlagung des Dritten Reiches kaum bewusst. Auf der Seite der Westalliierten und der Roten Armee kämpften mehr Polen als Franzosen. Doch der Anteil polnischer Soldaten an der Befreiung Berlins war gering. Entgegen früheren Versprechen der sowjetischen Armeeführung war nur die Erste Kościuszko-Infanteriedivision an den Kämpfen um die Reichshauptstadt beteiligt. Die Sowjetarmee wollte im Falle der Reichshauptstadt ganzen militärischen Ruhm für sich verbuchen.

Die meisten polnischen Überlebenden des NS-Regimes, die in Berlin und in der Region befreit wurden, kehrten nach Polen zurück oder zogen weiter Richtung Westen. In London sowie Paris und auf dem amerikanischen Kontinent entstanden wichtige kulturelle und politische Zentren des polnischen Exils. In der Ruinenlandschaft Berlins wollte niemand seine Zukunft planen. Dennoch entstand in den ersten zwei Jahrzehnten nach dem Krieg im Westteil der Stadt eine kleine polnischsprachige Gemeinschaft. Sie bestand hauptsächlich aus Nachkommen in Berlin alteingesessener polnischer Familien, die den NS-Terror überlebt haben und aus ehemaligen NS-Opfern, die aus gesundheitlichen oder finanziellen Gründen nicht in der Lage waren, nach Übersee auszuwandern. Polnischsprachige Juden, Überlebende der Schoah, wie der bekannte Filmproduzent Artur Brauner, beteiligten sich nach dem Krieg maßgeblich am Wiederaufbau der jüdischen Gemeinde in Berlin. Hier siedelten sich auch deutsche Ost-Flüchtlinge an, von denen viele aus traditionellen deutsch-polnischen Kulturregionen stammten und daher Polnisch sprachen.

Brennpunkt des Ost-West-Konflkts

Vor dem Mauerbau war Berlin als Brennpunkt des Ost-West-Konflikts ein interessanter politischer Ort für antikommunistisch gesinnte Intellektuelle. Polnische Exilanten reisten nach West-Berlin zu Symposien und Kongressen, die sich mit der sowjetischen Bedrohung des Kontinents befassten. So nahmen die legendären Gründer der polnischen Exilzeitschrift „Kultura", Jerzy Giedroyc und Józef Czapski, im Juni 1950 an dem vom amerikanischen Publizisten Melvin Lasky initiierten internationalen „Kongress für Kulturelle Freiheit" teil. In seinen Briefen aus Berlin beschrieb Jerzy Giedroyc ein starkes Gefühl der Nostalgie, das ihn an der Spree erfasst hat. Die märkische Seenlandschaft mit ihren Birken und Kiefern erinnerte ihn an die polnische Heimat. Gemeinsam mit Czapski knüpfte Giedroyc in Berlin Kontakte zu deutschen Sozialdemokraten, amerikanischen Intellektuellen und aus Osteuropa stammenden Exilanten. Die „Kultura" trat in eine enge Zusammenarbeit mit Laskys in Berlin erscheinender Zeitschrift „Der Monat" ein. Im Sommer 1951 kamen Giedroyc und Czapski erneut an die Spree, um an Gegenveranstaltungen zum kommunistischen Weltfestival der

Jugend, das damals in Ost-Berlin stattfand, teilzunehmen. In Westen der Stadt hielt der Maler und Publizist Czapski eine flammende Rede für den Aufbau einer europäischen Föderation der Nationen. Die Idee der europäischen Integration sollte die Jugend und die Intellektuellen friedlich mobilisieren und sie vor der Verführung durch den Kommunismus schützen.

Der Bau der Berliner Mauer stürzte die Stadt 1961 in eine tiefe Krise. Um den kulturellen und ökonomischen Niedergang Berlins aufzuhalten, pumpten internationale Stiftungen und die Bundesregierung viel Geld in den isolierten Westteil der Stadt. Dank dieser Förderung konnten sich vor allem in den siebziger und achtziger Jahren zahlreiche polnische Künstler aus Exilkreisen, aber auch aus der Volksrepublik Polen über längere Zeit in Berlin aufhalten. Für viele dieser Stipendiaten war das Berlin-Stipendium von großer Bedeutung für ihren Lebensweg. Dank eines Berlin-Stipendiums der Ford Stiftung konnte der große polnische Prosaautor Witold Gombrowicz 1963 nach über zwei Jahrzehnten aus dem argentinischen Exil nach Europa zurückkehren. Auch andere renommierte Autoren wie Witold Wirpsza oder Adam Zagajewski blieben nach ihrem Berlin-Stipendium im Westen. Dank des DAAD-Künstlerprogramms, der Westberliner Akademie der Künste und des Literarischen Colloquiums Berlin konnten bereits vor 1989 zahlreiche, renommierte polnische Künstler über einen längeren Zeitraum in Berlin wohnen und arbeiten. Die Berliner Filmfestspiele versuchten sich lange Zeit vor allem als ein Ost-West-Festival zu profilieren. Neben Filmschaffenden kamen vor 1989 auch zahlreiche polnische Theatermacher, wie Konrad Swinarski, Helmut Kajzar, Tadeusz Kantor oder Andrzej Wajda nach West-Berlin, um mit deutschen Bühnen zusammen zu arbeiten oder hier ihre Produktionen zu präsentieren. Durch diese massive Unterstützung für die West-Berliner Kulturlandschaft konnten enge deutsch-polnische Kulturverbindungen entstehen – Beziehungen, die die Zeit der Teilung der Stadt überdauert haben und die bis heute wirksam sind.

Neue Migrationswelle nach der Niederschlagung der Solidarność-Bewegung
Unter dem Eindruck der schweren politischen Krisen in der Volksrepublik Polen entschlossen sich in den achtziger Jahren etwa 880 000 Polen, ihre Heimat Richtung Westen zu verlassen. Diese Zahl erfasst übrigens nicht diejenigen Auswanderer, die als deutsche Spätaussiedler in den achtziger Jahren Polen verlassen haben. Über 200.000 polnische Bürger ließen sich in den achtziger Jahren in Deutschland nieder, davon alleine 30.000 im Westen Berlins. Die Stadt wurde neben Paris und London zum wichtigten politischen und kulturellen Zentrum der Exilpolen in Europa. Hier entstanden renommierte Exilzeitschriften („Archipelag", „Pogląd" und „Słowo"), die in ganz Europa von polnischen Exilanten gelesen und nach Polen geschmuggelt wurden. In Berlin wurden polnische Bücher verlegt, Galerien und Theater gegründet. Vor allem Andrej Worons Off-Bühne „Theater Kreatur" fand mit ihren von Tadeusz Kantor inspirierten Aufführungen weit über die Grenzen Berlins Beachtung unter deutschen Theaterzuschauern- und -kritikern. Neben Kulturinitiativen entstanden in Berlin polnische Selbsthilfeorganisiationen, wie der „Polnische Sozialrat" in Kreuzberg, die sich auch für die Interessen anderer Einwanderer einsetzten.

Die polnische Freiheitsbewegung „Solidarność" wurde in der Bundesrepublik mit viel Sympathie aufgenommen. Nach der Einführung des Kriegsrechts im Dezember 1981, als sich die Lebensbedingungen in Polen drastisch verschlechterten, organisierten Kirchen und charitative Einrichtungen sowie zahlreiche Bürgerinitiativen humanitäre Hilfsaktionen für Polen. Politische Flüchtlinge aus Polen bekamen diese Welle der Sympathe und Unterstützung zu spüren. Sie wurden aber auch mit Vorbehalten konfrontiert. Angesichts der schwierigen Situation auf dem Westberliner Arbeits- und Wohnungsmarkt vor dem Mauerfall wurden polnische Einwanderer von vielen Deutschen als eine Belastung wahrgenommen. Mitte der neunziger Jahre erinnerte sich die Berliner Ausländerbeauftragte Barbara John rückblickend an die angespannte Atmosphäre vor der Wende: „Polen sind in den achtziger Jahren eigentlich mit großen Vorbehalten gesehen worden, und zwar unter den unterschiedlichsten Gesichtspunkten. Einmal hat man die große Polenzuwanderung (...) als eine kleine Invasion betrachtet. Man wusste nicht so richtig, was man mit ihnen machen sollte. Wegschicken wollte man sie nicht, schließlich war Polen kommunistisch. Aber richtig bleiben sollten sie auch nicht. Denn dann würde man die Arbeit mit ihnen teilen müssen."[14]

Polen vom Potsdamer Platz

Das Verhältnis zwischen Deutschen und Polen wurde in Berlin in der Zeit der Wende auf eine harte Probe gestellt. Der Zusammenbruch des realsozialistischen Wirtschaftssystems und die damit einhergehende Hyperinflation haben den östlichen Nachbarn der Deutschen in eine tiefe soziale Krise gestürzt. Polen konnten keine Hilfe von reichen Geschwistern aus dem Westen erwarten, mit den Folgen des Zusammenbruchs des sozialistischen Wirtschafts- und Sozialsystems mussten sie anders umgehen als DDR-Bürger. Zehntausende Polen kamen damals nach Berlin, um Handel zu treiben. Auf dem verwaisten Gelände des Potsdamer Platzes entstand in kurzer Zeit ein gigantischer Markt, auf dem polnische Besucher Waren aus ihrer Heimat verkauften. Mit den Einnahmen erwarben sie Konsumgüter, wie beispielsweise Videorekorder und Hifi-Anlagen, die sie in Polen weiterverkauften. Ganz Berlin wurde zu einem großen Ost-West-Basar. Viele Berliner empfanden diesen Zustand als unangenehmen und bedrohlich, antipolnische Stereotypen hatten wieder Konjunktur. Doch mit zunehmender ökonomischer Stabilisierung Polens veränderte sich wieder das Stadtbild sowie die polnischen Migrationsmotive.

In den neunziger Jahren verschwanden zunehmend einfache polnische Händler. Zum großen Streitthema wurden die „polnischen Biligbauarbeiter", vor allem an der größten Baustelle Europas, dem Potsdamer Platz. Übersehen wurde aber dabei, dass diese „polnischen Arbeiter" meist legal angestellt waren, denn sie hatten einen deutschen Pass. Die meisten stammten aus Schlesien. Als Angehörige der deutschen Minderheit erhielten sie nach 1989 einen deutschen Pass, viele blieben als Doppelstaatsbürger in Polen, begannen aber legal als Handwerker und Arbeiter zwischen Deutschland und Polen zu pendeln. Berliner Geschichte wiederholte sich: Wie vor hundert Jahren wurden Schlesier wieder zu wichtigen Arbeitskräften, die die Modernisierung der Stadt voran brachten.

Ende der neunziger Jahre wurde zunehmend erkennbar, dass es nicht nur Arbeiter, Handwerker, Krankenschwestern und Haushaltshilfen aus Polen nach Berlin zog. Mit derm sozialen Aufstieg breiter Teile der polnischen Gesellschaft kamen und kommen verstärkt zahlungskräftige Touristen aus Polen nach Berlin. Die Berliner Museums- und Musiklandschaft zieht viele polnische Gäste an. Berlin ist ein wichtiger Messe- und Verkehrsrknotenpunkt für Polen.

---

14 Zitat aus der Broschüre von Andrzej Stach, *Das polnische Berlin*, Berlin 2002, S. 42.

Berlin als Grenzstadt

Man spürt in der Stadt, dass durch die Grenzveränderungen nach dem Zweiten Weltkrieg Berlin de facto zu einer deutsch-polnischen Grenzstadt geworden ist. Für jungen Menschen aus Westpolen ist Berlin zu einem natürlichen Hochschul- und Ausbildungsstandort geworden. Als Kulturmetropole von Weltrang, als eine Stadt, in der das Leben noch billiger ist als in den westeuropäischen Hauptstädten, oder gar Warschau, übt Berlin immer größere Anziehungskraft auf junge Polen aus. Aus Westdeutschland ziehen viele polnische Einwanderer nach Berlin, um in der Nähe Polens zu sein, darunter viele Künstler, wie die Schriftsteller Artur Szlosarek oder Krzysztof Niewrzęda. Auch viele Kinder von polnischen Einwanderern der achtziger Jahre gehen aus der westdeutschen Provinz nach Berlin. Durch diese Binnenwanderung von jungen Bundesbürgern mit polnischem Hintergrund und den Zuzug von Jugendlichen aus Polen ist ein neues deutsch-polnisches Kulturleben an der Spree entstanden, eine Kulturszene, in der mit viel Ironie und selbstkritischer Reflexion eine Auseinadersetzung mit polnischen Mythen und deutschen Vorurteilen stattfindet. Wichtige Anlaufpunkte für diese Menschen sind der „Club der polnischen Versager" in Mitte und die Kreuzberger Galerie „Zero".

Wenn man die Aktivitäten von polnischsprachigen Berlinern mit denen zahlreicher deutsch-polnischer Initiativen zusammenfasst und dann noch mit den Angeboten des Polnischen Instituts in Mitte, des Zentrums für historische Forschung in Pankow sowie den Polen-Veranstaltungen der Berliner Theater, Museen, Literaturhäuser und Konzertsäle, der privaten und Parteienstiftungen sowie der Vetretungen der ostdeutschen Bundesländer beim Bund zusammenfügt, so entsteht ein reiches, vielfältiges Bild der Präsenz von Polen und polnischer Kultur in Berlin – ein Angebot, mit dem keine andere Kulturmetropole außerhalb Polens konkurrieren kann. Man könnte gar meinen, Berlin ist innerhalb weniger Jahre zu einer der wichtigsten polnischen Kulturmetropolen neben Warschau, Krakau, Posen, Breslau oder Danzig gewachsen.

Die Geschichte der Polen in Berlin geht auch nach der neuen Jahrhundertwende weiter, ein neues Kapitel ist aufgeschlagen worden. Schon jetzt ist abzusehen, dass es ein reiches wird.

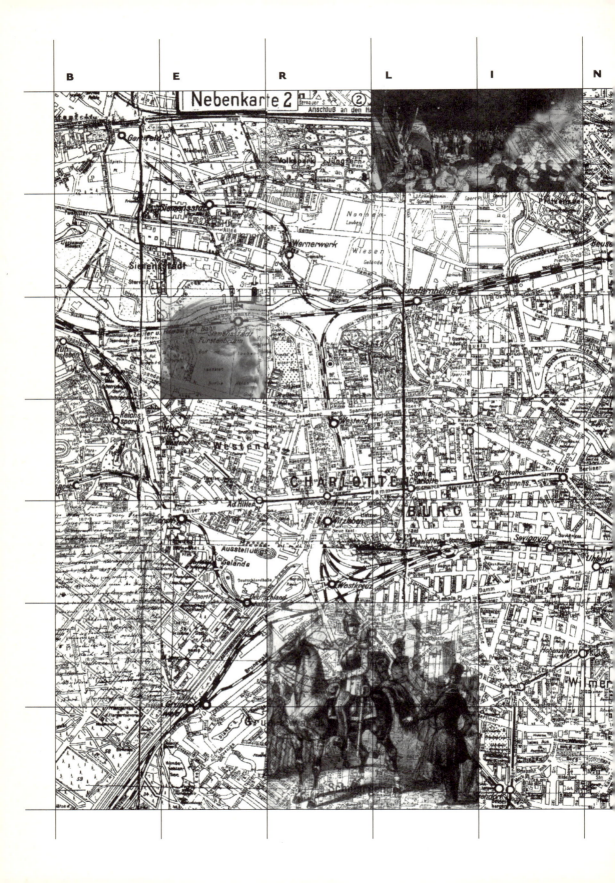

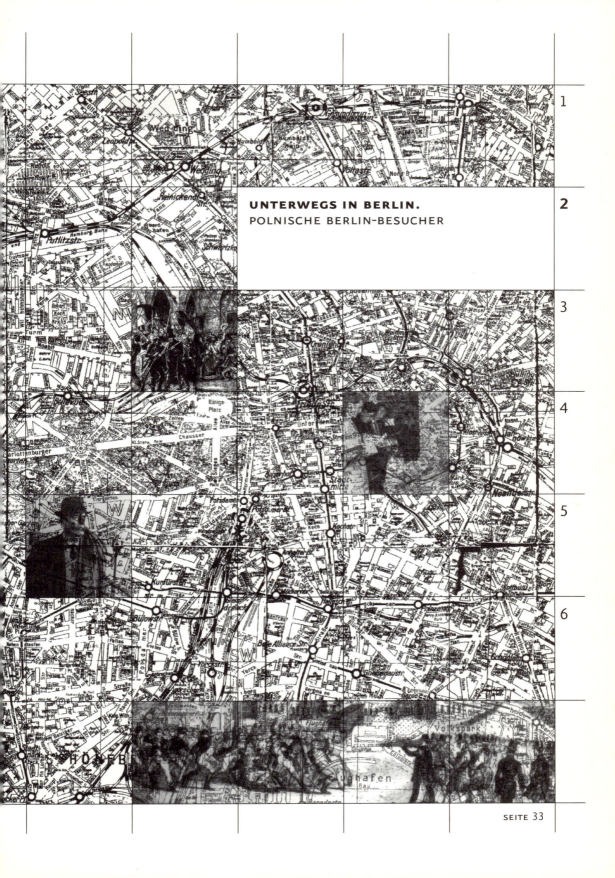

UNTERWEGS IN BERLIN.
POLNISCHE BERLIN-BESUCHER

EINLEITUNG
MACIEJ GÓRNY, „MEIN TRAUM WAR ES, NACH PARIS ZU GELANGEN."
BERLIN IN DEN AUGEN VON POLEN IM 19. UND 20. JAHRHUNDERT

> „Polen liegt zwischen Russland und – Frankreich. Das noch vor Frankreich liegende Deutschland will ich nicht rechnen, da ein großer Teil der Polen es ungerechterweise wie einen breiten Sumpf ansah, den man schnell überspringen müsse, um nach dem gebenedeiten Lande zu gelangen, wo die Sitten und die Pomaden am feinsten fabriziert werden."
>
> (Heinrich Heine, Über Polen, 1823)

Eine der Erfahrungen, die ein Pole macht, der zu Beginn des 21. Jahrhunderts durch Europa reist, ist die allgemeine Anwesenheit von Landsleuten. Polen sind beinahe überall und die Hauptstadt des vereinigten Deutschlands stellt in dieser Hinsicht keine Ausnahme dar. Wenn wir jedoch an den Anfang der Epoche zurückdenken, von der dieses Buch erzählt, unterliegt das Bild gewissen Modifikationen. Am Anfang des 19. Jahrhunderts lieferte die Stadt nur wenige Gründe für Begeisterung oder nur Aufmerksamkeit. Polnische Reisende bemerkten sie kaum, und wenn sie es dann doch taten, sahen sie in Berlin ein elendes Provinznest ohne irgendeinen Reiz, nicht allein verglichen mit Paris, sondern auch mit anderen deutschen Städten wie Dresden oder Leipzig. Ebenso machte Berlin (und der preußische Hof) unter den Hauptstädten der Teilungsmächte eindeutig den schlichtesten Eindruck.

Dieser Stand der Dinge veränderte sich mit der Zeit. Berlin entwickelte sich immer dynamischer und außerdem mussten die Polen aus dem preußischen Teilungsgebiet aus verschiedenen Gründen die Stadt besuchen. In der zweiten Hälfte des 19. Jahrhunderts wuchs sowohl die Zahl der nach Berlin kommenden Polen als auch ihr Interesse für die Stadt. An der Berliner Universität stellten die Polen eine immer zahlreichere Gruppe, in der Stadt ließen sich polnische Arbeiter, Handwerker und Kaufleute nieder. Durch die Bahnhöfe zogen Scharen polnischer Saisonarbeiter. Berlin wurde darüber hinaus zur Umsteigestation für Bürger Russlands und Österreich-Ungarns, die nach Nord- und Südamerika auswanderten. Von hier aus fuhren polnische und ukrainische Bauern sowie Juden per Zug weiter nach Bremen, wo die Überseeschiffe auf sie warteten. Nach 1918 berichteten polnische Diplomaten, Journalisten und Intellektuelle über das Berliner Leben. Natürlich hinterließen nicht alle einen ergiebigen schriftlichen Nachlass, dennoch kann man in der zweiten Hälfte des 19. Jahrhunderts beginnend bereits recht präzise die Geschichte Berlins gestützt auf polnische Quellen verfolgen.

Die polnischen Stadtbeschreibungen sind natürlich eine wahre Fundgrube des Wissens über all die Milieus und Orte, in denen Polen verkehrten. Aber nicht nur. Sie sind dazu eine Interpretation Berlins, ein Versuch der Bewertung nicht nur dessen, was sichtbar ist, sondern auch des „wahren" Charakters dieser Stadt. Der Genius Loci, der „Geist" dieses Ortes, gehört nicht zu den Phänomenen, die sich rational verifizieren lassen. Seine Beschreibungen sind aber eine wertvolle Informationsquelle nicht nur über die Stadt selbst, sondern über die polnische Vorstellung von Berlin, über die Assoziationen, die es weckte, und nicht zuletzt über die mit ihm verbundenen Stereotype. Denn die von den Ankömmlingen aus Polen entschlüsselte Stadt setzte sich aus einer Reihe von Motiven zusammen, von denen ein Teil im Laufe der zweihundert Jahre eine erstaunliche Beständigkeit gegenüber dem Wandel aufwies, andere dagegen entwickelten sich weiter und tun dies nach wie vor, mitunter ins eigene Gegenteil. Es verwundert nicht, dass die Hauptstadt der preußischen Monarchie bei den Betrachtern militärische Assoziationen weckte. Interessanterweise nicht unbedingt deshalb, weil man auf den Straßen besonders vielen Soldaten begegnete. Es war eher der, selbst in der Architektur präsente, „militärische Geist": „Die Straßen sind schnurgerade, die Häuser stehen reihenweise in Quadraten wie Bataillone, die Denkmäler sogar in Uniform, das soldatische Element überwiegt und selbst beim Zivilisten erkennt man, dass er Soldat war oder es einmal sein wird", schrieb Józef Ignacy Kraszewski. Die Aufmerksamkeit der Zugereisten fesselte die „Haltung" der Passanten, ihre militärische Art. Den Militarismus nahm man in der Vorliebe für Paraden wahr, in der Marschmusik, schließlich in der stumpfsinnigen Grausamkeit der Vorgesetzten und der Untergebenen.

Die dem Reiz preußischer Uniformen gleichgültig gegenüberstehenden polnischen Beobachter fanden an Berlin beinahe überhaupt nichts Schönes. Nach Stanisław Stempowski war die Stadt finster und steif. Stanisław Koszutski fand in ihr „alles [...] kalt, fremd, starr, polizeilich, unfreundlich". Die Frauen – bemerkten Prus und Kraszewski – sind nicht hübsch, dafür aber übermäßig ausstaffiert. Das Essen – miserabel. Sogar gegenteilige Auffassungen wurden auf eine Weise formuliert, dass sie das vorherrschende Stereotyp bestätigten. Wenn der junge Przemysław Dąbkowski, einer der polnischen Studenten, zugibt, dass er eine Berlinerin „verehrte", nennt er unter den Motiven, die ihn dazu bewegten, „ihre hellen Haare, ihren frischen Teint, ihre ungewöhnliche Sauberkeit, den Sinn fürs Haushalten und die ausgeglichene Weltanschauung". Übrigens kühlten, wie der Memoirenschreiber hinzufügt, nach seiner Ankunft in Paris seine Gefühle für deutsche Frauen ab.[1]

Wie weit sich dieses Bild der Stadt mit ihrem militärisch-preußischen Charakter verband, zeigen die Beobachtungen aus der Zwischenkriegszeit. Im modernen, mondänen und liberalen Berlin, sogar in den Anfängen der nationalsozialistischen Gleichschaltung, erschienen die Frauen einigen polnischen Beobachtern schön und großartig angezogen. Ein die Stadt nach einigen Jahren der Abwesenheit im Jahre 1927 wieder besuchender polnischer Reisender „erkannte die deutschen Frauen nicht wieder. Auf dem Kurfürstendamm waren sie elegant, wohlgeformt, ja, sogar schön."[2] Nicht alle aber teilten dieses Entzücken. Die im selben Jahr 1934 durch die Berliner Straßen flanierenden Antoni Sobański und Maria Jehanne Wielopolska nahmen am deutlichsten zwei verschiedene Städte wahr. Wielopolska beobachtete disziplinierte Frauen, die auf Befehl des Führers „unmoralische" kosmetische Behandlungen aufgaben, sodass man „kaum kurze Haare, keine provo-

---

1   Przemysław Dąbkowski, *Wspomnienia z podróży naukowych 1899-1908* [Erinnerungen an wissenschaftliche Reisen 1899-1908], in: Pamiętnik Historyczno-Prawny 9 (1930), S. 60.
2   Tadeusz Katelbach, *Spowiedź pokolenia* [Beichte einer Generation], Gdańsk, 2001, S. 145.

zierenden Kleider, keine dünn gezupften Augenbrauen oder Schminke" sah. Sobański dagegen bemerkte zur selben Zeit, wie hervorragend sich die Frauen weiterhin kleideten, wie sie sich schminkten und mit rot gefärbten Lippen und rot lackierten Nägeln herumliefen.

Eine Eigenschaft, die die polnischen Beobachter Berlin und den Berlinern nie absprachen, war die Ordnung und die hervorragende Organisation der alltäglichen Dinge. Stanisław Stempowski verwunderten die „Besenfuhrwerke", die zur Morgendämmerung die Straßen der Stadt reinigten, sowie, dass Milch und Brot vor die Eingangstüren gestellt wurden. Prus begeisterte sich für die Züge am Bahnhof Friedrichstraße, die schnell und leistungsfähig fuhren, obwohl die Abfahrt nicht mehrfach angekündigt wurde, und die Fahrgäste sich auf eine disziplinierte Weise verhielten. Beiden Betrachtern drängte sich dieselbe Überlegung auf: Etwas Derartiges könnte in Polen, zumindest im russischen Teilungsgebiet, nicht gut funktionieren.

Die allgegenwärtige Ordnung und Hygiene, die Sauberkeit der Straßen und Gehwege korrespondierten hervorragend mit der Berliner Modernität, deren Beispiel für viele polnische Reisende gerade der Durchgangsbahnhof Friedrichsstraße war, ein Ort, wo – wie Dąbkowski feststellte – „der Sinn für Ordnung und preußische Leistungsfähigkeit […] seinen Zenit erreichte".[3] Seit dem Ende des 19. Jahrhunderts war Berlin voller Energie, voll von einem schockierend lebhaften Straßenverkehr, aber auch – wie polnische Studenten vermerkten – voller geistiger Beweglichkeit. Der im Jahre 1927 angekommene polnische Diplomat Tadeusz Katelbach bewunderte die sich mit amerikanischer Geschwindigkeit vergrößernde Stadt. Die Veränderungen waren umso sichtbarer, als sie in einem Gegensatz zum traditionellen, von Kasernen und Bauernkitteln geprägten Bild der preußischen Hauptstadt standen. Katelbach erzählt von seinem Bekannten, der „das alte Berlin kannte und diese Stadt sorgfältig mied, wenn er häufig zwischen Warschau und Paris hin und her fuhr. Als er sich jetzt aber für länger in Berlin aufhielt, entdeckte er ständig irgendein Thema, an dem er sich begeisterte."[4]

Dieser Übergang von einer Provinzstadt, durch die man zügig durchfuhr, um so schnell wie möglich nach Paris zu kommen, zu einer lebendigen Metropole stellt wohl das ausdrücklichste Beispiel für die Veränderung des Bildes von Berlin in den Augen der durchreisenden Polen dar. Das provinzielle, um nicht zu sagen primitive Element führten die Nationalsozialisten wieder ein, die in den Augen der polnischen Beobachter grotesk und bedrohlich zugleich erschienen. Ruhe, Zufriedenheit und Wohlstand als charakteristische Merkmale des Westteils der Stadt kehrten in den Nachkriegsbetrachtungen zurück, um erneut dem Bild von einer dynamischen Entwicklung nach der Vereinigung Deutschlands Platz zu machen.

Die Motive, die in den polnischen Beschreibungen von Berlin konsequent auftauchen, sind natürlich vor allem ein Beitrag zur Erforschung der polnischen Identität und der polnischen Komplexe.[5] Viele von ihnen stellen einen Widerhall des polnischen Stereotyps von Preußen – und teilweise damit identisch – von Deutschland dar. Berlin ist nicht Paris, scheint vielen Autoren aufzufallen. Seinen Ehrgeiz, eine europäische Metropole zu sein, hielt man lange für ein Hirngespinst eines Neureichen, ohne reale Grundlagen. In dieser Refle-

3   Siehe Anm. 1.
4   Siehe Anm. 2.
5   Tomasz Szarota, *Niemcy i Polacy. Wzajemne postrzeganie i stereotypy* [Deutsche und Polen. Gegenseitige Wahrnehmung und Stereotype], *Warszawa*, 1996, S. 12.

xionsströmung findet man zum Beispiel die zahlreichen Anmerkungen über schlechten Geschmack, Steifheit und Grobheit der Menschen und der Gegenstände. Zugleich jedoch sprachen viele Beobachter Berlin und seinen Einwohnern Geistigkeit und Aufrichtigkeit ab, die für gewöhnlich Provinzlern zugesprochen werden. Stanisław Stempowski und Stanisław Koszutski kamen näher mit der deutschen sozialistischen Bewegung in Berührung. In Polen war diese geistige Strömung vom romantischen Nimbus gefährlicher, idealer, manchmal gar abenteuerlicher revolutionärer Tätigkeit umgeben. In Berlin sahen sie Versammlungen in Bierhallen, wo die Sozialisten mit dem Krug in der Hand über prosaische, praktische Dinge, über „bauchbetonten Fragen", debattierten. „Eine fast bürgerliche, bourgeoise, ruhige Stimmung", beschreibt Koszutski ein solches Treffen. Wo ist hier die Seele, wo ist hier der wahre Mensch?, möchte man sich fragen. Natürlich dort, wo all das, was uns umgibt, am wahrsten ist, also – wie man vermuten kann – in der Heimat unserer Memoirenschreiber. So gesehen wurde Berlin zur unauthentischen Stadt, die vorgab, eine Metropole zu sein, voller Menschen, die so taten, als wären sie zum Beispiel Sozialisten.

Das polnische Bild von Berlin enthielt außerdem Motive, die eine der Thesen des historischen Nachdenkens über Stereotype hervorragend illustriert. Sie besagt nämlich, ein Stereotyp müsse – als ein lose mit der wirklichen Welt verbundenes Phänomen – gar nicht kohärent sein. Somit war diese steife, künstliche und fremde Stadt nicht nur ein Zuhause für Tausende polnischer Einwanderer. Viele polnische Beobachter nahmen auch ihre slavischen (und somit gewissermaßen auch unsere, polnischen) Wurzeln wahr. Der Archäologe Józef Kostrzewski erinnerte daran, dass er nicht zufällig im alten Wohnort eines slavischen Fürsten, in Kopanica (bekannt auch unter dem Namen Köpenick), lebe. Die polnischen Sprachwissenschaftler interessierten sich ebenfalls für die slavische Herkunft vieler Ortsnamen in Berlin und Umgebung, ja sogar für die Herkunft des Wortes „Berlin" selbst, das mitunter vom elbslavischen „pero" (Feder) abgeleitet wurde[6]. Kraszewski sah auch im Charakter der Berliner vertraute slavische Züge, wobei er überhaupt die Preußen für eine slavisch-germanische Mischung hielt, die all ihre historischen Leistungen einer einzigartigen Verbindung von Merkmalen beider „Rassen" verdanke. Vollkommen anders empfand diese Berliner Vertrautheit Witold Gombrowicz, der im Tiergarten bekannte Gerüche aus seiner Kindheit wiederentdeckte.

Das von den polnischen Reisenden geschaffene Berlinbild ist eine Verallgemeinerung einzelner Beobachtungen, die zu weit über die Beschreibung der Stadt hinausgehenden Schlussfolgerungen führen. Die Autoren der in dem vorliegenden Band versammelten Texte haben sich bemüht, etwas mehr nicht nur über Polen, sondern auch über die Deutschen zu sagen. Inwieweit ihre Anstrengungen von Erfolg gekrönt waren, lässt sich nicht leicht beurteilen. Die in ihren Aussagen auftauchenden Motive sind dagegen ganz gewiss ein Beitrag zur Erforschung des polnischen Autostereotyps. Berlin ist in diesem Falle der Zerrspiegel, in dem sich die Heimat unserer Autoren widerspiegelt. Es wäre also nicht unsinnig, die Frage zu stellen, was solche Texte über Polen und die Polen aussagen.[7]

---

6   NN, *Pochodzenie Berlina od wyrazu słowiańskiego Pero* [Die Abstammung Berlins vom slavischen Ausdruck Pero], Warszawa, 1884.

7   Siehe Hans Henning Hahn, 12 Thesen zur Stereotypenforschung, in: *Nationale Wahrnehmungen und ihre Stereotypisierung. Beiträge zur historischen Stereotypenforschung*. Hg. Hans Henning Hahn, Elena Mannová, Stephan Scholz, Tobias Weger, Frankfurt am Main, 2007, S. 17.

Es ist erstaunlich, mit welcher Macht die deutsche Ordnung, Organisation und Sauberkeit auf die polnischen Reisenden wirkt. Sie nehmen diese Tugenden beinahe bei jedem Schritt wahr, wahrscheinlich auch dort, wo die Deutschen selbst sie nicht gesehen haben. Sogar sehr kritisch eingestellte Autoren zweifeln dieses Bild nicht an, sondern stellen es überspitzt dar, indem sie Ordnung mit Disziplin, Disziplin mit Militarismus und Militarismus mit Gedankenlosigkeit und Grausamkeit in Verbindung bringen. Die Deutschen erscheinen den polnischen Beobachtern als Masse oder organisierte Gesellschaft (in Abhängigkeit von der emotionalen Schattierung der Bewertung), die Polen dagegen als Ansammlung von Individualisten, deren Zusammengehen wohl nur unter den Bedingungen der patriotischen Konspiration denkbar ist. Der Mangel an Individualismus ist ebenfalls mit der Gegenüberstellung der schönen Polinnen und der hässlichen deutschen Frauen verbunden. Weil letztere vor allem als Kollektiv wahrgenommen werden, als menschliche Masse, ist es schwer, Entzücken über den Reiz einzelner Frauen zu finden.

Der polnische Individualismus hängt mit einem anderen als dem deutschen Modell der gesellschaftlichen Beziehungen und Verhaltensweisen zusammen. Die satte Selbstzufriedenheit der kleinbürgerlichen Berliner kontrastiert mit dem Autostereotyp der Polen, ähnlich wie der Kult der alltäglichen Arbeit. Die polnischen Beobachter stellten – übrigens ähnlich wie viele deutsche Wissenschaftler und Publizisten – ganz deutlich der bürgerlichen deutschen Kultur die adlig-bäuerliche polnische gegenüber.

Es lohnt sich schließlich noch, auf eine weitere interessante Besonderheit der hier versammelten Berlin-Beschreibungen hinzuweisen. Sie erhalten natürlich eine ganze Reihe kritischer Kommentare an die Adresse der Stadt und ihrer Einwohner. Wenn wir jedoch berücksichtigen, dass die hier versammelten Beschreibungen die Hauptstadt eines Staates betreffen, der die polnisch-litauische Rzeczpospolita zerstörte, eine antipolnische Germanisierungspolitik betrieb, gegen Polen einige lokale Kriege austrug, bei denen es um die Gestalt der Nachkriegsgrenzen ging, und dann aus ihm einen Friedhof für Millionen europäische Juden, aber auch Millionen Polen machte, scheinen die Bewertungen ausgesprochen ausgewogen zu sein. Auch das Fehlen eines Motivs fällt auf, das im tschechischen und polnischen Nachdenken über die Deutschen seit dem Anfang des 19. Jahrhunderts stark präsent war: nämlich die Anklage wegen der physischen Vernichtung der von den Deutschen besiegten Slaven, die auch auf dem Gebiet des heutigen Berlins lebten. Es scheint, dass die Polen mit einem viel wohlwollenderen Auge auf die lebendige, sich entwickelnde Stadt Berlin blickten, als das durch die grausamen Kreuzritter symbolisierte bedrohliche Phantom Preußen. Diese Stadt wurde nicht mehr nur als Residenz preußischer und deutscher Herrschaft wahrgenommen. Sie erwarb mit der Zeit ein eigenes Profil und das Recht zu einer selbständigen Existenz nicht nur im Rahmen Preußens, sondern manchmal ebenso in Gegenüberstellung zu diesem. So wurde sie endlich nicht mehr als mittelmäßig gelungene Kopie von Paris wahrgenommen.

Aus dem Polnischen von Markus Krzoska

JÓZEF IGNACY KRASZEWSKI, REISEBLÄTTER (1874)

Józef Ignacy Kraszewski (1812-1887), polnischer Schriftsteller, studierte in Vilnius Philosophie und Medizin, Anhänger der polnischen Unabhängigkeitsbewegung. Nach dem Januaraufstand 1863 entging er nur durch Flucht der Verbannung nach Sibirien. 1863 siedelte Kraszewski nach Dresden um. Dort engagierte er sich bei Hilfsaktionen für polnische Flüchtlinge. Bis 1864 reiste Kraszewski durch Europa und beschrieb seine Eindrücke für eine polnische Zeitung, später erschien dazu ein Buch mit dem Titel „Reiseblätter". 1883 wurde Kraszewski der Arbeit für den französischen Geheimdienst bezichtigt, in Berlin verhaftet und zu drei Jahren Festungshaft in Magdeburg verurteilt. Aufgrund seines schlechten Gesundheitszustands wurde Kraszewski 1885 gegen Kaution in einen Genesungsurlaub entlassen. Der Schriftsteller verließ Dresden und zog zuerst nach San Remo, dann nach Genf. Er hinterließ etwa 240 Erzählungen und Romane.

Wie Dresden und Leipzig steht auch Berlin auf erobertem slawischem Boden; der Name ist sogar, was den Historikern zu verheimlichen schwerfiel, wendisch (sagen sie widerwillig). Das heutige Berlin, seit Kurzem erst aus der Hauptstadt Preußens zur Metropole des deutschen Kaiserreichs avanciert, bereitet sich auf Wachstum und auf hauptstädtische Größe vor, denn Berlin ist noch nicht die Stadt, die zu sein es sich verspricht. Wie Dresden an Florenz unter den toskanischen Fürsten erinnert, so ähnelt Berlin Turin zu der Zeit, als es die Hauptstadt des aufsteigenden Italien war. Hier und dort fast alles neu, schnurgerade, der gleiche Charakter der Jugend und der geschmacklosen Gegenwart. Wie Preußen ist auch seine einstige Hauptstadt sehr spät zu ihrer heutigen Größe gelangt.

Die Siedlungen Cölln (Kolno) und Berlin reichen in die Zeit der Eroberung dieses wendischen Gebietes zurück. Es scheint sogar, dass von den durch die Spree geteilten zwei Städtchen das eine Zeit lang in den Händen der Wenden, das andere in denen der Deutschen war. Am rechten Ufer saß bereits der künftige Eroberer, während sich am linken noch die Einheimischen hielten. […]

Während des Dreißigjährigen Krieges hatte die Stadt sehr gelitten und mahnte kühn ihre Verluste an. Der Unmut war allgemein, selbst gegen die Fürsten, als 1640 der Große Kurfürst Friedrich Wilhelm die Regierung übernahm. Mit ihm beginnt das plötzliche und fast unaufhörliche Wachstum Preußens, das sich bis dahin keineswegs als die künftige Vormacht in Deutschland angekündigt hatte. Die Stadt zählte noch nicht mehr als fünfzehntausend Einwohner, aber sie wuchs.

Eines müssen wir bekennen – das Wachstum dieses Staates und seiner Hauptstadt beruht vollends auf dem starken Willen seiner Herrscher; dieser Wille reißt das Land mit, dessen Lebensbedingungen durchaus nicht für eine so rasche, treibhausartige, ungestüme Entwicklung vorbereitet schienen. Preußen wächst durch Zwang, organisiert, getrieben und gelenkt durch den unbeugsamen Willen einiger aufeinander folgender Könige, die es auf militärische Weise diszipliniert und streng dem vorausgeahnten Schicksal entgegenführen. Berlin wird auch von den Kurfürsten und den Königen erbaut, nicht durch den freien Willen der Bürger. […]

Nach den Vorstellungen von Leibniz (Lubieniecki)[8] wird 1700 die Akademie der Wissenschaften gegründet. Zur Zeit des Großen Kurfürsten und seines Nachfolgers nahm Berlin französische Sitten an, Pariser Kleidung war in Mode, und das Leben wurde nach Pariser Vorbild geführt. Friedrich Wilhelm I. setzte dem ein Ende; die Zahl der Gaststätten, deren es vorher vierzehn gab, nahm ab, die Cafés und Konditoreien verschwanden. Friedrich Wilhelm I. hatte eine ausgezeichnete Methode, die Bewohner zum Bauen anzuregen: Man befahl den Beamten unter Androhung von Strafe, Häuser zu errichten, und Unbemittelte, die kein Geld dafür hatten, zwang man, sich Geld zu leihen und zu bauen. Auf diese Weise. *iussu regis*, musste sich die Stadt vergrößern. Fast ebenso tat es Friedrich der Große, der gleichfalls dieses Ziel entschieden verfolgte, ohne sich darum zu kümmern, was auf dem Wege dorthin umgestürzt werden würde. Man baute mit Gewalt, und obwohl Berlin während des Siebenjährigen Krieges gelitten hatte, vermochte der Krieg die Bautätigkeit des Königs nicht aufzuhalten. […]

Zur Zeit Friedrich Wilhelms III. folgten für Preußen und Berlin traurige Tage; es schien, als wäre diese bereits gewachsene Macht, die alles zu nutzen wusste, um sich zu vergrößern, die immer neue Länder annektierte und sie sich einverleibte, für alle Zeit gebrochen. Am 27. Oktober 1806 zog der siegreiche Napoleon in die Hauptstadt ein, und der Berliner Polizeipräsident Büsching erzählte später, er sei einem wilderen und unerzogeneren Mann als ihm in seinem ganzen Leben nicht begegnet. Eine verborgene Kraft, die später dem Aufschwung diente, muss jedoch diese düstere Epoche überdauert haben. Die Ideen der Vorgänger waren der Leitstern der verzweifelten Erben. Nach dem Kriege wuchs Berlin mit doppelter Geschwindigkeit und dehnte sich aus. Ein ganzes Stadtviertel entstand damals, das den Namen König Friedrich Wilhelms erhielt.

Wir waren ja beinahe Zeugen der jüngsten Geschichte der Stadt, so brauchen wir nicht daran zu erinnern. Von der zweiten Hälfte des 17. Jahrhunderts, in der Berlin vierzehn- bis zwanzigtausend Einwohner zählte, bis heute, da es deren über eine halbe Million hat – und ihre Zahl wächst täglich, sodass wir sie nicht mehr genau anführen können, ist vom Großen Kurfürsten bis zum ersten deutschen Kaiser auf märkischem Sand eine neue Welt errichtet worden. Wir wollen hier eine Wahrheit oder vielleicht nur ein Hirngespinst erwähnen, weswegen die Deutschen uns zürnen könnten: Dem einverleibten slawischen Element, der Beimischung dieses Blutes verdankt Norddeutschland und insbesondere Preußen vielleicht die Kraft, mit der es in der Geschichte auftritt.

Das slawische Element für sich genommen hatte nicht die organisatorische Kraft, ihm fehlten gewisse Eigenschaften, durch deren Überfluss sich Germanien auszeichnete; die Verschmelzung der beiden Elemente indes ergab das germanisch-slawische Amalgam, welches in Preußen in Erscheinung trat. Wie es in der Chemie gewisse Elemente gibt, die kombiniert werden müssen, damit sie praktisch genutzt werden können, so bilden in der Geschichte zwei Stämme manchmal einen dritten, der tüchtiger ist als jeder der beiden für sich. Tatsache ist, dass die Deutschen, die hier die unterworfenen Slawen sogar mit Gewalt zu assimilieren verstanden, sich mir ihnen vermischten und dass eine neue Rasse entstand. Spuren dieser Verschmelzung

---

8 *Die Idee, die weltberühmten Wissenschaftler, Künstler und Kriegsführer zu vereinnahmen, gehörte zum gängigen Repertoire der wissenschaftlichen Publizistik des 19. Jahrhunderts und wird heute noch in so manchen Fällen praktiziert. Zu den „Betroffenen" gehörte unter anderem Gutenberg (tschechisch Kutnohorský) oder Lessing (ebenso tschechisch Lesník).*

existieren nicht nur in historischen Erinnerungen, oder in sichtbaren angeeigneten Traditionen, sondern in Namen, Gesichtszügen, im Blut und in der Mentalität. Gewiss werden die Preußen nicht eingestehen wollen, ein Teil ihrer Kraft sei geliehen und sie würden sich diese nicht selbst verdanken. Für die Slawen hingegen ist der Umstand traurig, sich absorbieren zu lassen und sich als schwach zu erweisen, aber die Fakten, auf die sich unsere Bemerkung stürzt, sind unerbittlich. Die Vorsehung hatte bestimmt ein Ziel, als sie eine solche Verschmelzung und die Bildung eines völlig neuen Elements zuließ. [...]

Berlin ist nicht schön. Von den Bauten der Vergangenheit reichen die bedeutenderen kaum ins 18. Jahrhundert zurück; was nicht neu ist, ist nicht geschmackvoll, und was neu ist, ist nicht durchweg akzeptabel. Die Stadt drückt ausgezeichnet den Charakter einer Militärmonarchie aus: Die Straßen sind schnurgerade, die Häuser stehen reihenweise in Quadraten wie Bataillone, die Denkmäler sogar in Uniform, das soldatische Element überwiegt und selbst beim Zivilisten erkennt man, dass er Soldat war oder es einmal sein wird. Mit Recht hat jemand gesagt, die Armee sei auch eine Art Schule: Sie lehrt Ordnungsliebe, Arbeiten, Regelmäßigkeit und Disziplin. Ein Volk, das sich in seiner Gesamtheit militärischen Exerzierübungen unterzogen hat, muss auch soldatische Mängel und Vorzüge besitzen. Wir finden sie bei den Preußen, die seit mehreren Generationen gemustert werden, in hohem Grade. Das beschränkt sich nicht allein auf die Physiognomie, es erfasst sogar den Charakter.

2

Berlin beschreiben? Eine Aufgabe, welche die Kräfte eines Touristen übersteigt, der in dieser festgeschnürten Physiognomie keine hervorstechenden Züge zu erfassen vermag. Wir wollen nur die Wichtigsten notieren. Die belebteste Straße war – wer weiß, was morgen sein wird, wenn die Königstraße zur Kaiserstraße wird – gestern noch die Königstraße. Keine andere Straße in Berlin würde es wagen, ihr Konkurrenz zu machen. Mitten darin steht ein scheinbar altes Rathaus mit Nebengebäuden. Die Börsenkönige versammeln sich in der Konditorei von Courtin. Im alten wendischen Cölln steht das Schloss der Kurfürsten, dessen Teile noch so erhalten sind wie zur Zeit jener Herrscher, aber später hat man vieles hinzugefügt. Im Norden ist das Schloss von Grünflächen und Bäumen umgeben, in der Ferne erblickt man das prätentiöse und prunkvolle Museumsgebäude, durch dessen Säulen grelle Fresken sichtbar werden. Man erkennt bereits von hier aus die alle Kunstschätze bewachende „Reitende Amazone" von August Kiss, die mit einem Panther kämpft. Wie auf den Plätzen in Dresden genießt auch hier die nachwachsende Generation die frische Luft, beaufsichtigt von Kindermädchen, bei denen zur größeren Sicherheit militärische Posten Wache halten. Im Süden grenzt ein Platz an das Schloss, auf dem zu Zeiten der Kurfürsten Ritterturniere stattfanden. Das ist der alte Teil der Stadt, obschon er nach mancher anderen Altstadt sehr jung erscheinen mag. Mit Neu-Cölln verbindet Berlin die so genannte Waisenbrücke; über sie gelangt man in die Friedrichstadt. Die Stralauer Brücke verbindet Berlin mit dem Stralauer Viertel, das voller Fabriken und Schornsteine ist und wo sich nur die Kirche und ein Bahnhof befinden. Ein überaus kahler und trauriger Anblick. Auf der gleichen Seite der Spree liegt der Teil, der Luisenstadt genannt wird, völlig neu und reich an prächtigen Straßen und Gebäuden. Fabriken, Spitäler, Lagerhäuser und die unvermeidlichen Kasernen ziehen sich an den Ufern der Spree entlang. Der Leser möge uns jedoch gestatten, hier die detaillierte Beschreibung abzubrechen, aus der er ja doch nicht viel lernen kann. Die Königstadt, das Spandauer Viertel und die Friedrich-Wilhelm-Stadt sind einander allzu eng verwandt. Inmitten der langen, von gleich aussehenden Häusern gesäumten Straßen hin und wieder eine Kirche in schlechtem Geschmack, anspruchslose Kasernen und hier und da ein wirklich schönes Gebäude, das in der Schar der allergewöhnlichsten Bauten untergeht. In der Friedrich-Wilhelm-Stadt wimmelt es von Offizieren und Studenten. An die Rosenthaler Vorstadt, vor dem Tor gleichen Namens erbaut, knüpft sich die Überlieferung von ihrer einstigen Entstehung und Besiedlung durch Sachsen aus dem Vogtland im Jahre 1752. Im Charakter der Einwohner dieser Vorstadt wollen manche die Spuren der Herkunft der alten Siedler sehen. Früher wohnte hier das Proletariat, übrigens ein äußerst fleißiges und ruhiges. An die Friedrich-Wilhelm-Stadt grenzt der repräsentativste Teil der Stadt, die Dorotheenstadt, welche das Brandenburger Tor mit dem Tiergarten verbindet. Hier ist, so könnte man sagen, das Herz von Berlin, wenn sich dieser Ausdruck auf diese so vernünftige und so wenig herzliche Stadt anwenden ließe. Hier befinden sich die Universität, das Königsschloss, die Bibliothek, die Hedwigskathedrale, die Oper, die Königliche Hauptwache, hier sind die wichtigsten Plätze (der Pariser Platz und der Opernplatz), und hier stehen auch die Linden. Die „Linden" bilden eine Arterie, durch die das Leben vom Siegestor über die Schlossbrücke bis zum Lustgarten fließt. Wer kennt nicht wenigstens vom Hörensagen die Straße Unter den Linden, die etwa das ist, was der Corso in Rom, die Rue de Rivoli in Paris, der Prado in Madrid und die Via Toledo in Neapel.

Die prachtvollsten Bauten Berlins säumen die breite, mit Linden bepflanzte, in der Tat großartige Promenade, auf deren beiden Seiten die schönsten Läden Berlins zu finden sind. Sie ist ein Paradeplatz für alles, was Berlin an Sehenswertem besitzt: elegante Garderoben, Pferde, Equipagen, Statuen, Militär, luxuriöse Schaufenster, Menschen und Denkmäler. Überfluss herrscht an Uniformen und Militärparaden. Mit Recht hat jemand darauf hingewiesen, dass selbst die Standbilder alle uniformiert sind; einen zivilen Helden gibt es hier nicht. Auf dem schönen Denkmal Friedrichs des Großen hat man Leibniz und die berühmtesten Gelehrten seiner Regierungszeit unter den Schwanz des Pferdes gestellt – wohl ein beredter Zufall. Inmitten dieser ehernen Wirklichkeit leuchten als einziger Glanz des Ideals die weißen mythologischen Statuen auf der Schlossbrücke, einem Werk des hervorragenden Architekten Karl Friedrich Schinkel. Nach seinen Ideen wurden auch die acht Marmorgruppen ausgeführt, die in Berlin wie Gäste von einem anderen Stern, aus einer anderen Welt erscheinen. Und welche Kühle und Fremdheit umgibt sie hier! Dabei hatte sich doch Schinkel den lokalen Anforderungen angepasst und Szenen aus jenem ritterlichen, soldatischen Leben dargestellt, dem Preußen seine Existenz verdankt, aber die griechischen Ritter erinnern an eine andere Epoche und an ein anderes Leben, an Zeiten, da jeder, beseelt von tiefem Gefühl, für eine große Sache kämpfte, deren Echo er in der eigenen Brust spürte. [...]

Ungeachtet des traurigen Antlitzes des neuen Berlin kann man ihm einen künstlerischen Sinn, Achtung und Liebe zur Kunst, Geschmack und Schönheit sowie das Bemühen um solche Werke nicht absprechen, welche bezeugen, dass das Leben der Wirklichkeit die Ehrfurcht vor dem Ideal nicht völlig abgetötet hat. Viele der neueren Bauwerke zeugen von gutem Geschmack, und die Villen in der Gegend des Tiergartens zeichnen sich durch Vornehmheit und Eleganz aus. Das Gebäude, das die Galerien und die Museen beherbergt, ist großartig, und schließlich sündigen ebenso wie die Gruppen auf der Brücke und das Monument Friedrichs des Großen auch die jüngst errichteten nicht durch schlechten Geschmack und Übertreibung. Obwohl Berlin mit seinen künstlerischen Sammlungen München, Dresden und Wien vielleicht noch nicht eingeholt hat, wetteifert es dennoch heute bereits mit ihnen und versucht ihnen gleichzukommen. Die Kunst und die Künstler finden, wenn schon nicht besondere Gunst, so doch wenigstens Unterstützung und Anerkennung. [...]

Was kann man übrigens noch über Berlin sagen, das vielleicht den Keim eines neuen Paris in sich trägt, zumindest aber schon heute die Herrschaft des Geistes und der Wissenschaft über Europa verheißt? Wird es die Kraft haben, eine solche Mission zu erfüllen, oder ist das nur ein Wunsch, der sich niemals verwirklichen wird? Das alles hängt von so vielen Umständen ab, von so vielen miteinander zu einem Netz verknüpften und verflochtenen historischen Gesetzen, dass selbst das schärfste Auge die Struktur dieses Gewebes nicht aufzuspüren vermag, welches die Geschichte einst mit Gold oder mit Trauer besticken wird.

Aus dem Polnischen von Caesar Rymarowicz

KAROL LIBELT, AN MEINE EHEFRAU, BERLIN (19.3.1848)

Karol Libelt, (1807-1875), polnischer Philosoph und Freiheitskämpfer, studierte in Berlin bei Georg Wilhelm Friedrich Hegel Philosophie und schloss das Studium mit einer Promotion ab. 1830 kämpfte er im Novemberaufstand gegen die russische Besatzung Polens. Für die Vorbereitung eines polnischen Aufstandes in Großpolen wurde er 1847 zu 20 Jahren Festungshaft verurteilt; dank der Berliner März-Revolution 1848 entlassen. Seit 1849 Mitglied des Preußischen Landtages, Vorsitzender des polnischen Abgeordnetenkreises. Mitbegründeter und Präsident der bis heute existierenden Posener Gesellschaft der Freunde der Wissenschaften.

Meine liebe Frau!

Wichtige Ereignisse sind hier eingetreten. Kaum war die Nachricht bekannt, dass in Wien die Revolution ausgebrochen ist, Metternich geflohen, und der Kaiser[9] alles zugestanden hat, erkannte die Regierung, wie sehr sie den Ereignissen hinterher hinke, und das Volk schämte sich, dass die Österreicher ihnen zuvorgekommen waren. Am 14., 15., 16. und 17. gab es hier nur Arbeiterunruhen, die Bürger der Stadt beteiligten sich nicht; und als es zum Blutvergießen kam (nur einige kamen zu Tode), wurde eine Schutzkommission[10] aus Bürgern und Studenten gebildet, mit weißen Stöcken und Nationalschärpen. Es sah so aus, als herrschte wieder Ruhe. Plötzlich kam am 18. morgens eine Abordnung aus Köln mit einem Forderungskatalog, eine Berliner Abordnung schloss sich ihr an und inmitten der Volksmassen zogen sie zum König. Der König versprach alles und erließ ein Patent mit dem Datum des 18., die Ihr in den Zeitungen lesen werdet, er hebt die Pressezensur auf, verspricht eine Verfassung, beruft die Volksversammlung zum 2. April ein und verspricht, einen föderativen deutschen Staat zu schaffen. Auf Verlangen des Volkes erschien der König auf dem Balkon (um zwölf Uhr) und alle schrieen Hurra. Plötzlich gab General Pfuel[11] ein Zeichen mit einem Tuch, und das hinter den Volksmassen stehende Militär eröffnete das Feuer (die genaueren Umstände wurden bisher nicht geklärt). Dutzende fielen. Dann wurden Rufe „Verrat!" laut, Volksmassen und Bürger stürzten sich auf das Militär. Da war nichts mehr zu machen, mit Steinen, Knüppeln, mit allem, was man hatte, wurde zugehauen. Sie stürmten das Zeughaus, aber sie fanden nicht eine einzige Waffe, alles war in den vorhergehenden

9   Ferndinand I.
10 Schutzkommission, gegründet am 16.3.1848.
11 *In der polnischen Fassung: Pful.*

Nächten bereits weggeschafft worden. Um zwei Uhr feuerten Geschütze auf die blitzschnell errichteten Barrikaden. Um vier Uhr übergab das Westfalen-Bataillon dem Volk seine Waffen, wollte selbst nicht schießen, zwei andere Regimenter (eins aus Stettin) wollten auch nicht auf das Volk schießen, aber der Rest der Garderegimenter hielt das Feuer von drei Uhr bis acht Uhr abends aufrecht. Die Munition ging aus. Da die Spreebrücken[12] zerstört waren, wurde die Munition in die Gegend von Charlottenburg[13] gebracht. Von zehn Uhr abends bis zwei Uhr nachts dauerte das Feuer an. Es gab massenweise Tote aufseiten des Volks und des Militärs, die mit Steinen erschlagen worden waren. Studenten eroberten Geschütze und vernagelten sie. Und doch immer wieder Kanonenschüsse, die Kasernen in der Friedrichstraße[14], die königliche Gießerei, Schuppen voller Ersatzuniformen, und einige neue öffentliche Gebäude wurden in Brand gesteckt. Von den Dächern warf man herunter, was sich dort befand, aus den Fenstern Möbel auf das Militär. Das Militär stürmte das Hotel Prinz Preußen und stach auf alles ein. Eine Riesenverwüstung soll es geben. Das Gefängnis der Polen wurde nur von 40 Soldaten bewacht. Wären auch nur 50 Personen gekommen, hätte sich der Hauptmann ergeben, weil er ein Blutvergießen vermeiden wollte. Aber keine lebende Seele ließ sich blicken. Unsere Polen haben sich versteckt und sich dieser Bewegung nicht angeschlossen, sie begriffen nicht, dass auf dem Berliner Straßenpflaster die Sache Polens entschieden wurde.

Am 19. um drei Uhr nachts hörte das Feuer auf, nur noch vereinzelte Schüsse. Militär war auf dem Platz am königlichen Schloss, am Palast des Prinzen von Preußen[15] Unter den Linden[16] bis hin zum Brandenburger Tor, wohl auch am Kriegsministerium in der Leipziger Straße und in den Kasernen in der Neustadt. Die übrigen Straßen und Tore waren in den Händen des Volkes. Verhandlungen begannen. Die Königin war vor Schreck schwer erkrankt. Der König trat auf und flehte um Ruhe, er würde alles und alles erlauben. Man rief: „Zu spät."[17] Aber es gab viele, die sich mit Zugeständnissen zufriedengeben wollten. Der König versprach: 1. eine Amnestie für alle Teilnehmer an diesen Unruhen; 2. Rückzug des Militärs und Übergabe der Sicherheit der Stadt in die Hände der Bürger und Besetzung aller Wachposten durch sie; 3. Umbesetzung des Ministeriums und die Berufung von Arnim, Schön, Camphausen und Auerswald als Minister, die mit Bodelschwingh, Uhde und dem Kriegsminister ein entsprechendes Ministerium bilden sollen. Plötzlich wird bekannt, dass am Alexanderplatz das Militär gegen das Volk kämpft – erneut fielen Dutzende aufseiten des Volkes. Bis Bürger mit weißen Tüchern kamen, die erklärten, was der König versprochen hatte – und es gab eine Waffenruhe.

---

12 In der polnischen Fassung: Szpreja
13 In der polnischen Fassung: Szarlottenburg
14 In der polnischen Fassung: ulica Fridricha
15 Wilhelm, Bruder des Königs und Thronfolger, der spätere preußische König und deutscher Kaiser Wilhelm I.
16 Statt „Pod Lipami" heißt es in der polnischen Fassung „Pod Lindami".
17 Im Original auf Deutsch.

Tatsächlich wurden alle freigelassen, die während der Unruhen festgenommen worden waren, obwohl der größte Teil von ihnen befreit wurde. Die Polen sitzen. Es sieht aus, als wäre auch das Militär zurückgezogen worden, denn zwei Kavallerieregimenter, die heute aus Potsdam kamen und sich in Moabit um die Pulverfabrik herum verteilten, zogen sich in Richtung Potsdam zurück. Es heißt, Bürger würden zu Wachposten herangezogen.

Wie es weiter geht, weiß nur der liebe Gott. Nie war eine Revolution so blutig, man rechnet mit einigen tausend Toten.[18] Ganz Berlin ist mit Barrikaden übersät, Brücken sind unterbrochen, Häuser verwüstet. Rufe nach der Republik hörte man nur selten, es heißt sogar, die Bürger hätten selbst einige Republikaner festgenommen. Es gab überhaupt keine politische Bewegung, sondern mehr Rachegelüste und Wut auf die Regierung und das Militär. Am meisten hassen sie den Prinzen von Preußen, der die Befehle gegeben haben soll. Wenn sie nur durchkommen, wollen sie seinen Palast niederreißen.

Fünf Uhr nachmittags. Es ist nichts entschieden, die Volksmassen bewegen sich nicht, weil sie an die Versprechungen nicht glauben, die so oft gebrochen wurden, das Militär hält noch die besetzten königlichen Schlösser, den Prinzenpalast und die Gebäude der Ministerien. Es herrscht gedämpfte Stille. Die Bürger wollen sich mit dem zufriedengeben, was sie erreicht haben. Das Volk möchte mehr, aber es traut sich nicht oder kann es nicht ausdrücken.

Leon ist eben angekommen, ich habe ihn gesprochen. Er sieht gut aus. Ich umarme Dich und die Kinder herzlich, mach Dir um mich keine Sorgen, wir sehen uns bald. Die Teophils sind gesund.

Dein Dir verbundener Karol

Leite diese Nachrichten an den Onkel weiter.[19]

Aus dem Polnischen von Ruth Henning

HENRYK SZUMAN, ERINNERUNGEN AN BERLIN UND POZNAŃ (1900)

Henryk Szuman, (1822-1910), polnischer Jurist und Freiheitskämpfer, studierte Jura in Breslau, Bonn und Berlin. Während seines Berliner Studiums Mitorganisator des Kreises polnischer Studenten, stand Szuman in enger Verbindung mit Karol Libelt, promovierte 1846. Arbeitete als Jurist in preußischen Gerichten in Magdeburg und Berlin. 1847 verteidigte er als Rechtsanwalt polnische Aufständische in Berlin. 1863 für kurze Zeit politischer Häftling in Berlin-Moabit. Von 1864 bis zum Lebensende Mitglied des Preußischen Landtags, von 1870-1909 Vorsitzender des polnischen Abgeordnetenkreises. Mitbegründer der Posener Gesellschaft der Freunde der Wissenschaften.

Im Jahr 1848 hielt ich mich in Berlin als Gerichtsreferendar auf, betraut mit Details der Verteidigung einiger Angeklagter, die 1846 bei der Untersuchung wegen Ludwik Mierosławskis Verschwörung festgenommen worden waren. Zugleich half ich Herrn Ludwig Crelinger, einem der besten Rechtsanwälte, die in diesem

---

18 *Insgesamt sind ca. 150 Personen umgekommen.*

19 *Dies war der letzte Brief von Libelt aus dem Gefängnis. Am nächsten Tag, dem 20.3.1848 wurden die Gefangenen durch die Revolution befreit und im Triumph durch die Straßen Berlins gefahren.*

Prozess aufgetreten sind, indem ich ihm mal als Übersetzer bei seinen Klienten diente, wenn diese die deutsche Sprache nicht ausreichend beherrschten (er selbst verstand überhaupt kein Polnisch), mal als Helfer und Amtsvertreter, der ihm Verteidigungsmaterial aus den Untersuchungsakten seiner zahlreichen und teilweise besonders kompromittierten Klienten vorbereitete. Das Urteil der ersten Instanz war schon gesprochen, aber vom König noch nicht bestätigt, sodass sogar diejenigen, die vom eigens dafür bestimmten Tribunal von Schuld freigesprochen worden waren, nur vorübergehend aus den Gefängnissen entlassen wurden.

Das Interesse an diesem Prozess gegen die Polen war in der deutschen Öffentlichkeit in Berlin ungewöhnlich groß. Zum einen deshalb, weil dieser Prozess, der vor einem außerordentlichen, doch zum größten Teil aus Mitgliedern des Kammergerichts zusammengesetzten Tribunal stattfand, öffentlich war und seiner äußeren Form nach einem Schwurgericht ähnelte, was einen unglaublichen Eindruck machte. Zum anderen deswegen, weil trotz der schwerwiegenden Anklage in der breiten deutschen Öffentlichkeit die Sympathien noch nicht abgekühlt waren, die 17 Jahre zuvor den Emigranten von 1831 nach der Niederschlagung der kriegerischen Auseinandersetzung entgegengebracht worden waren. [...]

Bekanntlich brach am 26. Februar 1848 die Revolution in Paris aus, die den König Louis Philippe und seine ganze Dynastie vom Thron fegte und mit der Errichtung der Republik endete. Die bis dahin fügsame Berliner Bevölkerung, ängstlich und voller Achtung vor jedem Polizisten und Gendarmen und wahrscheinlich in den damals nicht besonders zahlreichen Kneipen bei einer dünnen Berliner Weiße politisierend, strömte plötzlich auf die Strassen. Sie versammelte sich in den so genannten Zeltrestaurants[20] an der Spree, am Rande des Tiergartens, wo sie sich die Reden verschiedener, wie aus dem Boden geschossener Agitatoren anhörte, die gegen das politische Elend donnerten, in das die deutschen Machthaber die ganze Bevölkerung getrieben hätten. [...]

Zur Aufrechterhaltung und Anregung der geistigen Bewegung trugen maßgeblich auch Abordnungen aus den verschiedensten Orten bei, die überwiegend aus der westlichen Rheinprovinz nach Berlin kamen, um entweder bei den Ministern, oder beim König selbst die Erweiterung und Festlegung politischer und Bürgerfreiheiten sowie die Verabschiedung einer Verfassung zu fordern.

Der 18. März 1848 fiel, wenn mich die Erinnerung nicht trügt, auf einen Samstag, der, wie der ganze Monat und der ganze Frühling jenes Jahres, heiter und verhältnismäßig warm war bei einem Wetter, das eher dem Mai- als dem Märzwetter entsprach. Von morgens bis mittags ließ der Anblick der Berliner Straßen nichts von dem blutigen Drama erahnen, das sich dort in Bälde abspielen sollte. Es verbreitete sich zwar das Gerücht, eine Abordnung aus Köln und der Rheinprovinz sei in Berlin angekommen, um eine Audienz beim König zu erlangen und ihm ihr Gesuch, oder ihren Antrag auf die Verfassung, oder die Einberufung einer Nationalversammlung, oder ähnliche Forderungen vorzulegen, aber das wäre schon keine außergewöhnliche Angelegenheit mehr gewesen, wenn sich nicht gegen Mittag aufgrund dieses Gerüchts eine zahlreiche Menschenmenge vor dem Königlichen Schloss versammelt hätte, um dort den Auftritt der Abordnung zu erleben und auf die Ergebnisse der Königlichen Audienz zu warten. Diese Menge, die den ganzen Schlossplatz und die so genannte Schlossfreiheit füllte, verhielt sich vollkommen ruhig, wovon ich mich selbst überzeugen konnte, da ich unter den Leuten war und gaffte. Ich rechnete nicht mit besonderen Vorfällen,

---

20 *In der polnischen Fassung:* Zelty.

und als sich die Mittagszeit näherte, ging ich zum Restaurant Tietz, das sich in dem Eckhaus Friedrichstraße / Unter den Linden über dem Café Kranzler befand; dorthin begaben sich gewöhnlich einige von uns zu Tisch und ich fand dort bereits einige meiner Bekannten, darunter Edward Leo[21] aus Warschau, Graf Michał Tyszkiewicz, Julian Moraczewski […] sowie meinen ältesten Bruder Leon vor. Wir setzten uns an den Tisch, schafften es jedoch lediglich die Hälfte des Mittagessens zu verspeisen, während ich über die Versammlung vor dem Schloss berichtete, als auf der Straße ein großer Tumult entstand und wir Leute erblickten, die mit dem Ruf „Verrat! Verrat! Zu den Waffen!" in alle Richtungen liefen, wobei manch einer die auf der Spazierzeile Unter den Linden[22] stehenden Bänke umstürzte und die Schranken durchbrach, die die Fußgängerzone von der Straße trennten, um an der Ecke Friedrichstraße[23] eine Barrikade zu errichten.

Diese Bemühungen waren jedoch vergeblich, denn hinter den Fliehenden erschien ein Zug der Gardeulanen, der die Straße in Kürze säuberte, an der Ecke anhielt und eine Abteilung Wache stehen ließ, während der Rest sich in Richtung Brandenburger Tor in Bewegung setzte. Diese Abteilung wurde von Adam Grabowski, dem Sohn von Józef Gr., dem Chef des Posener Landadels befehligt […]. Er war ein guter Bekannter von uns, und diente damals beim Militär im Rang eines Unteroffiziers; als er uns auf dem Balkon erblickte, wie wir neugierig den Straßenunruhen zuschauten, begrüßte er uns und beschwor uns, ihm eine Mahlzeit zukommen zu lassen, da er – wie er sagte – seit morgens ohne Essen und Trinken zu Pferde sitze. Wir ließen ihm rasch kalte Vorspeisen und ein Glas Wein bringen, dachten dabei auch an die Soldaten, die zum größten Teil Polen waren, und denen es nicht erlaubt war, vom Pferd abzusteigen. Wir erfuhren von ihm, dass vor dem Schloss eben ein Tumult entstanden war, worauf hin das Militär den Befehl bekam, den Schlossplatz und die Straßen von der versammelten Menschenmenge zu räumen. Was tatsächlich passiert war, konnte er uns jedoch nicht erklären, da er nur seinem Befehl folgte, Platz und Straßen zu räumen und erneute Menschenansammlungen zu verhindern.

Erst später klärte sich die Sache auf: Während Tausende vor dem Schloss standen und ziemlich ruhig warteten, fiel ein Schuss. Ob er – was wahrscheinlicher erscheint – von der Schlosswache, die unter Waffen stand, abgefeuert wurde, oder aus der Menge, bleibt bis heute ungeklärt. Wie dem auch sei: Auf den Schuss hin, der übrigens niemandem geschadet hat, ertönte der Ruf: „Verrat! Zu den Waffen!" und unter der Menschenmenge brach Panik aus, umso mehr, als von der Breitestraße, die direkt auf die Schlossfront zuläuft, eine berittene Abteilung auftauchte, während von der anderen Seite wiederum eine Infanterieabteilung das versammelte Volk angriff, infolge dessen die Menge in alle Richtungen auseinander lief und panisch verbreitete, das Militär morde das wehrlose Volk.

Unser Posten auf dem sich beiderseits des Eckhauses erstreckenden Balkon im ersten Stock war zur Beobachtung der sich abspielenden Vorgänge günstig, weil er eine klare Aussicht in vier Richtungen bot. Auf der Straße Unter den Linden beruhigten sich in Kürze Tumult und Lärm und die Ulanenabteilung wurde bald abgezogen. Aber in der Friedrichstraße, die die damalige Stadt von einem Ende bis zum anderen, das heißt

---

21 Edward Leo (1829-1901), Jurist, Redakteur der Zeitschrift „Gazeta Polska". Bis 1879 als Anwalt tätig, zog er sich danach aus Protest gegen die Russifizierung der Gerichte in Kongresspolen ins private Leben zurück.
22 In der polnischen Fassung: pod Lipami.
23 In der polnischen Fassung: ulica Fryderykowska.

vom nördlichen Oranienburger Tor bis zum südlichen Halleschen Tor durchschnitt, eröffnete sich ein interessanter Anblick; man kann sagen, dass in einem Augenblick auf allen Querstraßen, beginnend an den Straßenmündungen und Eingangstoren, Barrikaden entstanden und die Friedrichstraße sich gewissermaßen in zwei Leitern verwandelte, deren Sprossen die von den Eingangstoren Richtung Stadtmitte reichenden Barrikaden bildeten. Es dauerte aber nicht allzu lange, bis wir eine heftige Schießerei hörten, die uns von unserem Beobachtungsposten vertrieb, als vom Halleschen Tor her eine Kanonenkugel direkt über unsere Köpfe flog.

Die Militärabteilung, also die Kavallerie, die Unter den Linden erschien, beschränkte – soweit man das sehen konnte – ihre Tätigkeit darauf, jegliche Menschenansammlungen auf dieser und auf der parallelen Behrenstrasse zu verhindern, um dort sowie in Richtung des Königlichen Schlosses freien Verkehr zu gewährleisten, da sich in diesem Viertel nicht nur das Schloss, sondern auch das Palais des Prinzen von Preußen (des späteren Kaiser Wilhelms I.), sowie das Zeughaus und die Kommandantur befanden. In den übrigen Stadtbezirken schossen dafür die Barrikaden wie Pilze aus dem Boden und es entfachten sich heftige Straßenkämpfe. Man muss hinzufügen, dass der Barrikadenbau nicht etwas ganz Neues war, da es bereits in den Tagen zuvor in der so genannten Altstadt, und zwar in der Breitestraße, immer wieder zu Unruhen und Zusammenstößen mit der bewaffneten Gewalt gekommen war und es Versuche gegeben hatte, Barrikaden zu errichten, die das Militär allerdings ohne besondere Mühe besetzen und räumen konnte. […]

Aus unseren Fenstern, die lediglich 50 bis 60 Schritte von der Straßenecke entfernt waren, konnten wir nur die Verteidiger der Barrikaden und die Fenster der Eckhäuser sehen, von denen aus auf das Militär geschossen wurde; wenn eine Militärabteilung zum Angriff vorrückte, der ein ums andere Mal siegreich abgewehrt wurde, konnten wir nur deren Trommelschläge hören. Mir fiel auf, dass das Militär sich unnötig mit einem Frontalangriff abmühte, denn man hätte ein Dutzend Mann vom Gendarmenmarkt aus in die Taubenstraße schicken können, im Rücken der Barrikadenverteidiger hätte man sie angreifen, die Barrikaden besetzen und die Verteidiger zum Rückzug zwingen können. Kaum schaffte ich es, meinen Bruder darauf aufmerksam zu machen, da ertönten bereits die Trommeln von dieser Seite und eine Infanterierotte erschien, sodass die Barrikadenkämpfer in die Zange genommen und zum raschen Rückzug gezwungen wurden.

Die Schießerei aus den Fenstern dauerte noch eine Weile an, hörte dann aber bald auf, als das Militär begann, auch in die Häuser vorzudringen, aus denen geschossen wurde. Die Aufständischen flohen entweder durch die Hinterhäuser oder ließen ihre Waffen liegen und versteckten sich auf Dachböden wie in allen möglichen Winkeln. Unter den Aufständischen sah ich keine Leichen, nur einige blutende Verwundete, die sich aus dem Staub machten. Nachdem das Militär die Barrikade eingenommen hatte und der Kampf an dieser Stelle beendet war, trat ein stark hinkender Offizier an unser Fenster und bat darum, ihn einzulassen, da die Tür zum Hotel geschlossen sei. Wir ließen den Pförtner das Tor aufmachen und mit dem Offizier wurde auch ein anscheinend getöteter Soldat hereingebracht.

Der Offizier hatte nur Prellungen von Steinwürfen am Bein oder eher am Fuß an der kleinen Zehe und konnte nicht richtig auftreten; nachdem wir ihm den Schuh ausgezogen und einen kalten Umschlag gemacht hatten, forderte er vom Wirt eine separate Unterkunft, bedankte sich bei uns für die Hilfe und zog sich zurück. Unterdessen gab der Soldat kein Lebenszeichen von sich, obwohl er atmete; das Blut, das aus seinem Helm sickerte, zeugte von einer Kopfverletzung, obwohl im Helm selbst kein Loch zu sehen war. Nachdem man ihm den Helm abgenommen hatte, stellte sich heraus, dass auch er von einem steinernen Geschoss getroffen worden, aber von dem starken Schlag nur benommen war. Wir wuschen ihm den Kopf mit kaltem Wasser, und nachdem er zu sich kam, stärkten wir ihn mit einem Glas Wein. Ich kann mich erinnern, dass ich von der Fürsorge des Unteroffiziers fast gerührt war, da er sich des Soldaten wie eines Kindes annahm. Der Soldat war ein aus Stettin kommender Einjähriger, der im dort stationierten Regiment der Königin diente. Als er zu Bewusstsein kam und sich gestärkt hatte, bedankte er sich ebenfalls für die Betreuung, nahm den Unteroffizier an die Hand und rief: „Es geht mir schon gut, kommen Sie, Feldwebel, wir setzen den Halunken von den Barrikaden zu!" Bald versammelte sich die ganze Mannschaft und ging zu ihrer Abteilung, die die nächste Barrikade angreifen sollte. […]

Der Kampf dauerte die ganze Nacht, und obwohl das Militär von der Stadtmitte her immer mehr Terrain eroberte, ging der Donner der Schüsse allmählich zurück und flaute in der Ferne ab. Nach dieser geistigen und nervlichen Erschütterung konnte man sich jedoch nicht im Schlaf ausruhen, da er auch immer wieder durch Gewehr- und Kanonenschüsse unterbrochen wurde. Ich stand also früh auf, trank den Morgenkaffee und ging auf die Straße, wo es ebenso wie in den Nebenstraßen ganz ruhig war, begab mich zu meinem Bruder, um mir mit ihm zusammen die Stadt anzusehen. […]

Wir liefen weiter zur Königsstraße, an deren Einmündung direkt gegenüber der Kurfürstenbrücke es Spuren einer großen Barrikade und harter Kämpfe gab, während die Straße selbst bereits vom Militär besetzt war. Als wir die Straße in Richtung Alexanderplatz liefen, hörten wir von dieser Seite heftigen Beschuss und die Kartätschen trommelten auf das Steinpflaster. Jenseits des Alexanderplatzes, an der Mündung der Neuen Königsstraße, stand nämlich eine gewaltige Barrikade in Form einer Schanze, deren Gipfel bis zum ersten Stockwerk reichte; sie war mit Schützen dicht besetzt und sogar mit eisernen Geschützen bestückt, von denen aus gerade auf das auf der gegenüberliegenden Seite des Platzes stehende Militär geschossen wurde. Dieses Viertel war noch in den Händen der aufständischen Bürger, und im Haus des Schützenvereins befand sich die Hauptkommandantur des Aufstandes, in der auch der gefangen genommene Kommandant von Berlin, General Möllendorf bewacht wurde, gewissermaßen als Geisel.

Aus dem, was wir sahen, gewannen wir den Eindruck, dass der Sieg in den Straßenkämpfen eindeutig auf Seiten des Militärs lag, und dass die aufständische Bevölkerung durch eine starke und energische Anstrengung niedergeschlagen würde. Als wir aber nach dem erwähnten Schuss nach Hause umkehrten und diese Bemerkungen austauschten, holte uns an der Kurve am Werderplatz in Richtung Jägerstraße ein Stabsoffizier zu Pferde ein, der mit einem weißen Tuch winkte und nachdem sich eine Gruppe von Passanten versammelt hatte, die sich – wie wir – die Folgen der Straßenkämpfe anschauten, ausrief: „Seine Königliche Majestät lässt mit dem Kampf aufhören. Das Militär hat den Befehl bekommen, die Stadt unverzüglich zu verlassen. Kündigen Sie, meine Herren, das überall an und rufen Sie dazu auf, den Bruderkrieg zu beenden!" Es lässt sich schwer beschreiben, welchen Eindruck diese Worte machten; die ganze Gruppe lief sofort auseinander und schrie aus vollem Halse: „Frieden, Frieden! Das Militär zieht sich zurück und verlässt Berlin, es lebe die Freiheit!" Es fehlte aber auch nicht an Stimmen, zwar weniger zahlreich, die nicht die Freiheit, sondern den König hochleben ließen.

Welche Umstände oder Zureden König Friedrich Wilhelm IV. dazu bewogen haben, dem Militär, das zweifellos dem Sieg nahe war, den Befehl zu erteilen, den Kampf zu beenden und sich aus Berlin zurückzuziehen, war vorerst und auch später Gegenstand von Gerüchten und Spekulationen, die sich nur schwer oder gar nicht bestätigen lassen, da die eigentlichen Akteure heute nicht mehr am Leben sind und ihr ganzes Leben lang keine eindeutigen Hinweise dazu abgegeben haben, es ist auch nicht sicher, ob sich derartige Hinweise in den staatlichen Geheimarchiven befinden. [...]

Wie dem auch sei: Unter den Kämpfenden sowie in der überwiegenden öffentlichen Meinung wurde der Befehl, das Militär abzuziehen, nicht als Akt königlicher Güte betrachtet, sondern als eine Entscheidung aus Furcht vor gewaltsamen Ausschreitungen, die sich gegen die Person des Königs hätten wenden können. Bald tummelte sich auf dem Schlossplatz eine bunte Menschenmenge, die Leichen der gefallenen Barrikadenkämpfer wurden von den nahen Straßen zusammengetragen und im Vorhof des Schlosses aufgebahrt, wobei gefordert wurde, die Königin und der König sollten die Toten ehren. Die Minister, ich weiß nicht mehr, ob Graf Arnim oder der populärere Graf Schwerin, versuchten zwar, die Menge von dieser erniedrigenden Forderung abzubringen, indem sie darauf hinwiesen, der König habe sich aufgeopfert, als er dem Militär befahl, den Kampf zu beenden und die Stadt zu verlassen, aber vergeblich. Die bedrohlichen Rufe wollten nicht aufhören, sodass nicht nur der König sich genötigt sah, herunter zu kommen, um die in einer Reihe aufgebahrten Toten zu ehren, von denen manche einen schrecklichen Anblick boten, sondern auch die Königin war gezwungen, sich an die Seite ihres Mannes zu stellen und für die Getöteten ein Gebet zu sprechen, was sie derart erschütterte, dass man sie ohnmächtig in ihre Gemächer bringen musste.

Unterdessen hörte der Tumult vor dem Schloss nicht auf und die aus Mitgliedern des Schützenvereins behelfsmäßig zusammengestellte Schlosswache konnte nicht einmal davon träumen, den Schlossplatz zu räumen. Im Grunde genommen wusste eigentlich niemand, weswegen er gekommen war und was man fordern sollte. Man schrie unnötig: „Es lebe die Freiheit!" und „Nieder mit dem Militär!", beschimpfte den Prinzen von Preußen und die Rufe wurden nur dann für eine Weile stiller, wenn einer der Minister auf dem Schlossbalkon erschien und sich bemühte, das Volk durch Zureden und Versprechen, dass der König und die Regierung die Forderungen des Volkes berücksichtigen würden, zu beruhigen und dazu zu bewegen, auseinander zu gehen. Schließlich erhob jemand die Stimme und rief, das Volk fordere Bewaffnung und deshalb die Herausgabe der Waffen aus dem Zeughaus. Diesen Ruf griff bald die Allgemeinheit auf, sozusagen als Antwort auf die Erklärungen der Minister, und als der Lärm immer lauter wurde, erschien Minister Schwerin erneut auf der Treppe und erklärte, die Regierung habe beschlossen, eine Bürgerwehr zu gründen und zu organisieren, der am Mittag die nötigen Waffen aus dem Zeughaus übergeben würden. Erst danach beruhigte sich die Menschenmenge ein wenig, zog sich allmählich zurück und ging auseinander.

Ich schilderte diese bedeutenden 24 Stunden, so wie sie sich vor meinen Augen abgespielt hatten und wie ich sie – meine ich – in treuer Erinnerung behalten habe; damals zog ich daraus die Schlussfolgerung, von der ich bis heute überzeugt bin, dass der revolutionäre Ausbruch vom 18. März 1848 in Berlin nicht im Voraus geplant war und nach keinem Plan ablief. Dies nicht nur deswegen, weil ich in der den Märztagen vorausgehenden Zeit keine Spuren von Untergrund- oder Verschwörungsaktivitäten bemerkt und nichts darüber gehört hatte, obwohl es viele Gelegenheiten dazugegeben hätte, sondern auch deswegen, weil selbst nach dem Ausbruch der Revolution in Paris die Ausschreitungen, zu denen es im Süden und im Westen Deutschlands kam, einen spontanen Charakter hatten, nur einzelne Orte betrafen, ohne jedes Anzeichen eines durchdachten Plans. [...]

Geradezu einem Märchen gleicht die Behauptung, die übrigens erst viel später von reaktionären Organen verbreitet wurde, der Anstoß zu den Straßenkämpfen und deren Organisation sowie der Aufruf zum Bau von Barrikaden sei ein Werk von Franzosen, Juden und Polen gewesen. Diejenigen, die dieses Gerücht verbreiteten, hatten dafür nicht die geringsten tatsächlichen Belege. Und soweit es die Polen betrifft, auf die dieses damals in die Welt gesetzte und bis heute immer wieder auftauchende Gerücht zielte, kann ich mit unbezweifelbarer Sicherheit sagen, dass es falsch war. Die Legende von irgendeinem herausragenden Polen, der mit heldenhafter Tapferkeit eine Barrikade verteidigt habe und dabei gefallen sei, ist schlicht und einfach eine Erfindung. Ein solches Vorkommnis wäre aller Wahrscheinlichkeit nach, wenn schon nicht früher als die Absicht selbst, dann doch im Nachhinein zu unserer Kenntnis gelangt. Im vorhandenen Verzeichnis aller gefallenen und im Park von Friedrichshain bestatteten Barrikadenkämpfer gibt es nur einige polnisch klingende Namen von Menschen mit handwerklichen Berufen, an denen es übrigens in Berlin nicht fehlt, die aber freilich nicht polnischer Nationalität sind. Unter ihnen gibt es einen gewissen als Regierungsreferendar bezeichneten Gustav von Lensky, doch war diese Persönlichkeit niemandem von uns bekannt und gehörte mit Gewissheit nicht zur polnischen Gemeinschaft.

Wie ich übrigens bereits erwähnte, haben wir während der Beratungen über unser Verhalten angesichts der politischen Bewegungen in Berlin einstimmig beschlossen, uns weder an den öffentlichen Versammlungen und Zusammenkünften zu beteiligen, noch – und das erst recht nicht – an den wahrscheinlichen Straßenkämpfen. Es kamen zwar einige polnische Emigranten aus Frankreich hinzu[24], aber das geschah erst nach dem Kampf vom 18. auf den 19. März, so dass diese mit den Barrikadenkämpfen gar nicht in Berührung kamen. [...]

Nach den oben geschilderten Begebenheiten und der Gründung der Bürgerwehr, die unverzüglich mit Waffen (Gewehren mit Bajonetten) aus dem Zeughaus versehen wurde und der auch die deutschen Studenten als eine gesonderte Abteilung beitraten, versammelten auch wir (d. h. Studierende und Beamte) uns, um zu beraten, was nun zu tun wäre. Unsere Sitzungen absolvierten wir in der Taubenstraße Nr. 6, völlig frei und von der Polizei unbehelligt, wie vorher auch. Wojciech Cybulski[25], Professor für slawische Sprachen, Jan

---

24 Es handelt sich um politische Emigranten, die nach dem gescheiterten Novemberaufstand (1830-1831) ins westliche Ausland flüchteten. Viele von ihnen nahmen an demokratischen Revolutionsversuchen des Vormärzes teil.
25 Wojciech Cybulski (1808-1867), Altphilologe, Slawist, Literaturhistoriker. Teilnehmer des Novemberaufstands (1830-1831), danach in der russischen Gefangenschaft und im preußischen Gefängnis bis 1834. 1842-1859 Professor für slawische Sprachen und Literatur an der Berliner Universität, seit 1860 an der Breslauer Universität. Abgeordnete des preußischen Landtags.

Koźmian[26], der damals in Berlin wohnte und ich leiteten meistens diese Sitzungen. Vor allem erwogen wir, ob wir uns nicht mit einem Amnestiegesuch für unsere Landsleute, die Angeklagten wegen der Verschwörung von Mierosławski[27], zum König begeben sollten. Diese Idee fand allgemeine Zustimmung und ich wurde mit der Aufgabe betraut, ein solches Gesuch zu formulieren, mit dem sich dann eine Delegation der erwähnten Personen zum Schloss begeben sollte. Während wir dies noch berieten, nahmen mich einige deutsche Arbeiter aus der Borsig-Fabrik beiseite und erklärten mir, sie seien bereit, zusammen mit anderen bewaffneten Arbeitern und Bürgern zum Gefängnis nach Moabit zu gehen, es mit Gewalt zu öffnen und die Gefangenen zu befreien. Uns riefen sie dazu auf, an dieser Aktion teilzunehmen. Zu mir kamen sie, weil sie meinen Namen als einen der Verteidiger kannten. Ich bedankte mich höflich für diese edle Bereitschaft und erklärte, wir hätten gerade beschlossen, dies auf einem friedlichen Wege zu versuchen. Wenn jedoch die Ergebnisse unseren Vorstellungen nicht entsprechen sollten, würden wir ihre Hilfe dankbar annehmen, und zu diesem Zweck, also um weitere Entscheidungen zu treffen, lud ich sie für den nächsten Tag morgens in meine Wohnung ein.

Es war schon ziemlich spät abends, als unsere Delegation sich mit einem schriftlichen Gesuch zum Schloss begab, um eine Audienz zu erlangen und dem König die Angelegenheit vorzulegen. Als wir erfuhren, dass Fürst Wilhelm Radziwiłł[28], ein General und königlicher Adjutant, sich im Schloss aufhielt, ein Mann also, den wir alle kannten und bei ihm zu Hause anlässlich der von ihm auf altpolnische Art gefeierten Speisenweihe zu Ostern verkehrten, machten wir von seiner Vermittlung Gebrauch. Er erklärte uns jedoch, der König sei nach den Ereignissen des letzten Tages erschöpft und erschüttert und könne uns keine persönliche Audienz gewähren. Nachdem er jedoch erfahren habe, worum es ging, habe er sich bereiterklärt, unsere Angelegenheit zu berücksichtigen, die noch heute vom Innenminister erledigt werden sollte.

Am nächsten Tag, also am 20. März morgens, ging ich nach Moabit, wo die Teilnehmer der Mierosławskischen Verschwörung festgehalten wurden, unter ihnen mein jüngster Bruder Norbert, zwei Schwäger: Libelt und Matecki, einige Bekannte und sechs meiner Klienten, um ihnen diese hoffnungsvolle Nachricht zu überbringen. Ich war überhaupt nicht erstaunt, als ich am Eingangstor die frühere Militärwache nicht vorfand, da diese bereits am Tag zuvor, nach dem Befehl, das Militär aus Berlin zurückzuziehen, abgezogen worden war. Zunächst ging ich zum Gefängnisdirektor, Hauptmann a. D., Grabowski (ein Deutscher, der kein Polnisch sprach und verstand), einem Mann, der trotz der Härte seines Amtes durchaus gütig

---

26 Jan Koźmian (1814-1877) nahm am gescheiterten Novemberaufstand teil, nach 1831 lebte und studierte er in Frankreich, England, Spanien und Berlin, wo er die Herausgabe der katholischen Zeitschrift „Przegląd Poznański" initiierte. 1848 wurde Koźmian zusammen mit anderen Mitgliedern der polnischen Akademischen Legion verhaftet, danach lebte er in Großpolen. Nach dem Tod seiner Frau studierte er Theologie, wurde zum Priester eingeweiht und diente als Sekretär des Bischofs Ledóchowski. Herausgeber der konservativen Zeitschrift „Kuryer Poznański".

27 Ludwik Mierosławski (1814-1878), polnischer Revolutionär, „General der Niederlage", nahm an mehreren Revolutionen und Aufständen in ganz Europa teil. 1846 wurde Mierosławski als einer der Anführer der polnischen Konspiration verhaftet und zum Tode verurteilt; das Todesurteil wurde später in eine lebenslange Gefängnishaft umgewandelt. 1848 durch die Berliner Bevölkerung befreit nahm er an dem gescheiterten Aufstand in Posen Teil.

28 Wilhelm Fryderyk Paweł Radziwiłł (1797-1870), Mitglied des Herrenhauses, preußischer General.

und höflich war und sich sogar den Häftlingen gegenüber, insofern dies seine Dienstvorschriften erlaubten, korrekt verhielt. Ich traf ihn bis zu Tränen gerührt und seelisch fast zusammengebrochen an. Nachdem ich ihm mit unverhohlener Freude von den Ereignissen des vergangenen Tages erzählte, die den Anbruch einer neuen politischen Ära ankündigten, auch über unser Amnestiegesuch an den König und den Plan, mit Gewalt ins Gefängnis einzubrechen, falls diesem Gesuch nicht stattgegeben werden sollte, antwortete er mir mit Tränen in den Augen: „Sie sind jung, mein Herr, und ich kann gut verstehen, dass Sie den vollen und besten Trost aus den Ereignissen der letzten Tage schöpfen. In mir aber, der ich im Dienste des Königs, meines Herrn, alt geworden bin, kann das, was ihm widerfuhr, nur Schmerz und Trauer hervorrufen. Sie wissen wohl, dass ich Ihren Landsleuten und Ihrem Volk gegenüber keine feindlichen Gefühle hege. Ohne einen höheren Befehl, kann ich sie aber, wie Sie wohl verstehen werden, nicht freilassen, da ich sonst meine Pflicht verletzen würde, an die ich mich immer treu gehalten habe. Mich gegen Gewalt zu wehren, nachdem die Militärwache abgezogen wurde, wäre ich nicht imstande. Ich denke aber, dass es dazu nicht kommt, denn seine Majestät der König, der in kurzer Zeit so viele Zugeständnisse gemacht hat und dessen Herz gütig ist, wird, wie ich glaube, Ihre Bitte berücksichtigen und Ihre Landsleute freilassen, was ich mit ehrlicher Freude begrüßen werde, während alles Übrige, was in den letzten 24 Stunden geschah, mich nur mit Trauer und Empörung erfüllen kann."

Ich begab mich also unter die Häftlinge, die bereits nicht mehr in den Zellen eingeschlossen waren und miteinander frei kommunizieren konnten, die mich aber fast vorwurfsvoll begrüßten, warum sie bis jetzt noch nicht freigelassen worden seien, womit sie jeden Augenblick gerechnet hätten. Dass in Berlin Straßenkämpfe stattgefunden hatten, hatten sie durch die unaufhörlichen, nächtlichen Gewehr- und Kanonenschüsse erfahren. Dass das Militär aufgegeben hatte, hatten ihnen die Gefängniswärter erzählt. Ich erklärte ihnen, warum sich die Angelegenheit hinauszögerte, dass wir ein Amnestiegesuch zum König gebracht hatten und ihre Befreiung gegebenenfalls mit Gewalt erfolgen würde, als plötzlich ein Tumult auf dem breiten Gefängnisgang ausbrach. Oberstaatsanwalt Wenzel war gekommen und verkündete den schnell im Verhörsaal zusammengerufenen Häftlingen den königlichen Gnadenakt.

Ein unbeschreiblicher Lärm brach aus. Ein Stimmengewirr aus Rufen und freudigem Weinen. Dem Oberstaatsanwalt in Begleitung von Rechtsanwalt Deyck, ebenfalls einem der Verteidiger, folgten die Ehefrauen und Familienangehörigen der Gefangenen und eine große Menschenmenge ins Gefängnis. Denn in der Stadt war die Nachricht von der Amnestie für die gefangenen Polen eine Sensation, und was kreucht und fleucht, eilte nach Moabit, um die Befreiten zu begrüßen. Glückwünsche, Freudenschreie und Tränen nahmen kein Ende. Vergeblich bemühte sich der Gefängnisdirektor, Ordnung zu schaffen. Die Menschenmenge begleitete die Gefangenen zu ihren Zellen, und es kam vor, dass der eine oder andere einen kleinen Gegenstand vermeintlich als Erinnerungsstück aus dem nicht gerade üppigen Besitz der Gefangenen mitgehen ließ. Letztendlich einigten sich die Gefangenen darauf, ihr Hab und Gut mit Erlaubnis des Direktors in den Zellen zurückzulassen und es später abzuholen, sie selbst setzten sich, in Reih und Glied, in Bewegung und zogen in Begleitung einer immer größer werdenden Menschenmenge in Richtung Stadt.

Aber dabei blieb es nicht, denn bald wurden Mierosławski und Libelt in eine offene Droschke oder ein anderes Gefährt gesetzt, in das, glaube ich, auch ein Barrikadenkämpfer und ein Student in Uniform einstiegen, die Damen wurden in einem zweiten Fahrzeug untergebracht: die Ehefrau von Adolf Malczewski[29], Frau Guttrowa[30] und meine Schwestern; und am Oranienburger Tor wurden sogar die Pferde ausgespannt, hinter diesen Fahrzeugen gingen die Gefangenen geordnet, in Begleitung einer unübersehbar großen Menschenmenge, unter ständigen Ausrufen: „Es lebe die Freiheit! Es lebe die Brüderlichkeit!" Der Zug bewegte sich durch die Friedrichstraße und Unter den Linden hin zum Schloss, um dem König öffentlich für die gewährte Amnestie zu danken, dann ging es zurück zur Universität. Nachdem sie ausgestiegen waren, bedankten sich Mierosławski auf Französisch und Libelt auf Deutsch bei dem Volk für die ihnen entgegenbrachte Sympathie, ließen die Freiheitsidee, die bürgerlichen Freiheiten und die Verbrüderung der Nationen hochleben, worauf die Menge mit „Vivat"-Rufen antwortete und selbst in Freiheitsrufe ausbrach, bis man endlich die erschöpften und hungrigen Gefangenen entließ, damit sie sich stärken und ihre Landsleute begrüßen konnten. […]

Das Berliner Volk brachte den befreiten Häftlingen eine spontane, eindeutige und allseitige Sympathie entgegen, aus den Fenstern wurden Blumen heruntergeworfen und es wehten bunte Fahnen. So habe ich es als Augenzeuge geschildert und aus eigener Erfahrung beschrieben. Die inmitten dieser gewaltigen revolutionären Bewegung scheinbar unbedeutende, schon erwähnte Begebenheit, dass die auf den Berliner Barrikaden für die allgemeinen politischen Freiheiten Kämpfenden, vor allem in ihrem eigenen Interesse, freiwillig, von niemandem dazu angestachelt oder überredet, zu uns kamen, uns ihre Hilfe anboten und selbst die Initiative zur Befreiung der gefangenen Polen ergriffen, wenn es hätte sein müssen auch unter Gewaltanwendung, ist ein ausdrückliches und herausragendes Zeichen der damaligen Einstellungen des deutschen Volkes.

Noch deutlicher wurde dies durch die Gründung der so genannten Legion der polnischen Akademiker als gesonderter Abteilung der Bürgerwehr. […] Die Amnestie, die Befreiung der Gefangenen und mehr noch die den Polen erwiesenen Ehren führten zur Entscheidung, der Bürgerwehr beizutreten, um die Idee der Verbrüderung der Völker hervorzuheben, aber unter Beibehaltung von Symbolen der eigenen, getrennten Nationalität. Der Kommandant der Bürgerwehr, zugleich Polizeichef, Herr von Minutoli, hatte gegen diese Idee zumindest nichts einzuwenden und nach einer Beratung am Tag der Befreiung der Gefangenen aus Moabit, an der Wojciech Cybulski, Jan Koźmian, Adam Koczorowski[31] und ich teilnahmen, erlaubte er es gern, eine getrennte polnische Abteilung zu gründen, die unter dem Namen Polnische Akademische Legion in die Bürgerwehr eingegliedert werden sollte und zwar mit der eigenen weiß-roten Fahne. Bald wurden auch an uns im Zeughaus Waffen ausgegeben, es waren Husarensäbel, wobei es jedem freistand, seine Bewaffnung zu

---

29 Pelagia Katarzyna geb. Radzimińska, Ehefrau und Mitarbeiterin von Adolf Malczewski. Im Berliner Prozess 1847 sagte sie als Entlastungszeuge aus. Nach 1863 lebte sie in Trennung von ihrem Ehemann. Sie starb 1871.

30 Prowidencja Radzimińska (1818-1888), Frau von Aleksander Guttry (1813-1891), Schwester von Pelagia Malczewska.

31 Adam (richtig Adolf) Koczorowski (1823-1893), Politiker und Redakteur, 1848 Mitglied der polnischen Akademischen Legion in Berlin, seit 1851 Redakteur der Zeitschrift „Przegląd Poznański". 1863 gehörte Koczorowski zu den Gegnern des Aufstandes, was aber seine Inhaftierung durch preußische Behörden nicht verhindern konnte. Verheiratet mit Franciszka Mielżyńska.

ergänzen. Obwohl diese Legion „akademisch" hieß, beschränkte sie sich nicht nur auf Studenten. Ihr traten nicht nur einige Beamte, sondern auch verschiedene junge Menschen aus technischen und handwerklichen Betrieben und später sogar einige der aus Frankreich angereisten Emigranten bei, sodass wir nach einigen Tagen rund 150 Mann zählten. Ein Teil, wie ich selber, A. Koczorowski und Fr. Małecki hatten den preußischen Militärdienst absolviert und den Rang eines Leutnants inne, andere wie Cybulski, Koźmian und die Emigranten, hatten an den Kämpfen von 1831 teilgenommen. Zum Kommandanten der Legion wurde zunächst W. Cybulski gewählt, seine Stellvertreter waren Koźmian, Ad. Koczorowski, Fr. Małecki, J. Wójtowski und ich. Als Cybulski schon am nächsten Tag sein Amt niederlegte, wurde ich mit der Führung der Abteilung betraut. [...]

Das Postamt befand sich damals in der Königsstraße, in geringer Entfernung vom Schloss und brauchte eigentlich keine stärkere Bewachung. Wir richteten dort gleich eine Wache von 24 Mann ein, und der Generalpostmeister Herr Schaper war so freundlich, uns nicht nur zwei Zimmer mit bequemen Sesseln und Stühlen zur Verfügung zu stellen, sondern er dachte auch an unsere Verpflegung, wohl schon im Übermaß. Es wurden nicht nur morgens Kaffee und Butterbrötchen, um ein Uhr Mittagessen und Wein und zum Abendbrot kalte Speisen und Bier aufgetischt, sondern das auch noch in solcher Fülle, dass es Essen und Trinken im Überfluss gab und das selbst für Personen, die mit der Bewachung der Post gar nichts zu tun hatten.

Am ersten Tag, als ich persönlich die Bewachung der Post leitete, bemühte ich mich in dieser Hinsicht um eine gewisse Ordnung und Zurückhaltung, aber in den folgenden Tagen nahm die Sache eine weniger erfreuliche Wendung, als andere Studenten angeblich zu einem kameradschaftlichen Besuch kamen und von der Freundlichkeit des Postleiters allzu freizügigen Gebrauch zu machen begannen. Dies bewog mich, Herrn Schaper aufzusuchen und ihm zu erklären, dass wir uns für seine ungewöhnliche Freundlichkeit bedanken, zugleich aber bitten, diese auf die tatsächlichen Bedürfnisse unseres Wachdienstes zu beschränken, was auch erfolgte, auch wenn der Herr Oberpostmeister uns feierlich schwor, unsere Bewachung sei so wirksam, dass es dem gegenüber völlig unbedeutend sei, wenn ein Dutzend Weinflaschen oder ein Bierfass geopfert würden.

Tatsächlich genossen wir unter dem Berliner Publikum eine besondere Anerkennung. Es gab keine Zeit und bis dahin auch keinen Anlass, an andere Uniformen unserer Abteilung zu denken. Wie der Rest der Bürgerwehr trugen wir ganz gewöhnliche Zivilkleider und nur um uns zu unterscheiden, ließen wir uns schnell hellblaue viereckige Mützen in der Form der Ulanentschapka anfertigen. Und ich erzähle wahrlich keine Märchen aus Tausendundeiner Nacht, wenn ich feststelle, dass diese Mützen mit Schwänzchen so beliebt waren, dass nicht nur auf der Post, wo unser Dienst in großem Gedränge ablief, das Publikum eifrig den Ermahnungen der Wache folgte und es dort nie zu Unordnung oder gewaltsamen Auseinandersetzungen kam; nicht nur einmal wurden wir geholt, um anderen Angehörigen der Bürgerwehr wirksame Hilfe zu leisten, die mit dem Gedränge des Publikums nicht fertig wurden. [...]

Es fand auch niemand anstößig, und niemand machte uns Vorwürfe oder Schwierigkeiten, wenn unsere Abteilung bei öffentlichen Umzügen von der weiß-roten Fahne Gebrauch machte, oder wenn wir sie an unserem Hauptquartier in der Taubenstraße Nr. 6 hissten, in der wir jetzt, wie auch zuvor, unsere gemeinsamen Beratungen abhielten.

Zum ersten Mal marschierten wir in geschlossenen Reihen und unter dieser Fahne bei dem Begräbnis der auf den Barrikaden gefallenen Berliner Kämpfer auf. Dieses Begräbnis wurde sehr feierlich und unter großem Pomp begangen und fand, wenn ich mich recht erinnere, am 21. März statt. Im weiten Vorraum und auf der Treppe des Theaters auf dem Platz, der Gendarmenmarkt genannt wurde, und vor den zwei benachbarten Kirchen wurden rund zweihundert Särge mit den Leichen der Gefallenen aufgestellt. Nach der Ansprache und dem gesungenen Choral setzte sich der Trauerzug unter Beteiligung fast der gesamten Bürgerwehr mit Musik und Fahnen mit Trauerflor in Bewegung und ging zu dem Friedhof, wo die Beerdigung vorbereitet worden war, und der sich außerhalb der damals noch existenten Stadtmauer, hinter dem Tor in der Neuen Königsstraße, an der Stelle des heutigen, ziemlich weitläufigen Parks namens Friedrichshain befand. Der Trauerzug ging die Jägerstraße entlang, passierte den Schlossplatz, folgte der Königsstraße, überquerte den Alexanderplatz und weiter entlang der Neuen Königsstraße. Er war durch die vielen tausend teilnehmenden Menschen so lang, dass die Zugspitze bereits den Friedhof erreichte, als das Zugende eben erst am Sammelpunkt losging. Trotzdem lief alles in bester Ordnung ab. Als die Särge am Königlichen Schloss vorbei getragen wurden, trat der König auf den Balkon und ehrte die Gefallenen. Auf der anderen Seite machte man daraus auch keine lärmende Demonstration oder beleidigende Provokation und nach vollzogener Bestattung ging die Menschenmenge ruhig auseinander.

Nach dieser Entwicklung der politischen und nationalen Angelegenheiten, sei es in Berlin, sei es im Herzogtum Posen, erwachte im Kreise unserer Polnischen Akademischen Legion verständlicherweise der Wunsch, möglichst schnell in die Heimat zurückzukehren, nicht nur um dort dem Allgemeinwohl zu dienen, sondern auch um an der allgemeinen Freude teilzuhaben, die auf Grund der angekündigten Änderungen beide Gesellschaften, die polnische wie die deutsche, erfasst hatte, und die sich die Hände zur herzlichen Verbrüderung reichten. [...]

Es blieb nichts anderes übrig, als unseren Beschluss dem Kommandanten der Bürgerwehr, Herrn Minutoli, vorzulegen und sein Einverständnis zu gewinnen. Zunächst hatte er Einwände gegen meine Idee, doch als ich ihm alles detailliert schilderte, gab er uns nicht nur seine Zustimmung als Chef der Bürgerwehr und stellte uns eine Art „eisernen Brief" oder Sammelpass aus, in dem er die Zivil- und Militärbehörden dazu aufrief, unseren Marsch nicht zu stören und uns gegebenenfalls Hilfe zu leisten, sondern er versprach und verschaffte uns auch eine freie Fahrt mit der Eisenbahn über Frankfurt nach Glogau (einen anderen Weg gab es damals nicht). Wir verabschiedeten uns mit einer öffentlichen, von mir als Führer der Legion, auch von Cybulski, Małecki, Koczorowski, Wójtowski und Koźmian als Offiziere der Legion, unterzeichneten Erklärung von der Berliner Bürgerwehr, die wir am 28. März in der Tagespresse bekannt gaben. [...]

Es war schon zehn Uhr abends, als wir uns für eine Weile in Frankfurt an der Oder aufhielten, wo wir am Bahnhof von einer zahlreichen Menge mit freudigen Ausrufen begrüßt wurden. Zunächst trat Kazimierz Kantak auf, der in einer glühenden Ansprache die errungenen Bürgerfreiheiten und die Brüderlichkeit des Volkes lobte, worauf die versammelte Menge mit Jubelrufen antwortete. Ich erwähne diese Episode deswegen, weil einige Tage später eine Abteilung unserer Legion (in der sich auch Kantak befand) in Raszkowo vom preußischen Militär festgenommen und von dort über Frankfurt nach Küstrin ins Gefängnis transportiert wurde. Die dort versammelte, aber völlig anders eingestellte Menschenmenge erkannte Kantak wieder.

„Ach, das ist doch der Redner ohne Nase"[32], riefen sie spottend, „der uns hier vor vier Wochen Geschichten erzählt hat. Seht nur, ihr Halunken und Rebellen, das habt ihr davon, jetzt werdet ihr baumeln." Zum Baumeln kam es zwar nicht, aber innerhalb einiger weniger Wochen hatte sich die Einstellung der dortigen Bevölkerung vollständig geändert, sodass die Gefangenen von den sie eskortierenden Soldaten unter Gewaltanwendung davor geschützt werden mussten, zusammengeschlagen zu werden.

In Berlin war zwar aus der Zeit des früheren Enthusiasmus für die polnische Sache ein Kreis treuer Freunde Polens übrig geblieben, die sich zu einem Komitee zusammenschlossen und am 20. April einen Solidaritätsaufruf, [...] an das Zentralkomitee richteten; sicherlich hat das Posener Komitee mich unter anderem deshalb nach Berlin geschickt, aber die von dieser Seite angebotene Hilfe erwies sich nicht gerade als erfolgreich. Die überwiegend Berliner Presse war vollgestopft mit Schilderungen angeblicher Gewalttaten, die die Polen an den friedlichen deutschen Einwohnern verübt hätten, und wollte keine sachlichen Berichtigungen abdrucken, es sei denn in Form kostenpflichtiger Anzeigen.

Sowohl die liberalen Zeitungen als auch die damals meist gelesene „Vossische Zeitung" und die frisch gegründete „Nationalzeitung" wollten gar nichts davon hören, Artikel abzudrucken, in denen polnische Interessen vertreten würden. Nur die „Zeitungshalle" nahm, freilich nur zögernd, eine mildere Haltung ein. Hingegen stellte die von einem gewissen Dr. Heinrich Bernhard Oppenheim frisch gegründete freidenkerische „Reform" derart hohe finanzielle Forderungen, um die Polenfrage aufzunehmen und sie publizistisch zu unterstützen, dass die Gelder, über die ich verfügte, gar nicht reichen konnten. [...]

Deswegen beschränkten sich meine ganze publizistische Tätigkeit und die meiner Kollegen auf das Verfassen von Berichtigungen für die Presse und auf eine Art publizistischen Krieg [...]. Ich selber begann diesen Kampf mit der Veröffentlichung der Broschüre „Bürokratie in Posen", in der ich mich bemühte, vor dem Hintergrund der Ereignisse und der früheren Verhältnisse aufzuzeigen, wie die ganze Verwaltung des Herzogtums Posen vom Hakatismus, wie man heute sagen würde, angesteckt war, einseitige Karriereförderung betrieb, was unvermeidlich zu Verbitterung und Zwist zwischen der polnischen und der deutschen Bevölkerung führen musste. Ich wies nach, welche Verantwortung sie für die blutige Auseinandersetzung trug, auf die sich die dortige Bevölkerung eingelassen hat, und wie diese schließlich durch die Anordnungen und die bewaffneten Herausforderungen der Militärbehörden zu einem offenen Krieg gezwungen wurde.

Es wurde also eine wahre, ziemlich lang andauernde publizistische Kampagne entfacht, und obwohl kein Blut vergossen wurde, floss doch sehr viel Tinte und Druckfarbe, da der Kampf beiderseits mit ungewöhnlicher Wut geführt wurde. [...]

Die Tagung des preußischen Parlaments in Berlin, das als Nationalversammlung bezeichnet wurde, beruhigte jedenfalls die Gemüter nicht, die in Klubs und auf fast täglich abgehaltenen öffentlichen Versammlungen, auf denen man unbeschränkt über politische Fragen debattierte, erregt worden waren. Dort kam man nicht selten zu geradezu fantastischen Schlussfolgerungen. Bereits der Eröffnungsakt des Parlaments im weißen Saal des Königlichen Schlosses, wodurch die Beteiligung des Publikums völlig ausgeschlossen war, passte den Agitatoren und Rednern auf den politischen Versammlungen nicht. Die Unzufriedenheit

---

32 Kazimierz Kantaks Gesicht wurde von einer Flechte entstellt.

wurde nicht geringer, als das Parlament im Haus der Gesangsakademie tagte, das heißt im Saal für öffentliche Konzerte im so genannten Kastanienhain, wo allein die Enge auf den Toiletten eine größere Anzahl von Besuchern verhinderte. [...]

Zu dieser Zeit sorgte eine Erklärung des Prinzen von Preußen, die am 30. Mai in Brüssel abgegeben, in der Presse veröffentlicht und vom Premierminister vorgelesen wurde für Aufsehen im Parlament und noch mehr in der Berliner Öffentlichkeit; es hieß dort, er erwarte sehnlichst die Stunde, in der er die Verfassung, über die die Krone mit der Nationalversammlung berate, anerkennen könne.

In den Volksversammlungen und Klubs, wo man den Prinzen von Preußen als einen der größten Unterstützer alles Rückständigen und als einen Gegner aller Freiheiten für das Volk ansah, nahm man diese Erklärung mit fast allgemeiner Empörung, zumindest aber mit großer Ungläubigkeit auf. Die Plakate auf den Straßen, auf denen seriöse Persönlichkeiten, wie der Oberbürgermeister, der Bürgermeister, der Magistrat der „Königlichen Residenz" bis hin zum Polizeichef Minutoli, das Volk zur Einhaltung der Ordnung mahnten und zur Ruhe aufriefen, und die mit den stereotypen Wendungen endeten, dass es ohne Beachtung des Gesetzes keine Freiheit und ohne Einhaltung der Ordnung keinen Wohlstand geben könne, zeigten so gut wie keine Wirkung. An denen ergötzte sich nur der Berliner Witz mit Anmerkungen wie zum Beispiel: „Ruhe ist die erste Bürgerpflicht, die letzte aber immer mit dem Kuhfuss" (auf Berlinerisch: mit dem Gewehr), oder: „Aber es muss erst alles verruginirt (vernichtet) werden." Andererseits blieben die Reden und Veröffentlichungen der Hauptagitatoren verschwommen und allgemein neblig oder sie verloren sich in unverdauten Theorien. Held, einer der eifrigsten und beliebtesten, rief auf den Plakaten (die damals zu den populärsten Propagandamitteln gehörten) dazu auf, sich einer radikalen Reform der Einkommensverhältnisse zu widmen, und falls es der Regierung an entsprechenden Fähigkeiten und Energien fehle, tönte Herr Held, könne sie ihren Platz einem eben diesem Zweck dienenden Verein überlassen. [...]

Tatsächlich wurde die Lage unter den Arbeitern bedrohlich. Straßenunruhen und die allgemeine Erregung der Gemüter bewirkten nicht nur, dass eine große Anzahl Wohlhabender Berlin verließ und ihre Ruhe in kleineren und ruhigeren Städten oder nach Möglichkeit auf dem Lande suchte, sondern auch die Einkommensverhältnisse verschlechterten sich nicht unwesentlich. Massen von Arbeitern ohne Arbeit und Lohn füllten die Straßen und forderten Verdienst und Brot. Angesichts dessen erdachte sich der Berliner Magistrat eine Arbeit für die nach Verdienst lechzenden Massen, die keinesfalls notwendig war und unter anderen Umständen vielleicht gar nicht ausgeführt worden wäre, also die Planierung des so genannten Köpenicker Feldes und anderer Orte, die damals unbebaut waren und auf denen heute neue Wohnbezirke stehen; diese Arbeit bot den Massen eine einfache Beschäftigung und Entlohnung und befreite so die Stadt von der ärgerlichen Bande. Unterdessen drohte diese Anordnung, ohne vorläufigen Nutzen zu bringen, den städtischen Haushalt zu überlasten, da sich immer mehr Freiwillige zu dieser nicht schweren und vorzüglich bezahlten Arbeit meldeten. Man beschloss also, den Tageslohn der Arbeiter um etwa, wie mir scheint, zehn Prozent zu senken, und denjenigen, die einer solchen Senkung nicht zustimmten, die Wahl zu lassen, sich einen anderen Erwerb zu suchen. Es kam dann erneut zu Aufläufen und massenhaften Demonstrationen vor dem Rathaus, dem Polizeidirektionsgebäude und andernorts, ja sogar zu gewaltigen Auseinandersetzungen und einem Barrikadenbau in der Altstadt, aber Bürgerwehr und Polizei setzten diesen Unruhen ohne Schwierigkeiten ein Ende, da die demonstrierende Menschenmenge fast wehrlos war und abgesehen von Knüppeln, ihren Arbeitsgeräten und den aus dem Pflaster herausgerissenen Steinen über keine sonstigen Waffen verfügten.

So kam der 14. Juni, der zunächst keinen anderen Verlauf ahnen ließ. Dass sich auch an diesem Tag in der Altstadt Arbeitermassen versammelten und demonstrierten, war nicht besonders erschreckend. Es war schon Abend, als ich an der Königlichen Bibliothek in Richtung Unter den Linden vorbeilief und Lärm und Schießerei vom Zeughaus vernahm, während ich Menschen in alle Richtungen fliehen sah. Unter anderem stieß eine nicht mehr junge Dame, der ein etwa zwölfjähriges Mädchen hinterher lief, fast direkt auf mich, beide waren tränenüberströmt und verängstigt, es schien, als hätten sie alle Vernunft verloren, und sie riefen nach Hilfe: „Mein Herr!", rief die Ältere, „Rettet uns, dort bringen sie sich um!", und sie zeigte auf das Zeughaus, vor dem es schwarz vor Menschen war. „Beruhigen Sie sich!", entgegnete ich, „Es ist gewiss nur eine Schlägerei zwischen Arbeitern und Bürgerwehr und letztere wird diese Bande bald auseinander treiben." „Aber nicht doch", antwortete sie zitternd, „es ist eine Rebellion am Zeughaus, es sind wohl wieder die bösen Polen, Juden und Franzosen, die eine zweite Revolution machen. Mein Gott, wenn ich doch bloß nach Hause käme!" „Wenn Sie es erlauben und mir Ihre Wohnung zeigen, begleite ich Sie sicher nach Hause, aber vorerst kann ich Ihnen versichern, dass es in dieser vor dem Zeughaus kämpfenden Menge keine Polen gibt, ebenso wie es keine Polen in den Märzkämpfen gab. Ich bin selbst Pole und kann nur wiederholen, dass ich Sie sicher nach Hause bringe, wenn Sie mir ihre Wohnung zeigen." Nach diesen Worten schaute sie mich nicht wenig verwundert an, aber auch mit unverhohlener Ungläubigkeit. Doch die Furcht vor dem immer lauteren Kampflärm überwog, sie gab mir die Hand und bat, sie in die Behrenstrasse zu einem bestimmten Haus an der Ecke Wilhelmstraße zu bringen. Sie zitterte immer noch und drückte ihre kleine Tochter an sich, aber als wir uns vom Kampfplatz entfernten, beruhigte sie sich und fragte nach den Gründen der Unruhen, was ich ihr nur allgemein beantworten konnte, indem ich wiederholte, dass sich dort wahrscheinlich nichts anderes als ein Zusammenstoß zwischen Bürgerwehr und Arbeitern abspielt und dass sich daran auf jeden Fall keine Polen, Juden oder Franzosen beteiligen. Erst, als wir vor ihrer Wohnung standen, sagte sie mir, sie sei die Ehefrau von General Friedrich Schack, und sie bedaure, dass der Gemahl nicht zu Hause sei, um mir für meinen ritterlichen Dienst zu danken, sodass nur sie selbst ihren Dank aussprechen könne. Im Gegenzug stellte ich mich selbst vor, sagte, so eine kleine Hilfe sei nicht erwähnenswert, und bat sie, ihre und vielleicht ihres Mannes schlechte Meinung über die Polen zu ändern, dann verabschiedete ich mich von ihr und lief zum Zeughaus, um zu erfragen, was dort passiert war. Dort war es schon ruhig und ich erfuhr nur, dass eine Arbeitermenge, die zuvor vor dem Polizeigebäude am Molkenmarkt demonstriert hatte und von dort durch die Bürgerwehr vertrieben worden war, sich dem Aufruf eines Anführers folgend zum Zeughaus begab, um sich dort zu bewaffnen. Die nichts ahnende Straßenwache, die dort stationiert war, konnte den Angriff nicht abwehren und zog sich nach einem kurzen Gefecht, in dem einige Personen getötet wurden, zurück, und die Menge, die ins Zeughaus einfiel, nahm nicht nur einige Tausend Gewehre mit, sondern auch andere, sogar antike Waffen, die auf die Straßen gebracht und an jeden, der parat war, ausgegeben wurden. Die inzwischen eingetroffene Unterstützung fand das Zeughaus zum Teil ausgeräumt vor, die Menge lief mit ihrer Beute auseinander, sodass nur wenige Schuldige gefasst werden konnten. Und doch machte die sich verbreitende Nachricht vom Sturm auf das Zeughaus einen großen Eindruck und außerhalb Berlins nahm sie sogar das Ausmaß einer vermeintlich bedrohlichen radikalen Revolution an.

Die Empörung unter den Arbeitern wurde dann dadurch beschwichtigt, dass man einen Teil der Arbeitslosen in die Gegend der damals noch nicht existenten Bahnstation Kreuz (Krzyż) und der Stadt Filehne (Wieleń) brachte, wo gerade die Ostbahn (von Küstrin nach Bromberg) gebaut wurde, und die Übrigen wurden erneut in Berlin beschäftigt, wie oben geschildert, nur gegen einen ein wenig gekürzten Lohn. [...]

Die Beschlüsse der Nationalversammlung zur Verfassung empörten König Friedrich Wilhelm bis zum Äußersten. Der Beschluss, seinen Titelzusatz „von Gottes Gnaden" zu streichen, verletzte ihn umso mehr, als er mit relativ großer Mehrheit verabschiedet wurde, nämlich mit 317 gegen 134 Stimmen. In diesem Beschluss sah er nicht nur das Gegenteil seiner politischen und königlichen Ansichten, sondern angeblich auch eine persönliche Beleidigung. Als zwei Tage nach diesem Beschluss eine Delegation der Nationalversammlung, des Magistrats und der Bürgerwehr ihm zu seinem Geburtstag im Schloss Bellevue gratulierte, nahm er die Glückwünsche sehr ungnädig entgegen und brachte seine Empörung unzweideutig zum Ausdruck. Nach der Rede des Parlamentspräsidenten Grabow, der den Monarchen ehrte, die Treue der Vertreter der Nation ihm gegenüber beteuerte und ihm Wohl und lange Herrschaftsjahre wünschte, antwortete der König sichtbar kühl und sagte, nicht ohne eine gewisse Anspielung, unter anderem: „Sie sollen nicht vergessen, meine Herren, dass Ihr Euch im Vergleich zu anderen Nationen eines wertvollen Privilegs erfreut, einer angestammten Obrigkeit von Gottes Gnaden. Dankt dem Herrgott, dass Ihr sie noch habt!" Und zu der Delegation der Bürgerwehr sagte er: „Ihr sollt nicht vergessen, dass ihr die Waffen von meinen Gnaden tragt!" [...]

Einige Tage später, am 8. November, wurden die Namen der neuen Kabinettsmitglieder bekannt gegeben; es waren neben dem Vorsitzenden Friedrich Wilhelm Graf von Brandenburg [...], fast alle aus dem erzkonservativen Lager. Die Erregung der Gemüter in der Öffentlichkeit und der Nationalversammlung war wahrlich nicht gering, als sich ernsthaft das Gerücht verbreitete, General Friedrich von Wrangel werde an der Spitze einer stark bewaffneten Streitkraft in die Stadt einmarschieren, um die alte Ordnung wiederherzustellen. Gemunkelt wurde darüber schon seit Beginn der Wiener Unruhen, und während die Nachrichten von den blutigen Kämpfen der Wiener Bevölkerung [...] ankamen, wuchsen in den Klubs und radikalen Gruppierungen die Idee und der Wille, einen aktiven und starken Widerstand, gegebenenfalls auch mit der Waffe in der Hand, gegen den reaktionären Gewaltstreich zu organisieren. [...]

Parallel zur Bekanntmachung der Berufung des neuen Ministeriums schritt das in Bereitschaft gehaltene Militär, das von General Wrangel selbst in Begleitung von General Johann Karl von Möllendorf geführt wurde, in die Stadt Berlin durch das Leipziger und das Brandenburger Tor ein. Vielleicht erwartete Wrangel von Seiten der Stadt Widerstand, Barrikaden und ähnliche widerständische Handlungen. Eine solche Vermutung ließ sich aus der Tatsache schlussfolgern, dass die in die Stadt einmarschierenden Militärverbände sich ausschließlich aus Infanterie und Artillerie zusammensetzten; es fehlte die Reiterei, die in Straßenkämpfen und bei der Eroberung von Barrikaden weniger wirksam gewesen wäre. Aber diese Vermutung und diese Furcht stellten sich als völlig gegenstandslos heraus. Es gab nicht einmal einen größeren Menschenauflauf und schon gar keine Aufrufe zu einer Angriffsaktion.

Einige Hundert Gaffer, die gewöhnlich eine in die Stadt einmarschierende Truppe begleiten, versammelten sich auch jetzt und gafften das marschierende Militär an, dessen Anblick man schon entwöhnt war, hie und da folgte jemand aus der besseren Gesellschaft seiner Neugier, aber aktiven Widerstand oder auch nur Spuren feindlicher Demonstrationen gab es nicht. Aus der Menge, die eigentlich aus dem Berliner Straßenpöbel bestand, waren schwache Stimmen zu hören, die die Episode der bekannten früheren Verlautbarung von Wrangel „über grasüberwachsene Berliner Straßen, geschärfte Schwerter und Kugeln in schießbereiten Gewehren", verhöhnten, aber zu einem tätigen Angriff auf das Militär und zum Widerstand kam es nicht. Und Wrangel tat, was zu dieser Stunde gewiss am gescheitesten war, er ließ diese verbalen Spielereien geschehen, als hätte er sie gar nicht gehört. Das war unter den gegebenen Bedingungen die wirksamste und beste Taktik des alten Haudegens, um sein Ziel ohne Blutvergießen zu erreichen. […]

In der Nationalversammlung spielten sich gleichzeitig nicht weniger drastische Szenen ab. Der Ministerpräsident General Brandenburg legte eine Königliche Botschaft vor, in der nicht nur die Ernennung eines neuen Kabinetts enthalten war, sondern auch die Anordnung, den Tagungsort der Versammlung von Berlin nach Brandenburg zu verlegen, sowie den Aufruf, die Sitzung der Versammlung in Berlin sofort zu vertagen. Man kann sich leicht vorstellen, welchen Eindruck diese Botschaft auf die Versammelten machte.

Obwohl beschlossen wurde, an demselben Ort weiter zu tagen, und man erklärte, die Versammlung werde nicht unterbrochen, sondern man tage *en permanence*, und obwohl sich nur einige wenige Abgeordnete bereit erklärten, die Tagung nach Brandenburg zu verlegen, stellte sich heraus, dass es doch nicht mehr möglich war, im Theatergebäude zu tagen. Zusammen mit der Botschaft des Königs erließ das Ministerium eine neue Verordnung an die Bürobeamten des Parlaments, an die Stenotypisten, Hausmeister etc., dass sie ihre Tätigkeiten gänzlich einstellen sollten, sodass die ganze parlamentarische Aktion nach außen, abgesehen von (nicht aufgezeichneten) Reden und Beschlüssen, die man zu Protokoll gab, aufhören musste. Die beschlossene und zu Protokoll gegebene Protesterklärung gegen jene Verordnung war völlig wirkungslos, ebenso wie der Beschluss, dass ein Präsidiumsmitglied und zwei Sekretäre Tag und Nacht im Parlamentssaal zurückbleiben sollten.

Der Kommandant der Bürgerwehr schickte zwar eine Erklärung an den Präsidenten, dass die Bürgerwehr auf jeden Fall bereit sei, die Nationalversammlung zu verteidigen, aber zur Erfüllung dieses opferbereiten Versprechens kam es nicht. Denn schon als General Wrangel nach der Militärparade Unter den Linden einen Teil der Truppe zum Theaterplatz führte, wo er die Bürgerwehr unter der Führung von Otto Rimpler vorfand, gab es zwischen Letzterem und Wrangel zwar eine ruhige Unterredung, deren Folge aber war, dass die Bürgerwehr abgezogen wurde.

Eine Intervention des Parlamentspräsidenten half ebenfalls nichts. Als Präsident Hans Victor von Unruh Wrangel erklärte, die Nationalversammlung fordere und wolle keine Militärbewachung, da sie sich in ihrem Recht und unter der Obhut der Bürgerwehr sicher fühle, antwortete Letzterer, dass laut Königlichen Befehls, dem zu folgen er nicht zögern werde, die Sitzungen der Versammlung im bisherigen Tagungssaal geschlossen worden seien. Außerdem existiere die Bürgerwehr nicht mehr, und gleichzeitig sei eine Verordnung verkündet worden, die Bürgerwehr aufzulösen, für die man erst einige Wochen zuvor ein Organisationsgesetz angeordnet hatte. Gewaltsame Schritte unternahm General Wrangel jedoch nicht. Nach dem Abzug der Bürgerwehr besetzte er nur den Theaterplatz und das Theatergebäude sowie die Eingänge zum Tagungssaal und gab den Wachen den Befehl, keinen Abgeordneten am Verlassen des Tagungssaals und des Gebäudes zu hindern, ein Betreten derselben aber streng zu verwehren, sodass sich der Tagungssaal unvermeidlich leeren musste. […] Zur Nationalversammlung wurde verlautbart, deren Tagungen seien unterbrochen und der Tagungsort nach Brandenburg verlegt worden, daher seien alle in Berlin verabschiedeten Beschlüsse ungültig.

Nach der Räumung des bisherigen Tagungssaals stellte der Schützenverein der Stadt Berlin der Nationalversammlung sein Haus in der Lindenstraße 5 zur Verfügung, damit diese dort tagen konnte; wegen der immer noch anwesenden Mehrheit von Abgeordneten (etwa 300) sah sich die Versammlung immer noch imstande, weiter zu tagen und gültige Beschlüsse zu fassen und erklärte alle obigen Verordnungen und insbesondere die Verhängung des Belagerungszustandes in Berlin für ungültig. Darüber hinaus beschloss man, den Generalstaatsanwalt dazu aufzurufen, ein Ermittlungsverfahren gegen Graf Brandenburg und das ganze Ministerium wegen Staatsstreichs und Staatsverbrechens einzuleiten.

In Brandenburg, wo laut Königlicher Verordnung die Tagungen der Nationalversammlung stattfinden sollten, zu welchem Zweck man dort – wenn mich meine Erinnerung nicht täuscht – eine Kirche bereitstellen sollte, konnten allein aus dem Grunde keine rechtmäßigen Sitzungen abgehalten werden, weil dort nur eine Handvoll von Abgeordneten, Verwaltungsbeamten und Mitglieder der extremen Rechte eintraf und keine Rede von einer vollständigen Besetzung sein konnte. Es kam offensichtlich auch zu keiner formalen Versammlung und keinen Sitzungen.

In Berlin ging der tragikomische Kampf zwischen Ministerium und Nationalversammlung, der teilweise die Form eines Blindekuh- oder Versteckspiels annahm, weiter. Da der erste Befehl, die Bürgerwehr aufzulösen und zu entwaffnen, fast wirkungslos war, wurde dieser Befehl wiederholt, allerdings mit einer Ausführungsänderung: Von den Mitgliedern der Bürgerwehr wurde verlangt, die Waffen an dem und dem Tag, um die und die Uhrzeit, in den Eingangshallen ihrer Wohnhäuser abzugeben und dort zu stapeln. Auf Befehl des Stadtkommandanten General Wilhelm von Thümen fuhren die Militärstreifen dann mit ihren Wagen die Straßen ab, holten die gesammelten Waffen aus den Häusern und luden sie auf die Wagen. Dieser Befehl war für die Bürgerwehr weniger erniedrigend und zugleich wirksamer. Auch wenn nicht alle Waffen, die im März im Zeughaus ausgegeben worden waren, zurückgegeben und eingesammelt wurden, war es doch mehr als die Hälfte der Waffen der Bürgerwehr. Und so verzichtete die Bürgerwehr auf ihre Stellung, die sie acht Monate früher begeistert eingenommen hatte, und hörte auf zu existieren.

Trotz des Angebots des Berliner Schützenvereins, der Nationalversammlung sein eigenes Gebäude zur Verfügung zu stellen, fand diese dort kein sicheres und ständiges Asyl. Polizei- und Militärmacht waren stärker, die Letztere war wegen des für Berlin verhängten Ausnahme- und Kriegszustandes entscheidend, besetzte bald das Gebäude und verschloss es. Der Beschluss, das Staatsministerium aufgrund des vermeintlichen Machtmissbrauchs und Staatsstreiches gegen die Landesvertretung vor Gericht zu stellen, war wirkungslos, da niemand ihn durchzuführen versuchte, und niemand dazu die Kraft hatte. [...]

Straßenversammlungen und Demonstrationen hörten gänzlich auf und eine stickige Atmosphäre hing über der belebten oder gar lärmenden Hauptstadt. Der Schrecken des Kriegszustandes, die in den Straßen patrouillierenden Militärstreifen erstickten jegliches Bedürfnis nach Versammlungen oder Demonstrationen im Keim. Abgesehen von einer Handvoll Abgeordneter, die bereit waren, die Königliche Verordnung, weitere Sitzungen in Brandenburg abzuhalten, zu befolgen, ging der wesentliche Teil derjenigen, die unentschlossen waren, auf welche Seite sie sich angesichts des Zerwürfnisses zwischen König, Regierung und Nationalvertretung stellen sollten, nach Hause, um dort den Sturm abzuwarten, der nicht nur über die Hauptstadt, sondern über das ganze Land fegte. Vor Ort waren immerhin noch 226 Abgeordnete geblieben, die die Mehrheit der gesetzgebenden Körperschaft bildeten und entschlossen waren, bis zum Ende auszuharren.

Nach einem geheimen Aufruf versammelten sich am 15. November alle in Berlin anwesenden Abgeordneten, darunter auch die Mehrheit der polnischen Abgeordneten, und zwar diejenigen, die es mit den oppositionellen Parteien hielten. Sie trafen sich im Saal des Restaurants Mielentz Unter den Linden (an der Stelle, wo sich heute das Eingangstor zur Passage befindet, die die genannte Straße mit der Behrenstrasse verbindet), um endgültig zu beschließen, wie man sich verhalten sollte. Mit dem Präsidenten an der Spitze waren sich alle einig, dass einzig und allein die Nationalversammlung, die zur Verabschiedung der Verfassung einberufen worden war, das Recht habe, über ihre eigene Verhaltensweise zu entscheiden, mindestens bis zur Erfüllung ihrer Aufgabe. Und da die Nationalversammlung der neuen Regierung und dem Ministerium Vertrauen und Anerkennung nicht ausgesprochen hatte, seien jegliche Anordnungen und insbesondere die gegen die Nationalversammlung illegal und ungültig. Gegenüber Polizei- und Militärmacht, die blind die Befehle ihrer Obrigkeit ausführte, hatte die Nationalversammlung keine materiellen Mittel, auf die sie sich stützen konnte, daher griff sie zu einem Schritt, der zwar radikal, aber auch der einzige war, der einen Sieg erhoffen ließ. Auf Antrag des Abgeordneten Julius Hermann von Kirchmann (er war seit 1846 Staatsanwalt am Kriminalgericht in Berlin und zu diesem Zeitpunkt stellvertretender Präsident des Berufungsgerichts in Ratibor), der den Ruf eines herausragenden Juristen genoss, wurde beschlossen, dem Ministerium von Graf Brandenburg das Recht abzusprechen, über die Staatsgelder zu verfügen und von Steuern Gebrauch zu machen, bis die Nationalversammlung in Berlin frei tagen könne; dieser Beschluss sollte am nächsten Tag in Kraft treten. Der einstimmig verabschiedete Beschluss wurde sozusagen unter dem Druck der Bajonette gefällt. Zum Schluss dieser denkwürdigen Sitzung schickte der darüber informierte General Brandenburg oder auch Wrangel eine Truppe, um die Versammlung auseinander zu treiben. Der an der Spitze seiner Soldaten einschreitende Major wurde mit allgemeiner Empörung begrüßt. Der Abgeordnete Hesse, Soldat in den Jahren 1814 und 1815, ausgezeichnet mit dem Eisernen Kreuz oder einer anderen Auszeichnung, riss diese von seiner Brust, warf sie dem Major vor die Füße und rief, dass er nicht daran denke, ein Ehrenabzeichen von einem Monarchen zu tragen, der die Vertreter der Nation auf solche Weise erniedrige. Andere riefen:

„Lassen Sie abfeuern, Herr Major, wir gedenken nicht aufzugeben, krönen Sie das schandbare Werk, mit dem man Sie betraute!" Ob der Major infolge dieser empörten Rufe unsicher wurde oder ob ihn die Bemerkung des Präsidenten dazu bewog, dass die Sitzung eben zu Ende gehe, die Diskussion gerade abgeschlossen werden sollte und dann alle auseinandergehen würden, weiß man nicht, jedenfalls zog sich das Militär zurück, der Beschluss wurde ohne weitere Diskussion verabschiedet und der Präsident beendete formal die Sitzung, wobei er es sich vorbehielt, die nächste Sitzung nach eigenem Gutdünken einzuberufen. Aber dazu ist es nicht mehr gekommen. [...]

Damit schließe ich vorläufig meine Erinnerung an jene Ereignisse, die sich bei uns und in Berlin vor fünfzig Jahren abspielten, und daran, inwieweit sie unsere Angelegenheiten beeinflussten, jene Ereignisse also, an denen ich mich größtenteils, mehr oder weniger aktiv, wenn auch bescheiden beteiligte. Ich war bemüht, sie treu und wahrheitsgemäß wiederzugeben, so wie es mir mein altes Gedächtnis und einige Aufzeichnungen aus zeitgenössischen Schriften erlaubten. Ob es mir vergönnt sein wird, weiter in meinen Erinnerungen zu graben und eine Fortsetzung zu schreiben, weiß nur der Herrgott.

Aus dem Polnischen von Ruth Henning

BOLESŁAW PRUS, VON MEINER BERLINREISE (1896)

Bolesław Prus (Pseudonym von Aleksander Głowacki) (1847-1912), bedeutender polnischer Schriftsteller und Publizist, Autor der Romane „Pharao" (1894) und „Die Puppe" (1889), kämpfte im Januaraufstand 1863 für die Unabhängigkeit Polens und wurde von zaristischen Truppen gefangen genommen. Neben seiner Tätigkeit als Romanautor arbeitete er sein Leben lang für mehrere polnischsprachige Zeitschriften, für die er Kolumnen und politisch-gesellschaftliche Kommentare verfasste. Boleslaw Prus unterstützte ehrenamtlich zahlreiche kulturelle und soziale Initiativen von Polen während der Teilungszeit.

Am 16. Mai, zwischen 16.00 und 17.00 Uhr, traf ich mich mit meiner besorgten Familie und Freunden auf dem Bahnhof an der Eisenbahnstrecke Warschau – Wien, um nach Berlin zu reisen – und von dort weiter. Leute, die mir wohl gesinnt waren, aber von der Geographie wenig Ahnung hatten, stellten sich vor, die Aussage „von dort weiter" bedeute, dass ich in einigen Wochen mit einigen Hundert Rubeln in der Tasche nicht nur Berlin und Paris, sondern auch Schweden und Norwegen, England und Irland und vielleicht sogar alle britischen Kolonien bereisen sollte und von dort noch weiter.

Ich war wirklich auf irgendeine sehr mutige Reise vorbereitet. Um des Abenteuers willen habe ich sogar auf eine Decke verzichtet, die ich gewöhnlich mitnehme, wenn ich zum stillen Nałęczów, mit lediglich einem kleinen Koffer fahre. [...]

Gegen 6 Uhr früh hatte sich die Gegend völlig verändert: statt der Felder, Bäume und des Duftes – gibt es Plätze, gemauerte Häuser, Lärm und Rauch. Der Bahndamm, der auf beiden Seiten dicht bebaut ist, macht mitunter den Eindruck, als ob wir uns Warschau oder der Jerozolimska Stadtgrenze nähern würden.

Es gibt jedoch große Unterschiede. Man sieht hier mehr Fabrikschornsteine als bei uns. Hoch auf den Hauswänden stehen die Fabrik- und Fabrikantennamen in Großbuchstaben. Links schimmert ein See – zuerst irgendwo in der Ferne, dann in der Nähe. Später kommen statt der Fabrikgebäude ganze Wohnhäuserreihen zum Vorschein, als ob wir mitten durch eine Straße führen.

Plötzlich – mein Gott! ... Wir fahren über eine seltsame Brücke, unter der ... Menschen gehen und Kutschen fahren ... Und jetzt fährt der Zug so dicht an den Häusern vorbei, dass ich aus den Waggonfenstern durch die Wohnungsfenster schauen kann, aber nicht durch die des Erdgeschosses, sondern nur ... des ersten Stockwerks! ...

Tatsächlich, wir fahren nicht mehr auf Erden, wie es der Anstand gebietet, sondern über einen gemauerten stockwerkhohen Viadukt. Anfangs dachte ich, dass die Überführung bald enden würde; ich stelle jedoch fest, dass sie einige Werst[33] über Straßen und hin und wieder auch über einen Fluss führt. [...]

Wir befinden uns auf dem S-Bahnhof Friedrichstraße. Er liegt ein Stockwerk hoch über der Straße und hat ein zylindrisches Dach, das etwa zwei Stockwerke hoch ist und aus Eisenverstrebungen und viereckigen Glasscheiben besteht.

Es scheint, als ob sich die Waggons, die Lokomotiven und die Reisenden unter einem Lampenschirm befinden würden. Der Bahnhof ist etwa 200 Schritte lang und etwa 60 Schritte breit. Dagegen ist sein Boden längst in drei Streifen geteilt: In einen rechten und linken – auf denen die Waggons fahren – und in einen mittleren – wo sich die Reisenden aufhalten.

Außer uns, aus dem Ausland Angekommenen, gingen oder saßen hier massige Leute, die auf etwas warteten. Indessen fuhr aus dem Westen ein Zug, ohne zu pfeifen, ein. Es öffneten sich die Waggontüren, und die Reisenden begannen, auszusteigen. Ihre Plätze nahmen die Wartenden ein. Danach wurden die Türen zugeschlagen und der Zug fuhr, ohne zu pfeifen, in Richtung Osten ab.

Mein Staunen nahm noch kein Ende, als ein neuer Zug diesmal aus dem Osten einfuhr. Wieder wurden die Waggontüren geöffnet. Die einen Fahrgäste stiegen aus, die anderen stiegen schnell ein und – rollten ostwärts. All das geschieht ohne Ansagen, ohne Läutsignale[34], ohne Schaffner, unter dem riesigen Dach, ein Stockwerk über der Straße hoch. Das sind S-Bahnzüge, die alle vier Minuten von hier ostwärts und westwärts verkehren. Wie viele Menschen von diesem Verkehrsmittel Gebrauch machen, beweist die Tatsache, dass im Jahre 1892 allein vom Bahnhof Friedrichstraße 5,5 Millionen Reisende abfuhren.

Auf einer Treppe bewegen wir uns langsam in die Halle, wo sich die Fahrkartenschalter, die Zeitungs- und Buchkioske, die Reisegepäckaufbewahrung und das Weichenwärterhäuschen befinden und – wo es von Menschen wimmelt. Die einen kaufen Fahrkarten, die anderen Zeitungen, andere wiederum kommen von oben herunter ... An der Wand (wenn ich mich gut erinnere) stand geschrieben, dass sich die Reisenden vor Dieben in Acht nehmen sollten.

Wir gehen unter dem breiten Bogen der Überführung hindurch, über die in diesem Augenblick mit Gepolter und Dröhnen ein Zug hinweg fährt, und geraten auf die Friedrichstraße. Sie ist eine der erstklassigen Straßen in Berlin, die zwar sehr verkehrsreich, aber äußerst schmal ist. An dieser Stelle ist sie nicht breiter

---

33 *Ein russisches Maß; entsprach 1066,78 m.*
34 *Auf den Bahnhöfen des Königreiches Polen wurde die Zugabfahrt mit einem dreifachen Läutsignal angekündigt.*

als unsere Chmielna-Straße. Die Verkehrsdichte der Friedrichstraße entspricht etwa der Frequenz unserer Żabia-Straße. Ich bleibe einen Moment stehen und blicke mich um, um einen „ersten Eindruck" zu gewinnen, und so ist er:

Die gemauerten Wohnhäuser sind an diesem Ort höher als in Warschau, obwohl sie nur vier Stockwerke haben. Sie weisen auch mehr Verzierungen auf als unsere und sind dunkel gestrichen.

Alle Räume im Parterre sind mit Läden belegt, deren Schaufenster manchmal so groß wie Tore sind. Die Auslagen sind äußerst reichlich. […]

Die Straßenlaternen entsprechen den unseren, das Pflaster ist recht glatt und die Bürgersteige sind sehr schmal.

Aber ein charakteristisches Merkmal der Berliner Straße, das man bewundern muss, in die Augen sticht und gebührende Aufmerksamkeit verdient, ist die Sauberkeit. Hier herrscht eine Sauberkeit, die wir uns nicht vorstellen können.

Eine Berliner Straße ist keine Straße, sondern ein mit Sorgfalt in Stand gehaltenes Zimmer.

Der Wagenverkehr ist sehr dicht, wie bei uns in der Żabia-Straße. Vor Kurzem fuhr ein Lieferwagen mit Backwaren vorbei. Ihm folgt eine leichte Kutsche und ihr eine Droschke. Hinter ihr fährt ein Lieferwagen eines Seidenstoffgeschäfts, ein großer mit einer hellgelben Plane bedeckter Eilpostwagen, ein Möbellieferwagen, dann wiederum folgen einige Droschken; ein Milchlieferwagen, ein kleiner von einem Hund gezogener Wagen und ein dreirädriges Fahrrad kommen vorbei, auf dem ein in eine Livree gekleideter Herr sitzt und eine große Kiste transportiert …

Von links hört man Glockengeläut … Es ist eine Straßenbahn mit Dachbänken und einem Baldachin. Sie fährt durch die Dorotheenstraße.

Von rechts – hört man Gepolter … Es ist ein Dampf speiender Zug, der über die ein Stockwerk hohe Überführung fährt …

Auf den schmalen Bürgersteigen ist der Verkehr nicht geringer. Da gehen: ein grauhaariger Herr, ein Herr mittleren Alters, zwei Damen aus der Provinz, einige Soldaten, die dunkelblaue Uniformen mit hellroten Kragen und Schirmmützen tragen. Ihnen folgt ein Dienstmädchen, das einen Korb trägt, dann kommen mehrere Damen, schließlich in Zivil gekleidete Herren, Offiziere, Tagelöhner …

Alle diese Leute zeichnen sich durch ein Merkmal aus: Sie sind alle sehr sauber gekleidet, unvergleichlich viel sauberer als bei uns und besser.

Wenn hier eine zerlumpte oder dreckige Person erscheinen sollte, würde sie einen solchen Eindruck hinterlassen wie bei uns eine mit Brillianten behängte Person.

Die Frauen sind nicht schön, dagegen sind die Männer sehr stattlich und … unserer „Schlachta" ähnlich! … Sie tragen dieselben Schnurrbärte. Sie haben dieselben „sonnengebrannten" Gesichter, intelligente Gesichtszüge, graue oder blaue Augen … Mit einem Wort, ich fühle mich hier nicht fremd … […]

In Berlin arbeiten alle: der Schaffner und der Direktor, der Kaufmann und der Handwerker, der Professor und der Pastor, der Maler, der Musiker und der Schauspieler, der Soldat und der General. Dort versteht man unter Arbeit nicht nur das Nähen von Schuhen, das Herstellen von Tischen, das Brotbacken usw., sondern – auch das Retten von Menschen vor dem Ertrinken und Verbrennen, das Erarbeiten von Philosophiesystemen, das Beten, das Komponieren, den Einsatz des Lebens auf dem Schlachtfeld …

Weshalb sind die Berliner so muskulös? Weil sie arbeiten. Und weshalb haben sie eine schlechte Küche und noch schlimmere Chansonnetten? Weil sich Berliner nicht dem Genuss hingeben.

Die Arbeitsidee, der die dortigen Menschen ergeben sind, bringt in ihnen verschiedene andere Vorzüge hervor.

Der erste Vorzug sind ihr logisches Denken und ihre Ordnungsliebe. Um sich davon überzeugen zu können, braucht man sich nur in eine öffentliche Einrichtung zu begeben, zum Beispiel in irgendein Museum. Fast überall gibt es dort nicht nur Kataloge mit Plänen, nummerierte Säle, Hinweise zu den Exponaten sondern auch Tafeln, die darauf hinweisen, wohin diese Tür oder der dortige Gang führen.

Der zweite Vorzug ist ihre Folgsamkeit. Wer mit irgendeiner Arbeit beschäftigt ist, der muss früher oder später in der Gemeinschaft arbeiten, und wenn er dorthin gelangt ist, muss er irgendwelche Anweisungen durchführen und Befehle befolgen.

Gäbe es dieses Gehorsamkeitsgefühl nicht, ein tief eingeimpftes, könnten die Berliner nicht mit der S-Bahn fahren, deren Züge nur kurze Zeit halten und keinen Bahnwärter haben. Gäbe es diese Folgsamkeit nicht, würden die dortigen Frauen alle Blumen von den Rabatten pflücken, die Herren mit Zeitungen und Zigarrenstummeln alle Rasenflächen verschmutzen und die Jungen alle Bäume beschädigen.

Der dominierende Arbeitsinstinkt erzieht sie zur Pünktlichkeit, aber gleichzeitig auch zur Härte und Steifheit im Benehmen. Dadurch wirkt sogar ihre Höflichkeit irgendwie barsch, und ihre Gleichgültigkeit hat einen Anschein von Grobheit. Der Arbeitsinstinkt der Berliner führt dazu, dass sie wirklich oder zum Schein eher ehrlich als sensibel, eher stak und sittenstreng als freiheitsliebend sind ...

Unter den sehr vielen gesunden, starken, sauberen, ehrlichen und vor allem arbeitsamen Menschen, die gute Dienste leisten wollen, schwimmen wie Hechte unter Plötzen – ganz andere Leute. [...]

Es scheint, dass man in ihren Gesichtern, die manchmal sogar schön sind, niemals Freude oder Trauer, sondern nur Stolz, Verachtung und mitunter auch Züge einer erstaunlichen Grausamkeit sieht.

Diese Leute gehören zum Menschenschlag der „Junker" und stellen einen anderen Typ der Berliner Bevölkerung dar. Diese legen mit Sicherheit die Pläne der Gemeinschaftsarbeiten für die Allgemeinheit fest und überwachen ihre Ausführung. Von ihnen erhielt Bismarck Beifall, als er sagte, dass man die wichtigsten gesellschaftlichen Probleme mit Blut und Eisen löst oder dass man im künftigen Krieg mit Frankreich dem Besiegten die Gurgel zusammenschnürt, bis seine Lippen weiß werden. Mit ihrer Unterstützung rechnete Moltke, als er sich beklagte, dass das deutsche Volk äußerst sanftmütig sei, und deshalb forderte, dass man die Rekruten so lange wie möglich im Bajonettkampf ausbilden müsse, weil es Menschen „abhärte".

Und tatsächlich hat man die Menschen abgehärtet und das heute noch. Die Geschichte Berlins bietet schöne Erinnerungen solchen Bemühens.

Vor zehn Jahren, das könnte vielleicht noch länger zurückliegen, las ich in den Zeitungen, dass eine Schildwache vor irgendeinem Denkmal versuchte, einige über den Rasen laufende Jungen zu vertreiben. Als sie den Befehl mehrmals nicht befolgten, schoss sie – und tötete ein Kind.

An einem anderen Tage beobachtete ein Arbeiter durch ein Zaunloch das Exerzieren einer Infanteriekompanie. Plötzlich blinkte in der Öffnung ein Bajonett, und dem neungierigen Arbeiter wurde ein Auge ausgestochen ...

Die Zusammensetzung der männlichen Bevölkerung Berlins ist daher sehr verschieden. Sie stellt eine Reihe von Typen dar, an deren einem Ende die „Gemütlichkeit" floriert und an deren anderem ausgelassene Kinder getötet werden ...

Aus den Polnischen von Gustav-Adolf Krampitz

STANISŁAW STEMPOWSKI, ERINNERUNGEN (1953)

Stanisław Stempowski (1870-1952), polnischer Großgrundbesitzer, Übersetzer russischer Literatur, Publizist und sozialdemokratischer Politiker, Vater des Schriftstellers Jerzy Stempowski, Lebensgefährte der bedeutenden polnischen Schriftstellerin Maria Dąbrowska, Großmeister der Polnischen Nationalen Freimaurerloge. Nach dem Ende des Ersten Weltkrieges engagierte sich Stempowski für die Unabhängigkeit der Ukraine; 1920-1921 Minister in der von Polen unterstützten Regierung der Ukrainischen Volksrepublik, in den zwanziger und dreißiger Jahren Direktor der Bibliothek im polnischen Agrarministerium, vor dem Zweiten Weltkrieg Vorsitzender der Polnisch-Ukrainischen Gesellschaft.

In der Silvesternacht überquerte ich die Grenze und erreichte am dunklen Morgen mit der Ringbahn den Savignyplatz in Charlottenburg. Von dort begab ich mich, die Bündel auf der Schulter, zu Fuß zu Ciszewskis Wohnung in der Goethestraße 6. Er hatte ein Zimmer in einer Arbeiterfamilie bei Frau Preusse; in einem zweiten Zimmer logierte ebenfalls ein Pole Stojowski, Student an der Technischen Universität. Die Vermieterin war so freundlich, mir für die paar Wochen, die ich hier verbringen wollte, ihr kleines Wohnzimmer zu vermieten und selbst mit ihren zwei Töchtern in den dunklen Alkoven zu ziehen, während der Mann in der Küche übernachtete. Diesen Mann bekam ich übrigens nicht zu Gesicht, denn er ging sehr früh zur Arbeit, nach der Arbeit in seinen Klub, und kam erst nachts nach Hause. Am finsteren und steifen Berlin gefielen mir die Sauberkeit und die Bequemlichkeiten des Alltags. Wenn ich im Morgengrauen unterwegs war, sah ich eine Reihe schnittartig schräg fahrender Pferdebesen, die Müll und Dreck von der Straße in den Rinnstein fegten. Auf der Treppe vor der Tür sah ich eine Milchkanne und eine an die Türklinke gehängte Tüte mit Brötchen und anderen Produkten – die Hausfrauen müssen also nicht jede für sich in Eile zum Laden oder auf den Markt rasen, alles wird nachhause geliefert. (Was würde bei uns mit diesen auf der Treppe hinterlassenen Dingen passieren?)

Zum Abschluss meiner Bemerkungen über die Besonderheiten des Berliner Lebens, die mir aufgefallen sind, muss ich ein Missverständnis erwähnen, das mir zugestoßen ist. Gleich am ersten Sonntag fragten mich Frau Preusses Töchter, ob sie nachmittags einige Freundinnen in mein Wohnzimmer einladen könnten. Natürlich hatte ich nichts dagegen und verzog mich den ganzen Tag in die Stadt, um nicht zu stören. Am anderen Tag merkte ich, dass sowohl die Mutter als auch die Töchter unzufrieden mit mir waren und erst Ciszewski erklärte mir, ich hätte einen *faux pas* begangen, denn ich hätte eben gerade zu Hause bleiben,

Kekse kaufen, bei Frau Preusse Kakao bestellen und die Gäste bewirten sollen. Am nächsten Sonntag war ich schon besser und verfuhr nach hiesiger Sitte, der Empfang geriet anständig und gemütlich, doch konnte ich mich davon überzeugen, dass in Deutschland die Beziehungen zwischen den Geschlechtern sehr vereinfacht und umstandslos sind und die Frau eine dienende Rolle spielt. Mein damals bescheidenes Verhalten veranlasste die Fräulein zu fröhlichen Scherzen, alle setzten sich der Reihe nach auf meine Knie und legten mir die Arme um den Hals.

Ich hatte von Krzywicki[35] ein Empfehlungsschreiben für Wilhelm Liebknecht, aber der war zu jener Zeit nicht in Berlin, sondern saß in Hamburg, wo er den großen Streik der Hafenarbeiter leitete. Ich ging derweil in die Museen, die Königliche Bibliothek und besuchte Orgelkonzerte mit Bachs Fugen, wo ich Sarasati und Nikisch traf; auf Zureden von Bruno Wille war ich auch in der „Freireligiösen Gemeinde". Ich erinnere mich nicht mehr, auf welche Weise ich zu dem *jour fixe* von Melanie Bergson gelangte, die mit ihrer Mutter ebenfalls in Charlottenburg wohnte und ihre Doktorarbeit in Sozialwissenschaften schrieb. Dort traf ich zu meinem Erstaunen und meiner Freude Bohdan Kistiakowsky[36], der hier bei Professor Simmel hörte und auch zu promovieren beabsichtigte. Er erzählte mir damals die Geschichte seiner Reise zu den Radziwiłłs, seiner Flucht aus Arrest und Gefängnis. Da er mit der Wissenschaft beschäftigt und für meinen Geschmack allzu systematisch war, ging ich mit seiner Mutter spazieren, einer lebhaften und intelligenten alten Dame, die auch begierig war, das Dreimillionenheer der sozialdemokratischen Wähler kennen zu lernen. So zogen wir zu zweit von Meeting zu Meeting, um zu sehen, wie diese Wissenschaft abläuft. Meistens erfolgte das in großen Bierhallen, in denen die Arbeiter im Zigarrenrauch beim Krug Weißbier saßen und den Reden ihrer Abgeordneten und Agitatoren lauschten. Ich kann nicht sagen, ich wäre sehr angetan gewesen von diesem Oberlehrergehabe, es drehte sich nämlich um ganz praktische, bauchbetonte Fragen, die auf allzu simple Weise mit einem Generalschlüssel gelöst wurden, mit dem sich alles leicht öffnen ließ. Ich traf keinen einzigen talentierten Redner; dieser Stadthagen zum Beispiel, Abgeordneter, Redakteur und Publizist, marterte mich mit einem trockenen, hölzernen Vortrag.

Eines Tages führte Ciszewski, der sich rührend um mich kümmerte, mich zu dem Abgeordneten Georg Ledebour, der als Freund polnischer und russischer Emigranten bekannt war. Er wohnte in der Kreutzstraße im Parterre, in einer studentischen Zweizimmerwohnung, die er erst vor Kurzem als frisch Vermählter bezogen hatte und die noch nicht eingerichtet und fast leer war. Sie erinnerte mich an die fast leere Wohnung Krzywickis in der Wilcza, an der ich vor neun Jahren mit Herzklopfen geläutet hatte. Mich rührte auch die herzliche Einfachheit des Hausherren, dem ich mich so vertraut fühlte, als hätten wir uns schon lange gekannt. Das junge, offene Gesicht mit der grauen Haartolle in der Stirn, der hinkende Fuß, das aus mehreren ungehobelten Kisten zusammengestapelte Bücherregal, die einfache, ärmliche Möblierung, die junge, errötende Ehefrau, die er an der Hand aus dem zweiten Zimmer herführte und uns vorstellte – all das atmete

---

35 *Ludwik Krzywicki (1859-1941), Soziologe, Marxist, einer der wichtigsten polnischen Wissenschaftler, u. a. Übersetzer der Werke von Karl Marx ins Polnische.*

36 *Bohdan Kistiakowsky (1868-1920), ukrainischer Jurist, Soziologe, bis 1902 Marxist, danach einer der ersten ukrainischen Neo-Kantianer. Er war Mitarbeiter von Iwan Franko und Professor der Moskauer Universität, seit 1917 der Kiewer Universität. In der Regierung des Hetmans Pavlo Skoropadsky war er für die Bildungsfragen verantwortlich.*

für mich jenen Idealismus der Zukunft, den zu suchen unter den Bekennern des Sozialismus ich ins Ausland gekommen war. Ich besuchte beide später auch allein und verließ sie immer mit einem guten Gefühl. Dieses sollte mich auch in der weiteren politischen Laufbahn Ledebours nicht täuschen, dessen Taten und Äußerungen alle von einem edlen Humanismus geprägt waren, was man von der Mehrzahl seiner Genossen nicht behaupten kann.

Endlich suchte ich den alten Liebknecht auf, dessen Rechenschaftsversammlung über den Streik ich erlebt hatte. Vor dem mit Menschen vollgestopften riesigen Saal ging auf der Bühne ein alter Herr mit hängendem Gesicht, Säcken unter den großen, ausdrucksvollen Augen, mit grauem Bart und ebensolcher Mähne auf und ab und berichtete mit ruhiger, aber vernehmlicher Stimme, leicht stammelnd wegen des seitlich gelähmten Mundes, detailliert über den Kampf der Hamburger Genossen, über sein Ziel, die Siegesaussichten, über aufopferungsvolle Taten. Der ruhige Ton und pathetische Inhalt verfehlte seine Wirkung nicht und verriet den Stil des großen Redners. Von Zeit zu Zeit, wohl als Zugeständnis an den deutschen Geschmack, flocht er einen Witz ein und verstummte dann einen Augenblick, bis der Saal begriff und lachte – dann fuhr er fort.

Es war früh am Morgen, als ich zu seiner ebenfalls bescheidenen Wohnung kam. Er empfing mich in Schlafrock und Pantoffeln. Jetzt sah ich mir dieses ernsthafte und gutmütige Gesicht mit dem unter dem Schnurrbart verzogenen Mund genauer an. Ich erzählte ihm von meinen Eindrücken von den Arbeiterversammlungen. Er unterbrach mich lachend: „Ja, ja, ich verstehe das sehr gut, unsere Methode der Massenaufklärung und geduldigen Belehrung, die auf lange Jahre ausgelegt ist – und dass da oben ruhig der Kaiser mit den Junkern und Generälen sitzen soll, während wir unten jedes Jahr einen Zulauf von ein paar hunderttausend Stimmen haben, und wenn diese Stimmen endlich die Mehrheit sind, trocknet die Spitze von selbst ab und tritt zurück – das gefällt euch nicht. Ihr habt genauso wie die Franzosen keine Ausdauer und keine Geduld. Hier ist gerade so ein französischer Sozialist, der immer zu mir kommt, weil er mit mir Französisch sprechen kann, der sagte mir dasselbe wie ihr: 'Il faut marchér! Il faut commencér une fois!' Ich muss Sie mit ihm bekannt machen, dann könnt ihr gemeinsam durch Berlin laufen und auf die deutsche, gutmütige Schwerfälligkeit schimpfen. Wollt ihr? Karl! Karl", rief er seinen Sohn. „Führe den Herrn zu Herrn Du Quercy, allein findet er nicht hin, er kennt die Stadt nicht, außerdem ist es weit."

Ich dankte ihm, und wir gingen. Mein Führer war ein gut aussehender, schlanker Jüngling mit dunklem Haar und frischem Gesicht, in einer Gymnasiastenmütze. Ich konnte damals nicht ahnen, dass 20 Jahre später Straßen und Panzerfahrzeuge nach diesem sympathischen Jungen benannt sein würden.

Du Quercy und seine Frau mieteten ein wenig geräumiges Zimmer in einem obskuren kleinen Hotel. Obwohl es elf Uhr war, waren sie gerade erst aufgestanden, das Bett in der Zimmermitte war völlig zerwühlt, im Raum herrschte Unordnung. Die Dame völlig grau, nicht groß, mit hellen Augen und einem prägnant französischen Gesicht stellte sich als nettes und höfliches Frauchen heraus und erzählte mir sogleich, wie Stanisław Padlewski[37] nach der Ermordung General Selivestrovs bei ihr untergetaucht war. Und Du Quercy

---

37 Stanisław Padlewski (1857-1891), polnischer Sozialist, Teilnehmer des Kampfes gegen Türken in Bosnien (1876). 1882-1886 saß er im preußischen Gefängnis, danach wurde er an Russland ausgeliefert. 1890 verübte Padlewski ein Attentat auf den russischen General Selivestrov in Paris.

begeisterte mich; groß gewachsen, mit riesiger schwarzer Mähne und Bart, stechendem schwarzen Blick und geweiteten Nüstern, stürzte er sich gleich auf mich wie auf einen alten Bekannten, als er Französisch hörte, und als ich ihm mein Anliegen mitteilte, waren wir schon Freunde. Er war mit Empfehlungsschreiben aus Frankreich in Richtung Osten gereist mit dem gleichen Ziel, wie ich in den Westen, nur dass ich aus eigenem Antrieb gekommen war, während er von irgendeiner Zeitschrift geschickt worden war. Offensichtlich lag das Interesse an der sozialistischen Bewegung und ihren Führern schon in der Luft, denn ungefähr zur gleichen Zeit war Teodor de Wyzewas Buch mit Charakterbildern der sozialistischen Führer in England, Belgien und Deutschland erschienen[38]. Du Quercy wirkte nicht wie ein kluger und tieferer Mensch, doch sein feuriges Temperament und seine Phantasie machten ihn zu einem angenehmen Begleiter bei Ausflügen ins Arbeiter-Berlin.

Vor meiner Abreise ging ich noch ins Parlament, um mich von dem alten Liebknecht zu verabschieden und mir die Redner anzuhören. Die Debatten waren langweilig, niemand hörte zu, die Abgeordneten lasen Zeitung, unterhielten sich, ihr Lärm übertönte die Reden, die nur für die Stenographen gehalten wurden. Ich schaute mir die Bänke der Linken an und hielt Ausschau nach Gesichtern, die von Versammlungen und Porträts bekannt waren. In der ersten Bank saßen zwei: Bebel und von Vollmar, Liebknecht saß in der dritten. Ich ging nach unten und ließ mir vom Saaldiener Liebknecht in den Wandelgang rufen. Ich verabschiedete mich von ihm. Er reichte mir auf einem Bogen mit dem Prägestempel des Reichstags und seiner Unterschrift einige handgeschriebene Worte, die mich Anselm in Belgien und Joul Guesde in Frankreich empfahlen. Er riet mir, noch einen Augenblick zu bleiben, denn es sollte noch ihr bester Redner, Georg von Vollmar, sprechen. Und tatsächlich schob sich kurz nach meiner Rückkehr ein großer, schöner Mann auf zwei Krücken mühsam auf die Galerie, und im Saal wurde es mucksmäuschenstill. Er hatte eine angenehme Stimme, eine klare Aussprache, ohne Buchstaben zu verschlucken, und der Aufbau seiner Rede verriet künstlerischen Geschmack, dem trockenen Inhalt verlieh er weiten Atem. Beim Zuhören sann ich über das Schicksal dieses bayrischen Adligen und Gardeoffizier des Papstes nach, der 1870 als Patriot gegen die Franzosen gezogen war, in einer Schlacht beide Beine verloren hatte und das Krankenhaus dank seinem Bettnachbar – einem Sozialisten – überlebt hatte. Solch eine Bekehrung, da man aus dem Lager der Privilegierten und Sieger ins Lager der Benachteiligten und Erniedrigten wechselt, zeugt – dachte ich – vom künftigen Sieg der Sache Letzterer, wie auch die Bekehrung des Hl. Paulus von ihr zeugte.

Aus dem Polnischen von Olaf Kühl

---

38 Téodor de Wyzewa, Die socialistische Bewegung in Europa. Ihre Träger und Ihre Ideen, übers. Hans Altona, Braunschweig 1892.

STANISŁAW KOSZUTSKI,
KAMPF DER POLNISCHEN JUGEND FÜR GROSSE IDEALE (1928)

Stanisław Koszutski (1872-1930), polnischer Jurist, Volkswirt und Publizist, studierte u. a. in Berlin.

Mein Traum war es, nach Paris zu gelangen, wo mein Vater vor dem Aufstand 1863 die École Nationale des Ponts et Chaussées abgeschlossen hatte. [...]

Nachdem einer der wichtigen Männer der Mianowski-Kasse[39] erfuhr, dass ich ein zusätzliches Ökonomiestudium in Paris plante, riet er mir leider streng davon ab. „Um die Wirtschaftswissenschaften steht es in Frankreich schlechter als in Deutschland. Und überhaupt ist die deutsche Wissenschaft die beste. Wagner, Schmoller, Brentano ... in Deutschland, zum Beispiel in Berlin herrscht eine Atmosphäre, in der die Wissenschaft gefördert wird. In Paris nicht!" usw. ... Dasselbe rieten mir auch andere vernünftige und mir wohlgesinnte Menschen. Obwohl es mich nach Paris und Frankreich zog, und es mich bei dem Gedanken an Berlin schauderte und ich Gänsehaut bekam, gab ich meinen Beratern im tiefsten Innern Recht und – fuhr nach Berlin. Nicht für lange! Einen Monat lang ging ich zur Universität, um mir die Vorträge der Jura- und Ökonomieprofessoren anzuhören, einen Monat lang machte ich mich mit der Stadt und den deutschen Lebensbedingungen vertraut, wobei ich grundsätzlich keine Vorurteile oder antigermanischen Abneigungen hatte. Leider war alles kalt, fremd, steif, polizeimäßig, unfreundlich, nicht zum Aushalten! Mir bekam die preußisch-berliner Luft nicht gut! Da ich fürchtete, mir hier irgendeine Nervenkrankheit zu holen, beschloss ich, nach Paris umzusiedeln.

Einmal ging ich in Berlin zu einer sozialistischen Kundgebung, wo der alte Liebknecht sprechen sollte. Ich wollte ihn sehen und hören. Im Saal und auf der Galerie eines riesigen Restaurants Unmengen von Arbeitern, an den Tischen sitzend und Bier trinkend. Bieratmosphäre, Bierdunst, Rauchschwaden von Zigarren, vom Rauch gereizte Augen und Rachen. Die Stimmung fast bürgerlich, ruhig. Und doch sind es Revolutionäre, die da sitzen, und ihr Führer spricht! Liebknecht sprach meistens ruhig und sachlich, begeisterte sich aber zuweilen und wurde feurig. Im Saal Ruhe wie in einer guten Theatervorstellung, nicht für zwei Pfennig Begeisterung, Eifer oder Enthusiasmus. Ich frage mich, ob diese Revolutionäre einen revolutionären Umbruch zustande bringen, die Bastille erstürmen, ihre Herrscher stürzen, die kapitalistische Ordnung umstürzen könnten? Angesichts des Temperaments in diesem Saal bezweifle ich das. Während der Pause fängt ein Arbeiter, der an meinem Tisch auf der Galerie sitzt, ein Gespräch mit mir an. Er weiß, dass er mit einem Ausländer spricht. „Wer sind Sie?", fragt er. Ich sage, ich sei Pole aus Warschau, Jurastudent und Sozialist, Anhänger von Karl Marx. Das alles machte auf ihn keinen Eindruck. „Ein Pole?", sagt er leicht geringschätzig und fast mitleidig und schaut mich so an, als wollte er sagen: „Wozu gibt es solche Kreaturen auf der Welt, und weswegen kommen sie zur Kundgebung? Aber wenn du schon mal da bist, dann bleib sitzen, es geschieht dir

---

39 Kasa im. Józefa Mianowskiego, 1881 von einer Gruppe Warschauer Großbourgeoisie und Intelligenz gegründete Stiftung zur Förderung der Wissenschaft; unterstützte polnische Forschungen und wissenschaftliche Publikationen.

nichts Böses ... " Einen solchen Gesichtsausdruck hatten alle Arbeiter, die an diesem Tisch saßen. Schweigend tranken wir weiter unser Bier: der deutsche Sozialdemokrat überzeugt von seiner unendlichen Überlegenheit, und ich? ... Ich gebe zu, in diesem Moment fand ich es in Berlin zum ersten Mal lustig.

Aus dem Polnischen von Ruth Henning

STANISŁAW GRABSKI, MEMOIREN (1989)

Stanisław Grabski (1871-1949), polnischer Politiker und Wirtschaftswissenschaftler, Professor für Wirtschaftswissenschaften in Lemberg, Krakau und Warschau. 1901 Mitbegründer der Polnischen Sozialistischen Partei (PPS), wechselte jedoch 1905 die politischen Fronten und schloss sich dem nationalen politischen Lager an. Von 1919 bis 1927 Abgeordneter im polnischen Sejm für die Nationaldemokraten, 1923 und 1925-1926 Bildungsminister, kämpfte gegen die Gleichberechtigung der nationalen Minderheiten in der polnischen Republik.

Ich fuhr mit der Absicht nach Berlin, dort nichts anderes zu tun als zu lernen. Aber aus diesem Grund war es zunächst nötig, die deutsche Sprache gut zu beherrschen. In einer ziemlich ungewöhnlichen Weise habe ich mich daran gemacht, sie zu lernen. Ich habe mir ein Exemplar der „Drei Musketiere" von Dumas im französischen Original und ein zweites in deutscher Übersetzung gekauft, außerdem ein polnisch-deutsches Wörterbuch. So habe ich an die zehn Stunden am Tag gelesen und täglich hundert und ein paar Dutzend neue deutsche Wörter gelernt. Nachdem ich Dumas durchgeackert hatte, nahm ich mir gleich die „Einleitung in die Philosophie" von Wilhelm Wundt vor, einem der Hauptschöpfer der modernen Psychologie und Erkenntnistheorie. Außerdem ging ich jeden Tag für ungefähr anderthalb Stunden ins Café, wo ich mithilfe des Wörterbuches Tageszeitungen las. Eine Grammatik der deutschen Sprache habe ich hingegen nie zur Hand genommen. Neun Jahre (weil ich in der dritten Klasse zwei Jahre saß) Einpauken lateinischer Grammatikregeln hat mir jegliche Grammatik bis an mein Lebensende verekelt. Nach einem Monat konnte ich bereits an Universitätsvorlesungen teilnehmen. Ich schrieb mich an der philosophischen Fakultät ein.

An den deutschen Universitäten wurde politische Ökonomie sowohl an der philosophischen als auch an der juristischen Fakultät gelesen. In Berlin wurde sie damals von zwei wirklich bedeutenden Gelehrten unterrichtet, von Adolph Wagner und Gustav von Schmoller. Jeder von beiden repräsentierte eine andere Richtung: Wagner stand eher in der Tradition der deduktiven klassischen Ökonomie, Schmoller war Schöpfer der so genannten neueren, historischen Schule, die jegliche Deduktion ablehnte. Ich habe mich zu den Vorlesungen von beiden eingetragen. Aber Schmoller hat mich mehr interessiert. Ich ging zu ihm, um ihn zu bitten, mich in sein Seminar aufzunehmen. Zunächst lehnte er mich ab, als er hörte, dass dies das erste Jahr meines Ökonomie-Studiums war. Normalerweise waren die Studenten in seinem Seminar bereits im dritten oder vierten Jahr. Ich erzählte ihm jedoch, dass ich an der naturkundlichen Fakultät in Warschau bereits recht viel über Ökonomie und Soziologie gelesen hätte und ich ihn bäte, mir einige Fragen zu stellen, um meine Kenntnisse aus diesen Fächern zu überprüfen. Die solchermaßen improvisierte Aufnahmeprüfung fiel nicht schlecht aus. Schmoller willigte ein, dass ich sein Seminar besuche. Ich war jedoch dort nur ein fleißiger Zuhörer der Diskussionen, die von älteren Studenten, die viel mehr als ich konnten, und von Doktoranden anderer Universitäten geführt wurden, nicht nur von deutschen, sondern auch von österreichischen, russischen und sogar englischen. Von den Russen haben mich zwei besonders interessiert: Tugan-Baranowskij, ein späterer Ökonomie-Professor von Weltruhm und Pjotr Struwe, einer der bekanntesten russischen Publizisten Anfang des 20. Jahrhunderts. [...]

Damals war es bei den deutschen Studenten so üblich, dass sie ihrer Zustimmung zu einer vom Professor getätigten Äußerung dadurch Ausdruck verliehen, indem sie mit den Füßen auf den Boden stampften. Nie habe ich ein stärkeres Stampfen gehört als damals, als sich Schmoller auf die Eroberungstradition der germanischen Rasse berief.

Ich hörte jedoch nicht nur Vorlesungen zur Ökonomie, sondern auch zur Philosophie. Geschichte der Philosophie wurde von Professor Hermann Ebbinghaus unterrichtet, der sich großen Ruhms erfreute. Er fing seine Vorlesung mit den Worten an: „Ich werde über die moderne Geschichte der Philosophie sprechen, das heißt also über die deutsche Philosophie." Ich zuckte heftig zusammen. Ebbinghaus konnte doch unmöglich nichts vom französischen und englischen Positivismus wissen, der sehr modern war? Warum verschwieg er deren Existenz? Wohl nur, um den Ruhm Deutschlands stärker herauszustellen. Ich verstand, dass die Eroberungsmentalität die gesamte deutsche Kultur durchdringt, auch die Wissenschaft.

In Berlin gab es einen Verein für polnische junge Leute, die die dortigen Hochschulen besuchten, vor allem die Universität und die Technische Hochschule. Die weitaus meisten von ihnen waren Posener. Universitätsstudenten, die aus Kongresspolen kamen, gab es nur ein paar, aber es gab eine Gruppe von zwanzig bis dreißig Technik-Studenten, die aus dem russischen Teilgebiet kamen. In diesem Verein vermied man normalerweise politische Diskussionen, um nicht die Harmonie zu stören, die dort herrschen sollte. Gern wurden jedoch wissenschaftliche Referate angenommen. Während der ersten beiden Monate des Studienjahres 1891/92 hielt ich in diesem Verein drei Vorträge zur Philosophie des Positivismus sowie zur Soziologie Herbert Spencers.

Bei unseren Gesprächen im geselligen Kreis waren jedoch, obwohl wir eindeutig politische Themen umgingen, zwischen den Anschauungen der Großpolen und derjenigen, die aus Kongresspolen stammten, starke Unterschiede zu spüren. Die Ersten vertrauten zumeist der älteren Generationen und den Autoritäten, die von ihnen als solche angesehen wurden. Entsprechend bewegte sich ihr gesellschaftlich-politisches Denken vorwiegend auf den üblichen Wegen einer patriotisch-konservativen Organischen Arbeit. Die Losung der „aktiven Verteidigung" war noch nicht bis zu ihnen vorgedrungen. [...] Vom durchschnittlichen Typ des Posener Studenten hob sich hingegen Stanisław Przybyszewski deutlich ab. Er hielt es eher mit uns, den Sozialisten. Und zu den Sozialisten zählten sich fast alle Studenten der Technischen Hochschule, die aus dem russischen Teilgebiet kamen.

Das war eine seltsame Runde von Sozialisten. Zwischen uns gab es keinen einzigen Burschen, der nicht vermögend gewesen wäre. Mein Vater hatte mir vor meiner Abreise nach Berlin 300 Rubel gegeben. Ich dachte, dass mir dies für das Studienjahr, das zehn Monate dauerte, und für die Heimfahrt zu den Sommerferien genügen sollte. Also beschloss ich, für Unterkunft und Essen nicht mehr als 25 Rubel, also 65 Mark im Monat auszugeben. Kollege Gurtzman, den ich noch zu unserer Gymnasialzeit kennen gelernt hatte, half mir, mich einzurichten. Er war ein Jahr weiter als ich, gehörte auch nicht zu unserem kleinen Kreis, aber ich ging mit ihm zum Fechtunterricht. Ich wusste, dass er von Natur aus sehr hilfsbereit war. Deswegen habe ich mich nach meiner Ankunft in Berlin vor allem an ihn gewandt, um Hilfe und guten Rat zu bekommen. Und da ich anfänglich kaum Deutsch sprach, benötigte ich diese Hilfe sehr dringend. Kollege Gurtzman fand für mich in dem Haus, wo er selbst wohnte, ein kleines Zimmer, das 12 Mark im Monat kostete. Es war so niedrig, das ich mit dem Kopf an die Decke stieß, zweieinhalb Meter breit und vier Meter lang. Aber in dem Raum standen ein ordentlich gemachtes Bett, ein Schreibtisch mit einer großen Schublade sowie drei Stühle. Nicht nur die meisten meiner Arbeiterfreunde in Warschau wohnten schlechter, sondern auch Bohusz[40] lebte nicht besser. Zum Mittagessen ging ich in ein Restaurant, in der auch einige andere aus Kongresspolen aßen. Sorgsam achtete ich darauf, keine Mahlzeit zu nehmen, die mehr als ein Mark kostete. Den Morgen- und Abendtee bereitete ich auf dem Spirituskocher zu, Butter kaufte ich nicht, also bestanden Frühstück und Abendbrot aus ein paar Stücken trockenen Brotes. Viele, sehr viele Studenten in Warschau ernährten sich auf dieselbe Weise. Aber im Ausland studierten, von wenigen Ausnahmen abgesehen, die Söhne wohlhabender Familien. Meine Kollegen in Berlin dachten daher, als sie meinen bescheidenen Lebenswandel sahen, dass ich aus einer sehr armen Familie käme. Als einer von ihnen, der zu Weihnachten nach Warschau gefahren war, die Wohnung meiner Eltern betrat, um ihnen einen Brief zu geben, den ich nicht hatte mit der Post schicken wollen, da kam er nicht mehr aus dem Staunen heraus, als er all den dort versammelten Wohlstand sah. Er erzählte meiner Mutter unglaubliche Geschichte von der Armut, in der ich leben würde. Vor Schrecken schickte mir meine Mutter sofort eine Kiste mit Wurst und Obst, und mein Vater schrieb mir, dass er mir von nun an jeden Monat 60 Rubel schicken würde. Jener Kollege hatte nämlich den Eltern gesagt, dies sei der minimale Betrag, den man brauche, um ein erträgliches Leben zu führen. Und tatsächlich haben wohl die meisten meiner Kollegen aus dem russischen Teilgebiet von Ihren Eltern mehr als 60 Rubel bekommen. Unter ihnen waren einige Söhne wohlhabender Gutsbesitzer. Der reichste war Bilewicz, der aus der Gegend von Kaunas kam, ein naher Verwandter Piłsudskis (von dem damals freilich noch niemand gehört hatte), der aber auch mit der russischen Magnatenfamilie der Zubovs verschwägert war. Von den Warschauern war da Wolf, Sohn Gebethners und Wolffs, wie wir witzelten.[41] Da war da noch Toeplitz, der aus einer Familie jüdischer Hochfinanz stammte. Und auch Gurtzmans Vater war ein reicher Kaufmann von hinter dem Eisernen Tor.[42] Dieser unser Sozialismus war zweifelsohne bei den einen mehr, bei den anderen weniger eine Anwandlung jungendlichen Idealismus, bei den meisten aber eher ein intellektueller, ewig nach Neuem suchender Snobismus. Bei der Allgemeinheit der damaligen polnischen Studenten beschränkte sich dieser Sozialismus drauf, radikale Thesen und Ansichten zu äußern – ohne jedoch den „bourgeoisen" Lebensstil zu ändern.

---

40 Marian Bohusz, Pseudonym von Józef Karol Potocki (1854-1899), polnischer Sozialist und Redakteur der Warschauer Zeitung „Głos". 1894 wurde Potocki verhaftet und nach Odessa deportiert. Er starb bald nach der Rückkehr nach Polen.

41 Seit 1857 war „Gebethner i Wolff" der erfolgreichste polnische Verlag in Kongresspolen. Die Firma wurde von Gustaw Adolf Gebethner und Robert Wolff in Warschau gegründet. Wolff hatte zwei Söhne, die nach seinem Tod die Firma mitleiteten.

42 Hinter dem Eisernen Tor: ein Warschauer Wohnviertel. Während der Besatzung Polens ein Teil des Ghettos, danach zerstört. Heute eine Wohnsiedlung.

Niemand hatte die Absicht, auf die Bequemlichkeiten und Annehmlichkeiten eines solchen Lebens zu verzichten – wozu auch, wem wäre damit geholfen gewesen? Es galt, das gesamte soziale und ökonomische System zu verändern, und nicht auf Vorteile zu verzichten, die aus dem Kapitalbesitz einiger Kapitalisten und ihrer Familien resultierten. Sie hatten schließlich das lebendige Beispiel Paul Singers vor Augen, der sehr reich war und ausgesprochen bourgeois lebte, dennoch aber Mitglied des Parteivorstandes der deutschen Sozialdemokraten war. Vom Standpunkt der marxistischen Theorie aus hatten sie Recht. Mein Sozialismus fand hingegen nicht nur im Kopf statt. Vor allem der Umstand, dass ich den Reichtum der einen und die Armut der anderen als sehr ungerecht empfand, hatte mich zum Sozialisten werden lassen. Und so bemühte ich mich, möglichst wenig zu dieser Ungerechtigkeit beizutragen. Selbst als ich von meinem Vater jeden Monat einen Betrag von 60 Rubel bekam, habe ich meinen Lebensstandard kaum angehoben. Lediglich von Gurtzman habe ich mich dazu überreden lassen, ein größeres Zimmer zu mieten, das eine normale Höhe besaß. Außerdem begann ich, abends mit meinen Kollegen ins Café Viereck an der Friedrichstraße zu gehen, wo wir miteinander plauderten. Dort trank ich ein Glas Milchkaffee und aß ein, manchmal auch zwei Stücke Kuchen.

Als ich dann mit der agitatorischen und organisatorischen Arbeit bei den polnischen Arbeitern im Deutschen Reich begann, waren meine Genossen Studenten zwar voll des Lobes für mich und halfen mir auch gerne in technischer Hinsicht, aber keiner wollte mich bei meinen Ausflügen nach Westfalen oder nach Oberschlesien begleiten; noch nicht einmal mit den polnischen Arbeitern in Berlin wollten sie dauerhaft zu tun haben. Allenfalls, wenn auch selten, kam es vor, dass einer von ihnen zu den geselligen Treffen ging, die der polnische sozialistische Arbeiterverein in den Bierstuben der Vorstädte veranstaltete.

Ende 1891 traten die sozialistischen Jugendlichen aus dem Gesamtverein der Studenten aus. Zum Bruch kam es aus folgendem Grund: Auf Einladung des Vorstandes unseres Vereins kam der Vorsitzende der polnischen Parlamentariergruppe im Reichstag, Józef Kościelski, zu einem eigens für ihn einberufenen Treffen. Kościelski wollte von der ablehnenden Haltung Wilhelms II. gegenüber Bismarck profitieren, den der junge Kaiser kurz zuvor brutal entlassen hatte, und initiierte in Großpolen eine Verständigungspolitik nach Vorbild der galizischen „Stańczyks"[43]. Im Parlament hatte die polnische Parlamentariergruppe für das Budget der Kriegsmarine gestimmt, das von der gesamten Opposition zusammen mit dem Zentrum heftig kritisiert wurde, weil es riesige Ausgaben für den Bau zahlreicher Panzerschiffe und Kreuzer vorsah. Schließlich war es die Lieblingsidee Wilhelms II., das Deutsche Reich in eine Seemacht zu verwandeln, mit der auch Großbritannien ernsthaft rechnen müsste. Für die Unterstützung, die die polnische Parlamentariergruppe dem Marineprogramm des Kaisers gewährte, milderte Kanzler Leo von Caprivi den antipolnischen Kurs, den bis dahin Bismarck in Großpolen und Pommerellen gefahren war, merklich ab. Man erzählte sich überall, dass Wilhelm II. Kościelski besonderes Vertrauen und Sympathie entgegenbrachte. Darauf baute man nicht eben

---

43 „Stańczycy", eine liberal-konservative Gruppierung in Galizien nach 1860, plädierte für die polnische Autonomie Galiziens, ihr politisches Ziel war die Loyalität gegenüber Haus Habsburg und die Versöhnung zwischen den in Galizien politisch dominierenden Polen und der ukrainischen Nationalbewegung.

geringe Hoffungen, zumal sich der Kaiser gelegentlich wohlwollend über die Polen geäußert haben soll und auch Wojciech Kossak schätzte, der für ihn eine Reihe von Schlachtgemälden anfertigte, auf denen die Heldentaten der preußischen Armee seit 1813 verewigt wurden.

Unter den jungen Leuten aus Großpolen gab es vielleicht auch solche, die die Erwartungen an die Verständigungspolitik Kościelskis nicht teilten, aber niemand von ihnen traute sich damals, in aller Offenheit gegen sie zu argumentieren. Niemand wollte es auf seine Kappe nehmen, wenn diese Politik eventuell scheitern sollte.

Die Leute aus Kongresspolen wiederum empfanden diese Verständigungspolitik als etwas Ekelerregendes. Und als Kościelski, nach einer längeren Rede an die jungen Leute, einen Toast ausbrachte, der allzu deutlich den Geist der Verständigungspolitik atmete, verließen die Leute aus Kongresspolen demonstrativ die Versammlung. Bei der letzten ordentlichen Vereinsversammlung tadelte uns unser Vorsitzender, weil wir uns gegenüber einer so ehrwürdigen Person wie dem Vorsitzenden der Polnischen Parlamentariergruppe unangemessen verhalten hätten. Dies hatte einige heftige Antworten von unserer Seite zur Folge, und dann verkündigten wir kollektiv unseren Austritt aus dem Verein. Da sich bei diesem Wortgefecht ein Posener uns gegenüber beleidigend geäußert hatte, schickte ich ihm anderntags meine Sekundanten mit der Aufforderung, mir Satisfaktion zu gewähren. Es kam jedoch nicht zum Duell, da mein Gegner eine schriftliche Entschuldigung abgab, die meine Sekundanten für ausreichend hielten, um unsere Ehre wieder herzustellen. Obwohl ich nämlich sehr fortschrittliche gesellschaftlich-politische Überzeugungen vertrat, war mir doch noch der alt-adlige Ehrbegriff zueigen, nicht nur in meinen jungen Jahren, sondern auch noch als Erwachsener.

Wir gründeten unseren eigenen Verein der sozialistischen polnischen Jugend. Die meisten seiner Mitglieder wohnten in Charlottenburg, da sich dort auch das Gebäude der Technischen Universität befand. Anfang der neunziger Jahre des vergangenen Jahrhunderts war dies noch eine eigenständige Kommune. Man gelangte zu ihr durch den großen Tiergarten. In Charlottenburg, in der Wohnung eines unserer Kollegen, fanden vor allem Diskussionsrunden unserer Gesellschaft statt. Und danach gingen wir alle zusammen bis spät in die Nacht im Tiergarten spazieren. Trotzdem waren wir auch eine Bande von Taugenichtsen. Im Frühling saßen auf den Bänken des Parks ziemlich viele Liebespärchen, die Zärtlichkeiten austauschten. Unser Lieblingsvergnügen war es, solche Bänke zu umstellen und auszuleuchten, indem wir alle zusammen Stearinstreichhölzer anzündeten.

Im Café Viereck hielt sich manchmal auch Daszyński auf.[44] Er war von Krakau nach Berlin gekommen, um das polnische Organ der Sozialdemokraten zu redigieren – die einmal pro Woche erscheinende „Gazeta Robotnicza" (Arbeiterzeitung).

In allen deutschen Städten, in denen es Großindustrie gab, lebten viele polnische Arbeiter, die zumeist aus der kleinbäuerlichen oder landlosen Dorfbevölkerung Großpolens und Pommerellens stammten. Die meisten von ihnen lebten in Westfalen. Sie standen fast vollständig unter dem Einfluss der Zentrumspartei und katholischer Gewerkschaften. In Bochum erschien der „Wiarus Polski" (Der Polnische Kämpe), ein für ihre Bedürfnisse hervorragend redigiertes und von katholischen Priestern herausgegebenes Blatt, das gleichermaßen für ihren Katholizismus wie für ihr Polentum focht. In Berlin gab es hingegen keine katholischen Gewerkschaften.

---

44 Siehe Stanisław Przybyszewski, Ferne komm ich her …

Dort gab es einen polnischen Verein „junger Gewerbetreibender", dem Handwerker und Kaufleute angehörten. Unter ihnen waren vielleicht auch ein paar Meister und Besitzer kleiner Läden. Den größeren Teil seiner Mitglieder stellten jedoch Lohnarbeiter dar, die in Handwerksbetrieben und größeren Handelsunternehmen beschäftigt waren. Dieser Verein gewährte seinen Mitgliedern gewisse materielle Beihilfen. Auf jeden Fall besaßen diese Beihilfen jedoch nicht das Ausmaß dessen, was die Arbeitergewerkschaften bieten konnten. Und in Berlin wurden alle Gewerkschaften von der Sozialdemokratie angeführt. Deswegen bildete sich unter den polnischen Fabrikarbeitern, die den Berliner Gewerkschaften angehörten, eine ziemlich große Gruppe von Sozialisten. 1891 waren es einige Hundert. Sie wurden von einem schon etwas älteren Arbeiter der Klavierfabrik angeführt, einem gewissen Morawa. Auch die Arbeiter Till und Andrzejewski waren sehr fähige Agitatoren und Organisatoren. Unter ihnen gab es jedoch keinen Intellektuellen, der für sie ein kleines sozialistisches Blatt in polnischer Sprache hätte redigieren können. Und obwohl sie alle hervorragend das Deutsche beherrschten und unerschütterlich den Führern der deutschen Sozialdemokratie, Bebel und Liebknecht, vertrauten, so besaßen sie doch ein sehr genaues Gefühl dafür, dass sie sich von der deutschen Umgebung, in der sie lebten, in nationaler Hinsicht unterschieden. Auch organisierten sie sich in einem Verein polnischer Sozialisten, der in gewisser Weise autonom agierte und nur lose mit den deutschen Parteistrukturen verbunden war. Auch eine eigene Zeitschrift wollten sie haben. Der Vorstand der deutschen Sozialdemokratie unternahm es, diesen Verein zu finanzieren, da er hoffte, durch ihn die Zahl der Parteianhänger vergrößern zu können. Auf diese Weise sollte die Masse der polnischen Arbeiter in Großpolen, Schlesien und Westfalen, die sich bis dahin vollkommen gegenüber dem Sozialismus versperrt hatte, für diesen gewonnen werden.

Als ich nach Berlin kam, erschien die „Gazeta Robotnicza" dort schon seit einigen Monaten. Allerdings habe ich mich nicht allzu sehr für sie interessiert. Außerdem war ich wegen des Studiums nach Berlin gekommen, nicht wegen der Politik. Trotzdem habe ich mich sehr für Daszyński interessiert, sobald ich ihn kennen gelernt hatte. Er besaß ein geringeres Wissen als ich, aber übertraf mich deutlich durch seine dialektische Begabung.

Gelegentlich gingen wir zu zweit in irgendein Café, wo wir uns nicht nur über Sozialismus und gesellschaftliche Probleme, sondern über alle möglichen Fragen des Zeitgeschehens unterhielten.

Vor Weihnachten sagte mir Daszyński, er möchte für ein paar Wochen nach Krakau verreisen, und er würde dies aber nur dann tun, wenn ich ihn in dieser Zeit in der „Gazeta Robotnicza" vertreten würde. Schließlich gäbe es außer mir in Berlin niemanden, dem er die Redaktion auch nur für kurze Zeit anvertrauen könne. Und da ich selbst über die Feiertage nicht nach Hause fahren konnte – aus Warschau hatte ich die Warnung erhalten, dass die Gendarmerie Ermittlungen anstellte und bereits verhaftete Verbandsmitglieder über mich ausfragte –, willigte ich in den Vorschlag Daszyńskis ein. Leider blieb Daszyński länger in Krakau, als er zunächst beabsichtigt hatte. Auf irgendeiner Versammlung redete er allzu „aufwieglerisch". Am 10. Februar 1892, als er nach Berlin zurückkehren sollte, wurde er am Bahnhof in Krakau verhaftet und unter dem Vorwurf, „die öffentliche Ordnung gestört" zu haben, ins Gefängnis gesperrt.

Auf diese Weise übernahm ich völlig unerwartet die Aufgabe, die polnische sozialistische Arbeiterbewegung in Deutschland zu leiten, statt weiterhin zu lernen und fleißig Vorlesungen zu besuchen, wie dies eigentlich meine Absicht gewesen war.

Für das Redigieren der Zeitung benötigte ich viel Zeit. Ich musste sie fast allein schreiben, und das mit einer sehr klaren Schrift, den der Setzer, der die Druckplatten anfertigte, war ein Deutscher und verstand kein Wort Polnisch. Auch die Korrekturen der sehr vielen Fehler, die der Setzer machte, musste ich selbst vornehmen, außerdem den Seitenumbruch, und manchmal half ich auch beim Drucken. Die „Gazeta Robotnicza" wurde nämlich mit einer flachen Maschine gedruckt, die mit einer großen Handkurbel bedient wurde. Das Drehen dieser Kurbel war eine ziemlich schwere Arbeit, die der Setzer zusammen mit einem Arbeiter zu erledigen hatte, der eigens zu diesem Zweck angeheuert wurde. Aber dieser Mensch war nicht allzu kräftig, auf jeden Fall schmächtiger als ich. Wenn ich sah, wie er sich abquälte, nahm ich gerne selbst die Kurbel in die Hand; das war auch eine Art von Sport.

Allerdings hatte ich keine Reporter, die mir „Randnotizen" über das „Alltagsleben" hätten liefern können. Ich musste sie selbst aus den Zeitungen herausfischen, wobei ich auf polnische wie auf deutsche Blätter zurückgriff. Jeden Tag verbrachte ich einige Stunden damit, Zeitungen zu lesen und mir zu ihnen Notizen zu bereiten. [...] Also vernachlässigte ich mein Studium und ging immer seltener zu den Vorlesungen. Nur von der häuslichen Lektüre ließ ich nicht ab. Ich studierte damals sehr genau Kants „Kritik der reinen Vernunft" und Wundts „Logik". Indem ich mich mit der modernen Erkenntnistheorie bekannt machte, kam ich immer mehr dazu, die Philosophie des Materialismus endgültig abzulehnen. Zugleich verlor für mich der historische Materialismus jeglichen Reiz. Auf einer Versammlung des Vereins der sozialistischen Jugend hielt ich ein Referat, in dem ich die ganze gesellschaftsphilosophische Doktrin Marx' und Engels' verwarf. [...]

Das Postulat, für die Unabhängigkeit Polens zu kämpfen, über das ich im Sommer 1891 nur vertraulich mit einigen Kollegen gesprochen hatte, wollte ich nun in die Tat umsetzen. In einer Reihe von Artikeln in der „Gazeta Robotnicza" verkündete ich, wir können nicht die Frage der polnischen Unabhängigkeit bis zum vollständigen Zusammenbruch des kapitalistischen Systems beiseitelassen, sondern es müsse Teil unserer Realpolitik sein, uns auf den Kampf um die Befreiung des Volkes von der Fremdherrschaft und um die Wiederherstellung eines eigenständigen Staatswesens vorzubereiten.

Gleichzeitig setzte ich im Verein polnischer sozialistischer Arbeiter in Berlin einen Beschluss durch, dass sie eine mit der deutschen Sozialdemokratie befreundete, von ihr aber unabhängige polnische sozialistische Partei seien (ähnlich wie die galizischen Sozialisten), und dass wir unsere agitatorischen Anstrengungen vor allem darauf ausrichten würden, unsere Partei auf polnischem Boden voranzubringen, besonders in Oberschlesien.

Meine Kollegen vom Berliner Studentenverein nahmen dieses neue, von mir vorgestellte Programm mit einem Gefühl deutlicher Erleichterung auf. Denn jeder von ihnen war vom Gefühl her Patriot, aber hatte Skrupel, diese Gefühle kundzutun, da er doch Sozialist war, und der Sozialismus schließlich von seinem ganzen Wesen her internationalistisch sei. Noch wichtiger war jedoch, dass sowohl der oben genannte Beschluss unserer Organisation als auch meine Artikel von den Leitern der deutschen Sozialdemokratie wohlwollend aufgenommen wurden. Bebel wies mich bei einem Gespräch zu diesem Thema darauf hin, das sich Marx wiederholt anerkennend über die polnischen Unabhängigkeitsbestrebungen und -kämpfe geäußert habe.

Bald nach dem Tod Bebels und Liebknechts, dieser großen Idealisten, die zugleich auch Meister des politischen Taktierens waren, änderte sich allerdings die Einstellung der deutschen Sozialisten zur polnischen Frage. Anfang dieses Jahrhunderts unterschied sie sich kaum noch von der Ansicht der preußischen Junker, die Zugehörigkeit der „Ostmarken" zum Deutschen Reich müsse durch eine Germanisierung dieser Gebiete gefestigt werden. 1892 aber verstand Ignaz Auer als einziger vom SPD-Parteivorstand nicht, warum sich die Polen der Germanisierung widersetzten. Seiner Meinung nach wurde das zivilisatorische Niveau der Polen durch die Germanisierung angehoben.

Nicht von deutscher, wohl aber von polnischer Seite wurde ich für diese vermeintliche Häresie heftig attackiert. Aus Zürich erhielt ich einen von Julian Marchlewski,[45] Rosa Luxemburg[46] und rund einem Dutzend weiteren Studenten unterzeichneten Brief, in dem sie mich tadelten, ich hätte in das sozialistische Programm ein „Patriotentum" hineingeschmuggelt, das von seinem ganzen Wesen her eine reaktionäre Kraft sei. Der Brief schloss mit der rhetorischen Frage, ob ich nicht bei sozialistischen Kundgebungen statt des „Czerwony Sztandar"(Rote Fahne) das „Noch ist Polen nicht verloren" singen lassen wolle, einschließlich der Worte: „Bonaparte gab uns ein Beispiel, wie wir zu siegen haben"; und dann ein pathetisches Ausrufezeichen: „Also Bonaparte, nicht Marx!" [...]

Nicht nur mit meinem Sozialpatriotismus brachte ich unsere marxistischen Doktrinäre gegen mich auf. Ich bat Stanisław Przybyszewski darum, an der „Gazeta Robotnicza" mitzuarbeiten, obwohl er nicht eine Seite von den Schriften Marx' und Engels' gelesen hatte und den Sozialismus, ähnlich wie die französischen und englischen Sozialisten in der ersten Hälfte des 19. Jahrhunderts, vor allem als ethische Bewegung verstand.

Zu diesem Schritt bewog mich zum Teil der Wunsch, von der Arbeit an der „Gazeta" entlastet zu werden, die mich so absorbierte, dass ich nicht mehr genug Zeit für meine Propaganda- und Organisationsfahrten in polnische Gebiete und nach Westfalen hatte. Vor allem aber wollte ich auf diese Weise Przybyszewski helfen, der damals in größter Armut lebte. Für die Herausgabe der „Gazeta Robotnicza" erhielt ich 150 Mark. Die 60 Rubel hingegen, die mir mein Vater schickte, waren mehr als genug für meinen Lebensunterhalt. Also wendete ich mein Redakteursgehalt vollständig dafür auf, meine Agitationsreisen zu finanzieren und örtliche Aktivisten zu unterstützen. Ich berechnete, dass ich die Ausgaben für meine Arbeit um die Hälfte reduzieren könne, ohne dass die Ergebnisse meiner Arbeit dadurch erkennbaren Schaden nehmen würden. Allein das Fahren in der vierten statt in der dritten Klasse, die ich bis dahin immer genutzt hatte, würde eine erhebliche Ersparnis bringen. Also opferte ich Przybyszewski die Hälfte meines Redakteursgehalts, das heißt 75 Mark, und er nahm mein Angebot dankbarst an.

---

45 *Julian Baltazar Marchlewski (1866-1925), ein polnischer Kommunist, Mitbegründer des Spartakusbundes, 1920 von Lenin für den Posten des Vorsitzenden der geplanten sowjetischen Polen-Regierung vorgesehen.*

46 *Rosa Luxemburg (Róża Luksemburg) (1871-1919), sozialdemokratische Politikerin und Theoretikerin, stammte aus Zamość und wuchs in Warschau auf. Mitbegründerin der Sozialdemokratie des Königreichs Polen (seit 1900 Sozialdemokratie des Königreichs Polen und Litauens). 1886 siedelte sie nach Deutschland über (deutsche Staatsbürgerschaft seit 1897). Mitarbeiterin der „Neuen Zeit", Mitglied der Sozialdemokratischen Partei. 1918 gab sie mit Karl Liebknecht die „Rote Fahne" heraus und gehörte seit der Gründung des Spartakusbundes zu der Spitze des revolutionären Kampfes. Sie nahm aktiv an Debatten und Tätigkeiten der polnischen, jüdischen und deutschen Sozialdemokraten teil. 1919 wurde sie von den Angehörigen der Gardekavallerieschützendivision ermordet.*

Przybyszewski hatte, nachdem er das Gymnasium absolviert hatte, ein Stipendium von der Marcinkowski-Stiftung in Posen erhalten. Aber diese Stiftung lenkte die jungen Polen vor allem in praktische Berufe. Schließlich fand der Kampf mit dem Deutschen vor allem auf der Grundlage eines Wettstreits statt, in dem es um wirtschaftliche Überlegenheit ging. Es ging darum, genügend polnische Rechtsanwälte, Ärzte, Techniker zu haben, damit die polnische Bevölkerung sich nicht an deutsche Fachleute zu wenden brauchte, wenn sie juristischen oder ärztlichen Rat suchte bzw. wenn es darum ging, technische Arbeiten zu erledigen. Przybyszewski sollte Arzt werden. Und tatsächlich schrieb er sich an der medizinischen Fakultät ein. Aber im Grunde seiner Seele dürstete ihm nach etwas Anderem. Er fühlte sich von Philosophie, Poesie und Mystik angezogen. Er las sehr viel, aber er erschien nur selten zu den Vorlesungen der Professoren an der medizinischen Fakultät und versuchte erst gar nicht, das Examen zu bestehen. Deswegen wurde ihm das Stipendium, das er bekommen hatte, aberkannt. Er lebte von allerverschiedensten gelegentlichen Einkünften.

Es gab in Berlin ein Büro, das reiche, aber faule junge Leuten, die einen akademischen Grad anstrebten, mit Doktorarbeiten versorgte. Diese wurden von verschiedenen gescheiterten Existenzen geschrieben, die jedoch sehr fähig waren. Przybyszewski schrieb gleich drei Doktorarbeiten, zwei aus dem Bereich der Philosophie und eine aus dem Bereich der Literaturwissenschaften. Für eine Doktorarbeit, für die er trotz seiner phänomenalen Fähigkeiten mehrere Monate intensive Arbeit aufwenden musste, erhielte er ungefähr 100 Mark. Das Büro verkaufte diese Arbeiten selbstverständlich für mindestens 1000 Mark. Dies war unbarmherzige Ausbeutung. Aber Przybyszewski war nie in der Lage, sich gegen Ausbeutung zur Wehr zu setzen. Auch verdiente er etwas Geld mit Musikstunden. Aber er gab nicht allzu viele von ihnen, also blieb er oft hungrig. Und nach einem Gläschen Wodka hörte der Hunger auch auf. Przybyszewski verfiel mehr und mehr dem Alkohol. Damals jedoch handelte es sich bei ihm noch nicht um einen Gewohnheitstrinker. Des Öfteren habe ich ihn in Gesellschaft mit Kollegen gesehen, mit denen er sehr lebhafte und intelligente Gespräche führte, oder wie er stundenlang Chopin spielte – ohne einen einzigen Tropfen Alkohol. Zweifelsohne besaß er schon zu jener Zeit eine Schwäche für Hochprozentiges. Indessen wurde diese Neigung durch seine Freundschaft mit einer Gruppe skandinavischer Literaten in Berlin verstärkt. Ola Hansson, Knut Hamsun, Strindberg – das sind zweifelsohne große literarische Talente, aber auch Säufer und Größenwahnsinnige. Für Przybyszewski war das kein gesundes Umfeld. Gegen sie hege ich einen starken Groll, denn durch sie wurde Przybyszewski zum krankhaften Alkoholiker. Und der Alkoholismus schädigt sowohl die geistigen Kräfte als auch den Charakter eines Menschen. Przybyszewski hätte viel mehr aus sich machen und bessere Dinge tun können, wäre er derselbe geblieben, der er 1892 war, als er noch nicht der abscheulichen Sucht des Trinkens erlegen war.

Erst später und, wie ich denke, unter dem Einfluss seiner alkoholischen Trugbilder, nahm die Vorstellungswelt Przybyszewskis jene pathologischen Züge an, für die besonders seine „Totenmesse"[47] kennzeichnend ist.

Die „Nackte Seele" Przybyszewskis von 1892 war die wirklich edelmütige Seele eines Idealisten, der das Allgemeinwohl in Sinn hatte. Damals habe ich von ihm kein einziges Wort gehört, dass die Existenz schlechter oder niedriger Instinkte in ihm hätte vermuten lassen – so wie das für die „nackten Seelen" seiner Figuren aus den Homo-sapiens-Erzählungen kennzeichnend ist. Auch der „Satanismus" trieb in damals noch nicht um.

---

[47] Im Original auf Deutsch.

Przybyszewski erteilte einem Fräulein Musikunterricht, die aus einer reichen, israelitischen Familie kam. Zwischen der Schülerin und dem Lehrer entwickelte sich eine Liebschaft. Als er schon mein Mitarbeiter in der Redaktion der „Gazeta Robotnicza" war, kam dieses Fräulein in seine Wohnung gelaufen und sagte, dass sie bei ihm unterschlüpfen müsse, denn ihre Eltern hatten sie aus dem Haus geworfen, als sich zeigte, dass sie schwanger geworden war.

Przybyszewski ging sofort zu ihren Eltern, um sie um Erlaubnis zu bitten, ihre Tochter heiraten zu dürfen, denn sie war damals nicht mal 21 Jahre alt, und bis zum 24. Lebensjahr konnte in Preußen eine unverheiratete Frau ohne Einwilligung der Eltern nicht heiraten. Aber die reichen Israeliten dachten erst gar nicht daran, ihre Tochter einem Habenichts zu geben, der weder eine Stellung noch einen ordentlichen Beruf hatte. Die Arbeit in einem sozialistischen Wochenblatt, noch dazu in einem polnischen, oder das Erteilen von Musikstunden – das war ein armseliger Broterwerb. Die jungen Leute beschlossen also, die vier Jahre bis zur Volljährigkeit des Fräuleins zu warten und dann zu heiraten, in der Zwischenzeit aber ihre Liebschaft fortzusetzen. Przybyszewski hatte jedoch ein so kleines und so armselig möbliertes Zimmerchen, das es beiden zusammen schwer fiel, darin zu wohnen, zumal das Kind bald auf die Welt kommen sollte. Die Tils nahmen das Fräulein in ihrer Wohnung auf, wo sie ihr ein Zimmer überließen. Die Til, eine schon erfahrene Ehefrau – kümmerte sich rührend um die „Gattin" Przybyszewskis. Als solche sahen wir alle sie nämlich an, auch wenn der Trauschein fehlte. Aber für das Wochenbett musste man doch irgendwie an etwas mehr Geld herankommen. Przybyszewski schrieb einige Tage und Nächte lang fast pausenlos. Er schrieb eine literarisch-philosophische Studie zu einem geradezu sensationellen Thema: „Chopin und Nietzsche". Mit seinem Manuskript ging er zum großen Berliner Buchverleger Fontane. Fontane war geradezu begeistert von dem Stil und der Originalität der Gedankengänge Przybyszewskis. Sofort bezahlte er ihm 300 Mark, aber darüber hinaus nahm er ihn fest unter Vertrag. Przybyszewski unterschrieb eine Verpflichtung, dass er alle seine künftigen Arbeiten bei Fontane publizieren lassen werde.

Und so sah der Anfang der literarischen Karriere Przybyszewskis aus: Amourös, zugleich aber auch ökonomisch bedingt, denn das Hauptmotiv war es gewesen, auf einen Schlag an eine etwas größere Geldsumme kommen zu müssen. Die Liebschaft endete jedoch tragisch. Diese erste, obgleich nicht legalisierte Ehefrau Przybyszewskis war ein gutes Wesen. Da sie ihrem Mann nicht zur Last fallen wollte, arbeitete sie in einer Puppenfabrik, wo ihr ihr Talent für Dekoratives zugutekam, und verdiente nicht schlecht. Für den Lebensunterhalt seiner Frau und seines kleinen Sohnes musste Przybyszewski von den 75 Mark, die er in der Redaktion der „Gazeta Robotnicza" verdiente, nichts hergeben. Allerdings hinterließ diese seine erste Frau keinen Eindruck, weder durch ihr Aussehen noch durch Gespräche mit ihr (ich habe sie genau vor Augen, kann mich aber nicht mehr an ihren Namen erinnern). Aber unter den Skandinaviern gab es eine sehr eindrucksvolle Frau, die Dagny hieß. All dies ist passiert, nachdem ich bereits Berlin verlassen hatte, deswegen kenne ich die Geschichte nur vom Hören, und da ich mir nicht sicher bin, ob das, was man mir erzählt hat, auch genau zutrifft, möchte ich meinen Bericht auf diesen einen Satz beschränken: Die Frau, die Przybyszewskis Sohn zur Welt gebracht hatte, die Przybyszewski tief und aufrichtig liebte, hat sich aus Verzweiflung in die Spree ertränkt. Das ist der zweite Grund, warum ich noch immer Groll gegen den damals in Berlin bestehenden skandinavischen Literatenkreis hege.

Die „Gazeta Robotnicza" schrieben Przybyszewski und ich vor allem in einem Café, das gegenüber von dem Haus lag, in dem ich wohnte. Zuallererst machte ich immer erst einen Plan für die Ausgabe, über eine ansehnlichere Anzahl kleiner Notizen zu verschieden laufenden Ereignissen und polemischen kurzen Artikeln. Nachdem wir ins Café hinuntergegangen waren, teilten wir die Themen, die im Plan vorgesehen waren, zwischen uns auf. Wenn sie eines etwas schärferen Tons bedurften, musste ich Przybyszewski mit zwei, drei Gläsern Cognac versorgen. Aber das wiederum war nicht allzu viel.

In der unermüdlichen Polemik, die sich zwischen der „Gazeta Robotnicza" und dem „Wiarus" entwikkelte, liebte es Przybyszewski, das neue Testament oder mittelalterliche, katholische Philosophen zu zitieren. Und das war die allerschlimmste Häresie. Man erzählte es den Parteiführern der deutschen Sozialdemokratie. Ich wurde zu einem „Grundsatzgespräch" vor das Antlitz Bebels, Liebknechts, Auers und Singers geladen. Am schärfsten kritisierte Auer die Abkehr der „Gazeta Robotnicza" vom Materialismus. Darauf antwortete ich mit einer längeren Ausführung über die Unterschiede zwischen der deutschen und polnischen Psyche. Den Deutschen genügt es, eine Anweisung vom Staat oder von der Partei zu bekommen, so sagte ich. Polen müssen von ihrem eigenen Gewissen zu etwas angeleitet werden, sonst werden sie zu Taugenichtsen. Ich schloss mit der entschiedenen Erklärung: „Ich werde Gott aus den Herzen der Polen nicht entfernen, weil dann dort nur unnützes Zeug zurückbleibt." Nach diesen meinen Worten erwartete ich eine scharfe Attacke. Stattdessen nahm mich der alte Liebknecht entschieden in Schutz: „Genosse Grabski hat Recht, ich kenne die Polen schon lange, schon seit 1848, und sie sind tatsächlich so."

1892 musste ich schnell Berlin verlassen, um meiner Verhaftung wegen Dokumentenfälschung zuvorzukommen; ich war bei verschiedenen Versammlungen unter unterschiedlichen Namen aufgetreten.

Aus dem Polnischen von Ingo Eser

STANISŁAW WACHOWIAK, ZEITEN, DIE ICH MITERLEBT HABE (1983)

Stanisław Wachowiak (1890-1972), polnischer Wirtschaftsmanager und Politiker, studierte Wirtschaft und Jura in Berlin und München, nach dem Ersten Weltkrieg Wojewode und Sejmabgeordneter. In den zwanziger Jahren erster Direktor der Posener Messe, 1931 bis 1939 Bergwerksleiter in Oberschlesien. Nach 1946 lebte er im Exil, zuerst in England, dann in Irland und Brasilien.

In Berlin studierte ich ein Jahr. An der Universität hielt damals Aleksander Brückner[48] Vorträge, eine wahre Größe der Wissenschaft, phänomenale Begabung und begeisterter Pole. Obwohl ich Ökonomie studierte, verpasste ich keinen Vortrag Brückners zur polnischen Literatur. Sein Hörsaal war immer voll und ich erinnere mich, als wäre es heute, an zwei Japaner, die die polnische Literatur des Mittelalters besser kannten als viele meiner polnischen Freunde.

In Berlin gab es eine große polnische Kolonie. Damals erschien die Tageszeitung „Dziennik Polski" [...]. Es gab wunderbare polnische Einrichtungen, wie zum Beispiel die Salons des späteren Konsuls Karol Rose. Der alte Fürst Ferdynand Radziwiłł richtete in seinem herrlichen Berliner Palais hin und wieder große Empfänge für die studentische Kolonie aus. Zu meiner Zeit hielten sich mindestens 300 Polen aus allen drei Teilungsgebieten an der Universität und der Technischen Hochschule auf. Es gab eine riesengroße Universitätsbibliothek und was die polnische Abteilung angeht, so war sie, jenseits der Grenzen des damals geteilten Polen, eine der größten in Europa.

Aber Berlin war meines Erachtens nicht die richtige Stadt für gründliche Studien, wie ich sie mir wünschte. Es gab zu viele Distraktionen, die Universität war in der ganzen Stadt zerstreut, die Entfernungen groß. Das Leben war billig und ich erinnere mich, wie unsere Studententruppe am Ende des Monats mit nur einer Mark in der Tasche ausgezeichnet auskam. Sie aßen ein Hauptgericht in einem der vielen Aschinger-Restaurants, die sie auf Polnisch „u Dupowicza" nannten. Für 15 Pfennig bekam man dort einen großen Teller Erbsensuppe mit Öhrchen; schneeweiß gekleidete Kellner verteilten aus Körben gratis knusprig frische Brötchen. Mein Kommilitone Mikuś stopfte sich regelmäßig alle Taschen mit diesen Brötchen voll, für zwischendurch, wie er sagte. Einmal machte ein Kellner ihn darauf aufmerksam, während wir uns alle schämten: „Mein Herr, Sie sind doch hier in keinem Bäckerladen"; dort müsste man zahlen. Apropos Mikuś: Er war so arm, dass er nicht mal ein geheiztes Zimmer bezahlen konnte. Aber er fand eine geniale Lösung, wieder umsonst. Die Berliner Ring-Bahn, die im Winter wunderbar geheizt war, kreiste um die Stadt. Es galt ein Einheitstarif. So setzte sich Mikuś, beladen mit all seinen Pandekten hin, klappte das Tischchen am Fenster auf und studierte einige Stunden. Dann war es ein Uhr und Zeit für Aschinger an der Station Friedrichstraße. [...]

---

48 Aleksander Brückner (1856-1939), Slawist, Kulturhistoriker. 1878-1881 Privatdozent in Lwów/ Lviv (Lemberg) und Wien. Seit 1881 Professor für slawische Sprachen und Literaturen an der Friedrich-Wilhelm-Universität in Berlin. Mitglied mehrerer Wissenschaftsakademien, international anerkannter Wissenschaftler.

Solche Sammlungen und Bibliotheken, wie es sie in Berlin gab, waren, abgesehen von München, in Deutschland selten. Berlin verdanke ich die Anfänge meiner Kunststudien. Jeden Mittwoch hielt ich mich im Kaiser-Friedrich-Museum auf, das über eine der größten Sammlungen niederländischer, flämischer, italienischer und spanischer Malerei verfügte. Ich war begeistert von den Vorträgen großer Professoren, von denen es in Berlin – was Malerei oder Bildhauerei angeht – eine ganze Legion gab. Und dennoch war die Dynamik der damaligen geistigen Bewegung in Berlin, wie ich schon bemerkte, der Konzentration des Intellekts nicht förderlich. Die Wirtschaftwissenschaftler Adolph Wagner und Friedrich v. List, bei denen ich studierte, waren Wissenschaftler von Weltrang, aber ich liebte nur den einen – Professor für polnische Literatur – Aleksander Brückner. Er glich keinem anderen – als Mensch, Redner, Gelehrter und – als Pole! Ich dachte also seit Langem über einen Wechsel nach und ging für das Sommersemester 1912 nach Münster.

Aus dem Polnischen von Ruth Henning

JÓZEF KOSTRZEWSKI, AUS MEINEM LEBEN (1970)

Józef Kostrzewski (1885-1969), polnischer Archäologe, studierte in Krakau Geschichte, promovierte in Berlin, Professor an der Posener Universität, Ehrendoktor der Berliner Humboldt-Universität, leitete in den dreißiger Jahren die archäologischen Ausgrabungen in Biskupin.

Nach meiner Rückkehr aus London im Sommer 1911 verbrachte ich die nächsten drei Jahre aufgrund meines Studiums der Vor- und Frühgeschichte in Berlin. Außer vorgeschichtlicher Archäologie musste ich wie alle Hörer der Philosophischen Fakultät als Pflichtfach Philosophie studieren, außerdem Kunstgeschichte und klassische Archäologie, die heute mediterrane Archäologie genannt wird. [...]

Prof. Dr. Gustaf Kossinna, der seinen Vornamen wie die Skandinavier stets mit f schrieb, war ein ausgezeichneter Pädagoge mit einem enormen Wissen und ein hervorragender Kenner des Ausgrabungsmaterials, sodass man bei ihm viel lernen konnte. Wie schon sein Name zeigt, kam er aus einer germanisierten masurischen Familie, geboren war er am 28.09.1858 in Tilsit, im damaligen Ostpreußen. Unter seinen Schülern hatte er einige Ausländer, unter anderem einen Spanier, der heute Universitätsprofessor in Mexiko ist, Dr. Pedro Bosch-Gimpera, den Rumänen und späteren Universitätsprofessor in Bukarest Ioan Andrieșescu, den Bulgaren A.D. Tschilingirov, der in einem der Balkankriege gefallen ist, mit mir einen Polen und ein gutes Dutzend Deutsche.

Er war ein deutscher Nationalist, Verherrlicher der vorgeschichtlichen germanischen Kultur und Vorläufer des Nationalsozialismus, der die Urwiege aller europäischen Völker in Skandinavien erblickte, von wo sie in der Jungsteinzeit ausgeschwärmt sein sollen. Er sprach voller Begeisterung von der führenden Rolle der nordischen Rasse in der Vorgeschichte Europas, wenngleich er selbst klein von Wuchs war und wohl nur einen kleinen Schuss deutschen Blutes hatte. Prof. Alfred Schliz nannte ihn in einer Auseinandersetzung einmal den „Germanisten mit dem slawischen Namen", denn Kossinna hatte ein Studium der Germanistik absolviert und sich erst später der Vor- und Frühgeschichte gewidmet. Kossinna wunderte sich auch, dass Polen seinen

Namen oft mit einem „n" schrieben, was aber mit der Herkunft seines Namens vom polnischen Kosina leicht zu erklären wäre. Das Kleinadelsdorf[49] Kosiny in Masowien ist bekannt, ferner einige Siedlungen namens Kosin in Pommern und das Dorf Kosina in der Gegend von Łańcut. 1909 gründete Kossinna die Gesellschaft für deutsche Vorgeschichte, deren Namen er 1913 in Deutsche Gesellschaft für Vorgeschichte änderte.

Das Niveau von Kossinnas Vorträgen in Berlin war unvergleichlich höher und den Inhalt der Vorträge konnte man sich leichter aneignen als in Krakau, weil Kossinna Dias benutzte, die der ganze Saal gleichzeitig betrachten konnte und die das lebendige Wort des Professors illustrierten, während wir die Referate in den Seminaren mit einigen oder sogar bis zu zwanzig Bildertafeln erläutern mussten, die auf einem so genannten Hektograf vervielfältigt wurden. […] Nach dem vorgeschichtlichen Seminar, das einmal in der Woche stattfand, ging der Professor mit seinen Schülern an der Straße Unter den Linden ins Restaurant, wo beim Bier frei geredet und manchmal auch weiter über das im Seminar vorgetragene Referat diskutiert wurde. Da ich Abstinenzler war, habe ich nur einmal an einem solchen „Bierabend" teilgenommen und wurde von den Kommilitonen mit Verwunderung betrachtet, da ich nicht Bier, sondern Tee trank. Obwohl Kossinna sehr zugänglich war und zu seinen Schülern eher ein Verhältnis eines älteren Kommilitonen hatte, war er doch gegenüber Ausländern gelegentlich brutal, was sein Ausspruch bezeugte; als wir zur frühmittelalterlichen slawischen Kultur kamen, meinte er: „Jetzt werden wir die slawische Kultur oder vielmehr die slawische Unkultur behandeln"[50] […], und hier ist hinzuzufügen, dass er diesen Satz in Gegenwart zweier Slawen aussprach, des Bulgaren Tschilingirov und meiner. […]

Unter meinen deutschen Kommilitonen habe ich gute Erinnerungen vor allem an Hugo Mötefindt aus Wernigerode in der Nähe des Harz, der nach Ausbruch des Ersten Weltkriegs, als Posen ausgesiedelt zu werden drohte, mich und meine Familie in seinen Heimatort einlud, wovon ich keinen Gebrauch machte, um ihm nicht zur Last zu fallen. Nach der Wiedergewinnung der Freiheit Polens, der gegenüber die deutschen Behörden negativ eingestellt waren, bot er mir an, nach Kattowitz überzusiedeln, wo es zu jener Zeit keine Lehrkraft für Vorgeschichte gab, aber abgesehen von dem Fehlen einer Stelle in Kattowitz hätten unsere Behörden damals der Anstellung eines Deutschen in Oberschlesien ohnehin nicht zugestimmt. Wenig später ist er unter geheimnisvollen Umständen gestorben. Seine deutschen Kollegen sagten, er habe Selbstmord begangen.

Am 30. Oktober 1911 habe ich mit Jadwiga Wróblewska, geboren am 8.10.1886 in Posen, meiner alten Liebe noch aus Gymnasialzeiten in Gnesen, den Bund der Ehe geschlossen. Getraut wurden wir in der Muttergottes- und St. Kasimir-Kirche in London, zu der man einen alten Seemannsclub umgebaut hatte und die von polnischen Salesianerpriestern betreut wurde. Wir entschieden uns für London, weil das deutsche Standesamt in Gnesen zwecks Vermeidung einer möglichen Bigamie verlangte, einen langen Akt der standesamtlichen Eheschließung an allen Orten außerhalb des damaligen Deutschen Reiches in der meistgelesenen Zeitschrift des jeweiligen Landes zu veröffentlichen, in dem die Verlobten sich aufgehalten hatten, und sei es auch nur vorübergehend. Ich hätte also eine solche Anzeige in Krakau aufgeben müssen, wo ich im akademischen Jahr

---

49 Im Original: zaścianek: Kleinadelsdörfer, deren Einwohner sich nur durch ihre Zugehörigkeit zum Adel von den anderen Dorfbewohnern unterschieden; solche Dörfer waren besonders zahlreich in Masowien, der größten polnischen Auswanderungsregion.

50 Im Original auf Deutsch.

1909-1910 studiert hatte, und in Warschau, wo ich 1909 im Gefängnis gesessen hatte, meine Verlobte in Kleinpolen, wo sie die Wirtschaftsschule der Generalin Zamojska in Kuźnice bei Zakopane besucht hatte, in Kongresspolen, wo sie bei Piotrków Kujawski den Posten einer Hauslehrerin bei der Familie Rozdejczer innehatte, und in Wolhynien, wo sie in ähnlicher Stellung bei der Familie Metzig war. Man hätte also die standesamtliche Eheschließung in fünf Zeitungen in zwei Teilungsgebieten anzeigen und diese Anzeigen dem Standesamt vorlegen müssen, was recht kostspielig und überdies zeitraubend gewesen wäre.

Aus diesem Grund beschlossen wir, uns in London trauen zu lassen, wo derlei Formalitäten nicht erforderlich waren. [...] Ich habe zweieinhalb Jahre vor Bestehen der Doktorprüfung geheiratet, noch als Student, weil ich nicht wollte, dass meine Verlobte, die von ziemlich schlechter Gesundheit war, sich weiterhin mit dem Unterrichten quälte.

Nach dem Verkauf des Gutes 1909 verblieben uns vom Verkaufspreis in Höhe von 90.000 Mark nach Abzahlung der Hypothekenschulden etwa 50.000 Mark, wovon auf mich 22.000 Mark entfielen; so war ich finanziell unabhängig und konnte für den Unterhalt meiner Frau aufkommen. Da ich das Leben in der Großstadt nicht liebe, mietete ich eine Dreizimmerwohnung in einem neu gebauten Haus in Kopanica[51] bei Berlin an der Spreestraße Nr. 1 mit wunderschönem Blick auf die Spree, die sich dort zu einem See weitet. Dieser Ort war wenige Jahre zuvor durch einen selbst ernannten Hauptmann berühmt geworden, in Wahrheit einen Schuster, der sich, in Uniform verkleidet, die Stadtkasse aushändigen ließ; er gehörte damals zum Kreis Teltow, ist jedoch heute seit Langem ein Teil Groß-Berlins. Bei der Suche des Wohnsitzes hat gewiss eine Rolle gespielt, dass Kopanica oder eher Kopytnik, wie Antoni Brückner annimmt, im 12. Jahrhundert Sitz des slawischen Fürsten Jaxa von Kopanica war, der sogar eigene Münzen prägte. Von Kopanica fuhr ich täglich zu Vorlesungen und Übungen nach Berlin. Zeitweise war ich auch als wissenschaftlicher Assistent in der vorgeschichtlichen Abteilung des staatlichen Museums für Völkerkunde beschäftigt, für ein Monatsgehalt von 75 Mark. Das ermöglichte es mir, die Technik der Museumsarbeit kennen zu lernen, doch nach drei Monaten musste ich leider diese Beschäftigung aufgeben, weil sie mich zu viel Zeit kostete und am Schreiben der Doktorarbeit hinderte. Aus Zeitmangel konnte ich mich auch nur in geringerem Umfang als in Breslau der ehrenamtlichen Arbeit in der polnischen Kolonie widmen. Ich habe nur zwei Vorträge gehalten, und zwar in der polnischen Gesellschaft in Adlershof bei Berlin, wo viele polnische Arbeiter in den Flugzeugwerken arbeiteten, und ich habe bei der Einrichtung einer antialkoholischen Ausstellung geholfen, die meine Kollegen Władysław Marcinkowski[52] und Mieczysław Korzeniewski[53] in Berlin vorbereitet hatten. [...]

---

51 Kopanica, eine der Versionen des slawischen Namens von Köpenick (eine andere, laut Aleksander Brückner, war Kopytnik).
52 Władysław Marcinkowski (1858-1947), polnischer Bildhauer, 1890-1905 lebte er in Berlin. Autor der Skulpturen in den Kathedralen in Poznań und Gniezno.
53 Mieczysław Korzeniewski (1884-1942), politischer Aktivist, Direktor des Verbandes für die Verteidigung der Westgebiete, nahm an der polnischen Plebiszitaktion nach dem Ersten Weltkrieg teil. 1939 zusammen mit seiner Familie floh Korzeniewski in das von Sowjetrussland eroberte Teil Polens. Er starb nach der Deportation in Buchara, wo auch seine Frau, sein Sohn und eine der drei Töchter ums Leben kamen.

Am 1. April 1913 wurde unser erster Sohn Zbigniew geboren. Als ich seine Geburt auf dem Standesamt meldete, bereitete der deutsche Beamte Schwierigkeiten; er wollte den polnischen Vornamen meines Sohnes nicht eintragen und forderte, ich solle ihn in deutscher Übersetzung nennen. Als ich ihm erklärte, der Name habe im Deutschen keine Entsprechung, ebenso wenig wie zum Beispiel Helmut im Englischen, und als er auch den Namen meiner Frau mit der -a-Endung nicht eintragen wollte und sich verwundert zeigte, dass der Name der Frau anders laute als der des Mannes, das sei ja, wie wenn der Mann Müller heiße und die Frau Schultze, weigerte ich mich, das Protokoll zu unterschreiben. Erst nach zwei Wochen willigte das Standesamt ein, mir eine Geburtsurkunde im Einklang mit meinen Angaben auszustellen. Die deutschen Nachbarn nannten unseren Sohn ständig „der kleine Russe", denn sie konnten sich nicht vorstellen, dass in Deutschland irgendwelche Polen lebten, wo sie doch keinen eigenen Staat hatten. […]

Ein weiteres Beispiel für die Beschränktheit der Deutschen, was ihre Kenntnis der ethnischen Verhältnisse betrifft, und zugleich für ihren Dünkel ist die Verwunderung, die mein erstes Buch auslöste: „Wielkopolska w czasach przedhistorycznych" (Großpolen in vorgeschichtlicher Zeit). Es kam Anfang Dezember 1913 mit dem Erscheinungsdatum 1914 heraus, und ich schenkte es der Bibliothek des vorgeschichtlichen Seminars der Berliner Universität. Meine deutschen Kollegen fragten mich offen: „Warum schreiben Sie auf Polnisch, das liest doch keiner?" Darauf antwortete ich, wir seien mehr als 20 Millionen und der eine oder andere werde das Buch also lesen. […]

In diesem Buch habe ich erstmals meine Überzeugung ausgesprochen, die Slawen in den polnischen Gebieten seien autochthon, auch wenn ich mich noch nicht auf Beweismaterial stützen konnte.

Aus dem Polnischen von Gerhard Gnauck

JERZY STEMPOWSKI, BERLINER MERKUR (1924)

Jerzy Stempowski (1883-1969), polnischer Essayist, studierte in Krakau, München, Genf, Zürich und Bern Philosophie, Geschichte und Medizin; nach Wiedererlangung der staatlichen Souveränität Polens arbeitete Jerzy Stempowski als Pressekorrespondent und Diplomat unter anderem in Berlin und Genf. In den dreißiger Jahren Dozent am Staatlichen Theaterinstitut in Warschau. Seit 1940 im Exil in der Schweiz. Nach dem Zweiten Weltkrieg einer der wichtigsten Autoren der polnischen Exilzeitschrift „Kultura". Stempowski verfasste auch Essays in französischer Sprache und übersetzte Boris Pasternaks Roman „Doktor Schiwago" aus dem Russischen ins Polnische.

Tag und Nacht schafft der Berliner Merkur neue fiktive Reichtümer. Zehntausende von Arbeitern drucken in drei Schichten Banknoten, die Deutschland und die Welt überschwemmen. Der Zwangskonsum dieser Reichtümer ist die Hauptbeschäftigung der Menschheit. Er ist es auch, der den Hauptteil des Straßenverkehrs unterhält. Er ist so etwas wie Zwangsarbeit, nur nicht mehr unter der Knute des Korporals, sondern mithilfe eines viel subtileren Zwanges. Der sanfte Klang des Telefons injiziert es am Morgen wie ein Gift, das die von inhaltsloser Anstrengung schmerzenden Muskeln sogleich in Bewegung setzt. „Keine Banknoten –

keine Lebensmittel"⁵⁴, lautet das Edikt des Generals Hans von Seeckt, das allen Gemeinden die Herstellung eigener Banknoten befiehlt. Das Bild eines Abgrunds, auf dessen Boden Elend, Hunger und Tod lauern, treibt die erschöpfte Menge, treibt die Entkräfteten, Hinkenden, Blinden und Blutarmen wie mit Sporen an, sodass sie aufstehen und eilen. Der Abgrund des Elends folgt ihnen auf dem Fuße, oft nur eine Viertelstunde hinterher, und verschlingt diejenigen, die zu spät kommen. Der Geldzwang ist aufdringlich, brutal wie ein Feldwebel, der keinen Verzug duldet. Jeder Widerstand wird gnadenlos und ohne Grausamkeit gebrochen, mechanisch, wie mit einer Walze zum Knochenbrechen oder einer trefflichen Maschine zur Enthirnung – *la machine á décerveler*.

Die ganze Menschheit ist unaufhörlich mit dem Tausch und dem Konsum von Banknoten beschäftigt, die zur Produktivarbeit in einem solchen Verhältnis steht wie der Drill in den Kasernen zur Landwirtschaft, mit dem Unterschied, dass die Fruchtlosigkeit des Banknotenkonsums noch frappierender ist: von ihm bleibt nicht einmal die Kenntnis des Drills, des Soldatenliedes und der groben Flüche des Dragoners.

Die schlaflose Unterhaltung der Banknotenzirkulation ist eine Sisyphusarbeit. Der fiktive Reichtum des Berliner Merkurs schrumpft immer mehr und schwankt, aufrechterhalten vom fieberhaften Nachdruck, von Stunde zu Stunde, wie die Temperatur eines Todgeweihten, der immer wieder neue Dosen des lebenserhaltenden Gifts injiziert bekommt. […]

Das Gresham-Gesetz und die Gesetzlosigkeit

In Deutschland befinden sich drei Arten von Banknoten im Umlauf: Grüne Dollars, das heißt Geldscheine der Vereinigten Staaten, deutsche Dollars, also Bons der deutschen Goldanleihe, Schatzanweisungen oder Rentenmark, und schließlich Papiermark, genannt Reichsbanknoten⁵⁵.

Keine dieser drei Arten von Banknoten hat in Bezug auf die täglichen Gebrauchsgegenstände einen festen Wert. Jedoch sind ihre Schwankungen in Bezug auf diese Gegenstände unterschiedlich.

Verhältnismäßig noch am stabilsten ist der grüne Dollar. Erheblich weniger stabil ist das Verhältnis der Goldmark zum Wert eines Mittagessens. Die Reichsbanknote schließlich ähnelt einer Theaterkarte, die nur an einem Tag gültig und schon am nächsten Tag wertlos ist.

Der Arbeiter oder Angestellte, der heute sein Monatsgehalt in Papiermark ausgezahlt bekommt, kann dafür nur heute zu Mittag essen. Hat er die Absicht, auch morgen zu essen, muss er die Papiermark in Goldmark eintauschen. Den Teil seines Vermögens, den er für das Essen am Monatsende vorsieht, muss er in grüne Dollars tauschen.

Morgen, bevor er in die Garküche geht, wird er die heute gekauften Goldmark in Papiermark tauschen. Er wird sie jeden Tag wechseln müssen, bis sie alle sind, worauf er zum Tausch der grünen Dollars schreiten wird, von denen es am Monatsende wieder mehr geben wird.

Das schlechtere Geld verdrängt das bessere, besagt das so genannte Gresham-Gesetz. Tatsächliche Zahlungen erfolgen auch nur in Papiermark. Das unerbittliche Gresham-Gesetz wird in Deutschland noch durch eiserne Vorschriften über den amtlichen Zwangskurs der Papiermark gestützt, der fast doppelt so hoch, wie

---

54 *Im Original auf Deutsch.*
55 *Im Original auf Deutsch.*

der reale Kurs ist. Deshalb gewinnt jeder, der in Papiermark bezahlt, die er zuvor zum freien Kurs für Dollar oder Goldmark erworben hat, die Differenz zwischen dem amtlichen Kurs und dem freien Kurs. Rentenmark und alle Schatzanweisungen[56] verschwinden deshalb augenblicklich aus dem Umlauf. Das schlechtere Geld verdrängt das bessere. Als Umlaufgeld dient immer das schlechteste Geld, ähnlich wie eine Zirkuskarte, die nur heute gültig ist.

Die heutige Emission der Papiermark, in der Nacht zuvor gedruckt, muss bis zum Abend noch viele Male den Besitzer wechseln. Es ist wie beim Kartenspiel Schwarzer Peter[57], wo dieser Spieler verliert, der am Ende den Pik Buben in der Hand hat. Die Papiermark ist ein solcher Pik Bube, den jeder an seinen Nachbarn abzugeben versucht, bis er am späten Abend endlich beim letzten Unglücksspieler landet, der für alle bezahlt.

Die Regeln dieses Spiels werden etwas gemildert dadurch, dass der Wert der heutigen Emission bis zum Ende des Tages auf die Hälfte, ein Viertel oder ein Zehntel schrumpft. Der letzte Spieler, dem eine Billion Mark in der Hand bleibt, bekommt nur noch einen bedeutungslosen Zettel, den er nicht als Geld annimmt, sondern als Kleingeld, als Zuschlag zur Auszahlung in besserer Währung. In der Praxis handelt es sich bei diesem letzten Spieler häufig um das Finanzamt und die Reichsbank selbst.

Bis zum Abend tendiert der Gesamtwert der in der letzten Nacht gedruckten Emission stark gegen null. Um dem Verschwinden der Zahlungsmittel und der Blockierung des Lebensmittelhandels vorzubeugen, werden heute die ganze Nacht die Rotationsmaschinen arbeiten, um Geld für morgen bereitzustellen. Keine Banknoten, keine Nahrungsmittel[58], besagt das Edikt von Seeckts.

Ein Gläubiger des Staats, der sich morgen Früh bei der Reichsbank Papiermark holen will, wird sie sofort in andere Werte eintauschen müssen. Auf seine Rückkehr wartet schon eine Schlange von Leuten, die zu Mittag essen und zu diesem Zweck Papiermark zum freien Wechselkurs kaufen wollen – das nach Greshams Gesetz einzige reale Zahlungsmittel. […]

Die früher existierenden Banken können diese neuen Aufgaben nicht mehr bewältigen. Die ganze Stadt ist mit einem dichten Netz ihrer Büros überspannt. An jeder Straßenecke befindet sich eine Bankfiliale. Eine Wechselstube befindet sich der Einfachheit halber gleich neben jedem Laden. An den größeren Straßen stehen Holzkioske mit der Aufschrift Exchange, an denen man für bessere Währung Geld für Straßenbahnkarten bekommt. Auch jedes Geschäft, jeder Kellner, jeder Passant ist zu Wechselgeschäften bereit.

---

56 Im Original auf Deutsch.
57 Im Original auf Deutsch.
58 Im Original auf Deutsch.

Die Konsumgenossenschaft der Samojeden

Die Geschäfte in Berlin schließen um 6 Uhr nachmittags. Das ist nicht zu früh, wenn man bedenkt, dass nur in den Lebensmittelläden Verkaufsbetrieb herrscht. Niemand betritt die Schuh- und Konfektionsgeschäfte. Davon zeugen schon ihre Auslagen. In den Schaufenstern sieht man nur Luxus- und Phantasiewaren, Seidenhemden in bizarrer Façon, Karnevalsschuhe. Nirgends findet man Gegenstände des täglichen Gebrauchs.

Auffällig ist auch ein anderes Detail des Berliner Lebens. Seit mehreren Wochen sehe ich mich auf der Straße vergebens nach einem Mantel um, der so alt und verschlissen wäre wie der, den ich vor anderthalb Jahren in der Galerie Lafayette gekauft habe. Solche Antiquitäten trägt kein Passant. Alle haben völlig neue, ganz andere Mäntel, Anzüge, Hüte, Schuhe und Handschuhe an. Jeder Berliner ist so reichlich mit Garderobe ausgestattet, dass er den sieben dürren Jahren der Spinner und Schneider in Ruhe entgegensehen kann.

Und wir sind gerade erst im ersten dieser dürren Jahre. Anzüge und Schuhe sind aus dem Handel verschwunden und haben sich in einer uneinnehmbaren Dollarfestung verschanzt.

Die Waren des täglichen Gebrauchs sind während der so genannten „Markflucht" aufgekauft worden, als alle Besitzer der letzteren billige und schnelle Einkäufe tätigten, um keine Reichsbanknoten zuhause zu haben. In der Wohnung einer verarmten deutschen Rentenpapierbesitzerin fand ich ein ganzes Zimmer mit Lampen vollgestellt. Da gab es elektrische, Öl-, Spiritus-, Gasolinlampen, Lampen mit Schirm und solche ohne, Lampen auf Steinsockeln, auf drei Beinen, hohe und flache. Dieses Zimmer erinnerte an die Lampenstadt, die Lukian von Samosata beschrieben hat. In der Währungsspekulation nicht geübt, kaufte die Rentenpapierbesitzerin Lampen auf, um dadurch wenigstens einen Teil ihres dahinschmelzenden Kapitals zu retten. Im Allgemeinen aber waren die Berliner ebenso vorausschauend wie eitel und deckten sich mit Schuhen, Anzügen, Pelzen, Handschuhen und Ähnlichem ein. Die Berlinerinnen fanden Geschmack an schönen Kleidern und Schuhen (nicht jedoch an Hüten, die hier schon immer schlecht im Kurs standen). Die Berliner trieben die männliche Eleganz zu bisher ungekannter Raffinesse.

Ganz allgemein gesprochen kann man sagen, dass die Deutschen in ihrer „Nationalökonomie", wie sie das nennen, eine Operation durchgeführt haben, die sehr an die Liquidierung einer Konsumgenossenschaft erinnert, die ein gewisser Idealist in einem, sagen wir, von Samojeden bewohnten Dorf gegründet hat.

Nachdem die Genossenschaft, von der hier die Rede ist, einigermaßen aufgeblüht war und ihre Lagerhalle sich mit den Waren gefüllt hatte, die dem Geschmack der Bewohner entsprachen, versammelten sich eines Nachts die Genossenschaftler, die für den Einkauf zusammengelegt hatten, in der benachbarten Schenke und zählten laut ihre Reichtümer auf. Der Verfasser dieser Zeilen kann den Hergang der Diskussion nicht genau rekonstruieren, er kennt aber ihr Ergebnis. Die samojedischen Genossenschaftler begaben sich geradewegs von der Schenke zum Lager, brachen in Abwesenheit des von ihnen eingestellten Lagerverwalters die Schlösser auf und beraubten ihre eigene Genossenschaft, teilten die Waren gerecht untereinander auf und nahmen sie mit nach Hause.

Eine ähnliche Operation, wenn auch in größerem Maßstab, haben die Deutschen in den letzten drei Jahren durchgeführt. Nachdem sie für Papiermark sämtliche Schuhe, Pelze und Hüte im Lande aufgekauft, Kleider und Perkalstoffe untereinander geteilt hatten, waren sie nach Hause gegangen, hatten den Handel fürs Erste eingestellt und harrten geduldig der dürren Textiljahre, die auch prompt kamen. […]

De Consolatione in Tageblatto

Die Straßen Berlins wimmeln zu Zeit von Bettlern. All die Lahmen, Blinden und Gelähmten, die das Vorkriegsdeutschland diskret aus der Öffentlichkeit verbannt hatte, bevölkern nunmehr die Stadt. Der Wertverfall traf auch die organisierte Wohlfahrt, da hätte sie denn von Spekulanten verwaltet werden müssen. Nach ihrem Niedergang landeten die Alten und Gebrechlichen auf der Straße und übten sich in dem für Deutschland neuen Beruf des Bettlers, wobei sie in kurzer Zeit große Fortschritte machten. Ihre Reihen vergrößerten sich schon bald um jene Unglücklichen, die mit den Soldaten des Merkurs nicht Schritt halten konnten, die vom Währungsstrudel erfasst und verschlungen worden waren. [...]

Nach dem Krieg lernten die Deutschen eine zutiefst fremde und für sie neue, aggressive Art von Armut kennen, wie man sie jetzt auf den Berliner Straßen sieht. Das Bewusstsein, das sich in finsterster Verzweiflung noch ein anderer Ausweg aus der Unfreiheit findet, hat die einen trunken gemacht wie von einem düsteren Rauschmittel, die anderen zutiefst beunruhigt in ihren moralischen, ja religiösen Gefühlen. *Res sacra miser*, das versteht sich, aber welches sind die irdischen Vorrechte dieser Heiligkeit, und welche moralischen Rechte hat der Bürger ihr gegenüber?

Auf diese *questio subtilissima* hat ein Journalist geantwortet, der wie ein neuer Mark Aurelius die moralische Unruhe der Bürger lindern wollte. „Bettler", schrieb er, „sind die Leute mit den höchsten Einkünften in Berlin. Sie verfügen über die meiste Zeit und können sich deshalb erfolgreich um ihre Geschäfte kümmern, immer die Ersten an den Schaltern der Wechselstuben sein. Ihre Einkünfte tauschen sie sofort in Dollar um und absorbieren einen erheblichen Teil der ausländischen Devisen, die auf den Markt kommen. Ihre Vermögen", schrieb dieser Journalist, „glaubt mir das, gehören zu den am besten gesicherten im Deutschen Reich ..."

Aus dem Polnischen von Olaf Kühl

ALEKSANDER WAT, MEIN JAHRHUNDERT (1977)

Aleksander Wat (1900-1967), bedeutender polnischer Dichter und Literaturübersetzer. Wat stammte aus einer jüdisch-polnischen Warschauer Familie. Er studierte Philosophie an der Warschauer Universität. Vor dem Zweiten Weltkrieg war Wat Redakteur mehrerer führender polnischer Literaturzeitschriften und Sympathisant der Kommunisten. Als die deutschen Truppen 1939 Polen überfielen, floh er ins sowjetisch besetzte Lemberg. 1941 wurde Wat mit der gesamten Familie nach Kasachstan deportiert. 1946 konnte er nach Polen zurückkehren und dort zunächst literarisch tätig sein. 1959 ging er mit seiner Familie in den Westen und lebte seit 1961 in den USA und Frankreich.

Berlin 1928. Berlin brachte noch eine wichtige Komponente der Kommunismus-Faszination ein, die bei mir ursprünglich nicht vorhanden war. Ich bin von Natur aus skeptisch. Berlin vermittelte mir die Vision, dass es Wirklichkeit werden würde, wenn nicht heute, dann morgen oder übermorgen; in jeden Fall stand der Kommunismus vor der Tür. Wenn ich nur ganz kurz erzählen sollte, was ich 1928 in Berlin gesehen hatte – dann war das natürlich dasselbe, was die Nazis gesehen hatten: Dekadenz, nochmal Dekadenz und die

Ausschweifungen Babylons. Also, am helllichten Tag, am Mittag auf der Friedrichstraße, auf den Hauptstraßen, war es schon ziemlich frappierend, weil die Prostituierten in einer langen Reihe spaziert kamen, das ganze Trottoir nahmen sie ein. Aber alle waren sie solche akropolischen Koren, solche ganz mütterlichen, hellhaarigen Germaninnen, stolz gingen sie über die Straßen. Drei, vier, in einer Reihe, sodass die Passanten manchmal auf die Fahrbahn treten mussten. Am helllichten Tag. Der Kurfürstendamm, eine unbeschreibliche Menge Gesichter aus Georg Grosz, Otto Dix: abscheuliche Spekulantenfratzen. Gleich am ersten Abend traf ich Stefan Napierski[59]. „Komm, ich zeige dir Berlin", sagte er. Er ging mit mir aber nur in eine Seitenstraße vom Kurfürstendamm, eine Art Nachtlokal für Schwule. Damals sah ich so etwas zum ersten Mal. Ein paar waren verkleidet und geschminkt. Ihre Tänze waren monoton, sie tanzten wie Automaten. Der billige Flitterglanz der Lampions im Saal und eine unglaubliche Traurigkeit und Dramatik: Diese Traurigkeit ging einem richtig ans Herz. Diese tanzenden Paare waren männliche Prostituierte. In den Bordellen in Paris, an der Rue Blondel, gab es nackte Frauen. Bruno Jasieński[60] ging so schrecklich gerne dahin, aber nur auf ein Bier, auf einen Bock. Ich bin oft mit ihm und Stanisław Brucz in die Rue Blondel gegangen. Wir tranken ein Bockbier, das zwei Francs kostete. Dort konnte man in Umrissen das Bild einer Gesellschaft wiederfinden: nicht der Gesellschaft selbst, sondern einer Widerspiegelung der Gesellschaft. Als ob man einen Spiegel irgendwo am Wege aufstellen würde. Viele Franzosen hielten sich dort auf, die nur auf ein Bier vorbeikamen, nicht mal des Kitzels wegen. Prostituierte, die miteinander tanzten, das war sehr drôle, keine Spur von Melancholie. In Berlin, bei den männlichen Prostituierten, kam die ganze Traurigkeit vor, *la tristesse de tout cela*. Dass es einem das Herz brach.

Reden wir also von dieser Dekadenz. Die Arbeitslosigkeit zu jener Zeit war schon furchtbar. Irgendwo hielt mich einmal um elf Uhr abends eine alte Prostituierte auf der Straße an, sie war sogar ganz anständig angezogen, elegant. Ich setzte eine abweisende Mine auf. Sie darauf: „Schon gut, aber ich habe eine fünfzehnjährige Tochter. Ich kann Sie hinbringen. Das kostet soundsoviel." Sie verkaufte ihre Tochter. Wirklich, ein schreckliches Elend. Ich bin in diese Stadtteile hineingegangen, wo sie vor Hunger umkamen, wo die Leute wirklich verhungerten. Neben all diesem Luxus. Und dann waren da noch die Anfänge des Tonfilms. Damals lief „Sonny Boy"[61]. Ich war das erste Mal in einem solchen Film. Und ich ging rein mit einer seltsamen Vorstellung von deutschen Frauen: dicke Beine usw. Auf einmal sehe ich, wie der ganze Schwung aus der vorherigen Vorstellung herauskommt. Junge Mädchen, Verkäuferinnen, Büromädchen, Sekretärinnen. Alle wie Greta Garbo und Marlene Dietrich, gut aussehend, eine vollkommen neue Generation, die Generation der automatisierten Massenzivilisation.

Aber was das Wichtigste war, ich hatte vor allem Kontakt zur „Linkskurve", einer ganz und gar kommunistischen Zeitung. Dazu gab es die „Weltbühne", mit der ich übrigens ebenfalls Kontakt aufgenommen habe und die „Neue Bücherschau" – alles Mitläufer. Die „Weltbühne", das waren solche Leute wie Karl von

---

59 *Stefan Napierski (1899-1940), Dichter, Essayist und Übersetzer, 1940 in Palmiry bei Warschau von den Deutschen erschossen.*

60 *Bruno Jasieński (Wiktor Zysman) (1901-1938), futuristischer und später sozrealistischer Dichter, seit 1929 in der UdSSR. 1938 im Zuge der „Säuberungen" in Moskau ermordet.*

61 *„Sonny-boy" (1929) ein Film des amerikanischen Regisseurs Archie Mayo.*

Ossietzky oder Kurt Tucholsky. Tucholsky habe ich näher kennen gelernt. Er war auch ein poputschik, ein Mitläufer. In Deutschland gab es damals das Problem der finanziellen Unterstützung seitens verschiedener Botschaften. So unterstützte zum Beispiel die polnische Botschaft die Pazifisten. [...]

Wo der Kommunismus ist, ist leider auch die Polizei. Das sind zwei Dinge, die zusammengehören, da kann man nichts machen, Kommunismus und Polizei durchsetzen einander, das ist von Anfang an so gewesen. Schon zu Zeiten des Zaren, schon in der bolschewistischen Fraktion in der Duma waren Provokateure. Aber das ist nicht alles. Später, nach 1918, geschah es aus Trotz. Die Polen unterstützten die Kommunisten beziehungsweise deren Sympathisanten, jedenfalls die deutschen, insbesondere die Pazifisten. Die Weimarer Deutschen gewährten den polnischen Kommunisten gewaltige Unterstützung. Die eigentliche kommunistische Zentrale für Polen befand sich in Berlin. [...] Später war sie in Danzig. Die Parteikonferenzen fanden in Danzig statt. Bei einer dieser Konferenzen trat die Kommunistische Partei Polens gegen eine Vereinnahmung von Oberschlesien und Danzig durch das imperialistische Polen auf, natürlich als Vasall Frankreichs. Es gibt in der Geschichte der KPP solch einen Beschluss. Nach dem Aufkommen des Nationalsozialismus wurde Prag zu dieser Zentrale, unter Aufsicht der tschechischen Behörden. Immer die rivalisierenden Staaten, die sich gegenseitig ihre kommunistischen Parteien anheizten!

Es gab überdies Gespräche mit Kleinbürgern, zum Beispiel mit einem Zeitungsverkäufer oder einem Eisverkäufer. Ich habe mich mit ihnen unterhalten, wir haben über Politik palavert. Von Hitler hat so gut wie keiner geredet. Das war 1928. Für Hitler hat sich niemand besonders interessiert. Aber die emotionale Spannung der Nazis war wahnsinnig: in der Luft und bei den Menschen, gerade bei Kleinbürgern. Im Zug bekam ich schon einen Vorgeschmack davon. Ich fuhr durch Deutschland und traf in meinem Waggon einen Bekannten, den Philologen Günther Wienberg. Er hatte ein sehr semitisches Gesicht. Ein dicker Deutscher stieg ein, der ihn ganz einfach vom Sitz stoßen wollte. Er fing an zu streiten: polnische Juden, polnische Schweine. Ein mitreisender Kleinbürger, ein Eisverkäufer, sagte dazu: „Ich kümmere mich nicht um die Politik."

Einmal ging ich zur „Linkskurve", die Zeitschrift war im Haus der Partei, im Liebknechthaus, am Alexanderplatz untergebracht. Dort fängt schon der proletarische Stadtteil an. Es war eine herrliche große Festung. Und der Zufall wollte es, dass ich auf dem Weg zu diesem Parteihaus hundert oder hundertfünfzig Meter an der Polizeikaserne vorbeiging. Das Tor stand gerade offen, und auf dem Hof – es war am helllichten Tag – hatten die Polizisten ihre Turnstunde. Nichts als Skelette, die Gesichter bleich und blau geädert, wie bei Akakij Akakijewitsch, dem Held aus Gogols Erzählung „Der Mantel". Du meintest, wenn du einen antippst, fällt der um. Sicher hatten sie alle eine Familie am Hals und wurden schlecht bezahlt. Preußen hatte damals eine sozial-demokratische Regierung. Dann ging ich ins Parteihaus hinein. Fette Bulldoggen. Die Pförtnerloge. Der Pförtner – eine deutsche Bulldogge. Ich sagte, ich käme zu einer Verabredung mit Kurt Kläber, dem Redakteur der „Linkskurve". „Ist nicht da! Kommt erst in einer Stunde, ist auf einer Konferenz." Darauf sagte ich: „Gut, dann gehe ich und erledige noch etwas in der Stadt und komme in einer Stunde wieder." Nichts da! Der Pförtnerbulldogge kommt heraus, nimmt mich an der Hand, führt mich in ein Nebenzimmer und schließt mich da ein. Wenn du schon einmal drinnen bist, wirst du gefangen gehalten, solange sie nicht wissen, was du für einer bist! Verstehst du? Er hat mich also erst freigelassen, als Kurt Kläber kam. Nichts als Muskeln, Sehnen, Kraft, Dynamik. Das triumphierende Morgen, das jubelnde Morgen. Und das vor dem

Hintergrund des Nationalsozialismus, wachsender Arbeitslosigkeit, des Zerfalls, der Dekadenz der Gesellschaft – damals glaubte man noch nicht, Hitler würde weiter kommen. Es existierte ja eine mächtige kommunistische Armee, eine Armee entschlossener Kommunisten, und die hatte Waffen. Meine Hypothese ist, dass Stalin zu einem bestimmten Zeitpunkt die Partei absichtlich gelähmt hat. Denn die Partei war gelähmt. Die Politik hat den Feind in der Linken ausgemacht, und die gemeinsamen Streiks der Fahrer richteten sich gegen die sozialdemokratische Regierung in Preußen. Die Deutsche Kommunistische Partei veranstalte die Streiks zusammen mit den Nazis. In diesem Wahnsinn lag jedoch eine gewisse Methode. Ich möchte nur zwei Dinge erwähnen: Ich habe von einem Redakteur der internationalen Komintern-Zeitschrift erzählt, die ich bekam. Nach Hitlers Machtergreifung erschien eine Nummer, und auf der ersten Seite fand ich einen riesigen, mit Pauken und Trompeten triumphierenden Artikel darüber, dass Gott sei Dank die Nazis die Macht übernommen hatten. Von da aus sei die Situation klar, der sozialdemokratische Betrug der Massen sei vorüber, den Massen seien die Schuppen von den Augen gefallen. Jetzt seien wir dran. Zu guter Letzt sei es so gekommen.

Die Unterjochung von hundert Millionen Einwohnern Osteuropas, darunter auch achtzehn Millionen Deutschen, ist Hitler zu verdanken. Auf den Trümmern des Nationalsozialismus ist es geschehen. Letzten Endes war Stalin also nicht so dumm. Aber ich habe den Eindruck, dass es sich um eine Lähmung der Partei handelte. Friedrich Wolf, den Autor von „Zyankali", habe ich in Berlin kennen gelernt [...]. Er hatte sich ziemlich lange in Deutschland verstecken können, aber dann, 1934 oder 1935, ist er nach Moskau geflüchtet. Er hielt sich eine Weile in Warschau auf, und wir haben uns bei Schiller im Teatr Polski getroffen, danach sind wir in eine Kneipe gegangen, wo er mir seine tragische Geschichte erzählte. Er war der Leiter einer Abteilung einer der kommunistischen Zellen. Nach dem Reichstagbrand, als die Geschichte anfing, war alles zur kommunistischen Revolte, zum Widerstand bereit. Man wusste, wo die Waffen vergraben waren: irgendwo in einem Wald außerhalb von Berlin. Mit typisch deutscher Systematik hatte jeder eine bestimmte Rolle. Der Stab traf sich und wartete nun auf den Boten mit der Parole. Doch der Bote kam nicht. Weder zu seiner Abteilung noch zu irgendeiner anderen. Sie kapitulierten ohne jeden Widerstand. Freilich wusste ich all das 1928 nicht. Statt dessen sah ich die Macht des deutschen Kommunismus. Stalin hat sie bewusst lahmgelegt. Ich sehe in Stalins Wahnsinn eine unglaublich konsequente, starke Methode.

Jetzt zurück zu mir, Aleksander Wat, wie ich mich in Berlin herumtrieb, Kontakte mit kommunistischen und kommunistenfreundlichen Schriftstellern suchte und in Berlin plötzlich sah, dass es eine große kommunistische Armee gab, die Gewehr bei Fuß stand und wartete. Und der Augenblick war in Berlin längst sichtbar, weil die Mauern bereits barsten. Alle Mauern: die der Tradition und die der Wirtschaft. Ich habe unter anderem mit Tucholsky und Mützenberg Kontakt aufgenommen, mit Kurt Mäher und Johannes R. Becher, mit einer ganzen Masse von Menschen, von denen hinterher nur wenige nützlich waren. Ich sah, dass es in Deutschland anders lief: Es waren nicht die französischen Dekadenten, die Surrealisten und Nihilisten sondern sachliche Leute. Ziemlich viele kamen sogar aus dem Adel, dem Bürgertum, der Intelligenz, der Sozialdemokratie. [...] Die Neue Sachlichkeit in Deutschland. Und diese Generation der Kommunisten, die ich damals, 1928, traf, und die sich vor allem um die „Linkskurve", aber auch um die „Weltbühne" gruppierten, das waren keine ehemaligen Dekadenten mehr. Sie grenzten sich vielmehr sehr deutlich von den ehemaligen Dekadenten ab. Es waren viele autodidaktische Arbeiter darunter, ein proletarisches Element.

1928 gab es schon proletarische Schriftsteller, es gab einen Proletkult, proletarische Kunst, proletarische Literatur; das Gegenstück zum russischen RAPP[62]. Sie hatten der LEF[63] abgeschworen. Und sie schworen ganz nachdrücklich der ganzen Dekadenz ab.

Aus dem Polnischen von Esther Kinsky

KIRA GAŁCZYŃSKA, DIE SILBERNE NATALIA (2006)

Kira Gałczyńska (1936), Tochter des bedeutenden polnischen Dichters Konstanty Ildefons Gałczyński, Herausgeberin seiner Werke, Begründerin des Gałczyński-Museums in Pranie (Masuren) sowie Autorin einer Biografie von Natalia Gałczyńska.

Nach Berlin kamen wir Mitte Juli (1931). Ich weiß noch, es war Sonntag morgens. Die Straßen schienen menschenleer, breit und grün. Nach einigen Tagen im Hotel zogen wir bei einer alten Wienerin, Frau Dorizio, in einer kleinen Gasse, der Münchner Straße in der Nähe des Viktoria-Luise-Platzes ein. Unser Zimmer war groß wie ein Ballsaal, hatte Balkon und einen verglasten Erker mit drei Fenstern. Unsere Wirtin war zu ihrer Jugendzeit Garderobiere bei einem Wiener Opernstar gewesen, darüber erzählte sie unentwegt und zeigte stets ihre Fotos herum. Kot[64] war fröhlich wie ein Rotzjunge und begann gleich mit Frau Dorizio unter viel Lärm Kaffee zu kochen. Vom ersten Moment an fühlten wir uns in dieser riesigen, fremden und unbekannten Stadt wohl. Wir waren wieder allein. Plötzlich fielen alle schwierigen Redaktionsprobleme von uns ab. Zunächst kannten wir niemanden. Und endlich hatten wir genug Geld. [...]

Kot zahlte zwar dafür mit einer langweiligen Beamtenexistenz im Referat für Kultur und Bildung des Konsulats, aber er absolvierte sie ziemlich unbeschwert.

Und dann hatten wir die Berliner Straßen für uns, die „Imperial"-Busfahrten ins Unbekannte (immer setzten wir uns oben hin, um das Straßenleben zu beobachten), Ausstellungen, Museen und vor allem Konzertsäle. Aus den ersten Monaten sind mir die „Jahreszeiten" von Vivaldi, der „Messias" und Bachs Kammerkonzerte in Erinnerung geblieben. Das waren Aufführungen, wie wir sie uns gar nicht hätten erträumen können. Und noch ein neues großes Erlebnis: die Malerei. Auf der Museumsinsel gab es doch eine der größten Gemäldegalerien der Welt – das Kaiser-Friedrich-Museum. Dort sahen wir zum ersten Mal die großen Meister. Kot mochte besonders „Die Madonna mit dem Zeisig" von Dürer. Aber sein allerliebstes Bild blieb wohl für lange Jahre das Meisterwerk von Tizian „Venus und der Orgelspieler". Verschiedene Spuren dieses Erlebnisses

---

62 RAPP, Abkürzung für Russische Assoziation Proletarischer Schriftsteller, 1928 gegründet. Seit 1929 eine Zwangsorganisation aller russischen Schriftsteller.

63 „LEF", Zeitschrift der Linken Front der Künstler in der UdSSR, 1923-1925, dann 1927-1929 als „Nowyj LEF". Unter den Mitarbeitern von LEF waren Vladimir Majakowski, Isaak Babel, Sergei Eisenstein und Sergei Tretjakow. Die konstruktivistischen Ideen der „LEF" wurden nach 1929 als „Formalismus" verdammt und im Rahmen der „stalinistischen Biedermeier" ad acta gelegt.

64 Abkürzung von Konstanty Ildefons Gałczyński.

finden sich in seinen Gedichten. Ich erinnere mich an diese unglaublich gleichgültige Venus in Rosa und Weiß, an den kleinen zottigen Hund an ihrem Bett und an das Profil des spielenden Organisten, voller Entzückung und Leidenschaft. Die Orgel war blau und reichte bis zum Himmel. Und hinter alldem die frühherbstliche südliche Landschaft und eine Kutsche auf dem Weg zwischen den Hügeln. Viele Jahren später sagte mir jemand, es sei der Ehemann, der in der Kutsche wegfahre. Daraufhin regte sich Konstanty auf und rief: „Der Orgelspieler ist der Ehemann!"

In Berlin sahen wir endlich Jakob mit dem kämpfenden Engel, dem ich – wie Kot meinte – ähnlich sah. [...]

Berlin brachte uns noch eine große Wohltat – es war möglich und einfach zu verreisen. Während unseres zweijährigen Aufenthalts in Deutschland besichtigten wir Nürnberg, München, Hamburg, Kopenhagen, Wien, Tirol. [...]

In Berlin kannten wir nicht viele Menschen. Kot unterhielt kaum Kontakte zu den Polen vom Konsulat, wohl nur so viele, wie es unbedingt nötig war. Sie hatten keine Gemeinsamkeiten. Mit einer Ausnahme waren alle anderen Bekanntschaften flüchtig. Wir lernten den jungen, 22-jährigen Schweizer, Hans Peter Morel kennen. Das war eine starke und inhaltlich erfüllte Freundschaft. Morel kam aus Neuchâtel. Sein Vater war Chefarzt in einem Sanatorium wie jener Direktor aus dem Roman „Zauberberg". Peter hatte seinen Abschluss in klassischer Philologie gemacht, und sein Vater hatte ihm Geld für eine Reise durch Europa gegeben. Er war in Frankreich, in London. Jetzt kam er nach Berlin. Wir lernten ihn auf irgendeinem Empfang in einer der Botschaften kennen, und Kot war von ihm sofort begeistert. Wohl gleich am nächsten Tag kam er zu uns. Er erzählte, dass er vorhabe, nach Polen zu reisen. In Bern hatte er den polnischen Botschafter kennen gelernt und ihn nach dem polnischen Dorfleben gefragt, das ihn aus irgendwelchen Gründen interessierte. Er war ein wunderbarer, verträumter, kluger Junge. Kot brachte ihm sogar etwas Polnisch bei. Einige Monate waren wir unzertrennlich. Alles verkomplizierte sich, als Peter sich in mich verliebte. Kot merkte nichts und ich hielt es nicht für wichtig. Schließlich, als wir einmal nach einer langen Wanderung am Abend in die Pension kamen, in der Morel wohnte, war ich so müde, dass ich auf dem kleinen Sofa einschlief. Ich wachte plötzlich auf und sah die beiden nebeneinander sitzend. Sie saßen gebeugt, verärgert und schweigsam da. Ich fühlte, dass etwas passiert war. Wir gingen nach Hause. In der Nacht brach es aus ihm heraus: „Als Du schliefst und er Dich dreist anschaute, sagte ich ihm, es gäbe keinen Mann auf der Welt, der Deiner würdig wäre." Seine Worte prägten sich mir ein. Am nächsten Tag nachmittags rief Peter an und benachrichtigte uns, dass er nach Paris fahre.

Im November bekamen wir einen Brief von Peters Vater. Peter war todkrank. Bereits in Polen hatte er an einer schweren Vergiftung gelitten und er war in sehr schlechtem Zustand nach Hause gekommen. Nichts konnte ihm helfen. Nach einer Woche kam die Depesche mit der Todesnachricht. Es war, als hätten wir einen uns sehr nahestehenden Menschen verloren.

Mir scheint, dass nach Peters Tod unser unbeschwertes Leben in Berlin zu Ende war. Kot war gewissermaßen erwacht. Er sagte, er habe das ganze Jahr vergeudet. Schluss mit diesen Ausflügen, Konzerten, Galerien. Man müsse sich wie in einem Kloster einschließen und schreiben. Dabei sei sein Kopf ganz leer.

Und er schrieb wieder einen Roman – innerhalb von drei Monaten. [...]

Aber Kot hat nie an der Kladde gearbeitet, die ich auf alle unsere Wanderungen mitnahm – nach Warschau, nach Wilna, wieder nach Warschau. Endlich las Kot dieses Manuskript in Anin[65] einmal aufmerksam durch und sagte angewidert: „Noch so ein lyrischer Humbug." Da ich schon ahnte, was das bedeutet, versteckte ich das Manuskript schnell in meinem Wäscheschrank. Kot sagte: „Dort liegt es eben an seinem richtigen Platz – zwischen deiner Wäsche." Dieses Manuskript versteckte ich bis zum Ende des Aufstandes.

In Berlin skizzierte Kot, nach Beendigung des unseligen Romans, den lyrischen Zyklus „Fräulein Euterpe". Drei Teile sind erhalten geblieben („Schau, wie schön sie ist", „Zögere mir nur nicht" und „Lasst uns langsam das Tor öffnen"). Ich gab sie erst zum zweiten Todestag von Kot in Druck. Ein Leser fragte mich: „Warum wurde Euterpe unter den Mänteln ohnmächtig?" Und das war so: Als wir in Berlin im Theater waren, um uns „Was ihr wollt" anzuschauen, wurde mir übel und ich verließ den Zuschauerraum. Kot lief mir hinterher. In der Garderobe wurde mir so schwindelig, dass ich zu Boden stürzte. Nach einer Weile verging das, und ich stand auf. Im Taxi fragte mich Kot: „Bist du schwanger, Fräulein Euterpe?" Ich war nicht schwanger.

Mit seiner Arbeit ging es nicht voran. Er zerriss die Blätter immer wieder, fluchte, lief aus dem Haus und verfiel schließlich wie gewöhnlich in eine schwere Depression – in Berlin nur einmal, aber bereits zum zweiten Mal in unserem gemeinsamen Leben. Ich sah ihn kaum noch. Morgens ging er ins Konsulat und kehrte erst in der Nacht nach Hause, er redete viel, tat so, als sei er nicht betrunken; das endete mit einem unerwarteten Finale: er entdeckte eine obskure Opiumraucherei an der Spree und verbrachte dort zwei idiotische Tage. Ich suchte ihn in ganz Berlin. Als er endlich zurückkehrte und lächerlich mit seinen Erlebnissen prahlte, verschlug es mir vor lauter Wut die Sprache. Er badete, zog sich um und ging ins Konsulat. Solange er noch zu Hause war, biss ich die Zähne zusammen, um nicht zu platzen. Ich antwortete mit keinem Wort, als er sich zu entschuldigen versuchte. Dann ging ich mit einem kleinen Koffer zum Bahnhof und fuhr nach Wien. Ich kannte dort die Pension von Frau Nebe, der Cousine unserer Berliner Frau Dorizio. [...]

In derselben Nacht erschien Konstanty. Er sorgte für Aufsehen, machte viel Lärm, er schimpfte, flehte mich an, machte Versprechungen. Gegen Morgen versöhnten wir uns.

Zurück in Berlin gelang es Kot, den säuerlichen Konsul erneut zu besänftigen, und er selbst beruhigte sich insgesamt. Aber in Deutschland wurde es immer unerträglicher. Hitler kam an die Macht. Kot bemühte sich nach wie vor, zu schreiben und zerriss die Blätter immer wieder. [...]

Ich kann mich noch an ein ausgezeichnetes kleines Theater in der Nähe des Potsdamer Platzes erinnern. Im Foyer hingen grünliche Karikaturen preußischer Generäle mit Orden. Auf dem Plakat war der Name Kurt Tucholsky zu sehen und die Schauspielerin Inge Bartsch sang: „Du bist so stolz und fern und hast mich doch so gern ..."[66] Nie wieder hörte ich ein so wunderschön gesungenes Lied. Kot meinte, für ein solches Theater wäre er bereit, sein halbes Leben hinzugeben.

Dann erlebten wir den Reichstagsbrand und die Bücherverbrennung. Plötzlich sehnten wir uns nach Warschau. Unsere Abreise aus Berlin erfolgte ziemlich überstürzt. Der Konsul wollte Kot nicht gehen lassen, warnte ihn vor einer Arbeitslosigkeit in Polen, berief sich auf seine eigene verständnisvolle Haltung („Sie können nicht ernsthaft arbeiten. Mir wurde gemeldet, dass Sie während Ihres Dienstes irgendwelche

---

65 *Damals ein Vorort im Osten von Warschau.*

66 *Im Original auf Deutsch.*

Psalmen verfasst haben ..."). Kot versuchte dem Konsul zu erklären, er wolle nur Schriftsteller sein und in der Heimat von seiner Feder leben, aber alles war zwecklos. Nach dem erregten Meinungsaustausch nahmen wir Abschied von Frau Dorizio, von unserem schönen riesigen Zimmer mit dem verglasten Erker und dem Balkon, von unserem finanziell unbeschwerten Leben, von den Reisen in schöne Städte. Aber Kot konnte die Rückkehr nach Warschau kaum erwarten.

Aus dem Polnischen von Ruth Henning

WOJCIECH KRZYŻANOWSKI, KONSTANTY ILDEFONS IN BERLIN (1983)

Wojciech Krzyżanowski, Mitarbeiter der Polnischen Militärmission in West-Berlin nach dem Zweiten Weltkrieg, danach lebte er in der BRD.

Mittelgroß, schlank, großer Kopf, für damalige Verhältnisse langes Haar, dunkle Augen, ein wenig geduckt. So habe ich Konstanty Ildefons Gałczyński aus den gemeinsam verbrachten Jahren in Berlin in Erinnerung. Es waren die Jahre 1931 und 1932.

Ich landete in unserem Konsulat als bescheidener Mitarbeiter auf Zeit und wurde der Abteilung für Fragen der Emigration zugeteilt (Angelegenheiten der Landarbeiter). Ich bekam einen Schreibtisch neben einem jungen Mann, der aussah, wie oben geschildert. Der junge Mann gab mir die Hand. „Ich bin Gałczyński", erklärte er. Der Name sagte mir nichts.

Das Jahr 1931 war ein schwieriges Jahr in unserem Vaterland und mir lag sehr daran, die neue Arbeitsstelle zu behalten. Von allen Mitarbeitern des Konsulats wurde erwartet, dass sie entsprechend viele Akten bearbeiten. Nach Austausch einiger Freundlichkeiten stellte ich meinem neuen Bürokollegen eine wichtige Frage: „Wie viele Akten bearbeiten Sie täglich?" Daraufhin antwortete Gałczyński mit großer Geste: „Mein junger Mann" — tatsächlich war er nur ein paar Jahre älter als ich — „auf eine solche Frage verweigere ich die Antwort. Ich bin doch keine Maschine!" Dann hob er feierlich eine Büroklammer hoch: „Das sollten Sie sich merken, junger Mann. Die Büroklammer ist die Grundlage der Akte!"

Gleich begriff ich, dass mein Arbeitskollege anders war, jedenfalls war er kein gewöhnlicher Beamter.

Die Gałczyńskis wohnten in Schöneberg in der Augsburger Straße, zehn Minuten schnellen Schrittes von unserem Konsulat in der Kurfürstenstraße entfernt. Sie hatten ein möbliertes Zimmer in einer großen Wohnung gemietet und durften Bad, Küche und das in Berliner Wohnungen übliche, riesige Esszimmer mitbenutzen. Die Wohnung war bequem, aber ungemütlich, und die mit weißer Ölfarbe angestrichenen Wände verliehen ihr eine klinische Atmosphäre. Frau Natalia, zierlich, schlank, mit großen grusinischen Augen, schien in der fremden Großstadt ein wenig verloren. Manchmal wurde ich zum Essen eingeladen und als einziges Getränk gab es dann ein Glas Tee. Wochenlang nahm Gałczyński keinen Tropfen Alkohol zu sich. Er soll seiner Ehefrau vor der Reise nach Berlin feierlich versprochen haben, es sei nun Schluss mit dem Trinken. Ich kann nur bestätigen, dass er Wort hielt, obwohl er ab und an, besonders spät abends, gläserne Augen bekam und seine Frau ein wenig ärgern wollte. Jedes Mal vertraute er mir dann das „Familiengeheimnis" an, als wäre es das erste Mal: „Der Vater von Natalia war Feuerwehrkommandant in Tiflis!" Die Frau flehte ihn mit Tränen in den Augen an: „Kostek, hör' auf!"

Der geregelte Ablauf eines „Philisterlebens" stutzte Konstantys Phantasie die Flügel. Der Dichter langweilte sich zu Tode. Dabei gab es in diesen letzten Jahren vor der Hitler-Zeit wenige Metropolen, die eine derartige kulturelle Entwicklung erlebt hätten wie die deutsche Hauptstadt. Es war eine herausragende Zeit in Literatur, Theater und Film, man muss nur die Namen von Marlene Dietrich, Emil Jannings, Max Reinhardt und Bertolt Brecht, Ernst Lubitsch, Georg Wilhelm Pabst oder Fritz Lang nennen. Allerdings trennte uns die Sprachbarriere von dieser Seite des Lebens. Vorerst lernte Gałczyński – wie wir alle – sehr intensiv die deutsche Sprache und konnte sich verhältnismäßig schnell in die deutsche Poesie vertiefen; besonders liebte er Hölderlin, und ein Echo dieses Interesses fand sich später in seinem Werk. Er trat einem literarischen Klub bei, in dessen Sitzungen man nach deutscher Gewohnheit theoretische Fragen besprach und beispielsweise Methodendiskussionen führte. Gałczyńskis vertiefte Deutschkenntnisse sollten bald überraschende Resultate zeigen.

Das Amt, das für die Fragen ausländischer Arbeiter zuständig war, hieß Deutsche Arbeiterzentrale (DAZ). Es gab einen lebhaften Schriftverkehr zwischen der DAZ und unserer Abteilung, und um diesen möglichst effizient zu gestalten, wurden wir trotz unserer bescheidenen Stellung ermächtigt, die einfachsten formalen Schreiben selbstständig zu formulieren und zu unterzeichnen.

Eines Tages meldete sich ein Vertreter der DAZ bei unserem Chef. Er war eher verlegen als empört und erklärte, manche Schreiben des Konsulats seien in einem korrekten, aber antiquierten Deutsch verfasst. Es stellte sich heraus, dass diese merkwürdigen Schreiben das Werk des verbeamteten Dichters waren. Aber es kam noch schlimmer. Gałczyński hatte auf seine altgermanischen Briefe auch noch verschiedene Motive gemalt: Palmen in der Wüste, Sonnenaufgänge, sparsam gekleidete Odalisken.

Man untersagte Konstanty, die Briefe zu unterzeichnen, die nun kontrolliert wurden, für ihn eine schmerzliche Beleidigung. Wochenlang lief er düster und unfreundlich herum. Aber eines Morgens erschien er im Konsulat anders, wie verwandelt. Es stellte sich heraus, dass er ein „wunderbares Cabaret" entdeckt hatte. „Wir müssen mal dahin, aber nur zu zweit, meine Frau kann die Sprache nicht gut genug." Das „Cabaret" in der Bellevuestraße, unweit vom Brandenburger Tor, erwies sich als satirisches Theater. Es befand sich in einem Keller, daher auch sein Name: „Katakombe". Ein kleiner Saal, eine winzige Bühne, kein Bühnenbild. Die anmutige Blondine Inge Bartsch sang Antinazi-Lieder und begleitete sich selbst am Klavier. Werner Finck, Rudi Platte und Theo Lingen führten ausgezeichnete Sketche auf.

Konstanty sah nur Inge und behielt sie lange im Gedächtnis. Schon in Warschau erfuhr er von der Schließung des Theaters sowie der Verhaftung von Inge und verewigte diese seine Lebensperiode in einem Gedicht, das mit ihrem Namen überschrieben war. […]

Ich kenne die unmittelbaren Gründe nicht, die nach fast zwei Jahren in Berlin zu Gałczyńskis Zusammenbruch führten. Vielleicht hieß der Grund Inge? Aber vielleicht war der Dichter einfach an der Grenze seiner Selbstkontrolle angelangt?

Das war im späten Herbst 1932. Eines Tages erschien Konstanty ohne jegliche Erklärung nicht mehr auf der Arbeit. Das war ein ungewöhnliches Ereignis in unserer kleinen Welt, da Generalkonsul Dr. Wacław Gawroński, ein ausgezeichneter Verwaltungsbeamter, für strenge Arbeitsdisziplin sorgte, und allein der Anblick seines asketischen Gesichts mit durchdringenden Augen und spitzem Bart (auf den wir noch zu sprechen kommen) reichte, um die Effizienz der Mitarbeiter zu steigern.

Das plötzliche Ausbleiben Gałczyńskis war beunruhigend: Frau Natalia wusste nur, dass ihr Mann zur gewohnten Uhrzeit zur Arbeit gegangen war. Die Erklärung kam nach einigen Stunden: Der Besitzer irgendeiner Gaststätte rief wegen eines stockbetrunkenen Gastes an, bei dem man einen Ausweis des polnischen Konsulats gefunden hatte. Wir brachten den völlig benommenen Gałczyński nach Hause und übergaben ihn seiner tränenüberströmten Ehefrau.

Am nächsten Morgen war Gałczyński, grau im Gesicht und unsicher, pünktlich im Büro. Er schwor, nur ein Glas auf dem Weg zum Konsulat getrunken zu haben und behauptete, es sei nur ein einziges Mal gewesen. In ein paar Tagen wiederholte sich leider die fast gleiche Geschichte. Gałczyński musste zurück nach Polen, beleidigt, mit dem subjektiven Gefühl, Unrecht erfahren zu haben und mit Groll im Herzen.

Die Zeitung „Kurier Poranny" druckte regelmäßig Gałczyńskis Gedichte. In einem davon fand sich ein Berliner Echo. Das kleine Gedicht war sehr geschickt geschrieben, voller wunderbarer Schrullen und Unsinnigkeiten, die so typisch für ihn waren, und erzählte, wie „der Kemal Pascha zu Pferde nach Ankara kam". Die „Helden" des Gedichts – Vater und Sohn? – suchen Hilfe im (polnischen) Konsulat:

Um Scherereien zu vermeiden,

gingen sie zum Konsulat,

dort saß Herr Konsul mit dem kleinen Bart,

er roch wohl gar nach einem Tropfen Wodka.

Mit dieser Beschuldigung des abstinenten Gawroński bot erneut der nicht-abstinente Gałczyński die Wirklichkeit als Travestie dar.

O goldene Natalia! O silberner Konstanty!

Aus dem Polnischen von Ruth Henning

ANTONI SOBAŃSKI, NACHRICHTEN AUS BERLIN (1934)

Antoni Graf Sobański (1898-1941), polnischer Publizist, studierte nach dem Ersten Weltkrieg Philosophie in Warschau, verfasste in den dreißiger Jahren Reportagen über Nazideutschland. Nach Ausbruch des Zweiten Weltkrieges emigrierte Sobański über Rumänien, Jugoslawien und Italien nach London, wo er als Journalist für die BBC arbeitete.

Die Bücherverbrennung lehrt uns, dass von seinen Folgen her gesehen nicht das wichtig ist, was wirklich geschieht, sondern das, was die menschliche Fantasie beflügelt. Vergleichen wir zum Beispiel die Titanic-Katastrophe mit der erstbesten Schlacht im „Großen Krieg". Dabei sind drei-, zehn- oder zigfach mehr Menschen eines gewaltsamen Todes gestorben als auf der Titanic, noch dazu nur junge und gesunde. Noch einmal so viele kamen aus dieser Veranstaltung als Invaliden zurück. Aber die untergehende Titanic war und wird immer die Ikone der Katastrophe schlechthin bleiben.

Ähnliches gilt auch für die am 10. Mai auf dem Opernplatz verbrannten Bücher. Wenn man dort so stand wie ich, den mangelnden Enthusiasmus und vor allem die – in Anbetracht der Möglichkeiten des Standortes, des Spektakels und der Propaganda – verhältnismäßig kleine Menschenmenge sah; wenn man danach die verschämt beschwichtigenden Erklärungen bedeutender Persönlichkeiten der nationalsozialistischen Bewegung hörte, die besagten, dass hier lediglich die Jugend mit Flammen und Wärme ihren Sieg kundtun wollte; wenn man sah, wie sehr sich die Regierung wünschte, dass es zu dieser Verbrennung überhaupt nicht gekommen wäre, dann muss dieses ganze wilde Ritual doch weniger monströs erscheinen, als es im ersten Moment durch die zu Recht empörte öffentliche Meinung der ganzen Kulturwelt vermittelt wurde. [...]

Obwohl die Tagespresse zahlreiche Berichte von dieser traurigen Zeremonie brachte, lohnt es sich meiner Meinung nach, sich ihren Ablauf noch einmal in Erinnerung zu rufen. Der Zug der Studenten formierte sich irgendwo am Stadtrand und zog dann weiter zu Lagern mit „verurteilten" Büchern, die erst noch aufgeladen werden mussten.

Woher stammten die Bücher? Einige Tage vor der Verbrennung erschien in allen Blättern ein Aufruf, dass jeder, der seinen Beitrag zur Vernichtung der unerwünschten Literatur leisten wollte, aus seiner Büchersammlung schädliche Werke entfernen und an die angegebene Adresse senden solle. Die Pressehinweise waren außergewöhnlich genau und detailliert. Die Bücher konnten auch persönlich in einem Lokal, das als Sammelstelle angegeben wurde, abgeliefert werden. Aber nirgendwo habe ich gehört, dass jemand bei sich zu Hause im Küchenofen oder im Kamin die Gesamtausgabe von Heinrich Heine oder Spinoza verbrannt hätte. Ohne Zurschaustellung wäre ein derart innerer, häuslicher Moralakt offenbar wertlos.

Übrigens standen weder Heine noch Spinoza auf der Liste der verbrannten Bücher. [...] Eine andere sprudelnde Quelle „zersetzender" Bücher waren die Bibliothek des Bundes der Regierungsbeamten oder andere komplett der Regierung unterstellte Bibliotheken, in denen „Säuberungsaktionen" durchgeführt wurden. In Buchhandlungen oder Leihbibliotheken wurden hingegen keine Bücher konfisziert. Auch wissenschaftliche Institutsbibliotheken blieben meist von „Säuberungen" verschont. In Breslau drohten zwar die Studenten, private Haushalte zu durchsuchen, aber dazu kam es nicht. Außerdem spricht die Zahl von 20.000 verbrannten Bänden eher für einen symbolischen Akt als für die Absicht, die unerwünschten Werke tatsächlich restlos aus der Welt zu schaffen.

Die Bücher wurden auf drei mit Hitler-Bannern dekorierte Lastwagen aufgeladen. Der Umzug war nicht groß. Er bestand aus einem Orchester und Verbindungsstudenten mit Fackeln. Die Zivilbevölkerung, wenn ich sie so nennen darf, nahm daran nicht teil. Allerdings zog sich der Umzug in die Länge, weil in Militärformation und mit großen Abständen zwischen den einzelnen Gruppen marschiert wurde. Die Ankunft am Opernplatz war für elf Uhr abends vorgesehen. Bereits um neun Uhr war der lediglich fünf Meter breite Streifen um den viereckigen Platz herum dicht mit Publikum gefüllt. Die Polizei patrouillierte auf dem mit Schnüren abgesperrten Platz. In der Platzmitte befand sich ein Scheiterhaufen von drei Kubikmetern und auf einem speziell errichteten Podium standen Scheinwerfer, Filmkameras und Mikrofone. Dächer und Fenster der umliegenden Gebäude waren ebenfalls komplett vom Publikum besetzt. Allerdings waren beide Enden des Vierecks frei von Zuschauern, sodass der Verkehr auf der Straße Unter den Linden nicht einmal für einen kurzen Moment unterbrochen werden musste. Würde man bei gutem Wetter im Sommer die Spaziergänger Unter den Linden zwischen dem Schloss und Brandenburger Tor anhalten, käme es wohl zu einem kaum kleineren Menschenauflauf. Eine Stunde vor der Ankunft des Umzugs fiel ein bisschen Regen, aber bald darauf klarte es wieder auf.

Die Menschenmenge, in der ich stand, begrüßte den ankommenden Umzug nicht. Die Stimmung war heiter, denn es war ja Frühling. Fast alle Männer waren mit ihren Frauen da. Das Interesse auf den Gesichtern fiel in die Kategorie mittelmäßig. Die einzigen Rufe kamen von den marschierenden Studenten oder denen, die auf den Lastwagen die Hakenkreuz-Banner schwenkten. Der Umzug marschierte sehr gekonnt ein und verteilte sich in der Platzmitte. Sie umringten den Stapel und warfen ihre Fackeln hinein – so entstanden die historischen Flammen. Die Musik spielte unentwegt weiter. Plötzlich hörte man irgendeinen Professor eine Rede halten. Dann traten 12 Studenten mit „Deckeln" auf dem Kopf vor, die unseren polnischen Korporationsstudenten wie ein Ei dem anderen glichen. Jeder hatte ein Buch in der Hand, und während er es ins Feuer warf, rief er gleichzeitig immer denselben Ritualspruch: „Ich übergebe den Flammen die Schriften (sagen wir mal) von Karl Marx!"

Die allgemeinen Hinweise, welche Bücher welcher Autoren zu verbrennen waren, lauteten etwa: Die Schlimmsten sind die Pazifisten: zum Beispiel Ludwig Renn. Dann (wie überraschend!) Bücher, die den „Großen Krieg" verurteilen: also Erich Maria Remarque. Als Nächstes alle anderen pazifistischen Schriften über den Weltkrieg. Dann Bücher, die Mussolini und den Faschismus kritisieren. Ich schweife hier kurz ab. Es verbreitete sich das Gerücht, dass die Werke von Pitigrilli als Pornografie verbrannt werden sollten, aber gleich am nächsten Tag berichtete die Presse, dass dies nicht wahr sei, man könne doch nicht die Werke dieses hervorragenden Humoristen aus den Reihen des mit uns freundschaftlich verbundenen italienischen Volkes verbrennen. Verbrannt wurden selbstverständlich die Werke von Marx und Lenin – von demselben armen Marx, der solch schreckliche Dinge über die Juden geschrieben hat! Bücher jüdischer Autoren generell, wie Lion Feuchtwanger, Emil Ludwig, Jakob Wassermann, Arnold und Stefan Zweig, Kurt Tucholsky, Ernst Toller, Theodor Wolff, Alfred Kerr, Alfred Döblin, Arthur Holitscher, Egon Erwin Kisch, Bernhard Kellermann, Leonard Frank, Franz Werfel, Vicky Baum usw. Besonders hervorgehoben: jüdische Sittenverderber – sprich Magnus Hirschfeld. Dann eine lange Liste mit völlig überraschenden Namen. Der Grund, warum sie verbrannt wurden, wird für immer ein faszinierendes Geheimnis bleiben. Wenn das Kriterium für die Auswahl dieser Autoren ihre Auflehnung gegen den nationalsozialistischen Geist wäre, dann könnte man weitaus mehr Autoren finden, zum Beispiel den bereits erwähnten Goethe. Verbrannt wurden die Bücher von Thomas und Heinrich Mann, Erich Kästner, Bertha von Suttner, Friedrich Wilhelm Foerster, Upton Sinclair, Ernest Hemingway und sogar von dem, möchte man annehmen, völlig unschuldigen Jack London.

Nachdem die zwölf „Kulturträger" ihren Auftrag erfüllt hatten, räumten sie den Platz für die große Gruppe der Kameraden, die zwischen den Lastwagen und dem Scheiterhaufen eine lebende Kette bildeten; sie reichten sich die Bücher von Hand zu Hand, bis der Letzte, der am Feuer stand, sie hoch in die Luft warf, wobei sie ihre weißen Blätter öffneten und, von unten von den Flammen beleuchtet, wie Vögel herunterflatterten. In diesem Moment stieg in mir ein unbeschreibliches Gefühl auf. Große Traurigkeit ergriff mein Herz und ließ meine Tränen fließen. [...] Ich trauerte um die Bücher als sterbende Gegenstände; ich trauerte um das Volk, das diese Schande auf sich lud. Ich bin beschämt darüber, als gaffender Ausländer Zeuge dieser „Familienschande" gewesen zu sein. In diesem Augenblick der gemeinsam verspürten Scham war ich assimiliert. Ich fühlte mich noch nie im Ausland so sehr wie ein Einheimischer, noch nie so sehr als Deutscher. [...]

Währenddessen spielte die Musik weiter. Diejenigen, die am Ritual teilnahmen, jubelten verhalten, und die Scheinwerfer kreisten über den Platz mit der Trostlosigkeit von Seelaternen.

Doch plötzlich wurde es still. Goebbels sprach. Man hörte ihn schlecht, nur von Zeit zu Zeit waren einzelne Worte zu verstehen, nur kurz war dieses spezifische Gebrüll nationalsozialistischer Führer zu hören, das sie anschlagen, wenn sie die Herrschaft über die Massen erobern wollen. Hitler macht das und Goebbels auch, am wenigsten noch Göring. Keine Redeparodie könnte diesen demagogischen Ton wiedergeben. Bei mir ruft das Original schon Lachen hervor.

Nach der kurzen Ansprache des Propagandaministers jubelten ihm nur die ihm am nächsten Stehenden zu, der Rest glotzte teilnahmslos. Erst beim Erklingen des Horst-Wessel-Liedes, der Hitler-Hymne, lebte der ganze Platz auf und sang eifrig die ersten drei Strophen mit. Sie müssen demjenigen unendlich lang vorkommen, der schon beim Hitlergruß ermüdet, weil es gute fünf Minuten dauert. Alle Männer nahmen ihre Kopfbedeckungen ab, „Händchen hoch" galt für alle ungeachtet des Geschlechtes. Man schaute ein wenig verstohlen zu mir herüber, weil ich die Geste nicht mitmachte, aber niemand feindete mich deswegen an.

Ende des Zeremoniells. Die Menschenmenge ging schnell auseinander. Langsam erlosch das Feuer. Die Feuerwehr half mit Wasserspritzen nach und die Asche verwandelte sich in Schlamm. In diesem Dreck suchten nun alle nach Andenken. In den nächsten Tagen fanden unter meinen „nicht wiedergeborenen" Bekannten wahre Auktionen mit diesen Andenken statt unter dem Motto: „dem Feuer entrissen". Ich selbst ergatterte gleich zwei Trophäen. Eine war ein großes, auf einen Karton aufgeklebtes Plakat mit Werbung für Remarques Roman „Im Westen nichts Neues". Wegen der Größe musste ich es leider sofort wieder verschenken. Die andere war eine Postkarte – ein Anmeldevordruck für den Beitritt zur Weltliga für eine Sexualreform. Unter der offiziellen Adresse der Liga stand in Klammern: Dr. Magnus Hirschfeld. Dieses wertvolle, wenn auch mit Dreck besudelte Dokument beabsichtige ich der polnischen Sektion der Liga zu schenken, womit ich ohne Zweifel die Herzen aller Mitarbeiter der Beilage „Bewusstes Leben" bei den „Wiadomości Literackie"[67] im Sturm erobern werde.

Als kleiner Lichtblick in dieser traurigen Geschichte sei noch erwähnt, dass die Studenten auf den Lastwagen während des Umzuges eifrig nach pikanten Werken suchten und für sich zur Seite legten. Das beweist immerhin, dass auch unter Hitler die Jugend menschlich geblieben ist.

Dieser Bericht von der Bücherverbrennung entspricht der Wahrheit und niemand sollte den hysterischen Beschreibungen der Presse Glauben schenken: von wegen Bacchanalien, slawisch-heidnisches Samstagsfeuer (es war Mittwoch), indianische Tänze, afrikanisches Gegröle. Nichts dergleichen. Es war genau so, wie ich es hier beschrieben habe. [...]

*

67 „Wiadomości Literackie" (Literarische Nachrichten), eine liberale Kulturwochenzeitschrift (1924-1939).

Die Verwirklichung der Losung „Deutschland den Deutschen" war noch nie so nahe wie heute. Und wie man das Problem mit den fremden Rassen bewältigen will, ist allgemein bekannt, aber auch in den Reihen der herrlichsten aller Rassen soll Ordnung geschaffen werden. Sie muss sich vermehren. Die Befürchtung, dass ein Mangel an Kanonenfutter eintreten könnte, ist größer als das Bedenken, Millionen von Arbeitslosen zu zeugen. Also gebären, gebären, gebären! Selbstverständlich sind Ehepartner nach den Regeln der Rassenhygiene auszuwählen, während die der Fortpflanzung Unwerten sterilisiert werden müssten und so als Einzige die „Erholung" einer gebärfreien Zeit genießen könnten. Alle bekannten Leitlinien der Zucht werden auf die menschliche Rasse angewandt. Wie bei den Kühen wird es in Zukunft Menschen der ersten, der zweiten usw. Kategorie geben. Eheschließungen zwischen Vertretern verschiedener Kategorien sollen erschwert werden und Verbindungen mit Ausländern sind ausdrücklich untersagt. So weit das Programm. Man hört den Spruch: „Wir müssen uns vernorden." Von einer Frau mit blondiertem Haar heißt es scherzhaft: „Sie hat sich vernordet." Eine Breslauer Zeitung berichtete vollen Ernstes, sie hätte „aus sicherster Quelle" erfahren, dass Hitler, obwohl er einen schwarzen Schnurrbart trägt, unter den Achseln blond sei.

Angesichts eines solchen Programms werden alle Heirats- und Rassenhygieneinstitute in Berlin geschlossen, bis sie – so teilt die Verwaltung mit – mit Ärzten neuer Weltanschauung besetzt sind und die Gesundheitsämter neue allgemeine Richtlinien für die Tätigkeit der Sozialhygieneinstitute ausgearbeitet haben.

Allgemein ist viel die Rede von „unseren hübschen Mädeln und Frauen, unseren gut gewachsenen Jungen, unserer schönen blonden Rasse". All das hat einen beunruhigend sinnlichen, narzisstisch-inzestuösen Beigeschmack, der einen seltsamen Kontrast zur gleichzeitig gepredigten Prüderie bildet. Die Deutschen sind anscheinend ein besonders kompliziertes Volk, sowohl mental als auch geschlechtlich. Man bedenke nur die Homosexualität, die ja gerade hier weit verbreitet ist. Heute wird sie natürlich streng verfolgt. Man behauptet, Päderastie sei kein deutsches Phänomen, sondern von den Juden eingeschleppt. Mit dieser Begründung wurde das von Magnus Hirschfeld geschaffene Institut für Sexualforschung zerschlagen und seine Bibliothek vernichtet. Das Institut war wissenschaftlich gesehen nicht viel wert, lächerlich ist es aber doch, den Juden, einem der sexuell am strengsten ausgerichteten Völker der Welt, etwas vorzuwerfen, was gerade für nordische Rassen typisch ist.

Längst sind die von Homosexuellen und lesbischen Frauen besuchten Bars, diese für Berlin so typischen Institutionen, geschlossen worden. Die Transvestiten fanden Zuflucht bei der SA, und das Einzige, womit sie angeblich Schwierigkeiten haben, ist das Laufen mit niedrigen Absätzen. In Hitlers nächster Umgebung dagegen gibt es einige, denen offenkundig der Instinkt für die „Arterhaltung" fehlt. Diese Herren bleiben unbehelligt. Das Wichtigste ist scheinbar, dass man fest im Parteisattel sitzt und zu des Führers und des Deutschtums Ehren laut jubelt; ansonsten kann man sogar eine Ente lieben, sofern sie nur deutsch gesinnt ist.

Heute bedient man sich in Deutschland beim Rassenthema höchst unwissenschaftlicher und unpräziser Begriffe und Bezeichnungen. In Wirklichkeit sollen auf Vertreter der wertvollsten Rasse – der nordischen – im heutigen Deutschland nicht mehr als sechs Prozent entfallen. In Schlesien, Pommern und Brandenburg trägt übrigens jedes zweite Ladenschild einen slawischen Namen, genauer gesagt einen polnischen. Nichtsdestotrotz will eine lächerliche, pseudowissenschaftliche „Rassenlehre" mit Schaubildern, Gipsmodellen und Reliquien mit Runenzeichen nahelegen, dass das älteste Hakenkreuz Europas irgendwo nahe dem Polarkreis in Norwegen in Stein gehauen wurde, während, je weiter man nach Süden kommt, die menschliche Rasse zunehmend degeneriert. Um als reine Rasse wiedergeboren zu werden, bemüht sich der Deutsche um Abkapselung von anderen Völkern und Betonung seiner Arteigenheit. Postsendungen mit nationalsozialistischer Thematik tragen als Aufdruck nicht etwa Hochgeboren[68] oder ganz einfach Herr, sondern Deutschgeboren[69]. Diese Anrede wirkt besonders blasphemisch, wenn sie vor dem Namen eines Polen jüdischer Herkunft steht. Ich hatte Gelegenheit, Sakrilege solcher Art zu Gesicht zu bekommen.

Die in gewissem Grade traditionelle Eigenart der deutschen Mode – besonders der Herrenmode – blieb dank der nationalen Revolution hingegen erhalten und wird sogar noch gefördert. Die Herren zeigen immer noch gern nackte Beine, und sowohl Männer als auch Frauen tragen kurze Zweireiher mit Tiroler Trachtenbesatz. Kürzlich entstand unter der Leitung von Goebbels Ehefrau in Berlin ein Amt für nationale Mode. [...]

Mit Gewalt wird überall die gotische Schrift eingeführt. Bücher, die in zweiter Auflage herauskommen sollten, wurden zurückgezogen und mussten in Fraktur neu gesetzt werden. In Antiqua beschriftete Schilder an Bahnstationen und Straßen werden flugs ausgetauscht. Begonnen wird natürlich mit dem Adolf-Hitler-Platz. Der ehemalige Reichskanzlerplatz wurde nach dem 5. März zu Ehren des Führers umbenannt, bekam aber noch eine Antiqua-Tafel. Ich habe selbst gesehen, wie der kleine Missgriff beschämt korrigiert wurde. Einer meiner Bekannten im Braunhemd stürzte einmal außer Atem in die Bar des Hotels Adlon, um sich mit mir für den nächsten Tag zu verabreden. Er war in großer Eile, hatte nur fünf Minuten bis zur Abfahrt seines Zuges und wollte mir schnell noch seine neue Adresse aufschreiben. Drei Zettel brauchte er, bis es ihm gelang, sie in Fraktur hinzukritzeln – eine stumme Szene nicht ohne Komik. [...]

*

Ich muss nun heimkehren, obwohl mir nicht danach ist. Ich habe noch nie den so oft besungenen Reiz des Ostens genießen können, im Gegenteil. Mein ganzes Leben lang verspürte ich einen instinktiven „Drang nach Westen". Der Westen schien mir stets weniger „verdorben" als der Osten. Das Einsteigen in einen Zug in Richtung Osten ist für mich immer schmerzhaft. Auch wenn ich in Deutschland viel unbestreitbar Barbarisches gesehen habe, so scheint mir Berlin nicht nur geografisch, sondern auch durch die Lebensbedingungen viel europäischer als Warschau. Hinter Berlin beginnt für mich das Ende der Welt. Wäre meine Vorstellung von der Geografie noch aus der Zeit vor Kopernikus, hätte ich zweifellos beim Passieren der Berliner Vororte den Eindruck gehabt, mich dem Ende der Welt zu nähern. Dinge, die den Blick anziehen, werden immer seltener, die Landschaft immer eintöniger, und wer weiß, ob dieser vernebelte Streifen der Wälder am Horizont, der den grauen Himmel mit der wenig grünen Erde verbindet, nicht nur ein Schlitz ist, durch den der Blick ins Nichts führt. Das Studium neuester Landkarten ist auch nicht tröstlich. Würde man die Erde auf der geografischen Höhe Berlin-Warschau umkreisen, wie trostlos wäre das: der Ural, der Baikal, der sowjetische Teil Sachalins, der südliche Zipfel Kamtschatkas, nördlich von Vancouver die Rocky Mountains in Kanada, die Hudson-Bucht, Labrador, und zum Schluss das südliche Irland und Europa. Von echter Exotik, meine ich, kann da keine Rede sein. Polnische Folklore á la Łowicz macht eben nicht jeden glücklich.

68 Im Original auf Deutsch.
69 Im Original auf Deutsch.

Aber was soll's – ich steige in den Zug ein. In meinem Abteil sitzen zwei Frauen mit ausgeprägt semitischen Zügen, eine mit einem Töchterchen von sieben oder acht Jahren. Im Bahnhof verabschieden sie sich von ihren Männern. Wir fahren. Die Damen deuten auf die Häuser, die an uns vorüberziehen, und unterhalten sich auf Deutsch über belanglose Dinge. Es lohnt nicht, zuzuhören. Ich hänge meinen Erinnerungen nach, an all das, was ich gesehen und gehört habe, ich mache mir Gedanken über Hypothesen, die aufgestellt und Prophezeiungen, die gewagt wurden. [...]

Die Gespräche im Abteil reißen mich aus meinen Gedanken. Nach einer belanglosen Unterhaltung wenden sich die mitreisenden Damen nun dem Złoty-Kurs zu. Ah, vielleicht fahren sie nach Polen. Der Schaffner kommt. Ich werfe einen verstohlenen Blick auf ihre Fahrkarten: Sie sind nach Lodz unterwegs. Es folgt eine Diskussion, ob und wann umgestiegen werden muss. Die Passkontrolle kommt, und aus den Handbeuteln tauchen, wie nicht anders zu vermuten, polnische Konsularpässe auf. Mein Herz schlägt höher: Landsleute. Aber die Unterhaltung wird nach wie vor auf Deutsch geführt. In einem völlig korrekten Deutsch. Wir lassen den letzten deutschen Bahnhof hinter uns. Eines der jungen Mädchen sitzt am Fenster; es sieht gelangweilt aus, trommelt mit den Fingern gedankenverloren an die Fensterscheibe und summt eine Melodie leise vor sich hin. Ich lausche. Ich täusche mich nicht: Deutschland, Deutschland über alles. Die Mutter hört es und plötzlich fängt sie an, Esterkas und Mickiewiczs[70] Sprache zu sprechen: „Dziecko, po co ty to śpiewasz, ty przecież umiesz i polskie piosenki, zaśpiewaj lepiej coś po polsku!" Sensationell. Das folgsame Kind, nach wie vor gelangweilt, fängt ohne Begeisterung, aber klar und verständlich, an zu singen: „Oto dziś dzień krwi i chwały ...[71]". In diesem Augenblick erreicht der Zug die Station Bentschen[72]. Meine Auslandsreise geht hier zu Ende. Ich nehme für lange Zeit Abschied vom Dritten Reich. Es hat mich nicht überzeugt, trotz meiner aufrichtigen Bereitschaft. Ich wollte die Wahrheit schreiben, und ich schrieb sie mit der Absicht, die ohnehin schon so schwierigen Beziehungen zwischen Deutschland und Polen nicht noch mehr zu belasten. Ich wollte alle Schablonen der lärmenden Hysterie der linken europäischen Presse vermeiden, doch meine Wahrheitsliebe zwingt mich dazu, schwere Anklagen zu erheben. [...]

*

Ich kam also nach Deutschland in einem Zustand jugendlich naiver Begeisterung und etwas frühlingstrunken. Die äußeren Umstände begünstigten keinesfalls eine Ernüchterung. Der Tiergarten mit seinen Eichen und Rhododendronbüschen duftete, wie kein anderer Wald je geduftet hatte, seit ich vor 17 Jahren Podole verließ. Jede Taxifahrt durch diese Oase der frischen Luft brachte mir die bezauberndste und sinnlichste Zeit meiner Kindheit zurück. Jedes Treffen mit jungen Menschen – egal, ob Aristokraten, Juden, Nazis oder Arbeitslosen – erzeugte in mir Wehmut darüber, die eigene Jugend nicht in der Fülle genutzt zu haben, wie sie ihre Zeit zu nutzen wussten. [...] Jeder, in den Vorortvillen meiner Bekannten verbrachte Abend, an denen die Nachbarn sich Besuche mit Motorbooten abstatteten, obwohl sie keine Millionäre sind, wo alle in

---

70 Esterka, legendäre jüdische Geliebte des polnischen Königs Kazimierz des Großen (1310-1370).
71 Warszawianka, ein Gedicht des französischen Dichters Casimir François Delavigne, ins Polnische von Karol Sienkiewicz übersetzt. Es wurde zur Textvorlage eines sehr bekannten patriotischen Liedes (Musik von Karol Kurpiński). Im Text wird der polnische Novemberaufstand thematisiert.
72 Heute Zbąszyń.

Badeanzügen direkt aus dem Wasser über den Rasen in die Küche laufen, um dort Kartoffeln für ein improvisiertes, aber herrliches Abendessen zu schälen, bei dem mitten auf dem Tisch, wie es die Mode dieser Saison erfordert, eine „kalte Ente" regiert (das ist kein Geflügel, sondern eine Mischung aus Moselwein und deutschem Sekt), bestätigte mein Urteil: Diese Menschen wissen zu leben. Nur der Skeptiker Słonimski[73] flüstert mir leise zu: „Sie sind reicher geworden und sie konnten sich an den hohen Lebensstandard gewöhnen, sie können sich aber nicht mehr darüber freuen." Mir genügt aber schon zu sehen, wie die arme Berliner Bevölkerung sich am Sonntagmorgen mit dem Fahrrad oder gar zu Fuß ins Grüne aufmacht, in ihre fröhlichen, keineswegs stumpfen Gesichter zu blicken, um mich davon zu überzeugen, dass Gott die Deutschen mit dem Talent des individuellen Glücks gesegnet und gleichzeitig mit dem ungesunden Drang bestraft hat, sich in Gemeinschaften zu organisieren. Das ist kein Paradox. Das wunderbare Kulturerbe Deutschlands entstammt ja schließlich der Epoche seiner Zersplitterung in Dutzende von Kleinstaaten. Ich besuchte wieder einmal, ich weiß nicht zum wievielten Male schon, im Berliner Museum die Skulpturenabteilung mit den Werken der Gotik und späterer anonymer Künstler. Diese Kunst ist genial, und man sieht, dass sie nicht zu Ehren „eines totalen Staates" entstand, sondern weil ein unbekannter Bildhauer gern schnitzte, weil er gottesfürchtig und begabt war, weil er seine Kirche verzieren oder seinem armseligen Städtchen zu Ruhm verhelfen wollte. Ich kenne Polen, Russen, Skandinavier, Franzosen, Italiener, Engländer und Amerikaner, aber sie alle wissen nicht annähernd so viele Seelenvitamine aus einem Maisonntag herauszupressen wie die Deutschen.

Zum Abschluss dieser Einleitung will ich dem Leser offen und ehrlich gestehen, dass als Folgerung am Ende meines Artikels von vornherein stehen sollte: So wenig ich bei der Rückkehr aus Deutschland vom Nationalsozialismus überzeugt war, so sehr bin ich doch von den Deutschen bezaubert; von denen, die ich von früher her kenne, wie von jenen, die ich erst jetzt kennenlernte, aber selbst von denen, die ich gar nicht kenne, deren warme Herzlichkeit ich aber im Vorbeigehen auf der Straße spüren konnte.

Der deutsche Zöllner weckt mich in der Nacht mit einem lauten „Heil Hitler!" Ich bin nicht im Entferntesten darauf vorbereitet, und während ich mich noch unwillkürlich umsehe, schießt mir der verschlafene Gedanke durch den Kopf, Hitler säße womöglich im Abteil, ohne dass ich ihn bisher bemerkt hätte. In diesem Gruß, der vor einem Jahr noch nicht existierte, liegt etwas, das sich so eindeutig nicht an die begrüßte Person richtet, dass es mir schwer fällt, mich an diese entpersonalisierte und eher nationale Begegnungsform zu gewöhnen. Im Laden oder an der Tankstelle sieht sich der arme Ausländer plötzlich vor die Wahl gestellt zwischen reiner Feigheit, die er lieber „Höflichkeit" nennen will, und der Offenbarung seines nationalen, politischen oder ideologischen Andersseins – oder schlicht der Zurschaustellung eines „Grußkonservatismus". Als ich mich einmal in das Untergeschoss des Hotels Bristol verirrte, sah ich im Zentralheizungs-, Kühl- und Wäscheraum Wandplakate mit der Aufschrift „Hier wird nur deutsch gegrüßt – Heil Hitler!" Tatsächlich muss sich in solch einem Tempel des Kosmopolitismus, wie ihn jedes große Berliner Hotel nun einmal darstellt, der Nationalgeist im Keller verbergen – in den Katakomben; oberhalb der Bordsteinkante ist er

---

73 Antoni Słonimski (1895-1976), polnischer Dichter, Mitglied der Skamander-Gruppe (zusammen mit Julian Tuwim und anderen Schriftstellern). Während des Krieges im Exil, danach ein skeptischer Kommentator der kommunistischen Regierung und einer der Paten der demokratischen Opposition.

dort nirgendwo zu finden. Einmal wurde ich in einer vornehmen Bar Zeuge, als eine elegante Dame im Gespräch mitteilte, sie grüße nie „Heil Hitler", sondern stets nur „Heil", weil sie nicht durch die vollständige Grußformel „des Führers Namen entheiligen" wolle.

Auf der Straße bemerkt man auf den ersten Blick, wie stark die Zahl der Uniformen abgenommen hat und dass Flaggen nur noch dort hängen, wo sie wirklich hingehören. Im vergangenen Jahr waren sie vor allem auch Zeichen der Loyalität von Hausbewohnern oder Firmeninhabern. Diejenigen meiner Bekannten, die voriges Jahr ständig im Braunhemd oder in der schwarzen Montur der SS-Leute einherstolzierten, tragen heute ihre Uniform nur im Dienst. Zum Rückgang der Zahl Uniformierter trug maßgeblich die Ausschaltung der Deutschnationalen und des Stahlhelms bei. Stahlhelm-Angehörige, auch wenn in die SA eingegliedert, bevorzugen Zivilkleidung. Ich bemerkte herrliche Läden, gefüllt mit wunderschönen Waren, auch wenn außer Autos keine echten Luxusartikel zu sehen sind. Die Kundschaft ist deutlich zahlreicher als noch vor einem Jahr. Es gibt auch wieder mehr Ausländer, obwohl sicherlich weniger als ein Prozent dessen, was vor zwei Jahren normal war. Mit seinen wenigen ausländischen Besuchern macht Berlin den Eindruck, vom Rest der Welt ziemlich abgeschnitten zu sein. Bei Gesprächen mit Bekannten fällt mir auf, dass ihnen viele Fakten, über die in Polen jeder durchschnittliche Zeitungsleser Bescheid weiß, völlig unbekannt sind: Die inneren Angelegenheiten nehmen sie wohl zu sehr in Anspruch.

Ein Kontakt nach Westen wurde jedoch nie abgebrochen: der zur Pariser Mode. Die Frauen kleiden sich hervorragend, benutzen Schminke und zeigen sich wieder mit rot bemalten Lippen und Fingernägeln. Wenn sie ihr Haar blondieren, dann nicht, um nordisch zu wirken. Mit einem Wort, die braune Mode hat sich in Berlin und auch in den anderen größeren Städten nicht durchsetzen können. Die Frauen rauchen, sie zeigen, was sie haben, wo und wie sie nur können. Sie haben das Nationale Amt für Mode besiegt, von ihm ist nichts mehr zu hören. In der Provinz, wo die einheimischen Damen schon immer bevorzugt eine Kittelschürze trugen, sollen allzu herausgeputzte Frauen gelegentlich Vorwürfen ausgesetzt sein, die sich auf Parteisprüche des Vorjahrs berufen – das ist aber auch schon alles.

Die Preise sind weithin stabil, aber es besteht immer noch eine riesige Spanne zwischen dem Budget des Durchschnittsberliners und den Minimalausgaben eines Besuchers. Es ist schwierig, in Berlin preiswert „zurechtzukommen", wenn man nicht entsprechend eingeführt ist, schwieriger als in jeder anderen Hauptstadt Europas. Das Straßenbild hat sich deutlich normalisiert. Die Cafés sind voll und draußen flanieren Passanten. Der Kraftverkehr ist rege und um viele herrliche Autos reicher. In den Läden und auf der Straße spürt man, dass mehr Bargeld im Umlauf ist. In manchen der schönen, neuen Luxuswagen sitzen Juden. Wie lässt sich das erklären? Vor einem Jahr wusste weder der Jude noch der Junker noch der Industrielle noch der Kaufmann, wie sich die Sache entwickeln würde. Die heutige Stabilisierung ist, kurz gesagt, allgemeiner Art. Trotz der äußerst schwierigen wirtschaftlichen Lage und der massiven Einmischung des Staates in die Angelegenheiten der Unternehmen kann jeder Durchschnittsdeutsche heute einen mehr oder weniger vernünftigen Haushaltsplan aufstellen, vor allem die Rentner; es ist verblüffend, wie viele Rentner es gibt, trotz Katastrophen und Inflation.

Der Lärm auf Berlins Straßen hält bis spät in die Nacht an. Und ein typisches Berliner Phänomen ist wiederauferstanden: Die kleinen, bescheidenen Eckkneipen, in denen Taxifahrer mit den anderen ganz Kleinen dieser Welt Schach oder Billard spielen, haben wieder geöffnet und sind bis drei Uhr morgens mit fröhlichen Gesprächen erfüllt, und das nicht nur samstags – ganz zu schweigen von den echten Nachtlokalen. Vor einem Jahr war um ein Uhr keine Menschenseele mehr zu sehen, aber wenn heute um drei Uhr die Polizeistunde beginnt, müssen die Gäste mit Nachdruck zum Gehen aufgefordert werden. Die Liste der Lokale ist lang und täglich kommen neue hinzu. Es ist vorauszusehen, dass das Berliner Nachtleben, noch bevor ein Jahr um sein wird, wieder zu seiner „Weimarer Form" zurückfinden wird. Die Welle des Puritanismus scheint endgültig gebrochen; die einzig sichtbare Spur davon ist die stark zurückgegangene Anzahl der Prostituierten. Viele von ihnen sollen in den Arbeitslagern stecken.

Die Boheme hat wieder einige großartige Kneipen. Meist werden sie von Juden geführt, die zwischenzeitlich, ob der herrschenden Verhältnisse entmutigt, in Paris ihr Glück versucht hatten. Von der Sehnsucht nach Berlin gepackt, bereiten sie den Berlinern jetzt wieder großartige Momente für den bescheidenen Preis „eines kleinen Hellen" oder „eines Mocca". In diesen Lokalen kann man selbst wichtige Regierungsvertreter antreffen, in Uniform oder in Zivil. Anders als vor einem Jahr ruft ihr Erscheinen keine Panik mehr hervor. Herzlich begrüßen sie den nichtarischen Wirt, sie schimpfen nicht über die Jazzmusik und verlangen keine Märsche. Als der Pianist mit seiner auffallend krummen Nase den letzten New Yorker Schlager zu Ende gebracht hat, beginnt er plötzlich unaufgefordert und spontan zu singen: „Ich hab' mein Herz in Heidelberg verlor'n."

Dieses und ähnliche heimische Motive – und das nicht nur in der Musik – sind heute weit verbreitet. Früher hätte man sich in einem Berliner Nachtlokal über solch ein Lied vor Lachen ausgeschüttet. Nirgendwo sonst herrschte eine derart snobistische Vorliebe für alles Ausländische. Heute singt der jüdische Pianist nicht aus Berechnung über Heidelberg, sondern aus einem aufrichtigen Gefühl heraus. Der Reiz des Neckartals spricht zu ihm von so vielen Plakaten und aus so vielen Publikationen, Schönheit und Anmut der deutschen Lande werden ihm so energisch eingehämmert, dass, obwohl es der Propaganda vielleicht noch nicht gelungen ist, die Schönheit des Rheinlands oder Würzburgs als ein Verdienst Hitlers oder der Partei herauszustellen, mit dem Optimismus auch ein Bewusstsein über die Existenz dieser schönen Schätze in das Unterbewusstsein ausnahmslos aller eingezogen ist.

Diesen Eindruck also macht Berlin auf den ersten Blick im zweiten Jahr des Dritten Reiches. Doch noch viel wichtiger als die augenscheinlich erkennbaren „Formen und Muster" sind Stimmungen, denen in Diktaturen ausgesprochen schwer nachzuspüren ist – und im heutigen Deutschland noch schwieriger als anderswo. Jeder fürchtet sich vor der eigenen Stimme und den eigenen Gedanken. In dieser Hinsicht ist es wohl nur in Russland noch trauriger bestellt. Tatsache ist, dass die nationalsozialistische Regierung die volle Unterstützung der Massen besitzt und dies in einem viel höheren Grade als vor einem Jahr. Auf die Intelligenz kommen wir später noch zu sprechen. Die Masse des Volkes jedenfalls, die so schwer am Geschwür der Arbeitslosigkeit litt, hat Hoffnung geschöpft und glaubt an Genesung. Auch die größten Skeptiker oder, besser gesagt, die dem Regime am stärksten Abgeneigten oder gegen die Partei Opponierenden geben zu, dass die Arbeitslosigkeit um die Hälfte gesunken ist. [...] Man braucht sich nur in die Viertel zu begeben, in denen diese Unglücklichen konzentriert waren, um sich davon zu überzeugen, dass es dort Frauen gibt, die wieder jeden Morgen auf den Markt gehen. Doch wie gelang dieser Beschäftigungsanstieg? Leider mittels akrobatischer Kunststücke. Zwar kann man heute in Deutschland sehen, dass der Etatismus seine guten Seiten hat, aber eigentlich sollte es doch darum gehen, dass seine Maßnahmen die Gewähr für Nachhaltigkeit bieten. Einem Landwirt einen oder zwei „außerplanmäßige" Knechte aufzuzwingen – womöglich auch noch Städter – scheint eine höchst artifizielle Methode zu sein, die selbst dann nichts Gutes zum harmonischen Wirtschaften beitragen kann, wenn man sich viele komplizierte und gut gemeinte Dinge ausdenkt, um die bittere Pille zu versüßen. Öffentliche Arbeiten wie der Straßen-, Eisenbahn- und Kanalbau, Staudämme, die Trockenlegung von Sümpfen und Poldern, der Bau von Arbeitersiedlungen, die mithilfe von frei verdingten Arbeitslosen oder „Freiwilligen" aus den Arbeitslagern durchgeführt werden sollen, sind unbestritten nützlich für das Land und wirksam bei der Bekämpfung des Hungers nach Arbeit. Aber erstens dürfte man la longue keine unrentablen, unproduktiven Objekte entstehen lassen, denn man kann sich leicht ausrechnen, wann es zur Sättigung kommt; zweitens braucht man sehr viel Geld dafür. Die deutschen Optimisten behaupten, dass bei dem heutigen, also maximalen Arbeitstempo allein für den Bau „notwendiger" Straßen mindestens zehn Jahre benötigt werden. Diese Berechnungen erscheinen wirklich optimistisch, besonders einem Nachbar aus dem Osten, dem das „Notwendige" der Deutschen ungefähr so unentbehrlich vorkommt wie das fünfte Diadem irgendeiner exzentrischen Lady. [...]

Wie man täglich feststellen kann, profitiert Berlin davon, dass man immer seltener ein junges und verzweifeltes Gesicht zu sehen bekommt, was früher durchaus vorkam, gelegentlich sogar eine regelrechte Fratze der Verzweiflung. Jetzt wird häufiger gelächelt, ein unschätzbarer Fortschritt. Es stellt sich nur die grundsätzliche Frage: Sind ein oder zwei Jahre Lächeln und Hoffnung oder selbst ein zeitweiliger Waffenstillstand im Kampf gegen Kälte, Hunger und Langeweile positive Errungenschaften, wenn danach der Status quo der Krise zurückkehren sollte? Wird es eine „Verschnaufpause" für die geschundenen Nerven sein oder ein Sprungbrett in eine noch tiefere, schwärzere Verzweiflung? Diese und ähnliche Fragen lassen mir während meines Besuches in Berlin keine Ruhe. Ich traue mich kaum, dieses Thema im Gespräch mit Deutschen anzuschneiden. Sollen sie sich doch freuen, solange es noch geht. Ich will keine Zweifel säen, das wäre doch schrecklich. Ständig habe ich den Eindruck, von etwas Schönem, aber sehr Zerbrechlichem umgeben zu sein, sodass ich mich wahrer Begeisterung nicht hingeben kann; alles verdirbt ein Gedanke: Ist das eine Eintagsfliege? Es tut mir im Herzen weh bei dem Gedanken, dass all diese jungen, fleißigen Menschen ihre Blicke auf das flüchtige Bild einer Fata Morgana richten.

Was für dankbares Menschenmaterial sind doch die Deutschen! Man braucht ihnen nur Hungerlöhne und eine schwache Hoffnung auf Arbeit zu geben, und schon produzieren sie von selbst eine erstaunlich große Portion an Frohsinn. [...]

*

Obwohl der Pomp des 1. Mai nun schon recht lange zurückliegt, rufe ich ihn uns noch einmal ins Gedächtnis, weil der Ablauf der Feier so bezeichnend war für die Fähigkeit der Deutschen, Massenstimmungen zu verfallen. Ich würde darüber auch dann noch berichten, wenn die Regierung der Nationalsozialisten inzwischen gestürzt wäre. Es ist ein herrlicher Tag und schon sehr heiß. Vor meinem Haus steht eine Gruppe von 150

Personen mit einem Spruchband, das den Namen ihrer Firma trägt. Sie warten mitten auf der Fahrbahn darauf, dass geheimnisvoll und unglaublich effektiv agierende Ordner sie weiter vorrücken lassen. Allem Anschein nach besteht die Gruppe aus kleinen Büroangestellten, Männern und Frauen. Sie sind nicht sonntäglich gekleidet, im Gegenteil, sie tragen ihre ältesten Sachen, wohl wissend, was sie erwartet. Schon jetzt sind sie verschwitzt und müde, aber bis nach Tempelhof liegen noch gut vier Stunden Fußmarsch vor ihnen. Die Stimmung scheint jedoch ausnehmend gut zu sein. Ich nehme ein Taxi und fahre zunächst zum Lustgarten, wo die Kundgebung der Hitlerjugend stattfinden soll. Es ist nicht einfach, dorthin zu gelangen, weil auf allen Straßen Kolonnen des Umzugs marschieren. Es ist aussichtslos, direkt am Schloss vorfahren zu wollen, wo auf der Terrasse die Reden gehalten werden sollen und die Plätze für die Presse und die geladenen Gäste sind. Ich bahne mir einen Weg durch Polizeiketten, Hitlerjungs und die SS und gelange endlich zu einer Grube oder vielmehr einem rechteckigen Graben inmitten des braunen Ackers, in den sich der Lustgarten inzwischen verwandelt hat. Dieser Graben (oder besser Schützengraben) ist an beiden Seiten von einem Spalier schwarzer, groß gewachsener SS-Männer befestigt, die ihn, an den Ellbogen durch Gurte verbunden, vor der Flut der braunen Masse schützen, die sehr jung und entsprechend agil ist. Dieses leere, wie ausgetrocknet wirkende Flussbett, durch das der Führer kommen soll, durchschreite ich in meiner hellen Sommerkleidung, einsam und beschämt, ein hundertprozentiger Zivilist, nur ein Jude könnte noch unpassender sein. Wie sich ein paar Tage später auf einem Empfang herausstellen sollte, auf dem viele SS-Leute waren, irritierte mich mein einsames Eindringen nicht ohne Grund. Mein Erstaunen war groß, als drei mir unbekannte Herren, diesmal in Zivil, an mich mit der Frage herantraten, ob ich es gewesen sei, der am 1. Mai so einsam zu der Pressetribüne schritt. Sie haben mich also beobachtet und nicht vergessen.

Von der Schlossterrasse genoss ich eine herrliche Aussicht. Ein Meer von Braunhemden, mal in strengen disziplinierten Reihen, mal locker verstreut in Gruppen. Die Laternen gleichen mit Hitlerjungen überladenen Weihnachtsbäumen. Es fällt auf, dass fast jeder Zweite ständig am Fotografieren ist, und zwar nicht mit irgendeinem Apparat, sondern mit einem teuren und komplizierten Modell. Die Sitte, alle und alles auf Fotos zu bannen, diese in der Brieftasche zu tragen, und neuen Bekanntschaften schon nach zwei Minuten Bilder der Familie, der Geliebten, des Hundes oder des Motorrads zu zeigen, ist bei der deutschen Halbintelligenz zur lieben Gewohnheit geworden.

Mitten im Lustgarten steht ein Maibaum. Es ist ein gigantisches Exemplar, ein Prachtexemplar aus den Wäldern Thüringens. Er führt dem Zuschauer deutlich vor Augen, dass es in diesem insgesamt reichen Land neben der Hölle des Ruhrgebietes auch Stille und Achtung vor der Natur geben muss, wenn dort solch ein riesiger Baum gedeihen kann. Der Maibaum ist entrindet, mit grünen Girlanden behängt und mit Symbolen verziert, unter denen das Hakenkreuz eine beachtliche Rolle spielt. Er erinnert an den polnischen *gaik* oder den englischen *may pole*. Da in Deutschland nichts ohne Feierlichkeiten geschehen kann, wurde die Ankunft des Maibaums gefilmt, vom Fällen über die Reise durch mehrere Bahnhöfe bis hin zum zeremoniellen Empfang durch die Minister Thüringens und des Reiches. Das war ein eigenes Fest für sich, Hunderte, wenn nicht gar Tausende waren einen ganzen Tag damit beschäftigt. […]

Wie auf jeder deutschen Kundgebung bestechen die Vielfalt und der Reichtum im Detail; wie viele Symbole, Fahnen, Embleme gibt es hier, auch wenn die Uniformen fehlen, die im Vorjahr den Grundton ausmachten, nämlich die des Stahlhelms und der Deutschnationalen. Dafür gibt es eine solche Vielfalt von Uniformen bei der SA, der SS, der Feldpolizei, der Reichswehr, dem Arbeitsdienst und der Polizei, dass ich allein auf der Schlossterrasse 15 verschiedene braune Kopfbedeckungen zählen konnte.

Begleitet von frenetischen Rufen und Fahnengeschwenke fahren die Machthaber ein. Zuerst spricht Goebbels – man hört ihm zu, obwohl der Inhalt seiner Rede über die Jugend nebulös und nicht neu ist; er erntet lebhafte und lautstarke Begeisterung. Dann ist Hitler an der Reihe. Er betritt das Rednerpult: tosender Applaus; er fängt an zu sprechen, vielmehr zu brüllen, und unter den Zuhörern macht sich langsam und völlig unerwartet eine Art Entspannung breit, etwa wie beim Militär, wenn das Kommando „Rührt euch" ergangen ist. Man unterhält sich und schaut sich um. Buchstäblich keiner oder fast keiner hört zu.

Nach den Reden folgt ein Umzug, der mich an den Karnevalszug von Nizza erinnert. Es marschieren malerische Bauerngruppen aus allen Ecken des Reichs in bunten, traditionellen Trachten; nach ihnen Gruppen und Fahrzeuge in allegorischer Aufmachung, oft süßlich sentimental, dann wieder beseelt von einem strengen, nahezu sowjetischen Geist. Viel interessanter als die Umzüge und die Reden ist jedoch ein Gang entlang der Schlossterrasse, wo sich die geladenen Gäste, die Regierung und die Presse aufhalten. Einen seltsamen Anblick bieten sie. Einige ältere Schlossdiener, gewiss ehemalige kaiserliche Bedienstete, schauen mit Verachtung auf die Kundgebung des „Volkes" herab – man sieht ihnen an, dass sie echte Snobs sind. Ein Reichswehroffizier mit Schmiss und Monokel verrät mit keiner Miene seine Einstellung zu den Erscheinungsbildern der Revolution. Eine einsame Frau in neuestem Pariser Chic – sie muss einst sehr schön gewesen sein – hebt, wenn es die Umstände erfordern, pflichtbewusst ihren müden Arm, aber im Übrigen scheint sie ungemein gequält und gelangweilt zu sein. Während unweit von ihr ein junger Offizier und dessen Frau, eine schlecht und nachlässig gekleidete Aristokratin, den Arm, falls mir nichts entgangen ist, kein einziges Mal während der Kundgebung sinken lassen. Sie halten ihn die ganze Zeit so hoch wie beim faschistischen Gruß zu Beginn der ersten Hymne. Sie singen alles mit, was es zu singen gibt, mit Tränen der Rührung in den Augen und mit vor Erschöpfung zitternden Armen. Daneben steht, ebenfalls mit erhobenem Arm und skeptischer Miene, ein älterer Diplomat vom Auswärtigen Amt, der das seltsame Paar beobachtet, sich aber nicht von dem Possenspiel beeindrucken lässt.

Die Kundgebung der Jugend ist zu Ende. Ich habe noch ein paar Stunden Zeit, bis ich nach Tempelhof muss. Ich schlendere durch die Stadt und beobachte die Gruppen, die in der Hitze und im Staub nach Tempelhof marschieren, wohin ich, ein Paria und Ausländer, bequem mit dem Taxi fahren werde. Besonders erheitert mich der Anblick der Vertreter der Berliner Theater. Die großen Bühnenstars fehlen natürlich, sie machen sich nicht die Mühe mitzumarschieren; daher bildet die Gruppe eine höchst lächerliche Mischung aus Garderobenfrauen, Büfettdamen und ausrangierten Tenören mit überlangen Haaren in Samtjacken – arme, alte Schmierenkomödianten.

Die Organisation ist, wie gesagt, perfekt. Jede Gruppe besitzt einen „Marschplan" mit Sammelzeit, genauer Marschroute, Ort und Zeit des Zusammenschlusses mit anderen Gruppen. Dasselbe gilt für die Auflösung dieses ganzen Zwei-Millionen-Zirkus. Es kam zu keinem Stau, aber weil man für alles auf der Welt bezahlen muss, war der Preis für den reibungslosen Ablauf des Sternmarsches nach Tempelhof, dass er von sieben Uhr morgens bis ein Uhr mittags dauerte; da war der ganze Platz dann dicht gefüllt, die Reden aber sollten erst um vier Uhr beginnen. Mindestens drei Stunden Stehen in unerträglicher Hitze, ohne sich auf den Boden setzen zu können, ist für Zivilisten nicht ganz ohne, besonders wenn sie nicht einmal ein besonderes Schauspiel erwartet, sondern nur eine Reihe von Ansprachen. Ähnliches Gebrüll hört man ja seit einem halben Jahr fast täglich bei jeder öffentlichen Veranstaltung und sooft man das Radio einschaltet. Ein Bekannter, ein einsamer Vertreter seiner Firma auf der Kundgebung, erzählte mir stolz, dass er ohne vorherige Absprache eine halbe Stunde nach der Ankunft am Ziel alle seine Kollegen in einer nahe gelegenen Kneipe antraf: Ihnen gelang es, „vom Feld zu flüchten", wie die Jäger sagen. Nach der Anzahl derer zu urteilen, die blieben, waren die Fahnenflüchtigen in der Minderheit.

Ein erster Blick von der Höhe der Tribüne auf das Menschenmeer genügt, selbst den unverbesserlichsten Skeptiker davon zu überzeugen, dass er eine ähnliche Menschenkonzentration nie zuvor gesehen hat. Der Anblick von zwei Millionen Menschen auf kleinstmöglicher Fläche in dichten Reihen ist schwer zu beschreiben: ein riesiges Feld kleiner weißgrauer Flecken, eine raue, asch- oder bimssteingraue Fläche, überdeckt von meterhohen, deutlich sichtbaren Schwaden, den Ausdünstungen der Lungen. Aus diesem Nebel ragen symmetrisch aufgestellte, in die Erde eingelassene Flaggenmasten. Die Monotonie und Monochromie des Bildes durchbrechen zwölf oder 16 riesige weiße Zelte mit der flatternden Fahne des Roten Kreuzes. Im Wechsel mit den imposanten – an die Bunker vor Verdun erinnernden – Toiletten aus Eisenbeton bilden sie ein Schachbrettmuster. Der Anblick bestätigt, dass der Mensch nicht allein vom Wort lebt. Auch die Erste-Hilfe-Stellen sind nicht nur zur Zierde da. Mehr als 4000 Menschen nahmen angeblich die Dienste der Sanitäter in Anspruch. Wie ich erfuhr, erlitten etwa 1000 Personen, als sie in Ohnmacht fielen, Arm- oder Beinbrüche, vor allem in der Handwurzel und am Knöchel. Auf dem Tempelhofer Feld sollen auch sechs oder, wie andere behaupten, neun Kinder zur Welt gekommen sein. Die meisten Notfälle waren natürlich gewöhnliche Ohnmachten infolge der Hitze. Eingerahmt ist die auf dem Platz herrschende gesammelte und ehrfurchtsvolle Stimmung von der weniger ideellen Atmosphäre einer gewöhnlichen Kirmes. Unzählige Limonadenstände gibt es. Ein Herr in Weiß trägt auf einem Tablett Tatarbeefsteaks aus, die mittlerweile ziemlich trocken, lila und von Fliegen bedeckt sind. Er arbeitet, als ob er einen Vertrag mit dem Roten Kreuz in der Tasche hätte.

Den Hintergrund unserer Tribüne bilden drei Fahnen: zwei Hakenkreuzfahnen und eine deutsche Trikolore. Sie sind an mehrstöckigen, über zehn Meter hohen Stahlgerüsten aufgespannt, die in riesige Betonblöcke eingelassen sind. Dieses gewaltige, komplizierte Bauwerk hielte dem Winddruck nicht stand, wären die Flaggen wie üblich zusammengenäht; um den Wind durchzulassen, bestehen sie nur aus einem leichten Geflecht aus Baumwollbändern. Aus der Nähe erkennt man, dass sie durchsichtig sind. Diese Fahnen waren das Erste, wovon ich in Berlin gehört habe. Mein Friseur, ein alter Bekannter und unverbesserlicher Sozialist, erzählte mir von den Vorbereitungen für die Feier zum „Tag der Arbeit" und betonte mit bitterem Sarkasmus, dass das einzige bemerkenswerte Ergebnis von Hitlers Regime diese 25 Meter hohen Flaggen seien.

Aber werfen wir doch noch einen Blick über das Feld: Die ersten 100 Meter sind von Vertretern der uniformierten Formationen besetzt, in weniger dichten Reihen als die zusammengepferchten Massen der Zivilisten weiter hinten. Wunderschön glänzen in der Sonne die Schaufeln der „Arbeitsabteilungen", die wie Karabiner an der Schulter getragen werden. (Wollte die Menschheit doch nur mit solch edlen Waffen kämpfen!)

Über dem Feld kreist ein himmelblaues Luftschiff mit der Aufschrift „Odol". Von dort oben steuert die Polizei angeblich per Funk den Strom der Menge. Neben mir steht der kleine Sohn amerikanischer Freunde. Er fragt mir Löcher in den Bauch, zum Beispiel, welcher der Nationalvogel Deutschlands sei. Aus ihm wird noch ein bedeutender Heraldiker werden. Um die richtige Antwort verlegen, weise ich auf das Luftschiff und sage beiläufig, das sei vermutlich der „Odol" – im Stillen denke ich mir, dass – selbst wenn all das hier auf Fürsprache eines „heiligen nationalistischen Geistes" hin geschehen sollte –, man trotzdem nicht mit einer Friedenstaube rechnen sollte, weshalb mir mein Ausflug ins „zähnebleckende Dentale" erlaubt sei.

Die Konstruktion der Tribüne, von der der Führer sprechen soll, erinnert an die Modelle antiker Städte in Museen. Sie hat Treppen, Vorsprünge und Terrassen. Auf einem der Vorsprünge stehen reglos im Viereck mit dem Rücken zum Rednerpult die Mitglieder der SS in schwarzer Uniform. Ein beeindruckender Effekt. In diesem Moment dachte ich, dass selbst Charell im „Großen Schauspielhaus" keinen besseren Bühneneffekt erzielt hätte. Hier ist alles bunt und interessant. Jetzt betritt gerade der Apostolische Nuntius die Tribüne mit verdrossener Miene. Kein Wunder, selbst einen an nächtliche Gebete gewohnten Kamaldulensermönch müssen die nicht enden wollenden Stundengebete der Nationalisten ermüden. Und die ganze Liturgie wird einem erst recht unerträglich, wenn man davon überzeugt ist, dass diese Stundengebete an den falschen Gott gerichtet sind – und man sollte wohl annehmen, dass der Nuntius dieser Meinung ist. Ich bin erst seit einer Viertelstunde auf der Tribüne, und schon jetzt wird mir die Zeit lang. Die einzige Bewegung – und auch die wirkt schon monoton – verursachen die mit Tragbahren zu Hilfe eilenden Sanitäter.

Endlich fährt Hitler unter tosendem Jubel auf dem Feld ein, wie gewohnt im offenen Wagen stehend – ein Cäsar wie in einer Filmkomödie. Damit endet der interessante Teil der Veranstaltung. Die Reden und die Reaktionen reichen nicht mehr an das heran, was wir heute Morgen bei der Kundgebung im Lustgarten erlebt haben. Nur die Hitze ist größer, sodass die Aufmerksamkeit des Publikums immer mehr nachlässt. Unterhalb des Rednerpults sitzen Ernst Röhm und August Wilhelm, der jüngste Sohn des Ex-Kaisers. Sie erzählen sich lautstark Witze und lachen sich krumm dabei. Angesichts des verordneten Ernstes wirkt das sehr merkwürdig. Nach einer Dreiviertelstunde ist bereits zu Ende, was mehrere Millionen Mark und einen Arbeitstag gekostet hat, der die meisten Beteiligten unnötig erschöpft und viele erniedrigt hat. Der Berg kreißte und gebar eine Maus, doch die Geburt war schwer und sensationell. Die Auflösung der Kundgebung war ebenfalls eine Meisterleistung der Organisatoren. Nicht nur, dass innerhalb einer halben Stunde das Tempelhofer Feld leer war, mir ist es auch gelungen, ohne heftigen Gebrauch der Ellbogen in die U-Bahn zu gelangen, wobei ich nur einen überfüllten Zug durchfahren lassen musste. Um meine Gedanken zu sammeln und etwas durchzuatmen, ging ich in die Bar des Eden-Hotels. Gähnende Leere überall, einzig das gesamte Personal lauschte andächtig Görings Rede, der heute schon die dritte Kundgebung eröffnet, jetzt gerade wieder im Lustgarten. Es war das erste und einzige Mal, dass ich Menschen erlebte, die aufmerksam eine politische Rede verfolgten. Aber was will ein Barmann auch machen, wenn alle Cocktail-Trinker auf einer Kundgebung sind?

Aus dem Polnischen von Barbara Kulińska-Krautman

MARIA JEHANNE WIELOPOLSKA, GEFÄNGNISTAGE DES KOMMANDANTEN. DANZIG – SPANDAU – WESEL – MAGDEBURG (1935)

Maria Gräfin Jehanne Wielopolska (1882-1940), polnische feministische Autorin und Publizistin.

Ich sollte ganz allein hinfahren, daher wollte ich mich in Berlin ein wenig umhören. Vielleicht hatte ich einen falschen Eindruck, aber mir kam es so vor, als wäre ich in einem – sagen wir – rosa Pyjama auf einer Beerdigung. Ich spürte einen Missklang bei meinen Ermittlungen. Denn ich kam in Berlin gerade an dem Tag an, an dem zwei schöne, junge deutsche Aristokratinnen, die in eine Spionageaffäre verwickelt waren, hingerichtet wurden: Baronin Benita von Berg, geborene von Falkenhayn, eine Nichte des hochverdienten General von Falkenhayn, und Renate von Natzmer, deren vier Brüder im Großen Krieg auf dem Felde der Ehre gefallen waren und deren unzählige Vettern in der preußischen Armee gedient hatten oder dienen.

Die beiden hatten sich in den schönen Polen Sosnowski[74] verliebt und ihm wichtige Staatsgeheimnisse preisgegeben. Vor dem Kriegstribunal traten alle drei mit großer Würde auf: Sosnowski nahm ritterlich die ganze Schuld auf sich, Baronin von Berg erklärte, nur sie sei schuldig, sie bedauere nichts und werde in der Todesstunde glücklich sein, dass sie, und nicht er hingerichtet werde. Und in der Tat – sie starb ruhig und legte ungewöhnlich mutig ihren wunderschönen Kopf unter das Henkerbeil, nachdem Hitler mit einer lapidaren Erklärung den Gnadenakt verweigerte: „Verrat kann nur mit dem Leben bezahlt werden."

Aber vielleicht war das Kriegstribunal am edelsten, da es alle durch den hochtrabenden Ton seines Urteils überraschte. Das Urteil besagte nämlich, dass Sosnowski im Unterschied zu den beiden Deutschen nicht zum Tode, sondern zu einer lebenslangen Gefängnisstrafe verurteilt werde, da er „die Offiziersehre nicht verletzt und nicht zum Schaden des eigenen Staates gewirkt hat".

Eben an einem solchen Tag und in einer so aufgeregten Atmosphäre kommt eine fremde Dame aus dem Ausland an und fragt aufdringlich, wo und wie sie nur kann, nach verschiedenen Militärfestungen und Zitadellen und erwähnt hie und da den Namen Sosnkowski[75], der in deutschen Ohren sehr ähnlich klingt wie der

---

74 Jerzy Sosnowski (1896-?), Offizier des polnischen Geheimdienstes. Sosnowski war 1926-1934 als polnischer Spion in Deutschland aktiv. Als Held des Krieges gegen Sowjetrussland (1919-1921) und exzellenter Reiter rekrutierte er in Deutschland mehrere Agenten und lieferte Informationen über Reichswehr- und Abwehrtätigkeit. 1934 wurde er verhaftet und zur lebenslangen Gefängnisstrafe verurteilt. Nach zwei Jahren wurde Sosnowski gegen einige deutsche Agenten ausgetauscht. 1939 wurde er aufgrund einer mutmaßlichen Unterschlagung vom polnischen Militärgericht zu 15 Jahren Haft verurteilt. Nach 1939 befand sich Sosnowski im russischen Besatzungsgebiet. Sein weiteres Schicksal ist unklar.

75 Die Verfasserin sammelte Informationen anlässlich der Inhaftierung von Józef Piłsudski in Spandau und Magdeburg während des Ersten Weltkrieges. Kazimierz Sosnkowski (1885-1969) ein Mitarbeiter von Piłsudski und später polnischer General interessierte sie als Mithäftling des „Marschalls".

Name des Verurteilten Ich hatte das komische Gefühl, mich nicht an der richtigen Stelle zu befinden und nicht zum richtigen Zeitpunkt angekommen zu sein, und dass die Deutschen äußerst höflich sind, wenn sie überhaupt mit mir reden wollen. Aber zurück konnte ich nicht mehr. [...]

Am Vortag der Abreise hatte ich einen freien Abend und ging in den neuesten Film deutsch-arischer Produktion „Der alte und der junge König". Bei uns hatte ich so viel Klagen gehört, der deutsche Film existiere nicht mehr, die rassistischen Säuberungen hätten dieses Milieu von Grund auf erschüttert, dass ich mit eigenen Augen sehen wollte, was daran wahr ist.

Ich setze mich in das große Foyer des Ufa-Palastes und blättere in dem Programm „Filmwelt", das man mir in die Hand gedrückt hatte. Wahrhaft merkwürdige Sachen stehen da drin! Zum Beispiel die Rubrik „Filmische Antworten". Bei uns liest man in einer solchen Rubrik, ob es wahr ist, dass Igo Sym[76] sich von seiner Gräfin hat scheiden lassen und Tola Mankiewicz[77] geheiratet hat, oder ob es möglich ist, dass Smosarska[78] zu Hause eine Hornbrille trägt. Und hier, in der deutschen „Filmwelt" eine Frage nach der anderen in folgender Tonart: „Welcher Konfession ist Adolf Wohlbrück?" Dann hagelt es weitere Fragen und beruhigende Antworten: „Ja, die Genannten sind alle arisch …", „Lil Dagower – arisch, selbstverständlich …" Ganz wie ein Flugblatt der Katholischen Presseagentur bei uns.

Dieser Inhalt verleiht der ganzen deutschen Filmindustrie sofort einen eigenen Charakter. Aus den vernebelten Tiefen meines Gedächtnisses taucht das kindlich traurige, somnambule Gesicht von Elisabeth Berger[79] auf, und ich denke, dass man sehr fest und stark an die vermeintlichen Erneuerungsideale des Staates und des Regierungssystems glauben muss, um auf eine derartige Künstlerin zu verzichten!!

Unterdessen beginnt die Filmvorführung. Der Saal ist von strahlendem Licht überflutet. Kopf an Kopf. Besonders viele junge Menschen in Militäruniformen oder Uniformen der Naziorganisationen. Überall Hakenkreuze an den Ärmeln, sogar an den Busen der Damen. Sehr kurzes Vorprogramm, fast keine Werbung und gleich der Hauptfilm: die bekannte Geschichte des Streites zwischen König Friedrich Wilhelm und dessen Sohn, dem späteren Großen Fritz, Freund von Voltaire und unserem Bischof und Poeten Krasicki[80]. Der Film ist technisch und schauspielerisch hervorragend, Emil Jannings ist einmalig, Werner Hinz kalt und kantig

---

76 Igo Sym (1896-1941), polnischer Filmschauspieler, österreichischer und polnischer Offizier. Schon vor dem Krieg als deutscher Spion tätig, unterschrieb Sym 1939 die Deutsche Volksliste. Wegen Mitarbeit mit der Gestapo wurde er 1941 vom polnischen Untergrundgericht zum Tode verurteilt und in seiner Wohnung in Warschau nach der Verlesung des Urteils erschossen. Die deutschen Vergeltungsmassnahmen erfassten Erschießung von 21 Geiseln sowie die Deportation mehrerer polnischer Schauspieler und Theaterregisseure nach Auschwitz.

77 Tola Mankiewiczówna (1900-1985), polnische Schauspielerin und Sängerin, 1935 und 1938 auf Tournee in Berlin.

78 Jadwiga Smosarska (1898-1971), eine der populärsten polnischen Schauspielerinnen der Zwischenkriegszeit. Nach dem Kriegsausbruch ist Smosarska durch Litauen in die USA geflüchtet, wo sie zahlreiche Initiativen zur Förderung polnischer Schauspieler entwickelte. Kurz vor ihrem Tod kehrte sie nach Warschau zurück.

79 Elisabeth Bergner geb. Eittel (1897-1986), Schauspielerin. 1933 emigrierte sie nach England, danach in die USA. 1954 kehrte Bergner nach Deutschland zurück.

80 Ignacy Krasicki (1735-1801), Fürstbischof von Ermland, Erzbischof von Gnesen und bekannter polnischer Schriftsteller.

wie eine hölzerne Heiligenfigur, das ganze Ensemble ausgezeichnet, aber nicht das ist wichtig, obwohl ich nun davon überzeugt bin, dass dieser vermeintliche Niedergang der deutschen Kinematographie ein schieres Märchen ist!

Vor allem ist dieser Film selbst ein hervorragender Ausdruck der aktuellen Losungen und deutschen pädagogischen Methoden und liefert eine Basis für alles, was wir über Deutschland nicht wissen, obwohl so viel darüber geredet wird, sodass ich wirklich jedem, der den Kern der neuzeitlichen Strömungen im Hitler-Staat kennen lernen will, nur empfehlen kann, sich diesen Film und überhaupt Filme anzuschauen, denn die jetzige politische Führung Deutschlands weiß sehr wohl von der Wirkung des Films auf die breiten Massen. Und um die breiten Massen geht es ihnen ja wohl.

Der Inhalt des Films „Der alte und der junge König" ist tragisch und höchst lehrreich. Der Kronprinz entzieht sich dreist der erzieherischen Hand des alten Königs-Vaters. Er verspätet sich bei Paraden, spielt Karten oder (was aus unbekannten Gründen als schlimmer gilt) die Flöte, anstatt seinen Verpflichtungen nachzukommen und sich im königlichen Handwerk zu bilden. Der alte König tobt und führt eine so scharfe Auseinandersetzung herbei, dass der Kronprinz sich entschließt, Preußen und die Krone aufzugeben und in die weite Welt zu türmen – nach England, in das Herkunftsland seiner Mutter. Sein treuer Freund, Leutnant Hans Hermann von Katte, der in Fritz's Schwester verliebt ist (und dessen Liebe erwidert wird), rät ihm von dieser Verrücktheit ab, aber als Fritz auf seine Hilfe drängt und sich auf ihre Freundschaft beruft, lässt Katte ihn nicht im Stich. In dem Moment aber, als sie die Grenze passieren sollten, werden sie von König Friedrich Wilhelm erwischt, der verrückt vor Wut und Verzweiflung die beiden in den Kerker einsperrt (eben in der Festung Wesel, die ich morgen aufsuchen soll!).

Leutnant Katte wird zum Tod durch Enthauptung verurteilt, und als sein alter Vater, des Königs Favorit, diesem zu Füßen fällt und um das Leben seines Sohnes fleht, drückt ihn der König herzlich und sagt: „Ich kann nicht, mein Freund. Ich liebe dich, aber Dein Sohn muss sterben. Sein Tod muss die widerspenstige und leichtsinnige Natur meines Sohnes erschüttern. Das ist doch der künftige Herrscher Preußens. Hier geht es nicht um meinen oder Deinen Sohn, es geht um PREUSSEN! Reden wir nicht darüber, ob er schuldig oder unschuldig ist, sein Tod muss einen Wendepunkt in der Psyche des Kronprinzen herbeiführen …"

Der alte Katte lässt den Kopf hängen, nimmt das Urteil an und sagt schluchzend: „Gut. Ich werde es so sehen, als wäre mein Sohn auf dem Felde der Ehre gefallen …"

Der Tod des Leutnants, der in Küstrin hingerichtet wurde (alles streng historisch verbürgt), erschütterte tatsächlich die Seele des jungen unbedachten Fritz. Er wurde hart und diszipliniert. Er war nachtragend, verzieh dem Vater nie und beweinte seinen Freund sein Leben lang, aber er begriff, dass es etwas Wichtigeres gibt als Hass, sogar als Freundschaft, sogar als die Gerechtigkeit für den Einzelnen. Es gibt den STAAT, dem es zu dienen gilt.

Als der alte König, sein Vater, im Sterben liegt, kommt Fritz nach Potsdam, küsst zeremoniell und kühl die erkaltenden Hände des Monarchen, nimmt aber Haltung an und ist gerührt, als der sterbende König flüstert: „Mach' Preußen groß!"

Bei diesen Worten fällt der Vorhang. Der Saal bebt vor Applaus. Man spürt, wie drei Viertel junger Zuschauer, die den riesigen Ufa-Palast füllen, vor Begeisterung erschauern, und man begreift, mit welch stählernen Handgriffen Hitler sein junges Deutschland gestaltet.

Unter dem Eindruck dieser Dinge, die ein Stückchen Wahrheit über die gegenwärtige Hitlersche Pädagogik zutage fördern, fahre ich im Morgengrauen nach Wesel, dorthin, wo dem Großen Fritz brutal und unmenschlich, aber wirksam beigebracht wurde, was die Staatsidee bedeutet. [...]

Ich streife durch die deutsche Hauptstadt und schaue mich um. Ich staune über die Plakate, die hier überraschend das sowjetisch schrille Vorbild nachahmen und entweder die ausgezeichneten Eigenschaften eines Präparats oder den Ruhm des Führers verkünden. Hier habe ich das nicht erwartet. Noch vor zwölf Jahren ließ sich Hitler nicht fotografieren. [...] Wo man auch hinschaut: das Gesicht von Hitler, sein Profil, eine Geste. Sogar die Hände, die Augen, sein Schatten werden einzeln fotografiert ...

Unnatürlich groß hängen überall Plakate, Hakenkreuze, Fahnen, Porträts ...

Vor einem von ihnen denke ich darüber nach, warum Hitler seinen Schnurrbart zu einem schwachen Flämmchen unter der Nase stutzt, das so wenig germanisch wirkt! Erst als mein Blick auf ein Bild seiner Mutter fiel, begriff ich, worum es geht. Hitler sieht seiner Mutter unglaublich ähnlich und hat wohl wie sie ein schalkhaftes Grübchen über den Lippen. Diese unbedeutende kleine Vertiefung verleiht dem Gesicht einen naiven, koketten Ausdruck von Zufriedenheit und bürgerlicher Sattheit, unziemlich für den Führer der germanischen Erneuerung, daher also der Schnurrbart, der eben so viel Platz einnimmt wie nötig, um das für das Marsgesicht unangemessene Grübchen zu verdecken.

Seine Worte werden sofort aufgegriffen, seine Pläne unmittelbar umgesetzt. Er wies die Frauen an, ihre unmoralischen Klamotten abzulegen, Schminke und Karmesinrot abzuwischen, die Augenbrauen natürlich zu halten, die Haare wachsen zu lassen und zu den berühmten drei K's – Kirche, Küche, Kinder – zurückzukehren. Und brav folgten sie ihm. Auf den Berliner Straßen sieht man kaum kurze Haare, keine provozierenden Kleider, keine haardünnen Augenbrauen oder Schminke.

Aus dem Polnischen von Ruth Henning

2

ROMAN WODZICKI, ERINNERUNGEN (1972)

Roman Wodzicki (1904-1978), polnischer Diplomat, in den dreißiger Jahren Konsul in Stettin und Danzig.

Im Voraus wurde ich darüber informiert, dass der Vorstand des Bundes der Polen in Deutschland[81], der in der Erklärung vom 5. November 1937 als Repräsentation der Minderheit anerkannt worden war, in jeglichen Angelegenheiten unserer Minderheit, der deutschen Staatsbürger polnischer Nationalität, kaum Kontakte zum Konsulat pflegte, da die Botschaft vor Ort war. Nicht wenig enttäuscht nahm ich zur Kenntnis, dass auch die so genannten Emigrationsangelegenheiten – also die Betreuung zahlreicher Gruppen von Polen, die ständig im Reich lebten und die polnische Staatsbürgerschaft hatten, sowie die Saisonarbeiter – obwohl sie natürlicherweise in die Kompetenz des Konsulats fielen, ebenfalls außerhalb meines persönlichen Aufgabenbereichs bleiben sollten. Es war nämlich zur Praxis geworden, dass die Botschaft den jeweiligen Leiter unseres Konsulats mit der Funktion des Hauptzuständigen für Emigrationsangelegenheiten im ganzen Reichsgebiet betraute, der in dieser Funktion dann auch die mehrere Personen umfassende Abteilung für Emigrationsangelegenheiten in der ihm unterstehenden Behörde beaufsichtigte.

Sofort beschloss ich, diese sich zu etablieren scheinende Arbeitsteilung entschlossen zu bekämpfen, die mir lediglich die Verantwortung für das reibungslose Funktionieren dieses „Uhrwerks" übertrug. Darin bestärkte mich Kruczkiewicz[82], der starke Zweifel am reibungslosen Funktionieren der administrativen Maschine des Konsulats hegte, angesichts des nahenden Inkrafttretens des sehr kontroversen Erlasses über die Aberkennung der polnischen Staatsbürgerschaft der ständig im Ausland lebenden Personen, die den Kontakt zum polnischen Staat verloren hätten. […] Kruczkiewicz kannte den Wortlaut des Erlasses genau und hatte die bis dahin herausgegebenen Ausführungsbestimmungen studiert. Er sah voraus, dass die neuen Bestimmungen für Tausende seit Jahrzehnten in Deutschland lebende polnische Staatsbürger, vorwiegend Juden, zum Verhängnis werden mussten, da man den meisten, seiner Meinung nach, nicht einmal den Verlust des Kontakts zu Polen als selbständigem Staat vorhalten könnte, weil sie einen solchen Kontakt einfach nie gehabt hätten.

Sie waren entweder während des Ersten Weltkrieges ins Reich gegangen oder unverzüglich nach dem Ende des Krieges aus verschiedenen polnischen Gegenden ausgewandert. Polnische Pässe hatten sie nicht selten im Ausland bekommen, wo ihnen die Konsulate ihre Staatsangehörigkeit bestätigt hatten. Nach Polen reisten sie nicht. Mit den Sprachkenntnissen sah es unterschiedlich aus. Aber es war sozusagen an der Tagesordnung, dass Leute, sogar aus der älteren Generation, der polnischen Sprache überhaupt nicht mehr mächtig waren, weil sie selbst den geringen Wortschatz aus dem Gedächtnis verloren, den sie in ihren jungen Jahren aus Polen mitgebracht hatten. Die Juden aus dem ehemaligen Preußisch-Polen hatten, wie sich oft heraus-

---

81 Związek Polaków w Niemczech (Bund der Polen in Deutschland e. V.), seit 1922 eine Repräsentation der polnischen Minderheit in Deutschland. 1939 wurde der Bund verboten, sein Vermögen ging an das Deutsche Reich über und seine Mitglieder wurden verfolgt.

82 Adam Kruczkiewicz, polnischer Konsul in Berlin.

stellte, die polnische Sprache überhaupt nicht benutzt, auch nicht in ihrer Jugend, die sie in ethnisch polnischen Gebieten verbracht hatten. Und was soll man erst über die Generation sagen, die kurz vor der Ausreise ihrer Eltern oder schon in der deutschen Emigration zur Welt kam. Am besten beherrschten unsere Sprache Personen, die entweder aus Kleinpolen oder aus Warschau selbst stammten. [...]

Dr. Pasternak[83] machte mich darauf aufmerksam, dass das berüchtigte Berliner Gefängnis in Moabit sich allmählich mit unseren Landsleuten füllte, neulich auch mit Danziger Bürgern. Fast allen polnischen Gefangenen wurde Spionage vorgeworfen. Die nicht selten zum Tode Verurteilten warteten auf die Verhandlungsergebnisse über ihren Austausch gegen deutsche Spione, die in Polen verurteilt worden waren. Auf diesem Austauschweg wurde unlängst Jerzy Sosnowski[84] den polnischen Behörden übergeben. Der Vollstreckung des Todesurteils in Warschau konnte auf diese Weise die ehemalige Sekretärin des Schulvereins „Macierz Szkolna" in Danzig, Frau Witte, entkommen, die sich noch zu meiner Amtszeit im Kommissariat bei uns des Rufs einer aufrichtigen und vertrauenswürdigen polnischen Patriotin erfreute. Wie sich im Nachhinein herausstellte, war diese Frau, obwohl sie aus Warschau stammte, eine gebürtige Deutsche, die aus deutschem Patriotismus, den sie angeblich während des langwierigen Gerichtsverfahrens bewiesen hatte, viele Jahre lang Informationen an den uns feindlichen Nachrichtendienst lieferte, an die sie in ihrer bescheidenen, aber für polnische Verhältnisse in Danzig exponierten Stellung leicht hatte gelangen können. Gegenüber ihrer Umwelt und ihren Vorgesetzten spielte sie beharrlich Komödie – und das mit wahrhaftig meisterhaftem Talent zur Verlogenheit.

Dr. Pasternak, der die polnischen Häftlinge, insbesondere die Politischen als Konsulatsvertreter betreute und oft im Besucherraum in Moabit zu Gast war, schien zur Zeit meiner Ankunft in Berlin von der damals in der europäischen Presse reichlich besprochenen Affäre betroffen zu sein, die mit der Verhaftung der jungen und – wie mein Kollege behauptete – schönen Gräfin Wielopolska zusammenhing. Wielopolska war kurz zuvor von der deutschen Polizei unter ziemlich undurchsichtigen Umständen im internationalen Zug Warschau-Paris verhaftet worden. Auf der Reise wurde sie vom persischen Gesandten aus Warschau begleitet. Man nahm sie unter dem Vorwurf der Spionage fest und sperrte sie eben in Moabit ein, wo nach entsprechenden Einspruchsformalitäten, die wegen ihrer polnischen Staatsbürgerschaft notwendig, aber wie gewöhnlich in solchen Fällen ohne jegliche Erfolgschancen waren, der Besuch eines Konsulatsvertreters erlaubt wurde. Wie aus ihrem Gespräch mit Pasternak hervorging, sollte sie bald vor das Volksgericht gestellt werden. Man konnte also ein Todesurteil erwarten.

Nach meiner Rückkehr nach Warschau, wo ich ein vorgeschriebenes Praktikum in einzelnen Abteilungen der Zentrale absolvieren sollte, wurde ich mit privaten Interventionen wegen Wielopolska regelrecht bombardiert. Als erster intervenierte ihr geschiedener oder getrennt lebender Ehemann. Dann wandte sich jener persische Gesandte, an dessen Namen ich mich nicht mehr erinnern kann, einige Male an mich. Da er mich telefonisch im Büro nicht erreichen konnte, rief er bei uns zu Hause an und wollte meine Frau von der Notwendigkeit eines Treffen mit mir überzeugen. Da ich die wesentlichen Elemente dieser Angelegenheit nicht kannte, mied ich dieses Treffen, bevor ich mich nicht mit den zuständigen Behörden in Kontakt gesetzt

---

83 Dr. Augustyn Pasternak, Chef des Rechtsreferats des Konsulats.
84 Vergl. Maria Jehanne Wielopolska, Staat und Staatsverrat.

hatte. Mir ging es hauptsächlich um nähere Informationen über die Personen, die in diese Affäre verwickelt waren, also zunächst um Frau Wielopolska selbst und ihren Mann, über die ich zuvor gar nichts gewusst hatte.

Überraschend war für mich die kategorische Erklärung des Stabsvertreters, Major Dr. Adam Świtkowski, den ich von meiner Danziger Zeit kannte und der später Konsul in Zagreb war, die Verhaftete habe nie für den polnischen Nachrichtendienst gearbeitet. Die Angelegenheit sah also noch geheimnisvoller aus, als sich Dr. Pasternak es vorgestellt hatte. Aus dem Gespräch in der persischen Gesandtschaft, das ich schließlich absolvierte, ging hervor, dass dem iranischen Diplomaten offensichtlich sehr daran lag, die polnischen Behörden und Frau Wielopolska selbst davon zu überzeugen, dass seine Anwesenheit im Zugabteil, mit dem die beiden nach Deutschland fuhren, sowie bei der Festnahme völlig zufällig gewesen sei. Ich neigte eher dazu, ihm zu glauben, denn der Zustand der nervlichen Erregung meines Gegenübers – die ohnehin verständlich war, wenn man die leicht zu deutenden Anspielungen bedachte, die zwischen den Zeilen der sensationsheischenden Presseberichte über die Affäre zu lesen waren – verriet, dass er völlig unvorbereitet in diese Situation geraten war. [...]

Lipski[85] war ich früher nur ein- oder zweimal begegnet. Er behauptete, sich meiner gut erinnern zu können, ich bezweifelte aber, ob dem tatsächlich so war. [...]

Leider nahmen die der Natur nach rein administrativen Angelegenheiten im Kontext jenes unseligen Erlasses über die Aberkennung der polnischen Staatsbürgerschaft einen unerwünschten, quasi politischen Beigeschmack an. Die Informationen aus der zuständigen Abteilung des Konsulardepartements E III waren beunruhigend. Angeblich sollten einige Konsulate in Deutschland gleich mit einer scharfen Selektion der in ihren Bezirken lebenden polnischen Staatsbürger begonnen und massenhaft Anträge gestellt haben, wie sie in den Bestimmungen des Erlasses vorgesehen waren. Man sprach vom Konsulat in Hamburg, das Oberst Ryszanek leitete, ein ehemaliger Adjutant des Marschalls [Piłsudski], der wegen seiner Rolle bei dem Aufenthalt der verhafteten Abgeordneten der Centrolew[86] im Gefängnis in Brześć[87] in Verruf geraten war. Władysław Ryszanek war dann in den Konsulardienst aufgenommen worden, von Praktikum und Prüfung, wie man sie zum Beispiel von Dr. Pasternak verlangt hatte, war er befreit worden. Nach Wien, wo Grapiński sich als Leiter des Generalkonsulats in den Augen seiner Vorgesetzten in der Zentrale nicht als energisch genug in der Umsetzung des neuen Erlasses erwies, wurde darüber hinaus ein spezieller delegierter Konsul entsandt, der in seinen Kompetenzen nicht dem Konsul unterstand.

---

85 Józef Lipski (1894-1958), polnischer Diplomat, 1933-1939 Botschafter in Berlin. Nach dem Kriegsausbruch kämpfte Lipski als Schütze in der polnischen Armee in Frankreich und arbeitete schließlich 1941-1945 als Generalsekretär des Außenministeriums der polnischen Exilregierung in London. Nach 1947 in den USA.

86 Centrolew, ein Bündnis gegen Józef Piłsudski, 1929 von polnischen Mittel- und Linksparteien gebildet. Die Führer der Opposition wurden 1931 in einem politischen Schauprozess verurteilt, einigen von ihnen gelang die Flucht ins Ausland, die anderen wurden in Festung Brześć gefangen gehalten.

87 Brest-Litovsk.: Inhaftierungsort der Anführer der politischen Opposition.

Mir wurde lediglich versichert, dass eine Abberufung Dr. Kruczkiewiczs aus unserem Konsulat zunächst nicht bevorstehe. Da ich die Einwände Kruczkiewiczs gegen jenen kontroversen Erlass und seine Umsetzung kannte, blieb uns nur ein möglicher Ausweg aus der schwierigen Situation: Wir mussten uns bemühen, die neuen Bestimmungen durch deren geschickte Auslegung zu entschärfen. Ich begriff indes, dass die zuständige Abteilung des Ministeriums uns dabei eher stören würde. Ein Kollege aus der neu geschaffenen Abteilung für Staatsbürgerschaft riet mir inoffiziell und vertraulich, die im Erlass vorgesehenen Anträge keinesfalls hinauszuzögern, zugleich aber den Leuten diskret zu raten, sie sollten nach Möglichkeit vermeiden, bei uns mit ihren Pässen zu erscheinen. Stünde eine Verlängerung kurz bevor, sollte man ihnen raten, Polen zu besuchen, bevor sie zum Konsulat kämen. Ein derartiger, wenn auch kurzer Polenbesuch sorgte automatisch dafür, dass die Zeitspanne einer fünfjähriger Abwesenheit, Voraussetzung für die „rechtmäßige" Aberkennung der Staatsbürgerschaft, nicht gegeben war.

„Sie sollten aber Kruczkiewicz davon überzeugen, dass jeglicher Versuch, die Bestimmungen, sei es auch die sinnlosesten, eindeutig zu umgehen, zwecklos ist. Falls festgestellt wird, dass das bei Euch auf die lange Bank geschoben wird, kommt das Wiener Procedere zur Anwendung. Es wird dann ein Beamter für eine gewisse Zeit in das Konsulat entsandt, um eine Säuberung unter den ‚Pass-Staatsbürgern' – wie wir sie nennen – durchzuführen, und ihr werdet darauf keinerlei Einfluss haben. Übrigens hoffe ich, dass die Rücksichtslosigkeit des nach Wien delegierten Kollegen Proteste hervorrufen wird, was den bedauernswerten Eifer ein wenig abkühlen sollte, mit dem hektisch Präzedenzfälle geschaffen werden, die sich möglicherweise ausbreiten könnten." […]

Bald nach dem Inkrafttreten des unseligen Erlasses erschien bei uns eine unerwartete Kontrollkommission vom Ministerium, die Hinweise gab, wie die erteilten Instruktionen zu interpretieren seien. Die Visitationen sollten sich wiederholen, aber das hinderte uns nicht daran, im Einvernehmen mit Dr. Kruczkiewicz die verhältnismäßig günstige und von der Kommission infrage gestellte Auslegung der Verbindung mit Polen anzuwenden. Polnischkenntnisse zeugten nach unserer Meinung von der Weiternutzung der Sprache in der Fremde, und somit von der Aufrechterhaltung der Verbindung mit Polen. Praktisch sah das so aus, dass die Beamten den Antragstellern diskret rieten, die Erledigung ihrer Passangelegenheiten den Familienangehörigen zu überlassen, die der polnischen Sprache mächtig waren. Andere diskret erteilte Ratschläge, wie die des erwähnten Kollegen aus der Konsularabteilung, nutzten leider nichts mehr, nachdem eine zusätzliche Anweisung kam, die Pässe mit einer bestimmten Klausel zu versehen, ohne die der Pass nicht mehr zur Überschreitung der polnischen Grenze berechtigte. Jedenfalls scheuten wir keine Mühe […], die Härte der Vorschriften nach Möglichkeit zu mildern, was uns in gewissem Umfang gelang. Es hätte sich viel mehr in dieser Richtung machen lassen, hätten die Betroffenen sich nicht so offensichtlich indiskret verhalten und hätten die Mitglieder des mit diesen Angelegenheiten betrauten Vereins der Polnischen Juden nicht von der unredlichen Haltung zweier Konsularbeamter profitiert, die ihnen die Pässe gegen Geld verschafften. Die Aufdeckung dieser Veruntreuung, die dem Ruf der Behörde schadete, rief eine scharfe und nachvollziehbare Reaktion von Kara[88] hervor. „Wir helfen den Leuten, wie wir nur können, und sie sind sich dessen wohl bewusst," sagte er,

---

88 Stanisław Kara (1893-1955), polnischer Offizier und Diplomat, während des Krieges als informeller Mitarbeiter des polnischen Geheimdienstes in Portugal.

„aber sie sollten sich hüten, unsere Ehre dabei zu beflecken." In der Praxis galt nach wie vor die von uns angewandte liberalere Auslegung der kontroversen Vorschriften, was zur Folge hatte, dass viele polnische Bürger, die bis dahin anderen Konsulaten, besonders dem in Wien, unterstanden, sich auf das Gebiet des Berliner Konsulats begaben.

Diese ganze unmoralische, gedankenlose und schädliche Aktion der Aberkennung der Staatsangehörigkeit, die von unseren Konsularbehörden in vielen westlichen Ländern und weiß Gott in wessen Interesse – denn mitnichten im Interesse Polens – hartnäckig durchgeführt wurde, hinterließ, wie vorauszusehen war, unangenehme Spuren in der internationalen öffentlichen Meinung und endete in Deutschland geradezu in einer Katastrophe. Eine Vielzahl von Personen, die tatsächlich keinerlei Verbindung mit Polen hatten, gelangten dorthin aufgrund künstlich geschaffener rechtlicher Hindernisse und befanden sich zudem in einer unvergleichlich schlechteren finanziellen Lage, als wenn sie unter normalen Bedingungen dort hingekommen wären. Gerade umgekehrt als angestrebt. [...]

Der Frühling 1938 ist in die Geschichte eingegangen wegen des Anschlusses von Österreich und damit der alten Hauptstadt des Ersten Reiches an Hitlerdeutschland, das entgegen der Tradition durch das parvenühafte, preußische Berlin regiert wurde. Bekanntlich stärkte dieser Frühling in Polen das Vertrauen in die Diplomatie von Beck, dem man wesentliche Verdienste für die angebliche Umkehr der deutschen, revisionistischen Expansion vom Osten in den Süden zuschrieb. Paradox, aber das stärkte ihn. Lipski hatte damals noch keinen Grund, die präzedenzlos eindeutigen und dieses Mal eher spontanen Auslassungen des Führers infrage zu stellen. Sie wurden übrigens als ein persönlicher Erfolg des Botschafters angesehen. Im April oder Mai machte ich mit ihm eine längere Autofahrt durch Berlin und die Umgebung und aus dem, was er mir sagte, schloss ich, dass er zumindest zu diesem Zeitpunkt noch von der Richtigkeit unserer außenpolitischen Doktrin überzeugt gewesen sein muss. Auch von ihm vernahm ich den mir schon bekannten Slogan von den günstigsten aller möglichen, für uns ausnahmslos schlechten Regierungskombinationen in Deutschland. Ab 1935 schien dieser Slogan immer weniger überzeugend. [...] Er vermied es auch, sich zu den Angelegenheiten zu äußern, auf die ich das Gespräch gebracht hatte, wie zur steigenden Zahl der polnischen politischen Häftlinge in Berlin sowie zum Erlass über die Aberkennung der Staatsbürgerschaft. Ich gewann den Eindruck, dass er keine eindeutige Meinung über die Richtigkeit oder Unrichtigkeit des Erlasses hatte. Wir redeten dagegen viel über die Polonia in Berlin, den Vorstand des Bundes der Polen in Deutschland, die Slawische Bank[89], die Zeitung „Dziennik Polski". Ich erfuhr, dass der Geschäftsführer des Bundes Dr. Jan Kaczmarek ein herausragend begabter Organisator sei, von dem man in der zivilen Kanzlei des Präsidenten Notiz genommen habe, dass Kaczmareks Ehefrau, eine Spanierin, ihre Familie für die Dauer des Bürgerkrieges nach Berlin geholt habe, dass der Vorsitzende des Bundes Pfarrer Bolesław Domański[90] in seiner Pfarrei in der Nähe von Schneidemühl im Sterben liege usw. Der Botschafter empfahl mir einige polnische Künstler von

---

89 Bank Słowiański, ein 1933 gegründetes Finanzinstitut zur Unterstützung der polnischen Gesellschaften und Firmen in Deutschland.

90 Bolesław Domański (1872-1939), Priester, einer der erfolgreichsten Anführer der polnischen Organisationen in Deutschland. Domański war Vorstandsvorsitzender der Bank Słowiański und von 1931 bis zum Tod Vorsitzender des Bundes der Polen in Deutschland e. V.

hier: in erster Linie den Pianisten Sienkiewicz[91] sowie den Tenor aus Hamburg Ladis Kiepura[92], Jans[93] Bruder, der oft in Berlin bei Veranstaltungen der Polonia auftrat. Ich fragte Lipski nach Pola Negri[94]. Sie war kurz zuvor aus Amerika nach Europa zurückgekehrt und wohnte nun in Berlin. Es hatte sich so ergeben, dass ich eine meiner ersten Unterschriften nach meinem Amtsantritt in den Pass der polnischen Filmdiva setzte. Obwohl sie in ihrer zweiten Ehe mit dem georgischen Prinzen Mdivani verheiratet war, musste sie die polnische Staatsbürgerschaft behalten. Ihr Ehemann war staatenlos.

Selbstverständlich kannte ich Pola Negri als eine Legende und auch aus einer Reihe amerikanischer Filme, die kurz nach dem Ersten Weltkrieg gedreht worden waren, als ich noch das Gymnasium besuchte. Daher war ich darüber erstaunt, dass dieser inzwischen verblasste Star des Stummfilms damals erst 41 Jahre alt war. Sie war gerade von einem deutschen Filmproduzenten engagiert worden, sollte wohl zum ersten Mal in einem Tonfilm auftreten und verließ angeblich selten ihre Villa bei Berlin. Wegen der Verlängerung ihres Passes meldete sich bei uns ihre Sekretärin, eine Ausländerin. Ich dachte, die Künstlerin habe Kontakt zur Botschaft aufgenommen. Lipski gab mir keine eindeutige Antwort. Später hatte ich nie wieder Gelegenheit so lange mit dem Botschafter zu plaudern wie damals, obwohl wir von ihm immer wieder zu kleineren oder größeren Empfängen eingeladen wurden und er uns ebenfalls besuchte. [...] Lipski riet mir dagegen, möglichst viele gesellschaftliche Kontakte zu knüpfen, die sich bei Interventionen als nützlich erweisen könnten. Mit diesem Hintergedanken mietete ich eine geräumige Wohnung in der Konstanzer Straße 1, gegenüber der Grünanlage am Olivaer Platz, also im Herzen des modernsten Bezirks, im Zentrum Berlins. Aber die Suche nach einer passenden Wohnung dauerte lange, obwohl die Höhe der Miete aufgrund unserer neuen finanziellen Lage keine größere Rolle spielte. Unterdessen kam die Urlaubszeit und gleich hinterher brach ein politisches Gewitter los, das im berüchtigten Münchner Abkommen mündete.

Dass die Sudetenangelegenheit einmal auf des Messers Schneide stehen würde, war vorauszusehen, aber niemand ahnte, dass dies vor dem Ablauf des Jahres 1938 stattfinden würde. Sogar in den nicht schlecht informierten Journalistenkreisen in Berlin munkelte man im Mai und Juni von einer Auseinandersetzung mit der Tschechoslowakei, die aber erst nach den zu erwartenden neuen „Iden des März" erfolgen sollte. Die sich überstürzenden Ereignisse vor München waren eine Überraschung. Wenn heute etwas anderes behauptet wird, stimmt das nicht!

So oder so: Die uns empfohlene Kontaktaufnahme mit den gerade kennen gelernten Deutschen war in der Atmosphäre nach München nicht mehr eben aktuell. Unsere Wohnung, dieses Mal durchaus repräsentativ mit Möbeln polnischer Produktion eingerichtet, die meine Frau in Warschau sorgfältig ausgewählt und nach Berlin hatte bringen lassen, erwies sich auf jeden Fall als nützlich für die Empfänge unserer Landsleute aus Polen und Berlin. Ausländer besuchten uns viel seltener. Dafür hatten wir das Vergnügen, polnische Künstler

---

91 Aleksander Witold Sienkiewicz (1903-1982), polnischer Pianist, seit 1935 auf Turneé in Westeuropa.
92 Ladis (Władysław) Kiepura (1904-1998), jüngerer Bruder von Jan Kiepura, Opernsänger, seit 1935 Mitarbeiter der Hamburger Oper. Von 1939 bis zum Tod in den USA.
93 Jan Kiepura (1902-1966), polnischer Opernsänger und Schauspieler, der große Popularität in Deutschland genoss.
94 Pola Negri (Barbara Apolonia Chałupiec) (1897-1987), polnische Schauspielerin, Celebrity der deutschen und amerikanischen Filmindustrie. Vor dem Kriegsausbruch übersiedelte Negri zurück in die USA.

bei uns zu empfangen, die zu Gastauftritten gekommen waren, so unter anderem die reizende Tola Mankiewicz, deren Lieder sich unverändert großer Beliebtheit in der Berliner Scala erfreuten, in der zur selben Zeit der begabte Liedersänger Tino Rossi[95] aus Korsika, eine künftige künstlerische Berühmtheit Frankreichs, auftrat.

Die im Frühjahr 1938 in Berlin herrschende Wohnungsnot verzögerte die Ankunft meiner Familie wesentlich. Sie blieb vorläufig in Ciechocinek, während ich in einer Pension Ecke Uhlandstraße wohnte, in der ich mich bereits früher mehrmals gemeinsam mit anderen Mitgliedern polnischer Delegationen für die bilateralen Liquidations- und Grenzkommissionen aufgehalten hatte. Es war schon seit Jahren zur Gewohnheit und Tradition geworden, dass unsere verschiedenen Vertreter für die Verhandlungen mit den Deutschen in dieser Pension abstiegen. Der Name der Witwe, einer deutschen Unternehmerin, die eindeutig mit den Polen sympathisierte, ist mir entfallen.

Die Schwierigkeiten, nach der Annexion Österreichs eine Wohnung zu finden, erklärte man damit, dass die höheren Ministerialbeamten aus Wien massenhaft nach Berlin versetzt würden. Bald wimmelte es dort von ehemaligen k.u.k. Hofräten, die vorläufig in den verschiedensten Ressorts, unter anderem selbstverständlich auch in der Wilhelmstraße untergebracht wurden. Sie alle suchten nach Wohnungen, die ihren bisherigen Anforderungen genügten, und die letztendlich nicht ausreichten, obwohl in Berlin viel gebaut wurde und es andererseits nicht an wohlhabenden jüdischen Familien fehlte, die gezwungen waren, ihre Wohnungen zu räumen und ins Exil zu gehen. Es hieß, dass die Wiener Würdenträger, die sich in der Hauptstadt des Dritten Reiches akklimatisieren mussten, auf Hitlers Geheiß ihre bisherigen Gehälter bekamen. Dafür wurden sie mit wenigen Ausnahmen weitgehend degradiert, was ihre Funktionen anging, und besetzten meistens untergeordnete Posten. Im Allgemeinen wusste man eigentlich nicht, wohin mit ihnen. Jedenfalls vorläufig, in Erwartung weiterer Annexionspläne Hitlers.

Im Sommer 1938 erhielt ich folgende Antwort auf irgendeine telefonische Intervention in einem Büro des Auswärtigen Amtes: „Hier spricht Hofrat X. Der Chef ist nicht da, und ich kenne mich hier noch nicht aus." Der Chef war, wie sich zeigte, ein sehr junger Beamter, der häufig in SS-Uniform paradierte. Am meisten amüsierte es mich, dass eben dieser österreichische Hofrat, sicher zitternd vor dem milchbärtigen aber mächtigen Chef, es für richtig hielt, den SS-Offiziersgrad seines Vorgesetzten zu erwähnen. […]

Im Mai und Juni 1938, als die deutsch-polnische Idylle in einen chronischen Zustand überzugehen schien und in unterschiedlichsten, nie zuvor und selbstverständlich nie danach gesehenen Formen betont wurde, lebte Berlin im Zeichen der gerade eröffneten internationalen Handwerks-Ausstellung. Der Verband der Polnischen Handwerks-Kammern richtete im Einvernehmen mit dem Handelsrat der Botschaft Rawita-Gawroński einen ausgesprochen ansehnlichen polnischen Ausstellungspavillon ein. Insbesondere die Schuh- und Möbelabteilung war imponierend. Alle Exponate auf unseren Ausstellungsständen sahen attraktiv aus. Der Pavillonleiter aus Warschau, der – wenn ich mich recht entsinne – einen italienisch klingenden Namen trug, zeigte deutliche Neigung zum Zelebrieren. Er schien auch seine Mission zu überschätzen, und meinte, während seines mehrwöchigen Aufenthaltes in Berlin stets von der Gestapo überwacht worden zu sein, und

---

95 Tino (Constantino) Rossi (1907-1983), korsischer Schauspieler und Sänger, einer der populärsten französischen Künstler der 1940-1960er Jahre.

nahm es mir wahrscheinlich übel, dass ich diese imaginierte Überwachung nicht ernst nahm. Am Eröffnungstag der Ausstellung trat er in Frack und Zylinder auf, selbstverständlich aus eigener Initiative. Das machte einen etwas skurrilen Eindruck, zumal seinen Auslandskollegen nichts Derartiges in den Sinn gekommen war.

Eine andere Initiative des polnischen Ausstellungskomitees erschien einigen von uns noch peinlicher. Diese Herren hielten es nämlich für richtig, Souvenirs für die Bonzen des Dritten Reiches, Hitler und Göring, vorzubereiten. Letzterer bekam ein Kaffee- oder Teeservice in künstlerischer Ausfertigung. Was Hitler geschenkt wurde, weiß ich nicht mehr. Jedenfalls war auf dem für ihn bestimmten Gegenstand eine Inschrift in deutscher und polnischer Sprache eingraviert mit Namen und Vornamen des „Führers und Kanzlers", die gemäß der polnischen grammatischen Regeln dekliniert waren[96]. Wie man mich später informierte, hielt man dies in gewissen deutschen Kreisen beinahe für eine „Majestätsbeleidigung" und eine derartige „Verunstaltung" des Namens für eine Taktlosigkeit. Übereifer und unterwürfige Gesten hatten sich nicht gelohnt. [...]

Wir intervenierten nicht in dieser Angelegenheit, die dem Handelsreferat der Botschaft unterstand und außerdem im Voraus in Warschau abgestimmt worden war. Wir waren erheitert, wenn der „verfolgte" Pavillonleiter jedes Mal in Ekstase verfiel, nachdem der eine oder andere lokale Würdenträger sich bemüßigt fühlte, ihm ein flüchtiges Lobeswort zukommen zu lassen. Nach Görings Besuch in der Ausstellung musste sich jeder von uns anhören, dass der nach Hitler zweitwichtigste Führer des Nationalsozialismus beim Anblick des ihm geschenkten Services „Donnerwetter!" gerufen habe.

„Und das war alles? Mehr hat er nicht gesagt? Noch nicht einmal bedankt hat er sich?", fragte jemand den Naiven spielend. „Das reicht ja wohl! Dieses Wort beinhaltet doch alles," antwortete unser Spezialist für internationale Ausstellungen voller Würde. „Offensichtlich hat es Göring vor Begeisterung die Sprache verschlagen", murmelte ich.

Die Bilanz der Ausstellung erwies sich als gar nicht schlecht. Einen der ersten Preise bekam die Schuhfirma Leszczyński aus Warschau für ein Paar Männerstiefel mit hohem Schaft.

Im selben Zeitraum fand eine Reihe von Konzerten statt, in denen die bereits erwähnten polnischen Künstler auftraten: der Pianist Sienkiewicz, der Tenor Ladis Kiepura von der Hamburger Oper und Raul Koczalski[97], ebenfalls ein – einst weltberühmter – Pianist. Koczalski pflegte jedes Gespräch, egal wo es geführt wurde, auf die Geschichte seiner künstlerischen Erfolge, insbesondere als virtuoser Chopin-Interpret zu lenken. Er war damals 53 Jahre alt, sah aber viel älter aus. Da er sein erstes öffentliches Konzert im Alter von drei Jahren gegeben hatte, feierte er gerade in diesem Jahr sein 50-jähriges Jubiläum. Nach dem gelungenen Konzert wurde er vom Botschafter zum Essen eingeladen, wo er sich auf Wunsch der Versammelten erneut ans Klavier setzte. Wie gewöhnlich verteilte er Fotografien aus seinen verschiedenen Lebensepochen an die anwesenden Gäste zum Anschauen. Eines davon, auf dem ein kleiner Junge am Klavier zu sehen war,

---

96 In polnischer Sprache „kanclerzowi Rzeszy Niemieckiej Adolfowi Hitlerowi".
97 Raul Koczalski (1885-1948), Pianist, Komponist. Nach 1896 lebte er in Berlin. Bekannt durch seine Chopin-Interpretationen. Nach 1945 wohnte Koczalski in Poznań.

SEITE 127

schaute sich einer der eingeladenen hohen Nazis in SS-Uniform lange an, der bereits ziemlich beschwipst war. „Das sind Sie …, das sind Sie …", wiederholte er mit der Sturheit eines Besoffenen, und schließlich platzte es aus ihm heraus: „Und was für ein abscheulicher Kerl sind Sie jetzt geworden!" […]

Im November beanspruchten völlig andere Dinge unsere Aufmerksamkeit. Es gab keine Zeit mehr, die Ereignisse in der Tschechoslowakei zu überdenken und in die sparsam und verschämt, doch immer wieder kommenden Nachrichten über die ersten deutsch-polnischen Konflikte hineinzuhorchen, zu denen es in Bogumin[98] und Umgebung gekommen sein sollte.

Das misslungene Attentat des jungen polnischen Staatsbürgers Grynszpan[99] auf den deutschen Botschafter Johannes von Welczeck in Paris lieferte den Nazis einen ausgezeichneten Anlass, das jüdische Eigentum im Reich zu konfiszieren. Bekanntlich fiel zufällig der Botschaftssekretär vom Rath dem Attentat zum Opfer, angeblich ein Antinazi, der aus diesem Grund von der Gestapo überwacht wurde. Ironie des Schicksals. Aber Göring und Goebbels nutzten die Gelegenheit. Innerhalb von zwei Tagen wurde mithilfe der Gestapo die Aktion organisiert, die als „Rache des Volkes" bezeichnet wurde und sich selbstverständlich gegen die Juden richtete. Unter der Oberaufsicht des später berüchtigten, damals eher wenig bekannten Chefs des Sicherheitsdienstes Reinhard Heydrich wurden in allen Städten Deutschlands augenblicklich terroristische Gruppen gebildet, die in der Nacht vom 9. auf den 10. November antijüdische Ausschreitungen initiieren sollten.

Man begann pünktlich auf Befehl die Schaufenster einzuschlagen; Geschäfte, Wohnungen, Depots wurden demoliert, Möbel, Wertgegenstände und Waren auf das Straßenpflaster geworfen. Zugleich wurden Synagogen und Häuser, die Juden gehörten oder von Juden bewohnt waren, in Brand gesteckt. Die jüdische Bevölkerung, insbesondere die in den weiter vom Zentrum entfernten und ärmeren Stadtbezirken Berlins, wurde misshandelt, geschlagen, verletzt. Es gab auch Fälle von Schwerverletzten und Morden.

Vor den Augen der Polizei wurden die Geschäfte und Wohnungen demoliert. Allem gegenüber drückte die Schupo ein Auge zu, aber mit auffallendem Eifer zog sie die betroffenen und sich wehrenden Opfer der Überfälle zur Verantwortung und nahm sie fest.

Wir wohnten damals, wie bereits erwähnt, im modernen Stadtbezirk Wilmersdorf, unweit der repräsentativen Einkaufszeile Kurfürstendamm, wo es an jüdischen Geschäften nicht fehlte. In jener denkwürdigen Nacht wurden wir von dem unglaublichen Lärm bei der massenhaften Zerschlagung der Schaufenster geweckt.

---

98 Bogumin (tschechisch Bohumín, deutsch Oderberg), eine Stadt in Teschener Schlesien, 1938 von der polnischen Armee besetzt. Seit 1939 in das Deutsche Reich eingegliedert. 1945 kam es zu weiteren polnisch-tschechoslowakischen Ausschreitungen im Grenzgebiet im Teschener Schlesien, doch nach der Entscheidung von Stalin blieb Bohumín in der Tschechoslowakei.

99 Herszel Grynszpan (1921-?), ein seit 1936 in Frankreich lebender polnischer Jude, deren Familie, wie mehrere Tausende polnischer Bürger jüdischer Abstammung, 1938 aus Deutschland ausgewiesen wurde; erschoss 1938 einen deutschen Diplomaten in Paris, Ernst vom Rath, was die Naziregime als Vorwand für die Novemberpogrome benutzte. Grynszpans weiteres Schicksal ist unklar, wahrscheinlich wurde er in einem Konzentrationslager umgebracht.

Es ergab sich, dass ich gerade zu dieser Zeit, nach dem Abgang von Dr. Kruczkiewicz und vor dem Antreten von Kara, einige Wochen lang das Konsulat leitete. Trotz der frühen Stunde begab ich mich unverzüglich ins Büro, von wo bereits der Hausmeister telefonisch um Anweisungen bat, da sich vor dem Gebäude eine Menge von Juden, polnische Staatsbürger, versammelte, die aus ihren Wohnungen geflohen waren und eine Zuflucht suchten. Ich ließ selbstverständlich das Tor öffnen und wies an, niemandem den Eintritt zu verwehren, ohne Rücksicht darauf, dass bei dieser Gelegenheit Elemente auf das Konsulatsgelände kommen konnten, die nichts mit den bedrohten polnischen Juden zu tun hatten. Es gab keine Zeit und es war zwecklos, die benachbarte Botschaft um Einverständnis zu bitten oder im Ministerium anzurufen. An Räumen fehlte es im Amtsgebäude nicht. 1930 arbeiteten dort rund 100 Beamte. Die Warteräume im ersten und zweiten Stock reichten für die Bedürfnisse von Hunderten von Klienten in der Sommersaison.

Und doch hatte ich mich verrechnet. Der Strom der immer neuen Flüchtlinge, polnische Staatsbürger oder auch nicht – es war unter diesen Bedingungen nicht mehr möglich, die Papiere zu kontrollieren – riss nicht ab. Zuflucht bei uns suchten alle möglichen Menschen: meistens Frauen mit Kleinkindern, viele alte, offensichtlich kranke, erschrockene und verzweifelte Leute. Nicht ohne Grund. Die Vorstandsvertreter des Verbandes der Polnischen Juden, mit denen wir ständig über die Möglichkeiten einer leidlichen Hilfe berieten, vor allem über Lebensmittellieferungen für eine so große und ständig wachsende Anzahl von Personen, die sich im Konsulat aufhielten, befürchteten – da sich bereits ein Mangel an Sitzplätzen, sei es auch auf dem Fußboden, abzeichnete – hauptsächlich die Ankunft von weiteren Verfolgten, falls es sich als notwendig erweisen sollte, all diese Menschen über Nacht bleiben zu lassen. Unseren Erwartungen entsprechend erwies sich dies tatsächlich als notwendig. Und nicht nur für eine Nacht. Einige Beamte und Hausmeister betrachteten Dr. Paszkiewicz und mich mit sichtbaren Zweifeln, ob wir mit dem Durcheinander zurande kommen, ohne auswärtige Hilfe zu holen. Aber wessen Hilfe? Sich an die deutsche Polizei zu wenden, wäre unter diesen Umständen nicht nur paradox gewesen, sondern meiner Auffassung nach geradezu kriminell. […]

Nicht nur Soforthilfe war notwendig, die unsere Beamten vor Ort improvisierten, darunter insbesondere Dr. Pasternak und seine Stellvertreterin M.A. Dora Freilich mit Unterstützung der geretteten Vorstandsmitglieder des Verbandes der Polnischen Juden, sondern man musste auch für irgendeine Ordnung sorgen. Ich war nicht dafür, die Aufsicht über die Menge der Unglücklichen den Funktionären des Konsulats zu überlassen. Übrigens wünschte sich aus nachvollziehbaren Gründen niemand eine derartige Funktion. Das vorläufig im Konsulat eingerichtete jüdische Büro verfügte nicht über entsprechendes Personal. Im Konsulat herrschte ein derartiges Stimmengewirr und Chaos, dass einer der Hausmeister im fortgeschrittenen Alter beinahe einen Nervenzusammenbruch erlitt. Man musste ihn für einige Tage von der Arbeit freistellen.

Ich kam dann auf die Idee, die Betroffenen eigenständig ihren Aufenthalt im Konsulatsgebäude organisieren zu lassen. Ich drängte mich durch die Menge, bat um Ruhe und hielt eine Ansprache auf Polnisch und Deutsch, in der ich meinen Vorschlag unterbreitete. Ein Vertreter des Verbandes übersetzte das, was ich sagte, für alle Fälle ins Jiddische. Selbstverständlich gab es keine Einwände. Augenblicklich wurden unter den Anwesenden etwa zehn junge, energische, aufgeweckte Vertrauensmänner gewählt, die die Rolle des Ordnungsdienstes übernahmen. Es wurde allmählich etwas stiller und trotz der schrecklichen Enge kam es zu einer verhältnismäßigen Beruhigung. Der Ordnungsdienst bekam weiß-rote Armbinden, die jemand – ich weiß nicht mehr, wer – gebracht hatte. Es wurde nur hartnäckig gefragt, bis wann man im Konsulat bleiben dürfe. Ich versprach hoch und heilig, dass wir niemanden der Gefahr aussetzen würden, solange diese tatsächlich immer noch bestehe.

Und sie bestand noch einige Tage lang. Die Interventionen beim Polizeipräsidium, die unverzüglich unternommen wurden, versprachen selbstverständlich keinen Erfolg. Zynisch und ironisch sprach man von „spontanen Manifestationen" nach der Nachricht vom Anschlag in Paris, die die Polizei vorerst noch nicht unter Kontrolle habe. Der Terror wütete. Etwa 200 jüdische Gotteshäuser in Deutschland standen in Flammen. Innerhalb einer knappen Woche wurden Tausende von Wohnungen und Geschäften geplündert. Zehntausende Juden wurden – ungeachtet ihrer Staatsangehörigkeit – festgenommen. Amtlich wurden fast 40 Todesfälle bestätigt. Nach Meinung des Vorstands des jüdischen Verbandes müsste man diese Zahl um ein Vielfaches erhöhen.

Fast während der ganzen Woche der „zerschlagenen Fensterscheiben" wollten die meisten Schutzsuchenden im Konsulat dieses äußerst unbequeme, aber zumindest sichere Versteck nicht verlassen. Der Ordnungsdienst erfüllte seine Aufgaben tadellos. Die Versorgung funktionierte. Mit der Hygiene stand es angesichts der unvermeidlichen Primitivität der Räume nicht am schlechtesten. Das Haupttor blieb ständig geschlossen. Äußerste Vorsicht war geboten und jeder Klient musste sich am Eingang ausweisen. Auch diejenigen Beamten, die die Diensthabenden nicht vom Sehen kannten. Einmal kam es vor, dass der am Eingangstor diensthabende Vertrauensmann mich nicht wieder erkannte und mich – ohne auf meine Erklärungen zu hören – brüsk aufforderte, meinen Dienstausweis vorzuzeigen. Nach der Kontrolle war es ihm gar nicht peinlich. Mir gefiel das sehr gut und ich drückte ihm meine Anerkennung für seine Vorsicht und seinen Eifer aus. […]

Im Zug Warschau-Berlin erlaubte ein alter Schaffner, ein Posener, es nicht, dass ich mich ins Abteil der ersten Klasse setzte, obwohl die zweite überfüllt war. Er machte Schwierigkeiten mit der Zuzahlung, die ich vorschlug. Schließlich gab er sich geschlagen und stellte die Zusatzfahrkarte aus, aber er warnte mich: „Vergessen Sie nicht! Die ist nur bis zur Grenze in Bentschen gültig. Auf der weiteren Strecke können Sie noch Überraschungen erleben. Die Deutschen sind Formalisten. Und wie! Ich kenne sie, mein Herr. Also auf Ihre eigene Gefahr. Ich muss die Ordnung einhalten und den deutschen Schaffner davon in Kenntnis setzen."

In Bentschen weckte mich der deutsche Schaffner, ein riesengroßer, junger Typ mit Parteiabzeichen. Er wusste schon Bescheid. Ich zeigte ihm, den Naiven spielend, die Fahrkarte für die zweite Klasse und drückte ihm zwei Zloty in die Hand, einen winzigen Teil der Zuzahlung für die deutsche Strecke. Er wünschte „Gute Nacht", salutierte und die Aktion war beendet. Das war das neue Deutschland.

In Berlin gab es keine Zeit zum Nachdenken. Unter solchen Umständen ohne Stellvertreter zu bleiben, war für Kara keine besonders erfreuliche Perspektive. Die Konsulatsbüros funktionierten nach wie vor normal, laut strenger Anweisungen aus Warschau, keine Panik zu verbreiten. Wie in der Sommersaison üblich wurden täglich 800 bis 1000 Visa erteilt. In der Visumabteilung führte man zwar eigenständig einige geschickt begründete Einschränkungen ein: Sie sollten die Einreise derjenigen erschweren, von denen man annahm, dass sie sich den Reihen der „Touristen" aus der Fünften Kolonne anschließen wollten. Jedoch waren außerordentliche, restriktive Maßnahmen laut erwähnter Anweisungen ausgeschlossen. Übrigens gab es traditionell einige „Löcher" an der schlesischen und Danziger Grenze, so dass jeder, der mit einer bestimmten Mission betraut war, mit oder ohne Visum nach Polen gelangte.

Letztendlich konnte man nach Belieben nach Polen einreisen. Und aus Polen kamen ununterbrochen Transporte mit Pferden, Vieh, Getreide, Milchprodukten. Die Zahl der Interessenten stieg eher. Ende Juli erschienen im Konsulat die Saisonarbeiter, die mit Pässen oder die ohne Pässe, die über die grüne Grenze nach Deutschland gekommen waren. Sie waren durch Radioinformationen und auf dem Lande kursierende Gerüchte beunruhigt und wollten „rechtzeitig" nach Polen heimkehren.

Andererseits kamen viele polnische Staatsbürger zum Konsulat – Juden, meistens Frauen –, die bei uns damals Geld und Wertsachen deponieren wollten. Vergeblich erklärten wir ihnen, dass unter Berücksichtigung der möglichen Entwicklung die im polnischen Konsulat deponierten Gegenstände nicht vor einer eventuellen Konfiskation geschützt sind. Ich habe keine Ahnung, was mit diesen Sachen nach der Schließung der Behörde passierte, die nach meiner Abreise nach Stettin erfolgte.

Viele kamen, um sich einfach umzuhören. Und auch vor ungebetenen Informanten konnte man sich nicht retten. Zufällig erhaltene Informationen muss man nicht unbedingt verschmähen. Aber eine Inflation sich regelmäßig ändernder Neuigkeiten erschwert wohl eher ihre Auswertung. Ich beobachtete die Arbeitsweise von Lipski: In jenen Wochen vor dem September harrte er Nacht für Nacht bis drei, vier Uhr früh in seinem Büro aus, umgeben von seinen engsten Mitarbeitern und in unzertrennlicher Begleitung des PAT[100]-Vertreters Stanisław Dembiński, der alle zwei oder drei Stunden die Botschaft mit einer Serie von neuen Nachrichten bombardierte. Ich fragte mich, ob diese Arbeitsweise die richtige war. Abgesehen aber von dieser oder einer anderen Arbeitsweise war nun der in der Vergangenheit ohnehin schon eingeschränkte Manövrierspielraum von Lipski auf das Minimum zusammengeschrumpft.

In dieser äußerst kritischen Zeit befassten wir uns meistens mit der Tatsache, dass das Berliner Gefängnis in Moabit sich ständig mit polnischen politischen Häftlingen, meistens aus Danzig oder aus den Grenzgebieten, füllte. Ende Juli war die Liste der Polen, die meistens auf das Todesurteil oder seine Vollstreckung warteten, enorm lang geworden. Obwohl wir im Voraus wussten, dass unsere Interventionen hoffnungslos waren, durften wir keine Mühe scheuen, um zumindest zu versuchen, diesen Landsleuten zu helfen. Damit setzten wir Zeichen unserer Entschlossenheit, das uns zustehende Recht auf Betreuung dieser Häftlinge auszuschöpfen und drohten mit Gegenmaßnahmen gegen die Deutschen in Polen.

Von einem Austausch der Häftlinge konnte zu dieser Zeit schon keine Rede mehr sein. Das Schicksal der Verurteilten schien besiegelt zu sein. Aber die Gewohnheit, mit Gegenmaßnahmen zu drohen, konnte man immer noch anwenden. Dr. Pasternak kursierte ständig zwischen dem Konsulat und der Gefängniskanzlei in Moabit. Auch auf die „Hintertür" verzichteten wir nicht und dank der Beziehungen, die unser Kollege in der früheren „idyllischen" Epoche geknüpft hatte, gelang es uns manchmal, persönlich mit einigen Häftlingen in Kontakt zu treten, so unter anderem mit Gräfin Wielopolska, die der polnische Nachrichtendienst völlig ignorierte, und die bereits ein Jahr zuvor wegen angeblicher Spionage zum Tod durch Enthauptung verurteilt worden war. Der damals von den Deutschen erwartete Austausch war nicht zustande gekommen. Die Voll-

---

[100] PAT (Polska Agencja Telegraficzna), polnische Nachrichtenagentur, wurde 1918 errichtet.

streckung war offensichtlich verschoben worden. Jedenfalls war Wielopolska unmittelbar vor dem Krieg am Leben und blieb nach wie vor im Berliner Gefängnis. Wie ihr weiteres Schicksal verlief, weiß ich nicht. Leider weiß ich ebenfalls nicht, was mit den zum Tode verurteilten Danziger Aktivisten passierte. Dr. Pasternak gelang es nicht, sie aufzusuchen.

Angesichts der wiederholten Fälle von Verhaftungen unserer Staatsbürger und antipolnischer Exzesse, vor allem in der Provinz, scheute ich keine Zeit für Interventionen auch in diesen Angelegenheiten und plagte zuständige oder weniger zuständige Behörden mit meinen Telefonaten. Auch das Berliner Polizeipräsidium ließ ich nicht in Ruhe, wenn auch Helldorf und Schulenburg für uns zu dieser Zeit aus bekannten Gründen unerreichbar waren. Ich erörterte die Angelegenheiten wenigstens den Sekretärinnen in allen Details. Ich gab nicht auf, wenn meine Ausführungen auf die schon übliche Weise unterbrochen wurden: „Aber Herr Konsul, Sie wissen doch, dass Herr Graf abwesend ist." Unsere Kollegen gingen ähnlich vor. Manchmal nutzte das doch etwas. [...]

Im letzten Monat vor dem Krieg verließ Kara immer wieder Berlin. Da der Zugang zu der Chiffrierabteilung auf uns beide beschränkt war, musste ich nicht selten die Nächte im Büro verbringen. Unsere Informanten waren nicht untätig. Das gesammelte Material war eindeutig. Der polnische Nachrichtendienst in Deutschland arbeitete bis zum Ende effizient, ungeachtet der erhobenen Vorwürfe, insbesondere in der Zeit des so genannten „drôle de guerre" in Frankreich. Berichte, aus denen sich ein ziemlich vollständiges Bild der deutschen Kriegsvorbereitungen ergab, gingen ununterbrochen nach Warschau. Für Kara bedeutete das einen gewissen Trost. „Eines müssen wir nicht befürchten – überrascht zu werden", pflegte er zu sagen. Dass es trotzdem der Fall war, ist nicht die Schuld des Nachrichtendienstes.

Angesichts der uns bekannten präzisen Berichte waren wir jedoch darüber beunruhigt, wie es denn tatsächlich mit den polnischen Karten für die herannahenden bewaffneten Auseinandersetzungen aussah. Aus Berliner Perspektive konnte nicht einmal ein Laie die verwegenen Versicherungen einiger unserer Offiziere ernst nehmen, die behaupteten: „Möge es nur zum Krieg kommen, dann werden wir ihnen den Hintern versohlen!" Wie oft habe ich ähnlichen Unsinn gehört! Ich ertrage es nicht, wenn man Erfolge antizipiert und das noch dazu in einer solchen Situation. Kara wurde halb wahnsinnig, wenn er Ähnliches vernahm. In der kommenden Auseinandersetzung musste man doch den Gegner richtig einschätzen, der zu allem entschlossen war, Hauptsache unsere staatliche Existenz wird zerschlagen. Es ist noch nicht lange her, dass wir die Staatlichkeit wiedergewonnen haben, die sich etliche durch die deutsche Schuld beispiellos erniedrigte Generationen erträumten, eine Staatlichkeit, die als der kostbarste Schatz begrüßt wurde. [...]

Immer öfter fragte man uns um Rat, wie man sich im Falle von Übergriffen seitens dreister deutscher Jugendlicher verhalten sollte, die militant und äußerst antipolnisch eingestellt waren. Nach den Unruhen in Danzig, wo es bekanntlich Anfang August zu einer formalen Krise kam, nachdem die Befugnisse der polnischen Zollinspektoren sabotiert worden waren, und es zu einem scharfen Notenwechsel zwischen Warschau und Berlin kam, setzte Goebbels seine schwersten Propagandawaffen ein. Die feindliche Atmosphäre gegenüber Polen und den Polen war derart dicht geworden, dass man sogar in Berlin auf der Hut sein musste. Die Provokationen begannen meistens mit der Aufforderung zum Hitlergruß. Wir empfahlen, dies abzulehnen und auf die Belehrung der Plakate zu verweisen, die damals auf den Straßen hingen: „Nur der Deutsche grüßt

Heil Hitler". Das verunsicherte doch die Provokateure. Ich riet ab, sich fügsam zu verhalten. Auf einen provokanten Vorfall, den sich ein Laufjunge der Lufthansa im Konsulatsgebäude erlaubte, ließ ich auf eigene Verantwortung äußerst scharf reagieren. Jener Bursche, der unsere Behörde mit einer Mappe voller Pässe der Lufthansakunden, denen Visa ausgestellt worden waren, verließ, nahm sich heraus, unser Staatswappen zu verspotten. Der Delinquent wurde festgehalten. Ich ließ ihm die Pässe abnehmen und ihn aus dem Konsulat schaffen, „so sanft, dass es ihm für lange Zeit im Gedächtnis blieb". Ich wartete die Intervention nicht ab, sondern intervenierte selbst telefonisch im Büro der Lufthansa. Ich erklärte, dass der Junge unser Staatswappen verunglimpft habe und verständlicherweise auf die entsprechende Reaktion eines empörten Beamten getroffen sei. Ich verlangte sofortige Satisfaktion in Form einer Entschuldigung durch Vertreter der Firma bei mir im Büro für diese Beleidigung. Nur unter dieser Bedingung stimmte ich weiteren Kontakten mit der Lufthansa und der Ausgabe der mit Visa versehenen Pässe zu, wobei man auch künftig ähnliche Vorkommnisse ausschließen musste. [...]

Es gelang. Ehrlich gesagt war ich aber nicht sonderlich stolz auf mich selbst. Die Nerven waren mir durchgegangen. Denn was konnte in der damaligen Situation dieser kleine Prestigeerfolg nutzen? [...]

Nach dem 15. August kamen detaillierte Anweisungen zur Evakuierung. Der Botschafter beaufsichtige persönlich die rechtzeitige Abreise der Familien unserer Beamten aus Deutschland. Er traf meine Frau und drohte ihr mit Gefahren wie 1914, als die Kinder der französischen Beamten in Berlin keine ausreichenden Lebensmittel bekamen. Da wir trotzdem mit der Abreise zögerten, gab er mir die formale Anweisung, am 21. August meine Familie nach Polen zu expedieren.

Im Endeffekt sah ich meine Frau und meine Kinder erst 1942 in Südfrankreich nach meiner Flucht aus der deutschen Kriegsgefangenschaft wieder.

Noch vor Abreise der Familie war mir klar geworden, dass die Mobilmachung in Deutschland bereits stattfand. Es geschah ohne offizielle Ankündigungen. Ein Beweis dafür war, dass auf den Berliner Straßen etliche Frauen als Briefträgerinnen erschienen – und dies bereits um den 20. August.

Die Mehrheit unserer Beamten verließ Berlin am Samstag, den 26. August. Laut Anweisungen sollten nur die Behördenleiter mit einer Handvoll notwendigen Personals vor Ort bleiben. Ich räumte unsere Wohnung und deponierte die Möbel in einem Transportunternehmen. Unsere Haushaltshilfe, die tüchtige Maria L., schlug vor, sich im Konsulat einzurichten, wo ich zusammen mit Kara wohnte. Nur mühsam konnten wir sie davon überzeugen, dass sie sich der Evakuierungskolonne anschließen musste. Das war die letzte Möglichkeit. Am nächsten Tag gab es in Berlin „kein Benzin mehr" für die Wagen des Konsulats. Am Sonntag, den 27. August wurden an den Berliner Bahnhöfen Bekanntmachungen ausgehängt, dass die Reichsbahn keine Verantwortung für die Beförderung von Personen und Gütern Richtung Osten übernehme wegen verstärkter Militärtransporte in diese Richtung. In den Nachmittagsstunden lasen wir, Kara und ich, eine solche Bekanntmachung am Bahnhof Zoo. Wir kehrten noch rechtzeitig zum Konsulat zurück, um den frisch in Berlin angekommenen Fahrer aus dem Ministerium zu retten, der unter Depression litt und versuchte, Selbstmord zu begehen. Die für ihn offensichtlich unerwartete Kriegsstimmung in Berlin rief bei diesem jungen Mann äußerste Verzweiflung hervor. Aber der Augenblick der Todesangst heilte ihn radikal von seinen selbstmörderischen Gelüsten. Er versprach feierlich, Ähnliches niemals zu wiederholen, und wie es scheint, hielt er sein Wort.

Am Morgen des 29. August eine Überraschung! Ein telefonischer Befehl aus dem Ministerium, dass ich unverzüglich das Amt in Stettin übernehmen und noch am selben Tag die Ausführung des Befehls melden sollte. „Mit welchem Transportmittel soll ich dahin gelangen, wenn doch alle lahmgelegt wurden?", fragte ich. „Zur Not mit dem Fahrrad."

Aus dem Polnischen von Ruth Henning

PEREGRINUS [ALEKSANDER ROGALSKI], DIE DEUTSCHEN STÄDTE HEUTE (1946)

Peregrinus (Pseudonym von Aleksander Rogalski) (1912-1996), polnischer Publizist und Literaturwissenschaftler, Teilnehmer des Warschauer Aufstandes von 1944. Nach dem Zweiten Weltkrieg siedelte er nach Posen um und arbeitete dort für das West-Institut (Instytut Zachodni); Mitglied der staatstreuen katholisch-nationalistischen Organisation PAX.

Es schlägt, das Herz Berlins

Der Inhalt dieser Impressionen lässt sich mit einem einzigen Satz wiedergeben: Berlin lebt!

Berlin braust wieder, rattert wieder, hupt wieder. Und es flucht und schreit und stöhnt. Es lacht, es weint und lächelt. Es schiebt sich wie einst, drängt sich, eilt und saust.

Berlin lebt!

Es laufen die Arbeiter, Kanzleischreiber, die Verwaltungsbeamten, Kleinkaufleute, Bürofräuleins, Postbeamten, Oberregierungsräte.

Die Straßen sind vollständig von Trümmern und Unrat befreit. An den Rändern wachsen Gras und Blumen, auf dem mageren Sand Spinat, Salat und Stiefmütterchen. Am Wittenbergplatz flattert über den Ruinen farbige Wäsche und die Sonne spiegelt sich im Asphalt, bekommt dabei Runzeln und Falten, da der Spiegel unbarmherzig abgenutzt ist. Ihr könnt lange fahren von Ruhleben nach Köpenick, von Pankow nach Krumme Lanke, von Nord nach Süd, überall seht ihr Runzeln und Falten.

Ihr seht die Überbleibsel des historischen Berlins, die wahrhaft surreale Gestalt besitzen. Von der Quadriga des Brandenburger Tors[101] ist nur ein Pferd stehen geblieben. Ein zweites, halb zerbrochenes, lehnt sich an das erste. Die anderen fehlen. Die Siegesgöttin hat sich in einen Haufen Bronze verwandelt. Über sie erhebt sich ihr Arm, als ob er der Wüste ringsherum drohe. Im Schutt steckt eine hölzerne Stange mit einer ausgeblichenen Flagge. Ein ähnliches Schicksal hat alle Denkmäler und Bauwerke ereilt, die einst das preußische Antlitz Berlins geprägt haben. Das Denkmal auf der Straße Unter den Linden besitzt noch den bronzenen Eichenkranz mit modernden Schleifen und Blumen. Das Denkmal Friedrichs des Großen ist noch eingemauert. Von der Brücke über die Spree ist der Große Kurfürst verschwunden. Vom Denkmal Wilhelms I. ist, zusammen mit der Kaiserkrone, der aus Bronze gegossene Purpurmantel gefallen und liegt nun auf der Erde.

---

101 Im Original: Bramy Magdeburskiej (Magdeburger Tor).

Aber ihr seht auch junge Frauen mit dunklen Brillen, leichten Kleidern und bloßen Waden. Sie stehen vor den Auslagen, warten, arbeiten. Und zu ihren Requisiten gehören Lippenstift und Schaufel, Bücher und Tennisschläger.

Ihr seht junge Leute, die mit leeren Ärmeln ihre verstümmelten Gliedmaßen verbergen, ihr seht ebenso andere, deren Jacketts ihnen bis an die Knie reichen, die mit dem Fuß den Takt zu einer Musik schlagen, die aus den halb offenen Fenstern enger Seitenstraßen zu hören ist. Von Zeit zu Zeit fahren sie sich nachlässig mit der Hand durch das Haar und glätten eine abstehende Strähne.

2

Ihr trefft auf ältere Frauen mit grauem Haar und müden Augen. Sie schleppen kümmerliche Holzbündel und stehen somit im eigenartigen Kontrast zu den großen Koffern und Rucksäcken, die korpulente Damen und Herren in die Stadt schleppen. Und durch die leeren Fensterrahmen der elektrischen Bahn bläst euch der frische Wind so um die Ohren, dass ihr kaum die Musik des Gittaristen erlauschen könnt, der zusammen mit euch im nächsten Abteil fährt.

Vom Fluss her hat man ein lang anhaltendes Signal gegeben: Da sind Lastkähne mit Lebensmitteln angekommen. Der Westhafen ist wieder in der Lage, Güter zu entladen und an die Konsumenten weiterzuverteilen. Schon in den ersten neun Monaten betrug der Gesamtumschlag aller Berliner Häfen 548.636 Tonnen Güter verschiedener Art.

Zur gleichen Zeit zerstören Hämmer, die mit komprimierter Luft bewegt werden, die mächtigen Stahlbetonklötze, und Taucher reparieren die im Wasser versunkenen Brücken des Teltow-Kanals, um die Berliner Wasserwege von ihren stählernen Hindernissen zu befreien. Von den 226 Brücken Berlins wurden nämlich 128 zerstört. Loren, die von Frauen geschoben werden, überqueren die Straßen. [...]

Wenn die Sonne im Zenit steht, gibt es eine Mittagspause. In den Volksgarküchen wird schnell eine Mahlzeit heruntergeschlungen. Oft müssen ein Stück trockenes Brot und ein Schluck Kaffee aus der Kanne genügen. Am Nachmittag geht die Arbeit im selben Tempo weiter. Am Abend eilen die Arbeiter und Arbeiterinnen nach Hause. Dort gibt es neue Arbeit, ein Stündchen Erholung, Zerstreuung – am Radio, manchmal auch im Kino.

Sonntag: Die einen waschen Wäsche, die anderen fahren aufs Land. Der Wannsee, der größte Badestrand, hat Platz für 50.000 Menschen. Auch braungebrannte Männer verlassen mit ihren Rucksäcken und Angeln die Stadt. Aber im Wasser sind mehr Angeln als Fische, zumal es allein in Berlin 13.000 registrierte Angler gibt. Der Abend dämmert, die Straßenlaternen gehen an. In den Druckereien wird nun heftig gearbeitet. Die Redakteure und die Setzer fassen die letzten Ereignisse des Tages in Worte, die Rotationsmaschinen tosen, schon kommen die Zeitungen für den kommenden Tag heraus.

Wieder kommen Briefe aus fernen Ländern mit farbigen Briefmarken und vielerlei Stempeln an. Ein Hauch der Ferne, die so viele Jahre mit allen Riegeln verschlossen war. Die Deutschen fühlen sich freier und gleichsam „weiter". Wirklich alle? Die jungen Burschen pfeifen, während sie vor den Litfaßsäulen stehen, und fragen sich, für welchen Film sie sich entscheiden sollen: den amerikanischen, französischen oder russischen. Oder vielleicht doch ins Theater? Um Shaw zu sehen, Gorki, O'Neill, Wedekind oder Brecht? Oder in ein Konzert, zu Debussy, Stravinski, Ravel, Schostakowitsch, Hindemith oder Elgar? In die Oper zu Verdi, Gluck, Mozart Offenbach? Sie können auch ins Kabarett gehen, zu einer Lesung, einer Bildausstellung. Hinter den mit Karton zugenagelten Fenstern betrachten die jungen Leute, die begierig sind, sich fortzubilden, die alten Meister, die sie lange nicht mehr hatten sehen können, aber auch ganz moderne, die sie kaum verstehen. Eine üppige und schwierige Auswahl. Keiner weiß, wie man damit zurechtkommen soll. Vielleicht hilft ja die Kritik ein wenig?

Berlin lebt!

Es lebt fast so, als ob nichts passiert wäre. Impertinent, laut, unbedingt und leidenschaftlich. Und dennoch sieht vieles anders aus als früher. Weil hinter den zerhauenen Fassaden Armut, Sorgen und Unsicherheit das Leben bestimmen. Und oft ist es dort still und leer. Nur manchmal pfeift der Wind und rascheln verhalten die verschleuderten Magistratsgelder. Aber vielleicht reden da auch die Götter miteinander, die dort mit zerschlagenem Antlitz auf der Erde liegen ... Wer weiß? Alles vergeht. An der Großgörschenstraße unter den Pfeilern der S-Bahn kreischt ein Grammophon „I've got a guy". Berlin ist wieder zu einer internationalen Stadt geworden.

Seine Mädchen besuchen wieder Sprach- und Konversationskurse.

Seine Jungen rufen „Okay, allez vite, nje panjemai."

Seine Männer rauchen Chesterfield, Navy Cut oder Machorka.

Seine Frauen trinken amerikanischen Kaffee mit englischer Dosenmilch oder russischen Tee. Und seine Schieber rechnen in Pfund und Unzen ...

Langsam kommt das gegenseitige Verstehen, ein vorsichtiges Abtasten, Abwägen und Abschätzen. Die ersten Brücken werden geschlagen. Und wenn dabei zufällig noch jemand ins Wasser fällt ... *don't mention it*, achte nicht darauf. Das Wichtigste ist: Berlin lebt! Und mit ihm lebt: Deutschland! Hört ihr, wie sein mächtiges Herz schlägt?

Aus dem Polnischen von Ingo Eser

JÓZEF CZAPSKI, IN BERLIN ÜBER DAS VEREINTE EUROPA (1951)

Józef Czapski (1896-1993), polnischer Maler und Schriftsteller, studierte Jura in Petersburg und Malerei in Krakau, nahm am polnisch-bolschewistischem Krieg teil, lebte von 1924 bis 1931 als Künstler in Paris. Zu Beginn des Zweiten Weltkrieges, von 1939 bis 1941 als polnischer Offizier in sowjetischer Haft. Nach seiner Freilassung dokumentierte er als Beauftragter der polnischen Regierung das Schicksal der von den Sowjets ermordeten polnischen Offiziere. Nach dem Zweiten Weltkrieg lebte Czapski in Maison-Laffitte bei Paris, er war einer der wichtigsten Mitarbeiter der Exilzeitschrift „Kultura". 1950 nahm Czapski am Berliner Kongress für Kulturelle Freiheit teil.

In einer der zahlreichen westeuropäischen Zeitschriften las ich einen Artikel, in dem ein sehr bekannter politischer Autor, Reisender und Kenner mehrerer Kontinente behauptete, die Elblinie sei eigentlich eine sehr glückliche Grenze für Europa, denn das sei schließlich die Grenze des Reiches von Karl dem Großen.

Kürzlich begegnete ich einer sympathischen Gruppe junger europäischer Föderalisten. Ein Belgier, Franzose, ein Schweizer. Sie erzählten mir mit ungespieltem Enthusiasmus, wie sie Grenzpfosten zwischen Deutschland und Frankreich ausgerissen hätten, wie einige Minister sie bei dieser Aktion unterstützt hätten und wie die Polizei dabei ein Auge zugedrückt habe. Als ich sie fragte, was sie von der Grenze halten, die gemeinhin Eiserner Vorhang genannt wird, waren sie überrascht und sagten mir, über diese Grenze hätten sie nie nachgedacht. Wenn ich sie gefragt hätte, was sie von den Grenzen auf dem Mond halten, hätten sie wahrscheinlich ebenso verblüfft geguckt …

Ich verstehe, dass man für Europa kämpfen und über eine Hälfte Europas nicht sprechen kann, aus taktischen Gründen, oder weil man im Augenblick nicht in der Lage ist, etwas in dieser Hälfte Europas zu ändern. Aber überhaupt nicht an sie zu denken, das heißt leichten Herzens auf sie zu verzichten und gleichzeitig an eine Aktion für die europäische Föderation, an die Lebenskraft dieses Entwurfs zu glauben?

Deshalb habe ich erfreut die Rede von Frau Buber Neuman[102] auf der letzten Versammlung im Titania Palace in Berlin gehört, weil sie die einfache Wahrheit unterstreicht, Europa ende nicht an der Elbe.

Die Bereitwilligkeit, mit der viele Menschen im Westen sich mit der heutigen Teilung Europas abfinden – völlig inakzeptabel für jeden von aus, der hinter dem Eisernen Vorhang aufgewachsen ist –, zeugt wohl davon, dass Westeuropa bedroht ist, nicht nur von der fünften Kolonne der Sowjets, sondern auch moralisch, von innen; davon, bis zu welchem Grad starre Elemente, die nur zur panischen, kurzatmigen Defensive fähig sind, zu einer Haltung, die in der Geschichte noch nie siegreich war, ins Verderben treiben können. Und sie zeugt davon, wie sehr das Bewusstsein für die Einheit Europas schwindet.

Noch vor gar nicht langer Zeit – aus historischer Sicht, und doch so schrecklich lange her, wenn man bedenkt, was wir seither erlebt haben, in einer Zeit, die uns geradezu prähistorisch vorkommt, nämlich vor dem Jahr 1914 – schien das Gefühl für die Europäische Gemeinschaft unerschütterlich zu sein. Aus der Kindheit erinnere ich mich an so viele Erzählungen der Älteren nicht nur über Paris, sondern auch über Weimar, München oder Göttingen. Schließlich gab es damals einen politischen Kampf. Wir Polen waren Feinde der Länder, die uns die Unabhängigkeit geraubt hatten, also auch Deutschlands. Dennoch wussten wir alle, wir gehen auf einen gemeinsamen kulturellen Stamm zurück. Das war nicht nur in Warschau oder in Budapest, sondern auch in Odessa klar. Mein Freund, der in dieser Stadt das Gymnasium besucht hat, erzählte mir, dass an dem Tag, an dem das neue Heft des „Mercure de France" erschien, ungefähr fünfzig Abonnenten dieser Zeitschrift wie hungrige Löwen die Buchhandlung umkreisten, um ein Exemplar zu ergattern. Wer liest heute in Budapest oder in Warschau, ganz zu schweigen von Odessa, „La Table Ronde" oder „Les Temps Modernes", die man bis zu einem gewissen Grad als Gegenstücke des „Mercure de France" betrachten kann?

Ich bin alt genug, um nicht anhand von Büchern oder Erzählungen, sondern anhand eigener Erinnerungen festzustellen, die europäische Bewusstheit werde nicht stärker, sondern schwächer. 1924 landete ich mit einer Gruppe Krakauer Maler in Paris. In unserer Gruppe waren Polen aus allen Gebieten, zwei Juden, ein Ukrainer, und der talentierteste von uns war ein Pole, der aus dem fernen Kaukasus kam. Nicht aus Paris, sondern aus dem Kaukasus hatte er den Kult Manets, Van Goghs und sogar Picassos mitgebracht …

---

102 Margarete Buber-Neumann (1901-1989), Schriftstellerin, Kommunistin, Gulag- und KZ-Häftling; nach dem Krieg bekämpfte Buber-Neumann in ihren Büchern alle Totalitarismen.

Zur selben Zeit strömten ebenso lebendige Jugendliche aller Berufe, ohne Geld, manchmal ohne Sprachkenntnisse, an die Universitäten und Akademien Westeuropas. Hungrig auf Wissen und Kultur, wohnten sie in unbeheizten Ateliers und ärmlichen Hotels, verbrachten ihre Abende in Scharen in Cafés und waren froh, in diesem Mekka der Welt zu sein. Wie viele Begegnungen, wie viele erfrischende und belebende Kreuzungen von Ansichten der allerunterschiedlichsten Ebenen, unterschiedlichsten Traditionen des östlichen und westlichen Europa, gegenseitiger Aufeinanderwirkung! Jede dieser jungen Menschen kehrte später in sein Land, zu seinem Handwerk zurück und blieb bis zum Tode Ausdruck europäischer Kultur, Bindeglied zwischen diesen unterschiedlichen Welten – oder versuchte es zumindest zu sein.

Jean Giraudoux beschreibt in einem seiner Bücher mit herzlichem Wohlwollen und einer Spur Ironie eine rumänische Studentin auf dem Pariser Straßenpflaster. Für sie war jeder Anwalt, der eine kleine Rolle in einem vergessenen politischen Prozess des 19. Jahrhunderts gespielt hatte (kein Franzose hatte das mehr in Erinnerung) eine nicht minder hehre Gestalt als Cicero oder Demosthenes.

Als ich nach dem Krieg nach Europa, nach Paris zurückkehrte, ging ich in den alten Montparnasse. Ich erkannte dieses Viertel, das noch vor fünfzehn Jahren überströmt war von den Jugendlichen unserer Länder, nicht wieder. Pompei. Auch heute hat sich dort nicht viel geändert – nur dass es wieder ein verträumtes Kleinbürgerviertel geworden ist. Auch das Universitätsviertel ist nicht wiederzuerkennen. Dort gibt es Bewegung und Leben, doch der Zustrom der nichtfranzösischen Jugend ist viel mehr asiatisch, afrikanisch als europäisch. Es gibt auch Emigranten aus unseren Ländern, doch wie viel mehr vergiftet, weniger dynamisch ist dieses Element. Abgeschnitten von ihrem Land, von ihren Wurzeln, ohne andere Möglichkeiten als der allerschwersten körperlichen Arbeit, im tiefen Bewusstsein, Bürger dritter Klasse zu sein, Emigranten, von denen alle die Nase voll haben, auf die man so gern die Verantwortung für alle Schwierigkeiten schiebt, schließlich sind sie ja fremd; isolieren sich diese Emigranten entweder in ihren Ghettos, in ihrem Elend, oder sie wandern so weit wie möglich aus Europa aus. Diejenigen, die sich in das Leben der europäischen Länder integrieren, nicht als Paria, sind Ausnahmen, die die Regel bestätigen.

Ich habe mit eigenen Augen Züge der von der IRO[103] ausgewiesenen Emigranten gesehen, die nach Argentinien und Kanada, in die Vereinigten Staaten und nach Australien fuhren. „Würden die Vereinigten Staaten alle aufnehmen, die dorthin fahren wollen, dann würden 30 –40 Millionen Europäer in die Staaten emigrieren," sagte ein großer Schriftsteller, der das Leben Europas aufmerksam beobachtete. Die von mir erwähnten Züge waren überfüllt mit Ungarn, Balten, Polen und Tschechen. Ich sah mir diese verhärmten, verängstigten Menschen mit ihren Säcken und Bündeln, mit ihrer Schar von Kindern und Alten an. Alle waren getrieben von einem einzigen Gedanken – weg, soweit wie möglich weg von der sowjetischen Grenze. Ich glaubte das lebendige Blut zu sehen, das Europa aus seinen Adern floss. Die Menschen des Westens betrachteten die Heerscharen dieser Ausreisenden mit völliger Teilnahmslosigkeit, vielleicht sogar Genugtuung: Dort gibt es weniger Ärger, weniger fremde Sprache, weniger Menschen zu unterhalten. Ich aber dachte – ist das womöglich der Tod Europas?

---

103 IRO (International Refugee Organization), eine 1946 errichtete VN-Agentur für Fürsorge und Hilfe für heimatlose Europäer, Nachfolgeorganisation der UNRRA. 1952 beendete IRO ihre Tätigkeit.

Ja, Europas Blut fließt ab in ferne Kontinente, und hier in Europa reißen nicht nur kulturelle und ökonomische Verbindungen ab, es geschieht etwas noch Wichtigeres – wieder einmal werden Versuche unternommen, die religiösen Bindungen zu zerreißen, die die breiten Massen unseres Kontinents seit Jahrhunderten zusammenhalten. Wie wenig weiß man hier im Westen über eine so kapitale Tatsache wie die Zerstörung der Griechisch-Katholischen Kirche in der Ukraine[104], in Rumänien, Tschechien[105] und Ungarn, und die Besetzung der Pfarreien, deren Priester fortgeschickt wurden, mit Nachfolgern aus Moskau. Ein ernstzunehmender, politisch aktiver Ukrainer versicherte mir, die überwiegende Mehrheit dieser in die Ukraine entsandten Priester sei als Funktionäre des NKWD identifiziert worden, ihre Listen in Prag gefunden worden. Dabei ist diese Kirche, die Jahrhunderte überdauert hatte, der Versuch einer Synthese von Ost und West gewesen.

Auf jedem Abschnitt die bewusste Zerreißung von Fäden, das Ausheben eines Grabens durch die Mitte Europas (schon die objektive Bewertung einer Errungenschaft des Westens gilt als Konterrevolution), aber auch die biologische Ausrottung stehen auf der Tagesordnung. Bismarck war es, der gesagt hat, die Polen müssten „ausgerottet" werden, denn sie vermehrten sich wie Kaninchen. Aber Bismarck kannte die modernen Methoden noch nicht. Wie „sanft" muss er heute auf uns wirken. Heute wird das ganze Mittelosteuropa in ein Gehege unterdrückter Kaninchen verwandelt. „Litauen", soll ein Sowjetkommissar 1940 gesagt haben, „Litauen wird es geben, aber ohne Litauer." Ob nach den Tausenden von Transporten, die aus den baltischen Ländern abgingen, dort noch viele Litauer, Letten und Esten übrig geblieben sind? Einzig und die Sowjets haben heute die reale Chance, unter dem Phrasengetöse auf Friedensfestivals, unter dem Rauschen der Friedenstauben all diese Länder mit ihrer jahrhundertealten historischen Tradition und ihrer Fähigkeit zu organischer Entwicklung zu liquidieren.

Können wir glauben, das westliche Europa, das gleichgültig auf die Länder jenseits der Elbe verzichtet hat und sich allein durch die Defensive dem Todesurteil zu entziehen versuchte, diese Hälfte Europas wäre in der Lage sich zu verteidigen, wenn unsere Länder endgültig liquidiert sein werden und die Reihe an die Länder kommt, die westlich des Eisernen Vorhangs liegen?

Ich will keineswegs Kübel von Pessimismus vor meinen Zuhörern ausgießen. Ich bin selbst kein Pessimist. Doch müssen wir unerbittlich die Diagnose stellen und die Tatsache akzeptieren, dass über uns eine tödliche Bedrohung schwebt, erst dann können wir einen Ausweg finden. Europa ist nicht das erste Mal bedroht, jedes Kind weiß von den Überfällen der Hunnen, Tataren und Türken. Nicht das erste Mal hängt die Rettung Europas von einigen wenigen Entschlossenen ab und von Völkern, die nicht sterben wollen. Es geht um eines: nicht aufhören zu denken, nicht aufhören zu handeln und dem Hokuspokus nicht erliegen, dem Hokuspokus der Angst, jenen magischen Praktiken, die die sowjetische Propaganda in der ganzen Welt ver-

---

104 Fünf Jahre, bevor Czapski seine Rede in Berlin hielt, wurde die Griechisch-Katholische Kirche in der Ukraine unter Zwang der Orthodoxen Kirche eingegliedert. Die sowjetischen Machthaber unterdrückten das Gemeinvolk und die Hierarchie – der neue Metropolit Josif Slipyj wurde verhaftet. Der Grund für die Verfolgungen war – neben der allgemeinen Abneigung gegenüber der Religion, besonders gegenüber der katholischen Kirche – die Rolle der Griechisch-Katholischen Kirche als Nationalkirche der West-Ukrainer.

105 Eigentlich geht es um die Rolle der Griechisch-Katholischen Kirche in der Slowakei, wo sie 1950 vom Staat aufgelöst wurde.

breitet, damit Europa vor allem das Gefühl für seine Daseinsberechtigung, seine potentielle Kraft verliert. Magische Praktiken, sagte ich, denn wie anders soll man die millionenfache Wiederholung von Slogans nennen, deren Verlogenheit und Ungebildetheit längst erwiesen ist, die aber dennoch weiter wirken, weil sie zynisch in pseudoreligiöse Beeinflussungsformen gepresst werden.

Ein Auslandsjournalist hier in Berlin versuchte mir weiszumachen, gegen die übermächtige magische Kraft Stalinschen Weltrevolution sei wohl kein Kraut gewachsen. „Als wenn du mit dem Hammer gegen den Kopf des Mohren schlägst und ihn nicht zertrümmern kannst – so hart ist er", sagte er zum Vergleich. Das ist absurder Defätismus. Eine Eigenschaft der Magie ist es, dass ihre Wirkung ganz plötzlich schwinden kann, unendlich viel schneller als sie eingetreten ist, wirklich verschwinden wie ein Traum, rascher als ein Alb. Ich sage das nicht einfach so dahin. Ich selbst habe dieses Phänomen zweimal beobachtet: Ausbruch der Revolution im Jahre 1917. Vergessen wir nicht, die Magie der russischen Zarenmacht und ihrer Polizei, der Ochrana, war sehr stark. Sie war über Jahrhunderte gewachsen. Nach drei Tagen Revolution war aus den feisten, selbstsicheren Polizisten ein Haufen fliehender Ratten geworden. Ich wollte meinen eigenen Augen nicht trauen. Aber ich habe mehr gesehen: Im September 1941, als ich eine Woche lang mit dem Eisenbahnwaggon von Wologda in die Wolgasteppen unterwegs war, sah ich dieses Phänomen des Schwindens der Magie ein zweites Mal, diesmal aber der sowjetischen, in jeder Stadt, jedem Dorf, durch das wir kamen. Stalin hatte damals den größten Teil des NKWD an die Front geworfen. Die Sowjetarmee ergab sich zu Millionen den Deutschen. „Der Deutsche? Soll er kommen!" riefen die Bauersfrauen. „Alle aus unserem Dorf, dreihundert Mann, sind an die Front gegangen. Sie haben sich Kreuze um den Hals gehängt und werden sich ergeben." „Nieder mit Stalin!" hörte ich überall rufen. Noch heute sehe ich den verängstigten Blick eines NKWD-lers, der es nicht wagte, sich vor den Rekruten mit heißem Wasser aus der Lokomotive Tee aufzugießen. Er hatte den gleichen Blick wie die vor der Menschenmenge fliehenden Ochrana-Polizisten im Jahr 1917. Man muss in Russland gewesen sein, um zu wissen, was das für ein plötzlicher psychischer Umschwung war. Diese Menschen hassten Stalin, aber sie wussten nicht, was auf sie zukam: Kriminelle, gedankenlose Grausamkeit, die Millionen Menschen auslöscht, würde das Werk derer sein, auf die sie warteten wie auf den Erlöser. Erst dann tat Hitler Stalin den größten Gefallen: Er rettete Stalin.

Was für ein Opportunismus, was für ein Defätismus – diese kraftlose Haltung der Europäer, wie der besagten Korrespondenten, gegenüber einer Magie, die heute schon verwässert ist, enttarnt als fauler Zauber und dennoch immer weiter zynisch verbreitet auf den Stockholmer Kongressen und Berliner Festivals.

Diese Magie kann aber erst dann ganz zerplatzen, wenn Europa sich zu einem Entwurf durchdringt, für das anfangs vielleicht nur ein Häufchen Menschen aus allen Ländern West- und Osteuropas eintritt, ein Häuflein, dem bewusst ist, dass man Europa zu einer Föderation freier Völker auf neuer Grundlage organisieren muss, und dass diese neuen Grundlagen große Opfer von jedem verlangen werden. Es gibt keine Politik ohne beiderseitige Opfer.

Lava überschwemmt den alten Kontinent. Arme Greise wollen die morschen Möbel und die alten Kissen retten. Wir müssen uns sagen, es gehe nicht um alte Möbel, sondern um etwas unendlich viel Wichtigeres: Die alten Revisionismen, aufgewärmte Nationalismen können nicht der Ausgangspunkt für den Wiederaufbau Europas sein. Aber auch allgemeine Phrasen über die Menschlichkeit genügen nicht. Edmond Michelet weinte, als er in Paris eine Standarte junger Deutscher sah. Heute genügt keine Demonstration mit der Standarte Europas mehr, um uns Freudentränen in die Augen zu treiben. Wir alle wissen gut, dass die Bereinigung des Verhältnisses zwischen den Völkern Europas sehr schwierig ist, und je weiter nach Osten, desto schwieriger wird es, desto mehr erinnern die Grenzen an blutende Wunden.

Georges Sorel hat vom Balkan gesagt, es wäre ein Krabbenkorb. Noch während die Köchin die Krabben trägt, um sie gleich alle ins kochende Wasser zu werfen, kämpfen sie untereinander und kneifen sich gegenseitig ihre Zangen ab. Dieser Vergleich trifft auf ganz Osteuropa zu. Ein Kenner Europas hat festgestellt, hinter dem Eisernen Vorhang gebe es noch 38 Grenzstreitigkeiten. Heerscharen von Menschen sind bereit, für die Verschiebung dieser Grenzen um wenige Kilometer zu sterben oder andere zu töten, immer in der Gewissheit, die historische Wahrheit und die Gerechtigkeit wären auf ihrer Seite. Optimistisch denken kann nur, wer den Fata Morganen der sowjetischen Scharlatane, die im Ergebnis Versklavung und Tod bringen, mehr als einen Krabbenkorb entgegenzusetzen weiß, mehr als das europäische Chaos, bei dem alle sich im Namen dieses oder jenes Revisionismus gegenseitig umbringen; sondern wer im Rahmen einer allgemeinen europäischen Föderation entschlossen sein wird, unsere Streitigkeiten im Namen der gemeinsamen Interessen untereinander friedlich beizulegen.

Wie können wir das tun? Die europäische Methode lautet – Ziel und Richtung wählen und dann kontrolliert handeln, sich von der Praxis korrigieren lassen. Unermüdliche Versuche, etwas durch Kompromisse zu verwirklichen, keine von oben aufgezwungenen, starren, abstrakten „Planifizierungen". Damit meine Worte nicht zu allgemein klingen, möchte ich drei Voraussetzungen definieren, die wir – wie ich glaube – alle akzeptieren müssen.

Die Nationalisten haben den Menschen in vielen Ländern einzureden versucht, das Zusammenleben von Menschen unterschiedlicher Nationalität und unterschiedlichen Glaubens in einem Land sei unmöglich; die einfachste Lösung sei es, Hunderttausende, ja Millionen Menschen umzusiedeln, um die Bevölkerung in nationaler Hinsicht zu konsolidieren – das sei die beste, ja einzige Lösung. Wenn ich mir die aus dem Osten umgesiedelten Deutschen ansehe, finde ich ihr Schicksal fast so tragisch wie das der Polen, die von Hitler, und später von Stalin, aus ihren Häusern und Dörfern vertrieben worden sind. Für uns Menschen jenseits des Vorhangs ist das Phänomen der Umsiedlungen kein abstraktes. Ein ungeheurer Teil der Bevölkerung dieser Länder ist als Sklavenarbeiter in Rüstungsfabriken und Arbeitslagern gestorben, in die sie von Wladiwostok nach Hamburg verbracht worden waren. Und sie sterben noch heute, abgeschnitten von allem, was ihnen lieb und teuer ist, in den sowjetischen Lagern oder vegetieren ohne Hoffnung in den letzten Lagern der IRO. Wir müssen heute diagnostizieren, dass es kein schlimmeres historisches Verbrechen gibt als die zwangsweise Entwurzelung von Menschen von den Orten, an denen sie seit Generationen ansässig waren, wo die Gräber ihrer Ahnen sind und alte Linden und alte Eichen wachsen, die diese vertriebenen Menschen schon als Kinder gesehen haben.

Denken müssen wir auch an die gewaltsam umgesetzten Menschen, die nach einigen Jahren verzweifelter Anstrengung erste Wurzeln in der neuen Erde geschlagen haben und von denen mancher auch den neuen Himmel über seinem Kopf, die neuen Bäume lieb gewonnen hat. Diese Menschen dürfen auch nicht zu einer erneuten gewaltsamen Umsetzung verdammt werden, die für viele von ihnen gleichbedeutend mit dem Tod wäre. Wir dürfen nicht weiter die Methode pflegen, die den Menschen zur Nummer degradiert, zum Roboter, zum Material für Zwangsarbeit und totalistische Massenveranstaltungen. Und das alles nur wegen der uns aufgezwungenen Fiktion, dass wir nicht gemeinsam leben und gemeinsam dieselbe Erde lieben könnten – als würden unsere eigenen Erinnerungen und eigenen Erfahrungen diese raffinierten Theorien nicht tausendmal Lügen strafen.

Eine zweite Voraussetzung, die ich unterstreichen möchte: Die Sache der gesamteuropäischen Föderation steht vor einem Hindernis psychologischer Art. Unabhängig von der Lauterkeit unserer Absichten, könnte die Hand, die die Nation zum Vorschlag der Föderation reicht, womöglich ins Leere ausgestreckt werden. Die jagiellonische Idee – die Union Polens und Litauens – nicht nur für die Polen das Vorbild eines Bundes von einem freien Staat mit einem Anderen (sogar euer Pädagoge und Autor Friedrich Wilhelm Foerster schreibt enthusiastisch darüber), diese Union ist für die Litauer ein abschreckendes Beispiel, das bestätigt, wie sehr das Land davon bedroht ist, in einer anderen, höher entwickelten Kultur aufzugehen. Die Litauer, die Ukrainer hegen einen ausgeprägten Argwohn gegen föderale Vorschläge sowohl von polnischer wie von russischer Seite und sehen darin einen maskierten Imperialismus. Wir Polen haben dieselben Misstrauensreflexe, historisch ebenso verständlich, gegen den Imperialismus Deutschlands und Russlands. Rapallo[106], von dem vor einigen Tagen in Ostberlin Herr Walter Ulbricht mit solcher Begeisterung in seinem Interview sprach, lässt uns verständlicherweise immer wieder ebenso auf der Hut sein wie Ribbentrops Gespräch mit Stalin[107], in dem die Herren sich in einer Viertelstunde über die Teilung Polens einig wurden. Ähnlich sieht die Sache in den Donauländern aus. Wie können diese Empfindlichkeiten überwunden werden?

Es gibt nur einen Weg, dieses Misstrauen zu überwinden. Streitfälle können erst nach der Schaffung der europäischen Föderation gelöst werden, und zwar nicht nach den historischen Ansprüchen der einzelnen Völker, sondern nach den Grundsätzen der Gerechtigkeit und des gesamteuropäischen Wohls sowie des wirtschaftlichen und gesellschaftlichen Gleichgewichts zwischen den einzelnen Mitgliedern der Föderation.

Ich würde hier gern einen dritten Punkt berühren und damit zum Ende meiner Rede kommen. Ich habe versucht, die Absurdität der These zu begründen, dass die Elbe die Grenze Europas wäre. Hier in Berlin begegnete mir aber noch eine andere Behauptung: die Curzon-Linie[108], das heißt die Ribbentrop-Molotow-Linie, sollte die europäische Föderation markieren. Jenseits dieser Linie wäre alles einer Einigung der Völker der UdSSR, oder wie manche sagen – der „Völker Russlands" – überlassen; von ihnen hänge es ab, in welcher Form sie ihre Zukunft untereinander, immer aber untereinander, einrichten wollten. Gehören diese Länder nicht zu Europa? Dürfen wir zum Beispiel infrage stellen, dass die Ukraine europäisch ist? Wenn ich dies sage, denke ich keinesfalls an eine Parzellierung Russlands, aber gern würden wir ein deutliches Wort der

---

106 Rapallo: Der dort 1922 unterschriebene Vertrag zwischen Deutschland und Sowjetunion gilt in mehreren europäischen Ländern, darunter auch in Polen, als ein Symbol der gefährlichen, deutsch-russischen Zusammenarbeit.

107 Es geht um den sog. Hitler-Stalin Pakt aus dem Jahre 1939.

108 Die nach dem Namen des britischen Außenministers George Curzon genannte Trennungslinie zwischen Polen und Russland, dann im polnisch-ukrainischen Bereich verlängert, diente als Ausgangspunkt der künftigen Projekte der östlichen Grenze Polens nach 1945. Für viele Polen ist die Curzon-Linie bis heute ein Symbol der westlichen Gleichgültigkeit gegenüber den Interessen der „Ostvölker" und eine Ankündigung Jaltas.

freien Russen hören, das sie den Völkern, die gegenwärtig zur Sowjetunion angehören, nicht nur Autonomie zusichern, nicht nur das Einverständnis mit einer inneren Föderation der Völker der UdSSR, sondern auch die Freiheit der Wahl, wie und mit wem sie sich föderieren wollen. Dies ist keine innere Angelegenheit Russlands, es ist eine Sache von ganz Europa, mit den Ländern wie zum Beispiel die Ukraine mehr historische Verbindungen haben, als der Durchschnittseuropäer es weiß. Dennoch ist dies ein heikles Problem sowohl für den Polen, als auch den Russen, aber mir scheint, die Einstellung in dieser Sache kann der beste Prüfstein für den guten föderativen Willen sein, der auch zu Opfern bereit ist.

Wie leicht ist es von allgemeinen Fragen zu reden, von den hehren Träumen der Völkerbrüderschaft, wenn man die konkreten, neuralgischen Punkte meidet. Doch undurchdachte und nicht ganz ausgesprochene Wahrheiten rächen sich. Vor hundert Jahren machte ein großer polnischer Dichter[109] in einem Brief seinen Landsleuten bittere Vorwürfe: „Sie sind bereit ein Meer von Blut zu vergießen, nicht aber, einige Wahrheiten auszusprechen" – einige Wahrheiten – „wenn sie die hohe Empfindsamkeit irgendeiner öffentlichen Meinung verletzen könnten." Ich würde mich nicht berechtigt fühlen, hier in Berlin über die heikelsten Dinge zu sprechen, wenn ich Rücksicht auf eine hohe Empfindsamkeit nehmen müsste. Denn gerade hier in Berlin habe ich Menschen getroffen, und meist waren es Jugendliche, die einen konsequenten Kampf führen, die unaufhörlich ihr Leben aufs Spiel setzen, nicht für nationalistische, revisionistische Ideale, sondern im Namen einer Gemeinschaft freier Europäer.

Berlin verdankt Hitler, dass es noch vor wenigen Jahren für Millionen Menschen das Symbol der verhassten Idee des Herrenvolks und der Gewalt einer Nation gegen die andere, eines Menschen gegen den anderen war; doch Berlin ist heute der gefährdetste Abschnitt des freien Europas und kann dank seiner kämpferischen Haltung zu einem Symbol der Freiheit werden.

Aus dem Polnischen von Olaf Kühl

---

109 Cyprian Kamil Norwid (1821-1883), einer der bedeutendsten polnischen Dichter, besonders beliebt in der Zwischenkriegszeit.

WITOLD GOMBROWICZ, DAS TAGEBUCH (1966)

Witold Gombrowicz (1904-1969), bedeutender polnischer Schriftsteller, Autor von Romanen, Theaterstücken und Tagebüchern. Gombrowicz studierte in den zwanziger Jahren Jura in Warschau. Im August 1939 reiste er nach Argentinien, seit Beginn des Zweiten Weltkrieges lebte er im Exil in Buenos Aires. Dank eines Stipendiums der Ford-Foundation verließ Gombrowicz 1963 Argentinien und ging für ein Jahr nach West-Berlin. Er blieb in Europa und ließ sich im südfranzösischen Vence nieder.

Ich landete auf dem Flugplatz Tegel in Berlin, vor einem Jahr, am sechzehnten Mai. Professor von Bomhard, Repräsentant der Ford-Stiftung[110], platzierte mich zusammen mit den Koffern in ein Auto, ein schönes, schwarzes, und fuhr mich durch die Stadt. Ich – ein Koffer mehr. Den man auslud vor irgendeinem Gebäude, irgendwo in einem Park, Fahrstuhl, Korridor, großes Zimmer mit einem Riesenfenster, Treppe hinauf aus diesem Zimmer, dort ein zweites Zimmer, Balkon, Bett, Schrank, Auspacken, Tisch. Ich trat auf den Balkon hinaus: rechtwinklige Klötzchen von fünfzehnstöckigen Häusern im Grünen, eine Gartenstadt. Ich schwamm in diesen Weiten nach dem engen Pariser Hotelkabuff.

Ingeborg Bachmann, eine Dichterin aus Österreich, gleichfalls von Ford eingeladen und in derselben Akademie der Künste wohnend, war die erste Person, mit der ich mich befreundete. Wir spazierten, beide etwas verwundert oder betört von dieser Insel (in einem kommunistischen Ozean) oder vielleicht von etwas anderem, wir sahen nicht viel, beinahe nichts, ich entsinne mich, dass mich die Menschenleere in Berlin erstaunte: Wenn irgendwo in der Ferne jemand erschien, reifen wir: „Da, da ein Mensch am Horizont!" An fremden, entlegenen Orten befällt einen eine gewisse Schwierigkeit des Sehens, des Erkennens ... das betrifft vor allem ungewöhnliche, exotische Orte ... ich erinnere mich, wie einmal, auf dem Oberlauf des Parana, der Vollmond direkt vor die Nase gekrochen war, auf die Entfernung von einigen Schritten; vergebens kniff ich mich, der Lichtball über dem Wasser war ganz nähe, und der Mond war das, der Mond, auch wenn man noch so viel Anstrengung einlegen würde, um sich zu erklären, dass dem so sei, es war dennoch so ... Also eben diese Schwierigkeit des Erkennens, die uns übrigens überallhin begleitete; im eigenen Hause, im Zimmer wird es aufdringlich, wenn eine oder mehr Anomalien einem Ort den Charakter von etwas Verchiffriertem verleihen. Warum erschien mir Berlin in diesen ersten Tagen beinahe leer? Ich wohnte in einem Parkviertel, doch fuhr man mich auch durch die Straßen des Zentrums. Ich verstehe nicht. Eine Fata Morgana. Nach einer Woche wurde ich gewahr, dass es dennoch recht viele Leute in Berlin gibt.

Nach dem Pariser Wirrwarr – wohltuende ruhe, wohltuende Stille. Sommerfrische. Ich spaziere in der Maisonne im Tiergarten und schließe die Augen halb. Es ist nichts Eiliges zu tun, außer einigen Visiten – dann fuhr Professor Walter Höllerer Fräulein Bachmann und mich an den Wannsee, wo wir gefilmt wurden. Einige Interviews. Ferien. Und Erstarren dessen, was hinter mir lag, Argentinien, die Reise, Paris, alles eingeschläfert ...

110 Ford-Foundation (heute: DAAD-Künstlerprogramm), eine US-amerikanische Stiftung, die seit 1936 wissenschaftliche Vorhaben fördert. Gombrowicz wurde im Rahmen des Programs Humanities and Arts Fellowships – Artists in Residence mit einem Stipendium in Berlin 1963-1964 unterstützt.

Aber da wehten mich (als ich im Park des Tiergartens spazierte) gewisse Gerüche an, ein Gemisch von Kräutern, von Wasser, von Steinen, von Rinde, ich wusste nicht zu sagen, wovon ... ja, Polen, dies war schon polnisch, wie in Małoszyce, in Bodzechów, Kindheit, ja, ja dasselbe, ist es doch nicht mehr weit, über einen Feldrain, dieselbe Natur... die ich vor einem Vierteljahrhundert verlassen hatte, Tod. Der Kreis hatte sich geschlossen, ich war zu denselben Gerüchen wiedergekehrt, also Tod. Tod. Unter verschiedenartigen Umständen bin ich meinem Tod begegnet, aber immer war in diesen Begegnungen irgendein Meiden enthalten, das eine Perspektive des Lebens beließ, indessen, im Tiergarten empfand ich den Tod unmittelbar – und seit diesem Moment weicht er nicht von mir. Ich hätte mich nicht aus Amerika fortführen sollen. Warum hatte ich nicht verstanden, dass Europa für mich der Tod sein muss? Muss doch für einen Menschen wie mich, für jemanden in meiner Situation jegliches Sich-Nähern zur Kindheit und Jugend tödlich sein – und wenn ich mich auch manchmal nachher „wunderte", dass etwas so Schwaches wie ein Geruch mir unversehens das Leben so radikal fertigmachen konnte, so setzte sich dennoch seither der Tod alle Augenblicke mir auf die Schulter wie ein Vogel, während der ganzen Zeit, die ich in Berlin war. [...] Ich schreibe über Sartre, um mich von Berlin loszureißen. Es ist doch klar: Niemals „über Berlin", „über Paris" schreiben, sondern nur über sich ... in Berlin und in Paris ... ich werde meinem Schreiben nicht erlauben, vom Thema abzuschweifen. Doch, seit ich, von Buenos Aires aufgebrochen, die weite Welt erlebt habe, wird es mir immer schwerer, mich auf mich zu konzentrieren; ich, ein Argentinier, durch den Süden korrumpiert, durchtränkt von jener Sonne und jenem Himmel, nun unter Himmelsstrichen spazierend, deren Gestalten und Lichter in mir verloren gegangen sind ... vertiefe mich in einen Busch oder in Moos, nachdenklich erregt wie ein witternder Hund ... witternd den nördlichen Himmel mit dahinjagenden Wolken, die Weite, die Zeit. Nichts über dem Kopf, nur jagende Unendlichkeit. Ich hatte einmal geschrieben, dass ich nach der Ankunft in Argentinien eine Art zweiter Jugend erlebte; nun, diese zweite Jugend hat irgendwie jene, die erste, die polnische, getötet; alles jene: Bodzechów, Małoszyce, die Schuljahre in Warschau, der literarische Start, die Cafés, wurde in mir vernichtet rund fiel von mir ab. Also? Was nun? In sich, außer der Riesenhaftigkeit des Himmels, all die verlassene Riesenhaftigkeit wiederfinden, versinken, zergehen – auch in diesem?

Indessen begann Berlin sich mir abzuzeichnen als eine wiederum nicht so sehr leichte Stadt.

Ich hatte allerdings keine Illusionen hinsichtlich meines Deutsch – aber dass dies derart boshaft sein sollte? Ich erblickte diese Boshaftigkeit, von der die Rede ist, als ein gewisser Würdenträger mich zu einem Abendessen einlud. Es wurden Personen mit eingeladen, die Englisch sprachen, jedoch sind die beiden Sprachen, die ich frei benütze, Spanisch und Französisch. Immer wieder wandte man sich sehr höflich an mich, doch endete das mit Mimik. [...]

In diesem Sinne nachdenklich, in diesen Ängsten versunken (denn seit ich Argentinien verlassen hatte, verfolgte mich Angst) und mit diesem Tode, dem ich im Tiergarten begegnet war, begann ich mein Leben in Berlin. Nachdem ich zwei Wochen in der Akademie der Künste gewohnt hatte, quartierte man mich in eine bequeme Wohnung auf dem Hohenzollerndamm um. Ich packte meine Sachen aus und richtete mich ein. Ich lernte in dieser Zeit fast alle hervorragenden Schriftsteller und Redakteure kennen (in Berlin wohnt die Creme der deutschen Literatur), mit denen ich mich leider nicht immer verständigen konnte. Günter Grass, Peter Weiss, Uwe Johnson, meine Kollegen von der Feder, beherrschen die französische Sprache schlecht.

Überhaupt, nach meiner Abwesenheit von einem Vierteljahrhundert, kam mir Europa vor wie der Turm zu Babel. Es kam vor, dass bei Mittagessen, an denen zehn Personen teilnehmen, in sechs Sprachen gesprochen wurde. Aeroplane fegten mit den Menschen umher, ich kannte solche, die je drei Wohnungen hatten, eine jede in einer anderen Hauptstadt – Rom, Berlin, Zürich, zum Beispiel –, eine für zehn Tage im Monat. Dieses neue Europa, das moderne, war ebenfalls unfassbar, zu sehr in Schwung geraten, zu sehr galoppierend; ich hielt es in Händen wie eine Bombe, wusste nicht, was man damit machen sollte. Doch darum geht es nicht. Das westliche Berlin, durch die berühmte Mauer vom östlichen getrennt, zählt etwas über zwei Millionen Einwohner und nimmt eine verhältnismäßig riesige Fläche ein, die alle Augenblicke mit Parks, Seen, Wäldern aufwartet; manche Viertel sind derart in Bäume hineingesetzt, dass man nicht weiß: sind es Häuser, oder ist es Wald. Eine Kurort-Stadt, die bequemste von allen Städten, wo die Autos gleichmäßig dahingleiten, ohne Stockungen, und die Menschen gleichmäßig, ohne Eile gehen, wo beinahe unbekannt ist, was Gedränge und Stinkluft sind. Eine ungewöhnliche Idylle in der Luft: Ältere Herren führen zärtlich ihre gepflegten Hündlein spazieren, eine adrette Dame begießt Blumentöpfe am Fenster; die Autos halten artig auf ein elektrisches Signal, mit einem Lächeln lädt ein Arbeiter Pakete aus; jemand verzehrt ein Stück Kuchen auf der Veranda eines Cafés, vortrefflich erzogenes Mädchen betrachtet ein Schaufenster ... Artigkeit. In den Fahrstühlen grüßen Unbekannte einander, tauschen höfliche Worte aus. Fragst du einen Vorübergehenden nach irgendeiner Straße, wird er dich zu ihr hinführen, noch ein Stück Weges opfernd. In den Gesprächen hört man einen Ton, der Vertrauen erweckt, als wären Lage, Ironie, Bosheit für immer von hier ausgetrieben. Unermessliche Korrektheit offenbart sich in Kragen, Krawatten, Fingern, Fingernägeln, Schuhen, in dem Vorfahren der Taxis, in der Abfertigung der Kunden, in der Geste des Beamten auf der Post, der die entsprechenden Briefmarken aussucht, um sie auf deinen Brief zu kleben. Tiefe Moralität in den Augen, aber auch im ganzen Körper, in der Silhouette, von Flute an bis zu den Schuhen. Gutmütigkeit, Ruhe, Wohlwollen durchdringen die Stadt, deren Lebensniveau wohl noch höher ist als das der Vereinigten Staaten. Schönheit blickt dir wiederholt die Augen, eine zurückhaltend nördliche und starke. In der Stadt, die ein neuralgischer Punkt der Welt ist, eine Insel, und mit einer Mauer noch obendrein, sieht man fast keine Polizei, kilometerweit kann man gehen, und keinerlei Uniform wird auftauchen ... in diesem grünen Kurort, im idyllischen Berlin ... Doch nicht darum geht es, nicht darum. Ich aß zu Abend in dem Gärtchen eines Restaurants am Fehrbelliner Platz: einsame Stille, Bäumchen, Schirme. Spätzchen, die niemals ein Deutscher erschreckt hatte, setzten sich mir auf den Tisch und pickten aus dem Teller, was sie nur konnten. Zwei Springbrunnen, alle Augenblicke papageienhafte Farben der Beleuchtung wechselnd, wie zwei Buketts im Kreise der Tischchen, inmitten des Geplauders der Gäste; des Laufens der Kellner. Und in gewissen Abständen kam die Reihe an die rote Farbe, und da musste mich im unschuldigen Berlin der Gedanke an Blut befallen, und Blut spritzte aus der unbarmherzigen Erde! Doch nicht darum geht es, nicht darum. Berlin ... nein, das ist nicht leicht, vielleicht wäre es leichter, wenn ich – oh, Hamlet! – keine bösen Träume hätte. Gute sechs Monate danach, als ich in der Bartningallee wohnte und das Frühstück in einem Restaurant am Hansaplatz einnahm, erlebte ich folgende Begebenheit. Gegenüber, einige Tischchen weiter, pflegte ein Deutscher Platz zu nehmen, ein bereits älterer Herr mit zitternden Händen, gewiss wohl ein Pensionierter, mit einem Krug Bier, vielleicht ein wenig getrübten Geistes, aber rührend gesellig – er begrüßte die Kellner, mich und andere Gäste mit großer Herzlichkeit, nahem mit Begeisterung jede geringste Gelegenheit wahr, um etwas zu sagen, oder wenigstens eine Handbewegung zu machen –, seine Einsamkeit musste groß sein ... (ob sie wohl von dorther stammte, fragte ich Ahistorischer). An mich wandte er sich mit besonderer Vorliebe: – Schön heute, nicht? ... (längeres Schweigen) ... welch ein Schnee! ... (eine Viertelstunde Pause) ... vielleicht ein Zigärrchen? ... Einmal gingen wir zusammen hinaus, es war das an einem Sonntag, er sagte, dass am Sonntag von hier Ausflugs-Omnibusse abfahren. „Wissen Sie, vielleicht machen wir uns auf?" ... Ich dankte. Er schaute mich an, schwieg, schließlich sagte er etwas, und die Hände zitterten ihm, er sagte etwas auf Deutsch, wovon ich nur Fetzen verstand, sogar nur Abfälle: – Nicht fahren ... fahren ... nicht hinkommen ... viele Abwechslungen, was es nur gibt ... man kann nichts, es gibt nichts, nichts gibt es, nichts, was wollen Sie? ... Ganz unmöglich, unmöglich, das kann nicht sein ... schade, schade, nichts ... nein ... aber sehen Sie, mein Herr, das ist vielleicht trotzdem, und uns gegenüber ... Er beendete entschieden: – Nichts! Und so stand er da, irgendwie ein Negierender, Widerspenstiger, Hartnäckiger, Unbeugsamer und Unbegreiflicher, Kategorischer, Resignierter, Verzweifelter, Schwankender, Weicher, Harter, Dramatischer, Biederer, mit etwas auf der Zunge ... mit einer Klage ... einem Protest ... einer Negierung, vielleicht einer Leere, vielleicht mit nichts ... Ich aber stand, ohne verstehen, erfassen, erraten zu können, stand da über diesen Worten wie über einem Haufen durcheinandergeworfener Klötzchen ... oder über einem Loch, aus dem Negierung gähnte ... Und doch nicht darum ging es, nicht darum! Worum also?! Seit ich Argentinien verlassen habe, habe ich den Faden verloren – und hier, in Berlin, kreuzten sich zu viele Fäden – Häuser waren da, Straßen, Bäume, Rasen, Asphalt, ich stand in all diesem, er spricht irgend etwas, ich weiß nicht, wieder streifte mich der Tod, meiner, oder ihrer, man muss nach Hause gehen, Lächeln, Verbeugung ...

Lady Macbeth. Immerfort waschen und waschen sie sich die Hände ... (am Anfang). Wasserhähne. Badezimmer. Waschen ist hygienisch ... dennoch.

Die Länge der Beine und eine gewisse Verblasstheit in den Augen und der Nacken und die Farbe der Haut ... egoistisch ... (Aber zum Beispiel die Schweden? Norwegen, Holland?). Kellner. Ballett. Wie Fels. Nie werden sie müde. Ohne Makel. Zuvorkommenheit: (Der Deutsche als Schauspieler.) Mögen sie die Maske und das Spiel? (Von dieser Seite her kann man ebenfalls, überhaupt kann man – leider – alles.) Isoliertheit. Sie arbeiten miteinander, sie teilen sich aber einander nur teilweise mit, im Rahmen der Funktion. Ihre Einsamkeit ist absorbiert von der Umgestaltung der Welt und die Befriedigung der Bedürfnisse: Sie heiraten frühzeitig. Um die Frau anzuwenden, in die Arbeit einzuspannen. [...]

Der Deutsche ist auf Deutsche angewiesen, was in der einfachsten Version bedeutet: Wem soll er vertrauen, wenn nicht seinem Ingenieur, General, Denker? Die deutsche Arbeit war stets die solidere. Die Deutschen sind ein Volk, dessen Arbeiter der Elite Vertrauen schenken, und dessen Elite dem Arbeiter Vertrauen entgegen bringt ... Zwar haben sie zwei riesige Kriege verloren, doch haben sie die ganze Welt in Schach gehalten, und bis sie zermalmt worden waren, führten sie die Führer von Sieg zu Sieg. Trotz allem sind sie an Siege gewöhnt: in der Fabrik, im Kriege, in jederlei Lösung von Problemen ... Hitler, das war ebenfalls, vor allein, eine Frage des Vertrauens.

Da sie nicht glauben konnten, dass dies derart simpel war, so müssten sie also annehmen, dass es genial war.
Eine Parallele: Der Pole ist durch Niederlagen geformt, der Deutsche – durch Siege.

Sie sind nicht tüchtiger, nur fürchten sie mehr Pfuschwerk, das ihnen fremd ist … (das Gesicht eines Elektrotechnikers, der die Leitungen eines Fahrstuhls repariert, ist konzentriert, wie vom Schmerz gezeichnet, beinahe märtyrerhaft) etc., etc. Man könnte auch auf der Linie arbiträrer Zusammenstellungen gehen, zufälliger, und daraus sehen … zum Beispiel die Augen, die Augenhöhlen, die die Arbeit als Variante des Apparats, das Hinführen zum Essen, das Verhältnis, Ausruhen – Bewegung, oder zum Beispiel was stets hinter ihnen ist, wenn sie gehen … (vieles ließe sich sagen; und der Nutzen wäre zweifellos, dass mich dies behüten würde – vor ewig denselben, schematischen Auffassungen, in denen sie sich befinden, wie in einem Käfig …).

Sich nicht informieren.

Nicht lesen, weder Bücher, noch Zeitungen.

Nicht die Mauer anschauen.

Sich nicht zu sehr für irgendetwas interessieren.

Im Café sitzen und auf die Straße gaffen … (Notizen, in einem Café am Kurfürstendamm gemacht, während ich auf Susanne Fels wartete.)

Nein, ich schreibe nicht über Berlin, ich schreibe über mich, diesmal in Berlin – ich habe nicht das Recht, von etwas anderem zu schreiben.

Verliere nicht dein Thema!

Ich habe andere Künstler kennengelernt, die, wie ich, von der Ford-Stiftung, eingeladen waren. Ich habe mir einige distinguierte Anzüge angeschafft. Ich beendigte Kapitel meines Tagebuchs, die die Reise aus Argentinien und der Aufenthalt in Paris umfassen. Immerfort fielen mir Einladungen zu: Konzerte, Ausstellungen, Colloquien.

Es scheint dennoch, dass Jenes vor einem Vierteljahrhundert das war, was mir, einem immerhin ahistorischem Ankömmling von jenseits des Ozeans, am meisten den Schlaf von den Augen vertrieb … oder mich in den Schlaf trieb. Die Idylle ging nämlich Hand in Hand mit einer gewissen Ungeheuerlichkeit, über die man im Zweifel sein kann, ob sie von heute ist, oder von gestern nun, weil schließlich das Heute sich aus dem Gestern herleitet. Die Berliner Hunde, zum Beispiel sind höchst korrekt, einer wie der andere, und dennoch sah ich vielleicht irgendwo in der Tiefe sich tummelnde Hunde, zu scheußlichen Ungeheuern geworden. Manchmal, in Gesprächen fiel ein Wörtchen, das nicht minder schrecklich und ebenfalls zwischen heute und gestern gespannt war – oder ich habe geträumt (denn dieses Durcheinandermischen der Zeiten drängt sich in den Traum ein) zum Beispiel, dass jemand zu mir sagte: „Wissen Sie, hier in der Nähe ist ein Krankenhaus, in dem verkrüppelte Leute für immer eingeschlossen sind, allzu schrecklich, als dass man sie den nächsten Angehörigen zeigen könnte. Den Familien wurde gesagt, dass sie umgekommen sind." Man sagt: – Dort, hinter der Mauer war der Bunker Hitlers (war, oder ist? Denn er ist ja noch immer, sei es auch als gewesener Bunker). Man sagt: – Ach, der Krieg, das waren schlimme Jahre! Oder: – Seit dem Krieg bin ich allein, der Mann und der Sohn sind umgekommen. Man hat mich zu einem Gefängnis gefahren und hat mir ein gewöhnliches, helles Zimmer gezeigt mit eisernen Ringen an der Decke, die dazu dienten, jene zu hängen, die gegen Hitler kämpften – aber vielleicht nicht zum Erhängen – zum Erwürgen (denn ich verstand nicht recht, manchmal hörte ich sogar nicht richtig, wie das so in Gebirgen zu sein scheint, auf großen Flüssen, an Orten, wo die Natur phantastisch wird). Und wieder: „war" das, oder „ist es noch" … obgleich

UNTERWEGS IN BERLIN: POLNISCHE BERLIN-BESUCHER

nicht völlig, schon zerfressen von der Zeit. Musste ich doch öfter in den Straßen der so anständigen, so tief moralischen Stadt nicht nur zu Ungeheuern gewordene Hunde sehen, sondern auch Menschen-Ungeheuer –, wer könnte mir garantieren, dass der rechte Fuß dieses Herrn in einem gewissen Alter damals nicht jemandes Gurgel bis zum Enderfolg gewürgt hat. Ihre erstaunliche Kraft in der Überwindung der Vergangenheit bewirkt, dass du es manchmal kaum glauben kannst …

Eine Stätte des Verbrechens – oder der Tugend? Ich, eine Person aus Argentinien, eine eher ahistorische und ungewohnte, hatte immer den Eindruck, dass Berlin – wie Lady Macbeth – sich ohne Rast und Ruhe die Hände wasche … Und, unter diesen Verhältnissen, nahm die in das Leben eintretende Generation, diese riesige, erneuernde und säubernde Woge, die gleichsam von Anfang an begann und die Vergangenheit überflutete eine entscheidende Bedeutung an – mir aber entschlüpfte diese deutsche Jugend immerfort, da die lahmen Dialoge, ein bisschen auf Deutsch, ein bisschen auf Französisch, keine wirkliche Annäherung erlaubten. Von allen Begegnungen mit ihr ist in meinem Gedächtnis am festesten die Neujahrsfeier 1964 haften geblieben, in dem Atelier eines gewissen jungen Malers, wo ich mich dank meines Freundes, eines Griechen namens Cristos Joachimides[111], einfand. Als ich in dieses halbdunkle, einstöckige Atelier eintrat und die nordische Jugend erblickte, die auf Ottomanen herumlag, in den Winkeln umherstand, vergegenwärtigte ich mir sofort ihr Angeschmiedetsein an ihre eigenen Hände – die Hände waren das Stärkste, sie füllten das Zimmer aus, sich verdichtend oder sich lockernd, kräftig, groß, sauber, mit sorgfältig geschnittenen Fingernägeln, zivilisiert. Und die Köpfe leisteten den Händen Gesellschaft, wie eine Wolke der Erde Gesellschaft leistet (es war das kein neuer Eindruck: einst hatte sich schon Roby Santucho[112] in Argentinien derart zu seinen eigenen Händen herabgestoßen, hinabgedrängt).

Verbrecherische Hände? Aber woher denn, waren sie doch neu, unschuldig … Neu und nicht dieselben und trotzdem, dennoch dieselben … Was für ein Unterschied? Nicht dieselben Augen, Haare, Münder, nicht dasselbe Lachen? Ein goldblauer Blonder reichte mir freundschaftlich ein Glas Whisky, aber diese Hand streckte sich mir von dorther entgegen, die Augen schauten mich von dorther an … Jemand anderer legte mir die Hand auf die Schulter, und das war brüderlich, aber die Brüderlichkeit, ebenfalls von dorther war der Tod … ich weiß nicht, ein kollegialer, oder vielleicht ein feindseliger … Und im gleichen Augenblick zuckte ein wunderhübsches Mädchen drollig mit den Schultern, es handelte sich um Liebe –, Liebe, ja, aber Jenes war ebenfalls Liebe, ein Wald, ein Wald von erobernd, liebevoll nach vorn ausgestreckten Händen, Heil, schaffende Hände! Unsinn! Hinweg! Gegaukel! Wie sind, doch Europäer (einem solchen Europa bin ich in Paris nicht begegnet), ruhig und frei, nicht eine Prise Chauvinismus oder Nationalismus, weite Perspektiven in weltumfassender Skala, ja, das war die allermodernste Jugend, die mir zu sehen gegeben war. Sie leugneten nicht einmal die Vergangenheit ab, es war im Halbdunkel zu beobachten, dass Jenes nicht mehr ihre Angelegenheit war, sie waren etwas anderes und etwas Neues. Sich losreißen! „Komm, gehen wir, was soll dir dieser, ihr Achilles!" Eine Generation, wie durch Niemanden geboren, ohne Eltern, ohne Vergangenheit, in

---

111 Christos M. Joachimides (geb. 1942), griechischer Kunsthistoriker und Kurator lebt seit 1952 in Deutschland.
112 Roby (Roberto Mario) Santucho, argentinischer linksradikaler Terrorist, getötet von der argentinischen Armee im Jahre 1976.

Leere – nur dies, dass sie stets an ihre eigenen Hände geschmiedet war – welche zwar nicht mehr erschlugen, sondern sich nur mit Diagrammen, Berechnungen beschäftigten, mit Fabrikation, Produktion. Und reich waren sie ... seltsame Jacken, prachtvolle Uhren ... ihre Wagen standen auf der Straße ...

Ein Luxus also von höchst zivilisierten Jungen, mitten im Herzen Europas ... und dennoch explodierten mir alle Augenblicke tötende Verbindungen im Gehirn. Um irgendeine Lücke in meinem deutschen Gestammel zu flicken, zitierte ich Goethe: Hier ist der Hund begraben, und sogleich gesellte sich mir der begrabene Hund zu, nein, nicht ein Hund, sondern irgendein Altersgenosse, genau solch einer, wie er ja hier irgendwo liegen konnte, in der Nähe, am Kanal, unter Häusern, hier, wo der junge Tod dicht hat gesät sein müssen im letzten Kampfe. Dieses Skelett streckte irgendwo in der Nähe ... Und gleichzeitig schaute ich auf die Wand und erblickte dort, hoch oben, fast unterhalb der Decke, einen eingeschlagenen Haken, in die nackte Wand eingeschlagen, einsam, tragisch, nichts Schrecklicheres als dieser Haken, dort eingeschlagen, ein Haken, in die Wand, hoch oben, eingeschlagen, in die nackte Wand. Ob sich wohl die luxuriöse und europäische Jugend, die losgerissene und selbständige, denken konnte, was mir durch den Kopf ging? Ich wusste, dass sie für mich nicht „Deutsche" sein wollten, ähnlich wie ich für sie nicht „Pole" sein wollte – und vielleicht sogar, wer weiß, wollten sie überhaupt keine Deutschen mehr sein, in der Welt hineingeworfen, von vorne anfangend, nach möglichst weiten Horizonten dürstend. Und dennoch steckte der Haken in der Wand! Whisky! Whisky! Wein. Sandwiches, Kuchen, Obst, Gespräche und Flirts. Man sprach immer von etwas anderem, Brecht, Grass, Studien, Reisen, Lessing. In dem Maße wie Mitternacht nahte, wuchs meine Neugier ... was machen sie mit der Zeit? Was machen sie mit dem neuen Jahr? Was werden sie mit dem Moment beginnen, in welchem die Vergangenheit und die Zukunft hereinbrechen? Und was? ... Die Stunde schlug, die Champagnerkorken knallten, und sie, mit Lächeln, mit Glückwünschen, mit Umarmungen, verwischten sich den gefährlichen Moment. Fährst du nach Griechenland? Habt ihr die Ausstellung von Frédéric Benrath gesehen? Piers Reed ist in England. Du wirst sehen, nächstes Jahr werde ich schon „Frau" sein. Dieses Neujahr in Berlin erwies sich als vollkommen ruhig, bürgerlich, zeitlos eigentlich und ohne Geschichte.

Sie waren also private Menschen. Und ich, der ich stets bemüht war, im Leben ein privates Wesen zu sein, konnte nicht umhin, dem Beifall zu klatschen. Weltbürger. Europäer. Nur dieser Hacken in der Wand, der eingeschlagene, eingeschlagene ... nur jenes brüderliche Skelett, der Tod in der Nähe ... und nur Hände, dieses unfassbare Übergewicht von Händen ... Ich schluckte noch einen Whisky! Dort, damals, bei den liebevoll tödlichen Paraden holte man aus dieser Jugend die Hände hervor, man schob an die Spitze, ach, einen Wald vor Händen, der voranging und vorausführte ... sie gingen mit ihren Händen ... hier aber, jetzt, waren die Hände ruhig, unbeschäftigt, privat, und dennoch, wieder sah ich sie an Hände geschmiedet, in Hände hinabgestoßen.

Deutsche Hände in Berlin ... schon lange hatte ich auf sie geschielt ... diese Hände beunruhigen, denn sie sind wirkungsvoller, mehr im Ernst, möchte ich sagen, jegliche deutsche Arbeit verwirklicht sich besser ... Aber die völlige Leere, die tödliche Stille dieser Hände wurden mir erst augenscheinlich, als ich sie auf diesem Empfang eräugte, bei diesen verwaisten Jünglingen, in dieser aus Trümmern wiederaufgebauten Stadt ohne Charakter, die eine Insel ist ... eine einstweilige ... Keiner von ihnen hatte sich an etwas zu klammern. Die große Tradition von Goethes Deutschland war allzu kompromittiert durch das, was auf sie folgte. Die Parolen des neuen Europas waren nicht lebendig genug. [...]

Als ich bei Morgengrauen auf die frostige Straße hinaustrat, war das Neujahr in Berlin im Erlöschen, Autos kehrten vollbesetzt zurück, noch voller Fröhlichkeit. Die Ruhe trat schon in Erscheinung und der Schlaf … in einer Stadt voller Brieftaschen, Uhren, Ringe, erstklassiger Pullover … mit verlorener Vergangenheit und Zukunft.

Doch schon war es bekannt, dass morgen die Stadt wieder im neuen Tempo arbeitet, das jeden Tag um ein weniges zunahm; und diese Arbeit war solide, normal, als wenn nie etwas gewesen wäre, brachte sie immer bessere Resultate … eine gesunde Arbeit … Die Straßen bequem, mit in Reihen ausgerichteten Bäumchen, die Häuser fest, behäbig, ruhig … Berlin macht den Eindruck von jemand gleichmäßig und sicher Dahergehendem, nur dies, dass man nicht weiß, wohin, – „Was werden sie wohl machen?", fragte ich mich selber und das Wort „machen" klang für mich gleichzeitig so wie „etwas machen" (produzieren) und „sich etwas antun". Oh, du Ankömmling aus der Pampa, sind diese Beurteilungen nicht allzu voreilig und überstürzt? Schien mir doch ganz Europa, seit ich in Cannes gelandet war, wie geblendet von Arbeit … niemandem war ich begegnet, der nicht eine Funktion, ein Rädchen in der Maschine war, alle Leben waren voneinander abhängig, – und die Genialität – eine eroberungssüchtige, rasende – warf den Menschen beiseite, um zu einer unbegreiflichen Vibration dahinjagender Menschenmassen zu werden. Goethe? Anstatt Goethe – Mastodonten von Fabriken. Höchstens Berlin, in der Leere aufgehängt, auf eigene Vibrationen angewiesen, hat sich um einen Schritt weiterbewegt …

Während meines ganzen Aufenthalts in Berlin ist mir nicht ein einziger Goethe, Hegel, Beethoven in den Sinn gekommen, nicht einmal etwas, was auch nur entfernt an sie erinnert hätte. Es fehlt sicher nicht an ausgezeichneten technischen Talenten, aber Genialität – jene geistige – flieht aus den Menschen in das Produkt, in die Maschine, spielt in dem Gesurr der Transmissionsriemen, dort sind sie genial … außerhalb ihrer selber …

Ihre Gesundheit! Ihr Gleichgewicht! Ihr Wohlstand! Ach, wie oft hat es mich geradezu zum Lachen gebracht, was für ein Witz, was für ein historischer Jux, dass eben hier, im eigentlichen Zentrum der Katastrophen, die Leute am allerbequemsten leben und am besten verdienen. Wie ist das doch komisch, dass sie sich unter so vielen Brand- und Brisanzbomben hervor an die Oberfläche gerappelt haben – als wenn nichts gewesen wäre, rotwangig rund obendrein mit Necessaires und Badezimmern. Empörung! Wo ist Gerechtigkeit … gewöhnliche Anständigkeit. Aber gut wäre es, zu verstehen und zu bedenken, dass dieses asketische und religiöse Volk (selbst, wenn es an einem Gott mangeln sollte) sich in zwei Sinnesrichtungen spaltet, in zwei Wirklichkeiten. Handkoffer, – aber zugleich reißt sie das alles mit und geht mit ihnen durch. Wohin? Wozu? Eine Frage, die weder leicht, noch eine Bagatelle ist. Auf jeden Fall wäre es gut zu bedenken, dass für sie Luxus ein Opfer zu sein pflegt, kleinbürgerliche Ruhe – eine verbissene Spannung, und dass, wenn sie sanft nur in der schneeig-sonnigen Mittagszeit vor ihren Schaufenstern stehen bleiben und überlegen, was man sich hier noch spendieren könnte, ihnen eben dann irgendwo in ihren Bergen, ihren Wüsten Druckspannungen geboren werden, Lawinen, und im Druck, in der Mühe, im Tosen und Bersten, im Surren aller Räder vollzieht sich für sie ein neuer Schritt ins Ungewisse. […]

Mir fehlte in Berlin ein Künstler-Café; etwas in der Art der Ziemiańska oder des Zodiak[113] im einstiegen Warschau. Dem Redakteur Jaesrich[114] gefiel dieser Gedanke. Wir beschlossen, mit dem Amtieren an Dienstagen und Donnerstagen im Café Zuntz zu beginnen, und benachrichtigten Freunde, Bekannte. Anfangs kamen viele Leute, es schien, als lebten allmählich die Traditionen der seinerzeit berühmten Berliner Cafés wieder auf. Ausländische Künstler, von der Ford-Stiftung eingeladen, schauten auch hier herein, und von deutschen Schriftstellern Günter Grass, Uwe Johnson, manchmal Peter Weiss. Das hielt nicht lange an. Nach ein paar Monaten reduzierte sich alles auf mein Tischchen, das mehr als ein halbes Jahr überdauerte, wonach es verschwand … Ich nehme an, dass, wenn diese Initiative mehr die ihrige gewesen wäre, eine interne, weniger internationale, sie sich länger erhalten hätte – aber wohl nicht viel länger. Mir schien, als ob sie sich im Allgemeinen nicht mitteilen wollen, der Gedankenaustausch, wie irgendwelcher andere, war ihnen nicht sehr vonnöten, jeder wusste das Seine, und das, was er wusste, äußerte er durch das, was er produzierte: Bücher, Artikel, Bilder oder ein anderes Schaffen. Ein allgemeiner Skeptizismus gegenüber jedem unmittelbaren Kontakt, nicht im Rahmen einer umrissenen Meinung. Ihre Blicke begegneten sich, aber stets auf etwas, niemals in der Art, dass Augen sich in Augen versenkten.

Professor Hasenclever[115] lud mich zu einer Plauderei mit seinen Studenten ein – Studenten des Literarischen Colloquiums. Dort wird eine recht seltsame Wissenschaft gelehrt: wie man schreiben, wie man Schriftsteller werden soll. Junge Schriftsteller, welche die göttliche Berufung zur Literatur fühlen, studieren dort die Technik der Komposition, des künstlerischen Ausdrucks, der Beschreibung, der Handlung, weiß der Teufel, vielleicht sogar die Technik der Inspiration. Eine schöne Villa am Wannsee sowie eine herrliche Unterkunft im Zentrum der Stadt sind der materielle Rahmen dieses besonderen Experiments, wohl dem einzigen in seiner Art. Veni, vidi …, und ich sagte primo, dass, wenn sie Schriftsteller sein wollen, sie von hier durch Tür und Fenster ausreißen sollten, secundo, dass sie sich nicht durch Butor verführen lassen sollten, der sie mit den Wunderehen des *nouveau roman fraçais* sowie anderen Theorien verblenden werde. Sowohl Professor Hasenclever als auch seine Studenten nahmen meine Ratschläge mit großer (soweit ich das beurteilen konnte) Zufriedenheit auf, nicht ohne Heiterkeit. Das ist wirklich sonderbar: Alle stecken sie bis über die Ohren in der Wissenschaft, in der Technik; der Scientismus drängt sich ihnen sogar in Gebiete ein, die bisher ein Reservat menschlicher Freiheit waren, und dennoch höre ich alle Augenblicke ihr befreiendes Lachen und fühle, dass sie irgendwo, irgendwie meine Verbündeten sind. […]

Triumph von Günter Grass, sein letzter Roman nähert sich zweihunderttausend verkauften Exemplaren. Humor von Grass: Man nahm es ihm übel, dass er auf Bällen im Sportanzug erschien; angesichts dessen ließ er sich einen ungeheuer violetten Smoking machen und gibt so den Diners und Nachmittags-Tees den rechten Chic. Ein anderes Merkmal Grass'schen Humors: Philosophie goutiert er nicht besonders; dieses wissend, lenkte ich eine Diskussion mit ihm auf philosophische Gebiete. Darauf Grass, höflich vorgebeugt, subtil,

---

113 Beide Cafés waren bekannte Treffpunkte der Warschauer Intellektuellen der Zwischenkriegszeit.
114 Helmut Jaesrich (geb. 1908), bis 1971 Redakteur der Monatsschrift „Der Monat" danach zuständiger Redakteur für Literatur bei der Tageszeitung „Die Welt".
115 Walter Hasenclever (geb. 1910), Jurist, Übersetzer. 1935 emigrierte er in die USA, 1940-1945 diente Hasenclever in der US Army. 1963 Mitbegründer des Literarischen Colloquiums Berlin.

diskret: „Entschuldigen Sie, aber meine Schwester, hier anwesend, bekommt einen nervösen Husten, wenn man mehr als sechs Philosophen auf einmal erwähnt." Mit ihnen dreien – Grass, Johnson, Weiss – kam ich von Zeit zu Zeit zusammen, aber diese Zusammenkünfte verliefen im Sand, sei es durch die Anwesenheit dritter Personen. Viel Male sagte ich mir, ich muss mich mit Weiss aussprechen, ich muss von ihm erfahren, er wird mir sagen ... Was Uwe Johnson betrifft, so war das Norden. Ein so nordischer Nordländer, dass ich nicht ein-, nicht zweimal beschloss, man müsse dennoch unbedingt ein Gespräch führen, das mehr ... Nichts wurde daraus. Wir waren hermetisch, sie für mich, ich für sie, im Vorhinein war bekannt: nichts, absolut nichts, und das Beste, was man machen könnte, wäre, dass einer den anderen in Ruhe ließe. Ein wenig wie Pferde, die auf einer Wiese weiden. Aber auch wie eroberungssüchtige Wesen, im Zustand der Expansion, bereit, einander bei erster Gelegenheit zu fressen. Einmal stieß Uwe Johnson zufällig auf mich in einem kleinen Restaurant gegenüber der Akademie der Künste. Er trat heran, und in nordischer Verschämtheit murmelte er etwas, was, wie ich erriet, ein Kompliment bezüglich der frisch in Deutsch erschienenen „Pornografia" war. Ich schämte mich seiner Verschämtheit, sammelte irgendetwas hervor, also Tabakpfeifen, Knöpfe und Aufschläge von Jacken.

2

Die Neue Philharmonie, „Scharoun-Zirkus", wie sie die Taxifahrer nennen, außen gelb, innen ein leichtes, elegantes Ineinanderschwimmen von Flächen und Zuhörern zum Orchester hin – von allen Seiten dieser Architektur lauscht man gut, und gut lauscht man in dieser Architektur. Karajan inaugurierte sie (ein wahres Fest) mit der Wiedergabe der Neunten. Das Orchester ist der Stolz Berlins, ist „glänzend". Ich setze „glänzend" in Anführungszeichen, nicht, dass ich zweifle, aber weil nur Spezialisten etwas darüber sagen können; der Rest, Tausende, muss aufs Wort glauben. Richtiger wäre daher die Formel: „Man lauscht diesem Orchester als einem glänzenden." Doch die Kunst ist ein Luxus, also wird auch unsere Sprache, wenn von ihr die Rede ist, zu einem Luxus. Man sagt stolz: „Ich kann die Neunte nicht mehr hören ich kenne sie auswendig." Bei Gott und der Wahrheit, sogar die Neunte, sogar hier, in Berlin, kennt man im Allgemeinen zu neun Prozent, nicht mehr.

Das „berühmte" Vegh-Quartett, so oft von Schallplatten gehört – jetzt vor mir auf dem Podium. Inmitten von Menschen getaucht, nach dem Tête-à-tête mit dem Plattenspieler, lausche ich nicht, höre ich nicht, ich bewundere lediglich das Hereinkommen und Hinausgehen von vier befrackten, von Geigen beflügelten Herren, und besonders das Schauspiel Veghs selber, der seine sich rundende Figur mit einem wunderbaren Ermatten zu inspirieren versteht [...].

Ich verließ Berlin nach einem Jahr, im Mai 1964, entkräftet – kaum steig ich ins Auto. Die Krankheit hatte in mir schon in den ersten Monaten meines Aufenthaltes auf der Lauer gelegen, doch erst der Schnee, die Regen, Winde und Wolken des nördlichen Himmels, den ich seit einem Vierteljahrhundert nicht mehr betrachtet hatte, weckten und entwickelten sie. Zwei Monate Krankenhaus. Ein schlechter Gast bin ich gewesen. [...]

Ich gestehe, dass in meiner polnischen Seele Berlin, dieses Nachkriegs-Berlin, einen Sturm hat entfachen müssen – einen Sturm der Rachsucht, des Entsetzens, der Sympathie, der Bewunderung, der Verdammung, der Angst, der Anerkennung, der Freundschaft, der Feindschaft – für viele andere hätte sich ein Platz finden müssen ... Aber nein.

Berlin wurde für mich zu einem Rätsel der Verwirklichung … und der Nichtverwirklichung …

Eines herrschte über allem anderen: Erschaffung, Zerfall, Verzerrung, Geraderichtung, Verflüchtigung, Vermischung, Anspannung … der Wirklichkeit.

Ich kam nach Berlin gewandert wie zum Ende eines Pilgergangs durch Europa, wie zu einem allerwirklichsten und allerphantastischsten Ort. Die Reise war zweifach: einmal auf der Landkarte, ein zweites Mal in mir. Berlin wurde zu meinem inneren Abenteuer … aber darüber gab ich mir erst jetzt Rechenschaft, allmächtig, während des Schreibens …

Sie verhielte sich mir gegenüber, wie ich schon sagte, mit großer und sorgfältiger Gastlichkeit, einer nicht minder sorgfältigen Freundschaft – doch nein, Unsinn, für einen Groschen ist Politik darin, viel hingegen davon, nehme ich an, weil ich ein Pole bin. Klar. Als Pole drückte ich ihnen auf dem Gewissen. Sie fühlten sich schuldig.

Umsonst! Umsonst! Seid keine Kinder, euer Lächeln und alle Bequemlichkeiten, die ihr mir hättet bieten können, werden nicht eine Minute eines einzigen des vieltausendfachen polnischen Sterbens, einer so weit gespannten Skala der Qualen zunichtemachen. Ich lasse mich nicht verführen! Ich werde nicht verzeihen!

Ich habe nicht verziehen, doch ist mir etwas Schlimmeres passiert. Ich, ein Pole (denn dies erlebte ich eben „als Pole") musste zu einem Hitler werden.

Ich musste alle jene Verbrechen auf mich nehmen, ganz als hätte ich sie selber begangen. Ich wurde zu einem Hitler und musste anerkennen, dass Hitler in jedem umkommenden Polen anwesend war, dass er immer in jedem lebenden Polen ist.

Verdammung, Verachtung, das ist nicht die Methode, das ist nichts … ein solch ewiges Auskotzen des Verbrechens macht es nur beständiger … Man muss es hinunterschlucken. Man muss es essen. Das Böse kann man überwinden, aber nur in sich selber. Völker der Welt: Scheint es euch immer noch, dass Hitler ein österreichischer Deutscher war?

Der Blick aus meinen Fenstern in der fünfzehnten Etage.

Aus einem riesigen Fenster: zuerst frostbereifte Bäume und weiße Teiche eines weiten, eingeschlafenen Parks, unmittelbar dahinter, einen Kilometer entfernt der Kurfürstendamm, der Zoo, das Zentrum West-Berlins, von amerikanischem Profil, pulsierende, zwinkernde, blendende, erscheinende und verschwindende Reklameleuchter, Schwärme von Autos, durch Alleen jagend, elektrischer Feuerschein am Horizont.

Aus einem anderen riesengroßen Fenster: Dämmer und Geheimnis, riesiges Schweigen, hinter der Mauer trat sich Ost-Berlin ausgebreitet mit langen Straßen und trübseligen Laternen. Schornsteine, Türme, sich verwischend im frühen winterlichen Dämmer, irgendwo buchtet dort etwas, ich nehme den Feldstecher. Dieses Glanzding West-Berlin, letzte Koketterie des luxuriösen Europas weitet dahinter, als ob nicht mehr Stadt, sondern nur eine Weite, eine gigantische, bis nach China existiere. Ich schaue angestrengt hinein wie in eine stumme Einsamkeit winterlicher Felder als wäre ich auf dem Lande … eine Magie hat sich in dieser elementaren Weite verborgen, von der man weiß, dass sie dem universalen und organisierenden Gedanken untergeben ist, unteilbar beherrscht von der Idee. Während West-Berlin leuchtende Blindheit ist, sich auf gut Glück der Verwirrung einordnend, so hat sich auf jener Seite, wo Nacht ist, Weite, Winter, Dunkelheit, die IDEE ausgebreitet, eine verbissene, schweigende. Eine strenge. Das ärgert. Sonderbar, vielleicht schmerzlich, dass der GEIST dort ist, nicht hier ... seine Nachbarschaft fasziniert ... aber es erstaunt, ist bedrückend, dass er mehr Ähnlichkeit hat mit sich erhebenden Nebeln, mit sinkenden Finsternissen, mit vorbeischwimmenden Wolken, mit aufeinanderfolgenden Jahreszeiten, als mit etwas, das mehr menschlich wäre. Diese Ursprünglichkeit ...

Und so schaut man aus dem Fenster, es sieht düster aus. Aber wissen Sie, in Ost-Berlin sind die Menschen um vieles sympathischer ... Wohlwollend, freundschaftlich ... Selbstlos. Nicht zu vergleichen mit einem West-Berliner, einem vermaterialisierten ...

– Aha, Sie sind ein Anhänger jenes Systems?

– Nein, im Gegenteil. Die Menschen sind besser, weil überall unterdrückt ... Das ist immer so. Je schlechter das System, desto besser der Mensch ...

Ein Ende machen! Ich reiße mich los von dir, Insel! Ich fliege nach Paris.

Aus dem Polnischen von Walter Tiel

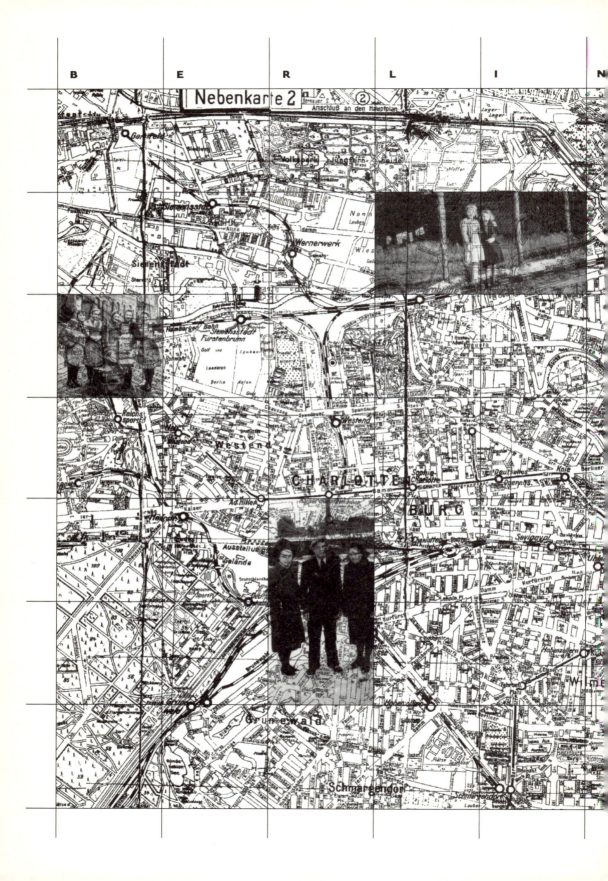

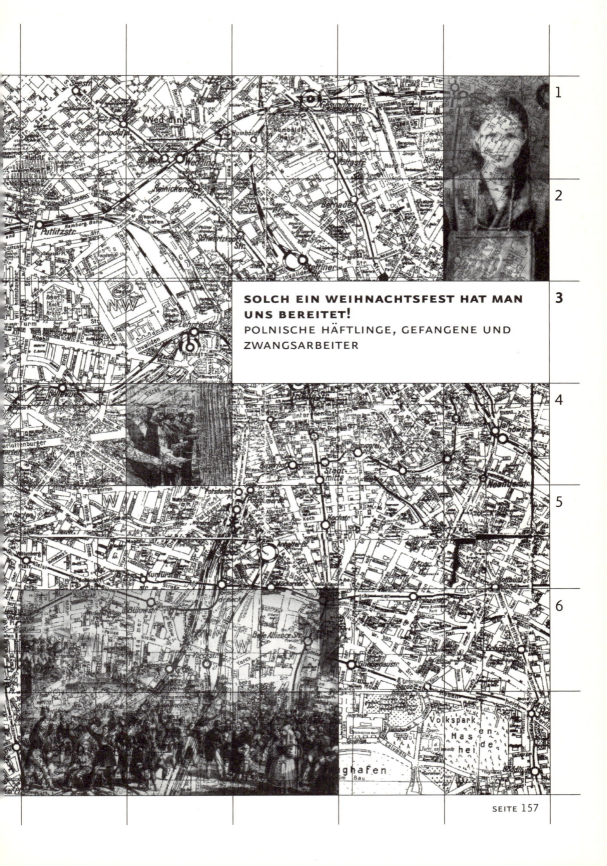

SOLCH EIN WEIHNACHTSFEST HAT MAN UNS BEREITET!
POLNISCHE HÄFTLINGE, GEFANGENE UND ZWANGSARBEITER

EINLEITUNG
ANDREAS MIX, STEREOTYPEN VON LANGER DAUER: DEUTSCHE POLENBILDER

„Leicht u. beweglich ist auch des Polen Geist, sein Temperament durchaus sanguinisch. Er ist schnell zu entzünden für alles Große, Erhabene u. Edle; er liebt den Ruhm, die Ehre, die Pracht, vor allem sein Vaterland, u. man hat ihn daher den Franzosen des Nordens genannt. Aber diese leicht bewegliche, entzündliche Natur bedingt auch die Schattenseiten des polnischen Wesens; rasch wechseln u. schwanken Eindrücke u. Gefühle, Edles u. Gemeines stoßen hart aneinander; die leichte Beweglichkeit wird zur Ungebundenheit u. Zügellosigkeit, der leichte Sinn wandelt sich zum Leichtsinn, die rasche Entzündlichkeit des Gemüths macht den Polen zum Sklaven wilder Leidenschaften, er ist oft jähzornig, streitsüchtig, er liebt Trunk u. Spiel, u. dabei fehlt seinem romantischen Sinne die rechte Neigung für praktisch solide Anstrengung u. Arbeit; überall macht sich eine gewisse unsaubere Trägheit bemerkbar, u. bis in die obersten Schichten der Bevölkerung hinauf sieht man nicht selten auffallenden Schmutz neben dem reichsten Prunke, Mangel an einfachster Bequemlichkeit neben dem raffinirtesten Luxus." Der Beitrag aus Pierers „Universal-Lexikon", einem der populärsten Enzyklopädien des 19. Jahrhunderts, bündelt beispielhaft Versatzstücke der deutschen Polenbilder. Zu den positiven Werten gehören demnach ausgeprägter Patriotismus, Stolz und Edelmut. Noch stärker akzentuiert sind jedoch die negativen Eigenschaften, die den Polen zugeschrieben werden: mangelnde Kontrolle über die eigenen Affekte, Faulheit und die Unfähigkeit zum stetigen, rationalen Wirtschaften. Woher stammen diese Vorstellungen? Und wie haben sie sich im Laufe der Zeit entwickelt?

Die Entwicklung der Polenbilder im Zeitalter der Aufklärung

Das 18. Jahrhundert war für die deutsch-polnischen Beziehungen ein entscheidendes Säkulum. Parallel zum Niedergang der alten *Rzeczpospolita* erfolgte der Aufstieg Preußens zur europäischen Großmacht. Die preußische Staats- und Gesellschaftsordnung stand in vielfacher Hinsicht im Kontrast zur polnischen. Die Gegensätze zwischen dem aufgeklärten monarchistischen Staatsverständnis Preußens und der scheinbar überholten Verfassung Polens, zwischen dem modernen preußischen Bürokratieapparat und den schwachen Institutionen der Adelsrepublik prägten nachhaltig das Polenbild. Die Vorstellung von Anarchie, ausgelöst durch das jedem Adeligen zustehenden *Liberum veto*, wurde geradezu sprichwörtlich durch den Begriff „polnischer Reichstag", der eine chaotische und letztlich ergebnislose Versammlung bezeichnet.

Die Teilungen Polens durch die drei europäischen Großmächte Preußen, Russland und Österreich am Ende des 18. Jahrhunderts beeinflussten die Vorstellungen von Polen als einer zur Staatsbildung unfähigen Nation. Um die aus machtpolitischem Kalkül betriebene Zerstückelung zu legitimieren, wurde von den Teilungsmächten auf die Schwäche des polnischen Staats und seiner Institutionen verwiesen. Friedrich II. sah in Polen die „elendste Nation Europas", deren Zerfall aufgrund der Egoismen des Adels selbstverschuldet war. Im Sprichwort *Polonia confusione regitur* („Polen wird durch Unordnung regiert") bündeln sich die Vorstellungen von politischem Chaos, Staatszerfall und permanenter Aufstandsbereitschaft. Polen erscheint damit als

Bedrohung für die europäische Mächteordnung. Die Deutung vom Untergang Polens durch „politischen und sittlichen Selbstmord" (Heinrich von Sybel) verfestigte sich in der preußisch-deutschen Geschichtsschreibung des 19. Jahrhunderts. Das Fremdbild von der Anarchie und dem Staatszerfall Polens korrespondierte dabei eng mit dem Selbstbild Preußens. Dessen Selbstverständnis als ein aufgeklärter, absolutistischer Staat mit einer mächtigen, rationalen Bürokratie konstituierte sich geradezu in Abgrenzung von der als ineffektiv und überholt verstandenen, polnischen Staats- und Gesellschaftsverfassung. Das Verdikt über die Adelsrepublik erhärtete sich im „langen 19. Jahrhundert" zum Urteil über die Unfähigkeit Polens, einen eigenen Staat zu begründen und zu erhalten.

3

Noch wirkungsmächtiger und langlebiger als der Begriff „polnischer Reichstag" war der von der „polnischen Wirtschaft". Er bildete sich ebenfalls Ende des 18. Jahrhunderts aus und beschrieb die ökonomische Rückständigkeit Polens. Das Fremdbild stimmt wiederum mit einem entsprechenden Selbstbild überein: Der „polnischen Wirtschaft" wurde die „deutsche Ordnung" gegenübergestellt. Aus beiden Begriffen wurden zugleich zwei konkurrierende Ethiken abgeleitet: adelige und bürgerliche Tugenden. Zum adeligen Ethos zählten Edelmut und Tapferkeit, aber auch Verschwendungssucht und die Verachtung des stetigen, rationalen Arbeitens. Dem adeligen Ethos standen die modernen bürgerlichen Werte gegenüber: Sparsamkeit, Fleiß, Ordnung und Sauberkeit. Der Begriff der „polnischen Wirtschaft" machte im 19. Jahrhundert eine rasante Karriere. In ihm verdichteten sich die populären Vorurteile gegenüber Polen. Besonders scharf werden Fremd- und Selbstbilder in „Soll und Haben" (1855) von Gustav Freytag kontrastiert, einem der populärsten deutschen Romane des 19. Jahrhunderts. Sein Protagonist, der Kaufmannssohn Anton Wohlfart, muss sich in feindlicher Umgebung – Ort der Handlung ist Großpolen in den vierziger Jahren des 19. Jahrhunderts – gegen Juden und Polen behaupten. Wohlfart verkörpert beispielhaft die bürgerlichen Tugenden, mit denen er sich von den Polen abgrenzt: „Wir und die Slaven, es ist ein alter Kampf. Und mit Stolz empfinden wir: Auf unserer Seite ist die Bildung, die Arbeitslust, der Kredit", verkündet Wohlfart, der sich als Kulturträger in einer feindlichen Umgebung begreift. Der deutsche Bürger erscheint bei Freytag als Missionar einer überlegenen Zivilisation im „wilden Osten".

Die deutschen Polenbilder bestanden jedoch nicht bloß aus den zu Chiffren für kulturelle Überlegenheit geronnenen Stereotypen „polnischer Reichstag" und „polnische Wirtschaft". Parallel dazu entwickelten sich die populären Vorstellungen vom „edlen Polen" und der „schönen Polin". In einer wahren Kaskade von Adjektiven charakterisiert Heinrich Heine in seiner „Polenreise" (1823) den „polnischen Edelmann" unter anderem als „gastfrei, stolz, mutig, geschmeidig, enthusiastisch und edelmütig". Popularisiert wurde das Bild vom „edlen Polen" in den zahlreichen „Polenliedern" der dreißiger Jahre des 19. Jahrhunderts. In Gedichten begeisterten sich Schriftsteller wie Nikolaus Lenau, Ludwig Uhland und Justinus Kerner für den Novemberaufstand von 1830. Sie rühmten die Tapferkeit, den Stolz und die Vaterlandsliebe der Polen. Die meisten Dichter der „Polenlieder" stammten aus dem Südwesten Deutschlands, wo es ausgeprägte liberale und demokratische Traditionen gab. Die Polenbegeisterung erreichte ihren Höhepunkt in den Anfangstagen der Revolution von 1848. Im März 1848 wurden die polnischen Aufständischen in Berlin amnestiert, in den Straßen der Stadt waren schwarz-rot-goldene und weiß-rote Fahnen zu sehen. In Posen bildete sich ein Nationalkomitee, das die polnischen Interessen durchsetzen sollte. Viele deutsche Liberale begeisterten sich 1848 für die Idee eines deutsch-polnischen Befreiungskrieges gegen das zaristische Russland, das als Hort der Reaktion galt. Für die Hohenzollern war dies jedoch keine politische Option. Über die Frage, welche Stellung Posen in Preußen und im neu zu schaffenden Deutschen Reich haben sollte, zerbrach die deutsch-polnische Begeisterung. In der Polendebatte in der Frankfurter Paulskirche im Juli 1848 appellierte der Abgeordnete Carl Friedrich Wilhelm Jordan entschieden für den „gesunden Volksegoismus". Deutsch-nationale Interessen waren demnach nicht mit dem Anspruch Polens auf nationale Selbstbestimmung vereinbar. Einen Nachruf auf die gescheiterte Freiheitsbewegung des Vormärz' schrieb Heine in dem Gedicht „Zwei Ritter", einer bissigen Satire auf die Situation der polnischen Exilanten: „Crapülinski und Waschlapski, / Polen aus der Polackei, / fochten für die Freiheit, / gegen Moskowiter-Tyrannei".

Die „schöne Polin" beflügelt seit dem 18. Jahrhundert die deutschen Männerphantasien. In Reiseberichten, Gedichten und Erzählungen priesen Schriftsteller die Schönheit, die Anmut, die Leidenschaft und den Stolz der adeligen Polinnen. Johann Gottfried Seume lobte „Die reizendste der Töchter der Sarmaten", und Heine war ergriffen von ihren „Altarbildern der Schönheit". Spöttisch-bewundernd sprach er von der „Weichsel-Aphrodite", die er sich als Reisebegleiterin wünschte – während er eine Deutsche als Begleiterin durchs Leben empfahl. Noch populärer wurde das Lob auf die Schönheit der Polinnen durch das Bühnenwerk „Der Bettelstudent" (Uraufführung 1882), eine der bis heute erfolgreichen deutschsprachigen Operetten: „Doch all' die Schönheit schnell erbleicht, / wenn man dagegen hält die Polin, / der Polin Reiz bleibt unerreicht. / Die Polin hat von allen Reizen / Die exquisitesten vereint, / womit die andern einzeln geizen / bei ihr als Bouquet erscheint."

Vom Kulturkampf zum Volkstumskampf: Radikalisierung der deutschen Polenbilder

Die Polenbilder aus der Aufklärung bildeten die Matrix für die deutschen Vorstellungen über Polen und die polnische Nation für mehr als einhundertfünfzig Jahre. Im 19. Jahrhundert, dem Zeitalter des Nationalismus, verfestigten und radikalisierten sich die vorhandenen Stereotype. Nach der Reichsgründung von 1871 verschärfte sich die preußisch-deutsche Polenpolitik immer stärker. Der von Bismarck entfachte Kulturkampf richtete sich im besonderen Maß gegen die polnische Minderheit. Der polnische Klerus und der Adel wurden dabei als Reichsfeinde stigmatisiert. Für Bismarck waren jegliche Ansprüche auf kulturelle Autonomie eine Gefahr für die preußisch-deutsche Staatsräson. Polen galten ihm als gefährliche Insurgenten. „Haut doch die Polen, dass sie am Leben verzagen", forderte er bereits 1861. Die Vorstellung von Polen als Aufrührer und Gefahr für die europäische Mächteordnung geht auf die Teilungszeit des 18. Jahrhunderts zurück. Der Januaraufstand von 1863 im russischen Teilungsgebiet bestätigte Bismarcks Vorbehalte. Gegen die „polnische Agitation" (Bismarck) wurde eine gezielte Germanisierungspolitik in Westpreußen und Posen betrieben. Dazu gehörten Gesetze, die Deutsch zur verbindlichen Schul- und Amtssprache erklärten. Durch die enorme

Binnenmigration von Polen in die Industriezentren, besonders in das Ruhrgebiet, rückte die polnische Frage stärker in das allgemeine Bewusstsein. Die Vorstellung von einer zunehmenden kulturellen Überfremdung in Westpreußen und Posen durch den Zuzug von Polen aus dem russischen Teilungsgebiet verschärfte die staatlichen Maßnahmen seit den achtziger Jahren. Gegen die Ausweisung von mehr als 25.000 Polen zwischen 1885 und 1887 protestierte der Reichstag, doch die Maßnahmen wurden von Bismarck ausdrücklich verteidigt. Die Ausweisungen waren flankiert von einer gezielten Ansiedlung deutscher Landwirte. Damit sollte der weitere Anstieg der polnischen Bevölkerung, bekämpft und der deutsche Einfluss in den östlichen Grenzgebieten gestärkt werden. Die innere Kolonisation des Deutschen Reiches und der Kampf gegen die „Polenflut" wurden nicht nur vom Staat angeordnet, sondern auch von gesellschaftlichen Interessengruppen wie dem Ostmarkenverein („Hakatisten") gefordert. Die Konservativen und National-Liberalen unterstützten die radikale preußisch-deutschnationale Polenpolitik mit ihren repressiven Gesetzen und der finanziellen Förderung deutscher Siedlungen in den Ostgebieten. Nationalliberale Intellektuelle wie Max Weber erklärten die Kolonisation des Ostens zur zivilisatorischen Mission Deutschlands. Historiker wie Heinrich von Treitschke rechtfertigten die territorialen Ansprüche, indem sie die Deutschen als alleinige Kulturträger im Osten verklärten („Bezwinger, Lehrer und Zuchtmeister unserer Nachbarn"), und Ökonomen wie Gustav Höfken sahen in der Ostkolonisation die Möglichkeit, „überschüssige Volkskräfte" abzuleiten. Deutschvölkische Autoren wie Paul de Lagarde entwarfen bereits Ende des 19. Jahrhunderts Kolonisationspläne, die auch Teile des Russischen Reichs umfassten. Die Bevölkerung dieser Gebiete war für Lagarde den Deutschen unterlegen und generell minderwertig. Osteuropa galt den sozialdarwinistischen Imperialisten schon lange vor Hitler als das eigentliche deutsche Kolonialgebiet.

Die Polenpolitik des Kaiserreichs war jedoch ein Desaster: Die Ansiedlungen wurden durch den Fortzug von Deutschen in die industrialisierten Gebiete des Westens mehr als kompensiert, und das gesellschaftliche Engagement der Polen durch die repressiven Maßnahmen wie das Verbot des Polnischen in öffentlichen Versammlungen bloß gestärkt. An dem Ziel der inneren Kolonisation der preußischen Ostgebiete hielt die Reichsregierung trotz einiger taktischer Konzessionen im Ersten Weltkrieg fest. Die kurzseitige Besetzung des Baltikums, der Ukraine und russischer Gebiete nach dem erzwungenen Frieden von Brest-Litowsk 1918 beflügelte die Hoffnungen der Ostannexionisten, die von einer Herrschaft des Deutschen Reichs über Ostmitteleuropa träumten. Umso schockierender waren für sie das Kriegsende und die damit verbundenen territorialen Verluste an den 1918 neu entstandenen polnischen Staat.

Die deutsch-polnischen Beziehungen in der Zwischenkriegszeit waren von permanenten Grenzstreitigkeiten geprägt. Der Verlust von Posen, großer Teile Westpreußens und die Teilung Oberschlesiens nach einer vom Völkerbund angeordneten Volksabstimmung (die Mehrheit der Oberschlesier votierte dabei für den Verbleib der Region im Deutschen Reich) wurde von keiner Regierung der Weimarer Republik akzeptiert. Polen galt als „Saison-" und „Raubstaat", der von der Niederlage Deutschlands und dem „Schandfrieden" von Versailles profitierte. Erklärtes Ziel aller Parteien war eine Revision der deutschen Ostgrenze. Um dies zu erreichen, strebte Deutschland eine Zusammenarbeit mit der Sowjetunion an, die schließlich im Vertrag von Rapallo 1922 besiegelt wurde. Bereits zuvor hatte der Chef der Reichswehr, General Hans von Seeckt, für ein deutsch-sowjetisches Bündnis gegen Polen plädiert. „Polens Existenz ist unerträglich, unvereinbar mit den

Lebensbedingungen Deutschlands", so von Seeckt, der ebenso wie der katholische Reichskanzler Joseph Wirth für die Wiederherstellung der Grenzen von 1914 plädierte. Auch der Außenminister Gustav Stresemann, der erfolgreich für einen Ausgleich mit Frankreich eintrat, strebte eine Revision der deutschen Ostgrenze an, die er jedoch auf friedlichem Weg zu erreichen hoffte. In der Publizistik der zwanziger und dreißiger Jahre nahmen die Grenzstreitigkeiten großen Raum ein. Mit Metaphern wie „blutende Grenze" oder „brennende Grenze" wurde die vermeintlich unhaltbare territoriale Nachkriegsordnung beschrieben.

Die antipolnischen Ressentiments erlebten in der ersten deutschen Demokratie einen Höhepunkt. In drastischen Karikaturen wurde die „polnische Wirtschaft" der vormaligen „deutschen Ordnung" in den Ostgebieten gegenübergestellt. Besonders infam war die Darstellung der Polen als Läuse, Ratten und gierige Wölfe. In der giftigen antipolnischen Publizistik fand das Gefühl von Wut und Ohnmacht einer gedemütigten Großmacht ihren Ausdruck. Die Mehrheit der Deutschen blickte mit Verachtung und dem Bewusstsein kultureller Überlegenheit auf Polen hinab. Anders als der „Erbfeind" Frankreich wurde Polen jedoch nicht als ebenbürtiger Konkurrent wahrgenommen, sondern vielmehr als unberechtigter Profiteur der deutschen Niederlage und als „Gendarm Frankreichs" im Osten. Anlass für die antipolnische Propaganda bot die Situation der deutschen Minderheit in Polen, die ständig die Nichteinhaltung der ihr vom Völkerbund zugestandenen Rechte beklagte. Mit dem Hinweis auf die „unhaltbare Situation der Deutschen in Polen" begründeten die deutschen Regierungen ihre Revisionsansprüche. Das Auswärtige Amt und andere staatliche Stellen unterstützten die kulturellen, gesellschaftlichen und politischen Aktivitäten der deutschen Minderheit mit erheblichen finanziellen Mitteln. Eine politische Zusammenarbeit oder Kompromisse mit Polen strebte keine deutsche Regierung in der Weimarer Republik an. Der „revisionistische Konsens" (Heinrich August Winkler) gegenüber Polen wurde von der Mehrheit der Deutschen getragen und in Publizistik und Wissenschaft beständig bekräftigt. Um Vermittlung bemühte Personen wie Thomas Mann, der bei seinem feierlichen Besuch in Warschau 1927 von der „west-östlichen Synthese" Polens sprach, waren in der Minderheit.

Die völkische Bewegung, die in den zwanziger und dreißiger Jahren stark an Einfluss gewann, verfolgte nicht bloß eine Revision der Grenzen, sondern eine umfassende „Flurbereinigung" in Osteuropa. Mit historischen, geopolitischen und rassistischen Argumenten wurde der Anspruch auf „Lebensraum im Osten" begründet. Umso erstaunlicher war es, dass ausgerechnet Hitler zunächst eine Normalisierung der Beziehungen zu Polen anstrebte. Bereits im Sommer 1933, wenige Wochen nach dem Machtantritt der neuen Regierung, bemühte sich Hitler um eine Verständigung mit Polen. Unter dem Druck eines möglichen Präventivkrieges Polens gegen das zu dieser Zeit noch schwache Deutsche Reich signalisierte er, die bestehenden Grenzen anzuerkennen – ein Schritt, zu dem keine Regierung der Weimarer Republik bereit gewesen war. Joseph Goebbels, der im Sommer 1934 als erster deutscher Minister überhaupt die II. Republik besuchte, bremste als Propagandaminister die scharfen Attacken gegen Polen in der deutschen Presse. Den Höhepunkt der Annäherung zwischen dem „Dritten Reich" und Polen markierte der im Januar 1934 abgeschlossene Nichtangriffspakt. Der Vertrag, der die Isolation Deutschlands durchbrach und Hitler Zeit für die Aufrüstung gab, war in Deutschland wenig populär. Für die konservativen Kreise und die Reichswehr war die plötzliche Annäherung an das verhasste Polen unverständlich. Sie erkannten nicht, dass die Verständigung aus rein taktischen Gründen erfolgte. Ein positiver Bezugspunkt für die NS-Presse war Józef Piłsudski. Sein autoritäres Regime und dessen

Erben boten auch eine begrenzte weltanschauliche Schnittmenge mit den Deutschnationalen. Der greise Marschall wurde in der deutschen Presse als „Führer des polnischen Volkes" bezeichnet, und Goebbels lobte ihn als „nationalen Heros". Nach Piłsudskis Tod gab es im Deutschen Reich mehrere offizielle Trauerfeiern.

Der aus taktischem Kalkül betriebene deutsch-polnische Ausgleich endete, als die polnische Regierung nicht bereit war, dem gegen die Sowjetunion gerichteten Antikominternpakt beizutreten und Juniorpartner der deutschen Ostexpansion zu werden. Um die Deutschen auf den längst geplanten Krieg vorzubereiten, initiierte Goebbels im Frühjahr 1939 eine große antipolnische Pressekampagne. Dabei wurde auf die virulenten Ressentiments zurückgegriffen und Polen als „Saisonstaat" und unverschämter Nutznießer des Versailler Regimes auf deutsche Kosten diffamiert. Die NS-Presse kehrte damit zur scharfen antipolnischen Rhetorik der Weimarer Zeit zurück. Der Krieg gegen Polen sollte jedoch nicht bloß eine Revision der Grenzen bringen. Der nationalsozialistische Vernichtungskrieg gegen die Eliten der polnischen Nation hatte eine andere Dimension als alle anderen deutsch-polnischen Konfrontationen. Zu dem mentalen Gepäck der Soldaten, die im September 1939 in Polen einfielen, und der Deutschen, die im Laufe des Krieges mit polnischen Zwangsarbeitern in Berührung kamen, gehörten Polenbilder, die sich über mehr als ein Jahrhundert hinweg verfestigt hatten. Polen wurde von den meisten Wehrmachtsangehörigen als eine rückständige und unzivilisierte Nation wahrgenommen, unfähig zur Staatsbildung und beständig in heimtückischem Aufruhr. Ein Unteroffizier sah im September 1939 „überall echt polnische Wirtschaft", ein anderer schrieb, „dass dieses Volk nie auf sich selbst angewiesen sein darf, sondern immer eine herrschende Hand braucht, die die niedrigen Instinkte in Schach hält". Die Verachtung durchzog die gesamte Wehrmacht. Für Generalstabschef Franz Halder war der polnische Soldat „wohl der dümmste in Europa". Der Osten bot zugleich eine Projektionsfläche für deutschnationale und völkische Kolonisationspläne. Claus Schenk Graf von Stauffenberg, der als Generalstabsoffizier am Septemberfeldzug teilnahm, schilderte seiner Frau in einem Brief die Eindrücke, die er in Polen gewonnen hatte: „Die Bevölkerung ist ein unglaublicher Pöbel, sehr viele Juden und sehr viel Mischvolk. Ein Volk, welches sich sicher nur unter der Knute wohlfühlt. Tausende von Gefangenen werden unserer Landwirtschaft recht gut tun. In Deutschland sind sie sicher gut zu gebrauchen, arbeitsam, willig und genügsam."

Die deutschen Polenbilder bewiesen eine erstaunliche Persistenz. Negative Fremdbilder wie das von der „polnischen Wirtschaft" wirkten auch nach dem Zweiten Weltkrieg lange fort. Erst das Ende des Kalten Krieges, und des damit verbundenen ideologischen Systemkonflikts eröffneten die Möglichkeit, die negativen Polenbilder in Deutschland langsam abzubauen.

KAROL LIBELT, AN MEINE EHEFRAU, BERLIN (6.12.1847)

Meine geliebte Frau!

Nach Verkündung der Urteile habe ich Dir gleich geschrieben.[1] Ich weiß nicht, was Dich früher erreicht hat, mein Brief oder die Nachrichten aus der Zeitung. Ich kann mir denken, wie sehr Euch alle und besonders Dich diese Nachricht erschrocken haben muss. Ich weiß, dass Du in dieser Situation mehr als üblich des Trostes bedarfst, wie nur ich allein ihn Dir geben kann, und deswegen würde ich Dir gleich morgen schreiben, wenn ich nicht hoffen würde, dass entweder Pola oder Ihr beide hierher kommt. Gestern hat hier Teoś[2] einen Brief von seiner Frau erhalten, den sie aus Czeszewo geschrieben hat. In diesem berichtet sie ihm, dass sich die Reise mit ihrem Onkel von dort nach hier verzögert. Am Ende ist es gut, dass Ihr nicht gekommen seid, denn dies ist jetzt eine Zeit des Durcheinanders, nicht nur zwischen uns, sondern auch für die Regierung. In den ersten zehn Tagen kann hier niemandem etwas helfen. Erst danach wird sich zeigen, wer in Berufung gehen wird und wer nicht. Auch die Regierung bildet sich ihre Meinung, und erst später wird man etwas Konkretes unternehmen können.

Es kursieren verschiedene Nachrichten, Ratschläge, Ideen. Und aus all diesem Durcheinander kann man bislang noch nichts Sicheres schließen. Es zeichnet sich aber ab, und auch die Ratschläge der meisten Rechtsanwälte gehen in diese Richtung, dass die Mehrheit der Verurteilten in Berufung gehen wird. Auch sagt man, dass der Staatsanwalt gegen einige, die freigelassen wurden, in Berufung gehen wird. Ich nenne hier nicht ihre Namen, damit sie bei Euch in der Stadt nicht umlaufen und diejenigen beunruhigen, die diese Nachrichten betreffen.

Mit Norbert verhält es sich so, dass sich für die Minderjährigen, zu denen auch er gehört, das Kammergericht beim König einsetzten wird. Man darf daher hoffen, dass sie zu Weihnachten vollständig in die Freiheit entlassen werden.[3]

Teofils Sache steht ebenso gut. Das ist eine von den geringen Strafen[4], die bestimmt erlassen werden. Hinzu kommt, dass Crelinger bei Bodelschwingh[5] war und ihn so verstanden hat, dass, wenn Matecki um Gnade ersucht, er dieses Ersuchen günstig beurteilen werde. Außerdem habe ihn Dr. Caspar von Amts wegen aufgesucht und günstig über seine strapazierte Gesundheit berichtet. Wegen all dem hat sich Teoś entschlossen, nicht in Berufung zu gehen, sondern beim König um Gnade zu ersuchen und, bevor dies geschieht, um einen mehrmonatigen Hafturlaub zu bitten. Es ist so gut wie sicher, dass sie ihn entweder ganz freilassen oder ihn, nachdem sie ihm einen mehrmonatigen Urlaub gewähren, höchstens ein halbes Jahr absitzen lassen.

---

1   Am 2.12.1847 wurde Libelt zu 20 Jahren Festungshaft und Konfiszierung des Vermögens verurteilt.
2   Teodor Teofil Matecki (1810-1886), Arzt, Mitarbeiter von Karol Libelt, Teilnehmer des Novemberaufstands und des Januaraufstands, 1846 verhaftet und für 6 Jahre Haft verurteilt. Verheiratet mit Apolonia (Pola) geb. Szuman, der Schwester von Henryk Szuman.
3   Norbert Szuman hatte eine Strafe von 15 Jahren Festungshaft erhalten. Er war damals 18 Jahre alt.
4   Teofil Matecki wurde zu 6 Jahren Festungshaft und einer Geldstrafe von 100 Talern verurteilt.
5   Ernst von Bodelschwingh war damals (1845–1848) preußischer Innenminister.

Bei mir sehen die Dinge, so wie sie sich heute darstellen, sehr schlecht aus. Da ich im Urteil als einer der „Urheber"[6] bezeichnet wurde, habe ich keinerlei Hoffnung, auf vollständige oder auch nur vorübergehende Freilassung. Noch nicht einmal die Hoffnung, dass ich in meine Heimat zurückkehren kann. Selbst wenn der König alle begnadigt, wird er die „Urheber"[7] nie rauslassen. Er wird sie einige Jahre Festungshaft absitzen lassen und sie danach vielleicht unter der Bedingung begnadigen, dass sie das Land verlassen. Das sind meine Aussichten. Ich habe sie Dir vollständig eröffnet, damit Du Dir nicht wie bisher vergeblichen Hoffnungen machst. Nur noch eine Illusion bleibt Dir und mir, der wir uns hingeben müssen, das ist das Appellationsverfahren und die Hoffnung, dass mich die zweite Instanz entweder von der Strafe befreit oder zumindest aus der Kategorie der Anführer herausnimmt und mich [...] zu 8 Jahren verurteilt. Dies ist die letzte Hoffnung, mit der mich alle zu trösten versuchen. An ihr halte ich mich fest, auch wenn meine Aussichten gering sind, dass ich irgendwann einmal gegen die Voreingenommenheit, die mir ständig entgegenschlägt, und den verbissenen Hass der Regierung ankämpfen kann. Ich schreibe Dir noch nichts darüber, was Du in dieser Situation nun zu tun hast. Dies ist ein Thema, das gut überlegt werden muss und ruhigere Gedanken erfordert. Tröste Dich damit, dass Gott jemanden, den er geschaffen hat, nicht so einfach im Stich lässt, verliere weder den Mut, noch gib Dich der Verzweiflung hin.

Ich drücke Dich und die Kinder ganz herzlich, Dein Dir verbundener
Ehemann Karol

Aus dem Polnischen von Ingo Eser

NATALIS SULERZYSKI, ERINNERUNGEN (1985)

Natalis Sulerzyski, (1801-1878), polnischer Großgrundbesitzer in Großpolen, Mitglied des Preußischen Landtags.

Beginn der Gerichtsverhandlung am 7. Juli 1864 um neun Uhr morgens. Das Gericht besteht aus neun Kammergerichtsräten, der zehnte, der Vorsitzende des Kammergerichts, präsidiert. [...] Außerdem sind fünf Ersatzrichter eingezogen, insgesamt also fünfzehn auf der erhöhten Tribüne. Die Staatsanwaltschaft besteht aus Oberstaatsanwalt Adelung und Assessor Mittelstaedt. Die Anklageschrift lautet auf Versuch der Wiedererweckung Polens in den Grenzen vor dem Jahre 1772[8] und der Lostrennung des an Preußen gefallenen Teils, gerichtet gegen die folgenden Personen [...].[9]

---

6   *Im Original auf Deutsch.*
7   *Im Original auf Deutsch.*
8   *Die Grenzen der Rzeczpospolita vor der ersten Teilung galten als Ausgangspunkt der polnischen politischen Forderungen während des ganzen 19. Jahrhunderts.*
9   *Es folgt eine Liste mit 149 Namen.*

Dolmetscher: Rat Jerzewski und Sekretär Konkiel.

Zu Verteidigern wählten wir nicht die uns vom Gericht vorgeschlagenen, sondern die folgenden:

1. Prof. Dr. Gneist aus Berlin
2. Advokat Deyks aus Berlin
3. Advokat Brachvogel aus Berlin
4. Advokat Holthoff aus Berlin
5. Advokat Janecki aus Posen
6. Advokat Lent aus Breslau
7. Advokat Lewald aus Berlin
8. Advokat Elven aus Köln
9. Advokat Lisiecki aus Schrimm[10]

Professor Rudolf Gneist, der als Jurist und liberaler Redner im Landtag berühmt war, war als Verteidiger ein großer Gewinn, und es ist Napoleon Mańkowskis Verdienst, dass es ihm durch eindringliche Bitten gelungen ist, ihn zur Übernahme der Verteidigung zu bewegen. Ich wählte für mich Elven aus Köln.

Am siebenten Juli 1864 um neun Uhr also beginnt die Verhandlung. Die Physiognomien unserer Richter verhießen uns kein gutes Ereignis. Immerhin fühlten sie sich unter dem Schutz der Feuerwache sicher, die unter dem Vorwand, den aus Holz gefertigten Gerichtssaal zu bewachen, nicht nur draußen, sondern auch drinnen, mitten in der Verhandlung postiert und mit riesigen, blitzenden Äxten bewaffnet war und so für ihre Sicherheit sorgte.

Die drei von uns zu bezahlenden Stenografen setzten sich auf die Stühle neben der Oberstaatsanwaltschaft, welche gegen uns folgenden Prozess anstrengte:

„Prozess wegen Hochverrats wegen Bestrebungen mit dem Ziel, Polen in den Grenzen aus der Zeit vor 1772 wiederherzustellen und folglich den durch die Teilung an Preußen gefallenen Teil loszureißen, angestrengt gegen Graf Jan Kanty Kościelec Działyński[11] und Genossen."

Nach einer umfassenden Einleitung, in der die Staatsanwaltschaft versuchte, die Anklage mit verschiedenen Dokumenten zu begründen, nämlich mit Aufzeichnungen Graf Działyńskis, die bei der Durchsuchung seines Schlosses in Posen mitgenommen worden waren und sich jetzt im Portefeuille befanden, kam sie zu den detaillierten Anschuldigungen, beginnend mit Graf Działyński.

Da ich die Nummer 125 hatte, musste ich lange warten, bis ich an der Reihe war. Bei meinen Kameraden vor mir hörte ich eindeutige Beweise für ihre aktive Beteiligung an der den Aufständischen gewährten Unterstützung, und so war ich neugierig, auf welche Beweise die Staatsanwaltschaft ihren Vorwurf eines Staatsverbrechens stützen würde, und glaubte, sie werde mich schnell abhandeln. So wunderte ich mich

---

10 Śrem in Großpolen.
11 Jan Kanty Działyński (1829-1880), Großgrundbesitzer, seit 1861 preußischer Abgeordneter. 1863 nahm er an dem Januaraufstand gegen Russland teil. 1864 zum Tode verurteilt, flüchtete er nach Frankreich. 1869 wurde er amnestiert, lebte dann in Posen.

nicht schlecht, als ich feststellte, dass meine Anklageschrift zu den umfangreichsten gehörte. Denn nach der von Działyński, die neunzehn Seiten umfasste, war meine (wie die von Wolniewicz und Kosiński) eine der umfangreichsten – nämlich neun Seiten –, während alle anderen nur jeweils einige Seiten hatten. Diese hervorragende Arbeit der Oberstaatsanwaltschaft zu meiner Person ist die Folgende:

„Natalis Sulerzyski ist zweiundsechzig Jahre alt, Katholik, absolvierte das Thorner Gymnasium und hörte an den Universitäten in Leipzig und Heidelberg Vorlesungen in Jurisprudenz und Kameralwissenschaften, übernahm anschließend das schon seinen Vorfahren gehörende Gut Piątkowo im Kreis Strasburg[12]. Er ist bis heute Besitzer dieses Gutes, Vater zweier Kinder und war Rat der polnischen Kreditgesellschaft.

Sulerzyski gehörte bereits dem Aufstand von 1830 an, in erster Instanz zu einem Jahr Gefängnis verurteilt, doch aufgrund der Amnestie freigelassen. 1846 wurde er wegen Beteiligung an der damaligen Verschwörung der Polen ebenfalls verhaftet, nach zwei Monaten jedoch freigelassen. 1848 trat er als Organisator einer allgemeinen Bewaffnung in Westpreußen in Erscheinung und wurde als solcher verhaftet, doch auch diesmal wurde er nach acht Monaten des Einsitzens in Graudenz[13] durch die allgemeine Amnestie freigelassen. Sulerzyski ist seit Langem als Polenführer in Westpreußen hervorgetreten. […]

In einem Brief anlässlich der Übersendung eines Stapels Schriften mit der Bitte um Verbreitung, darunter ein Kalender mit polnischen nationalen Liedern, datiert Thorn, 19. November 1862, nennt Julian Sjerp Polaczek ihn den ‚Vorsteher der Bürger in dieser Gegend'. Außerdem wurde Sulerzyski bei der Durchsuchung ein weiterer Brief ähnlichen Inhalts von Weinert, dem polonisierten Müller von der Mühle, weggenommen. In diesem Brief beklagt sich Weinert, man habe ihn auf einer polnischen Versammlung in Piątkowo einer unfreundlichen Haltung gegenüber den Polen verdächtigt; er beteuert, er sei ein guter Katholik und Patriot und bittet Sulerzyski als die oberste Person im Landkreis um Protektion.

Auch das Exil hat die herausragende Stellung Sulerzyskis in Westpreußen anerkannt. Ludwik Mierosławski[14] übersandte ihm […] einen Aufruf, für die polnische Legion, die unter der Protektion Garibaldis in Italien entstehen sollte, Geld zu sammeln. […] Die in seinen Papieren gefundenen Postbelege weisen auf weitere Verbindungen Sulerzyskis mit dem Exil und überhaupt mit revolutionären Elementen hin. […]

Trotz dieser ihn belastenden Beweise behauptet Sulerzyski, ‚er sei grundsätzlich gegen den Aufstand gewesen und habe sich daher nicht an ihm beteiligt. Er sei mit ganzer Seele Pole und wünsche daher die Auferweckung seines Vaterlands, doch auf friedlichem Wege und durch den Fortschritt der Zivilisation. Wegen dieser Grundsätze bezeichneten ihn seine Landsleute als Apostel des Friedens.' […]

Man muss, wie mir scheint, nicht einmal Jurist sein, um zu beurteilen, dass all diese Ausführungen des Staatsanwalts in keinerlei Hinsicht ein Staatsverbrechen begründen, sie belegen nicht einmal meine Teilnahme am Kampf gegen Moskau. Meine Verteidigung fand am 22. Oktober 1864 statt. Ich werde dazu aufgefordert und setze mich mit meinem Verteidiger Elven den Richtern gegenüber an das Tischlein der Angeklagten. Ich werde aufgefordert, den Vornamen, Nachnamen und persönliche Verhältnisse zu nennen, und sage wie folgt aus:

12 *Heute: Brodnica.*
13 *Heute: Grudziądz.*
14 *Siehe Henryk Szuman, Erinnerungen an Berlin und Poznań.*

„Aus der Anklageschrift kann ich wiederholen, denn das ist dort richtig gesagt: Ich heiße Natalis Sulerzyski, bin zweiundsechzig Jahre alt, Katholik, absolvierte das Thorner Gymnasium und hörte an den Universitäten in Leipzig und Heidelberg Vorlesungen in Jurisprudenz und Verwaltung, anschließend übernahm ich das schon meinem Vater gehörende Gut Piątkowo im Kreis Strasburg. Auch heute bin ich noch Besitzer dieses Gutes, auch war ich Rat der Kreditgesellschaft und Vater zweier Kinder. Alles Übrige auf diesen neun großen Seiten ist unwahr.

Ein Teil, der meine Vergangenheit betrifft, ist eine Parodie meines *Curriculum Vitae*, das ich als Landratskandidat vorlegen musste und das ich habe drucken lassen, um es allen Mitgliedern des hohen Gerichts zu übergeben, damit sie sich gnädigst selbst überzeugen und es mit der Anklageschrift vergleichen können. Alles andere ist Unwahrheit, vermischt mit einem Hauch von Wahrheit. [...]

Außerdem erfahre ich vom Untersuchungsrichter, dass noch etwas anderes mein Verbrechen beweise. Denn der Knecht Marcin Beseler hat ausgesagt, er sei bei mir in Piątkowo gewesen und habe einen Zettel mit den Buchstaben ‚K.W.' bekommen. ‚Was bedeuten diese Buchstaben?' Der Richter antwortet: ‚Kriegskommissar'.[15] Ich frage: ‚Wann war das?' ‚Während der Ernte.' Aber ich war doch damals hier im Gefängnis, wie konnte ich also in Piątkowo Zettel verteilen? Die Herren machen mich also zu einer Zweifaltigkeit, die sich zur gleichen Zeit an zwei 60 Meilen voneinander entfernten Orten aufhält. Mir scheint, ihr erlaubt euch mit mir allzu große Scherze.

Das hindert jedoch den Herrn Oberstaatsanwalt nicht, [...] diese Karte mit den Buchstaben K.W. in seiner Anklageschrift zu nennen. Des Weiteren sagt er, der bei mir befindliche Gendarm bezeuge, ich hätte ihm gestanden, dass ich Aufständische mit Waffen versorge. Auch wenn ich gerne Offenheit an den Tag lege, so konnte ich dies einem Gendarmen doch nicht sagen, da ich wusste, dass dafür einige Bürger verhaftet worden waren. Im Gespräch mit dem Gendarmen habe ich zur Verteidigung dieser Bürger nur gesagt, es sei noch kein Verbrechen, den Brüdern zu helfen, die gegen Moskau kämpfen.

Des Weiteren stützt die Anklage ihre Vorwürfe auf die Aussage der Bettlerin Tworowska aus Kowalewo, dem Städtchen, das kürzlich in Schönsee umgetauft wurde. Sie sagt aus, sie habe in meinem Garten junge Leute mit roten Mützen gesehen, die aus Pistolen geschossen hätten. In seinem Bericht sagt der Gendarm von ihr, sie gehe zusammen mit einem Deutschen betteln und beide lebten miteinander wie Mann und Frau, seien Säufer und Vagabunden. Das tut jedoch dem Plan keinen Abbruch, diese Tworowska hier zur Aussage vorzuladen, womit sie sich gewiss die Gunst des Herrn Oberstaatsanwalts erwirbt, weil sie den nationalen Hass nicht teilt und, obwohl Polin, mit einem Deutschen in einer Liebesbeziehung lebt.

---

15 *Im Original: komisarz wojenny.*

Noch im Dezember 1862 kam der Polizeipräsident Bärensprung[16] nach Thorn gefahren und schickte einen Staatsanwalt mit Gendarmen zu mir zur Durchsuchung. Man hat mir viele Papiere weggenommen und wenig später wurde ich gerichtlich aufgefordert, zu erklären, woher diese Papiere stammten, wobei der Richter erklärte, darunter befinde sich nichts, was mich kompromittiere. […]

Der Präsident: Des Weiteren hat man bei Ihnen die Satzung eines nationalen Revolutionsbundes gefunden, die Satzung des revolutionären Nationalkomitees und die Instruktionen dieses Komitees an die Kreiskomitees, die bereits gelesen wurden. Wie ist das zu Ihnen gelangt?

Der Angeklagte: Auf ganz natürliche Weise. Jeder der Anwesenden hatte etwas mitgebracht, und das flatterte zwischen meinen Papieren umher. Als eifriger, mit den Interessen meines Besitzes beschäftigter Gastgeber hatte ich weder die Zeit noch die Neugier, all das zu lesen. Wenn ich darunter etwas Gefährliches entdeckt hätte, hätte ich es verborgen. […]"

Am nächsten Tag wurden Zeugen berufen, die so abwegige und falsche Aussagen machten, dass es nicht wert ist, sie hier zu erwähnen, ich führe nur an, dass die von mir geforderten Zeugen, die Bürger Józef Czapski und Bolesław Kossowski, unter Eid aussagten, sie hätten als häufige Besucher meines Hauses immer gehört, dass ich die hitzköpfige Jugend zu überzeugen versuchte, wie unvernünftig der Kampf sei und dass er für sie und das Land nur unglücklich ausgehen könne.

Das Abwegigste vonseiten des Gerichts, das, wie sich herausstellte, vor meiner Verhaftung keine mich kompromittierenden Beweise hatte finden können, war, dass es während meines Aufenthalts im Gefängnis mehrfach Durchsuchungen in Piątkowo veranlasst hatte, die Material gegen mich liefern sollten. So besetzte eine beträchtliche Armee-Einheit am ersten Weihnachtsfeiertag um drei Uhr morgens das Gut und es begann eine Durchsuchung in großem Maßstab. Eine beträchtliche Zahl von Gästen, zumeist Frauen, war zum Fest zu meiner Tochter gereist. Niemand, weder die Gäste noch das Personal, durfte sich von der Stelle rühren, die Soldatenschaft mit einem Offizier an der Spitze fiel in die Frauengemächer ein, um Emigranten zu suchen, denn die deutschen Nachbarn hatten versichert, der Hof sei voll von ihnen. Später erfuhr ich, dass es in Wahrheit acht waren, die jedoch unser Dienstfräulein Franciszka so geschickt hatte verstecken können, dass sie niemanden fanden bis auf Kossakowski, der aufgrund seines Petersburger Passes keine Notwendigkeit sah, sich zu verbergen. Die Durchsuchung dauerte bis drei Uhr nachmittags, also 12 Stunden lang, während welcher man nicht erlaubte, Kaffee zu bereiten, noch durfte der Koch das Mittagessen kochen, erst recht durfte niemand zur Kirche fahren. Die ganze Beute dieser großen Militärexpedition war Graf Stanisław Szczęsny Kossakowski, der mitgenommen und in das Gefängnis in Strasburg gefahren wurde, aus dem er nach einigen Wochen entlassen wurde.

---

16 Edmund Bärensprung, Posener Polizeipräsident, zählte zu den besonders aktiven Gegnern der polnischen Unabhängigkeitsbewegung. Sein Name wurde mit einer gegen die Polen gerichteten politischen Provokation verbunden: Bärensprung nahm Kontakte mit polnischen Emigranten in England auf und ermunterte sie zu konspirativen Aktivitäten im preußischen Teilungsgebiet. Die Affäre wurde von einem Abgeordneten des preußischen Landtags, Władysław Niegolewski, publik gemacht.

Da jedoch die Deutschen sich mit der Versicherung zur preußischen Kommandantur begaben, im Gut Piątkowo seien mit Sicherheit Emigranten, doch gebe es dort ein derartiges Labyrinth von Zimmern und nicht weniger als drei Treppen, die nach oben führten, kam sogleich am Dreikönigstag, wieder in der Nacht, eine größere Einheit und begann nach einem strategischen System die Suche. Nachdem das erste Zimmer durchsucht worden war, besetzte man die Tür mit einer Wache und so ging es fort von Zimmer zu Zimmer. In meinen Akten habe ich den genauen Bericht eines Offiziers gelesen, dem wohl kein Stratege etwas vorwerfen könnte, doch hat er weder die drei Treppen gefunden, denn es gibt sie einfach nicht, noch einen einzigen Emigranten, obwohl der Hof abermals voll von ihnen war, denn die wackere Franciszka hatte sie in den Kaminen versteckt. Wiederum endete diese Durchsuchung einige Stunden nach dem Mittag, doch ohne Mittagessen. Der Frost war klirrend, die Soldaten verfroren und hungrig, denn eine Mahlzeit wollten sie nicht zu sich nehmen, als sie Piątkowo verließen, wärmten sie sich an einem Schober aus Roggen, der nahe am Wege auf dem Feld stand und den sie angezündet hatten.

Von diesem Fräulein Franciszka muss ich zu ihrem Lob noch erwähnen, dass sie in jener Zeit viel Mut und Aufopferung zeigte, indem sie Schwerverwundete aus Polen hertransportierte und durch ihre Pflege zur Gesundheit brachte. [...]

In der weiteren Zusammenfassung unseres Prozesses werde ich mir erlauben, den Lesern noch eine kleine Auslese zu gewähren. [...] Welcher Zeugen man sich gegen die Angeklagten bediente, möge unter anderen der Franzose Fourgeret belegen, der sich, ohne dazu aufgefordert zu sein, in einem Brief aus Paris an den Kammergerichtsvorsitzenden Krüger selbst als Zeuge anbietet, weil er viele Personen kompromittieren könne, wenn er nur für die Reisen und andere Ausgaben entlohnt werde. In diesem Brief schreibt er, zu diesen Denunziationen veranlasse ihn der Wille, sich dafür zu rächen, dass die Polen, als er ihnen seine Dienste angeboten habe, ihn verspottet und ihn und alle Franzosen Abenteurer (*chevaliers d'industrie*) genannt hätten. Jetzt schreibt er, er werde sich bemühen, nicht nur Polen, sondern auch Franzosen, die den Polen zu Hilfe eilten, in die Hände der Preußen zu übergeben.

Herr Krüger hatte nicht gezögert, mit einem solchen Schuft in Korrespondenz einzutreten, und als er vor Gericht erschien und die Verhandlung mit ihm begann, machten sich unsere Verteidiger einer nach dem anderen zunutze, dass die Staatsanwaltschaft ihre Anschuldigungen auf Zeugen stützt, die selbst zugeben, sie wollten die Polen aus Rache denunzieren, sofern sie dafür nur entlohnt würden. Verteidiger Elven forderte, Gerichtsrat Krüger solle als Zeuge vor Gericht erscheinen und aussagen, welche Antwort er Fourgeret auf seine wiederholten Briefe gegeben habe, die sich in den Akten befinden, während die Antworten Herrn Krügers fehlen. In einer sarkastischen Rede unterstützt Professor Gneist Elven, indem er sagt, diese Art von Zeugen der Anklage sei in Paris gängige Ware, deutschen Gerichten jedoch sei sie bisher unbekannt. Darauf erklärt Staatsanwalt Adlung, er habe diesen Zeugen nicht angefordert, doch das Hohe Gericht selbst habe ihn berufen, was den Präsidenten offensichtlich in Verlegenheit brachte. Daraufhin meldet sich Verteidiger Brachvogel und wirft mit erhobener Stimme die shakespeareschen Worte ein: „Der Mohr hat seine Schuldigkeit getan, der Mohr kann gehen!" Hier brach der Präsident heftig gegen Brachvogel aus, rief ihn zur Ordnung und befahl Fourgeret, zu gehen.

Alle Berliner Tageszeitungen lobten am nächsten Tag Brachvogels Witz. [...]

SOLCH EIN WEIHNACHTSFEST HAT MAN UNS BEREITET! POLNISCHE HÄFTLINGE, GEFANGENE UND ZWANGSARBEITER

Professor Gneist, der hervorragende Jurist und Parlamentsredner, bekannt als deutscher Liberaler, war kein großer Freund der Polen und wollte deshalb trotz dringender Bitten lange nicht als Verteidiger Mańkowskis auftreten, und als er dem Drängen schließlich nicht mehr widerstehen konnte, erklärte er offen, er habe keine Sympathie für die Polen, doch zur Verteidigung der Ehre der preußischen Gerichtsbarkeit nehme er an. Es scheint jedoch, dass erst der Verlauf dieses Prozesses ihn gründlicher mit polnischer Geschichte und mit dem Charakter des Volkes vertraut gemacht hat. An die hundertvierzig seiner Vertreter, die der Anführerschaft bei für Preußen unfreundlichen Absichten angeklagt waren, sah er fünf Monate lang vor sich und erkannte all jene schlechten Eigenschaften, welche die Deutschen den Polen allgemein zuschreiben, in ihnen nicht wieder. Daher hielt er auch am Ende der Verhandlung über den allgemeinen Teil der Anklage eine dreistündige Rede in zwei Teilen, denn die zweite war von der Rede des Stellvertreters des Staatsanwalts, Mittelstaedt, ausgelöst, der auf die unwiderlegbaren Aussagen Gneists mit vielsagenden Sophismen antwortete. Der zweite Teil kennzeichnet als Improvisation den hervorragenden Redner noch deutlicher. So sagte Elven in seiner nächsten Aussage zu Recht, diese Rede habe sich in der Geschichte der gerichtlichen Redekunst einen unumstrittenen ersten Platz erobert.

Ich erlaube mir, nur ihr Ende anzufügen:

„Die Regierung war es offenbar leid, ständig der Unterstützung, die von dieser Seite dem Aufstand gewährt wurde, vorzubeugen, obwohl sie über die dafür nötigen Mittel und Kräfte verfügte. So hat man, wie es scheint, beschlossen, kürzer und drastischer vorzugehen, und hat unter dem Vorwurf des Staatsverbrechens massenweise verhaftet. Vielleicht hat man diesen Weg für den praktischeren gehalten, doch ein preußisches Tribunal sollte die Finger davon lassen. Ein preußisches Gericht, und erst recht das Kammergericht, sollte seinen alten Ruhm nicht kurzfristigen Interessen opfern. Diese Sache ist es nicht wert, selbst in den Augen jener, die sie als für den preußischen Staat gefährlich erachten.

Wenn durch die Eröffnung eines Prozesses wegen Staatsverbrechens ein Fehler gemacht wurde, drängen sich aus Sicht der Behörden zwei mögliche Sichtweisen auf. Die eine: Die Ehre der Beamten und die Würde der Regierung müssen aufrechterhalten und der mit so viel Aufsehens begonnene Prozess muss zu Ende geführt werden. Die andere: Die Ehre von Behörden und Staat ist durch hartnäckige Unterstützung eines verfehlten Prozesses nicht zu retten. Alle Verfehlungen und falschen Schritte werden verborgen sein und verschwinden, wenn durch das Ende Wahrheit und Recht die Ehre geben werden. Zwischen dem, was richtig, und dem, was falsch ist, gibt es keinen dritten Weg in der Mitte.

Die Verteidiger sehen die zehn Richter des Kammergerichts, des ältesten und berühmtesten Tribunals der preußischen Monarchie, zwischen diesen zwei Wegen stehen. In solch schwieriger Lage entscheidet nach meiner Erfahrung der Charakter, wenn der Verstand ins Wanken geraten ist. Hier muss menschliches Handeln sich auf die Erinnerung gründen, was man seiner Vergangenheit, seinem Namen und jener Vergangenheit, die diesem Namen die Ehre gibt, schuldig ist. Die zehn Richter, die wir vor uns sehen, werden nicht vergessen, dass sie einem Gericht angehören, dessen historische Vergangenheit der jedes anderen Gerichts in Europa ebenbürtig ist. Das 19. Jahrhundert wird einen weiteren politischen Prozess dieses Ausmaßes vor diesem Gericht wohl nicht mehr erleben. Das erwarten wir sogar. Und gerade das entscheidet über den Charakter der preußischen Justiz.

Ich bestreite nicht, dass diesem Prozess eine wichtige politische Frage innewohnt. Die polnische Nationalität begegnet der deutschen mit Widerwillen, oft sogar mit Abscheu. Wir Deutsche sind nicht solche Ideologen, dass wir unser Land zerstückeln würden, um anderen Völkern gegenüber gerecht zu sein. Doch wenn ein historisches Leid entschädigt werden soll, wenn die Polen treue Untertanen des Hauses Hohenzollern sein sollen, so gibt es dafür einen Weg, den wir hier besser kennen als die Diplomaten: Geben wir den Polen die Gewähr, dass sie unter einer gerechten Regierung leben, dann werden sie nicht aufhören, in ihren angeborenen Gefühlen Polen zu sein, doch sie werden in ihrem Pflichtgefühl gegen König und Staat Preußen werden.

Wenn die preußische Regierung dieses Ziel erreichen will, so ist es zu erreichen, und der gerade und unfehlbare Weg dorthin ist eine gerechte Beurteilung dieser Angelegenheit. So wird er meines Erachtens sein, womit ich beantrage:

1. Alle Angeklagten werden aus Mangel an Beweisen von dem Vorwurf des Staatsverbrechens freigesprochen.
2. Wenn sich gegen einige von ihnen Übertretungen der Paragraphen 97 und 98 des Strafrechts finden, möge das Oberste Gericht sich für unzuständig erklären und sie an die gewöhnlichen Gerichte überweisen."

Da bereits eine beträchtliche Zahl von Angeklagten freigelassen worden war, und zwar solche, die entweder selbst gekämpft hatten oder aktiv beteiligt waren an der Lieferung von Waffen, der Bildung von Einheiten, die über die preußische Grenze gingen usw., glaubte ich, sie müssten mich, gegen den es in der Anklageschrift keine Beweise gab und bei dem sich alles auf leere Vermutungen oder belegte Unwahrheiten stützte, ebenfalls freilassen.

Wie wurde ich also überrascht, als mir einer der Verteidiger und dazu ein Deutscher schon einige Wochen vor Gneists Rede als Geheimnis verriet, er wisse aus sicherer Quelle, dass ich nicht zu den Freigelassenen zählen würde, weil die Deutschen aus meiner Gegend auf das Gericht Einfluss ausübten, damit ich verurteilt würde. Die Bestätigung dessen zeigte sich gleich nach dem Ende der allgemeinen Diskussion, nach welcher der größeren Hälfte der Häftlinge wegen Platzmangels in Moabit erlaubt wurde, auf freiem Fuße in die Stadt umzuziehen, denn als ich eine Bitte einreichte, aufgrund schwacher Gesundheit für die weitere Zeit der Verhandlung bis zu den Urteilen in die Stadt umzuziehen, erhielt ich eine Absage. Zum Glück wollte es der Zufall, dass mir eines Nachts Blut aus der Nase rann, also machte ich Lärm, das Personal tauchte auf, ich verlangte nach einem Arzt, und sowie er kam, zeigte ich ihm das blutbefleckte Hemd und die Bettwäsche und forderte, Krüger solle sofort kommen. Er kam und ich beschuldigte ihn mit größter Heftigkeit eines barbarischen Vorgehens mir gegenüber, worauf er mir zusagte, ich würde sofort in die Stadt entlassen.

Nachdem ich dort eine private Wohnung genommen hatte, stärkte ich, jetzt schon freier, meine geschwächten Kräfte für den endgültigen Auftritt zu meiner Verteidigung, falls der Staatsanwalt einen Antrag zu meiner Bestrafung machen würde, wobei ich inzwischen sicher war, dass das eintreffen werde. Diesen meinen mehrwöchigen Aufenthalt in Berlin ließen mir die verehrten und geliebten Narzymskis aus Jabłonowo angenehmer werden, die sich damals dort aufhielten und bei denen ich täglich abendlicher Gast sein musste. Da beide bereits einige Jahre im Grabe ruhen, sei es mir erlaubt, hier über sie nur zu sagen, dass unser Land durch den viel zu frühen Tod dieser wahrhaft polnischen Herzen einen schweren Verlust erlitten hat!

SOLCH EIN WEIHNACHTSFEST HAT MAN UNS BEREITET! POLNISCHE HÄFTLINGE, GEFANGENE UND ZWANGSARBEITER

Unser Prozess näherte sich jetzt bereits mit schnellen Schritten seinem Ende. Der Staatsanwalt ging zur detaillierten Anklage über. Als ich an der Reihe war, wiederholte er in Kurzform alle seine früheren Vorwürfe, wobei er meine Schuld hauptsächlich darauf stützte, dass, wenn man bei mir so viele Appelle der Nationalregierung[17] gefunden habe, mir nicht nur der Inhalt bekannt, sondern ich auch mit ihm einverstanden gewesen sein müsse. Ebenso hätte ich im Falle der Emigranten, als ich ihnen gestattete, in meinem Hause zu weilen, ihre Prinzipien teilen müssen. Er beantrage also, mich für sechs Jahre im Zuchthaus festzusetzen, und sechs Jahre Polizeiaufsicht. [...]

Als ich sah, welche Gefahr mir von einer so ungeheuerlichen Anklage drohte, breitete ich vor dem hohen Gericht das ganze Buch meines Lebens aus, und niemand, der ehrlich ist, wird mir ein Wort der Unwahrheit nachweisen; ich tat es deswegen, damit Sie, die Herren, psychologisch beurteilen, ob die mir gemachten Anschuldigungen der Wahrheit ähnlich sehen. Ich glaube, ich habe überzeugt, denn selbst der Stellvertreter des Staatsanwalts nannte mich einen gemäßigten Menschen. Wenn ich jedoch hier zu hören bekomme, ich solle zu sechs Jahren verurteilt werden, das heißt dann wohl für das ganze Leben ins Zuchthaus, so bin ich gezwungen zu antworten, der Herr Oberstaatsanwalt müsste zufrieden sein, dass ich und mehr als hundert Männer anderthalb Jahre hier in schwerer Haft gequält wurden, er sollte mit den Tränen so vieler Mütter, Frauen und Kinder und mit dem wirtschaftlichen Ruin, der schon bei vielen von uns eingetreten ist, zufrieden sein, und er sollte nicht noch aufgrund niederträchtiger und verlogener Aufhetzung eine Bestrafung fordern.

„Anderthalb Jahre sitzen wir hier als Opfer einer Präventivmaßregel. Es war offensichtlich, dass unsere Verhaftungen nur stattgefunden hatten, damit wir unseren unglücklichen kämpfenden Brüdern keine Waffen liefern konnten, damit sie, wehrlos, schneller unterlagen, damit der langwierige, verzweifelte Kampf, in dem die Blüte der polnischen Jugend sich aufopferte, das Gewissen der zivilisierten Welt nicht wachrütteln konnte, als Rache an dem Verbrechen, das am Ende des vergangenen Jahrhunderts durch die Teilung Polens begangen wurde. Wir mussten ins Gefängnis, denn bekanntlich geht Macht vor Recht. Ich werde also zeigen und beweisen, dass unsere Verhaftungen nur eine Präventivmaßregel waren.

Der Oberstaatsanwalt: Gegen solche Ausdrücke muss ich protestieren. Der Angeklagte darf sich nur gegen die Vorwürfe verteidigen, die gegen ihn erhoben werden, sonst nichts.

Verteidiger Elven: Wenn der Angeklagte beweisen will, was er behauptet, meine ich, dass ihm das nicht verwehrt werden kann.

Der Präsident: Der Angeklagte darf sich lediglich verteidigen, nicht das Vorgehen der Landesbehörden kritisieren.

Elven: Was mich betrifft, würde ich mich auf solche Beweise nicht einlassen, aber der Verteidigung steht das unbestreitbare Recht zu, solche hier anzuführen.

Der Präsident: Wenn Sie uns etwas sagen wollen, was nicht zur Verteidigung gehört, so kann ich das nicht zulassen.

---

17 Es geht um eine polnische Untergrundregierung, die im russischen Teilungsgebiet 1863-1864 alle Funktionen des Staates zu erfüllen versuchte.

Der Angeklagte: Herr Präsident! Wenn ich zu Zuchthaus verurteilt werden soll, werden Sie mir wohl gestatten, mich so zu verteidigen, wie ich es mir überlegt habe. Auf die Punkte der Anklageschrift werde ich nicht antworten, denn ich habe schon früher bewiesen, dass sie nur Unwahrheiten enthält. Aber wenn ich die ganze Geschichte des Umgangs mit uns während der Haft vorlege, werden Sie, wie ich hoffe, als unparteiische Richter in unserem Falle zu einer anderen Überzeugung gelangen.

Der Präsident: Das Kollegium geht beiseite, um zu beraten, ob Sie sich weiter auf diese Weise rechtfertigen dürfen." [...]

Nach einer recht langen Beratung kommen die Richter herein und der Vorsitzende verkündet die Entscheidung, ich dürfe das von mir angekündigte Thema nicht weiterführen.

„Der Angeklagte: Ich verlasse also die mir untersagten Gründe unserer Inhaftierung, doch muss ich nur erwähnen, dass unsere verehrten Verteidiger, wenn sie gesehen hätten, wie man uns im Gefängnis in der Hausvogtei und in Moabit behandelt, das Labyrinth der Anklageschrift wahrlich nicht hätten betreten müssen. Dieses wird für immer in die Geschichte des Gerichtswesens eingehen, denn in diesem Labyrinth hätte selbst ein Ritter wie Theseus es nicht vermocht, ohne einen Ariadnefaden die Opfer des Minotaurus hinauszuführen. Dann hätten sie in der Anklageschrift um vieles leichter den *dolus* erkannt, den der Herr Oberstaatsanwalt uns auferlegt, während er nach meiner Überzeugung selbst nicht an ihn glaubt.

Wenn sich für das Herzogtum[18] und für Westpreußen auch nur ein Hauch von Gefahr gezeigt hätte, so hätten die deutschen Einwohner am besten beurteilt, ob diese Gefahr tatsächlich bestehe, doch stattdessen lasen wir Klagen in den Zeitungen, warum so viel Militär dieser Gegend zur Last falle, wo sie doch seitens der Polen nichts zu fürchten hätten.

Wenn also das heutige Regime mit diesem Prozess offensichtlich nur unsere Verfolgung anstrebt, frage ich mich, warum gerade das preußische Gerichtswesen sich hier unterwürfig zeigen soll, um gemeinsam mit Murawjow[19] und Konsorten unsere Vernichtung ins Werk zu setzen? Es ist doch immerhin das preußische Gerichtswesen ...

Der Präsident: Ich muss den Angeklagten bitten, in seinen Ausdrücken mehr Mäßigung zu zeigen und den General und das preußische Gerichtswesen nicht zu verunglimpfen.

Der Angeklagte: Ich habe nicht zu Ende geführt, was ich sagen wollte, denn man hat mich unterbrochen. Ich sage eben, dass gerade das preußische Gerichtswesen sich nach der vollzogenen Teilung die Anerkennung seiner unparteiischen Gerechtigkeit und Sorgfalt erworben hat, sodass sich ein beträchtlicher Teil der Polen mit seiner traurigen Bestimmung abgefunden hat. Daher glaube ich auch heute noch nicht, das hohe Gericht wird mit seinem Urteil zu unserer Vernichtung beitragen.

Um jedoch die Ungeduld des Herrn Präsidenten nicht zu vergrößern, erlaube ich mir nur noch eine allgemeine Bemerkung. Aus dem ganzen Verlauf unseres Prozesses geht hervor, dass die Bewohner des Herzogtums Posen und Westpreußens in Tretende und Getretene unterteilt sein sollen. In diesem Falle halte ich die

---

18 Es geht um das Großherzogtum Posen (1815-1848). Bis 1831 genoss es eine gewisse Autonomie. Nach 1848 Provinz Posen.

19 Michail Murawjow (1796-1866), der als „Veschatel" (Henker) bekannte russische General, führte die Repressionsmaßnahmen in Litauen nach dem Novemberaufstand (1830-1831) sowie nach dem Januaraufstand (1863-1864) durch.

Lage der Letzteren für günstiger, denn wir werden zu einer festen Masse gestampft, die besser standhalten wird, wenn der Sturm kommt. Doch jene, die heute obenauf sind und uns treten – wehe ihnen, und manch einer von ihnen wird schwören, er habe nicht zu den Tretenden gehört. Aber da heute noch Ruhe herrscht in der Welt, muss das Treten weiter seinen Weg gehen, und mir scheint folglich, der Herr Oberstaatsanwalt habe mit seiner ausgearbeiteten Anklageschrift eine Kostprobe dieses Trittbretts geliefert. Doch unsere Herren Verteidiger haben wohl schon zur Genüge dessen Untauglichkeit bewiesen, sodass sein Erfinder zwar privat dafür belohnt werden kann, doch auf die Weltausstellung wird diese Maschine nicht gelangen!" [...]

Viele schöne Sachen, die ich mir in schlaflosen Nächten ausgedacht hatte, habe ich ausgelassen, weil der neben mir sitzende Verteidiger Elven mich anstieß und flüsterte, durch Erzürnung der Richter würde ich meine Lage nur verschlimmern, und meine geliebten Kollegen gaben mir durch Übersendung von Gläsern mit Wasser zu verstehen, dass ich ihnen allen mit solch bitteren Argumenten nur schade.

Am 2. Dezember war die letzte Sitzung. In der darauf folgenden Unterbrechung bis zur Urteilsverkündung hatten wir Gelegenheit, den triumphalen Einzug der siegreichen Armee nach dem Schleswigschen Krieg zu beobachten. An der Spitze fuhr der König, der vom Volk sehr lau begrüßt wurde, doch die Armee, die auf ihn folgte, empfing laute Anzeichen der Sympathie. Als ich die Physiognomien der Soldaten aus der Nähe betrachtete, fiel mir auf, dass nur in wenigen Gesichtern die Mühen des durchgestandenen Winterfeldzugs zu lesen waren, der Rest waren junge, frisch aussehende Soldaten. Diese meine Bemerkung teilte ich einem neben mir stehenden Berliner mit, der mir lächelnd antwortete: „Das ist die reine Komödie, die gut Aussehenden waren gar nicht im Krieg, denn jene sind größtenteils in den Lazaretten und leiden an Rheuma."

Anlässlich der festlichen Dekoration bekundeten uns manche Einwohner ihre Sympathie, indem sie auf Transparenten um eine Amnestie für die Polen baten.

Schließlich wurden wir genau zu Heiligabend in die Hausvogtei vorgeladen, um die Urteile anzuhören, welche die Folgenden waren:

„I. Zum Tode und zur Deckung der Kosten verurteilt werden die Folgenden:
1. Jan Kanty Kościelec Działyński
2. Aleksander Guttry
3. Włodzimierz Wolniewicz
4. Julian Ksawery Łukaszewski
5. Filip Skoraczewski
6. Edmund Taczanowski
7. Władysław Zakrzewski
8. Gemeindepfarrer Szymon Radecki
9. Bolesław Lutomski
10. Zygmunt Jaraczewski
11. Józef Alojzy Seyfried

II.

12. Władysław Kosiński – zwei Jahre Gefängnis
13. Władysław Niegolewski – zwei Jahre Gefängnis
14. Józef Rustejko – anderthalb Jahre Gefängnis
15. Józef Żórawski – ein Jahr Gefängnis
16. Napoleon Ksawery Mańkowski – ein Jahr Gefängnis
17. Roman Fürst Czartoryski – ein Jahr Gefängnis
18. Wacław Koszutski – ein Jahr Gefängnis
19. Stanisław Sczaniecki – ein Jahr Gefängnis
20. Włodzimierz Kurnatowski – ein Jahr Gefängnis
21. Gemeindepfarrer Stanisław Rymarkiewicz – ein Jahr drei Monate
22. Gemeindepfarrer Cyprian Jarochowski – ein Jahr drei Monate
23. Józef Mielęcki – ein Jahr drei Monate
24. Walery Hulewicz – ein Jahr drei Monate
25. Leon Smitkowski – ein Jahr drei Monate
26. Bolesław Kościelski – ein Jahr drei Monate
27. Erazm Zabłocki – ein Jahr drei Monate
28. Bolesław Moszczeński – ein Jahr drei Monate
29. Serafin Ulatowski – ein Jahr drei Monate
30. Julian Mittelstädt – ein Jahr drei Monate
31. Leon Martwell – ein Jahr sechs Monate
32. Natalis Sulerzyski – ein Jahr sechs Monate
33. Edward Kalkstein – ein Jahr sechs Monate
34. Teodor Jackowski – ein Jahr sechs Monate
35. Edmund Callier – ein Jahr drei Monate
36. Bolesław Juliusz Dienheim, Graf Chotomski – ein Jahr Gefängnis
37. Philosophiestudent Winkler-Kętrzyński – ein Jahr Gefängnis
38. Doktor der Philosophie Kazimierz Szulc – ein Jahr Gefängnis.

Und alle zur Deckung der Kosten.
Die Übrigen wurden freigelassen. Ein solches Weihnachtsfest hat man uns bereitet!

Aus dem Polnischen von Gerhard Gnauck

KAROLINA LANCKOROŃSKA, MUT IST ANGEBOREN (2001)

Karolina Gräfin Lanckorońska, (1898-2002), polnische Professorin für Kunstgeschichte, wuchs in Wien und der heutigen Ukraine auf. Während des Zweiten Weltkrieges kämpfte sie im Untergrund, war Gefangene des NS-Regimes in Berlin-Moabit und im KZ Ravensbrück. Nach 1945 lebte sie im Exil in Rom, wo sie das Polnische Historische Institut ins Leben rief. Im Rahmen der von ihr gegründeten Lanckoroński-Stiftung unterstützte sie polnische Wissenschaftler und Exilinstitutionen.

Berlin (29. November 1942 – 9. Januar 1943)

Ich ging ins Abteil zurück und schlief ein. Ich erwachte erst in der Gegend von Breslau. Eifrig hielt ich Ausschau nach möglichen Zerstörungen und musste feststellen, dass es fast gar keine gab. Nachmittags waren wir in Berlin. Schon unterwegs hatten meine „Beschützer" lange Diskussionen darüber geführt, wohin sie mich bringen sollten. Sie trugen den telegrafischen Befehl, mich unverzüglich nach Berlin zu überstellen, bei sich, doch das war alles. Und so fuhren wir mit dem Taxi die verschiedenen Gestapo-Zentralen und Gefängnisse ab. Eines sah sehr modern aus, und ich war neugierig auf das Berliner Gefängnis, das vermutlich nach amerikanischem Vorbild eingerichtet war. Doch man warf uns auch diesmal hinaus, weil hier keine Frauen aufgenommen wurden. Schließlich und endlich, nach langen und eindringlichen Telefonaten, erfuhren wir in einem Büro, dass nichts außer Alexanderplatz übrig blieb, wohin sie mich mit sichtlichem Widerwillen letztendlich brachten. Nach langem Umherirren landeten wir doch noch im 5. Stock eines unglaublich schmutzigen Riesengebäudes aus dem 19. Jahrhundert im Stil einer romanischen Feste. Man schloss mich in einer sehr engen Zelle ein. Die Wände waren abgekratzt und wie die Decke mit Fladen dunkelgrauer Ölfarbe überzogen. Es war Abend, erschöpft warf ich mich auf die Pritsche und schlief sofort ein.

Am Morgen sah ich durch die Gitter des hoch angebrachten, aber ziemlich großen Fensters einen Winterhimmel, den grauen, merkwürdig schmutzigen Himmel der Stadt. Ich erhob mich, wollte mich waschen, doch hier gab es gleich Schwierigkeiten. Auf einem Uraltschemel stand ein Schüsselchen mit Resten von Emaillierung, kleiner als die, die in Komarno oder Rozdół[20] in der Vorschule benutzt wurden. Als ich da so stand und grübelte, ging die Tür auf, herein trat die Obrigkeit, „servierte Kaffee" und belehrte mich, dass man Frau Wachtmeisterin[21] zu ihr zu sagen habe. Sie war eher jung und nicht hässlich. Ich ertappte mich bei dem Gedanken, wie wenig angenehm es sein musste, eine Frau mit einem solchen Titel zu heiraten, selbst für einen Deutschen. Die Tür schloss sich wieder. [...]

Nachmittags erschien die Frau Vorsteherin[22] aller Wachtmeisterinnen, eine alte Vorkriegsdeutsche, lang und mager, mit grauen, fest nach hinten gezurrten Haaren und einem anständigen Ton gegenüber den Häftlingen. Sie erklärte mir, dass ich das Recht auf elektrisches Licht am Abend sowie auf die Äußerung anderer Wünsche hätte. Ich bat um eine größere Schüssel. Sie sah mich an, dann die Untergebene, die hinter ihr

---

20 Die Güter von Familie Lanckoroński.
21 Im Original auf Deutsch.
22 Im Original auf Deutsch.

stand, dann wieder mich. „Um eine größere Schüssel?", wiederholte sie ungläubig. „Nein, bei uns gibt es nichts dergleichen. Aber wozu brauchen Sie die?" – „Nun, ich bin groß, und bei uns sind solche Schüsseln höchstens bis zum sechsten Lebensjahr in Gebrauch." – „Merkwürdig!"[23], sie ging ihrer Wege. [...]

Ich begann, meine Zelle aufmerksamer zu betrachten. An vielen Stellen waren Worte und Sätze in die dunkelgraue Ölfarbe gekratzt. Manchmal waren es nur Initialen, manchmal auch Vor- und Nachnamen. Dicht über dem Kopfende meiner Pritsche konnte ich ganz leicht eine deutsche Inschrift entziffern: „Eva, mein Kind, du bist 9 Jahre alt, wer wird dir einst die ganze Wahrheit sagen? Werde die, zu der ich dich habe erziehen wollen!" Dann Initialen und ein Datum von 1942. Etwas weiter weg waren mit einer Nadel, in winziger französischer Schrift, die klassischen Worte von Cheniers „La jeune Captive" eingeritzt: „Je n'ai que 18 ans ...", ohne Unterschrift. Wie viele Frauen mochten hier schon hindurchgegangen sein, und wer waren die, die zum gegenwärtigen Zeitpunkt meine Nachbarn waren? Denn manchmal waren sie durch die ziemlich dicken Zellenwände zu hören. Eine Antwort auf die letzte Frage hatte ich bald. Einmal hörte ich ein Rascheln an der Tür und dann erblickte ich ein gefaltetes Stück Papier, das unten durchgeschoben wurde. Schnell, das ist für Sie[24], hörte ich Liesels Stimme; Liesel, ein junges Mädchen und eine Kriminelle, machte sauber und teilte auch das Brot aus. Ich zog kräftig und hielt einen Brief in der Hand, der an meine Zellennummer adressiert war. Die Nachbarin zur Linken, eine Berliner Schauspielerin, stellte sich auf diese Weise vor und übermittelte zugleich das Klopfzeichen-Alphabet. Ich wendete es unverzüglich an, ein Gespräch kam zustande. Auf meine Frage: „Wofür sitzen Sie?"[25], erhielt ich die ziemlich klare Antwort: „Kontakte mit Russland, meine Freundin schon geköpft."[26] Später lernte ich von ihr, mich die Wand hoch zum Fenster zu hieven, in der Zeit, wenn Frau Wachtmeisterin zum Mittagessen war. Durch das geöffnete Oberlicht konnte ich mich beinah normal mit beiden Nachbarinnen unterhalten, der Schauspielerin zur Linken und der Bibliothekarin zur Rechten. Beide waren sie in dieselbe Sache verstrickt, um derentwillen man in jenen Tagen fünfzehn höhere Offiziere aus dem Führerhauptquartier hatte kommen lassen. (Das kann wohl kaum noch lange dauern, dachte ich, wenn ich das alles hörte.) Für mich war der Gedankenaustausch mit Personen, die ihre Handlungsweise als moralische Pflicht ansahen, interessant. Damals kam ich zum ersten Mal mit dieser Form, das Problem zu lösen, das in jedem Deutschen entstehen musste, der noch nicht alle Ethik eingebüßt hatte, in Berührung – und war entsetzt. Der Faschismus hatte aus ihrem Gewissen Begriffe getilgt, die uns Grundbegriffe dünkten, und zwar in einem Grade, dass beide Frauen absolut kein Gespür dafür hatten, dass Feindkontakte während eines Krieges seit Jahrtausenden für ein Verbrechen erachtet werden, eines der größten, die ein Mensch begehen kann. Sie sagten, die Hitlerleute behandelten ihre Handlungsweise selbstredend als Staatsverrat, doch sprachen sie dieses Wort in aller Ruhe aus, weil sie der Ansicht waren, Russland bekämpfe nur das Regime, nicht die Deutschen, und sie waren überzeugt, dass dieses selbe Russland, wenn Hitler erst gestürzt wäre, ihrem Vaterland eine Epoche unermesslichen Glücks bringen werde. Die Würde, mit der beide

23 Im Original auf Deutsch.
24 Im Original auf Deutsch.
25 Im Original auf Deutsch.
26 Im Original auf Deutsch.

Frauen sich gegenüber dem eigenen Geschick verhielten, erweckte Hochachtung in mir, hingegen war mir ihr Vernunftschluss vollkommen fremd, mitunter brach sogar unser Gespräch ab, weil es ganz und gar unmöglich war, eine gemeinsame Sprache zu finden. [...]

Ich fühlte damals ganz deutlich, dass es für einen Deutschen zum gegebenen Zeitpunkt eigentlich keinen Ausweg mehr gab. Diese Todsünde, die ein jeder von ihnen auf sich lud, damals, als er die Gewalttat an die Macht ließ, als er dem Versucher erlag, der ihm einredete, er gehöre einem Volk an, das über den anderen stehe, und ihm die Herrschaft über die Welt versprach, diese Sünde würde nichts mehr von ihm abwaschen, selbst Staatsverrat nicht. Auch diesmal wieder, wie schon so oft zuvor, empfand ich tiefste Dankbarkeit gegenüber dem Schöpfer für meine Zugehörigkeit zu einem Volk, das in diesem verzweifelten Kampf um die eigene Existenz zugleich alle hohen Güter der Menschheit verteidigte.

Mein Bekanntenkreis im Häftlingsmilieu sollte sich in Kürze erweitern. Ich wurde nämlich gefragt, ob ich zum Arzt möchte. Weil meine Hautbeschwerden ständig schlimmer wurden und mich kaum noch schlafen ließen, meldete ich mich zur Untersuchung. An einem Donnerstag Nachmittag kam die Wachtmeisterin und brachte mich nach unten, vom fünften Stock ins Parterre. Man schickte mich ins Wartezimmer, wo ich warten sollte, bis ich dran war. Nach der Stille meiner Abteilung hörte sich der kleine Warteraum an wie ein Bienenstock: mehr als zwanzig Frauen jeglicher Art und jeglichen Alters, zu einzelnen Grüppchen zusammengedrängt. Die Unterhaltungen waren geflüstert oder halblaut, hastig, abgerissen, immer mit einem Blick zum Sprechzimmer, dessen Tür sich von Zeit zu Zeit öffnete. Dann wurde ein Name aufgerufen, und eine von den Anwesenden ging zum Arzt hinein. Als ich da so stand, trat eine sehr hochgewachsene, sehr knochige Frau zu mir und fragte nach meiner Nationalität. Als ich ihr sagte, ich sei Polin, entgegnete sie: „Und ich bin Deutsche, aber eine von denen, die um die Vereinigten Staaten Europas kämpfen." – „Unter der Führung Russlands?", hakte ich sofort nach, weil ich diese Losung bereits aus den „Fenstergesprächen" kannte. „Ja, ja", bestätigte sie lebhaft. „Natürlich nimmt uns Russland in seinen Schutz, und wir folgen seinem Beispiel." – Nette Perspektive, dachte ich.

In diesem Moment drangen Wortfetzen eines von zwei Frauen in Polnisch geführten Gesprächs an mein Ohr. Ich verabschiedete mich also von der künftigen Bürgerin der Vereinten Staaten Europas und ging zu den Polinnen. Die eine, sehr jung, sprach rasch, mit gedämpfter Stimme, es klang, als referiere sie. Die andere, ältere, hörte aufmerksam zu und stellte ab und an Fragen. „Guten Tag", ich trat zu ihnen. Das Gespräch brach ab, beide sahen mich an. „Ich freue mich, meine Sprache zu hören", sagte ich und harrte einer Antwort. „Warten Sie bitte einen Augenblick, ich möchte nur mein Gespräch zu Ende bringen", sagte die ältere. Ich wartete, und aus der Unterhaltung, die nunmehr äußerst vorsichtig geführt wurde, ergab sich für mich, dass es hier um Ratschläge, die Verhöre betreffend, ging. Daher entfernte ich mich ein paar Schritte, um nicht zu stören, und unverzüglich tauchte jene riesige Deutsche wieder an meiner Seite auf, um mir unter anderem zu versichern, dass es nicht nur den Deutschen, sondern auch den Polen unter Russlands Obhut wunderbar gehen werde. „Gibt es hier viele Anhänger dieser Idee?", fragte ich. „Noch nicht genug, um mit all dem, was hier passiert, Schluss zu machen. Sehen Sie, hier im Raum befinden sich etliche Kommunistinnen", und sie deutete auf ein paar Grüppchen. „Uns alle hat man wegen der einen Sache verhaftet, für die man auch eine gewisse Zahl von Offizieren aus dem Führerhauptquartier verhaftet hat, aber das alles ist zu wenig. Noch sind wir zu schwach."

Da näherte sich jene Polin, auf die ich wartete. Eine Frau von ungefähr 45, klein, schlank, mit breiter Stirn, tiefschwarzem, graumeliertem Haar, das streng nach hinten gekämmt war. Die ziemlich ausgeprägte Nase und die recht schmalen Lippen gaben dem blassen Gesicht den Ausdruck von Intensität und Energie, die großen, ebenfalls tiefschwarzen Augen sprühten vor Leben. „Woher kommen Sie? Von Zuhause? Woher? Wann?" Ich beantwortete alle Fragen, doch als sie auch meinen Namen wissen wollte, erwiderte ich, der sei doch im Gefängnis kaum von Bedeutung. „Im Gegenteil, gerade im Gefängnis muss man wissen, mit wem man es zu tun hat. Also, den Namen bitte." Das war beinah im Befehlston gesagt. Diese mir unbekannte Person, die fast einen Kopf kleiner war als ich, erweckte in mir einen solchen Respekt, dass ich gehorchte. Das Gesicht meiner Gesprächspartnerin hellte sich auf. „Was? Lanckorońska? Sehen Sie, wie gut, dass Sie mir Ihren Namen genannt haben", sie streckte die Hand aus, „Bortnowska". Wir fielen uns in die Arme.

Maria Bortnowska war eine sehr bekannte, sehr geachtete Mitarbeiterin des Polnischen Roten Kreuzes sowie ein äußerst verdienstvoller Soldat der AK[27], worüber ich ebenfalls Bescheid wusste. Wir hatten uns bisher nicht persönlich kennen gelernt, hatten aber seit langem Kontakt zueinander durch öffentliche und geheime Mitarbeiter. Wir tauschten daher rasch die Empfehlungen und Adressen von Freunden aus, die im Falle des Todes oder der Freilassung einer von uns beiden benachrichtigt werden sollten. Danach erzählte mir die Bortnowska kurz, sie habe zahlreiche und quälende Verhöre hinter sich, bei denen die Deutschen wegen ihrer äußerst harten Haltung nichts erfuhren. Sie bat mich, immer donnerstags krank zu werden, weil sie sich dann immer für den Arzt meldete, so wie etliche andere Polinnen auch, darunter jenes junge Mädchen, mit dem sie gerade erst gesprochen hatte. „Das ist ein schwerer Fall, das Mädchen wurde zur Arbeit nach Deutschland geschickt. Dort zeichnete sie auf Befehl einen Plan der Fabrik, in der sie arbeitete. Sie wurde verhaftet, der Plan gefunden." Plötzlich wurde die Bortnowska aufgerufen. „Also bis nächsten Donnerstag", und sie ging.

Kurz nach ihr betrat auch ich das Sprechzimmer, traf sie aber nicht mehr an. Der alte erfahrene Gefängnisarzt verfuhr anständig mit mir. Er hörte mich aufmerksam an, untersuchte mich und verzog das Gesicht. „Wenn Sie nicht rasch rauskommen, gibt es eine Katastrophe. Wie lange sitzen Sie schon?" – „Sieben Monate." – „Nun ja, das ist eine Nervensache." – „Ich bin nicht hysterisch." – „Leider nein", erwiderte der Alte. „Wären Sie es, könnten Sie auf diese Weise entspannen. Und es wäre nicht zu einer nervösen Hautentzündung gekommen. Sie sehen mir danach aus, als ob Sie in der Zelle nicht weinen würden." – „Selbstverständlich nicht, wozu sollte ich weinen?" – „Ich gebe Ihnen da was, das wirkt besänftigend, aber den Krankheitsprozess halte ich damit nicht auf." Er händigte mir das Medikament aus, irgendeine Wachtmeisterin befahl mich hinaus. Ich wollte ins Wartezimmer zurück, doch man führte mich durch eine andere Tür hinaus, direkt ins Treppenhaus und zur Zelle.

27 AK (Armia Krajowa), polnische Heimatarme (1942-1945), Untergrundorganisation der polnischen Exilregierung kämpfte gegen die Deutschen während des Warschauer Aufstandes sowie 1944 in mehreren polnischen Städten. Ihre Führung sowie viele Soldaten wurden während und nach dem Krieg von den Sowjets bzw. von der polnischen kommunistischen Regierung verhaftet und in polnischen sowie russischen Gefängnissen und Lagern inhaftiert.

Die Begegnung mit der Bortnowska bedeutete mir sehr viel. Ich war nicht mehr allein in Berlin. Es gelang mir, mich noch zweimal an einem Donnerstag mit ihr zu treffen. Sie sah immer schlechter aus – die Verhöre wurden zunehmend schwerer, wobei ihre moralische Kraft mit jeder Woche zu wachsen schien. Beim letzten Mal war auch jene junge Fabrikarbeiterin dabei, die ich beim ersten Mal gesehen hatte. Sie war blass, aber unbeugsam – sie war bereits zum Tode verurteilt. Noch gab es die schwache Hoffnung, die sich übrigens nicht erfüllte, dass sie trotz des Urteilsspruchs nach Ravensbrück geschickt würde, wohin auch ich einst von Krüger[28] geschickt worden war. Nicht nur für das Mädchen, auch für sich selbst sah die Bortnowska das Konzentrationslager als die beste Lösung an. Es wäre Schluss mit den Verhören, man wäre mit anderen Polinnen zusammen – sie kannte eine Reihe von Frauen, die bereits dort waren, und sie stellte sich vor, genau wie ich, dass ein Aufenthalt inmitten von ausschließlich politischen Häftlingen ein Riesentrost und ein großer Kraftquell sein müsse.

Ein Zusammenleben mit Personen anderer Nationalität, doch ideell mit uns verbunden, musste nicht minder schön und anregend sein. Weitere Begegnungen mit der Bortnowska gab es nicht, denn die Wachtmeisterin erlaubte mir nur freitags einen Arztbesuch, sie musste gemerkt haben, dass mir besonders an den Donnerstagen lag. Ansonsten ging man anständig mit mir um. Als sich Liesel einmal über die Wachtmeisterin beschwerte, was ich für eine Provokation hielt, erwiderte ich, dass ich keinen Grund zur Klage hätte. „Na, sicher doch, die haben ja auch, was Sie angeht, besondere Anweisungen; weiß doch jeder hier, dass Sie eine Cousine von Mussolini sind." Entsetzt stritt ich das ab, und Liesel behandelte mich von da ab mit weit weniger Respekt.

Ich durfte damals Zeitungen und „entsprechende" Bücher kaufen. Ich orderte „Mein Kampf" und bekam ihn sofort; ein äußerst interessantes Buch, in dem der gesamte Plan eines ungeheuren, auf Weltmaßstab zugeschnittenen Verbrechens absolut klar dargestellt ist. Damals ging mir auf, dass jeder Deutsche, der – nach der Lektüre dieses Buches – diesem Menschen gefolgt war, sich voll und ganz bewusst gewesen sein musste, worauf er sich einließ.

Eines Tages dann öffnete sich die Zellentür, nachdem die Wachtmeisterin zuvor den Besuch des Herrn Direktor[29] angekündigt hatte, und ein älterer Deutscher in Zivil stand im Türrahmen, hinter ihm die Frau Vorsteherin. Der Direktor fragte mich, ob ich irgendwelche Wünsche hätte. Nach dem Misserfolg mit der Waschschüssel beschloss ich, auf ein anderes Gebiet zurückzugreifen. Ich bat um Goethe. Ein Moment Schweigen, dann ließ sich Herr Direktor vernehmen: „Aber Sie sind doch Nationalpolin?!"[30] Ich war baff. „So ist es." – „Und Sie wollen Goethe lesen?" – „Ich sehe nicht, was das eine mit dem anderen zu tun hat", erwiderte ich. Der Direktor schüttelte den Kopf und verließ die Zelle. Anderntags kam die alte Vorsteherin und erklärte, mir sowohl Goethe als auch Schiller bringen zu wollen, da sie die Werke beider besitze, doch einen, zwei Tage werde es dauern, weil sie in Naphtalin seien. Tatsächlich brachte sie zwei Tage später die stark nach Naphtalin riechenden Bände, deren Eintreffen mir große Freude machte. Ich stürzte mich auf die Lektüre, musste aber bald eine überaus schmerzliche Entdeckung machen. Nicht nur Goethe, den ich nie so

---

28 Hans Krüger, SS-Hauptsturmführer, der Mitverantwortliche für die Ermordung der polnischen Professoren aus Lemberg.
29 Im Original auf Deutsch.
30 Im Original auf Deutsch.

recht verstanden hatte, sondern auch Schiller, den ich einst verehrt hatte, waren auf einmal kaum noch verständlich für mich. Irgendein Hemmnis musste sich zwischen uns aufgetan haben, und dieses Hemmnis war offenbar die deutsche Sprache. Dieselbe Sprache, in der ich einst so viele kulturelle Güter empfangen und aufgenommen hatte, war mir heute vergällt. Die Erlebnisse der letzten Jahre hatten sie entehrt. Ich verspürte den Widerwillen so stark, dass ich mir vergebens sagte, du schadest dir doch selbst, wenn du dir den eigenen kulturellen Horizont einengst. Ich las natürlich viel, doch ohne wirklichen Nutzen.

Die Feiertage kamen, still, gesammelt, in einer Behaglichkeit verbracht, wie sie nur die Einsamkeit schenken kann, ohne Kämpfe, ohne Konflikte. [...] Silvester, der Abschluss dieses Jahres 1942, so reich an Erfahrungen für mich, ging vorüber, das neue Jahr 1943 hielt Einzug – mit Sicherheit würde es Polen die Freiheit bringen. Am 8. Januar schließlich kam die Wachtmeisterin und befahl mir, mich reisefertig zu machen, weil ich anderntags auf Transport ginge – nach RAVENSBRÜCK.

An diesem anderen Tag, dem 9. Januar, um elf Uhr morgens standen wir in Viererreihen auf dem breiten Flur im Parterre. Wir waren 70. Polizisten und Wachtmeisterinnen rannten, zählten, suchten und stritten sich heftig, weil andauernd irgendwas oder irgendwer fehlte. Schließlich wurde eine Inhaftierte gesucht, die Geld bei der Direktion hinterlegt hatte. Die Gesuchte nannte sich Bankowska und war nicht zu finden. Wie ein Blitz kam mir der Gedanke, dass ich gemeint sein könnte, weil ich das bei der Verhaftung bei mir gefundene Geld bis hierher mitgebracht hatte. Und so hob ich die Hand. Nur ungern erteilte mir die Wachtmeisterin das Wort. Meine Hypothese, es könnte sich um mich handeln, nahm sie mit Misstrauen auf, schließlich, nach längerem Sinnieren, sagte sie: „Man muss in den fünften Stock telefonieren, ob Sie nicht in der Zelle sind."[31] Ich verzog keine Miene angesichts einer so unerwarteten Möglichkeit meiner Zweiteilung. Es zeigte sich jedoch, nach weiteren fünf Minuten, dass ich mich nicht in der Zelle befand, und das Geld war in der Direktion auf einen Namen eingetragen, der meinem sogar ein bisschen ähnlich war. Nach einer Stunde setzten wir uns endlich in Bewegung. Auf dem Hof lud man uns in zwei Gefängnisautos. Es waren große Kästen mit schmalen vergitterten Schlitzen. Wir standen je 35 Frauen wie die Sardinen zusammengedrängt. Ich musterte meine Gefährtinnen; es waren hauptsächlich Deutsche. Ihre Gesichter entsprachen so gar nicht meiner Vorstellung von deportierten Politischen. Die Frauen waren aufgeregt, schwatzten viel und laut. Es wurde ausdauernd darüber debattiert, wie es anzustellen sei, dass man auf dem Bahnhof beim Einsteigen in den Zug nicht erkannt wurde, ob das Gesicht verdecken oder nur einen Teil davon usw. Diese Furcht frappierte mich. Als man mich durch Lwów führte, hatte ich mir so sehr gewünscht, einem Bekannten zu begegnen und auf diese Weise von mir ein Zeichen zu geben. Wovor hatten sie solche Angst und weshalb sahen sie so unangenehm aus? Diese Typen waren Kriminelle!

Aus dem Polnischen von Karin Wolff

---

31 *Im Original auf Deutsch.*

LUDOMIŁA C. SZUWALSKA, KEINE MINUTE FÜR MICH ALLEIN (1976)

Ludomiła C. Szuwalska, Zwangsarbeiterin in Berlin während des Zweiten Weltkrieges.

In der Nacht vom 15. zum 16. Mai 1941 wurden wir gegen zwei Uhr morgens von lauten Schlägen gegen die Tür geweckt. Als mein Vater die Tür aufmachte, stürzten vier deutsche Gendarmen in die Wohnung. Sie befahlen uns, innerhalb einer halben Stunde unsere Sachen zu packen und das Haus zu verlassen. Wir zogen uns schnell an. Ich half meiner siebenjährigen Schwester Bożena beim Ankleiden und lief dann schnell ins Erdgeschoss, wo sich die Küche und eines der Zimmer befanden. Man musste etwas zu Essen mitnehmen. Ich war damals sechzehneinhalb, unsere Mutter lag seit drei Monaten im Krankenhaus und auf mir, der ältesten Tochter, lastete die Pflicht der Haushaltsführung. Unsere Koffer und Rucksäcke waren zum Teil gepackt, doch aus diesen Koffern wurde ständig irgendetwas herausgenommen. Außerdem hatten wir Mai, also trugen wir keine Wintersachen mehr, aber für die Sommersachen war es noch zu früh. Ich wusste nicht, was ich einpacken soll. Mit zitternden Händen warf ich unter dem Blick des Gendarmen, der mir auf Schritt und Tritt folgte, einige Töpfe und ein Dutzend aufgesparte Seifenstücke in den Rucksack. Man sagte doch, dass im „Generalgouvernement" (wir nahmen an, dorthin abtransportiert zu werden) Elend und Schmutz verbreitet wären. Die Seife produzierten wir selbst, sie war ein sehr wertvoller Artikel.

Die Gendarmen trieben uns an; 30 Minuten sind zu wenig, wenn man mitten in der Nacht aus dem Schlaf gerissen wird, und vom ganzen Hab und Gut das mitnehmen muss, was im weiteren unbekannten Leben notwendig sein könnte. [...]

Am Vormittag des 24. Mai 1941 fanden wir uns in Berlin ein. Vom Bahnhof wurden wir in ein Lager gebracht, in dem sich schon viele Polen befanden. Das Lager stand im nord-östlichen Teil der Stadt, neben einem Gaswerk. Es war ein ehemaliges psychiatrisches Krankenhaus. Große Säle, in denen in zwei Reihen auf jeder Seite jeweils etwa 30 Pritschen standen. Hoch oben unter der Decke gab es kleine vergitterte Fensterchen und eine Tür mit einem Spion, ohne Klinken von innen. Nach langem Warten im Viereck auf dem Hof wurden wir hineingelassen – Männer und Frauen getrennt. Man machte Fotos von uns mit einer großen Nummer auf der Brust. Ich erhielt die Nummer 671.

Auch die Mahlzeiten bekamen wir getrennt – zuerst die Männer, dann wir, in denselben ungespülten Blechnäpfen. Im Vorbeigehen zeigten uns mein Vater und mein Bruder, aus welchen Näpfen sie gegessen hatten, damit wir nicht aus fremden Schüsseln essen mussten.

Jeden Morgen wurden wir auf den Hof geführt. Hier fand ein Menschenmarkt statt. Es kamen Vertreter von Fabriken, Gärtner und Bauern. Sie gingen langsam an unserer Reihe vorbei, betrachteten uns aufmerksam, taxierten uns wie eine Ware. Ein Bauer hatte Lust, uns mitzunehmen, mein Bruder und ich gefielen ihm, aber er hatte nicht vor, unsere ganze Familie zu ernähren. Nach langem Nachdenken, trotz Ermutigungen des Beamten, der uns zu „verkaufen" versuchte, ging er doch wieder, um sich bessere Arbeiter zu suchen. Nach fünf Tagen wurden wir von einer älteren Frau „gekauft", der Besitzerin einer Gärtnerei in Neuruppin. Sie taxierte uns – in einer Gärtnerei können doch sogar Kinder arbeiten – und nach Erledigung aller Formalitäten im Büro stiegen wir auf ihren Pferdewagen. Gleich hinter dem Einfahrtstor begann mein

Vater, sich mit ihr zu unterhalten, und als sie von ihm erfuhr, dass wir deportiert worden waren, dass keiner von uns jemals in der Landwirtschaft gearbeitet hatte, und dass wir von Gartenarbeit nicht die geringste Ahnung hätten, drehte sie um und „gab uns zurück". Da wurde der deutsche Beamte wütend, beschimpfte meinen Vater auf ordinäre Weise, fluchte und drohte uns mit Konzentrationslager. Mein Vater, ein Mensch, der nicht einmal einer Fliege etwas zuleide getan hätte, in seiner Stadt geschätzt und respektiert, stand wie versteinert da.

Am nächsten Tag wurde mein Bruder mitgenommen. Er kam zu einem Bauern bei Neustadt/Dosse, etwa 80 km von Berlin entfernt.

Wieder wurden wir zum Duschen geschickt, alle unsere Sachen kamen zur Entlausung. Nach dem Duschen mussten wir an einer Reihe von Offizieren vorbeigehen, die sich uns anschauten. Ich war ganz geschwollen vom Weinen, fühlte mich furchtbar erniedrigt, gedemütigt, konnte meinen Weinkrampf nicht zurückhalten. Meine jüngeren Schwestern schmiegten sich an mich. Mein langes Haar erweckte schon wieder Interesse, aber es wurden keine Läuse darin gefunden.

Am 29. Mai fuhr ein gedeckter LKW vor und man befiehl uns, einzusteigen. Wir wussten nicht, wohin wir fahren, aber die Reise dauerte nicht lange. Wir blieben auf dem Hof eines Gutshofs stehen, vor einem roten Ziegelsteingebäude – einer ehemaligen Brennerei.

Heinersdorf war ein Gutsdorf und gehörte zu einem Güterkomplex, der Eigentum der Stadtverwaltung Berlin war. Früher war der Gutshof jüdisches Eigentum, nach 1933 wurde der Besitzer enteignet. Im Gutshaus hatte man ein Waisenhaus eingerichtet. Zum Güterkomplex gehörten vier Dörfer: Osdorf, Heinersdorf, Birkenfelde und Friedrichshof. Osdorf und Heinersdorf grenzten an die südlichen Bezirke Großberlins Lichterfelde-Süd und Marienfelde. Die Gutshöfe belieferten die Stadt, daher bestand, außer der großen Schweinezucht in Osdorf, ein Großteil des Anbaus in Kartoffeln, Rüben und Kohl, Blumenkohl und Kohlrabi. Wir waren nicht die ersten Polen dort. In der ehemaligen Brennerei wohnten bereits seit einem Jahr zwanzig polnische Arbeiter.

Man befahl uns, in unsere Unterkunft zu gehen. Mein Vater kam zu den Männern, und meine Schwestern und ich in zwei Räume hinter der Küche, wo die Frauen wohnten. In den Räumen standen hölzerne Doppelstockbetten mit Strohmatratzen voller Flöhe. Wir bekamen Decken und Kissen. Bei uns im Zimmer war eine junge Frau mit Kind aus Żyrardów, die mit ihrem Geliebten hergekommen war, um ihn auf diese Weise zur Heirat zu zwingen, und eine andere Frau, die jeden Abend von ihrem „Mann" besucht wurde. Das Intimleben spielte sich vor unseren Augen ab. Es gab noch zwei von ihren Eltern verlassene Schwestern und die Familie Ciesielski mit zwei Söhnen. Der alte Ciesielski war früher als junger Mann nach Deutschland zur Saisonarbeit[32] gefahren, er sprach ein wenig Deutsch und war den anderen Polen dadurch überlegen. Seine Frau kochte. Die polnischen Arbeiter gaben ihr ihre Lebensmittelkarten ab, sie kaufte ihre Anteile ein und bereitete die Mahlzeiten. Sie war eine vom Leben gezeichnete, zahnlose, magere Frau, schweigend und gehässig. Erst später erfuhr ich, dass sie eine furchtbare Tragödie erlebt hatte. Sie hatte noch einen Sohn, den ältesten, Henryk. Dieser 21-jährige hatte sich nach seiner Ankunft in Heinersdorf in ein Mädchen von nicht besonders gutem Ruf verliebt, das zusammen mit anderen zur Zwangsarbeit deportiert worden war. Sie wiederum flirtete mit

---

32 *In der polnischen Fassung: na Saksy.*

einem Deutschen. Einmal überraschte Henryk die beiden in der Scheune und griff nach einer Mistgabel. Als das Mädchen anfing zu schreien, kam jemand von den Deutschen angelaufen und die Sache ließ sich nicht mehr vertuschen. Es endete damit, dass der Deutsche zur Wehrmacht eingezogen wurde, das Mädchen für drei Monate ins Straflager kam, von wo aus sie wieder nach Heinersdorf zurückkehrte, und Henryk landete im Konzentrationslager Flossenbürg in Bayern. Die unglückliche Mutter bekam Briefe von ihrem Sohn, erkannte sie an den Poststempeln, konnte sie aber nicht lesen, und wollte sich auch an keinen mit der Bitte um Hilfe wenden, um die menschliche Neugierde nicht noch mehr zu nähren. Als wir nach Heinersdorf kamen, verspürte sie Vertrauen zu mir, und ab da las ich ihr die Briefe ihres Sohnes vor und beantwortete sie. In späteren Jahren, als ich nicht mehr in Heinersdorf arbeitete, sondern nur manchmal sonntags zu Besuch kam, lief die arme Frau mit dem ungelesenen Brief des Sohnes auf der Brust herum und wartete auf meine Ankunft.

Wir wurden Landarbeiter. Ich bekam ein Arbeitsbuch, in das in die Rubrik Staatsangehörigkeit „staatenlos" eingeschrieben war. Die Arbeit begann um 7 Uhr morgens. Wir mussten Rüben verziehen. Wir stellten uns in einer Reihe auf und mussten mit einer Hacke in entsprechenden Abständen Setzlinge heraushacken, immer jeweils einen zurücklassend. Es schien keine schwere Arbeit zu sein, doch die gebückte Haltung und das von den anderen Arbeitern vorgegebene Tempo machten einen schnell müde. Ein Vorarbeiter passte auf uns auf. Er hieß Wiesner, stand meist auf seine Hacke gestützt da und war ein Grobian und Rüpel. Es machte ihm besondere Freude, die Polen zu beleidigen und er versagte sich diese Freude nie. Für meinen Vater war es sehr anstrengend. Obwohl er sich nie beklagte, tat es einem leid, ihm zuzusehen. Ich kam den anderen auch nicht hinterher und oft blieben mein Vater und ich zurück, was Wiesner einen Grund für neue Beleidigungen und Beschimpfungen gab. Manchmal half uns einer unserer Leidensgenossen, eine Feldreihe zu jäten, doch das war nicht immer möglich. Außerdem schonten die Menschen die eigenen Kräfte – wer als erster bis zum Ende des Feldes kam, durfte einen Augenblick ausruhen. Noch ein anderer Faktor hatte Einfluss auf unser Arbeitstempo – ich war deportiert worden und wollte nicht für die Deutschen arbeiten. Ich wollte nicht mehr arbeiten als unbedingt nötig. Am besten passte sich meine jüngere Schwester an. Sie sollte in zwei Monaten 14 werden und die Deutschen befanden, dass sie schon zur Feldarbeit gehen könnte. Die jüngste, siebenjährige Schwester, blieb zu Hause.

Nach einer Woche wurde ich krank. Nur mit größter Mühe kehrte ich vom Feld zurück. Das Hinaufgehen der paar Stufen bewirkte unbeschreiblichen Schmerz. Ich hatte Fieber. Ich wurde zum Arzt geschickt, zu Dr. Holland in Großbeeren, einer 4 km entfernten Kleinstadt. Unter größter Anstrengung schleppte ich mich zu Fuß dorthin. Der Arzt stellte eine akute Bauchmuskelentzündung fest und schrieb mich für einige Tage krank.

Zur selben Zeit wurde die Frau des Kuhstallaufsehers Meyer krank, sie hatte Ischias. Man brachte sie ins Krankenhaus. Der Kuhstallmeister brauchte ein Dienstmädchen, das ihm den Haushalt führte, und da ich ein wenig Deutsch sprach (ich hatte vor dem Krieg drei Klassen Gymnasium absolviert), war ich die beste Kandidatin für diese Arbeit. Die schlimmsten Erinnerungen aus jener Zeit habe ich an das Wäschewaschen. Ich hatte nie im Leben gewaschen, und jetzt musste ich die Wäsche des Kuhstallaufsehers, seiner 10-jährigen Tochter und dreier Helfer waschen. Um Wasser zu holen, brauchte man etwa 5 Minuten. Die Flecken auf den mit Kuhmist beschmutzten Hosen und Hemden wollten nicht herausgehen.

Nach einigen Wochen kam Meyers älteste Tochter und ich kam wieder zur Feldarbeit zurück. […]

Sonntags fuhren wir manchmal nach Berlin. Mein Vater kannte Berlin noch aus der Zeit vor dem Ersten Weltkrieg und wollte uns die Sehenswürdigkeiten der Stadt zeigen. Wir hatten eigentlich keine größeren Probleme damit, uns außerhalb unseres Wohnorts zu bewegen. Wir durften uns in einem Umkreis von 150 km bewegen. Natürlich hatten wir die Pflicht, unser Emblem zu tragen – den violetten Buchstaben „P" auf gelbem Hintergrund. In Heinersdorf trugen wir unser Abzeichen, weil der Gendarm sehr darauf aufpasste, doch wenn wir nach Berlin fuhren, trennten wir es gleich, nachdem wir das Dorf verlassen hatten, ab, und auf dem Rückweg machten wir es wieder mit Stecknadeln fest. Deshalb fielen wir nicht so auf und konnten uns einigermaßen frei bewegen. Der Gendarm bekam das aber mit und lauerte uns oft im Gebüsch auf, zusammen mit seinem unzertrennlichen Hund. Ein paar Mal ließ er uns zurück ins Dorf gehen, wir mussten eine ziemlich hohe Strafe bezahlen, und er drohte sogar, uns ins Lager zu schicken. Trotzdem versuchten wir, ihn irgendwie reinzulegen und lernten deshalb Berlin und Potsdam kennen. Ich erinnere mich noch an den Eindruck, den die Pracht des Schlosses Sanssouci auf uns gemacht hatte. Den größten Schock erlebten wir jedoch im Zeughaus Unter den Linden. Gegenüber vom Eingang, im großen runden Kuppelsaal standen auf einem Podest … polnische Soldaten. Ein Dutzend Puppen, gekleidet in polnische Uniformen, in voller Ausrüstung und mit Rangabzeichen. Ich erinnere mich an einen links stehenden polnischen Ulanen mit langem Umhang, einer viereckigen Mütze und mit einer Lanze in der Hand, an eine Gruppe von Infanteristen mit über die Schultern geworfenen Decken und Wickelgamaschen, an einen Major mit Kartentasche und Fernglas. Neben ihnen standen irgendwelche kleinen Geschütze, ein oder zwei Mörser, Maschinengewehre. Mit zusammengeschnürten Herzen standen wir da und huldigten in Gedanken den Helden des Septemberfeldzugs.

Ein paar Mal gelang es meinem Vater, Theaterkarten zu kaufen, einige Male waren wir auch im Kino. Übrigens waren diese Fahrten nach Berlin nur am Anfang häufiger. In der letzten Kriegsetappe, als die Fliegerangriffe intensiver wurden, war man nicht mehr sicher. […]

Mit uns zusammen arbeiteten deutsche Arbeiter. Doch es gab uns zu denken, dass die meisten von ihnen Polnisch sprachen, wenn auch nur einen Dialekt. Es stellte sich heraus, dass sie aus dem Oppelner Land oder aus Schlesien stammten. Eine der Familien, die Gackis, kam aus Danzig. Sie waren ursprünglich als Saisonarbeiter nach Berlin gekommen, später bekamen sie eine feste Anstellung. Einmal sagte ich einer der Arbeiterinnen, Teresa (leider erinnere ich mich nicht an ihren Nachnamen), dass sie doch Polin sei. Sie wurde verlegen und schaute sich beunruhigt um, ob kein Deutscher das gehört hatte. […]

Der einziger Trost in dieser düsteren Zeit waren für uns die Fliegerangriffe der Alliierten. Anfänglich waren das übrigens keine Angriffe, sondern eher Erkundungsflüge. Ich erinnere mich an einen der „Besuche" von Alliiertenflugzeugen im Juni 1941. Die Sirenen heulten Alarm, wir liefen vor das Haus. Es war später Abend, der Himmel dunkelblau, voller Sterne. Wir sahen Scheinwerfer, die den Himmel absuchten, und dann einen winzigen silbernen Vogel, der langsam im Licht der gekreuzten Scheinwerfer flog. Um die Flugzeuge herum zerplatzten Leuchtgeschosse. Wir schauten fasziniert zu und wünschten den Piloten von ganzem Herzen Glück. Dieses winzige Flugzeug hoch über uns war für uns das Symbol der Freiheit und des Kampfes, ein offensichtlicher Beweis dafür, dass es trotz deutscher Siege irgendwo Menschen gab, die sich nicht nur gegen den Hitlerschen Ansturm wehren, sondern auch noch den Mut haben, über Berlin zu fliegen.

SOLCH EIN WEIHNACHTSFEST HAT MAN UNS BEREITET! POLNISCHE HÄFTLINGE, GEFANGENE UND ZWANGSARBEITER

Sobald die Gemüseernte zu Ende war, begann die Kartoffelernte. Das Gut besaß ein ziemlich großes Areal von Frühkartoffeln. Wir bewegten uns in einer Reihe vorwärts, meistens auf den Knien arbeitend, weil man es in gebückter Haltung nicht so lange aushalten konnte. Die nasse Erde klebte an der Kleidung, der Regen durchnässte die Oberbekleidung. Zum Schutz der Kleider bekamen wir Säcke. Die Deutschen trennten sie auf, umwickelten sich damit und banden eine Schnur darum. Die polnischen Mädchen konnten sogar aus Säcken eine „schicke" Kleidung machen. Am aufgetrennten Sack wurden einige Nähte und einige Falten gemacht, man säumte ihn, nähte einen Gürtel ein und obendrauf noch zwei Taschen, auch mit Fältchen und Plisees geschmückt. Die Deutschen nickten nur erstaunt bei diesem Anblick.

Einmal wurde uns gesagt, dass gebrauchte Winterkleidung gebracht worden sei und wir uns Sachen raussuchen könnten, die wir bräuchten. Wir gingen in den Lagerraum. Auf dem Boden lag ein Haufen billiger Kleidung und Mäntel. Mein blauer Gymnasialmantel war bereits ziemlich abgetragen, er war mir zu schade, um in ihm auf dem Feld zu arbeiten. Ich suchte mir eine dünne schwarze Felljacke aus. Vorarbeiter Wiesner, der am Fenster stand, lächelte seltsam. Erst viel später erfuhr ich aus englischen Flugblättern, dass die Deutschen Kleidung verteilten, die sie den Juden weggenommen hatten, wobei die Deutschen im Rahmen der Winterhilfe das Beste bekamen. Danach konnte ich die Jacke nicht mehr tragen. [...]

Am 26. November 1941 arbeitete ich an einer Maschine. Dann sagte man mir, ich solle aufs Feld gehen, zur Maisernte. Ich hatte einen freien Abend, doch um fünf Uhr nachmittags kam der Vorarbeiter zu mir, damit wir in die Scheune kommen und bei der Bearbeitung von Mais mithelfen. Ich stellte mich an die Maschine. Es war kalt, also arbeitete ich mit Handschuhen. Meine rechte Hand war noch einbandagiert, also arbeitete ich mit der linken. Gegen etwa neun Uhr war die Maschine völlig verstopft, ich wollte die Kolben rausnehmen und da geschah das Unglück. Vielleicht hatte sich mein Handschuh verhakt – jedenfalls schrie ich auf und riss meine Hand heraus, doch es war bereits zu spät. Die Maschine hatte mir die Enden des mittleren und des Ringfingers zerquetscht. In dem Moment brannten die Sicherungen durch und das Licht ging aus. Es kam zu einem Durcheinander, jemand umarmte mich, versuchte mich zu beruhigen. Zwei Männer brachten mich nach Hause, wobei sie meine blutende Hand hochhielten. Mein Vater blieb wie erstarrt stehen, als er mich in der Tür sah. Er verlor vollkommen die Beherrschung, lief durch die Stube, riss sich die Haare aus. Der alte Ciesielski war am geistesgegenwärtigsten. Ich hatte ziemlich viel Blut verloren, also ließ er jemanden meinen erhobenen Arm zusammendrücken, er selbst zerriss ein Laken. Ich war im Schock, nur halb bewusst, was passierte. Ziemlich schnell kam dann Dr. Holland aus Großbeeren und legte mir einen Verband an. Dann kam ich ins Krankenhaus in Berlin Lichterfelde-Nord. Sofort wurden mir beide Finger bis zum ersten Gelenk amputiert. Beim kleinen Finger war der Nagel angerissen, aber der Knochen war nicht beschädigt. Erst am nächsten Morgen, als der Schock vorbei war, wurde mir bewusst, was passiert war, und die Hand begann auch zu schmerzen. Ich weinte, zur Wand gewandt. Ich lag zusammen mit Deutschen in einem Zimmer. Es gab dort sieben Betten und alle Patientinnen zeigten mir viel Mitgefühl und Sympathie. Sie fragten mich aus, wie ich hergekommen sei, und da ich bereits einigermaßen Deutsch zu sprechen gelernt hatte, erzählte ich ihnen in einfachen Sätzen meine Geschichte und das Schicksal der Polen aus dem „deutschen" Warthegau. Sie waren erschüttert. Von den Enteignungen, Aussiedlungen und Erschießungen in Polen hatten sie keine Ahnung gehabt.

Zwei Tage nach meinem Unfall ging die Tür auf und die Krankenschwester führte meine Schwester Bożena ein. Dieses 8-jährige Kind, das die Sprache noch nicht kannte, hatte beschlossen, mich zu besuchen. Ich war für sie doch ein Ersatz für die Mutter, wir standen uns sehr nahe. Sie war allein nach Teltow gegangen, hatte eine Fahrkarte nach Lichterfelde gelöst und ist in den Zug gestiegen. Am Bahnhof Lichterfelde schaffte sie es irgendwie, nach dem Weg zum Krankenhaus zu fragen, dann ging sie noch in einen Blumenladen und kaufte einen Mimosenzweig. Sie erzählte mir von der Verzweiflung unseres Vaters, von der Schwester. Am Sonntag kam Vater mit beiden Schwestern. Er umarmte mich fest, und wir weinten zusammen.

Nach drei Wochen wurde ich aus dem Krankenhaus entlassen. Ich musste noch mehrmals zum Verbandwechsel hinfahren. Dann wurde eine Ärztekommission für mich einberufen, die feststellte, dass ich zu 90 Prozent arbeitsfähig wäre und die mir 5,20 Reichsmark Rente monatlich zuerkannte. Nach einem Jahr stellte eine neue Kommission fest, dass ich für die Arbeit, die ich mache, vollkommen leistungsfähig wäre, und die Rente wurde gestrichen.

Es kam das erste Weihnachtsfest in der Fremde. Wir kauften ein paar Weihnachtsbaumzweige, teilten uns die Oblate, die Mutter uns geschickt hatte. Wir dachten an Mutter, die mit Krücken aus dem Krankenhaus entlassen worden war und zwischen fremden Leuten umherirrte, und an unseren Bruder, der das erste Mal in seinem Leben Weihnachten allein verbrachte.

Mitte Januar kehrte ich zur Arbeit zurück. Es war viel Schnee gefallen und wir mussten tagelang den Schnee von den Straßen schippen. Manchmal fuhr ich hin, um Häcksel für die Pferde zu schneiden, oder wir lasen Kartoffeln in den Lagerräumen durch. Wir droschen auch Getreide. Ich erinnere mich an so eine Dreschmaschine in einer Feldscheune, bei minus 18 Grad und im Schneegestöber.

Im Jahre 1942 wurden neue Arbeiter aufs Gut gebracht. Es waren hauptsächlich Ukrainer aus den besetzten Gebieten. Sie hatten viel schlechtere Lebensbedingungen als wir. Sie wohnten in Osdorf in Schweineställen. Kurz bevor sie gekommen waren, hatte die Schweinepest die ganze, zweitausend Stück zählende Schweinezucht getötet. Dadurch wurden die Schweineställe leer. Man umzäunte sie also mit Stacheldraht, stellte Pritschen hinein und die Wohnungen für die Ukrainer waren fertig. Sie durften sich nicht allein von ihrer Wohnstätte entfernen; in Heinersdorf hatte man eine Küche eingerichtet, wo für sie die Mahlzeiten gekocht wurden. Es waren übrigens nur schlechte Suppen. Diese Menschen liefen immer hungrig umher. Auf dem Feld arbeiteten wir zusammen. Anfänglich wurden sie von einem Wachmann bewacht und wir durften uns ihnen nicht nähern, später musste der Wachmann zur Front und man sah durch die Finger, wenn wir uns mit ihnen unterhielten. Sie waren sympathisch und wir mochten uns gegenseitig. Ich erinnere mich an Stjepan, der seine Kameraden belehrte, sie sollten nur so viel arbeiten wie unbedingt nötig; an den lustigen Grischka Bjesjada, der in seiner Jacke immer Äpfel hatte, weiß Gott woher, und sie verteilte; an den 16-jährigen Wsjewolod im gepflegten gelbbraunen Anzug, der so gern von seiner Mutter erzählte, und Staschek, einen Absolventen der zehnjährigen Schule und Komsomolmitglied, der mir viel über die Sowjetunion erzählte. Diese Bekanntschaften entstanden allerdings erst in der letzten Zeit des Krieges, anfänglich durften wir uns ihnen nicht nähern. Der Wachmann und der Vorarbeiter passten auf, dass wir nicht einmal während der gemeinsamen Feldarbeit mit ihnen sprachen. [...]

Von Zeit zu Zeit wurde ich im Auftrag des Gutsinspektors Hohl als Dolmetscherin zur ärztlichen Kommission nach Berlin geschickt, vor der Polen erscheinen mussten, deren Krankheitsdauer die erlaubte Zeit überschritten hatte. Unsere Landsleute, die kein Deutsch sprachen, konnten sich mit den Ärzten nicht verständigen, es fanden auch nicht alle den Weg, weil man mehrmals umsteigen musste. Eine der Kommissionen befand sich in der Potsdamer Straße 48. Wir fuhren immer früh am Morgen los. Es war noch dunkel, wenn wir auf dem Bahnhof Lichterfelde umstiegen. Im Winter 1941-1942 traf ich dort sehr oft Juden mit angeheftetem Stern, die den Bahnhof fegten. Insbesondere erinnere ich mich an einen alten Mann mit intelligentem Gesicht und kurzem grauen Bart, der ausgesprochen ungelenk mit Besen und Schaufel umging. Ab dem Frühjahr 1942 sah ich sie nicht mehr.

Meine Auftritte vor der ärztlichen Kommission riefen immer Erstaunen hervor. Die Deutschen wunderten sich darüber, dass ich die Sprache kenne. Sie fragten nach, wie ich denn hierhergekommen wäre, und ihre Stimmen wurden leiser, als ich ihnen erklärte, wie es war. Ich vermutete, dass der Grund für ihre Verlegenheit die Überzeugung war, die ihnen Goebbels eingeprägt hatte, dass die Polen eine bezüglich der Intelligenz oder sogar des äußeren Aussehens viel niedrigere Rasse seien. Es war für sie bequem, daran zu glauben.

Im Juni 1942 wurde ich ins Büro gerufen und es wurde mir eröffnet, dass ich mich in Osdorf bei der Deutschen Frau Müller melden solle, der Ehefrau des Kassierers, die krank sei und ein Mädchen für Haus- und Gartenarbeit bräuchte. Für meine Person sprach, dass ich Deutsch konnte. So begann die nächste Etappe meines Kriegslebens. [...]

Ich empfand es als schmerzhaft, dass es keine Bücher gab. Ich hatte immer gern gelesen, und war in einem Alter, wo der Drang nach Lektüre besonders stark ist. Unter den Polen in Heinersdorf kreisten zwei oder drei schlechte Romane und „Pharao" von Bolesław Prus. Ich hatte sie alle gelesen, den „Pharao" wohl drei Mal. Dann begann ich, alte deutsche Zeitungen zu lesen, die in Frau Müllers Keller gelagert waren, auseinandergefallene Zeitschriften. Eines Tages erzählte mir der deutsche Traktorfahrer bei einem zufälligen Gespräch, er hätte eine schöne Büchersammlung und bot mir an, sie mir auszuleihen. Meine Freude darüber flog jedoch schnell vorbei, als ich mitbekam, um welche Bücher es sich dabei handelte. Es war eine ganze Serie von Groschenromanen, herausgegeben mit Werbeslogan „Jede Woche ein Roman für 20 Pfennig". Trotzdem las ich sie, weil ich ja irgendwas lesen musste. Der Nutzen, den mir diese Hefte brachten, war, dass mein Deutsch immer besser wurde. [...]

Unterdessen waren die ruhigen Nächte vorbei. An der Wende 1942/1943 fanden wir viele Flugblätter auf den Feldern. Sie waren auf dünnem Papier mit kleingedruckter Schrift geschrieben und informierten über die Situation an den Fronten und in den von den Deutschen besetzten Ländern. Sie berichteten von den Hitlerverbrechen in den Lagern und zeigten Fotos von verhungerten Gefangenen – Frauen und Kindern. Sie warnten, dass als Vergeltung für die Ermordung der Juden und der Zivilbevölkerung in den eroberten Ländern deutsche Städte bombardiert werden würden. Es gab die strenge Anordnung, alle gefundenen Flugblätter sofort abzugeben, aber natürlich tat das keiner der Polen. Sie brachten die Flugblätter zu meinem Vater, der sie ins Polnische übersetzte. Dann wurde in langen Gesprächen ihr Inhalt kommentiert und jeder kehrte mit einem Fünkchen Hoffnung zu seinem Schlafplatz zurück.

Die Warnungen der Flugblätter erwiesen sich als wahr. Mitte Januar 1943 gab es den ersten schweren Luftangriff auf Berlin. Die Flugzeuge flogen ab Mittag vom Süden her über Berlin, also über uns. Es kamen ganze Geschwader und warfen alle gleichzeitig die Bomben ab. Die Luft erzitterte von Explosionen, die Flugabwehr spielte verrückt. Ich saß zusammen mit den Müllers im Keller des Gesindehauses im Dorf. Im Keller hatten sich alle Bewohner des Gebäudes versammelt, hauptsächlich Frauen, Kinder und Alte. Ich sah ihre entsetzten Gesichter und sie taten mir nicht Leid.

Am nächsten Tag berichtete das Radio vom Luftangriff auf Berlin. Er war zu schwer, um ihn verschweigen zu können. Unterdessen wurden die Luftangriffe immer häufiger, und in Berlin waren die Zerstörungen zu sehen. Ganze lange Straßenzüge erschreckten einen durch ausgebrannte Mauern. Die Deutschen liefen schweigend umher oder verfluchten „die Bestialität der Engländer und Amerikaner, die die unschuldige Zivilbevölkerung ermordeten".

Ich lief völlig erschöpft herum. Am Tage arbeitete ich wie gewohnt, und nachts musste man kurz nach dem Einschlafen immer häufiger aufstehen. Ich zog mich schnell an und half den Müllers, die Koffer in den Luftschutzkeller zu tragen. Manchmal wollte ich während des Angriffs in der Wohnung bleiben, aber Frau Müller war da rücksichtslos. Der Grund, dass sie mir nicht erlaubte, zurückzubleiben, war wohl nicht, dass sie Angst um mein Leben gehabt hätte, sondern dass sie sich genau an die Verordnungen der Behörden hielt.

Eines Tages wurde während eines Luftangriffs am Tage ein Flugzeug über Osdorf abgeschossen, und zwei alliierte Piloten konnten sich mit Fallschirmen retten. Ich sah, wie sie abgeführt wurden. Ein anderes Mal wurde ebenfalls am Tag ein Flugzeug abgeschossen und die Leiche des Piloten gefunden. Sie wurde auf einen Wagen geladen und in die Friedhofskapelle nach Heinersdorf gebracht. Eine der polnischen Frauen, die die mit Erde und Blut beschmierte Leiche gesehen hatte, bat, sie waschen zu dürfen. Beinahe wäre sie deshalb verhaftet worden. Trotzdem schlich sie sich nachts in die Friedhofskapelle und wusch dem Piloten fast tastend Gesicht und Hände und säuberte seine Uniform.

Es gab auch tragische Opfer unter den polnischen Arbeitern. In Friedrichshof arbeitete ein Ehepaar mit zwei Söhnen (10 und 8 Jahre alt) bei einem Bauern. Der ältere Junge verursachte die Explosion eines Phosphorbombe-Blindgängers und verbrannte bei lebendigem Leibe. Der jüngere, der zu jener Zeit an Diphtherie erkrankt war, starb einige Tage später. Die Mutter der Kinder, die damals schwanger war, gebar ein totes Kind.

Die Bomben haben auch uns nicht verschont. Einmal fielen einige Bomben auf Heinersdorf. Von den Explosionen stürzte das Haus ein, in dem mein Vater mit meiner Schwester lebte; sie mussten ausziehen. Sie bekamen eine enge Ecke im ehemaligen Brennereigebäude zugewiesen. Einige Monate später stürzte auch dieses Gebäude während eines Fliegerangriffs teilweise ein. Wir waren im Erdbunker und wurden deshalb nicht verschüttet, aber mehrere Stunden lang schaufelten wir einen der polnischen Arbeiter frei, auf den ein ganzes Stockwerk gestürzt war. Er überlebte nur, weil ein offener Schrank ihn zugedeckt hatte und er wie in einem Kasten lag. [...]

Ab Ende 1943 gab es fast jede Nacht Luftangriffe, und später musste man zwei, manchmal sogar drei Mal in einer Nacht aufstehen. Ich zog mich für die Nacht nicht mehr aus. Nicht nur, weil man sich in dem Moment, in dem vor dem Luftangriff gewarnt wurde, schnell anziehen musste, sondern auch, weil ich so furchtbar fror. Ich wohnte bei den Müllers in einer winzigen Dachkammer. Es gab dort keinerlei Heizung und im Winter bedeckte sich das Waschwasser in den Krügen mit einer Eisschicht. Meine Mutter hatte mir eine wärmende Glühbirne besorgt. Die gab zwar nicht viel Wärme, man konnte sich nur die Hände ein wenig wärmen, aber nach kurzer Zeit hatte Frau Müller diesen „Ofen" entdeckt und es hätte nicht viel gefehlt, und sie hätte es dem Gendarmen gemeldet. Das soll angeblich Sabotage gegen das Dritte Reich gewesen sein, man sollte doch Strom sparen.

In einer der Winternächte fegte eine Druckwelle während eines Luftangriffs das Dach von Müllers Haus sowie die Kartondecke meines Zimmers in die Luft. Wir löschten damals Feuer, die im Dorf ausgebrochen waren, und als ich im Morgengrauen müde nach Hause kam – sah ich die Sterne über mir. Im Laufe des Tages hatte Müller die Pappplatten wieder provisorisch hinaufgelegt und festgemacht, und ich übernachtete weiter dort. Das Dach wurde erst später repariert. Bevor das geschah, schneite es eines Nachts und der Wind wehte den Schnee in meine Dachkammer. Als ich am Morgen aufwachte, lag auf der Kommode und auf dem Fußboden Schnee.

Hin und wieder kam es vor, dass ich alleine zuhause blieb, weil Frau Müller nach Berlin zum Einkaufen oder zum Arzt gefahren war. Zwar gab sie mir dann immer viel Arbeit auf, aber ich durfte das Radio einschalten, um die Warnungen vor anfliegenden Bombenverbänden zu hören. Das Musikprogramm war in den letzten Kriegsjahren sehr bescheiden, ich erinnere mich, dass der Pianist Michael Raucheisen die meiste Zeit mit Klavierspielen füllte. Einmal, als ich den Sender mit den Warnungen über Alliiertenflugzeuge über dem Dritten Reich suchte, erstarrte ich plötzlich.

Ich hörte eine Männerstimme, die Polnisch sprach. Ich legte mein Ohr an den Lautsprecher, weil es ziemlich schlecht zu hören war. Die Stimme sprach vom Aufstand der Juden im Warschauer Ghetto[33] – es war der erste Jahrestag des Ausbruchs des Aufstands. Mit angehaltenem Atem, ohne meinen Ohren zu trauen, hörte ich vom Heldentum der Todesmutigen, von der Bestialität der Nazis. Solche Dinge geschahen also dort, in Polen, man kämpfte dort also mit Waffen in der Hand, dort war unsere Front. Und dieser blutige Aufstand hatte bereits vor einem Jahr stattgefunden, und wir wussten nichts davon. Die deutsche Presse informierte nicht über die Widerstandsbewegung in Polen. Dann sagte der Radiosprecher, dass soeben der Premierminister der polnischen Exilregierung in London[34], Tomasz Arciszewski[35], eine Rede gehalten habe. Ich konnte kaum noch den Tag erwarten, wo ich nach Heinersdorf gehen und diese Nachricht meinen Eltern bringen würde.

---

33 *April-Mai 1943.*

34 *Die nach der Besatzung Polens zuerst in Frankreich und danach in London wirkende polnische Regierung wurde bis 1945 von den Alliierten als Verbündeter und Ansprechpartner anerkannt. Formal arbeitete die Exilregierung in London bis 1990.*

35 *Tomasz Arciszewski (1877-1955), sozialistischer Funktionär, Abgeordnete des Sejms, kämpfte im Ersten Weltkrieg. Im unabhängigen Polen u. a. als Arbeitsminister (1918) tätig. Während des Zweiten Weltkrieges einer der bedeutendsten Politiker des Untergrundstaates, lebte seit Juli 1944 in England. 1944-1947 Premierminister der Exilregierung.*

Seitdem schaltete ich das Radio, sooft ich konnte, ein und hörte die BBC-Sendung in polnischer Sprache. Meine Mutter hatte auch eine Möglichkeit gefunden, polnischen Rundfunk zu hören. Sie hatte in der katholischen Kirche in Teltow ein Ehepaar kennen gelernt, das aus dem Oppelner Land stammte und Ringel hieß. Sie wohnten zwischen den Schrebergärten in einem kleinen Haus in einem Vorort von Teltow. Der eine Sohn kämpfte an der Ostfront, dem anderen drohte in Kürze die Einberufung. Einmal hatten sie meine Eltern am Sonntagnachmittag zu sich eingeladen. Im Gespräch stellte sich heraus, dass sie die polnischen Sendungen des Londoner Rundfunks hörten. Seitdem besuchten meine Eltern sie immer sonntags und hörten um 16 Uhr die Nachrichten. Diese gaben uns Kraft zu überstehen. Zweimal bin ich mit meinen Eltern dort gewesen.

Wenn ich mich an die Deutschen erinnere, unter denen ich in den Jahren des Krieges zu leben hatte, muss ich feststellen, dass nur wenige den Polen gegenüber freundlich und wohlwollend eingestellt waren. Die Meinung über Land und Leute wurde meistens von der Goebbels-Propaganda des Hasses gegen alles, was polnisch war, geformt. […]

Diese Front, die sich schnell bewegte, beobachteten wir alle mit höchster Aufmerksamkeit. Meine Mutter hatte eine große Europakarte gekauft, rote Fähnchen ausgeschnitten und sie mit Stecknadeln an den Frontlinien festgesteckt. Ab und zu (das hing von unserem aktuellen Wissensstand über die Situation an den Fronten ab) wurden die Fähnchen feierlich und mit größter Genauigkeit verschoben. Abends kamen die polnischen Arbeiter zusammen, und über der Karte spielten sich lange Diskussionen ab. Gott allein weiß, wie viele Ratschläge und strategische Vorschläge da für die alliierten Generalstäbe und die sowjetischen Befehlshaber abgegeben wurden!

Im Juni 1944 arbeitete ich wieder in Heinersdorf. Ich war beim Erbsenpflücken beschäftigt. Am 21. Juni um 9 Uhr heulten die Sirenen los. Wir kehrten vom Feld nach Hause zurück. Meine Mutter war schon dabei, die Koffer und die Bündel mit Bettzeug aus dem Haus zu tragen und sie an mehreren Stellen unter Bäumen aufzustellen, damit im Falle eines Bombardements wenigstens ein Teil der Sachen gerettet wurde. Das Radio kündigte an, dass sich etwa eintausend Flugzeuge Berlin näherten. Unter den Deutschen herrschten Aufregung und Nervosität. Meine Eltern gingen mit Bożena in den Luftschutzbunker am Ende des Parks, in dem ein Teil den Polen zugeteilt war, Mirka und ich blieben in der Wohnung und versprachen, uns in dem Bunker neben unserem Haus zu verstecken. Der Himmel war strahlend blau, ohne ein Wölkchen; die Flugzeuge konnten uns nicht überraschen, sie waren von Weitem zu sehen. Wir standen mit einer Gruppe von Polen und Ukrainern auf dem Hof, und als wir die anfliegenden Geschwader sahen, gingen wir in den Bunker. Nachdem die Flugzeuge vorbeigeflogen waren, kamen wir aus dem Luftschutzkeller heraus, doch in dem Moment begann die Flugabwehr zu schießen, die gleich hinter dem Park untergebracht war. Und da bemerkten wir, dass einige Geschwader zurückkamen. Kaum hatten wir es geschafft, wieder in den Luftschutzkeller zu kommen, als die Explosionen begannen. Ich zählte bis zwölf, dann hörte ich auf mitzuzählen. Eine Druckwelle warf mich um und ich fiel hin. Als ich aufstand und aus dem Bunker hinauslief, flogen die Flugzeuge bereits in aller Ruhe in Richtung Berlin weiter. Über dem Hof schwebte eine Staubwolke, irgendwelche Bretter fielen herunter und Stroh flog umher. Einige Meter von unserem Bunker entfernt war ein riesiger Bombentrichter entstanden, ein Stück weiter ein zweiter, dritter und vierter. Schreie waren zu hören, das Vieh brüllte, man hörte Hilferufe. An einigen Stellen brannte es, der beißende Rauch trieb uns Tränen in die Augen. Wir waren entsetzt und wussten nicht, ob unsere Eltern noch lebten. Jemand kam mit der Nachricht angelaufen, sie wären tot, eine Bombe habe den Bunker im Park getroffen. Meine Schwester und ich stürzten in diese Richtung. Es war nicht weit, aber man konnte nur schwer laufen über aufgefurchte Erde, Bombentrichter, mit Wurzeln ausgerissene Bäume, das Gewirr verschiedener Drähte. Unterwegs kamen wir an Soldaten vorbei, die auf Tragen zerfetzte Menschen trugen. Schließlich trafen wir Mutter, sie war erschrocken und weinte. Die Bombe hatte den Bunker getroffen, in dem sie saßen, doch sie traf nur den Teil für Deutsche. Zehn Personen waren tot, darunter auch Vorarbeiter Wiesner. An vielen Stellen brannte es. Unsere Wohnung war heil geblieben, nur die Fensterscheiben waren zersplittert und es gab Risse in den Wänden. Eine der Bomben war einige Meter von unseren Fenstern entfernt gefallen. Unterdessen dauerte der Angriff auf Berlin weiter an, die Luft zitterte, und der ganze Himmel war mit dunklen Rauchwolken verhängt. Eine Stunde nach der Entwarnung erfolgte ein neuer Alarm und alles fing wieder von vorne an. In Berlin muss es die Hölle gewesen sein. Drei Tage lang sahen wir den Himmel nicht; die dunklen, bleifarbenen Rauchwolken hielten ihn völlig verdeckt.

Wir sammelten unsere im ganzen Park verstreuten Bündel auf, doch den größten Koffer konnten wir nicht finden. Meine Mutter jammerte, weil in dem Koffer Vaters Anzüge und irgendwelche Winterkleidung waren. Abends nach der Arbeit nahmen wir Spaten und schütteten das Loch zu, neben dem eigentlich der Koffer hätte liegen sollen. Meine Mutter grub am Tage, konnte aber allein nicht viel ausrichten. Sie fand den Koffer zwei Wochen später an einer völlig anderen Stelle, er war durch die Explosion über fünfzig Meter weit geschleudert und mit mehreren Schichten Erde zugeschüttet worden.

Wir arbeiteten beim Auffüllen der Bombenlöcher. Eines Abends wurden wir beim Abendessen von einem unerwarteten Getöse hoch geschreckt. Es stellte sich heraus, dass an der Stelle, an der wir an diesem Nachmittag einen anderen Bombentrichter zugeschüttet hatten, ein Blindgänger explodiert war. Er lag ganz flach in die Erde eingebohrt – vielleicht hatten wir ihn mit unseren Spaten berührt. Wenn er zwei Stunden früher explodiert wäre, wären wir alle ums Leben gekommen.

Am 21. Juli 1944 wurde ich aufgefordert, wieder zu Frau Müller zurückzukehren. Sie hatte einen schweren Anfall bekommen, als sie vom Attentat auf Hitler erfahren hatte. Sie war wirklich krank. Sie verfluchte die Attentäter und nahm die Nachricht über die Todesurteile mit Genugtuung auf. Sie glaubte immer noch blind an alles, was Presse und Radio sagten. Ihr Verhältnis zu mir hatte sich ein wenig geändert, sie lud nicht mehr ihre ganze Wut auf mir ab, sie fand andere Objekte – Engländer, Amerikaner, und vor allem die Russen, von deren „Grausamkeit und Wildheit" sie mit großer Überzeugung erzählte. Mehrmals erhöhte sie meinen Monatslohn um eine oder zwei Mark. Im April 1945 verdiente ich dann „schon" 23 Mark im Monat. Einmal – aber das war Anfang 1945 gewesen – sagte sie mir, ich würde von ihr nach Kriegsende das Federbett, unter dem ich schlief, und einen Wecker bekommen.

Am 18. August 1944 wischte ich gerade Staub, und Frau Müller las Zeitung, als sie plötzlich sagte, dass „die polnischen Banditen in Warschau einen Aufstand gemacht haben"[36]. Meine Knie wurden weich, aber da ich nie etwas sagte, wenn die Deutsche ihre politischen Monologe von sich gab, presste ich jetzt nur meine Lippen zusammen. Unter dem erstbesten Vorwand verließ ich das Zimmer. Es war die erste Information in der deutschen Presse über den Warschauer Aufstand. In meinem Kopf ging alles durcheinander, ich wollte nach

---

36 *Es geht um den Warschauer Aufstand (August-Oktober 1944).*

Polen fliehen, mir kamen die unrealistischsten Ideen. Ich lebte wie im Fieber. Frau Müller verbrachte die Tage meistens liegend, also holte ich selbst die Zeitungen von der Briefträgerin ab und suchte, bevor ich sie Frau Müller übergab, eilig nach Berichten über Warschau. Leider brachten sie immer schlimmere Nachrichten. Schließlich kam die tragischste. Bis heute bewahre ich den Ausschnitt aus der deutschen Zeitung von den ersten Oktobertagen auf, in dem die Information über den Zusammenbruch des Aufstandes stand.

Und trotz des Zusammenbruchs des Aufstandes und der Zerstörung von Warschau dachten wir mit immer größerer Zuversicht an das Ende des Krieges und wurden immer ungeduldiger, wenn die Front stehen blieb. Die Deutschen versuchten die ganze Zeit, mit ihrer „Wunderwaffe" Angst zu verbreiten, und viele von ihnen glaubten noch daran, dass sich das Schicksal des Krieges wenden könnte. In Polen freuten sich unsere Landsleute bereits über ihre Freiheit, wir dagegen lebten weiterhin in Sklaverei. Wir wurden von Sorge um unsere Familie aus Posen gequält, aber wir wollten die schlimmen Gedanken nicht an uns heranlassen. Deutsche Flüchtlinge tauchten auf. Die Luftangriffe wiederholten sich mehrmals am Tag, es gab Gerüchte über die furchtbare Zerstörung von Dresden; in den Flugblättern stand, das sollte die Vergeltung für Warschau gewesen sein. Die Müllers begannen, in verschiedenen Ecken ihres Gartens Kisten mit Dosen und Gläsern einzugraben. In Osdorf ist ein Teil der Division „Hermann Göring" stehen geblieben, die nach Berlin geholt wurde. Die Müllers mussten in zwei Zimmern Offiziere einquartieren. Jeden Tag gab es Besäufnisse, das Haus kam bis spät in die Nacht durch lautes Gebrüll nicht zur Ruhe, die Offiziersburschen trampelten über die Treppen. Die Deutsche hielt sich die Ohren zu. Sie war krank, doch sie litt nicht nur deswegen. Im Winter 1944-1945 wurde ihr 16-jähriger Sohn zur Armee einberufen. Er hielt sich irgendwo in Italien auf, und sie hatte keine Briefe von ihm bekommen. Trotz der vielen Leiden, die sie mir zugefügt hatte, tat sie mir Leid. Nach einigen Tagen verließen die Offiziere die Wohnung und da rang Frau Müller die Hände. Die Zimmer boten einen jämmerlichen Anblick. Betten, Möbel und Wände waren beschmutzt, denn die Herren Offiziere hatten das Badezimmer nicht benutzt. Die Hausfrau lief hin, um sich zu beschweren; sie fand noch einen Major, der Soldaten schickte, um sauber zu machen.

Eines Tages, Mitte April 1945 hörten wir ein dumpfes Dröhnen. Das war nicht die Luftabwehr – es war die Front. Der 22. April war ein Sonntag und ein warmer und sonniger Tag. Das Dröhnen war deutlich nähergekommen, angeblich befanden sich die Russen schon 20 km von uns entfernt. Die Bewohner von Osdorf versammelten sich vor ihren Häusern, man unterhielt sich aufgeregt. Es wurden irgendwelche Fuhrwerke vorbereitet, um nach Westen zu gelangen, bevor die Russen Berlin umzingeln. Ich hatte an diesem Tag einen freien Nachmittag und beeilte mich, nach Heinersdorf zu kommen. Ich packte einen Karton mit meinen besten Sachen, die ich mitnehmen wollte, um sie bei meinen Eltern zu lassen. Meinen Koffer ließ ich im Keller zurück. Ich wollte nur noch Frau Müller sagen, dass ich weggehe. Da ich am Badezimmer vorbeigehen musste, bemerkte ich, dass es im Badezimmerofen brannte. Wozu hatte die Müller den Ofen angezündet? Ich ging hinein. Die Ofentür stand offen, und neben dem Ofen, an die Badewanne gelehnt, stand der leere Rahmen des großen Hitler-Bildes, das auf dem Ehrenplatz im Wohnzimmer gehangen hatte ... Frau Müller fand ich auf dem Weg vor dem Haus. Auf meine Worte, dass ich nach Heinersdorf ginge, entgegnete sie nichts. Ich ging schnell davon – und habe sie nie wieder gesehen.

SOLCH EIN WEIHNACHTSFEST HAT MAN UNS BEREITET! POLNISCHE HÄFTLINGE, GEFANGENE UND ZWANGSARBEITER

Unterdessen kamen die Schießereien immer näher. Ich ging auf den Weg und sah bald Erdfontänen, die durch Geschosse hochgetrieben wurden. Unweit von mir stürzte plötzlich ein Baum um, als ob ihn jemand gebrochen hätte. Die Kugeln pfiffen mir um die Ohren. Ich verspürte keine Angst, ich war viel zu aufgeregt und wollte so schnell wie möglich bei meinen Eltern sein. Ich trug meinen großen Karton und eine Mappe und die waren schwer. Deshalb freute ich mich, als plötzlich, ich weiß nicht woher, ein Deutscher auf einem Fahrrad auftauchte und sich anbot, meinen Karton nach Heinersdorf mitzunehmen und ihn dort abzugeben. Ich weiß nicht, was passiert ist, aber meinen Karton bekam ich nicht wieder.

Meine Mutter atmete auf, als sie mich sah. Vom frühen Morgen an lebten alle in großer Aufregung. Die in Heinersdorf beschäftigten Polen wollten die Russen auf würdige Art begrüßen. Am Abend zuvor hatten sie die alte Ciesielska dazu überredet, auf ihrer Handnähmaschine eine polnische Fahne zu nähen. Am Morgen schlichen sie sich auf den Turm des Gutshauses und hängten die Flagge an den Mast. Um 10 Uhr entdeckten die Deutschen die Fahne, aber keiner von ihnen brachte den Mut auf, auf den Turm zu steigen und sie abzunehmen. Nur der Gendarm verhaftete Zdzisiek Ciesielski, den Hauptschuldigen. Man wusste nicht, was mit ihm wird. Es wurde erzählt, man wolle ihn erschießen.

Das haben sie aber nicht mehr geschafft, weil die Schießerei ganz nahe gekommen war. Plötzlich liefen einige deutsche Soldaten am Haus entlang, verschwitzt und außer Atem, dann riefen noch einige nach Wasser, und plötzlich hörten wir russische Rufe. Wieder brach eine scharfe Schießerei los, diesmal gleich hinter uns, neben der Scheune, und in unsere Wohnung stürzten zwei sowjetische Soldaten. Sie fragten schnell nach den Deutschen und liefen weiter.

Am 22. April um 16 Uhr hatten wir unsere Freiheit wiedererlangt.

Die ganze Nacht über wurde geschossen. Wir schliefen nicht. Zu uns drangen Geräusche der Kämpfe in Berlin, es donnerten die Kanonen. Am Morgen kam der Befehl, Heinersdorf zu verlassen, weil die Front hierher zurückkommen konnte. Die Russen erlaubten uns Polen, ein Pferd und einen Wagen vom Gutshof mitzunehmen. Wir luden unsere Bündel auf. Es war ganz schön viel, denn in den vier Jahren hatten unsere Verwandten Pakete geschickt. Nur ich besaß einzig das, was ich anhatte. Mein Koffer war in Osdorf geblieben, der Radfahrer hatte den Karton nicht abgegeben. Mir blieben nur meine Schulmappe mit persönlichen Kleinigkeiten, ein Lyrikband und ein Heft, in das ich verschiedene Aufzeichnungen schrieb.

Mit uns zusammen fuhren die Ciesielskis, die drei Schwestern Górecki und noch ein paar Männer. Ohne uns nochmals umzusehen, machten wir uns auf den Weg. Hinter uns ließen wir vier Jahre Sklavenarbeit.

Aus dem Polnischen von Agnieszka Grzybkowska

HENRYK ADAMCZEWSKI, FÜNF LANGE JAHRE IN TELTOW (1976)

Henryk Adamczewski, Zwangsarbeiter in Berlin während des Zweiten Weltkrieges.

Ich bekam eine Aufforderung vom Arbeitsamt, mich dort einzufinden. Gehorsam ging ich dorthin. In Posen herrschte nämlich bereits die „deutsche Ordnung". Beim Arbeitsamt schrieb irgendein dicker Deutscher meine Personalien auf. Er unterstrich besonders mein Geburtsdatum: den 13. Februar 1925 und meine Ausbildung: Ich hatte die erste Klasse des Staatlichen Gymnasiums für Mechanik in Posen absolviert.

Einige Tage später, Ende Oktober 1939, erhielt ich vom Arbeitsamt eine Anweisung zur Aufnahme bei Erge-Motor. Wie groß war mein Erstaunen, als ich feststellte, dass die Deutschen mein ehemaliges Gymnasium für Mechanik in eine deutsche Schule namens Erge-Motor umgewandelt hatten. Noch überraschter war ich, dort fast alle meine Klassenkameraden aus der ersten Klasse und alle ehemaligen Meister und Lehrer wieder zu treffen. Nur der Direktor aus der Vorkriegszeit, Wieczorkowski, fehlte. Seinen Platz hatte der Kunstschmiedemeister Wacław Vania eingenommen, ein gebürtiger Tscheche. Er hatte als einziger Lehrer unserer Schule die Volksliste unterschrieben und wurde daher von den deutschen Behörden zum Direktor von Erge-Motor ernannt.

Bei Erge-Motor wurden wir nun ausschließlich praktisch geschult, und das im Eiltempo. Wir verbrachten jeden Tag 8 Stunden in den Werkstätten und lernten Schlosserei, Schmiedehandwerk und Drehen. Es gab überhaupt keinen theoretischen Unterricht. Anfänglich produzierte ich alle Arten von Schrauben, Gewinden und Muttern. Mit mir zusammen waren meine besten Klassenkameraden: Tadeusz Stefanko, Martyniak, Dominik Olszewski, Witold Pośpieszyński, Jarecki, Józef Śródecki, Leon Zimniak. Am nächsten von ihnen stand mir Kazik Nowacki, der zwei Jahre älter war als ich.

Wir waren über diese Eile bei unserer Schulung zwar erstaunt, dachten aber nicht weiter darüber nach. Erst nach zwei Wochen kam der Zweck des Ganzen zu Tage. Direktor Vania hatte eine Liste von Schülern angefertigt, die für die Zwangsarbeit im Dritten Reich vorgesehen waren. Es standen 80 Namen darauf. Auf die Liste gerieten vor allem diejenigen, die nicht besonders gern lernten, oder die durch ihre Haltung gegen die deutsche Schulung protestierten und dagegen rebellierten. Sie fuhren nach Königsberg und Lübeck. Von da an ging von unserer Schule alle zwei Wochen ein Transport nach Deutschland ab. An die Stelle der Abtransportierten schickte das Arbeitsamt neue Kandidaten; anfänglich aus Posen, später aus dem Landkreis Posen. Mit mir zusammen lernten Jungen unter anderem aus Kiekrz und Rokietnica. Direktor Vania bereitete sorgfältig alle zwei Wochen eine Liste derjenigen vor, die wegfahren sollten. Angeblich soll er, abgesehen von seinem Gehalt, vom Arbeitsamt 5 Mark für jeden zur Zwangsarbeit verschickten Polen erhalten haben.

Alle zwei Wochen wartete ich darauf, dass diesmal ich auf der Liste sein würde. Unterdessen schien Vania uns – die Erstklässler, die vor dem Krieg zu lernen angefangen hatten – vergessen zu haben. Bald jedoch stellte sich heraus, dass er uns brauchte. Er kannte uns gut, er hatte uns doch das Schmiedehandwerk in der ersten Klasse beigebracht und wusste, was wir konnten. Als er von den im Poseneer Schloss residierenden

Deutschen den Auftrag bekam, verschiedene Hängelampen, stehende Aschenbecher usw. herzustellen, schickte er uns, die ehemaligen Erstklässer, in die Schulschmiede. Dort schmiedeten wir unter der Anleitung des Meisters diese Lampen und Aschenbecher aus Metall nach Ideen und Entwürfen des Direktors.

Es war eine Arbeit, die meine Kräfte überstieg. Ich war erst 14 Jahre alt. Jeden Tag musste ich 8 Stunden lang am Feuer stehen, aus dem mir die Glut entgegenschlug. Mit schwerem Werkzeug musste ich 8 Stunden lang das Eisen erhitzen, drehen, schmieden, schneiden und biegen. Nach einiger Zeit war meine Haut an den Händen hart und platzte. Mein Gesicht schwoll von der hohen Temperatur an. „Macht nichts", dachte ich mir, „Hauptsache, dass ich noch zuhause bin."

Anfang Juli kam Vania selbst in die Schmiede und sagte:

„Ich kann euch nicht mehr länger hier halten. Ich muss euch wegschicken. Es bietet sich ein guter Ort an."

„Das sagen Sie bei jedem Transport, Herr Direktor", wagte ich zu antworten.

„Ja, aber diesmal fahrt ihr an einen wirklich guten Ort. Und du", er wandte sich an mich, „was willst du, dass ich dir auf der Überweisung schreibe: Schmied, Dreher oder Schlosser?"

„Dreher, Herr Direktor", sagte ich, ohne zu zögern.

Ich hatte das nicht einfach so dahingesagt. Es war eine Entscheidung, die ich lange vorher getroffen hatte. Ich hatte genug von der schweren Arbeit in der Schmiede. Das Schlosserhandwerk war ebenfalls schwer. Die Dreherei kam mir, dem unerfahrenen Jungen, viel einfacher vor. Vania hielt sein Wort. Auf meinen Schein schrieb er „Dreher". Die Abreise fand am 14. Juli 1940 statt. Der Sammelpunkt war in den Werkstätten von Erge-Motor. Wir waren insgesamt 70 ausgesuchte Personen im Alter von 15 bis 30 Jahren. Ein Mitarbeiter des Arbeitsamtes überprüfte die Liste und unter seiner Aufsicht wurden wir zum Bahnhof gebracht, von wo wir mit dem Zug nach Berlin fuhren.

Wir sahen nicht bekümmert oder niedergeschlagen aus. Wir waren jung, damals noch gesund, neugierig auf die Welt und noch voller Glauben, dass der Krieg schnell zu Ende gehen würde. „In einem halben Jahr sind wir zurück, wir kommen ganz sicher zurück", sagten wir zueinander und vorher noch beim Abschied von der Familie. Ich hielt mit Kazio Nowacki zusammen. Ab da wurde unsere Freundschaft bei Freud und Leid auf deutschem Boden noch verstärkt.

Am Schlesischen Bahnhof[37] in Berlin wurden wir von zwei Deutschen in Zivil erwartet. Dann teilte man uns in zwei Gruppen. Die erste Gruppe fuhr unter Aufsicht nach Reinickendorf, aber ich weiß heute nicht mehr, in welche Fabrik. Die zweite Gruppe, in der ich mich zusammen mit Kazio befand, wurde zur Maschinenbaufabrik Curt von Gruebers in Teltow geschickt.

Insgesamt waren wir genau 34, und wie ich bereits gesagt habe, im Alter zwischen 15 bis 30 Jahren. Ich war der Jüngste – gerade 15 Jahre alt. Wir fuhren schweigend hin. Unsere Selbstsicherheit war verschwunden. Im unbekannten Terrain fühlten wir uns fremd und unwohl.

---

37 *Berliner Ostbahnhof trug diesen Namen in den Jahren 1852-1950.*

„Unsere" Fabrik lag zwischen dem Dorf Ruhlsdorf und der Stadt Teltow. Wie sich herausstellte, waren wir der erste Transport von Arbeitskräften für Grueber. Wir wurden in einer Baracke einquartiert, auf dreistöckigen Pritschen, die nur Strohmatratzen und Decken hatten. „Irgendwie werden wir dieses halbe Jahr aushalten", trösteten wir uns, ohne zu wissen, dass sich dieses halbe Jahr in lange und schwere fünf Jahre Schwerstarbeit verwandeln würde.

Ich hatte damals schon recht gut Deutsch gesprochen. Manche von uns lernten die Sprache aber erst jetzt kennen. Es gab welche, die überhaupt nichts verstanden und nichts sagen konnten. Am besten Deutsch sprach Ratajczak, der älteste von uns. Daher wählten wir ihn zum Dolmetscher, oder eher zum Vermittler zwischen uns und den Deutschen.

Die Fabrikdirektion ordnete einen Appell an. Wir wurden in einer Reihe auf dem Hof aufgestellt und warteten. Nach einer gewissen Zeit kam der Fabrikbesitzer, Kurt von Grueber, aus dem Büro. Er war ein kleiner, schlanker und tauber Greis. Begleitet wurde er vom Obermeister Braun, einem weiteren Meister (an dessen Namen ich mich nicht erinnere) und Ingenieur Löffler, dem technischen Direktor der Fabrik. Dieser war ein kleiner, beleibter Mann um die 50. Er arbeitete mit dem Verwaltungs- und Verkaufsleiter zusammen, den wir später kennen lernten. Ebenfalls später überzeugten wir uns davon, dass eine wichtige, wenn nicht die entscheidende Stimme in der Fabrik dem Vertreter der Gestapo gehörte, die unter anderem die Funkzentrale der Fabrik unter Kontrolle hatte. Direktor Löffler sprach zu uns kurz und bündig. „Ich verlange von euch solide Arbeit, Disziplin und bedingungslosen Gehorsam. Ordnung muss sein. Jedwede Nichteinhaltung der geltenden Vorschriften wird streng bestraft." Dann wurden wir in kleinere Gruppen geteilt. Die Schlosser hatte man dem Schlossermeister zugeteilt, ähnlich die Schmiede ihrem Meister. Diejenigen, die keinen Beruf hatten, gingen zur Abteilung Transport und in andere Abteilungen der Fabrik. Kazik Nowacki wurde Schlossergehilfe.

Infolgedessen wurden alle Abteilungen der Fabrik durch die Arbeit polnischer Hände verstärkt. Meister Seifert brachte mich in einer kleinen Halle unter. Es gab dort moderne Maschinen, Halbautomaten zum Drehen, Gewindeeinschneiden und Waschen von Artilleriegeschossen mit Lauge. Die Maschinen wurden ausschließlich von Deutschen bedient und ich, der Sklave, musste die schweren Geschosse vom Boden zur Maschine befördern, um die Öffnung für die Zünder mit einem Gewinde zu versehen. So hob ich sie 12 Stunden am Tag. Die Geschosse waren sehr schwer, zu schwer für meine jugendlichen Kräfte. Nach einigen Tagen dieser Arbeit konnte ich morgens nur noch mit Mühe aufstehen. Alle Muskeln in den Beinen und Armen taten mir weh. Ich spürte auch einen starken Schmerz in der Wirbelsäule und hatte immer häufiger Schwindelgefühle. „Ich schaffe das nicht", klagte ich Kazik Nowacki.

Hinzu kam, dass die Ernährung nicht ausreichend war. Wir hatten Hunger. Zum Mittagessen bekamen wir Gemüsesuppen, meist aus Rüben und Kohlrüben. Die Mittagspause dauerte eine halbe Stunde, von 12 bis 12.30 Uhr, zu kurz, um sich zu erholen. Zuerst gingen die Deutschen Mittag essen. Was sie nicht aufgegessen hatten, wurde an uns als Nachschlag verteilt. Als wir das mitbekommen hatten, liefen wir pünktlich um 12 aus der Fabrik hinaus und rannten zur Kantine, um Platz in der Warteschlange einzunehmen. Dann hatten wir die Chance, wenn wir unsere Portion schnell aufgegessen hatten, den ersehnten Nachschlag zu bekommen. Einmal hatte sich Leon Bola, der seine Arbeit zehn vor zwölf beendet hatte, hinter einer Maschine versteckt und wartete dort auf den Mittagessengong. Er wollte als Erster in der Reihe sein. Obermeister Braun bemerkte ihn und verprügelte ihn grausam. Der Junge lief dann lange mit einem geschwollenen Gesicht voller blauer Flecken herum.

Das Abendessen bekamen wir nach beendeter Arbeit, das heißt um 18 Uhr. Jeden Tag holten zwei Diensthabende aus jeder Stube in der Kantine die Abendbrotrationen ab, die zugleich unsere Frühstücksrationen waren. Diese bescheidene Zuteilung bestand aus einer Kanne schwarzen Kaffees, einem Viertel Brot, ein bisschen Margarine, ein bisschen Marmelade und manchmal einem Ei. Nach zwölfstündiger intensivster körperlicher Anstrengung und einem schlechten Mittagessen hatten wir einen solchen Hunger, dass wir die ganze Zuteilung gleich aufaßen. Infolgedessen gingen wir morgens mit leerem Magen zur Arbeit.

Die Deutschen behandelten uns von oben herab, mehr oder weniger verächtlich. Sie hielten Distanz, wie es sich zwischen Herren und Dienern gehört. Die Schlimmsten schrien uns unentwegt wie Arbeitspferde an. Und die schlimmsten Deutschen waren für uns Polen: Obermeister Braun, dann ein Deutscher, den wir „Esel" nannten (an seinen Namen erinnere ich mich nicht mehr), sowie Polanski. Für alle drei war ein fast ungehemmter Hass gegen die Polen charakteristisch. Man sah ihnen an, dass sie sich dazu zwingen mussten, unsere Anwesenheit zu dulden. Braun spionierte uns nach, versuchte, uns bei etwas Verbotenem zu erwischen, um einen weiteren Grund für seine Schikanen zu haben. Er hatte als Erste dem Polen Leon Bola schmerzhaft ins Gesicht geschlagen, womit er den Anderen ein Beispiel dafür gab, wie man mit uns umzugehen hatte. Er war es auch, der zwei Polen wegen eines geringen Diebstahls in die Hände der Polizei übergeben hatte. Der Hass des „Esels" auf die polnischen Arbeiter fand seinen freien Lauf im unaufhörlichen Geschrei und beleidigenden Schimpfwörtern. Er gab uns keinen Augenblick Ruhe. Sogar wenn wir zur Toilette gehen mussten, verfolgte er uns und vertrieb uns sofort von dort. Der Deutsche mit dem polnischen Namen Polanski war auch nicht besser als die beiden anderen. Er versuchte ebenfalls, uns zu erniedrigen, unsere Würde als Menschen und Polen mit Füßen zu treten. Ausdrücke wie polnische Schweine, Hunde, Vieh, Schafsköpfe, Dummköpfe usw. verschwanden nie von seinen Lippen. Er lachte und spottete am meisten über unsere Wettrennen zum Mittagessen.

Nachdem ich drei Wochen Geschosse geschleppt hatte, wendete sich mein Schicksal. Eines Tages kam unerwartet ein Kommando aus Berlin in die Fabrik. Sie montierten alle Halbautomaten aus „meiner" Halle heraus, sogar die Wannen für das Waschen der Geschosse, um sie an einen anderen Ort zu bringen. Die Halle wurde leer gemacht. Meister Seifert teilte jedem von uns eine andere Arbeit zu. Ich wurde dem technischen Kontrolleur als Gehilfe zugeteilt und machte Messungen der verschiedenen produzierten Teile mithilfe eines Mikrometers und einer Schublehre. Das ging mir geschickt von der Hand. Seifert bemerkte das und fragte mich aus:

„Wo hast du das denn gelernt?"

„In der ersten Klasse des Staatlichen Gymnasiums für Mechanik in Posen."

„Die haben euch schon in der ersten Klasse so was beigebracht?", wunderte sich der Deutsche.

„Ja, haben sie", antwortete ich zufrieden, dass ich dem Feind mit irgendwas imponieren konnte. Von da an schaute Seifert mich gnädiger an.

In jener Zeit, im August 1940, kam ein zweiter Transport von Polen nach Teltow, diesmal aus Łódź, es waren 30 Männer. Sie wurden mit uns zusammen untergebracht. Nun waren wir 64. In der Baracke wurde es sehr eng. Diese Männer wurden ebenfalls zu Hilfsarbeiten eingeteilt. Es waren sehr hilfsbereite und nette Schicksalsgenossen. Unter ihnen fand ich einen zweiten guten Freund, Mietek Sawicki, dem ich sehr viel verdanke.

Bei der technischen Kontrolle arbeitete ich einen Monat lang. Hier kam ich wieder zu mir. Meine Rückenschmerzen verschwanden. Zu jener Zeit wurde einer der Deutschen zur Wehrmacht eingezogen, und eine Stelle an der Drehmaschine wurde frei. Seifert, der mir gegenüber freundlich eingestellt war, stellte mich an diese Maschine. Ich wäre lieber bei der Kontrolle geblieben, aber ich durfte keine Unzufriedenheit zeigen. An der Drehmaschine musste ich nur Hülsen schleifen. Die Arbeit war nicht schwer, nur monoton, und dadurch sehr ermüdend. Zwölf Stunden am Tag mit derselben Tätigkeit verwandelten mich in einen Automaten. Ich musste aber immer sehr aufmerksam sein, um das Material nicht zu zerstören.

Am 1. September 1940 erlebten wir einen großen, aufmunternden Augenblick. Am Abend hörten wir nämlich Flugzeuggeräusche, die aber anders klangen als das Gedröhn der deutschen Maschinen. Das Flugzeug flog sehr hoch und das allein schon deutete darauf hin, dass es hier in diesem Gebiet fremd war. Wir spürten, dass es „unser Späher" war. Er flog über Berlin. „Göring wird wohl der Schlag treffen", sagten wir untereinander, und erinnerten uns an die vor Kurzem in der Funkzentrale der Fabrik gehörten Worte an das deutsche Volk, dass kein fremdes Flugzeug die Luftgrenzen des Dritten Reiches verletzen würde. Und nun verletzte es sie doch.

Im September 1940 kam der dritte Transport von Polen, es waren diesmal 30 Warschauer. Es waren mutige Jungs, frech und voller Fantasie. Sie kamen ebenfalls in unsere Baracke, wo es nun unglaublich eng wurde. Wir waren bereits um die Hundert und stellten eine gewisse Kraft dar. Sie wurden ebenfalls zu Hilfsarbeiten eingeteilt. Einige von ihnen waren gleich am zweiten Tag geflohen. Andere, die an irgendwelchen Krankheiten litten, versuchten, sich auf der Grundlage von ärztlichen Bescheinigungen eine legale Freistellung zu besorgen. Die Warschauer waren an einem Freitag gekommen. Am Samstag wurde unser Wochenlohn ausgezahlt. Der alte Deutsche, der die Kantine leitete, wollte den Neuankömmlingen entgegenkommen und gab jedem von ihnen Marken in Wert von 5 Mark als Vorschuss auf den künftigen Lohn. Der Alte rechnete damit, dass sie sich dafür in der Kantine etwas kaufen würden. Aber die Jungs tauschten bei uns die Essensmarken gegen Reichsmark und machten am Sonntag illegal einen Ausflug, die einen nach Potsdam, die anderen nach Berlin. Zehn von ihnen machten sich auf den Weg in die Hauptstadt des Nazireiches. Nachdem sie die Stadt besichtigt hatten, gingen sie in ein Restaurant, „um einen zu heben" (damals konnte man noch Alkohol kaufen) und um, wie sie später sagten, die Sehnsucht nach der Heimat zu stillen und zu ersäufen. Aus einem Gläschen wurden mehrere. Die Folge war, dass sie den letzten Zug nach Teltow verpassten. Als Neulinge auf deutschem Gebiet wussten sie nicht, dass zwischen 2 und 4 Uhr morgens keine Züge fuhren. Bis zum Morgenzug mussten sie auf dem Bahnhof warten. Sie warteten und sangen dabei das allerteuerste Lied eines jeden Polen. Es ist kaum zu glauben, aber die Handvoll Polen sangen im Herzen von Hitlers Reich die polnische Nationalhymne. Schließlich hörte das aber ein Polizist. Die Warschauer hatten

Glück, dass er Schlesier war. Er verbot ihnen, weiter zu singen, kontrollierte ihre Dokumente und schrieb in sein Notizbuch den Ort ihrer Zwangsarbeit. Und nichts weiter. Keinerlei Repressionen. Bald sollten wir jedoch die Folgen der Berliner Episode zu spüren bekommen.

Einige Tage später kamen Gestapoleute in die Fabrik. Während der Frühstückspause ordneten sie an, dass alle Polen sich versammeln sollten. Wir versammelten uns in einer Halle. Wir standen zusammengedrängt da, mit schlechten Ahnungen und träumten von heißem Kaffee. Die Gestapoleute kamen rein. Ihre schwarzen Uniformen prophezeiten nichts Gutes. Unsere Herzen krampften sich zusammen. Sie übergaben den Diensthabenden Stoffstücke mit aufgedruckten „P"-Buchstaben. Dann ordneten sie an, man solle die Buchstaben herausschneiden und jedem Polen jeweils fünf Stück geben, mit dem Befehl, das „P" auf der Oberbekleidung zu tragen. Dann sprach einer der Gestapoleute zu uns. Er sprach mit harter, abgehakter Stimme: Wir dürften keinen näheren Kontakt zu deutschen Frauen knüpfen und aufrechterhalten, wir dürften uns nicht weiter als 2 km von Teltow entfernen, dürften nach der Polizeistunde, das heißt nach 20 Uhr, das Fabrikgelände nicht verlassen, unter der Androhung einer schweren Strafe kein deutsches Eigentum stehlen, jede Sabotage würde mit dem Tod bestraft werden. Als die Gestapoleute gegangen waren, hörten wir immer noch: es ist verboten, es ist verboten, es ist verboten.

Im Oktober meldete sich ein junger Deutscher bei Seifert. Der Meister ließ ihn an „meiner" Drehmaschine arbeiten, und mir ordnete er an, weiterhin die Buchsen schleifen, aber an einer alten, verbrauchten Drehmaschine, die seit einem Monat nicht mehr gebraucht wurde. Die Maschine war verstaubt, also beschloss ich, sie zuerst sauber zu machen. Um mir das zu erleichtern, schaltete ich die Automatik ein. Ich wollte die Maschine so schnell wie möglich dazu bringen, möglichst leistungsfähig zu sein, weil mich der „Esel" zur Arbeit antrieb. Und in dieser Eile vergaß ich, dass die Maschine selbsttätig lief. Ich wusste auch nicht, dass dieses alte Drehmaschinenmodell keinen automatischen Stoppschalter hatte. Die Folge war, dass die Maschine mit Getöse in kleine Stücke zerfiel. Auf diesen Krach hin kam der für Reparaturen und Instandhaltung verantwortliche Meister angelaufen. Rot vor Zorn schrie er: „Das ist Sabotage! Sabotage!" Auch andere Meister kamen angelaufen und schrien, ohne nachzudenken: „Sabotage! Sabotage!" Schließlich kam auch Seifert. Mit ruhiger Stimme sagte er, ich solle erzählen, wie es zur Zerstörung der Maschine gekommen sei. Vor Angst zitternd, da es in meinem Kopf dröhnte: „Für Sabotage steht die Todesstrafe", stellte ich den ganzen Verlauf der Ereignisse dar. Seifert nickte und wandte sich an die Deutschen: „Ja, es war ein Unfall. Ihr seht doch, er ist noch ein Kind. Er ist nicht für die Maschine geeignet. Er eignet sich für Frauenarbeit." Befreit von den Anschuldigungen wegen Sabotage wurde ich in einen Raum geschickt, wo etwa 30 deutsche Frauen unsere Blechprodukte in Kartons einpackten. Von nun an trug ich 12 Stunden am Tag wieder schwere Lasten, diesmal aus dem Packraum in den Lagerraum.

Im November kam ein weiterer und diesmal der letzte Transport von Polen – 12 Personen aus Tschenstochau und 15 aus Schlesien. Es gab keinen Platz mehr für sie in unserer Baracke, also wurden sie in einem nahegelegenen Schuppen untergebracht.

Das neue Jahr 1941 begrüßten wir mit der Hoffnung, dass es uns das Ende des Krieges und die Freiheit bringen würde. Im Januar verließ ich die Packerei. Der Meister aus der Blechabteilung nahm mich zu sich und stellte mich an eine kleine Drehmaschine. Das ganze Jahr 1941 über schnitt ich damit Ringe aus Rohren.

Manchmal schliff ich, nur wenn es gebraucht wurde, an den benachbarten Drehmaschinen Gewinde oder Schrauben. Das war für mich eine Entspannung, denn das Schneiden von Ringen hatte mich wieder in einen Automaten verwandelt.

Ich war bereits 16 Jahre alt, hatte ein paar Zentimeter mehr und war weiterhin mager. Mein Rücken hatte sich von der ständig gebeugten Position bei der Arbeit gekrümmt, meine Armmuskeln waren hart geworden, und mein Herz? Es war noch zart und sensibel geblieben. In jener Zeit vermisste ich mein Zuhause sehr und ich hätte wohl einen psychischen Zusammenbruch erlitten, wenn die häufigen Briefe von meinen Eltern und die Freundschaft von Kazik und Mietek nicht gewesen wären.

Wir waren jung. Abgesehen von der intensiven, stundenlangen Arbeit, mussten wir noch irgendeinen Zeitvertreib haben. Jemand war auf die Idee gekommen, auf den leeren Fußballplätzen in Teltow Fußball zu spielen. Ein Anderer besorgte einen Fußball. So kam es dazu, dass wir Sport trieben. Am Anfang ging ich begeistert zum Training, doch bald gab ich auf. Ich wurde schnell müde. Ich hatte Atemnot und spürte schmerzende Seitenstiche rechts. So blieb ich also nur Zuschauer. Die Deutschen sahen bei unseren Fußballleistungen durch die Finger. Mit der Zeit bildeten unsere Freunde Mannschaften und spielten Spiele – zuerst untereinander, später gegen andere Nationalitäten. Die Deutschen störten uns nicht dabei.

Unterdessen hatten wir in der Fabrik immer mehr Arbeit. Die Direktion erhielt neue Aufträge. Man musste sie termingerecht ausführen. Wir arbeiteten meistens 17 Stunden pro Tag. Sonntags wurden oft Materialtransporte ausgepackt. An diesen zusätzlichen Arbeiten merkten wir, dass der Krieg intensiver wurde. Die Informationen aus dem Fabrikfunk nervten uns. Es gab zu viel Hochmut und deutsche Überheblichkeit darin.

Am 1. September 1941 hörten wir nachts, wie ein Jahr zuvor, andere Flugzeuggeräusche. „Das sind Unsere! Unsere!", schrien wir wie besessen. Manche der Kameraden weinten in jener Nacht vor Freude, weil jeder von uns mit großer Sehnsucht auf eine Schicksalswende wartete.

Wir liefen immer hungrig umher. Die zugeteilten Portionen waren unzureichend. Unsere körperliche Anstrengung war zu groß, und die Nahrung hatte zu wenige Kalorien. Da kamen uns die „Gärtner" zu Hilfe. So nannten wir die Polen, die zur Zwangsarbeit in die Gärten von Teltow gebracht worden waren. Gegen Ringe, Armbänder, Feuerzeuge und andere Produkte, die wir heimlich, sodass die Deutschen es nicht sahen, und mit größter Vorsicht herstellten, bekamen wir von ihnen Obst und Gemüse. Wir kochten aus diesen Schätzen eigene Mahlzeiten auf einem eigenen Ofen.

Im November und Dezember 1941 begannen die ersten nächtlichen Luftangriffe. Die Alliiertenflugzeuge flogen immer häufiger über Berlin und warfen Zünd- und Sprengbomben ab. Es gab jedoch keine ernstzunehmenden Bombardements. Heute fällt es mir schwer zu beschreiben, wie sehr uns die damals noch schwachen Angriffe freuten. Uns, den polnischen Sklaven des Dritten Reiches, gaben sie einen Schimmer von Hoffnung, weil sie ein Beweis dafür waren, dass der Krieg nun auch auf feindlichem Gebiet angefangen hatte.

Das neue Jahr 1942 begrüßten wir mit Optimismus, obwohl wir schon wussten, dass wir nicht so bald wieder nach Hause kommen würden. Wir hatten begriffen, dass das Ende des Krieges nicht so nahe war, wie es uns anfänglich schien. Im Februar wiederholten sich die nächtlichen Bombardierungen Berlins. Im Frühjahr wurden sie stärker. Auch auf unsere Fabrik fielen Zündbomben, vor allem auf die benachbarten Fluglagerräume. Langsam gewöhnten wir uns an die Alarme und Angriffe. Als einmal Brandbomben auf unseren

Hof fielen, brannten sie zwischen den Eisenbahngleisen und zwischen einem Haufen von Eisenzeug aus – in uns erweckte das keine Furcht. Nur die Deutschen wurden starr vor Angst. Aus Freude, dass der Feind Verluste erlitt, vergaßen wir, dass auch wir vom Tode bedroht waren.

Eines Tages, es war im Sommer 1942, kam es in unserer Halle zu einem unangenehmen Zwischenfall. Obermeister Braun erwischte zwei unserer Kollegen beim Diebstahl elektrischer Handbohrmaschinen. Ich erinnere mich, dass einer von ihnen Kania hieß und aus Tschenstochau stammte. Braun führte sie zum Pförtner ab und rief telefonisch die Polizei. Die Jungen wurden verhaftet, kamen in Berlin ins Gefängnis und starben einige Zeit später in einem Lager. Wozu hatten sie diese deutschen Bohrmaschinen gebraucht?

Der Krieg nahm an Stärke zu. Der beste Beweis dafür war für uns die Einberufung: Alle jungen und gesunden Deutschen aus der Fabrik wurden zur Armee eingezogen. Zurück blieben nur die Alten, Kranken, Invaliden und Frauen. Es waren insgesamt 150. Da begann die Direktion, Polen in einer Ausbildungsabteilung der Fabrik für deutsche Schüler auszubilden. Die Lehre dauerte kurz, nur drei Wochen. Der deutsche Meister brachte uns alles von Grund auf bei, zum Beispiel wie man Messer schärfen und festmachen sollte usw., vor allem aber machte er uns mit der Bedienung aller Maschinen bekannt, die es in der Fabrik gab. Nach der Schulung kehrte ich zu Meister Seifert zurück und arbeitete bei ihm bis zum Ende des Krieges an Fräs- und Bohr-, Stoß- und Schleifmaschinen usw. An solchen Schulungen nahmen viele Polen teil. Auf diese Weise nahmen wir die Arbeitsstellen der Deutschen ein.

Im Herbst 1942 tauchte auf dem Fabrikgelände eine Gruppe von Bauarbeitern auf. In der Nähe unserer Baracke wurde eine Neue errichtet. Auf Befehl der Direktion zogen wir in den neuen Raum und überlegten, für wen die Deutschen die alte Baracke vorbereiteten. Unsere Neugierde wuchs, vor allem weil die Deutschen sie mit dichtem, 2 Meter hohen Stacheldraht umzäunten. Bald begriffen wir alles. Es kam ein Transport von Russen, der etwa 100 Personen zählte, darunter 30 Frauen. Die Russen kamen hinter den Stacheldraht, und uns wurde jeglicher Kontakt mit „den Roten" strengstens verboten. Die Folge dieses Verbots war genau umgekehrt. Zuerst aus Trotz gegen die Deutschen, dann aus eigenem Willen begannen wir, uns für die Russen zu interessieren. Wir gingen nach der Arbeit an der Umzäunung entlang und beobachteten, was sie taten. Bald bekamen wir mit, dass die Deutschen sie noch schlechter als uns behandelten. Auch ihre Lebensmittelzuteilungen waren kleiner. Wir beschlossen untereinander, ihnen im Rahmen unserer Möglichkeiten zu helfen. Wir warfen also unseren neuen Leidensgenossen zuerst Zigaretten, dann Brot und das, was wir von „den Gärtnern" bekommen hatten, über den Zaun. [...]

Die Fabriklautsprecher verkündeten ununterbrochen Nachrichten über Hitlers Siege an der Ostfront. Die Deutschen berauschten sich an diesen Siegen, und wir verloren die Hoffnung auf ein schnelles Kriegsende. Manche von uns hatten aufgehört, an den Sieg der Alliierten zu glauben. Immer öfter beschlichen mich schwere Gedanken, dass wir, indem wir hier für den Feind arbeiteten, unser Schicksal als Sklavenarbeitskräfte auf deutschem Boden dauerhaft machten, dass wir den Tag der Freiheit hinauszögerten. Die dadurch entstandene schlechte psychische Stimmung verstärkte noch die physische Erschöpfung des Organismus und die Krankheiten.

Fast mein ganzer Körper war mit eitrigen Pickeln und Geschwüren bedeckt. Das tat weh und setzte mir sehr zu. Meine Zähne wackelten in alle Richtungen, nur mit Mühe konnte ich das meist harte Brot kauen. Mein Zahnfleisch blutete, anfänglich nur schwach, dann immer stärker, schließlich so sehr, dass ich einfach Blut spuckte. Hinzu kam eine Knochenhautentzündung. Überhaupt war mein ganzer Mundraum krank und wund. „Skorbut", dachte ich entsetzt. „Wenn der Krieg noch länger dauert, halte ich es nicht aus." Meine Eltern schrieben mir, als ob sie meinen schweren Zustand erahnen würden: „Halte durch, mein Sohn. Bald schon kommst du zurück." Der Skorbut griff fast alle Polen an. Bei der Arbeit bekamen wir Schwindelgefühle. Es wurde uns dunkel vor den Augen. Und „der Esel" trieb uns immer eifriger an, immer brutaler.

Der Überlebensinstinkt und der Hunger zwangen uns in jener Zeit zum Diebstahl. Wir klauten zuerst den Koks, der auf dem Fabrikplatz lag. In der Nacht luden wir den Koks heimlich und unter größter Vorsicht und Wachsamkeit in Säcke, brachten ihn außerhalb des Fabrikgeländes und versteckten ihn, wo es nur möglich war. Dann brachten wir bei der nächsten sich bietenden Gelegenheit, meistens sonntags, „unseren Schatz" nach Berlin und tauschten ihn gegen Lebensmittel ein. Manchmal bekamen wir von den deutschen Frauen im Gegenzug auch Kleidung, aber wir tauschten sie sofort gegen Lebensmittel ein. Einmal bemerkten wir, als wir in den kleinen Teichen unweit unserer Fabrik badeten, dass Fische darin lebten. Wir wurden von einer schier unbeherrschbaren Lust auf diese Fische erfasst. Um sie zu fischen, arbeiteten wir Fabrikkörbe zu Reusen um. Ach, wie uns diese Schleien schmeckten!

Nach einiger Zeit ordnete die Direktion an, dass wir die Baracke verlassen sollten. Da suchte sich ein Teil der Polen, etwa 30 Personen, Privatquartiere bei Deutschen in Teltow. Die übrigen, 60 an der Zahl, unter denen auch ich mich befand, zogen zu „Frau Manz", das heißt in den Saal eines ehemaligen Vorkriegsrestaurants, dessen Eigentümerin eine gewisse Frau Manz gewesen war. „Vielleicht wird es dort keine Wanzen geben", hofften wir beim Umzug. Es gab sie aber doch und sie bissen uns mit wahrhaft deutscher Verbissenheit.

Anfang 1943 kamen neue Sklavengruppen nach Teltow. Es waren Franzosen, Belgier, Dänen, Holländer und Serben. Insgesamt etwa 100 Personen. Sie wohnten privat bei den Deutschen. Unter den Franzosen gab es auch zwei Spanier. Einer von ihnen war, wie er uns erzählte, ein in der Sowjetunion geschulter Pilot. Während des Bürgerkrieges in Spanien wurde er in den Luftkämpfen abgeschossen. Es gelang ihm, zu fliehen und sich in Frankreich zu verstecken. [...]

Ab Februar 1943 begannen die großen Nachtluftangriffe auf Berlin. An jedem Angriff nahmen einhundert oder vielleicht sogar noch mehr Alliiertenflugzeuge teil. Wir zählten sie mit Freude und Genugtuung. Berlin brannte wieder. Die Nachtangriffe auf Berlin dauerten den ganzen Frühling lang. Die Deutschen liefen nervös und unruhig umher. Sie bauten Luftschutzkeller. Wir hatten uns ebenfalls in der Nähe der Fabrik und unserer Wohnorte Erdbunker gegraben. Die Direktion kaufte eine Motorpumpe und organisierte eine Feuerwehr, die aus polnischen Arbeitern bestand. Es gab acht Feuerwehrmänner, unter ihnen war mein Freund Kazik Nowacki. Wir beneideten sie ein wenig, weil sie pro Woche ein ganzes Brot mehr bekamen. Unter unseren Bedingungen war das sehr viel.

Während dieser Luftangriffe im Frühling fielen alliierte Bomben auch auf Teltow. Eine Flugzeuglagerhalle brannte ab. Auch bei uns brannte eine Lagerhalle mit Rohstoffen und Material nieder. Die Seifen- und Waschmittelfabrik brannte ab. Die Feuerwehrleute hatten viel zu löschen. Eine Bombe war auf das Restaurant von Frau Manz gefallen. Ich arbeitete damals in der Nachtschicht (ab 1943 arbeitete ich in zwei Schichten) und konnte meinen bescheidenen Besitz nicht retten. Mietek schaffte es auf der Flucht vor den Bomben nur, meinen Mantel mitzunehmen. Der Rest verbrannte. Mir blieb nur meine Arbeitskleidung. Von der Fabrikdirektion erhielt ich damals eine Zuteilung für einen Anzug, ein Hemd, ein paar Schuhe und eine Unterwäschegarnitur. Nachdem das Restaurant abgebrannt war, kam die Baukolonne wieder. Auf dem Hügel außerhalb des Fabrikgeländes stellte sie eine Baracke mit sechs Räumen auf. Auf Anweisung der Direktion nahmen wir, die Polen, drei Räume ein, und die übrigen drei – die Russen. Auf diese Weise wurde die Zaunisolation der Russen aufgehoben. Das Wohnen unter einem Dach brachte uns einander noch näher. Die Erdbunker bauten wir bereits gemeinsam.

Im August 1943 gab es den ersten großen Luftangriff am Tage auf Berlin. Der Himmel war schwarz vor Bombern. Die Geschwader flogen zu 100 – 120 Stück. Im Herbst wurden die Luftangriffe stärker. Es gab Bombardements am Tage und in der Nacht. Endlich schwiegen die Fabriklautsprecher und man hörte gar nichts mehr von den Ereignissen an der Front. Und doch kamen die Nachrichten über Stalingrad zu uns durch. Die Deutschen hatten uns zu jener Zeit die Lebensmittelzuteilung eingeschränkt. Wir aßen trockenes Brot, das nur manchmal mit Margarine oder Marmelade bestrichen war. Der Hunger zwang uns wieder zum Diebstahl. Es war Herbst, Erntezeit. Die Gärtner aus Teltow mieteten Kartoffeln und Gemüse ein. Das Gemüse war für die Berliner bestimmt. Und wer hatte uns was zugeteilt? Wir selbst. Auf der einen Seite der Mieten schöpften die Deutschen für sich, auf der anderen nahmen wir, die Sklaven, leise und vorsichtig, in der Nacht, etwas für uns, um das Hungergefühl loszuwerden und zu überleben.

Im Jahre 1943 begriffen wir, dass jetzt die Zeit der Sabotage gekommen war. Wir arbeiteten an ehemals deutschen, also verantwortungsvollen Arbeitsplätzen. Wir hatten Zugang zu den Lagern, den Rohstoffen und zum Material. Alle Abteilungen befanden sich in unseren Händen. Und ohne eine Organisation, ohne besondere Absprachen wussten wir, was zu tun war. Wir begannen mit dem Einfachsten. Ab und zu wurden mit einem Auto aus Berlin Sauerstoffflaschen gebracht, meistens etwa 100 Stück. Der Sauerstoff wurde in der Fabrik zum Schweißen gebraucht. Einmal gelangte einer von uns nachts ins Magazin und öffnete die Ventile an allen Flaschen. Nach einigen Stunden, als man schon sicher sein konnte, dass der Sauerstoff entwichen war, ging er zurück und schloss die Ventile wieder. Als herauskam, dass die Flaschen leer waren, erhoben die Deutschen ein Geschrei. Nun begann ein telefonischer Streit zwischen der Fabrikdirektion und den Sauerstofflieferanten. Keiner kam auf die Idee, dass es sich um Sabotage seitens der Polen handeln könnte. Bevor neue Flaschen gebracht wurden, blieb die Produktion für eine gewisse Zeit stehen. Und ich füge noch ein weiteres Beispiel einer kleinen Sabotage der polnischen Zwangsarbeiter an: Die Gewinde der Schrauben, die man für die Verbindung einzelner Teile brauchte, schnitten wir an den Drehmaschinen auf eine solche Weise ein, dass man einmal eingedrehte Schrauben nicht mehr herausdrehen konnte. Dann machten wir uns an ernsthaftere Dinge heran. Ich meine hier die Zündbombenbehältnisse. Es waren Behälter aus Holz, jeder für 36 kleine Bomben gedacht. Für diese Apparate fertigten wir Metallverschlüsse mit elektrischem Impuls an. Im Herbst 1944 kamen tausende von ihnen in die Fabrik zur Ausbesserung zurück;

sie waren zur Benutzung ungeeignet, weil es Fehler bei der Herstellung gegeben hatte. Merkwürdigerweise kam keinem der Deutschen die Idee, dass die Polen und Russen ihre Hände im Spiel gehabt haben könnten. Wir schafften es nicht mehr, diese Fehler zu korrigieren. Die schönen Kisten wurden von den in der Umgebung wohnenden Deutschen verheizt.

Es gab jedoch einen aus der alten Mannschaft der Fabrik, der nicht nur von den Ursachen jener Produktionsfehler wusste, sondern uns auch noch die Sabotage beibrachte. Es war ein alter Deutscher, an dessen Namen ich mich leider nicht erinnere, ich weiß nur, dass er in Großbeeren wohnte. Er brachte uns insgeheim bei, wie man die Gewinde anschneiden sollte, damit die Bomben nutzlos wurden. Seitdem wurden manche der Sprengbomben mit einem Gewicht von 250 kg von der technischen Kontrolle statt an die Front immer öfter auf den Schrotthaufen verwiesen. Wir wunderten uns über eine solche Haltung eines Deutschen. Erst beim Abschied erklärte er uns, dass er ein Antifaschist und Kommunist sei. [...]

Der Winter nahte, die Deutschen hatten erst jetzt bemerkt, dass der Koks auf dem Fabrikplatz fehlte. Er hatte für 5 Jahre ausreichen sollen und war schon jetzt spurlos verschwunden. Da erhoben die Deutschen ein Geschrei gegen die Polen. Wir wurden bestraft – man nahm uns alle Eisenöfen aus unserer Baracke weg. Die Strafe war streng und perfide. Den ganzen November über zitterten wir vor Kälte und waren ohne warmes Essen, wir hatten nämlich nichts, womit wir unsere zusätzlichen Mahlzeiten hätten kochen können. Im Dezember, als es schien, dass wir aufgrund der Kälte nicht überleben würden, baute Cieślak aus Łódź, der in der Blechschmiedewerkstatt arbeitete und Zugang zum Material hatte, einen großen Blechofen. Die Freude war groß. Als im Februar der strenge Winter einbrach, gaben uns die Deutschen unsere Öfen zurück.

Das ganze Jahr 1944 verlief unter dem Zeichen ständiger Fliegerangriffe. Ich arbeitete weiter bei Seifert. Die Fabrikfunkzentrale schwieg bereits seit längerer Zeit. Wir wussten nicht, was in der Welt passierte. Nur am Verhalten der Deutschen erkannten wir, dass die Front näher kam. In jener Zeit wurden Zwangsarbeiter aus den westlichen Ländern von den Deutschen an die Oder gebracht. Sie mussten dort Gräben ausheben und Verteidigungswälle bauen. Von den Polen und Russen wurde keiner mitgenommen. Wir mussten jedoch zusätzlich für die anderen arbeiten.

Je häufiger und heftiger die alliierten Bombenangriffe wurden, desto zugänglicher wurden unsere deutschen Meister und Aufseher. Zu jener Zeit erwischte mich einer der Meister dabei, wie ich ein Armband aus Metall schliff. Er sagte mir nichts Böses. Früher wäre ich mit Sicherheit für den Diebstahl von Material und der kostbaren Arbeitszeit schwer bestraft worden, und jetzt bat mich der Deutsche sogar darum, ein ähnliches Armband für seine Frau zu machen.

Einmal hatte sich Sadluk (aus Warschau) auf einen heftigen Streit mit seinem Meister eingelassen. Der Deutsche erhob die Hand, um den Polen zu schlagen. Dieser war jedoch schneller, kam dem Meister zuvor und versetzte dem Deutschen einen mächtigen Schlag gegen den Kopf, sodass er taumelte. Bevor er wieder zu sich kommen konnte, war Sadluk blitzschnell aus der Halle hinausgelaufen, riss unterwegs seinen Arbeitsanzug runter, stürzte in die Baracke, schnappte sich seine Kleidung, sprang über den Fabrikzaun und verschwand einen Augenblick später. Die ganze Aktion dauerte nur ein paar Minuten. Wir diskutierten nachher lange über die dreiste Tat von Sadluk. [...]

SOLCH EIN WEIHNACHTSFEST HAT MAN UNS BEREITET! POLNISCHE HÄFTLINGE, GEFANGENE UND ZWANGSARBEITER

Anfang 1945, während eines großen Angriffs auf Berlin, kamen im Stadtteil Lankwitz zwei unserer Direktoren mit ihren Familien ums Leben. Obwohl die Front bereits sehr nahe stand, schickten die Deutschen noch ausländische Zwangsarbeiter aus der Fabrik zum Bauen von Wehrgräben, noch glaubten sie an ihren Sieg.

Am Freitag, den 23. April 1945, arbeiteten wir wie immer in der Fabrik. Am nächsten Tag um 8 Uhr früh ordneten die Deutschen an, wir sollten in die Baracke gehen. Sie selbst flohen panisch in Richtung Westen. In der Fabrik blieben nur Seifert, der alte Deutsche, der uns beigebracht hatte, wie man Bomben kaputtmachte, und noch einige Leute von der Verwaltung. Die Fabrik leerte sich.

Am Sonntag, den 25. April fuhr um 13 Uhr der erste sowjetische Panzer in Teltow ein, und eine halbe Stunde später – eine ganze Panzerformation. Aus den offenen Luken grüßten uns freundschaftlich Soldaten der Roten Armee – unsere Befreier. Bis zum Abend fuhren die sowjetischen Militärkolonnen in Richtung Berlin.

Wir waren frei, endlich frei!

Aus dem Polnischen von Agnieszka Grzybkowska

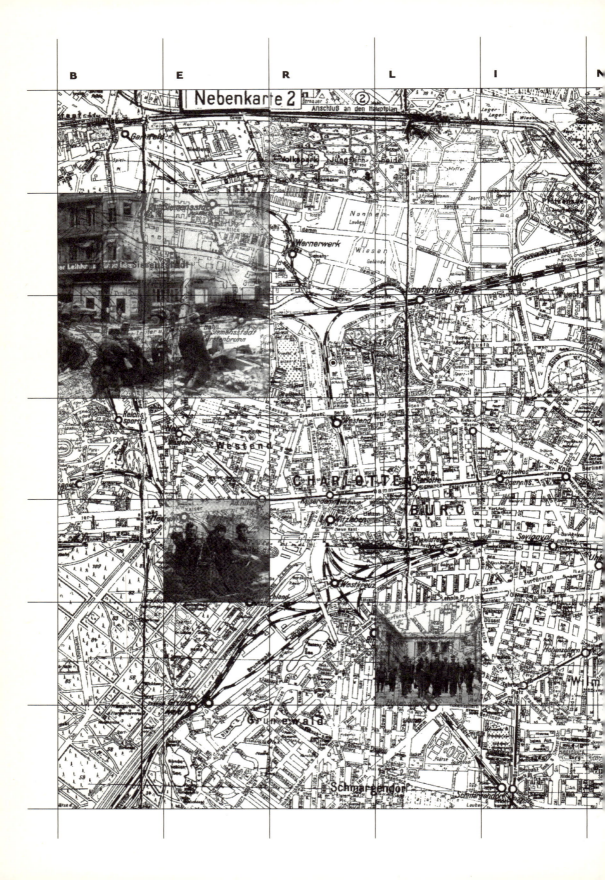

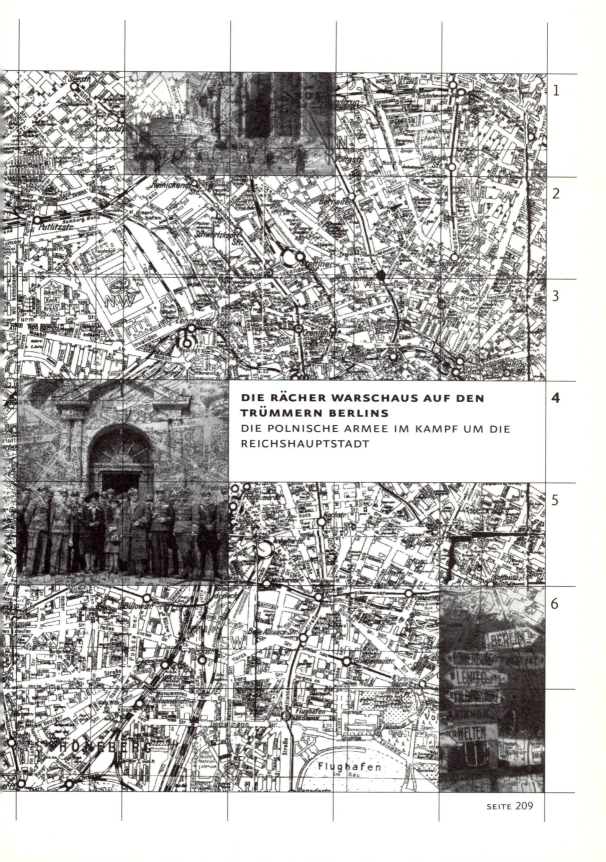

DIE RÄCHER WARSCHAUS AUF DEN TRÜMMERN BERLINS
DIE POLNISCHE ARMEE IM KAMPF UM DIE REICHSHAUPTSTADT

EINLEITUNG
EDMUND DMITRÓW, „IHR SEID SOLCHE SCHURKEN ..." DIE DEUTSCHEN IN DEN AUGEN DER EROBERER

Wie hat sich die Teilnahme der polnischen Armee an der Eroberung Berlins im Jahre 1945 in das Kollektivgedächtnis der Berliner eingeschrieben? Wurde sie überhaupt von den Deutschen wahrgenommen und dann erinnert? Doch: die Google-Suchmaschine liefert mir auf die Eingabe „polnische Soldaten stürmten Berlin" innerhalb von ein paar Sekunden über eine Viertelmillion Einträge. Wenn diese sich auch sehr oft als Wiederholung erweisen, so reicht die populäre Wikipedia-Enzyklopädie aus, um nicht nur zu erfahren, dass die 1. Tadeusz-Kościuszko-Infanteriedivision als einzige Formation außer der Roten Armee an der Eroberung des Stadtzentrums teilgenommen habe, sondern auch, um die Topografie der Straßenkämpfe kennenzulernen. Auf den deutschsprachigen Internetseiten kann man nachlesen, dass die Entscheidung Josef Stalins – wir sollten hinzufügen, dass diese als Antwort auf die Bitte des polnischen Stabs hin getroffen wurde – die polnischen Einheiten in die Aktion einzugliedern, Ausdruck besonderer Auszeichnung und Anerkennung war. Wir erfahren auch, dass polnische Soldaten ihre Teilnahme an der Eroberung der Hauptstadt des Nazireiches durch das Hissen polnischer Nationalfahnen unter anderem an der Siegessäule und am Brandenburger Tor gekennzeichnet haben.

Auf der anderen Seite finden wir im Internet populäre Publikationen über den Zweiten Weltkrieg, wie beispielsweise das ARD-Portal „Kriegsende", in dem lediglich bei der Aufzählung der Verluste der Eroberer 3.000 polnische Soldaten erwähnt werden. In vielen Beschreibungen des Falls von Berlin gibt es kein einziges Wort zu dem uns interessierenden Thema. Die Situation sieht also wie folgt aus: Wenn jemand entsprechende Informationen finden will, muss er meist nach ihnen fragen; man kann aber nicht sagen, dass gerade diese Ereignisse Interesse bei den Deutschen finden oder ihrer gedacht werde. Ähnlich stand es noch bis vor Kurzem um das Wissen darüber, dass die polnische Heimatarmee im August/September 1944 in Warschau einen antideutschen Aufstand durchgeführt hatte, der mit ungewöhnlicher Grausamkeit niedergeschlagen wurde.

Aber ist das überhaupt ein Thema? Die über zehntausend Soldaten zählenden polnischen Abteilungen machten nur einen unbedeutenden Prozentsatz der Millionen zählenden Masse der Roten Armee beim Sturm auf Berlin aus; ihre Teilnahme war im strategischen Sinne also nur von marginaler Bedeutung. Ihre symbolische Bedeutung dagegen, ihre spätere Nutzung in der Propaganda beim Gründungsmythos der Volksrepublik Polen (es sollte erwähnt werden, dass Fotos von weiß-roten Fahnen auf den Trümmern Berlins bis heute in polnischen Geschichtslehrbüchern zu finden sind), und schließlich ihre Bedeutung für die Bevölkerung sind doch Dinge, die hauptsächlich die Polen etwas angehen. Ihre Dimension und ihre Aussage sind aus deutscher Perspektive verständlicherweise unvergleichlich kleiner und darüber sollte man sich nicht wundern.

Wenn ich aber das Problem der Erinnerung beschwöre, geht es mir um etwas anderes. Ich möchte nämlich die These aufstellen, dass die geringe Wahrnehmung der Teilnahme polnischer Soldaten an der Eroberung Berlins bedeuten könnte, deren Anwesenheit habe sich nicht nur wegen ihrer geringen zahlenmäßigen Stärke nicht ins Gedächtnis der Einwohner eingeprägt – obwohl das vielleicht die Lösung der ganzen Frage wäre –, sondern auch, weil sie der Zivilbevölkerung weniger zugesetzt haben. Das Beispiel des Warschauer Aufstands zeigt, welche unauslöschbaren Spuren einzelne Abteilungen im Kollektivgedächtnis hinterlassen können, wenn sie sich durch besondere Grausamkeit auszeichnen, wie die SS-Einheiten, die aus Kollaborateuren aus dem Gebiet der UdSSR bestanden. Um auf die Berliner Episode zurückzukommen, könnte man vielleicht auf der Grundlage gezielter Forschungsarbeiten feststellen, ob das Vorgehen der polnischen Soldaten nicht einfach dem der Soldaten der Roten Armee glich und keine besondere Aufmerksamkeit auf sich gelenkt hatte, da es nicht von der damaligen „Norm" abwich, oder ob sich die Polen diesbezüglich positiv ausgezeichnet hatten, indem sie nicht vergewaltigten, plünderten usw.

Aus offensichtlichen Gründen werden wir keine Antworten auf diese Fragen in den Berichten dieses Kapitels finden – Informationen über Anzeichen von Marodierung waren einfach unanständig. Doch für den deutschen Leser solcher spezifischen Zeugnisse, die nicht nur die Ereignisse, sondern auch – was meiner Meinung nach interessanter ist – den „Zeitgeist" wiedergeben, könnte sich ein Wissen über den Warschauer Aufstand als sehr hilfreich erweisen. Daher habe ich das Problem seiner Rezeption anfangs erwähnt. Die Geschichte des Aufstands stellt nämlich die Synthese der stärksten traumatischen Erfahrungen der polnischen Gesellschaft in der Zeit der deutschen Besatzung dar, ihre Kenntnis kann deshalb dabei helfen, die Denkweise der polnischen Soldaten zu verstehen, oder auch der Kriegskorrespondenten, die sich in Berlin im Frühjahr 1945 als Repräsentanten der öffentlichen Meinung empfanden.

Davon, dass man diese Geschichten nicht voneinander trennen kann, wusste Heinrich Mann, als er aufrief: „Betrachtet eure Befreier, Berliner. Sie haben es alle die Zeit nicht leichter gehabt als ihr; im Gegenteil, ihnen war von euren Gebietern, die schon glaubten, sie geböten über das ganze Europa, viel Schlimmeres zugedacht, als ihr jemals zu fürchten hattet. Nur mit äußerster Kraft konnten sie die Drohung – die ihr waret! – von sich abwenden."[1]

Als die Deutschen am 1. September 1939 Polen überfielen, nahmen sie Gebiete ein, wo sie in großem Ausmaß die rassisch-ideologischen, politischen, wirtschaftlichen und demografischen Pläne Nazideutschlands in die Tat umsetzen konnten. Diese Vorhaben waren mit der Eroberung und Bewirtschaftung des neuen „Lebensraumes", der „Lösung der jüdischen" sowie der polnischen und slawischen Frage verbunden. Da man mit Widerstand gegen die Abschaffung jeglicher Formen von Selbstbestimmung rechnete, gegen die Vertreibung der alteingesessenen Bevölkerung aus einem Teil ihres Landes und die Reduzierung der Polen auf die Rolle einer verfügbaren Arbeitskraft, die der Perspektiven einer menschlichen Existenz entbehrte, wurden die Operationen der deutschen Militärtruppen von Polizeimaßnahmen begleitet, an denen sich übrigens auch die Wehrmacht zutiefst engagiert hatte. Sie sollten die Lähmung der ganzen Gesellschaft bewirken, indem sie die Eliten angriffen, insbesondere Mitglieder nationaler Organisationen, politische und gesell-

---

1 Heinrich Mann, *Verteidigung der Kultur*, Berlin, 1971.

schaftliche Aktivisten, die katholische Geistlichkeit, den Landadel, Lehrer, Professoren, Journalisten und viele mehr. Das war der Anfang einer auf lange Sicht geplanten Politik der Ausrottung der leitenden Gesellschaftsschicht – der Intelligenz. Ziel der konzentrierten Repressionen wurden gleichzeitig *ex definitionem* polnische Bürger jüdischer Abstammung. Man schätzt, dass bereits im Herbst 1939 im Zusammenhang damit etwa 50.000 Personen getötet worden sind. „[…] Die blühendste Phantasie einer Gräuelpropaganda ist arm gegen diese Dinge, die eine organisierte Mörder-, Räuber- und Plündererbande unter angeblich höchster Duldung dort verbricht", schrieb General Helmuth von Stieff in einem Brief vom 21.09.1939 aus Warschau an seine Familie. „Da kann man nicht mehr von 'berechtigter Empörung über an Volksdeutschen begangenen Verbrechen' sprechen. Diese Ausrottung ganzer Geschlechter mit Frauen und Kindern ist nur von einem Untermenschentum möglich, das den Namen Deutsch nicht mehr verdient. Ich schäme mich, ein Deutscher zu sein! […]"[2]

Danach kam es noch schlimmer: Nach einem Austausch der Militärverwaltung gegen eine Zivilverwaltung, der Schaffung des sogenannten Generalgouvernements auf dem fast halben Gebiet Polens sowie der Einverleibung der übrigen Gebiete ins Reich wurde der polnischen Gesellschaft für über fünf Jahre ein Besatzungssystem aufgezwungen, das sich auf Prinzipien des nationalsozialistischen Rassismus stützte. Leutnant Wilm Hosenfeld beschrieb in einem privaten Brief das Wesen der dort herrschenden Verhältnisse wie folgt: „Meiner Meinung nach spielen sich die Deutschen zu sehr als Herren auf; man will gar keine Verständigung; der Pole hat nur Knecht zu sein, wie von verantwortlicher Stelle einmal betont wurde."[3]

Erinnern wir daran, welches nationale Stereotyp der Polen die Nazipropaganda den Deutschen eingeprägt hatte: „Es muss der letzten Kuhmagd in Deutschland klargemacht werden, dass das Polentum gleichwertig ist mit Untermenschentum. Polen, Juden und Zigeuner stehen auf der gleichen unterwertigen menschlichen Stufe. […] Dieser Tenor soll nur leitmotivartig anklingen […] bis jeder in Deutschland jeden Polen, gleichgültig ob Landarbeiter oder Intellektueller, im Unterbewusstsein schon als Ungeziefer ansieht."[4] Bekannt sind viele andere Anweisungen, die die Behandlung der Einwohner des eroberten Polen, und später auch der UdSSR als Untermenschen empfehlen, wie auch Beweise für deren massive Anwendung in der Praxis. Das erweckte die begründete Befürchtung, dass den Polen das Schicksal der Juden bevorstand.

In seiner Monstrosität konnte nichts den Holocaust der Juden übertreffen, der oft am helllichten Tage begangen wurde, vor den Augen der anderen Einwohner. Millionen von Menschen wurden auslöscht; die industrielle Dimension des Holocaust, seine Organisation und seine Methoden lähmten und deformierten die Psyche der Opfer, der Täter und der unwillkürlichen Zeugen, er stellte einen Wendepunkt der Geschichte dar.

---

2   Hellmuth Stieff, *Briefe*. Hrsg. Von Horst Mühleisen, Berlin, 1991.
3   Wilm Hosenfeld: „Ich versuche jeden zu retten". *Das Leben eines deutschen Offiziers in Briefen und Tagebüchern*, herausgegeben von Thomas Vogel, München 2004, S. 373.
4   Goebbels-Presseanweisung Nr. 1306 vom 24. Oktober 1939. Zitiert nach: Jerzy Borejsza, *Śmieszne sto milionów Słowian … Wokół światopoglądu Adolfa Hitlera* [Lächerliche hundert Millionen Slawen … Über die Weltanschauung von Adolf Hitler], Warszawa 2006, S. 162.

Der Terror wurde zu untrennbarem Teil des Alltagslebens im besetzten Polen, wo ein zufälliger Fußgänger bei einer Straßenrazzia festgenommen werden, dann in ein Konzentrationslager kommen oder bei einer der öffentlichen Exekutionen seines Lebens beraubt werden konnte. „Der Tod drohte wegen Speck und Gold, Waffen und Juden", schrieb Kazimierz Brandys, der Bruder des Autors der nachstehenden Reportagen. „Witzbolde erzählten, sie hätten erst vor Urteilen Angst, die über das Todesurteil hinaus gingen; [...] über der Stadt hing tödliche Absurdität."[5] Den öffentlichen Exekutionen fielen bis August 1944 mehr als 30.000 Menschen zum Opfer. Danach wurde es immer schlimmer: bereits während der ersten Tage des Warschauer Aufstands metzelten die „Befriedungsabteilungen" mindestens 40.000 Einwohner nieder, ohne Unterschied des Geschlechts und Alters, indem sie von Haus zu Haus gingen.

Unter dem Einfluss von Kontakten mit Deutschen außergewöhnlichen, bisher unvorstellbaren Charakters, verbreitete sich allgemein ein extrem negatives Stereotyp des deutschen Volkes. Die Soziologin Anna Pawełczyńska erfasste diese Wandlung der Ansichten auf folgende Weise: „Das verbrecherische Vorgehen des Hitlerstaates hatte bewirkt, dass im Bewusstsein der Menschen des besetzten Europas, und insbesondere im Bewusstsein der Polen, die jahrelangen Terror sowie Aktionen von Massenmord an der Zivilbevölkerung erfahren hatten, das Begriffsagglomerat 'deutscher Bandit' entstand, das sich auf alle Deutschen bezog. Es enthält ein moralisches Urteil über direkt beobachtete Verhaltensweisen und stellt eine Reaktion auf verbrecherische Taten dar, die systematisch während der ganzen Zeit der Besatzung begangen wurden."[6] Zugleich herrschte die Überzeugung, das deutsche Volk, abgesehen von einigen wenigen Ausnahmen, hätte die Ideologie des Nationalsozialismus angenommen, es daher also keinen Grund gäbe, die Begriffe des Deutschen und des Nazis voneinander zu trennen.

4

Können sich die Polen überhaupt an andere, „gute" Deutsche erinnern? Ja, denn nach dem Krieg wurden auch solche erwähnt. Ein guter Deutscher passte nicht zum Stereotyp der entmenschlichten Bestie oder der seelenlosen Tötungsmaschine – er erwies sich als Mensch. Für die entschiedene Mehrheit der Polen erschienen sie als Ausnahmen ohne Einfluss, und die Deutschen wurden mit Verbrechern, Barbaren und Mördern assoziiert. „Allgemein war das Streben danach", schreibt Jerzy Kochanowski, „dass auch sie jetzt Angst und Schmerz, Entwürdigung und Erniedrigung, Hunger und Kälte und mörderische, erschöpfende Arbeit kennenlernen sollten."[7]

Die meisten Soldaten aus den polnischen, auf dem Gebiet der Sowjetunion gegründeten Formationen, waren nicht persönlich mit der Besatzungspolitik der Deutschen in Polen in Berührung gekommen, daher schürte man den Hass auf den Feind in ihnen. „Polnischer Soldat, vergiss das nicht!", mahnte im Januar 1945 der Befehl, der vor der Besetzung des menschenleeren und als Strafe für den Aufstand dem Boden gleichge-

---

5   Zitert nach: Tadeusz Szarota, Okupowanej Warszawy dzień powszedni [Alltag im okkupierten Warschau], Warszawa 1978, S. 31.
6   A, Pawełczyńska: Wartości a przemoc. Zarys socjologiczny problematyki Oświęcimia [Werte und Gewalt. Soziologischer Abriss der Problematik von Auschwitz], Warszawa 1973, S. 18-19.
7   Jerzy Kochanowski, W polskiej niewoli. Niemieccy jeńcy wojenni w Polsce [In polnischer Gefangenschaft. Deutsche Kriegsgefangene in Polen], Warszawa 2001, S. 244.

machten Warschaus gegeben wurde, „Das haben die Deutschen getan! Du musst das rächen."[8] Die mobilisierten Soldaten stellten sich später oft die Frage, ob man auf deutschem Territorium genauso mit den Deutschen umgehen können wird, wie diese mit den Polen umgegangen waren. Die Stabsbefehle besagten, das Verhältnis des polnischen Soldaten zu den Deutschen sollte streng, doch zugleich gerecht sein. Es war ihre Pflicht, eine würdige und wache Haltung zu bewahren. Auf der einen Seite durfte man sich „nicht verbrüdern", das heißt mit der deutschen Bevölkerung keinerlei nähere Beziehungen knüpfen, Bekanntschaften machen, sich bewirten lassen oder Einladungen in Privatwohnungen annehmen, und nicht einmal Gespräche führen. Auf der anderen Seite versuchte man, das Streben nach Vergeltung in eine Richtung zu lenken: „Den ganzen Hass auf das deutsche Volk und das sehr begründete Bedürfnis nach Rache", so lautete einer der Befehle, „muss die polnische Armee darauf ausrichten, die Streitkräfte des Feindes zu zerstören. [...] Jegliche Selbstjustiz oder Gewaltakte an der deutschen Bevölkerung seitens der einzelnen Soldaten sind unzulässig."[9] Die Tatsache, dass in den Befehlen die Frage der Bremsung spontaner Vergeltung, Plünderungen, „Marodisierung" immer wieder vorkommt, erlaubt zu meinen, dass der Stab mit dem Problem nicht zurechtkam. Bei der Verurteilung von Selbstjustiz und überhaupt von Gewaltakten an der Zivilbevölkerung oder Kriegsgefangenen berief er sich auf die Ehre des polnischen Soldaten. In den letzten Kriegswochen hatte man das Argument in den Vordergrund geschoben, eine übermäßige Strenge verstärke den verzweifelten Widerstand des Gegners und schwäche zugleich antinazistische und antikriegerische Stimmungen der Zivilbevölkerung und der deutschen Soldaten, was in der Konsequenz den Sieg verzögere.

Gewisse Verhaltensweisen wurden von der Psychologie des Kampffelds aufgezwungen: je größeren Widerstand die deutschen Streitkräfte leisteten, desto größere Verluste erlitten die alliierten Kräfte, und das wiederum rief den Reflex der Vergeltung bei den Soldaten hervor, unabhängig davon, ob es sich um Russen, Polen, Engländer oder Amerikaner handelte. Diese Reaktionen verstärkten sich angesichts des nahenden Sieges, deshalb verspürte, wie sich beispielsweise ehemalige Soldaten der britischen Armee erinnern, „ein Teil der Soldaten Wut darüber, wieso die Deutschen diesen Albtraum so in die Länge ziehen", wenn sie irgendwo auf erbitterten Widerstand trafen und dann „lieber zuerst schossen und erst dann fragten".[10] Bei Kämpfen in der Stadt zog das zwangsläufig größere Opfer unter der Zivilbevölkerung nach sich. Fügen wir noch hinzu, dass, während man in den letzten Kriegsmonaten an der Westfront immer seltener auf erbitterten Widerstand stieß, dieser im Osten bis zum Schluss andauerte und durch die Gräuelpropaganda wirksam unterstützt wurde. Bezeichnend ist, wie die Szenen grausamen Vorgehens auf dem Kampffeld, das nicht mit dem Kriegskodex übereinstimmte, nicht nur seitens der deutschen Soldaten, sondern auch der Mitglieder britischer oder amerikanischer Abteilungen, ihren Weg in die neuesten Spielfilme mit Kriegsthematik gefunden

---

8   *Wojskowy Instytut Historyczny, Po osiągnięciu brzegu Wisły [Nach dem Erreichen des Weichselufers], 14.01.45, Mikrofiche IV/46/19.*

9   *Organizacja i działania bojowe Ludowego Wojska Polskiego w latach 1943-1945 [Organisation und Kampfhandlungen der Polnischen Volksarmee in den Jahren 1943-1945], Hrsg. von Ignacy Blum, Band IV, Warszawa 1963, Dokument Nr. 291, S. 780.*

10 *Zitat aus einem Kommentar zur Dokumentarserie „The War at War", TV BBC 1974, Teil 27: Nemesis. Deutschland Februar-Mai 1945.*

haben. Erinnern wir beispielsweise an Steven Spielbergs internationalen Hit „Der Soldat James Ryan": Die am Strand der Normandie dezimierten Marines, nachdem sie die erste Verteidigungslinie durchbrochen hatten, üben Vergeltung, indem sie ohne zu zögern die sich ergebenden deutschen Soldaten erschießen.

In Polen wurde das Berliner Kriegsende, ähnlich wie in der Sowjetunion, von der Propaganda als die Erfüllung der Mission des Rächersoldaten dargestellt. Das bringt der Bericht zum Ausdruck, den nach Deutschlands Kapitulation eine Delegation der Polnischen Armee in Warschau abgegeben hatte: „Wir verlassen Berlin in der Überzeugung, dass die Rache für Polen, für Warschau und für alle slawischen Völker erfüllt worden ist."[11] Es ist schwer zu sagen, in welchem Maße solche Erklärungen die tatsächlichen Gefühle der Soldaten widerspiegelten, für die die Beendigung der Kriegshandlungen zweifellos am wichtigsten war. Trotzdem aber war das Gefühl der rächenden Genugtuung, wie es scheint, allgemein. Während sie das besiegte Deutschland betrachteten, hatten die polnischen Beobachter das Bild der Deutschen als Besatzer vor Augen, die noch gestern die Pose von Übermenschen eingenommen hatten. Was man nun wahrnahm, wurde meist als Beweis betrachtet, der dieses düstere Stereotyp bestätigte. Und so mehrten sich in den Meldungen Beispiele, die von der Würdelosigkeit des besiegten deutschen Volkes zeugen sollten und angeblich dessen „wahren Charakter" enthüllten. Die Autoren berücksichtigten dabei gewöhnlich weder die demografische Struktur der Bevölkerung, die in hohem Maße aus Frauen, Kindern und alten Menschen bestand, noch ihre psychologische oder ihre hoffnungslose materielle Situation in der „Stunde Null". Ähnlich, das heißt entsprechend der von vornherein angenommenen These, beschrieben die polnischen Autoren später auch das Alltagsleben im besetzten Deutschland, wobei sie Erscheinungen hervorhoben, wie beispielsweise die sogenannte Fraternisierung deutscher Frauen mit den Soldaten der Besatzungsarmeen, die doch ein typisches Symptom der Verarmung der Gesellschaft war, auch in anderen Ländern bekannt, Polen in der Besatzungszeit nicht ausgeschlossen. Sie wurde als Bestätigung des negativen Stereotyps der deutschen Frau interpretiert, deren Bild in den Augen der Polen während der Zeit der deutschen Besatzung vom Bild der grausamen SS-Frau ersetzt wurde – der Aufseherin aus dem Konzentrationslager –, der seelenlosen Beamtin des Besatzungsapparats, der deutschen Hausfrau, die das polnische Dienstmädchen misshandelte, oder der fanatisierten Frau aus der Menschenmenge, die polnische Gefangene auf der Straße bespuckte.

Obwohl damals in den öffentlichen Aussagen der Brauch vorherrschte, den Deutschen positive oder gar menschliche Eigenschaften abzusprechen, was in der Regel von einer Idealisierung des Bildes der Polen begleitet wurde, so fehlte es jedoch nicht an Versuchen, dieses Denkschema infrage zu stellen. Beweise für diesen Nonkonformismus kann man zum Beispiel in der Publizistik von Edmund Osmańczyk finden, der, was betont werden sollte, das Wilhelminische, das Weimarische und das Nazi-Deutschland gut kannte, den Krieg im besetzten Polen überlebt und am Warschauer Aufstand teilgenommen hatte. Osmańczyk stellte dem Propagandabild Nachkriegsdeutschlands als einem Land der Prostitution, Spekulation, Bettelei und Vergeltungsverschwörungen ein eigenes Urteil entgegen – dass dort gleichzeitig Ordnung herrschte, eine gute Organisation des Alltagslebens sowie Rechtssicherheit.[12] Mehr noch, er zögerte nicht, viele Erscheinungsformen des Lebens im verarmten Deutschland als Vorbild für das, aufgrund des Krieges, zertrümmerte Polen

---

11 Stenographische Berichte von den Sitzungen des Landesnationalrates, Sitzung vom 06.05.1945/ 286.
12 Edmund Osmańczyk, Sprawy Polaków, [Angelegenheiten der Polen] Katowice 1946, S. 86.

hinzustellen. Damit setzte er sich einer scharfen Kritik aus. 35 Jahre später erzählte er mir, wie er 1947, während eines Treffens mit Mitarbeitern der Polnischen Militärmission in Berlin die Ansicht zum Ausdruck gebracht hatte, dass jedes Volk zu faschistischen Verbrechen fähig wäre, wenn die Faschisten die Macht an sich reißen. „Ich dachte, die zerfleischen mich", erinnerte er sich an die Reaktion der Zuhörer.

Im Jahre 1945 sagte Karl Jaspers seinen Landsleuten: „Der Deutsche, wer auch immer der Deutsche sei, ist heute in der Welt als etwas angesehen, mit dem man nicht gern zu tun haben möchte. [...] Dass die gesamte Bevölkerung tatsächlich die Folgen aller Staatshandlungen trägt – *quidquid delirant reges, plectuntur Achivi* – ist bloß empirisches Faktum."[13] In dieser Situation konnte der zuvor zitierte Appell von Heinrich Mann um so mehr nicht damit rechnen, auf ein breiteres Verständnis zu stoßen. Und wie ist es heute?

Aus dem Polnischen von Agnieszka Grzybkowska

MARIAN BRANDYS, MEINE ABENTEUER MIT DEM MILITÄR (1992)

Marian Brandys, (1912-1998), polnischer Schriftsteller, Autor historischer Romane, Reportagen und Tagebücher, Bruder des Schriftstellers Kazimierz Brandys; studierte Jura an der Warschauer Universität. Zu Kriegsbeginn als Offizier an der Verteidigung Polens beteiligt, danach langjähriger Gefangener in deutschen Internierungslagern. Das Kriegsende erlebte er als Reporter der polnischen Armee. 1966 trat er aus der Polnischen Vereinigten Arbeiterpartei aus und schloss sich der antikommunistischen Opposition an.

Wir gingen mit langen, vorsichtigen Schritten weiter, sahen uns immer wieder um und vergewisserten uns, dass wir noch da waren. Ganz so wie vor Jahren in der Fähnrichschule in Nisko am San, wenn der Generalinspekteur der Fähnrichschulen, Oberst Skokowski – während einer der Kontrollinspektionen – uns in den Regeln des gesicherten Marsches prüfte. Nur konnte hier von einem gesicherten Marsch nach festgelegten Regeln nicht die Rede sein. Der Tod lauerte überall, und es gab keinen Schutz vor ihm. Nicht nur die Feinde bedrohten uns, sondern auch die Verbündeten. Immer wieder einmal stießen wir auf die „Maxims"[14] oder „Panzerfäuste" der Nazis, über uns donnerte und flackerte das Dach der sowjetischen „Katjuschas".

Die Kollegen aus der Redaktion der Frontzeitung „Zwyciężymy"[15] sollten uns später nicht glauben, dass wir mitten im Zentrum des Berliner Zyklons waren und heil wieder herausgekommen sind. So recht kann ich mir dieses Wunder eigentlich auch selbst nicht erklären. Vielleicht hat den Fritzen Osmańczyks gepfeffertes Deutsch in die Irre geführt, in dem er mich hemmungslos und aus vollem Hals beschimpfte, sobald es um uns herum brenzlig wurde. Oder ganz im Gegenteil: Vielleicht war es unsere untypische Uniformierung, die uns vor den „Maxims" und „Panzerfäusten" bewahrte. Damals wurde in Berlin ja schon viel von ausländischen Unterhändlern geflüstert, die zu Verhandlungen mit den Militärbefehlshabern Berlins eingetroffen seien. Und ich trug eine schicke amerikanische Offiziersuniform, im Oflag abgegriffen, mit Knöpfen, die zu polni-

---

13 „Das wahnsinnige Beginnen der Könige büßen die Völker", Karl Jaspers, Die Schuldfrage, München 1979, S. 55 u. 56.
14 „Maxims", Maschinengewehre.
15 „Zwyciężymy" (Wir werden siegen), Zeitung der 1. Armee des Polnischen Heeres.

schen umgenäht waren. Osmańczyk – in dem vom Czytelnik[16]-Leiter Borejsza[17] ausgedachten Originalkostüm des Kriegskorrespondenten – dürfte auch die Friedenshoffnungen in den kriegsmüden, letzten Verteidigern des Dritten Reiches geweckt haben. Und auf die Hoffnung schießt man nicht.

Aus den damaligen Tagen ist mir ein kleines Schulheft mit der Aufschrift „Berlin – April-Mai 1945" auf dem blauen Umschlag erhalten geblieben. Diese in großer Hast notierten Aufzeichnungen waren einst der wertvollste Schatz meines Reporterarchivs. In den letzten Kriegswochen und den ersten Nachkriegsjahren nahm ich es überall mit hin und provozierte damit die allwissenden Profi-Historiker, aber auch die Verfasser von knochentrockenen Jahrestagsartikeln und selbst ernannten Kombattanten in hohen Positionen. Die ständige Benutzung hat dem billigen Notizbuch aus der Kriegsproduktion in seiner materiellen Substanz sehr geschadet. Eine besondere Rolle bei diesem Zerstörungsprozess spielte der Kopierbleistift meiner Tante Julia aus Saska Kępa[18], den ich ohne Wissen und Einverständnis seiner Besitzerin auf meine Berlin-Expedition mitgenommen hatte. Der Kopierstift – quasi als Rache für die widerrechtliche Entsendung an die erste Frontlinie – ruinierte die Früchte meiner Korrespondenten- und Vortragstätigkeit konsequent.

Eine verregnete Nacht unter der undichten Militärplane, ein unachtsamer Stoß gegen die Feldflasche mit Kaffee genügten, um meine am Vortag in das Notizbuch geschriebenen Beobachtungen und Reflexionen zu einem bläulich-violetten Gequirl verlaufen zu lassen, das an das Gemälde eines unerfahrenen Malers von Meereslandschaften erinnerte. Am schlimmsten aber war, dass ich mich so sehr an diesen rachsüchtigen Bleistift aus Saska Kępa gewöhnt hatte, dass mir nicht einmal in den Sinn kam, ihn durch ein anderes Schreibgerät zu ersetzen. So ist die menschliche Natur, mir nichts, dir nichts brütet sie dir so eine sentimentale Dummheit aus. Damals schrieb man sich noch ganz andere sentimentale Dummheiten in den Lebenslauf ...

Dadurch, dass ich den Schabernack des Bleistifts von Tante Julia tolerierte, büßte mein Notizbuch mit der Zeit seinen dokumentarischen Wert völlig ein. Was ist das schon für ein Dokument, wenn man keinen sinnvollen Inhalt darin mehr entziffern kann. Nur für mich ist es nach wie vor ein Dokument. Mir allein gelingt es, durch den violett-blauen Schleier einige wenige, vielleicht ein paar Dutzend Wörter zu erkennen, die meine Hand vor fast fünfzig Jahren notiert hat. Das kostet mich viel Mühe, aber sie macht sich bezahlt. Jedes vor der Vernichtung gerettete Wort des Notizbuchs setzt gleich ein ganzes Band von Erinnerungen in mir frei.

Hier eine dem toten Dokument entrissene Beschreibung unserer Abenteuer auf der Berliner Frankfurterallee am 20. April 1945:

---

16 „Czytelnik", staatlicher Verlag, gegründet 1944 in Lublin als Hauptverleger der Literatur und Zeitschriften (u. a. „Rzeczpospolita").

17 Jerzy Borejsza (Beniamin Goldberg) (1905-1952), kommunistischer Publizist, Major der 1. Armee, Vorsitzender des „Czytelnik", stand für eine relativ milde Kulturpolitik der kommunistischen Regierung in Polen in den ersten Nachkriegsjahren.

18 Saska Kępa, der am rechten Ufer der Weichsel liegende Stadtteil Warschaus, bekannt für Bauten der besten polnischen Architekten der Zwischenkriegszeit, galt als Intelligenzkiez.

„Eine breite, wohlhabende, harmonisch bebaute Allee. Hier muss es sich gut gewohnt haben. Wir wissen ja, dass hier die Parteifunktionäre und die Angehörige der Kriminalpolizei (Kripo) ihre Wohnungen hatten. Ein eigenartiger Anblick erregt unsere Aufmerksamkeit. Mitten auf der Fahrbahn ein großes, farbiges Gemälde oder eher eine Kreidezeichnung, die einen laufenden Soldaten darstellt. Ich kenne diese Straßenmalereien aus Italien sehr gut. Ganz hervorragend darin sind die jungen römischen Bettler, die damit ausländische Touristen anlocken. Ich weiß, dass in diesen Tagen viele junge Italiener aus den Konzentrationslagern befreit worden sind. Aber dass die frisch Befreiten jetzt gleich daran gehen sollen, eine Straße zu verzieren, die für sie vor kurzem noch Ort der Versklavung und Erniedrigung war, ist schwer zu glauben.

Ich bücke mich über die Zeichnung und fahre unwillkürlich mit dem Finger darüber. Das Blut schießt mir ins Herz. Was wir da sehen, hat mit den Asphaltmalereien italienischer Künstler nichts zu tun. Ein anderer – mächtiger und gnadenloser – Künstler war hier am Werk: Vor uns liegt der Leichnam eines Soldaten, der von mehreren Hundert schwerer Panzer überfahren worden und so exakt in den Asphalt gebügelt worden ist, dass kein Millimeter von ihm mehr herausragt.

'Poland! Poland!' Aus einem Haus kommt ein junges Mädchen in Fetzen des gestreiften Häftlingsanzugs gelaufen. Sie winkt uns fröhlich zu: 'Poland! Poland!'

Das Mädchen im Streifenanzug ist sehr hübsch. Um das festzustellen, musste man aber erst einmal genauer hinsehen. So verhärmt, schmutzig und zerlumpt ist sie. In radebrechendem Deutsch teilt sie uns die elementaren Informationen über sich mit. Sie ist ungarische Jüdin. Am Tag zuvor, im hitzigsten Augenblick der Schlacht, ist sie aus dem Lager geflohen. Über Nacht hat sie sich in einem Mülleimer versteckt. Sie ist hungrig, träumt von einem Bad und davon, die stinkenden KZ-Lumpen abzulegen. Sie hat gehört, dass Personen mit der Aufschrift 'Poland' befreiten Häftlingen helfen.

Osmańczyk räuspert sich laut, bei ihm ein Zeichen für höchste Genugtuung. Er hat allen Grund dazu. Schließlich ist er – Edmund Jan Osmańczyk, Militärberichterstatter der polnischen Presse – es, der seit einigen Tagen entlassene Häftlinge der Zwangsarbeitsanstalten der Nazis bekleidet und ihnen zu Essen gibt. Osmańczyk kommt gar nicht auf die Idee, er könnte in Berlin nur Zeitungskorrespondent sein.

In all den Jahren seiner Tätigkeit im Bund der Polen in Deutschland, in all den Jahren, die er sich (unter anderem in Berlin) vor Hitlers diversen Polizeien versteckt hat, hat er nur von einem geträumt: von der Niederlage des nationalsozialistischen Dritten Reichs. Jetzt, da er diese Niederlage beispiellosen Ausmaßes mit eigenen Augen sieht, ist er der Meinung, dass er als Vertreter *sui generis* der Siegerkoalition die Verpflichtung hat, sich um die aus Gefängnissen und Lagern befreiten Opfer der Nationalsozialisten zu kümmern.

In der Praxis sieht das so aus. Wir erfahren von Passanten, in welchem Haus Gestapoleute, SS-Männer oder besonders eifrige Nazis wohnen. Deutsche Passanten geben uns solche Informationen mit unverhohlener Genugtuung. Dann gehen wir mit einer Gruppe abgerissener Befreiter, die sich inzwischen um uns gesammelt hat, in die Behausung der Kriegsverbrecher. Wem die Flucht nicht gelingt, dem befehlen wir, Kleidung, Unterwäsche, Fleisch- und Gemüsekonserven, Milchpulver, Zucker etc. in ein Zimmer zu tragen. In jeder Naziwohnung in Berlin gibt es soviel davon, dass man damit einen ansehnlichen Warenladen bestücken könnte. Dann erfolgt die Aufteilung unter den Bedürftigen. Alles im Glorienschein des Rechts, keine Willkür, kein Raub. Osmańczyk treibt den Legalismus so weit, dass er Beschlagnahmungsquittungen mit der

Unterschrift Edmund Jan Osmańczyk, Kriegsberichterstatter der Tageszeitung „Rzeczpospolita"[19] in Warschau, ausstellt. Der Quittungstext ist kurz: 'Als Kriegsentschädigung sichergestellt.' Auch mich ließ er unterschreiben. Da werden die Historiker des Zweiten Weltkrieges etwas zu grübeln haben.

'Schnell! Schnell!'[20] Unsere schöne Ungarin brennt vor Rachegier. Sie droht dem Haus, aus dem sie gerade gekommen ist, mit der Faust. Sie hat dort eine Rechnung offen. Das Haus war Sitz der Kriminalpolizei (Kripo). Einige Monate lang hat sie gemeinsam mit anderen weiblichen Häftlingen den Offiziersfamilien dort das Mittagessen gebracht. An ihrer Wut ist abzulesen, dass man sie dort nicht gerade zärtlich behandelt hat.

'Schnell! Schnell!' Das künftige Einsatzgebiet hat sie im Groben schon penetrieren können, bevor wir eintrafen. Parterre und erster Stock sind Büroräume. Dort ist nichts und niemand. Aber in den Wohnungen, die im zweiten Stock anfangen und ebenfalls von den Mietern verlassen sind – ist alles. Alles! Viele Sachen! ... Verschiedene Sachen![21] Allein hatte sie Angst, nach oben zu gehen. Und wieder schüttelt sie angewidert ihren zerrissenen, dreckigen Streifenanzug. Sie gibt zu erkennen, wie sehr sie erniedrigt worden ist, wie sehr sie unsere Hilfe braucht.

Jan legt sich blitzschnell einen Operationsplan zurecht. Er geht mit der Ungarin nach oben und ermöglicht ihr, die Menschenwürde wiederzuerlangen, ich bleibe als Wachposten unten. Der Plan ist einwandfrei, erschwert wird er nur durch den miserablen Zustand unserer Bewaffnung. Osmańczyk hat zwar eine hervorragend funktionierende Walter mit zwei Munitionsmagazinen – die hat er den Russen für einen halben Liter Spiritus abgehandelt – ich dagegen verfüge nur über eine flache FN, die optisch zwar einen guten Eindruck macht, nur dass ich keinen einzigen Schuss Munition dafür habe. Sie kann also im besten Fall als Abschreckung dienen. Janek tröstet mich damit, die Gefahr drohe nur in den oberen Stockwerken, wo sich ein paar „Kripos" versteckt haben könnten, von der Straße dagegen, die sorgfältig von den Alliierten patrouilliert wird, sei nichts Böses zu erwarten. Dann geht er mit der rachedurstigen Ungarin nach oben und lässt mich allein."

Wahrlich, es war kein Vergnügen, am 20. April 1945 in Berlin allein zu bleiben – einem eroberten und doch noch nicht vollständig eroberten Berlin. Zumal der ganze Hausflur dieses Polizeigebäudes mit Porträts von Würdenträgern des Dritten Reiches vollgeklebt war. Von allen Seiten sah mich feindselig und spöttisch der wahnsinnige Adolf Hitler, der höllische Josef Goebbels und der grausame Heinrich Himmel an. [...]
„Mit plötzlichem Wohlgefallen lausche ich dem Wassergeräusch, das vermutlich aus dem Badezimmer im zweiten Stock kommt. Nicht nur bin ich Zeuge historischer Veränderungen, ich bin auch wirkend an ihnen beteiligt. Dort oben ermöglicht mein Freund – der großartige Mensch und großartige Schriftsteller Edmund Jan Osmańczyk – einem Opfer der Hitlerschergen, wieder Mensch zu werden. Furchtlos halte ich dem Blick der Naziteufel stand, die mich von den amtlichen Porträts ansehen. Wer weiß, vielleicht erleben sie gerade jetzt, einige Hundert Meter von mir entfernt, versteckt in den letzten unterirdischen Bunkern, die gleiche

---

19 „Rzeczpospolita", eine 1944 von der kommunistischen Regierung gegründete Zeitung. „Rzeczpospolita" war auch der Name der christlich-nationalen Zeitung der Zwischenkriegszeit. Jerzy Borejsza war der erste Herausgeber von „Rzeczpospolita", die 1950 im Rahmen der stalinistischen Gleichschaltung geschlossen wurde. Heute ist „Rzeczpospolita" eine der bedeutendsten recht-nationalen Zeitungen Polens.
20 Im Original auf Deutsch.
21 Im Original auf Deutsch.

Angst, die sie jahrelang ganz Europa eingejagt haben. Der Gedanke, dass ich zu dieser ihrer Angst wenigstens ein kleines bisschen beitrage, macht mich geradezu euphorisch. Dieses selige Gefühl, persönlich die Geschichte mitzuerschaffen, hält eine ganze Weile an. Aber dann mit einem Schlag ändert sich alles.

Meine frohe Stimmung stürzt wie ein Vogel, der im Fluge vom Jäger getroffen wird. Ursache dieses Wandels ist ein Laut, der aus einem dreieckigen Wandschrank kommt – so einem, wie er in alten Häusern zur Aufbewahrung von Bürsten und anderem Haushaltsgerät dient. Ich bin nicht musikalisch. Ich verwechsle Schubert mit Chopin, Mozart mit dem jungen Beethoven. Aber es gibt eine Art von Lauten, in der ich – langjähriger und allseits geprüfter Asthmatiker – mich fehlerfrei auskenne und der beste beeidigte Sachverständige wäre. Ich meine den menschlichen Husten. Und der Laut, der aus diesem dreckigen Wandschrank kommt und in meinen Ohren die Lautstärke eines Schusses entfaltet, ist nichts anderes als ein menschlicher Husten, dazu der Husten eines Asthmatikers. Ich reiße meine Schreckpistole aus der Tasche und bin mit einem Satz an dem Schrank. Natürlich: ein großer Bulle in der schwarzen Kripo-Uniform. In einem Asthmaanfall wie aus dem Lehrbuch ringt er nach Atem. Er röchelt, die Stirn ist schweißbedeckt. Er muss diesen für ihn fatalen Hustenanfall lange unterdrückt haben. Ich ziele mit meiner Schreckwaffe auf ihn:

'Hände hoch!'[22] – mir zittert die Hand. Eilfertig hebt er die Hände. Er versucht sogar, mir dümmlich zuzulächeln, mit diesem widerlichen Berliner Lächeln des Frühlings 1945. Und ich schreie aus vollem Hals nach oben:

'Jaanek! ... Jaanek!' Von oben keine Reaktion, offensichtlich ist Jan mit der Vermenschlichung der Ungarin noch nicht fertig. Nur das Wasser rauscht nicht mehr. Das Bad ist jedenfalls beendet. Ich halte meine FN umklammert. Meine Hand ist ganz nass. Die Pistole kann mir jeden Augenblick entrutschen. Es ist nicht leicht, eine historische Gestalt zu sein. Ich brülle wieder:

'Jaanek! ... Jaanek!'

Endlich kommen sie herunter. Die Ungarin – im eleganten Kostüm der Kripo-Offiziersgattin, ist wirklich schön. Osmańczyk erfasst mit einem Blick die Situation im Hausflur. Ein boshaftes Lächeln umhuscht seine Lippen. 'Du hast gut lachen,' denke ich wütend, 'wenn du hier wärst, statt die Ungarin zu baden, würdest du nicht lachen.'

Wortlos geht er auf den Deutschen zu, der immer noch die Hände hochhält, und zieht ihm eine schöne Walter aus dem glänzend neuen Halfter. Um Himmels willen! Ich merke, dass ich erröte wie eine Jungfrau vor dem Ersten Weltkrieg. Wie hatte ich das vergessen können!

Erleichtert verlassen wir das Polizeigebäude. Den Kriegsgefangenen übergeben wir der ersten Patrouille, der wir begegnen. Immer noch zügellos in ihrer Rachegier, beschließt die Ungarin, mit der Patrouille mitzugehen. Sie fürchtet, die „Kämpfer" könnten den Gefangenen unterwegs laufen lassen. Zärtlich verabschiedet sie sich von uns, besonders von Osmańczyk.

Ich schaue eine Weile der sich entfernenden Patrouille nach. Mich interessiert nicht die schöne Ungarin, die sich alle zwei Schritt umdreht, um uns mit herzlicher Geste zu verabschieden, sondern der Rücken unseres Gefangenen – der typische Rücken des Asthmatikers.

Trotz allem tut er mir doch leid."

22 Im Original auf Deutsch.

Panik in Berlin

Diese Geschichte – oder eher eine kuriose, kleine Geschichte vor dem Hintergrund der großen und ernsten Geschichte – spielte sich am dritten oder vierten Mai 1945 ab – kurz nach der Kapitulation Berlins. Über alle Maßen unwürdig kapitulierte die Hauptstadt des Hitlerschen Herrenvolkes[23]. In weniger als einer Stunde hatte sich die Stadt gründlich von ihren repräsentativen Farben gesäubert: dem SS-Schwarz, dem Hellbraun der Flaggen von SA und HJ und dem – trotz zweier verlorener Weltkriege noch immer geliebten – Feldgrau[24] der Soldaten. Statt dessen kleidete sich ganz Berlin in makelloses Weiß, unschuldig um Verzeihung bittend. In der riesengroßen Stadt war kein einziger Balkon mehr, kein einziges Fenster, aus dem nicht die Zeichen der Aufgabe gehangen hätten: schon lange für diesen Fall vorbereitete, sorgfältig abgenähte Kapitulationsflaggen oder im letzten Augenblick aus Kommoden und Unterwäschefächern herausgerissene, normale weiße Handtücher und weiße Laken.

„Sie trocknen ihre Unterhosen nach den alliierten Luftangriffen," höhnte Osmańczyk und reagierte die Erniedrigung ab, die er als in Berlin residierender Funktionär des Bundes der Polen in Deutschland mehrere Jahre lang hatte erdulden müssen.

Die Kapitulation der Hauptstadt des „tausendjährigen Reiches" beschränkte sich nicht auf oberflächliche Veränderungen an Fassaden und Farbgebung. Sie reichte tiefer – und machte auf kompromittierende Weise das Wesen des Hitlertums zunichte.

Die Stadt, in der bis vor Kurzem noch demokratische Überzeugungen radikal verpönt waren und eine fremde Abstammung bis in die dritte Generation zurück geächtet war – verwandelte sich am Tage der Niederlage, wie von der Berührung eines Zauberstabs, plötzlich in ein Zentrum von Demokratie und Toleranz, eine bizarre Gesellschaft von Mischlingen und Andersgläubigen. Jeder zweite Berliner wollte sich mit einer jüdischen Großmutter, einer polnischen Ehefrau oder russischen Schwägerin ausweisen. Aus Geheimfächern kamen Dutzende österreichischer Pässe, belastender Polizeiprotokolle und Entlassungsscheine aus den Konzentrationslagern zum Vorschein. All das hielt man uns vor die Nase und erwartete Lob und Billigung. Vor unseren Augen zertrat man Staatssymbole und bespuckte Porträts, denen die Tretenden und Spuckenden vor wenigen Tagen gewiss noch götzendienerisch gehuldigt hatten. Die Stadt, die zu Siegeszeiten den Mannesmut als höchste Tugend gepriesen hatte, hatte am Tage des Falls keinen einzigen Akt von zivilem Heldenmut zu bieten. Keine zivilen Verteidiger hielten auf eigene Faust auf den Berliner Straßen stand. Keine Barrikaden aus umgestürzten Autos und Straßenbahnen wurden errichtet. Und keine minderjährigen Jungen starben freiwillig bei der Verteidigung ihrer Stadt – nach dem Vorbild der Pariser Gavroches und Warschauer Zeitungsjungen. Die Berliner Straßen – schamlos entblößt nach dem Abzug der militärischen Einheiten – bot sich den Siegern würdelos mit einladendem, dienstfertigem Prostituiertenlächeln dar.

Doch hinter diesen Stimmungen der absoluten Kapitulation nahmen unsere erfahrenen Kriegsberichterstatter-Augen und -Ohren etwas war, das uns beunruhigte und wütend machte. Wir spürten ein erleichtertes Aufatmen bei den Berlinern, nachdem auch die Westalliierten die Kapitulation der Stadt angenommen hatten. Für uns, die wir seit zwei Wochen durch das kämpfende Berlin streiften, waren die Ursachen dieser

23 Im Original auf Deutsch.
24 Im Original auf Deutsch.

Erleichterung leicht zu erraten. Mit dem offiziellen Eintritt der „Vertreter der westlichen Zivilisation" in das Spiel endete nach Ansicht der Berliner das ‚Auge in Auge' mit der Roten Armee und den sie begleitenden polnischen Einheiten, das sie Tag und Nacht in Angst und Schrecken hielt. Von nun an bestand nicht mehr die Gefahr, die die Berliner am allermeisten fürchteten – die Möglichkeit einer spontanen Rache der Menschen des Ostens, die von den Nazis am grausamsten behandelt worden waren.

Die Berliner hatten allen Grund, mit der Großherzigkeit der Sieger von jenseits der Elbe zu rechnen. Zu jener Zeit fuhren wir die ersten aus dem Westen eingetroffenen Kriegsberichterstatter durch Berlin: zwei holländische Journalisten vom Nachrichtendienst der Vereinigten Staaten. Das waren gewiss kompetente Fachleute, die es sehr gut meinten, aber mit einer Kriegslandschaft hatten sie zum ersten Mal zu tun. Beim Anblick der Kriegszerstörungen in Berlin fassten sie sich alle Augenblicke an den Kopf. Was werden die Amerikaner sagen, wenn sie das sehen, da bricht ja gleich der dritte Weltkrieg aus!

Wir hörten uns dieses Gejammer mit zusammengebissenen Zähnen an. Wir rieten den Holländern, ihre empfindsamen amerikanischen Kollegen vor dem Besuch in Berlin zuerst einen kurzen Spaziergang über das von den Nazis zerbombte und niedergebrannte Warschau machen zu lassen. Sie spürten die schmerzliche Ironie dieses Ratschlags nicht und gingen darüber hinweg. Osmańczyk und ich gehörten bestimmt nicht zur Gattung der blutigen Rächer. Aber wir waren der Meinung, dass die Nazis für das, was sie uns, unseren Familien, unserer Stadt und unserem Land angetan hatten, ordentlich eins auf die Pfoten kriegen sollten. Die unpassend fürsorglichen Amsterdamer ärgerten uns deshalb maßlos. Bestimmt gab das den Anlass zu einem Spaß, den wir uns später leisteten.

Es begann damit, dass Kapitän Płoński – dem Chefredakteur der Feldzeitung „Zwyciężymy", um die sich alle in Berlin anwesenden Kriegsberichterstatter konzentrierten – der Kaffeevorrat ausging. Und die Liebe des Kapitäns Płoński – vor dem Krieg Journalist in Lemberg und bei uns allen äußerst beliebt – zum Kaffee grenzte an Rauschgiftsucht. So war die ganze „rollende Redaktion" damit beschäftigt, Kaffee für den Chef aufzutreiben. Vor der Kapitulation Berlins war das kein Problem gewesen. Wir brauchten nur in die Straßen der eroberten Stadtteile zu geben, schon waren wir umringt von einer Menge allwissender Informanten, die darauf brannten, sich bei den Eroberern nützlich zu machen und sich nebenbei eine Dose Schweinefleisch zu verdienen. Nach der Kapitulation war alles anders. Befreit von der Angst vor Endlösungen, wurden die Berliner derart dreist, dass sie überhaupt nicht mehr mit uns reden wollten und auf alle Fragen nur eine Antwort hatten: „Weiß nicht"[25]. Die einzige Ausnahme, der sich die Herzen und Vorratskammern der Berliner weiterhin öffneten, war Osmańczyk dank seines vorzüglichen, hemdsärmligen Deutsch, das er während seines kurzen Dienstes in der Königsberger Reichswehr von preußischen Feldwebeln gelernt hatte. [...]

Man beschloss daher, dass Osmańczyk Kaffee holen sollte. Seinem Befehl wurde eine ganze Mannschaft unterstellt: Ich (des Führers untrennbarer Begleiter), ein Armeegeländewagen, „Gazik" genannt, und der Fahrer dieses „Gazik" – in polnischer Uniform zwar, aber mit so einer Kosakenmähne, die ihm unter der Mütze hervorstand, dass Isaak Babel ihn bestimmt als „anderthalb Kosaken" bezeichnet hätte. Kapitän Płoński stattete die Expedition mit einigen Beuteln für den Beutekaffee und ein paar Litern Spiritus aus – damals die begehrteste „Tauschwährung".

25 Im Original auf Deutsch.

Osmańczyks Charme versagte auch diesmal nicht. Schon der erste Berliner Informant, dem wir begegneten, führte uns zu einem, in den letzten Tagen von den Russen eroberten, ganzen Lager brasilianischen Kaffees. Mit den Wächtern dieses Schatzes wurden wir rasch einig. Die Beutel des Kapitäns erwiesen sich als überflüssig. Für den Spiritus bekamen wir einen kaum angebrochenen Fünfzig-Kilo-Sack erstklassigen „Brasilianers".

Angesichts dieses raschen Erfolgs unserer Mission blieb uns viel Zeit, uns im endgültig unterworfenen Berlin umzusehen. Ich verhehle nicht, dass das für uns eine köstliche Spazierfahrt war. Besonderes Vergnügen bereiteten uns auf den Berliner Plätzen die endlosen Warteschlangen des vormaligen „Herrenvolkes" – in demütiger Geduld warteten sie auf ein paar Löffel warmer Suppe aus den russischen Feldküchen. [...]

Gerade hatten wir die zweite oder dritte Schlange abgefahren, da fiel mir eine grauhaarige, entsetzlich traurige Dame mit einer großen britischen Emaille-Flagge auf, die sie auf dem Jackenaufschlag ihres schwarzen Kostüms trug.

„Guck mal", stieß ich Osmańczyk an, „eine Engländerin. Und sie sieht sogar aus wie eine Engländerin. Und ist traurig wie Niobe!" Mein misstrauischer Kumpan zuckte nur die Schultern. „Wenn die Engländerin ist, bist du ein Amerikaner!" Aber als wir ganz nahe kamen, muss auch ihn die edle Trauer der grauhaarigen Dame berührt haben, und er ließ Iwaschka anhalten. [...]

Natürlich hatte wieder Osmańczyk recht gehabt. Die graue Dame in der Schlange sprach zwar hervorragend Englisch, war aber keine Engländerin. Vor dem Krieg – und sogar in den ersten Kriegsjahren noch – war ihr Mann Hauptbuchhalter in einem großen deutsch-englischen technischen Unternehmen gewesen. Auch sie hatte dort als Fremdsprachenkorrespondentin gearbeitet. Zum zwanzigjährigen Bestehen der Firma erhielten alle Angestellten als Erinnerung diese emaillierten britischen Fähnchen. Ihr Mann war sehr stolz auf dieses Abzeichen. Er trug es ständig am Jackenaufschlag, auch nach der Liquidierung der Firma. Er trug es ein paar Jahre zu lange. Eines Abends wurde er wegen dieses Abzeichens von jungen Banditen der Hitler-Jugend überfallen. Sie wollten es ihm wegnehmen, er wehrte sich, daraus wurde eine große politische Affäre, und ihr Mann wanderte ins Lager Dachau. Ein Jahr später starb er dort. Sie hasste dieses Abzeichen. Das ihres Mannes hatte man natürlich mitgenommen, ihr eigenes war ihr geblieben. Sie trug es nie. Erst jetzt, da es ihr Geleitschutz wurde ... Sie musste auf Leben und Gesundheit achten, weil sie zu Hause eine gelähmte Tochter hatte. Jetzt sah sie dieses Fähnchen mit anderen Augen. Wenn sie es trug, hatte sie das Gefühl, ihr verstorbener Mann kümmere sich um die Tochter und sie. Und gleichzeitig schämte sie sich für diesen Betrug. Als Osmańczyk ihr einen Beutel mit Kaffee reichte, kam ihr kein Wort des Dankes über die Lippen.

„Ich schäme mich," sagte sie nur immer wieder. „Ich schäme mich so sehr ..." Und die Tränen liefen ihr aus den Augen.

Unser Gespräch auf Englisch, gekrönt von einem Beutel Kaffee, stieß bei der ganzen deutschen Schlange auf großes Interesse. Eine beträchtliche Menschenmenge sammelte sich um uns. Gleich trat auch ein selbsternannter Sprecher auf. Es war ein dicker, vorwitziger Typ mit unverschämten Augen und süßlichem Lächeln. Am Arm trug er eine weiße Binde mit dem Namen der von den Kommunisten soeben eingesetzten antifaschistischen Bewegung. Diese Armbinde war für ihn das Patent als „guter Deutscher", doch seine Visage zeugte vom genauen Gegenteil.

4

Er behandelte uns mit der legeren Freundlichkeit des Mit-Siegers. Osmańczyk fiel ihm zuerst auf – oder vielmehr das „Poland" von Borejsza.

„Englischer Pole?" sagte er. „Sehr gut." Und wollte ganz offensichtlich meinem Kombattanten auf die Schulter klopfen, doch Osmańczyk schaute so furchterregend drein, dass der Sprecher sogleich auf die beabsichtigte vertrauliche Geste verzichtete. Als Nächstes interessierte er sich für mich. „Amerikaner?" fragte er mit wohlwollendem Interesse. Bevor ich noch antworten konnte, hörte ich Osmańczyk sagen:

„Ja, Amerikaner, Offizier des alliierten Hauptquartiers im besonderen Einsatz. Er spricht leider kein Deutsch."

Der Sprecher bekam vor Aufregung rote Ohren und wusste ganz offensichtlich nicht, wem er mehr schmeicheln sollte: mir als Offizier des Hauptquartiers, der kein Deutsch sprach, oder dem englischen Polen, mit dem er sich ohne Schwierigkeiten verständigen konnte? Zu meinem Glück entschied er sich für das Zweite. Er schob sich so nah wie möglich an Osmańczyk heran und blickte ihm verführerisch in die Augen:

„Herr Offizier, fragen Sie Ihren Kollegen, wo in Berlin die amerikanische Zone sein wird?"

„Eine amerikanische *Zone* wird es in Berlin nicht geben!"[26]

Erst jetzt begriff ich Osmańczyks Drehbuch und konnte das Lachen kaum unterdrücken. Unseren Sprecher traf fast der Schlag. Innerhalb eines Augenblicks verwandelte er sich von einem guten in einen bösen Deutschen – den bösest möglichen. Er schrie, er wisse ganz sicher, dass Berlin in vier Zonen eingeteilt werde: eine amerikanische, eine englische, eine sowjetische und eine französische. Das habe man ihm im Komitee gesagt. Er rief etwas von Ungerechtigkeit gegenüber den Besiegten und unwürdigen politischen Spielchen der Sieger.

Osmańczyk trat mir also wieder gegen den Knöchel und flehte mich auf Englisch an, den armen, besiegten Deutschen nichts Böses zu tun, ich aber – fast erstickt vor Lachen – schüttelte ablehnend den Kopf und breitete ratlos die Arme aus. Osmańczyk räusperte sich erneut feierlich und verkündete das endgültige Urteil.

„Tatsächlich," sagte er, „hatten wir anfangs die Absicht, Berlin unter den vier Siegermächten aufzuteilen. Jedoch sind wir zu dem Schluss gekommen, dass ihr solche Schurken[27] seid, dass nur die Russen mit euch fertig werden. Es wird in Berlin keine *Zone*[28] und keine *Streifen*[29] geben, ganz Berlin wird den Russen übergeben!"

Hätte in diesem Augenblick eine Bombe die Feldküche getroffen, die Wirkung hätte nicht größer sein können. Die Schlange war mit einem Mal zerstoben. Die Leute verließen die mühsam erkämpften Wartepositionen: Was sie gehört hatten, war sogar für die Hungrigsten wichtiger als Suppe. Der selbsternannte Sprecher hatte sich verflüchtigt. Die Wartenden sammelten sich in kleinen Grüppchen, diskutierten, stritten, schrieen.

---

26 *Hervorhebung im Original.*
27 *Im Original auf Deutsch.*
28 *Hervorhebung im Original.*
29 *Hervorhebung im Original.*

Im Schutze des allgemeinen Aufruhrs verzogen wir uns, ohne dass es aufgefallen wäre. Da wir noch viel freie Zeit hatten, beschlossen wir, unser gelungenes Schauspiel einem größeren Publikum zugänglich zu machen. Wir fuhren ungefähr zehn Plätze mit Feldküchen ab, an verschiedenen Punkten Berlins. Jedes Mal bewährte sich Osmańczyks Drehbuch, in Details verbessert, aufs Beste.

Begegnung in Bernau

Nach unserem Rückzug aus der abenteuerreichen Frankfurterallee folgen im Berliner Notizbuch einige Seiten, die auf den ersten Blick unmöglich zu entziffern sind. Das im Notizbuch dominierende Blau-violett wird von dunkelgrauen Schatten durchtränkt. Das sind wohl die Seiten, über die ich damals die ganze Feldflasche mit schwarzem Kaffee ausgegossen habe. Der lösliche Kaffee aus der Oflag-Zuteilung vom Roten Kreuz, verbunden mit dem Tuschestift meiner Tante Julia aus Saska Kępa, erschaffte einen undurchdringlichen Schleier. Erst nach dem zweiten angestrengten Blick auf die eigenen Notizen vor fünfundvierzig Jahren, der die Augen schmerzen lässt, gelingt es mir, aus dem violett-blau-braunen Geschmiere einige wenige verständliche Worte und einen Namen mit militärischem Dienstgrad zu entziffern:

Major Zwierzański.[30]

Sofort sehe ich die mit Kreide geschriebenen polnischen Aufschriften auf den Mauern der deutschen Miethäuser vor Augen, die uns in den letzten Tagen unserer Berliner „Schlacht" treu begleiteten:

Hier kämpfte die Einheit von Major Zwierzański![31]

Wer dieser Major Zwierzański war und welche Einheit er befehligte, versuchten wir weder damals noch später herauszubekommen. Trotz unserer unersättlichen Reporterneugier hielt uns etwas davon ab, allzu viele Fragen zu stellen. Denn es hätte sein können – und war mehr als wahrscheinlich –, dass dieser erzpolnische Befehlshaber, der uns auf den Straßen Berlins Mut machte, sich als einer der vielen „Popen" in der damals jungen polnischen Armee[32] herausstellen würde –, so nannte man die sowjetischen Instrukteure in polnischer Uniform: POP – Pełniący Obowiązki Polaka = Pole vom Dienst.

Mit diesem Paradox hätten wir uns nur schwer abfinden können. Für uns war dieser unsichtbare und doch so herzlich nahestehende Major Zwierzański einige Tage lang das deutlichste Symbol für alles Polnische in dem uns umgebenden deutsch-russischen Berlin, er war der unleugbare Beweis, dass auch polnische Soldaten etwas dazu beitrugen, „der Hitler-Brut in ihrem Nest den Todesstoß zu versetzen". [...]

---

30 Hervorhebung im Original.
31 Hervorhebung im Original.
32 *Die in Russland gegründete 1. Armee bestand aus polnischen Staatsbürgern, die größtenteils unfreiwillig auf dem Gebiet der Sowjetunion verweilten, weil sie dort nach 1939 deportiert wurden. Nach der Evakuierung des polnischen Heeres aus der Sowjetunion nach Iran im 1942, war die 1. Armee die letzte Gelegenheit für die in der Sowjetunion verbleibenden Polen, dieses Land zu verlassen. Während der Kämpfe in Polen (seit 1944) wurden mehrere Tausend Polen in die 1. Armee einberufen.*

Wir folgten also den Spuren des Majors Zwierzański, und der Major enttäuschte uns nicht. Nach einem Gang durch mehrere Dutzend Straßen und Gassen sowie einen Park stießen wir auf eine polnische Abteilung, die an der Eroberung Berlins beteiligt gewesen war. Doch meine Freude über den Sucherfolg hielt nicht lange an. Sofort begannen neue Probleme.

Zu der historischen Begegnung der ersten Kriegsberichterstatter der zentralen polnischen Presse mit Soldaten der 1. Armee der Polnischen Streitkräfte oder der „Berlinger", wie wir sie damals nach dem ersten Befehlshaber General Zygmunt Berling[33] nannten, kam es in dem Berliner Vorort Bernau. Aber sie erfolgte ganz anders, als ich mir erträumt hatte. Die Nähe meiner Landsleute war – es tut mir leid, das zu schreiben – an einem seltsamen Geruch zu erkennen. Mir mit meinem von der jahrelangen Einnahme von Asthmamitteln abgestumpften Geruchssinn wäre das vielleicht nicht besonders aufgefallen, aber Osmańczyk straffte sich geradezu und atmete in großen Zügen die duftende Luft ein, ohne zu verbergen, dass ihm das Vergnügen bereitete.

„Du riechst natürlich nichts?", fragte er in jenem ironisch mitfühlenden Ton, zu dem er sich mir gegenüber gerne verstieg. „Aber selbst wenn du es riechen würdest, würde dir das nichts sagen. Das ist Cognac, Kollege Militär, und zwar hochklassiger Cognac. Ich weiß nicht, warum, aber etwas sagt mir, dass unsere Berlinger Jungs nicht mehr weit sind."

In den letzten Worten meines Kombattanten lag trotz ihres spöttischen Tones keine Spur von Abneigung gegen die neuen polnischen Streitkräfte, im Gegenteil: Es sprach unverblümte Anerkennung aus ihnen.

Und tatsächlich, die „Berlinger" waren ganz in der Nähe, keine hundert Meter von uns entfernt. Die ersten Mützen mit kronenlosen Adlern[34] sahen wir bei den Wachsoldaten vor den Fabrikgebäuden, die durch eine hohe Ziegelmauer, oben dicht mit scharfen Metallspitzen bestückt, geschützt waren. Hinter der Mauer hing ein so intensiver Cognacgeruch, dass endlich auch ich ihn bemerkte.

Die Wärter in den Mützen mit kronenlosen Adlern – nach Cognac riechend und leicht auf den Beinen schwankend – musterten misstrauisch unsere „befremdlichen" Uniformen, ließen uns aber ohne ein Wort durch das Tor; zwei sowjetische Soldaten dagegen, die hinter uns hineinschlüpfen wollten, wurden ziemlich brutal vom Tor zurückgestoßen.

Der Anblick auf der anderen Seite der Mauer übertraf unsere gewagtesten Vorstellungen. Das Gebäude selbst, das bis vor Kurzem noch eine Abfüllanlage für hochprozentige Getränke beherbergt hatte – davon zeugten auf dem Boden liegende verbogene und zerkratzte Schilder in deutscher Sprache – zeichnete sich

---

33 *Zygmunt Berling (1896-1980), General, Befehlshaber der 1. Armee. 1939 wurde Berling mit mehreren Tausend polnischer Offiziere von den Russen festgenommen. Seine Zusammenarbeit mit NKVD hat ihm höchstwahrscheinlich das Leben gerettet, da die Mehrheit der polnischen Offiziere 1941 von russischer Geheimpolizei erschossen wurde. 1942, nach der Evakuierung der polnischen Armee nach Iran blieb Berling in der UdSSR und war einer der Gründer der neuen 1. Armee, deren Befehlshaber er bis zur Entlassung im September 1944 blieb. Nach dem Krieg wurde Berling Staatsbeamte mittleren Ranges.*

34 *Die polnische 1. Armee und die 1945 gegründeten polnischen Staatsorgane benutzten das neue Staatswappen, das im Unterschied zur Zwischenkriegsrepublik einen Adler ohne Krone darstellte. Die polnische Regierung im britischen Exil benutzte dagegen den Adler mit der Krone.*

durch nichts Besonderes aus, die Umgebung dagegen war erstaunlich. Der weiträumige Hof der Abfüllanlage war eine einzige riesige Cognac-Pfütze. Der Cognac lief ununterbrochen aus gewaltigen Fässern mit aufgedrehten Hähnen. Cognac plätscherte unter den Füßen. Cognac floss schon wenige Minuten nach dem Durchschreiten des Tores warm durch die Adern und brachte einen auf fröhlich-dumme Gedanken. Durch den alles überschwemmenden Cognac wateten mehrere schwankende Soldaten, andere – ungeachtet ihrer cognacgetränkten Uniformen – schliefen tief und fest, wo sie gerade hingesunken waren. Das bizarre Bild ergänzten sowjetische Plünderer, die – am Eingangstor zurückgewiesen – die Mauer erklommen und von ihrem Gipfel durch die Eisendornen, die das Übersteigen unmöglich machten, in verzehrender Liebe auf das „Land, wo Cognac fließt" schauten.

Wir wurden herzlich empfangen. Den Gastgeber spielte ein sympathischer Lulatsch mit roter Nase und drei Streifen auf den Schulterstücken.

„Zugführer Józef Bednarek vom Versorgungsdienst," stellte er sich diensteifrig vor und fügte mit gesenkter Stimme hinzu: „Näheres verbietet das Dienstgeheimnis."

Doch er war kein sturer Dienstbock. Im Gespräch wurde er richtig locker. Als die polnischen Abteilungen den Berliner Vorort Bernau penetrierten, wurde Zugführer Bednarek die Aufsicht über die Cognac-Abfüllanlage befohlen.

„Denkt nur nicht, dass ihr da auf euren Lorbeeren pennen könnt, Genosse!", warnte ihn der Politoffizier seiner Einheit. „Nichts dergleichen! Dieser ganze Cognacbetrieb riecht nach einer gemeinen Provokation. Die Fritzen stellen auf unserem Weg zum Endsieg letzte Fallen auf. Sie wollen uns betrunken machen und schwächen. Deshalb Augen und Ohren auf, Genosse Zugführer! Kein Besäufnis unter den Soldaten! Finger weg von dem Gift, das der Feind uns auslegt! Euer Auftrag ist unglaublich wichtig! Die gesamte demokratische Welt schaut in diesem Augenblick auf euch. Niemand kriegt auch nur einen Tropfen, zum Ruhme des Vaterlandes! Haben wir uns verstanden, Genosse?"

Bednarek hatte verstanden, aber auf seine Weise, denn mit Säufern kannte er sich besser aus als der Politoffizier. Gift hin, Gift her, die Jungs von der Dienstmannschaft mussten etwas bekommen, sonst würden sie es sich selbst nehmen.

„Sehen Sie diese Fässer, meine Herren? In den Kellern gibt es noch zehnmal soviel davon. Das gäbe erst ein Besäufnis, um Himmels willen."

Doch soviel Nachsicht bewies Zugführer Bednarek nur seinen eigenen Untergebenen von der Dienstmannschaft. Nicht ein Fünkchen wohlwollender Toleranz gab es dagegen für die sowjetischen Verbündeten, die es – wie die Fliegen zum Honig – aus allen Richtungen zum Cognac-Paradies zog. Gegen sie setzte Zugführer Bednarek mit eiserner Konsequenz die Weisungen des Politoffiziers seiner Einheit durch.

„Kein Besäufnis! Keinen Tropfen von dem giftigen Cognac!" Und damit keine Zweifel aufkamen, wem diese Anordnungen galten, präzisierte er genau: „Russen werden nicht durchs Tor gelassen! Die Russen kriegen keinen Tropfen! Russen raus!"

Das sympathische Gesicht des Zugführers veränderte sich durch die Wut und die Genugtuung der Rache so sehr, dass es keine besondere Fantasie dafür brauchte, zu verstehen, dass der scheinbar banale Streit um den Zugang zum Beute-Cognac in Wirklichkeit ein grundsätzlicher Streit war, der in historischen Dimensionen ausgefochten wurde. Es ging dabei nicht nur um den Cognac, sondern auch um Kościuszko, der vor Maciejowice[35] vom Pferd gerutscht war, um den von Suvorov ausgebluteten Warschauer Stadtteil Praga[36], um den 17. September 1939[37], um die Besetzung von Wilna und Lemberg und um die Verbannung Tausender polnischer Familien in den Osten, um ferne frostige Lager, die als Vorschule der polnisch-sowjetischen Waffenbrüderschaft gedacht waren. Diese offenen historischen Rechnungen konnten nicht auf einen Schlag durch die gemeinsame Eroberung Berlins beglichen werden. Der „Berlinger" Zugführer Bednarek legte auf seinem bescheidenen Abschnitt beredt davon Zeugnis ab.

Das Gespräch mit Bednarek ging natürlich nicht trocken ab. Wir setzten uns an einen kleinen Tisch im Schatten des mächtigsten Fasses. Den Cognac tranken wir aus großen Blechbechern. Nach dem zweiten Toast auf den Sieg begann ich, den edlen Trank heimlich unter den Tisch zu gießen. Es tat mir leid, unseren Gastgeber zu betrügen und den verbündeten Kräften, die gerade Berlin einnahmen, diese symbolische Unterstützung zu verweigern, aber die Skrupel wurden überwogen von der Sorge um meine eigene Gesundheit, vielleicht sogar mein Leben. Ich bemerkte übrigens, dass Osmańczyk auch etwas abgoss. Vielleicht nicht soviel wie ich, aber immerhin. Auf dem Platz blieb allein Bednarek – immer rotnäsiger, immer ergriffener von der Erzählung über seine historische Cognac-Mission. Osmańczyk nutzte eine Unaufmerksamkeit des Gastgebers und nahm hinter seinem Rücken Blickkontakt mit den zwei Verbündeten auf, die von der dornenbewehrten Mauer sehnsüchtig zu uns sahen. Einer der sowjetischen Trinker sandte Osmańczyk ein verführerisches Lächeln, der andere fuchtelte mit einem ausgesprochen glänzenden Gegenstand.

Irgendwann stand Osmańczyk auf und sagte, wir müssten nun gehen, wir hätten noch etwas Wichtiges zu erledigen. Für solche flapsigen Bemerkungen liebte ich Osmańczyk, denn immer entstand daraus etwas Interessantes und Gutes für uns beide. Bendarek versuchte, uns aufzuhalten, aber da er bis über die Ohren in den eigenen Angelegenheiten und im Cognac steckte, ließ er uns endlich ziehen. Osmańczyk versprach, dass wir vor dem Verlassen Bernaus noch einmal vorbeischauen würden, um uns mit einem Cognac-Vorrat für die Reise zu versehen.

Auf der anderen Seite der Mauer warteten schon die besagten Zwei. Der glänzende Gegenstand, mit dem man uns gelockt hatte, übertraf unsere Erwartungen. Es handelte sich um einen nagelneuen Kleinbildfotoapparat vom Typ „Leica", in einer Fassung aus Chromnickel und Saffian. Osmańczyk verliebte sich auf den ersten Blick in diesen Apparat, und abtreten wollten sie ihn für einen Liter Cognac. Jetzt erst zeigte sich, wie vorausschauend mein Freund gewesen war, Bednarek einen Abschiedsbesuch anzukündigen, bei dem er „ein bisschen Cognac für die Reise" mitnehmen wollte. Blitzschnell war die Transaktion vereinbart. Die Verbündeten wollten eine passende Flasche holen. Als sie zurückkamen, erbebten wir! Eine riesige 20-Liter-Buttel

---

35 Maciejowice, ein polnischer Ort, wo 1794 polnische Aufständische unter Führung von Tadeusz Kościuszko die Schlacht gegen die russische Armee verloren haben.

36 1794 eroberte die russische Armee unter Führung von Suvorov einen Teil Warschaus am östlichen Ufer der Weichsel. Während der Massaker wurden mehrere Tausend Bewohner von russischen Soldaten ermordet. Im polnischen öffentlichen Diskurs des 19. Jahrhunderts galt Praga als Symbol der „russischen Barbarei".

37 Am 17. September 1939 erfolgte der russische Angriff an die östlichen, noch nicht von der Wehrmacht eroberten Teile Polens.

hatten sie angeschleppt, wie man sie normalerweise zum Aufsetzen von Kirschlikör für das ganze Jahr benutzt. Gestikulierend versuchten wir ihnen klarzumachen, dass man uns nie soviel Cognac geben würde, sie aber zeigten ein rührendes Vertrauen in unsere Möglichkeiten.

„Idite, idite," klopften sie uns lachend auf die Schultern, „wsjo budet harasho!"

Zu Bednarek ging natürlich ich. Osmańczyk wollte keine Sekunde lang seine geliebte „Leica" aus den Augen lassen, außerdem erklärte er mir, ich als Offizier würde mehr bei dem Zugführer erreichen als er – ein bescheidener Berichterstatter ohne militärischen Dienstgrad. Bednarek empfing mich herzlich, doch als ich ihm erklären wollte, dass es mir trotz der großen Buttel nur um ein bisschen Cognac für die Reise ging: einen, höchstens zwei Liter – änderte sich sein Ton und er fuhr mich an wie einen räudigen Hund:

„Warum beleidigen Sie mich, Herr Leutnant?! Ein bisschen, das könnte ich den Russen geben, wenn sie durch irgendein Wunder hierher gelangten, aber nicht unseren geliebten polnischen Offizieren, und dazu Berichterstattern! Für wen halten Sie mich, Herr Leutnant? Für einen jüdischen Pfennigfuchser?" Und immer noch erbost, füllte er mir die Buttel bis zum Hals.

Als ich mit der vollen Flasche wieder auf der anderen Seite der Mauer war, empfing mich ein Freudengeheul. Kurz darauf hatte Osmańczyk seine geliebte „Leica" in der Hand, und die Verbündeten – ihre Buttel Cognac liebevoll umarmend – machten sich auf die Suche nach einer lauschigen Ecke. Sie wirkten in diesem Augenblick wie Menschen, die schattenlos glücklich sind. Ich aber bekam plötzlich Skrupel:

„Hör mal", sagte ich zu Osmańczyk, „die trinken sich doch zu Tode, wir haben ihnen mit diesem Cognac das sichere Verderben bereitet, kannst du das mit deinem Gewissen vereinbaren?"

„Na wenn schon", erwiderte mein unerbittlicher Kombattant erbarmungslos. „Krieg ist Krieg ... ‚da fällt das Volk wie die Garben' und so weiter und so weiter! ... Aber wir haben dafür diesen wunderbaren Apparat, an diesem Ort und zu dieser Zeit! Aber was soll ich dir erzählen, du wirst dich selbst überzeugen!"

Dazu kam ich nicht ... Schon in der nächsten Nacht – auf einem improvisierten Berliner Nachtlager – wurde uns der phantastische Photoapparat, unser Kleinod in Silber und Saffian – gestohlen. Der orthodoxe Herrgott hatte uns dafür bestraft, dass wir mit dem Leben seiner leichtsinnigen Schäfchen gespielt hatten.

Aber diese ganze Cognac-Tragifarce war gar nichts im Vergleich zu der Hauptschwierigkeit – einer Schwierigkeit, die uns bedrückte, seit wir das Tor der Cognac-Abfüllerei in Bernau durchschritten hatten; einer Schwierigkeit, der man auf keine Art entgehen konnte. Die Frage war, wie wir unsere Bernauer Abenteuer in den Berichten für Polen beschreiben sollten. Nach vorläufiger Zusammenfassung unserer Eindrücke kamen Osmańczyk und ich zu dem einhelligen, aber schmerzlichen Entschluss, dass die Begegnung in Bernau in den Korrespondenzen übergangen, absolut verschwiegen werden musste. Lügen wollten wir nicht, aber man konnte sich leicht vorstellen, was passiert wäre, wenn wir die ganze Wahrheit geschrieben hätten: über den Cognac-See, über die betrunkenen Wachsoldaten, über die Einstellung des Zugführers Bednarek zu den sowjetischen Verbündeten. Großes Geschrei wäre gewesen von einer Beleidigung der polnischen Uniform, von der Zerrüttung des brüderlichen Bundes mit der Sowjetunion, von Defätismus und Schwächung des Kampfgeistes. Wie üblich in solchen Fällen würde die bedrohliche Frage gestellt: „Wer steht dahinter? In welchem Interesse liegt es, dass solche Berichte geschickt werden?" Osmańczyk hätte noch Rückendeckung bei seinem Chef Borejsza gefunden, aber was mit mir – dem suspekten Oflag-Häftling – geworden wäre, stellt man sich lieber nicht vor.

Am schlimmsten war, dass wir nicht ganz sicher waren, wer recht hatte: wir oder unsere eventuellen Züchtiger in der Heimat. Betäubt und berauscht von Berliner Sieg, gefangen in unserer naiven Sehnsucht nach einer besseren Welt, neigten wir dazu, der neuen Führung des Landes in allem zu glauben – sogar darin, dass die Publizierung eines wahrheitsgetreuen Berichtes aus Bernau den Verlauf des Zweiten Weltkrieges zu unserem Nachteil hätte verändern können.

„So ein Mist!", sagte Osmańczyk wütend. „Da sollen wir eine neue, wahrhaftige Geschichte schaffen und müssen gleich am Anfang schon wieder lügen! Soll's der Teufel holen!"

Heute, im Rückblick aus der Distanz von fast einem halben Jahrhundert, wird mir klar, dass mich ähnliche Selbstzweifel als Autor in den Nachkriegsjahren noch sehr häufig heimsuchen sollten. Das Verschweigen der Begegnung in Bernau war zweifellos mein erster Schritt in Richtung Sozrealismus.

Aus dem Polnischen von Olaf Kühl

EDMUND JAN OSMAŃCZYK, ES WAR 1945 (1945 UND 1970)

Edmund Jan Osmańczyk, (1913-1989), polnischer Journalist, studierte in Warschau, Bordeaux und Berlin; 1932–1935 Redakteur der polnischsprachigen Zeitschrift „Młody Polak w Niemczech" (Junger Pole in Deutschland) in Berlin; 1935–1939 Leiter der Pressezentrale des Bundes der Polen in Deutschland; während des Zweiten Weltkrieges als Journalist im polnischen Untergrund tätig. 1945 und 1946 berichtete er als Korrespondent von der Potsdamer Konferenz und den Nürnberger Prozessen; nach 1947 Auslandskorrespondent für den Polnischen Rundfunk. In der Volksrepublik Polen zwischen 1952-1961 und 1969-1985 Mitglied des Sejms. 1989 wurde er für die Solidarność-Bewegung in den wieder gegründeten Senat gewählt, in dem er den Ausschuss für Auslandspolen leitete.

Als wir Berlin-Köpenick[38] erreichten, das wegen der Geschichte mit dem Hauptmann von Köpenick bekannt ist, eine Vorstadt, die erst gegen Morgen eingenommen worden war, trug uns der Wind den Geruch von Warschau entgegen: den Staub von Trümmern, den Rauch der brennenden Häuser und den Gestank der Leichen. Aber es war nicht September 1939 oder September 1944, sondern April 1945, ein schöner Frühlingstag.

Es war seltsam, aber während der Belagerung von Berlin gab es, genauso wie bei den Belagerungen Warschaus in den beiden Septembermonaten, weder regnerische und feuchte noch bewölkte Tage, sondern nur sonnige, heiße, auch wenn die Sonne vom Rauch verdunkelt wurde. Der Asphalt erbebte von den Explosionen in nächster Nähe, der Boden gab nach unter dem konzentrierten Feuer der Artillerie und unter den Einschlägen der Bomben, die von sowjetischen Flugzeugen abgeworfen wurden. [...]

38 *In der polnischen Fassung Kopanica. Osmańczyk benutzt fast ausschließlich slawische Namen der Berliner Ortschaften.*

Die ersten mächtigen Bunker, die schon völlig unbewaffnet waren, sahen wir in Köpenick. Dort hielten uns zwei Warschauerinnen an, die einen kleinen Jungen mit hübschen blauen Augen bei sich hatten. Als seine Mutter den Freudenschrei „Polnische Uniformen!" ausstieß, salutierte er uns und stellte sich vor: „Tadzik Latel aus Warschau, Staszic-Kolonie". Wir küssten das Aufstandskind, der uns zu einem nahe gelegenen Haus führen wollte, aber uns warnte: „Dort darf man nicht laut Polnisch reden, weil dort Deutsche wohnen." Der eingeschüchterte Knabe begriff noch nicht den Wandel, der sich während des letzten Tages vollzogen hatte, aber als er es schließlich doch verstand, fing er an herumzulaufen, zu schreien und herumzuhopsen, bis ihn seine Mutter zu beruhigen begann.

Die Gastfreundschaft unserer Warschauerinnen war rührend. Einladende Gesten gingen einher mit abgerissenen Erzählungen, Tränen mischten sich mit einem Lächeln, der Albtraum der nach dem Aufstand heimatlos gewordenen Frau brach hervor, um schließlich der Freude über den Sieg zu weichen. Nur Tadzik freute sich schon im vollen Maße seiner kindlichen Freiheit. Er hatte Recht, denn schließlich hatte die Artillerie für Menschen wie ihn Berlin beackert.

Die Freude, Polen zu treffen, sollte uns von da an auf allen Straßen des großen Trümmerhaufens Berlin begleiten. Das violette „P" auf gelber Raute, das preußische Zeichen der „Schande", wurde plötzlich zum stolzen Passierschein in die Freiheit.

Die Deutschen hingegen verloren blitzartig alle Parteiabzeichen und Orden. Weiße, um den Arm gebundene Tücher und ein niederträchtiges, dienstbeflissenes Lächeln – das war alles, womit sich uns das „Herrenvolk"[39] in seiner Hauptstadt präsentierte.

Wir requirierten zwei Fahrräder, die ohne Befehl gleich von fünf Deutschen saubergemacht und aufgepumpt wurden, die herangelaufen kamen, um auf Hitler zu schimpfen und sich uns Polen anzubiedern. „Zum Kotzen", so sagte eine Engländerin, die Polnisch von ihrem Stallburschen gelernt hatte.

Von Köpenick aus fahren wir mit den Rädern an die Spree. Auf einer Fähre setzten wir zusammen mit zwei Panzern über. Durch Oberschöneweide fahren wir nach Treptow und weiter nach Neukölln[40]. Wir wollen uns bis zur 1. Armee des polnischen Heeres durchschlagen, die von Westen her attackierte. Gruppen deutscher Soldaten, zurückgelassene „Panzerfäuste"[41], Granattrichter in der Erde. Vor zwei Stunden hat hier noch der Kampf getobt. Wir gelangten zur vordersten Frontlinie. Der Kommandant des Abschnitts zeigt uns die deutschen Stellungen, in denen jetzt die Katjuschas einschlagen. Es ist heiß. Man muss schreien, um sich zu verständigen. Das Rattern der Maschinengewehre, der Hagel der Trümmer. Wir kennen diese Melodie aus Warschau. Aber das hier ist Berlin, Berlin, Berlin!

Wir setzen wieder mit der Fähre über die Spree über. Marian murmelt: „Wir überschreiten die Oder, wir überschreiten die Spree …"

Wir richten uns gen Nordwesten. Hier ist der Weg schon frei. Durch Lichtenberg hindurch sollen wir zur 1. Armee.

---

39 Im Original auf Deutsch.
40 In der polnischen Fassung: Nowa Kolonia.
41 In der polnischen Fassung: pancerne pięści.

„Ein grundlegender Durchbruch"

Zwanzig Jahre später hat Oberst Janusz Przymanowski mit seiner ganzen Autorität und auf der Grundlage der uns überlieferten Akten und Dokumente erklärt, dass Osmańczyk und Brandys als Erste die Straßen Berlins betraten. Ich wiederhole dies mit Stolz und denke daran, dass all dies nur möglich war, weil ich und alle meinen Kollegen sehr lang auf diesen Moment gewartet haben, und deswegen verlangte es mich sehr danach, Zeuge dieser Ereignisse zu werden.

In Lichtenberg trafen wir auf den Stab einer Einheit der Roten Armee, die Leningrader Panzergardisten, die uns mehr als nur freundschaftlich begrüßten. Sie bewirteten uns mit einem Abendessen, gaben uns Unterkunft und zeigten uns eine Frontzeitung, in der über die Unterzeichnung eines polnisch-sowjetischen Bündnisabkommens am 21. April 1945 in Moskau berichtet wurde.

Wir haben einiges an Sprit getrunken und erbeutete Sahne drübergekippt. Die Schnapsgläser waren bis an den Rand gefüllt. [...]

Wahnsinn

„Berlin bleibt deutsch!"[42] kommandierte in seinem Befehl and die SS der Meister der Krematorien und Konzentrationslager, Heinrich Himmler, in der Überzeugung, dass Berlin aufhört, deutsch zu sein, wenn es nicht mehr von den Nazis beherrscht wurde. Also verteidigte sich Berlin. In den ersten Tagen verbissen, entschlossen, selbstmörderisch. Als Lichtenberg eingenommen wurde, sahen wir in diesem Viertel die Leiche eines Offiziers, der über einem geborstenen Geschütz aufgehängt worden war. Darauf war ein Schild platziert, das die Aufschrift trug: „Ich wurde gehängt, weil ich mein Sturmgeschütz nicht so in Ordnung gehalten habe, wie der Führer es befohlen hat."[43]

Daneben, bei einem schweren Maschinengewehr, schauten einige Halbwüchsige aus der Hitlerjugend auf den Leichnam, ebenso mit gläsernem Blick. Sie starben in der Überzeugung, der Offizier war daran schuld, dass all das passiert war, weil dieser es zugelassen hatte, dass der Lauf des Geschützes explodierte. Der Wahnsinn des Selbstmordes und des Exekutierens eigener Offiziere war überall zu beobachten. An allen Abschnitten der Front in Berlin und entlang der Elbe hatte die Propaganda Goebbels' eine Psychose hervorgerufen – Sieg oder Tod. Aber der Sieg war genauso ein Mythos wie die Unsterblichkeit des „Führers"[44], und so blieb auch für Tausende von Soldaten und Offizieren nur der Tod.

Ich habe mit vielen Soldaten geredet, die polnische oder sowjetische Einheiten gefangen genommen hatten. Immer wieder bekam ich zu hören: „Wenn wir gewusst hätten, dass ihr Gefangene macht, hätte niemand von uns Selbstmord begangen."

---

42 Im Original auf Deutsch.
43 Im Original auf Deutsch.
44 Im Original auf Deutsch.

Die Erinnerungen der Soldaten und Offiziere an ihren Aufenthalt in Russland und Polen steigerten die Todespsychose. Die vergangenen Jahre, die in einem Satz zum Ausdruck kamen, der seit Ende 1943 täglich in den deutschen Frontmeldungen wiederholt worden war – „Wir haben uns zurückgezogen, nachdem wir alles restlos vernichtet haben" –, wirkten auf das schlechte Gewissen der Menschen beunruhigend wie ein Albtraum. […]

Am fantastischsten waren die Nächte

In den Tagen der Belagerung waren die Nächte am fantastischsten. Am dritten Tag der Schlacht um Berlin fanden wir uns plötzlich bei einem Lager für Zwangsarbeiterinnen wieder. Am Tor prangte die Aufschrift „Polenlager Schönholz". Hundert Meter von uns entfernt ratterten die Maschinengewehre, zweihundert Meter hinter uns standen die Katjuscha-Raketen. Die hölzernen Baracken des Frauenkonzentrationslagers erbebten unter den Druckwellen und Detonationen. Im dunklen, mir Kerzen erleuchteten Unterstand, der in ein Lazarett umgewandelt worden war, lagen Polinnen im Sterben, die nach dem Aufstand aus Warschau verschleppt worden waren. Vom Kommandanten des Lagers waren sie unmenschlich geschlagen worden, und befreit worden waren sie erst an dem Morgen, als wir zu ihnen kamen.

Auf dem Hof waren die Gräber der letzten Opfer. Eine Handvoll Polen, Frauen, Knaben, Mädchen, kleine Kinder, beherbergt uns, die beiden polnischen Armeeangehörigen, mit einer Kost, die untypisch für ein Lager ist. Tische mit Tischdecken, Brot, Konserven und französischem Wein, den sowjetische Soldaten in benachbarten Villen beschlagnahmt hatten.

In dieser nach Hunger und Tod riechenden Baracke, die bei jeder Detonation erzitterte (wir befinden uns zwischen der vordersten Frontlinie und den Stellungen der Artillerie), hat dieses Abendessen mit Landsleuten, die aus ganz Polen hierher nach Berlin verschleppt worden sind, einen ergreifenden Geschmack. Noch einen Tag zuvor lief hier dieser bösartige preußische Kommandant herum mit einer eisernen Peitsche, die da auf dem Tisch liegt und nie mehr einen Polen berühren wird.

In den Augen der Versammelten spiegelt sich noch Unsicherheit wider. Irgendwo in den verborgenen Winkeln ihrer Seelen sind noch schäbige Reste der Angst vorhanden, die die Klarheit des Wissens trüben. Alles geschah zu unerwartet, um sofort begreifen zu können, dass das, was war, nicht wieder zurückkehren wird. Wir hielten es nicht mehr aus und gingen raus auf den Platz, um frische Luft und den Geruch des zertrümmerten Berlins zu atmen. In der Nähe stand ein Wasserturm. Wir bestiegen ihn. Es war nach Mitternacht. Der Himmel war bleischwer von Rauchwolken. Der Mond war kaum zu sehen und wirkte im Feuerschein der vor sich hinbrennenden Innenstadt recht blass. Plötzlich erhob sich auf allen Seiten ein mächtiges Brausen. Auf ein Signal hin begannen die Katjuschas, die rund um die Stadt postiert waren, zu feuern. Und danach bot sich uns ein märchenhaftes Schauspiel. So wie die Wasserstrahlen einer Fontäne von außen in die Mitte eines Beckens laufen, so ergossen sich nun von allen Seiten Berlins Leuchtgeschosse in das Zentrum der Stadt. Der Boden vibrierte unter den dumpfen Einschlägen, und nur eine Sekunde später öffnete sich die Hölle der Explosionen, Rauchschwaden, ein Meer von Feuer. Wir sahen uns satt an diesem Schauspiel, dem einzigartigsten in der Geschichte, aber noch war nicht das Ende erreicht. Bald brummten oben die Flugzeuge. Durch die Rauchwolken brachen „Christbäume" (deutsche Bezeichnung für Leuchtmunition, die über bombardierten Städten abgeworfen wurde) hindurch. Die Sicht war besser als am Tag. Die Glut der Trümmer in der Innenstadt verblasste gegenüber der Phosphorhelle der „Christbäume". Es vergingen Sekunden. Einige Dutzend Geschwader kamen nach Berlin heran geflogen, näherten sich dem Zentrum und warfen gleichzeitig einige Hundert Bomben ab. Diese schlugen dumpf in den Boden ein, um dann, nachdem sich die Flugzeuge wieder entfernt hatten, dank eines Verzögerungsmechanismus eine Fontäne von Trümmern emporzustoßen.

Einen Moment später heulten wieder die Katjuschas, danach war wieder das Brummen der Flugzeugmotoren zu hören, und so ging die ganze Nacht diese Feerie über Berlin weiter. Wir standen stundenlang oben auf dem Wasserturm, verzaubert von der Gewalt des todbringenden Fortschritts des 20. Jahrhunderts. [...]

Auf dem Alexanderplatz
Da ich Berlin genauso gut kannte wie Warschau, achtete ich nicht allzu sehr auf die Stabsinformationen, die uns die Kommandanten einzelner Frontabschnitte gaben, als ich mit Marian Brandys das weitere Vorgehen bei unseren Recherchen für den nächsten Tag festlegte. Ich hatte ganz bestimmte Vorstellungen und wollte sie um jeden Preis erreichen. Ich wollte die Eroberung des Alexanderplatzes erleben, wo die Berliner Gestapo ihren Sitz hatte. Weiter wollte ich die Reichskanzlei sehen sowie die Via Triumphalis von der Straße Unter den Linden bis zum Kaiserdamm, außerdem Potsdam. Und am Ende wollte ich mich davon überzeugen, in welchem Zustand sich die Einrichtungen der Berliner Polonia befanden: das Polnische Haus an der Jannowitzbrücke, die Zentrale des Bundes der Polen in Deutschland und die Bank Słowiański[45] an der Potsdamer Straße, die Botschaft und das Generalkonsulat der Republik Polen an der Kurfürstenstraße und schließlich die Burse des Bundes der Akademiker in Deutschland in der Lutherstraße 17, wo ich bis Januar 1939 gewohnt hatte. All diese Ziele versuchte ich nicht so zu erreichen, wie es mir sowjetische und polnische Stabsangehörige empfohlen hatten, sondern über Abkürzungen. Wir fuhren mit den beschlagnahmten Fahrrädern, die sich für Kriegskorrespondenten überall dort als hervorragendes Fortbewegungsmittel erwiesen, wo die Straßen ab und zu durch Trümmer oder Bombentrichter versperrt waren.

Es war schon der zweite Tag, als ich Marian auf eine eiserne Brücke führte, die nach Neukölln ging. Dies war der kürzeste Weg zum Ziel, das für diesen Tag vorgesehen war, den ich kannte. Wir fuhren geradeaus, aber zum Glück nicht in der Mitte der Brücke, sondern auf einem Seitenstreifen, der hinter einem hohen eisernen Gitter lag. Da bemerkte Marian:

„Ich glaube, die schießen auf uns!"

„Ach was, wo denn ..." sagte ich abwiegelnd, bis ich direkt am anderen Ende, im Torweg eines großen Hauses, große sowjetische Maschinengewehre sah, die schräg die Straße unter Beschuss nahmen, über die wir so wagemutig fahren wollten. Die Russen signalisierten uns, dass wir schnell bei ihnen in Deckung gehen sollten. Schleunigst fuhren wir heran, als auch schon von Westen her die nächste Salve abgefeuert wurde und über die Wand hinwegfegte, an der wir gerade entlangeilten.

---

45 *Sehe Roman Wodzicki, Erinnerungen.*

Es stellte sich heraus, dass wir auf einen Brückenkopf gestoßen waren, der erst vor wenigen Stunden eingenommen worden war, aber noch ständig von der gegenüberliegenden Seite der Straße beschossen wurde. Den Rotarmisten gefiel unser unfreiwilliges Husarenstück, aber als es mit Unterstützung der Artillerie zur siegreichen Attacke ging, ließen sie es wie in Weißensee nicht zu, dass wir unser Leben riskierten. „Eure Pflicht ist es, zu sehen und darüber zu schreiben. Unsere ist es, euer Leben zu schützen."

Dies [...] wiederholte sich auch im Schlosspark, aber ebenso am Alexanderplatz, zu dem wir uns über Schleichwege durchschlagen konnten und wo wir Zeugen der letzten Stunden des Kampfes waren. Die Gardesoldaten befahlen uns sofort, am Sockel des hässlichsten Denkmals der Welt stehen zu bleiben, der zerschossenen Berolina. Von unserer Position hinter dem Sockel aus konnten wir sehen, dass aus einem schweren Bunker, der sich am Ausgang einer der Straßen befand, so heftig auf den Platz gefeuert wurde, dass ohne Liquidierung dieses MG-Nests der Alexanderplatz nicht eingenommen werden konnte. Und dann sahen wir, wie sich aus dem erschöpften Haufen von Gardesoldaten eine Abteilung von Freiwilligen und Wagemutigen aufmachte, einen wahnsinnigen Angriff zu wagen. Sieben von ihnen fielen, aber der Rest kam durch und brachte den Feuer speienden Bunker für immer zum Schweigen. Ein Freund der Gefallenen trat an ihn heran und schrieb mit schwarzer Kohle folgende Worte: „Hier haben sieben Gardesoldaten den Tod gefunden."

Ich sah nun genau das zertrümmerte und in großen Teilen ausgebrannte Gebäude der Berliner Gestapo, dessen Inneres ich im Januar 1939 kennen gelernt hatte, und das bis 1945 Quell des Unglücks so vieler Menschen verschiedenster Nationalität war, auch von Deutschen.

Es roch nach dem Rauch der Brände und dem Blut der tot auf dem Platz liegenden Deutschen, die in Uniformen der Wehrmacht, der Waffen-SS und des Volkssturmes steckten. Wir machten Notizen und Lageskizzen auf blauem Briefpapier, von dem ich nicht weiß, wo wir es gefunden hatten, als unsere Betreuer merkten, dass wir unter all den Lebenden und Toten die einzigen ohne Waffe waren.

„A gdje u was oruschije?" (Und wo habt ihr eure Waffen?), fragten sie uns.

Wir erklärten ihnen, dass unsere Waffe die „Karandaschi" sind – unsere Bleistifte! Außerdem haben uns unsere Vorgesetzten empfohlen, uns an der Front eine Waffe zu besorgen ... Die Gardesoldaten brüllten los vor Lachen. Einer von ihnen trat an die gefallenen SS-Männer heran, nahm ihnen ihre Halfter mit schweren Revolvern ab und übergab sie uns feierlich.

Solcherart bewaffnet fuhren wir mit unseren Fahrrädern nach Norden, in Richtung Prenzlauerberg und Wedding, da wir dort wieder auf polnische Soldaten treffen sollten. Auf dem Weg dorthin erfuhren wir von sowjetischen Offizieren, dass es einen Tag zuvor in Torgau an der Elbe – 90 km südlich von Berlin! – zur ersten Begegnung der Roten Armee mit der US-Army gekommen war.

„Willst du leben – bekämpfe den Deutschen"

Großberlin hat einen Durchmesser von 25 km. Die Frontlinie verläuft an ihrem nordöstlichen Abschnitt nicht gerade. Um nach Westen zu gelangen, muss man entweder einen Bogen um Berlin herum schlagen – einen großen, einige Dutzend Kilometer langen Bogen –, oder die gleiche Strecke entlang den Windungen der Front zurücklegen. Wir entschieden uns für die zweite Möglichkeit. Die Freude, die Breschen in der Festung Preußens zu sehen, war den schwierigeren Weg wert.

SEITE 235

Am Nordabschnitt trafen wir endlich die ersten polnischen Soldaten. Eigentlich wussten wir, dass sie in Berlin waren. Wir wussten auch, dass sie die Deutschen bekämpften, und das war gut so. Die Offiziere und Soldaten der Roten Armee hatten uns von ihnen erzählt. Die polnische Uniform, die polnische Vierecksmütze genießen Ansehen und Wertschätzung unter den Frontsoldaten. Und trotzdem: Als ich die ersten unserer Jungs auf irgend so einer „Residenzstraße" in Berlin sah, wollte ich sie vor lauter Freude des Herzens, der Seele und des Verstandes drücken, als ob sie meine engsten Verwandten wären. Vielleicht kamen hierin Sentimentalität und patriotische Wehleidigkeit zum Ausdruck, ein billiges Zeichen schneller Gefühlsausbrüche, wie sie für die Polen typisch sind. Vielleicht. Die Geste des Umarmens ist immer eine etwas oberflächliche Weise, seine Gefühle auszudrücken. Aber dieses Mal war die Geschichte für die Art der Geste bestimmend, nicht wir, die am Weltkrieg beteiligten Kriegskorrespondenten, nicht diese beiden polnischen Soldaten vom Bug und vom San, die sich freuen, dass der Krieg bald zu Ende ist und dass sie vielleicht im Reichstag Goebbels schnappen könnten. Dieses Treffen bedeutete viel, viel mehr, als unsere kleinen Gemüter fassen konnten, und viel, viel mehr, als diese polnischen Worte zum Ausdruck bringen können: Der polnische Soldat erobert Berlin.

Der Norden Berlins wurde auf dem Morast, im Sumpf und auf den Kultstätten der Sorben errichtet. Die preußischen Architekten hatten hier viel Mühe, die absinkenden Fundamente in diesem Arbeiterviertel abzustützen. Die Residenzstraße nämlich, würde man sie von den Trümmern befreien und umgraben, würde uns die Spuren eines vor Jahrhunderten untergegangenen sorbischen Dorfes offenbaren. Dieselbe Residenzstraße würde uns, würde man sie von den Spuren der letzten Bombardierungen befreien und aus ihren Trümmern wieder auferstehen lassen, mit einer Vielzahl polnischer Namen erstaunen, die wir auf den Ladens- und Türschildern finden würden.

Berlin, das war ein Leichenfeld des Slawentums. Entweder, man ging hier zugrunde, oder man setzte sich zur Wehr, indem man Berlin zerschmetterte. Zweifelsohne gibt es so etwas wie Gerechtigkeit in der Geschichte, ging doch Berlin gerade durch das Zuschlagen slawischer Armeen zugrunde.

Von der Residenzstraße aus fuhren wir weiter nach Nordosten. Nachdem wir erneut fehlgegangen waren – das Sausen der Projektile scheuchte uns dieses Mal auf einen sichereren Weg – trafen wir schließlich auf eine Autokolonne, die mit weiß-roten Bannern vorne an die Front fuhr.

„Woher?"

„Von unserem Quartier!"

Und so wissen wir wohin. Wir müssen uns beim Stab melden. Wir laden unsere Räder auf einen erbeuteten Polizeiwagen – einen grünen Lieferwagen mit einem Schild, auf dem „Polizei"[46] steht, brrr – da wird einem noch kalt – und fahren ... zu weit! Wir radeln zurück. An den Straßen sind schon überall russische und polnische Aufschriften angebracht. [...]

---

46 *Im Original auf Deutsch.*

Polnische Soldaten regeln den Verkehr an den Straßenkreuzungen. Massen von Polinnen und Polen, die aus dem Konzentrationslager zurückkehren, schieben sich über die Straßen, sammeln sich in den Seitenstraßen und -wegen, halten die Soldaten an, drücken sie, küssen sie, weinen. Dies alles geschieht – das muss man sich mit allem Nachdruck klarmachen – im Nordwesten Berlins, der Hauptstadt Preußens und Deutschlands, die seit zwei Tagen von sowjetischen und polnischen Truppen eingekesselt ist.

Die Städtchen, die zwischen den Wäldern liegen, sind, von den Kriegszerstörungen kaum berührt, in Weiß und Rosa getaucht. Es ist Frühling, und die Äpfel und Kirschen blühen. Und jedes der kleinen Häuser hat einen Garten, in dem Obstbäume stehen. In diesem Albtraum von Krieg, den wir von der Oder bis nach Berlin hin gesehen hatten, wirkte dieses Idyll polnischer Besatzung vor den Toren Berlins wie ein Hauch unserer Zukunft – es beruhigt und stärkt.

Aber plötzlich ein Misston. Die Vergangenheit bringt sich ins Gedächtnis, dringt schmerzhaft ins Herz ein. Auf Fahrrädern kommt eine Gruppe von Polen angeradelt, die furchtbare, gestreifte Kleider anhaben. Das sind Polen aus Konzentrationslagern.

Zwischen all den duftenden Gärten, in der sonnigen Flauschigkeit der erblühten Bäume nahmen sich diese Leute auf den Fahrrädern wie die amerikanische Groteske einer Landpartie von Sing-Sing-Häftlingen aus, wäre da nicht die Brutalität einer ganz anderen Wahrheit. Denn was für eine düstere Wahrheit ist das, dass es eines so grauenhaften Krieges bedurfte, damit schließlich der Mensch, der durch den Hochmut eines anderen Menschen gequält wurde, wieder den Frühling atmen und den Blick an der Baumblüte erfreuen kann, die bis gestern den Augen der Hochmütigen vorbehalten war.

Das Lächeln vergeht uns. Es bleibt der Schmerz. Das Gespräch mit den Oranienburgern bleibt wie ein unbarmherziger Schrei im Kopf zurück: Vergiss nicht! Vergiss nicht! Vergiss nicht! Der polnische Soldat erinnert sich. Er bekämpft den Deutschen, weil er leben will. Er will leben! Unter den Deutschen ist die Angst vor den polnischen Soldaten groß. Dies gibt Sicherheit, dass das Unrecht wieder gutgemacht wird, sofern man Unrecht überhaupt wiedergutmachen kann.

Es ist schon Nacht, als wir zum Stab fahren. Es schüttet über Berlin. Der rote Mond. Ein Wald. Eine Kleinstadt. Ein Wald. Wieder eine Kleinstadt. Wieder Wald. Vor ein paar Tagen waren hier die Deutschen. Niemand hat sich versteckt. Niemand schießt auf das langsam fahrende Auto mit den abgeblendeten Lichtern. Sie sitzen zu Hause, heften sich weiße Armbinden an und denken darüber nach, wie sie sich aus all den Verbrechen herausreden können. [...]

Vorsicht mit dem Erbarmen!

In einem Villenvorort Berlins hält uns eine Gruppe von Polen, ungarischen Juden und Franzosen an. Sie kehren aus dem Konzentrationslager zurück. Sie sind in Lumpen gekleidet, so gut wie barfuß, ausgemergelt, hungrig. Sie haben in irgendwelchen Baracken übernachtet, in Garagen neben den Luxusvillen.

Die Scheu dieser Leute, die Langsamkeit und Mühe, mit der sie Worte formulieren, die Starrheit ihrer Augen, die nicht von dieser Welt zu sein scheinen – dies alles ist erschreckend wie ein Meer schmerzvoller Erinnerungen, die bei diesen Menschen durch Erlebnisse geweckt werden, die uns unfassbar scheinen. In einigen Augen sehen wir einen Schimmer von Heiligkeit, in anderen ein verstörtes Aufflackern furchtbarer

Angst, das der Frühling und die Freiheit noch nicht hatten beseitigen können. In uns breiten sich Empörung und Wut aus. Nicht gegen sie, diese bis zum Grunde ihrer Seele gequälten Menschen, richtet sich diese Wut, sondern gegen all diese Luxusvillen, die mit ihrem preußischen „Verboten!" um sich herum einen Bannkreis errichten, den diese Leute noch immer nicht zu betreten wagen. Vom Krieg unberührter, toter Reichtum der niederträchtigsten aller Nationen, der preußischen Nation, erwachsen aus dem Leid der Menschen, die eine andere Sprache sprechen, die anderer Gesinnung sind. Irgendwo auf der Welt wurde Krieg geführt, die preußischen Soldaten haben gebrandschatzt, zerstört und das Hab und Gut anderer Völker geraubt, um ihre Beute in lauschigen Villen zu sammeln, die zwischen Wäldern und Gärten liegen, in der Nähe von Konzentrationslagern, wo wiederum eine andere preußische Soldateska Menschen aus der ganzen Welt in die Krematorien trieb, in die Folterkammern, zu den Hinrichtungsstätten, zu raffinierten Rückradbrechern.

Wir gehen in einige dieser preußischen Villen hinein. Sie sind nicht leer. Irgendwelche Frauen, irgendwelche älteren Männer lugen ängstlich hervor. Wir geben den Befehl: „Sofort alle Koffer aus dem Keller bringen!" Auf dem Hof legen die Deutschen ihre Koffer, Taschen und Kisten in eine Reihe und öffnen sie. In ihnen türmen sich Kleidungsstücke, Wäsche, Schuhe. „Das ist alles euch!", sagen wir den Leuten, die bis gestern noch nicht einmal ein eigenes Leben besessen hatten.

Langsam, nach gründlicher Überlegung nehmen sie sich ein paar Sachen. Sie legen die Lumpen ab, schlüpfen in ein sauberes Hemd, ziehen Kleidungsstücke, Schuhe an. Sie nehmen nicht mehr, als sie benötigen. Eine schöne ungarische Jüdin zieht Strümpfe über ihre geschwürigen Beine, probiert Pantoffel an, tritt zuvor mit Holzschuhen in ein Beet mit Stiefmütterchen und Tulpen und bricht in Tränen aus. Ein traurig dreinschauender, nervöser Franzose in zu weiter Kleidung wendet seinen Kopf ab und schaut auf den blutroten Sonnenuntergang. In der Hand hält er einen Strauß Tulpen, die er streichelt, wobei er darauf achtet, bloß nicht die Blütenblätter zu berühren.

In einem großzügigen Speisezimmer hat man den Tisch gedeckt. Die eingeschüchterten Deutschen bringen dienstbeflissen das Essen. Ein kurzer Besuch in der Speisekammer, die sich im Keller befand, brachte Brot, Kuchen, Sardinen, Dauerwurst, italienischen, französischen und griechischen Wein sowie polnisches Kompott hervor. Nichts auf dem Tisch war deutsch. Alles wurde im germanischen „Paneuropa" zusammengeraubt. Wir schauen zu, wie sich unsere aller ärmsten Brüder stärken. Der traurige Franzose bringt einen Toast auf die Freundschaft und Freiheit der Völker aus. Die Tafelgäste, die zu weite Kleider tragen, stoßen ungeschickt mit den Gläsern an. Rote Tropfen beflecken die sehr weiße Tischdecke.

Ein sechzigjähriges Schwäblein kommt, um eine Zigarette zu schnorren, und bittet, dass wir ihm eine Flasche Wein übriglassen, weil er herzkrank sei. Seinem feisten Gesicht sieht man die Fettpolster an. Ich schreie ihn an, er solle verschwinden, als einer der Polen dem Deutschen eine Zigarette und eine angebrochene Flasche Wein gibt. „Es gab mal einen Deutschen", sagt er zur Erklärung, „der hat mir eine Zigarette und ein Glas Wein gegeben, als ich krank war. Jetzt zahle ich diese Schuld zurück. Jetzt bin ich auch von jeder Pflicht zur Dankbarkeit befreit." Der Deutsche zieht sich mit dem Rücken zur Tür zurück und macht dabei pausenlos tiefe Verbeugungen. Er verbeugt sich auch vor mir, nicht weil ich der Geber bin, sondern weil ich ihn angeschrien habe und einen Revolver besitze. Ich schäme mich, schäme mich für den Deutschen und für das gute Herz, das der ehemalige Häftling besitzt. Die scheinbar so klaren Begriffe Schuld und Sühne scheinen mir plötzlich wieder unklar. Wenn der Lauf der Geschichte nicht automatisch dazu führt, begangenes Unrecht wiedergutzumachen, wie soll dies sonst bewerkstelligt werden, wie?

Die guten Leute bleiben die Nacht über in der Villa. Wir fahren weiter, wobei wir uns nicht sicher sind, ob nicht der fette Deutsche die Schlafenden umbringen wird, so wie dies zwei Tage zuvor bei einer ähnlichen Gelegenheit in irgendeiner Villa in Bernau geschehen ist.

Vielleicht sollte man an allen Straßen des Reiches Tafeln mit der Aufschrift aufstellen: „Vorsicht mit dem Erbarmen gegenüber den Deutschen!"

Unterwegs verliere ich die Orientierung. Links wie rechts von der Straße glaube ich, die Abenddämmerung zu sehen. Ein blutrotes Leuchten, während über uns Regenwolken bleischwer hängen. Der mächtige Donnerhall der Kanonen erinnert mich an die Wahrheit: Links von der Straße leuchten die letzten Sonnenstrahlen, rechts geht Berlin seinem Ende entgegen.

Dort gibt es kein Erbarmen. […]

Spandau

Von Potsdam aus fuhren wir mit einem amerikanisch-sowjetisch-polnischen Willys-Jeep in das nahe gelegene Spandau[47]. […]

Auf dem holprigen Weg wurden wir ziemlich hin- und hergeworfen, aber mich hat das ehrlich gefreut, musste ich doch die ganze Zeit daran denken, an welchem unglaublichen Abenteuer mir vergönnt war teilzunehmen. Schließlich fuhr ich in einem Auto, das in Amerika produziert, nach langen diplomatischen Verhandlungen über den Atlantik und das Weiße Meer nach Murmansk gebracht und von dort über das Verteilersystem der Roten Armee an die Kraftfahrkompanie der 1. Polnischen Armee geliefert worden war – und ich fahre mit eben diesem Symbol der gemeinsamen, antifaschistischen Front der USA, der UdSSR und Polen in „meine Heimatstadt" Spandau!

Warum „meine Heimatstadt"?

Im Städtchen Spandau, das zum Regierungsbezirk Potsdam gehört,[48] ließ nämlich Bismarck eine Zitadelle errichten,[49] in deren Kasematten Rekruten aus Schlesien und Großpolen ausgebildet wurden. An diesem Ort diente 1901 mein Vater „bei den Preußen". Er wurde aus einem kleinen, an der Oder zwischen Troppau[50] und Ratibor[51] gelegenen Dorf eingezogen.[52] Und dorthin wurde wiederum auch ich 1938 zum 67. preußischen Infanterieregiment einberufen, um eine dreimonatige Ausbildung zu durchlaufen, wobei man mir einen großen, roten Stempel „Achtung, Pole!"[53] in den Dienstausweis gedrückt hatte.

---

47 In der polnischen Fassung Szpandawa.
48 Hier irrt Osmańczyk. Spandau gehörte seit 1920 zu Groß-Berlin.
49 Auch hier irrt Osmańczyk. Die Zitadelle Spandau geht auf das 16. Jh. zurück.
50 Heute: Opava.
51 Heute: Racibórz.
52 Im Original auf Deutsch.
53 Im Original auf Deutsch.

Der Chef der Kompanie hatte uns spöttisch auf Polnisch begrüßt, ein Volksdeutscher[54] aus Bydgoszcz, der zur Reichswehr übergelaufen war, nachdem er in Polen die Kadettenschule absolviert hatte. Ich durchlief also von Anfang an eine harte Schule und erlebte nur zu gut das Elend der preußischen Rekruten aus Schlesien, die hier seit etwa fünfzig Jahren ihre Ausbildung erfuhren.

Als ich jetzt mit dem Willys nach Spandau kam, fiel mir zunächst der von Kugeln zerschossene goldene Turm auf, der sich über die Zitadelle erhob. Eigentlich hieß er Juliusturm, aber mein Vater hat erzählt, zu seiner Zeit wurden in den Kellergewölben des Turms Kisten mit fünf Milliarden französischen Goldfranken aufbewahrt, die Frankreich nach der Niederlage von Sedan binnen eines Jahres an Preußen als Kriegsentschädigung hatte zahlen müssen. Dieser ungeheure Geldberg wurde zur Grundlage der ökonomischen Macht des Bismarckreiches.

Mir schien, als ob auf dem goldenen Turm, der durch den von der Stadt aufziehenden Rauch verhüllt wurde, neben der roten Flagge die weiß-rote wehte.

„Ist das möglich?", fragte ich den Fahrer.

„Ja, das ist möglich. Die Truppen der 1. Armee, die Berlin von Norden her eingeschlossen haben, haben nämlich gestern gerade von Spandau aus ihren Angriff auf Charlottenburg begonnen …" […]

Die Kapitulation Berlins und des Dritten Reiches

In der Nacht vom 30. April auf den 1. Mai übernachteten wir in der Nähe von Spandau. Einen Kilometer weiter lagen die von der polnischen Artillerie zerschossenen Kasernen des 67. preußischen Infanterieregiments, was ich mit besonderer Freude zur Kenntnis nahm. Die polnischen Einheiten kämpften vom Berliner Westen her gegen die Deutschen und hatten nach und nach die Aufgabe erhalten, Spandau, Charlottenburg und Tiergarten einzunehmen. Die Ehre, Berlin zu stürmen, fiel zum Teil der 1. Tadeusz-Kościuszko-Infanteriedivision[55] zu. […]

Am 1. Mai zertrümmerten die Katjuschas und Bomber Berlin auf feiertägliche Weise. Polnische Truppen erstürmten den Kaiserdamm, die Berliner Straße und die Charlottenburger Chaussee. Als Ort des Zusammentreffens mit den sowjetischen Verbündeten war das Brandenburger Tor vorgesehen.

Vom Osten her hatten die Gardesoldaten aus Leningrad, nachdem sie die Frankfurter Allee gesäubert und den Alexanderplatz eingenommen hatten, den Feind über die Straße Unter den Linden zurückgedrängt und bereiteten sich auf den letzten Schlag gegen den Amtssitz Hitlers vor, die Reichskanzlei, sowie auf die Erstürmung des Reichstages. […]

Die ersten Brechen in das mit Bunkern verbarrikadierte Westend hatten die polnischen Soldaten schon am Tag zuvor geschlagen. In der Nacht wurde schließlich der Kaiserdamm eingenommen, und am Tag die Berliner Straße sowie die berühmte Bismarckstraße. Das ausgerechnet die Straße, die nach Bismarck benannt worden war, von Polen entwaffnet wurde, war ein besonders guter Treppenwitz der Geschichte. Danach brachen Soldaten des 2. Infanterieregiments, das von Oberst Wiktor Sienicki angeführt und von sowjetischen Panzergardisten unterstützt wurde, den Widerstand der Technischen Hochschule in Charlottenburg.

---

54 Im Original auf Deutsch.
55 Sehe: Marian Brandys, Meine Abenteuer mit dem Militär

Der Angriff wurde mit großer Heftigkeit geführt. Die Deutschen versuchten, sich aus den Ruinen der Hochschule zurückzuziehen. Vergebens. Also gingen sie in die Gefangenschaft. Am Bahnhof Tiergarten erstickten die Soldaten des 3. Infanterieregiments, das von Aleksander Archipowicz befehligt wurde, ebenso in enger Zusammenarbeit mit dem Panzerkorps der Garde, den letzten Widerstand schwerer Maschinengewehre und richteten auf den Gleisen des Bahnhofes die weiß-rote Flagge auf.

Das war am 2. Mai 1945, fünf Uhr morgens. Jetzt bot sich den Soldaten der 1. Armee des Polnischen Heeres ein unvergleichlicher Blick auf das sterbende Zentrum der Hauptstadt Preußens und des Dritten Reiches.

Zuvorderst lag der Tiergarten. Ein riesiger Park, dessen Bäume von den Geschossen so niedergemäht und angesengt worden waren, dass sie wie Friedhofskreuze aussahen. Mitten im Park glänzte die vergoldete, hochmütige Siegessäule[56] – gegossen auf Befehl eines der Hauptarchitekten des Dritten Reiches, des „eisernen Kanzlers" Otto Bismarck, aus vierhundert französischen Geschützen, die in der Schlacht von Sedan am 1. September 1870 erbeutet worden waren.

Das Kommando der 7. Batterie der 3. Division, die durch den Tiergarten zur Straße Unter den Linden marschieren sollten, entschloss sich, an der Siegessäule die polnische Flagge aufzuhängen.

Aus den Berichten, die uns überliefert sind, geht hervor, dass Leutnant Mikołaj Troicki die Idee dazu hatte, die Entscheidung fällte Leutnant Stanisław Szymanik, und auf die Säule stiegen schließlich, neben den beiden bereits Erwähnten, Korporal Karpowicz, Zugführer Kazimierz Otab sowie die Kanoniere Antoni Jabłoński und Eugeniusz Mierzejewski. Über die Wendeltreppe im Inneren des Denkmals stiegen sie auf die Spitze des Sockels, auf der die Siegesgöttin steht. An ihre rechte Hand brachten sie das weiß-rote Banner an. Vom Brandenburger Tor her kamen die Gardesoldaten angelaufen, die die Straße Unter den Linden eingenommen hatten. Die rote Standarte mit dem Hammer und der Sichel hisste man an der zweiten Hand der Göttin des preußischen Sieges über Frankreich. Auf dem Sockel wurde dieser Akt in polnischer und russischer Sprache schriftlich festgehalten, als Zeichen des slawischen Sieges über den germanischen Imperialismus. Die polnischen Soldaten wiederum begaben sich zur Straße Unter den Linden, wo sie neben der Flagge der UdSSR die Flagge der Republik Polen auf dem Brandenburger Tor aufzogen.

Ringsherum erloschen die Feuer

Die polnischen Soldaten marschierten nun über die Siegesallee nach Westen zurück. Sie verließen das besiegte Berlin, um sich für die letzten Tage des Kampfes an die Elbe zu begeben.

In Berlin blieben die Gräber polnischer Soldaten an der Via Triumphalis der Hauptstadt des Deutschen Reiches zurück sowie die Standarten der Republik Polen, die im Herzen des preußischen Berlins gehisst worden waren.

Die Kapitulation Berlins

Berlin ist gefallen. Es gibt keinen Spittelmarkt, es gibt keinen Alexanderplatz, an dem die mehrstöckigen Gebäude der Gestapo, der Kauf- und Bürohäuser zu Schutthaufen zusammengesackt sind, die nicht über das zweite Geschoss hinausragen. Neben dem Zeughaus – die Ruinen der Universität. Gegenüber das aus-

---

56 *Im Original auf Deutsch.*

gebrannte Opernhaus sowie das ausgebrannte Gebäude der St.-Hedwigs-Kathedrale, die einst die Radziwiłłs hatten errichten lassen. Die Friedrichstraße sieht schlimmer aus als damals die Marszałkowska[57]. Das Hotel „Adlon" ist den schwarzen Flammen zum Opfer gefallen. Gleich daneben sind auf dem Brandenburger Tor, das übersät ist mit den Einschlaglöchern der Geschosse, von den acht[58] Pferden der Quadriga nur anderthalb geblieben. Die Victoria selbst, die die Zügel der Pferde in der Hand hielt, ist zu kleinen Klumpen grünspanfarbenen Blechs zerfallen. An der Wilhelmstraße waren alle Häuser entweder ausgebrannt oder eingestürzt. Die Lügenschmiede Goebbels – in Trümmern. Die Kanzlei Hitlers – zu zwei Dritteln von Geschossen und Granaten zerstört. Im Reichstag brannten noch die letzten Kellerräume. Vor dem Reichstag, der nun zum ersten Mal wirklich von Kommunisten angezündet worden war, das etwas beschädigte Bismarck-Denkmal, dem jedoch die Papierrolle mit der Verfassung des vereinigten Deutschlands von 1871 und der Feldherrenstab fehlen;[59] an ihrer Stelle haben siegreiche Soldaten dem eisernen Kanzler zwei Schaufeln in die Hände gelegt. Bismarck verzog trotzdem nicht sein Gesicht, dafür glich der Tiergarten, auf den er schaute, mit nichts mehr dem alten Park. Die Bäume von den Geschossen zerfetzt, das Gras vom Feuer verbrannt, Wrackteile deutscher Flugzeuge, die von der Autobahn Richtung Charlottenburger Straße gestartet waren, wild durcheinander liegendes Alteisen von den Geschützen, Autos, Panzern – so sah der Kampfplatz im Herzen des einstmals so stolzen Garten Berlins aus. Vom Brandenburger Tor aus blickend auf der rechten Seite, hinter der Spree – soweit das Auge reicht nichts als Ruinen, Ruinen, Ruinen … Auf der linken Seite – der in Trümmer gesunkene Potsdamer Platz und die Leipziger Straße, weiter die Potsdamer Straße und der Lützowplatz, der Nollendorf- und der Wittenbergplatz. Die Nettelbeckstraße, berühmt für ihre Antiquariate, sah schlimmer aus als die Świętokrzyska-Straße in Warschau[60] und war bis auf die Höhe eines halben Stockwerkes dem Erdboden gleichgemacht. An der Kurfürstenstraße ist nichts stehen geblieben. Hinter dem Zoologischen Garten blieben von der Kirche, die zum Gedenken an die fünfundzwanzigjährige Regierung Wilhelms II. errichtet worden war,[61] der Gedächtniskirche[62], nur riesige Steinbrocken und ein schräg abgebrochener Turm. Ringsherum war

---

57 Nach dem Ende des Warschauer Aufstands wurde Warschau im Rahmen der Vergeltungsmaßnahmen planmäßig zerstört; die noch in Trümmern lebenden Einwohner wurden in die Konzentrationslager deportiert. Marszałkowska, die repräsentative Straße der Stadt wurde vollständig vernichtet. Nichtsdestotrotz wachte die Stadt nach dem Einmarsch der russischen und polnischen Truppen im Januar 1945 allmählich zum neuen Leben auf. In den ersten Nachkriegsjahren wurde Marszałkowska wieder zu einer Handelsmeile, die improvisierten Neubauten hatten aber in der Regel nicht mehr als eine Etage, was Anlass zur ironischen Umbenennung der Straße in „Parterowa Marszałkowska" gab.
58 So im Original.
59 Das Denkmal steht heute im Tiergarten. In den Händen hält Bismarck einen Säbel sowie die Stiftungsurkunde des Deutschen Reiches.
60 Die Warschauer Świętokrzyska-Straße war in der Zwischenkriegszeit für zahlreiche Antiquariate bekannt.
61 Die Gedächtniskirche wurde zu Ehren Kaiser Wilhelms I. errichtet, die Einweihung erfolgte am 1. September 1895.
62 Im Original auf Deutsch.

alles niedergebrannt oder lag in Trümmern. An der Kurfürstenstraße waren allenthalben die Lücken der ausgebrannten und eingestürzten Häuser zu sehen, ebenso am Bayerischen Platz, am Knie[63], im Wedding, in Wilmersdorf, im Westend.

Berlin ist gefallen. Die Altstadt Berlins sah genauso aus wie die Warschauer Altstadt. Das Berlin, das regierte, das Berlin der preußischen Gebäude, der preußischen Straßen und Denkmäler, dieses Berlin gab es nicht mehr und wird es hoffentlich nie mehr geben. Ein zweites Mal darf sich die Welt auf ein 74 Jahre dauerndes, „ewiges" Reich Bismarck'scher und Hitler'scher Prägung nicht einlassen.

Die Rächer Warschaus auf den Trümmern Berlins

Am nächsten Tag bekam ich vom Chefredakteur der „Zwyciężymy"[64], Major Dorian Płoński, einen Willys-Jeep und den Kampfauftrag, den langen Weg zu beschreiben, den die polnischen Soldaten zu ihrer Siegesallee zurückgelegt hatten, zur preußischen Allee der Niederlage. Major Płoński, ein alter Freund von vor 13 Jahren – vor dem Krieg war er einer der ständigen Korrespondenten der Lemberger Presse in Berlin – belohnte diesen meinen Bericht, indem er ihn am 8. Mai 1945, dem Tag der Kapitulation des Dritten Reiches, auf der ersten Seite der „Zwyciężymy" brachte. Hier einige Auszüge:

*

Zwischen Spandau und dem Kaiserdamm finden wir auf dem Friedrich-Karl-Platz ein erstes Anzeichen für den heldenhaften Kampf der Archipowicz-Truppen: In zwei Sammelgräbern liegen 28 Soldaten, und gleich daneben befinden sich drei einzelne Gräber: Oberleutnant Mroza, Oberleutnant Bachoro und Fähnrich Kicznany. Die Gräber sind mit Grünen Zweigen und Blumen geschmückt. Weiße Kreuze, blutbefleckte Viereckmützen, aus Steinen gelegte Schriftzüge: „Sie fielen auf dem Feld der Ehre. Für unsere und eure Freiheit." Einen Kilometer weiter, zwischen den zerschossenen Häusern am Sophie-Charlotte-Platz, ein einsames Grab mit weißem Kreuz: „Hier liegt der polnische Soldat Zdzisław Wiszowaty. Am 1. Mai 1945 fiel er auf dem Feld der Ehre. Er wurde 24."

Wo der Kaiserdamm aufhört, beginnt die Berliner Straße. Vor uns das zur Ruine gewordene Gebäude des Deutschen Opernhauses. Die Deutschen räumen die Barrikaden weg. Die Spuren der verbissenen Kämpfe sind überall zu sehen. Auf dem Vordergiebel der Oper eine mit Kreide geschriebene Aufschrift: „Dies hier hat eine Einheit von Major Zwierzański erobert." Und ein bisschen weiter die wichtigsten Worte der polnischen Sieger: „Die Rächer Warschaus auf den Trümmern Berlins."

Stolz lässt die Herzen der Polen überfließen. Dies ist nicht mehr das Wunschdenken von Generationen, sondern eine Seite in den Büchern der Geschichte, die mit Soldatenblut geschrieben wurde: Wir Polen haben zusammen mit unserem siegreichen Verbündeten, der UdSSR, Berlin erobert. Wir haben uns bis in das Zentrum des preußischen Berlins vorgekämpft. Der polnische Soldat hat auf unsere Standarten den Namen des größten Sieges geschrieben, den die Geschichte kennt.

Aus dem Polnischen von Ingo Eser

---

63 *Heute Ernst-Reuter-Platz.*
64 *Sehe: Marian Brandys, Meine Abenteuer mit dem Militär*

EDMUND JAN OSMAŃCZYK,
BERICHT ÜBER DIE POLITISCHE LAGE IN BERLIN (24.4. – 17.5.1945)[65]

1. Zerstörung Berlins: In der Innenstadt ist ein Gebiet der Größe Warschaus zu 95 Prozent zerstört, einschließlich aller Baudenkmäler. Rund um Berlin bilden die Vorstädte einen Gürtel, der zu 40 Prozent zerstört ist (mit Ausnahme von Westend, Wedding und Schmargendorf, wo die Zerstörungen 80 % erreichen). Die wertvollsten staatlichen und privaten Sammlungen wurden über die Elbe gebracht („damit sie nicht den Russen in die Hände fallen"). In der Innenstadt liegt die ‚Altstadt'. Ein Wiederaufbau des Zentrums von Berlin scheint unmöglich zu sein.

2. Das Verhältnis zu den Deutschen und umgekehrt: Während der Kämpfe kamen Hausdurchsuchungen, verbunden mit Plünderungen und der Vergewaltigung von Frauen, recht häufig vor, ebenso wie die Demolierung von Haus- und Büroeinrichtungen. Die Gewalttaten hingen von der Menge des Schnapses ab, der gefunden wurde. Nicht immer besaß das den Charakter von Notzucht. Oft hörte man von den deutschen Frauen das allerneuste Berliner Sprichwort: „Lieber einen Russen auf dem Bauch, als eine Bombe auf dem Dach."[66] Schlimmer erging es den Ausländerinnen (den Französinnen, Belgierinnen, Polinnen, Italienerinnen usw.), die weder ihr Pass, noch die Nationalfarben vor der Vergewaltigung bewahrten, wenn gerade deutsche Frauen fehlten. Im Zwangsarbeitslager Berlin-Schönholz gelang es uns (Oberleutnant Brandys und mir) nur mit Mühe, Soldaten davon abzubringen, Polinnen zu missbrauchen, die noch am Tag zuvor vom deutschen Lagerkommandanten geschlagen worden waren. Solche Umstände sind Quell einer unfreundlichen Propaganda, die von Frauen verschiedener Nationalität verbreitet wird. Die amerikanischen und englischen Korrespondenten, auf die ich traf, waren durch die Erzählungen der Französinnen, Österreicherinnen und Holländerinnen geradezu feindselig gesinnt und folgerten, es müsse bei einem solchen Umgang mit den Deutschen zu einem neuen Krieg kommen. Die Entgegnung, die Deutschen haben in Warschau (nicht zu reden von der Ukraine) vergewaltigt, gebrandschatzt und Mädchen ermordet, fand keinen Glauben. Ich musste feststellen, dass die Angelsachsen von einem Mitgefühl für die im Kriegsspiel besiegten Gegner umnebelt sind. Die Deutschen verhalten sich würdelos. Eine ekelhafte Gallerte, die im wahrsten Sinne des Wortes bereit ist, die Schuhe zu putzen, ohne dass man sie darum bittet. Alle gehören zu jenen zwei Prozent, die 13 Jahre lang gegen Hitler gestimmt haben wollen. Die Verachtung, mit der man Hitler gedenkt, ist übertrieben unappetitlich. Aufrichtig reden können sie nicht. Die Worte: „Ich war stolz, ein Deutscher zu sein, aber heute wäre ich lieber ein Engländer, Franzose, Pole (!), Hauptsache kein Deutscher" kann man häufig hören. Das Verhältnis zu den Besatzungsbehörden ist sachlich-hündisch-dienstbeflissen. Jeder Berliner lebt mit der Frage: Wann kommen die Angelsachsen? Das Träumen von einem Berliner Schanghai ist weit verbreitet. Aufrichtige Kommunisten, die entsprechende Papiere aus der Lager- oder Gestapo-Haft besäßen, traf ich nur wenige, und von diesen waren zwei Halbjuden. Die Restlichen erwiesen sich, nach einer Reihe genauer Nachfragen, als geschickte „Anschlussler". Das ist leicht zu verstehen, wenn man bedenkt, dass nach der totalen Mobilisie-

---

65 Im Unterschied zum vorigen Text war der Bericht Osmańczyks nicht für eine Veröffentlichung, sondern nur für den Dienstgebrauch polnischer Behörden bestimmt.

66 Im Original auf Deutsch.

rung die Zahl der Leute, die im Vollbesitz ihrer Kräfte waren (und 1933 Kommunisten waren), sich in Berlin auf wenige Prozent verringert hatte (hauptsächlich Facharbeiter, die nicht beim Militär dienen mussten). Politisch ist die KPD die stärkste der Gruppen. Eine schwache Gruppe stellen die alten Leute von der Sozialdemokratie dar (Severing[67] lebt irgendwo bei Berlin), außerdem gibt es noch ein paar weitere linke Gruppen, die sich gegenseitig befehden. Die Selbstverwaltung befindet sich in den Händen der Deutschen, die unmittelbar den Militärkommandanten verantwortlich sind. Ein paar Tage nach der Kapitulation kam es zu einem radikalen Kurswechsel gegenüber den Deutschen. Ein Befehl Schukows verbietet den Soldaten aller Armeen, in den Wohnungen der Deutschen Einquartierungen und Requirierungen vorzunehmen. Ich war Zeuge, wie zwei russische Soldaten festgenommen worden sind, weil sie ein deutsches Haus betreten hatten. Die Radios wurden anfänglich eingesammelt, man ließ sie aber denjenigen, die ihre Apparate nicht wegbrachten. Man ordnete an, die Läden, Restaurants, Kinos, Theater und Radiostationen zu öffnen. Man hängte eine Verlautbarung Stalins aus, dass es nicht Ziel der alliierten Völker sei, Deutschland zu zerstören oder auseinanderzureißen. Die minimale Zahl sowjetischer Soldaten und Offizieren sowie der sanfte, ruhige Umgang mit den Deutschen führt dazu, dass sie wieder ihre alte Unverfrorenheit entwickeln. Flugblätter linker Parteien verkünden, jeder Deutsche (mit Ausnahme zunächst (!) der ehemaligen NSDAP-Mitglieder) kann in die Partei aufgenommen werden. Alliierte Korrespondenten, die in den ersten Tagen aufgetaucht waren, habe ich zuletzt überhaupt nicht mehr getroffen, geschweige denn alliierte Soldaten. Der Wunsch nach Rache kommt bislang bei den Deutschen darin zum Ausdruck, dass sie von einem Krieg zwischen den Alliierten träumen, wobei es zuvörderst das Ziel ist, die Gebiete jenseits der Oder wiederzuerlangen, deren Verlust für die Deutschen unbegreiflich ist. „Und die haben uns erzählt, das Polen existiert nicht mehr"[68], beschwerte sich ein Deutscher aus Kolberg bei mir, der eine Firma in Posen gehabt hatte. Die meisten Berliner kommen aus dem Osten, ihr Verhältnis zu Polen ist von Verachtung geprägt; ich habe viele Familien getroffen, die aus den Gebieten jenseits der Oder und aus dem Posenschen kamen und in ihre „Heimat"[69] zurückkehren wollen. „Wenn wir arbeiten, werden [die] Polen uns nicht[s] tun!"[70] Ein deutscher General, der von den Polen gefangen genommen wurde, erklärte: „Mit den Gebieten östlich der Oder kommt ihr nicht zurecht, beim nächsten Konflikt holen wir wieder zurück, was uns gehört."

3. Polnische Angelegenheiten: Bei der Schlacht um Berlin und die Elbe zeigten die polnischen Soldaten ein hervorragendes Heldentum. Berichte über unsere Schlagkraft hörte ich viele Male aus den Mündern sowjetischer Gefreiter und Offiziere. Die polnische rogatywka[71] hat an der Front die Herzen und Seelen gewonnen. Mit Ausnahme eines Falles (grundlos wurde ich daran erinnert, dass Polen von der Roten Armee befreit worden war) traf ich die ganze Zeit auf Hilfe und Wohlwollen von sowjetischer Seite. Ich möchte anmerken, dass nicht alle Kollegen dieses Glück hatten. Trotzdem kann ich eines behaupten: Dort, wo die

---

67 Es geht um Carl Severing (1875-1952). Seit 1946 war Severing Vorsitzender des Bezirksverbandes östliches Westfalen der SPD.
68 Im Original auf Deutsch.
69 Im Original auf Deutsch.
70 Im Original auf Deutsch.
71 Viereckmütze des polnischen Heeres.

Waffenbrüderschaft durch den gemeinsamen Kampf gefestigt wurde, war das Eis gebrochen. Infolge der jüngsten politischen Spielereien, die in Berlin (folgt man den Berichten von deutschen Frauen, die von jenseits der Elbe kommen) den Eindruck machen, als ob sich die Alliierten einen Wettstreit im „ritterlichen Behandeln des Besiegten" liefern, haben die Deutschen ihren alten Stolz wiederentdeckt und lassen ihre Ambitionen an den ausländischen Zivilisten aus, vor allem an den Polen. Und während sie in den Händen ihre Lebensmittelzuteilung halten, schikanieren sie die Fremden. Ich musste feststellen, dass ein Oranienburg-Pole[72] von einem deutschen Bäcker in Charlottenburg am 15. Mai deswegen geschlagen wurde, weil er nach mehrstündigem Warten in der Schlage darauf bestand, dass auch er ein Brot bekomme. Aus politischen Gründen war es nicht möglich, den Deutschen zu erschießen, was im umgekehrten Falle in Krakau oder Łowicz im Januar 1945 mit Sicherheit geschehen wäre. Vielfach musste ich in Häusern, in denen Polen leben, einschreiten, um zu erreichen, dass sie dort ordentlich behandelt werden. In Berlin gibt es noch Zigtausend Personen fremder Nationalität, die dort schon seit Jahren leben. So gibt es ungefähr 5.000 Juden, die in einer „Reichsvereinigung der Juden in Deutschland" organisiert sind. Es gibt ungefähr 20.000 Polen – deutsche Reichsbürger, ständige Einwohner Berlins oder sogenannte Optanten (die 1920 für Polen optierten und nach dem September 1939 zu „Schutzangehörigen polnischer Nationalität" ernannt wurden) –, die im Bund der Polen in Deutschland organisiert waren. Nach einer Serie von Verhaftungen und Deportationen handelt es sich dabei größtenteils um Frauen, Kinder, alte Menschen sowie um eine gewisse Zahl von Facharbeitern. Außerdem gibt es weiterhin Polen, die während des Krieges verschleppt worden sind, aber aufgrund von Krankheiten oder aus anderen Ursachen noch nicht sofort in ihre Heimat zurückkehren können. Das Fehlen jeglicher polnischer Repräsentanz, die sich um diese Polen kümmern könnte, ist unerträglich. Im Zentrum, in der Lutherstraße 17, hat das Haus der Akademiker des „Bundes der Polen in Deutschland" heil den Krieg überstanden (die Botschaft und das Konsulat sind abgebrannt) und eignet sich hervorragend als Polnisches Kommissariat. Ich habe die sowjetischen Stellen davon in Kenntnis gesetzt, dass das Haus Besitz des polnischen Staates ist. Seit Kurzem verbreiten die Deutschen das Gerücht, dass alle Polen inhaftiert werden, die Berlin nicht innerhalb einer Woche verlassen. In den polnischen Familien, denen der Schrecken der Kriegsjahre noch in den Knochen sitzt und die auf die Rückkehr ihrer Angehörigen aus den Lagern warten, sorgt dies für Unruhe und Verzweiflung.

4. Die Frage der Gebiete östlich der Oder: Im Vergleich zur deutschen Idylle in Berlin wirkt das Schicksal der Polen in den polnischen Gebieten an der Oder geradezu tragisch. Weder werden sie vom Staatlichen Repatriierungsamt[73] begrüßt, noch von einem Polen, ja noch nicht einmal von irgendeiner polnischen Aufschrift. Unzählige Male musste ich mir Klagen anhören, dass das Gepäck, das die Leute zu Fuß hinter sich herziehen, durchsucht oder beschlagnahmt worden sei, sogar Vergewaltigungen von Mädchen hat es gegeben (zwei Fälle). Im Kreis Skierczyn befinden sich die Repatrianten aus dem Osten in einer verzweifelten Lage. Man hat ihnen die Pferde weggenommen. Während sie auf dem Feld gearbeitet haben, hat man ihnen die Wohnungen ausgeplündert. Die öffentliche Ordnung wird im Kreis von gerade mal 12 Milizionären repräsen-

---

72 Ein polnischer ehem. Häftling des KZ Sachsenhausen.
73 *Państwowy Urząd Repatriacyjny*: Eine 1944 gegründete staatliche Agentur, die Hilfe und Transportmaßnahmen für die repatriierten Polen lieferte.

tiert! Irgendeinen Starosten (Landrat) oder Bürgermeister gibt es nicht. Insgesamt herrscht finstere Verzweiflung. Die Wüste in den Odergebieten bleibt auf diese Weise eine Wüste. Der einzige Ausweg: ein starker Sicherheitsstreifen an der Oder einschließlich Arbeitsstellen des Staatlichen Repatriierungsamtes (es werden noch Hunderttausende von jenseits der Elbe zurückkehren) und kluge, tatkräftige Starosten, die von den Militärkommandanten genau abgegrenzte Kompetenzen besitzen, so wie es das polnisch-sowjetische Abkommen vorsieht.

Schlussfolgerungen: Das politische Spiel um die Deutschen ist nur vorübergehender Natur und geht vorbei. Die Deutschen hingegen bleiben, wie sie sind, und streben als unsere Nachbarn danach, die Gebiete östlich der Oder wiederzuerlangen. Eine starke und kluge Vertretung Polens in den Odergebieten und in Berlin ist eine Frage von höchster Dringlichkeit und duldet keine Verzögerung. Eine Propagandabeklebung aller Straßen an der Oder mit polnischen Aufschriften ist gleichfalls eine dringliche und wichtige Aufgabe.

Łódź, 20. Mai 1945
(–) Edmund Osmańczyk

Aus dem Polnischen von Ingo Eser

LEOPOLD MARSCHAK, DAS HEUTIGE BERLIN (1948)

4

Leopold Marschak (1900-1983), polnischer Journalist, arbeitete sowohl für Presseagenturen als auch für den Rundfunk. Seine Berichte sind unter den Pseudonymen OLD oder Elmar zu finden.

Einfahrt in die Stadt
Über die Oderbrücke – Erste Eindrücke – Die Teilung Berlins

Am Anfang findet alles genauso statt wie an vielen anderen Grenzen: auf der einen Seite der Brücke ein weiß-roter Schlagbaum, bewacht von polnischen Soldaten – auf der anderen Seite ein etwas anderes Schlagbaum. Nur heißt der unter der Brücke fließende Fluss die Oder, und aus dem Wachhäuschen auf seiner linken Seite kommen uns (Gott sei Dank!) sowjetische Soldaten statt deutscher Zollbeamten entgegen. Die Formalitäten dauern nicht lange: Passkontrolle, ein Blick auf das Gepäck, Kontrolle der Autopapiere, ein paar höfliche, mit dem Kommandanten der Wache gewechselte Worte (sie beginnen meist mit meteorologischen Bemerkungen – „In Posen hat es geregnet, und bei euch scheint die Sonne."), und der Weg nach Berlin ist frei. Es ist kein langer Weg: von Kostrzyń oder Frankfurt gerechnet sind es knapp 90 km, eine kurze Strecke. Zwei Stunden Autofahrt genügen, es ist viel kürzer und … leichter als an jenen denkwürdigen Tagen im Frühjahr 1945, als die Soldaten der Kościuszko-Division sich hier in einer Lawine aus Feuer und Stahl, im Gewimmel von Panzern, im Gekreische von Maschinengewehren nach vorne schoben, auf einem Boden marschierend, der von Bomben erzitterte.

Heute breitet sich die Erde gleichmäßig als asphaltierte Landstraße unter unseren Rädern aus. In den Städtchen am Rande der Straße zeugt so manches ausgebrannte Haus vom überstandenen Krieg, doch die Straßen bieten einen „friedlichen" Anblick; unbekümmert spielen hier Kinder in winzigen Gärten, Frauen schleppen in großen gehäkelten Taschen die Lebensmittelmarkeneinkäufe, die Geschäfte sind geöffnet, in jedem Städtchen und jedem Dorf gibt es mindestens ein Wirtshaus und eine Autowerkstatt.

Zweisprachige Wegweiser in Deutsch und Russisch lassen nicht zu, dass man sich verirrt, und bringen den Wanderer aus Polen den Grenzen der riesigen Stadt näher, deren Durchmesser entlang der Ost-West-Achse 70 Kilometer beträgt, also fast genauso viel wie die Entfernung zur polnischen Grenze. [...]

Von den Ausfallstraßen bis Mitte
Auf der Ruinenroute – Was in drei Jahren gemacht worden ist – Menschen vom Alexanderplatz – Haus der offenen Tür

Wenn die Kontrolle der Autopapiere nicht gewesen wäre, hätten wir nicht einmal bemerkt, dass wir schon in Berlin sind: Die vor der Stadt liegenden Siedlungen unterscheiden sich in ihrem Charakter und ihrer Bebauung nicht von den Vorstädten Berlins und gehen beinahe direkt in sie über. Erst der Schupo – der Berliner Polizist mit der charakteristischen hohen Kopfbedeckung, der den Verkehr an der Kreuzung regelt –, und die an der Straße entlanglaufenden Straßenbahnschienen zeigen, dass wir uns auf dem Gebiet Großberlins befinden, einer Stadt, die einen Bären in ihrem Wappen trägt. Und was trägt sie in ihrem Herzen?

Wer kann das heute erraten, heute, nur ein paar Jahre nachdem dasselbe Berlin bei jedem Anlass mit schwarzen Hakenkreuzen vor rotem Hintergrund geschmückt wurde!

Die erste breite, zweispurige Straße, auf der wir nach der Einfahrt von Polen her im sowjetischen Sektor fahren, ist die Frankfurter Allee. Man hätte sie im Sommer 1945 sehen müssen, um das Ausmaß der Arbeiten beurteilen zu können, die hier inzwischen auf Anweisung der sowjetischen Kommandantur durchgeführt worden sind. Die Frankfurter Allee ist acht Kilometer lang und erhalten ist nur ein Dutzend ziemlich angeschlagener Häuser; alle anderen sind in Schutt und Asche zerfallen. Die Trümmer hatten die ganze Breite der Straße bedeckt. Damals wurden Frauen zur Arbeit mobilisiert, da es an Männern fehlte. Ausgestattet mit Spaten, Spitzhacken und Schubkarren, stürzten sie sich mit lobenswerter Verbissenheit auf die Trümmer. Die Behörden halfen, den Transport zu organisieren. Es wurden Schienen ausgelegt, man ließ eine Schmalspurbahn fahren. Für mehrere Monate wurde die Frankfurter Allee zum größten Schuttexporteur von ganz Berlin. Heute ist die Straße gesäubert, die Bürgersteige sind gefegt, und die gleichmäßig hingelegten Ziegelsteine zeichnen die Stellen ab, an denen früher die Wohnhäuser gestanden hatten.

Einen unvergänglichen Ruhm in der Geschichte der ersten Nachkriegsmonate Berlins haben die „Trümmerfrauen" erlangt, die meist nicht mehr jung waren, oft sogar in sehr fortgeschrittenem Alter. Für den Preis von 75 Pfennig die Stunde und einer Lebensmittelmarke (500 g Brot täglich) arbeiteten sie im Schweiße ihres Angesichts und schauten hasserfüllt auf die geschminkten „platinblonden Fräuleins", die bei amerikanischen Soldaten eingehakt herumspazierten, denn die waren reich an Schokolade und Zigaretten.

Wir kommen wieder zu unserer Fahrtroute zurück. Der Pfeil auf dem Wegweiser „Berlin – Mitte" wird uns den Weg zum Alexanderplatz zeigen, wo vor dem Krieg das lebhafte Handelszentrum Berlins pulsierte und wo der Magen der Hauptstadt war – die riesigen, unergründlichen Markthallen. Der Alexanderplatz hat, obwohl er von Skeletten ausgebrannter Häuser umgeben ist, seinen Handelscharakter bewahrt, nur haben sich sowohl die Art des Handels selbst als auch die Produkte geändert. Zwar sieht man in den Schaufenstern von Bäckereien Brötchen und in den Fleischgeschäften Wurst, doch man kann den Bäcker oder Metzger weder mit Bitten noch mit Überzeugungskraft oder einem Geschenk dazu bewegen, diese appetitlichen Produkte ohne Lebensmittelmarken zu verkaufen. Zu oft werden die Läden von Kontrolleuren des Magistrats besucht, und zu streng sind die Strafen für heimlichen Lebensmittelverkauf, dass sich das Risiko lohnen würde.

Der Alexanderplatz befindet sich im sowjetischen Sektor Berlins. An Wochentagen geht es hier geschäftig und laut zu. Über die Straßen ergießt sich eine Menschenmenge, in der man nur selten die Silhouette einer übermäßig eleganten Dame in einem modischen neuen Mantel und schrillem Hut erblickt; viel öfters trifft man solche etwas weiter im Westen, im britischen Sektor am Kurfürstendamm, wo sich die großen Modehäuser befinden, die heute (aufgrund ihrer Preise) nur für deutsche Spekulanten und Ausländer mit Fremdwährung zugänglich sind.

Die Einwohner des Alexanderplatzes und seiner Umgebung sind vor allem Arbeiter und Kleinbürger. Sie sind mit Alltagsarbeit und Alltagssorgen beschäftigt und schenken der so genannten „großen Politik" nicht viel Zeit und Aufmerksamkeit; diese Beschäftigung überlassen sie den unter dem Einfluss der Propaganda sehr politisierten Einwohnern des amerikanischen Sektors. So ist eine charakteristische Kräfte- und Interessenverteilung innerhalb der Berliner Bevölkerung entstanden, die die allgemeinen Verhältnisse in der Welt widerspiegelt. Während man auf dem Alexanderplatz über Arbeit und Preise, Handel und Produktion, ein neues Theaterstück und Kindererziehung spricht, wird ein paar Straßen weiter westlich, im englischen Sektor, und vor allem im amerikanischen, jeden Morgen ein neues Datum für den Ausbruch eines neuen „Atomkrieges" festgelegt, nur, um abends wieder aufgeschoben zu werden.

Die friedliche Stimmung, die im sowjetischen Sektor herrscht, beeinflusst auf günstige Weise die Entwicklung des Theaterlebens, der Kunst und die Gestaltung einer neuen deutschen Literatur. Berlin hat über 20 Theater, 225 Kinos, eine ernstzunehmende Anzahl von Konzertsälen und eine Reihe von Verlagsinstitutionen. Die meisten, und dazu noch die besten Theater befinden sich gerade in der Nähe von Alexanderplatz und Friedrichstraße.

Die Oper, die Komische Oper, die Schauspieltheater, das Varietee und die Operette sind jeden Tag bis auf den letzten Platz gefüllt. In der breiten Allee der Vorkriegs-Paradenmärsche – Unter den Linden – versammelt das schön eingerichtete Haus der Kultur der Sowjetunion, auch als „Haus der Offenen Türen" bekannt, ein zahlreiches Publikum, da die deutschen Besucher Zutritt zum Theatersaal und Hörsaal haben.

Westlich vom Brandenburger Tor

Gibt es Sektorengrenzen? – Auf den Spuren der Kościuszko-Soldaten – Germanische Nike mit französischer Fahne – Preußisches Kuriositätenkabinett

Das Brandenburger Tor – das Symbol Berlins – über dem eine große rote Fahne flattert, bildet die Grenze zwischen dem sowjetischen und dem englischen Sektor. Wenn ich von einer Grenze spreche, so meine ich keineswegs Schlagbäume, Zollkontrollen, Ausweiskontrollen oder Ähnliches. Nein! In Berlin gibt es keine

Grenzen im herkömmlichen Sinne. Die Stadt ist zwar kraft des Potsdamer Abkommens in vier Sektoren geteilt, doch deren Grenzen sind nur mit Schildern in drei Sprachen gekennzeichnet, und das auch nicht überall. Bei der Besichtigung der Stadt stößt man also auf überhaupt keine Schwierigkeiten, da sie verwaltungstechnisch eine Einheit bildet (es gibt ein Stadtparlament und Bezirksmagistrate). Erst ein längerer Aufenthalt im heutigen Berlin, das oft als Shanghai Europas bezeichnet wird, erlaubt, die Unterschiede wahrzunehmen, die für das Leben in seinen einzelnen Sektoren charakteristisch sind. Diese Unterschiede sind sowohl äußerlich als auch tiefer gehend – bis zu Unterschieden von Stimmungen und Überzeugungen.

Die breite Allee westlich vom Brandenburger Tor gehört bereits den Engländern. Unsere Kościuszko-Soldaten müssten sich an diese schöne breite Achse noch gut erinnern können. Auch die hohe, vergoldete Siegessäule wird ihnen nicht fremd sein, auf der an den heißen Tagen der Eroberung Berlins neben der sowjetischen Fahne eine von der Hand eines unserer Soldaten aufgehängte polnische Fahne wehte – die Brüderlichkeit des Kampfes und die Gemeinsamkeit des Sieges symbolisierend.

Ein Beweis für und eine Erinnerung an die Kämpfe sind auch die Militärfriedhöfe – das Ehrenmal des sowjetischen Soldaten befindet sich gleich hinter dem Brandenburger Tor. Dieses Denkmal wird von zwei mächtigen, auf Granitsockel gehobenen Panzern geschützt, angeblich den ersten, die nach Berlin eingedrungen waren. Es wird von den symbolisch gen Himmel gerichteten Läufen der Luftabwehrgeschütze verteidigt, und sowjetische Soldaten halten ununterbrochen Ehrenwache an den Gräbern ihrer gefallenen Kameraden. Gräber polnischer Soldaten, an denen die in Berlin lebenden Polen liebevoll wachten, befanden sich auf dem neuen Friedhof in der Nähe des Funkturms und der AVUS-Rennstrecke, die vom Stadtzentrum Berlins nach Wannsee führt. Im Jahre 1946 wurden die Körper der polnischen Soldaten, die während der Kämpfe um Berlin gefallen waren, am Friedhof an der AVUS exhumiert und nach Polen gebracht, sodass es heute in Berlin keinen Friedhof polnischer Soldaten mehr gibt. Auf diesem Friedhof waren neben polnischen Soldaten noch andere Ausländer begraben, die in den Kämpfen um Berlin gefallen waren.

Die Siegessäule ist mit zwei Fahnen geschmückt: unten flattert die britische – das Zeichen des Sektors –, und oben die französische „Tricolore"; die Siegessäule in Berlin wurde gebaut, um über die Franzosen nach deren denkwürdiger Niederlage bei Sedan zu triumphieren. Gleich nach der Besetzung Berlins, noch im Jahre 1945, begannen die Franzosen mit ihren Bemühungen um den Abbruch der Siegessäule, die den preußischen Militarismus und den preußischen Sieg symbolisierte. Die Engländer mischten sich als Hausherren dieses Gebiets in die Sache ein: Der französische Antrag wurde vertagt und vertagt, bis er schließlich bei der Kommission für Berliner Baudenkmäler untergegangen war, zu denen auch die Säule gezählt wurde. Zum Trost erlaubte man den Franzosen, die Spitze der Siegessäule mit ihrer Fahne zu schmücken, was sie auch eifrig taten; heute kann man die germanische geflügelte Nike mit der französischen Fahne in der Hand schon von Weitem bewundern.

Auf beiden Seiten der Siegessäule erstreckt sich der Tiergarten, oder eigentlich das, was einmal ein Park gewesen ist. Der heutige Tiergarten ist eine baumlose Wüste, vor deren Hintergrund sich das mächtige Massiv zweier mehrstöckiger Betonluftschutzbunker erhebt. Zweimal schon hat man versucht, sie in die Luft zu sprengen, doch nicht einmal nach der letzten, größeren Menge Sprengstoff sind diese „Hitlerdenkmäler", wie die Berliner sie nennen, in Schutt und Asche zerfallen. Zwar sind die Bunker stark zur Seite geneigt und sehen wie schiefe Türme aus, doch sie halten sich an der Oberfläche und verbreiten nachts durch ihr Aussehen Schrecken.

Die Wüste des Tiergartens beherbergt, abgesehen von den Luftschutzbunkern, noch weitere Kuriositäten: Wenn man durch seine Wege irrt, die früher zwischen Bäumen verlaufende Straßen waren, stößt man ganz unerwartet auf herumliegende oder auf Pferden ohne Schweif sitzende Monarchen, Marschälle und Generäle des preußischen Imperiums seit der Zeit Friedrichs des Großen bis zu Wilhelm II. Diese steinerne Gesellschaft bildete vor dem Krieg die so genannte „Siegesallee". Sie blickten von der Höhe der steinernen Pferde und Granitsockel auf spazierende Damen, die mit entsprechender Ehrerbietung die Inschriften an den Standbildern lasen und vermutlich ihre Kinder darüber belehrten, dass all diese großen und verdienten Männer zusammen weniger für die Größe Deutschlands getan hätten als der „Führer" allein; zweifellos war auch für ihn in den Entwürfen und Ideen ein zentraler Platz in diesem merkwürdigen Kuriositätenkabinett vorgesehen. Doch die Realität hat solche Hoffnungen und Projekte auf ungewöhnliche Weise verworfen.

Der Beschuss sowjetischer Artillerie hat fast alle Bäume des Tiergartens umgefegt, und was nach den Kämpfen noch übrig geblieben war, wurde von den Berlinern gefällt, da sie Heizmaterial für die erloschenen Küchen- und Heizöfen brauchten. Es ist klar, dass sich in dem unbeschreiblichen Chaos und der Panik, die das Volk von „Gottesfurcht" erfasst hatte, keiner um das Schicksal der verdienten Preußen unter Helmen und Kronen gekümmert hat: Im Berliner Tiergarten hatte sich im Frühjahr 1945 die Wahrheit des paraphrasierten Sprichwortes verwirklicht: „Wo gehobelt wird, da fallen Kronen." Und tatsächlich liegen dort heute die in die Erde getretene, mit Matsch bedeckte und von Geschossen schartige Vergangenheit Deutschlands und die Geschichte Preußens in jämmerlichem Zustand. Zwar hat man sie bei den Projekten des Wiederaufbaus von Berlin nicht vergessen, doch wird, wie es scheint, nur der weniger dominante und weniger despotische Teil der preußischen Gesellschaft eine Renovierung und einen festen Platz in der Siegesallee erleben. Sicher ist, dass die Monarchen den Gelehrten und Dichtern werden Platz machen müssen.

4

Die von den Umständen dazu gezwungenen Berliner haben vorerst Nutzflächen aus dem Tiergarten gemacht und winzige Gärten angelegt. In der Nachkriegszeit ist es besser, wenn Möhren und Radieschen aus dem Boden wachsen als die Statue des germanischsten aller Männer.

Kleiner Handel am Kurfürstendamm
„Heiratsallee" – Für wen sind die persischen Teppiche da? Zigarette als Währung – Die, denen es gut geht ...

Durch die Bismarckstraße, wo es weniger Ruinen und mehr bewohnte Häuser gibt, fahren wir zum Kurfürstendamm, der für das Vorkriegsberlin dasselbe war wie Nowy Świat für Warschau. Der Kurfürstendamm liegt im Herzen des britischen Sektors, hat sehr viele ausgebrannte Häuser, aber nur eines, das wieder aufgebaut wird und noch nicht fertig ist. Diese Straße wird von den Berlinern als „Heiratsallee" bezeichnet, weil die Engländer als erste das Verbot abgeschafft haben, Ehen mit deutschen Frauen zu schließen. Darüber herrschte große Freude unter den jungen Damen, die die Cafés in dieser Straße besuchten, wo eine ständige Jagd nach Heiratskandidaten stattfindet. So manche hatte Erfolg, wodurch England neue Staatsbürgerinnen gewann, die schlecht Englisch sprechen, dafür aber mit gutem Berliner Akzent. Am Kurfürstendamm blüht in voller Entfaltung der „Erdgeschossbau", der das Werk der Berliner Privatinitiative ist. Doch diese Geschäfte und Magazine (manche von ihnen sehr prächtig) unterscheiden sich grundsätzlich vom Aussehen der Läden, die wir am Alexanderplatz oder in den Arbeiterbezirken gesehen haben. Während dort Lebensmittelmarkenprodukte und alles, was für den Alltag notwendig ist und was heute bereits wieder hergestellt wird (Werkzeug und Kleinigkeiten) verkauft werden, so bilden auf der Hauptstraße des britischen Bezirks der Ausverkauf sowie teure „Angebote" den Inhalt des Handels. Ein arbeitender Deutscher, der ungefähr 300 Mark im Monat verdient, wird sich weder einen persischen Teppich für 20.000 und kostbare Bilder noch erlesene Antiquitäten kaufen; von denen gibt es hier am meisten. Die Schaufenster am Kurfürstendamm locken die Augen der Frauen mit den neuesten Modellen von Kleidern, Mänteln und Taschen. Tja, aber was soll man machen, wenn neben den ausgestellten Gegenständen kleine Zettel liegen, auf denen „unverkäuflich" steht. Diese Beschriftungen haben eine doppelte Bedeutung: Erstens entschuldigen sie den Kaufmann in den Augen der Handelsinspektion, zweitens bringen sie unerwünschte Kundschaft davon ab, hineinzugehen, also solche, die die Mark nicht in Tausenden zählt und keine anderen, stärkeren Vorteile besitzt. So kauft das deutsche Publikum nur dann in diesen Geschäften Kleinigkeiten, Accessoires, Drogerieartikel und Kleidung, wenn es einen „Bezugschein" besitzt (im vergangenen Jahr wurden in einem Bezirk Großberlins ganze zwei Bezugscheine für den Kauf von zwei Mänteln ausgestellt).

„Inoffiziell" bedient man Bekannte oder (sehr gerne) Touristen aus dem Westen oder aus Übersee, die mit Geld, Zigaretten und Kaffee zahlen wollen und können, nach denen die Deutschen lechzen. In den Kunstsalons und bei Versteigerungen fehlt es jedoch neben Ausländern nicht an (trotz des durchgestandenen Krieges) wohlbeleibten Berlinern, die gut gefüllte Brieftaschen haben und aus Angst vor einer Währungsreform nach egal was suchen, was sich kaufen ließe: Kostbarkeiten, Bildern oder Briefmarkensammlungen.

Wer sind denn diese „Gentlemen", die der Berliner Arbeiter verächtlich als „Schieber" bezeichnet? Ein Teil von ihnen sind sicherlich Kapitalisten aus der Vorkriegszeit, die mit Handel, Kneipen und Spekulationen mit Soldaten der amerikanischen Armee zu Geld gekommen sind, und der Rest sind diejenigen, die ihr Vermögen während des Krieges zusammensparen konnten und es bis heute behalten haben: ehemalige Direktoren von Fabriken der Kriegsindustrie, ehemalige Würdenträger des Dritten Reiches und schließlich diejenigen (die sind vermutlich am zahlreichsten), die jüdische Geschäfte und Fabriken in Berlin „arisiert" haben. Da drängt sich einem die Frage auf, ob die wenigen jüdischen deutschen Staatsbürger, die ihr Leben vor dem Nazipogrom glücklicherweise retten konnten, heute Entschädigungen für das ihnen geraubte Eigentum erhalten? [...]

Unterdessen fahren wir zum Kaiserdamm, flitzen am riesigen, mit Fensterglas und Neonlicht glänzenden „NAAFI"-Gebäude (Navy Army Air Forces Installation) vorbei, wo sich englische Klubs und Soldatenkantinen befinden, fahren am Funkturm und dem Berliner Rundfunkgebäude vorbei bis zur Berliner USA-‚Kolonie'.

Wüste mitten in der Stadt
Riesige Ausmaße der Zerstörung – Wohnungsprobleme – Was ist die OdF?

Wer Berlin von vor dem Krieg kannte, wäre, wenn er es heute sehen würde, überrascht von den riesigen Ausmaßen der Zerstörungen, die durch die Luftangriffe und Artilleriebeschüsse verursacht worden sind. Man kann es nur schwer mit Warschau vergleichen, das ja nach dem Aufstand von den Nazibarbaren ganz systematisch niedergebrannt wurde, während Berlin, vor dem Krieg die zweitgrößte Stadt Europas, aufgrund von Kriegshandlungen in Schutt und Asche gelegt wurde. Es gibt hier kilometerlange, breite Straßen, an denen kein einziges Haus mehr steht, doch gibt es auch Seitenstraßen, vor allem in den Vororten, wo noch alle Gebäude erhalten sind. Die Berlin durchschneidende Ost-West-Achse – entlang derer sich der vernichtende Angriff der Panzer, der sowjetischen Infanterie und der polnischen Regimenter vorwärts bewegte – sieht nach der Räumung der Trümmer wie eine riesige, für das Auge unermessliche Wüste aus; doch schon ein Stück weiter haben die Bezirke Grunewald und Wannsee, voller Grün, ihr beinahe idyllisches Aussehen und viele vom Feuer des Krieges unberührte Gebäude behalten.

Diese Ungleichmäßigkeit der Zerstörungen, diese plötzlichen Übergänge von in einzelne Ziegelsteine zerlegten Wohnhäusern in fast normale Straßen und Bebauung, unterscheidet den deutschen Riesen Berlin von Warschau. Deswegen verspüren die Berliner keine so dringende Wohnungsnot, wie sie die Warschauer plagt. Man erklärt das auch mit der Größe der Berliner Wohnungen aus der Vorkriegszeit: Zwischen drei und fünf Zimmer in düsteren Wohnhäusern der Vororte und Tausenden von Villen am Stadtrand sicherten Kaufleuten und vermögenderen Berlinern Bequemlichkeit. Wenn sich heute also ein ehemaliger Nazi-Berliner auf zwei Zimmer beschränken muss, indem er seine große Wohnung mit einer einquartierten Familie teilen muss, hält er sich bereits für ein ‚Kriegsopfer'. Wie immer schreien diejenigen am lautesten (und wehren sich am meisten vor der Einquartierung), die am meisten besaßen: Bankiers, Fabrikanten und verständlicherweise die ehemaligen Parteiwürdenträger. In den Westbezirken der Stadt finden sie in den Quartierausschüssen immer jemanden, der aufgrund der „guten alten Zeit" die Sache so hindrehen kann, dass die Unberührtheit der Wohnung gesichert wird: vor der Invasion der Umsiedler aus Schlesien oder, Gott behüte!, der OdF-Mitgliedern (dies ist eine Abkürzung für „Opfer des Faschismus", einem Verband ehemaliger politischer Häftlinge) oder Juden, die ihr Eigentum infolge der Nürnberger Gesetze verloren hatten.

Wie dieser ‚Kampf' um den Erhalt des nationalsozialistischen Besitzstands vonstattengeht, davon kann das folgende authentische Ereignis zeugen, von dem mir ein Mitarbeiter des Berliner Magistrats erzählt hat. Ein ehemaliger Wehrmachtoffizier, der als Nazibesatzer die letzten beiden Kriegsjahre in der Tschechoslowakei verbracht hatte, kehrte nach Berlin zurück und bekam eine geräumige Vierzimmerwohnung im amerikanischen Sektor. Da er nur eine kleine Familie hatte, wies ihn das Wohnungsamt an, ein Zimmer zugunsten zweier ehemaliger Dachau-Häftlinge, Mitglieder der OdF, abzutreten. Der Offizier kochte vor Zorn: er ging zum Amt, stellte sich vor, und fand bald Freunde, die beim Wohnungsamtsleiter gegen die OdF intervenierten. Die Intervention erwies sich als wirksam.

„Wo waren Sie während des Krieges?", fragte der Leiter.

„In der Tschechoslowakei", lautete die Antwort des ehemaligen Offiziers.

„Und von dort sind Sie nach Deutschland zurückgekehrt?"

„Jawohl, ich wurde nach Berlin abkommandiert", stellte der Offizier mit einem Akzent ehemaliger Diensteifrigkeit fest.

„Sie wollten sicherlich sagen: umgesiedelt[74]", korrigierte der Leiter mit einem bedeutungsvollen Lächeln. „Sie fallen unter die Kategorie 'Umsiedler' und sind als solcher von der Pflicht der Einquartierung befreit."

Die Sache wurde umgehend erledigt: Der Besatzer aus der Tschechoslowakei wurde als „Umsiedler" anerkannt und die Einquartierungsanweisung für die zwei in Berlin umherirrenden ehemaligen Dachau-Häftlinge wurde zurückgezogen. Diese ganze Transaktion kostete den Offizier eine Stange (10 Schachteln) amerikanischer Zigaretten. Außerdem half ihm die gemeinsame Abneigung der Mitarbeiter des Wohnungsamtes gegenüber dem Verband der Opfer des Faschismus.

Natürlich herrschen nicht überall solche Verhältnisse und nicht in jeder Berliner Behörde gibt es solch „zuvorkommende" Beamte. Im sowjetischen Sektor und in den Arbeiterbezirken Moabit und Neukölln gibt es weniger Wohnungen mit vielen Zimmern, und die Wohnungen werden von mehreren Familien gemeinsam gut genutzt. Im Winter, wenn es an Heizmaterial fehlt, wird die Küche zum Gemeinschaftsraum; dort wird gegessen und dort empfängt man auch Gäste zu Gesprächen am Ofen.

Wird Berlin wieder aufgebaut?
Schneckentempo des Wiederaufbaus – Architektonische Baudenkmäler – Berechnungen von Optimisten und Pessimisten

Das Vorkriegsberlin zählte über 5 Millionen Einwohner, das heutige Berlin hat etwa 3,5 Millionen, davon 60 Prozent Frauen. Es gibt weniger Einwohner, aber auch viele Wohnhäuser Berlins liegen in Trümmern. Es wurde berechnet, dass von insgesamt 219.000 während der Kriegshandlungen beschädigten und ruinierten Gebäuden 50.000 nicht mehr für einen Wiederaufbau geeignet sind. Trotz des so großen Wohnungsmangels ist ein Wiederaufbau im Warschauer Tempo in Berlin undenkbar. Ich habe bereits erwähnt, dass man am Kurfürstendamm innerhalb von zweieinhalb Jahren nur ein einziges Haus, und das auch nicht vollständig, wiederaufgebaut hat. Es war für irgendeine britische Behörde vorgesehen. Man hat Gebäude für amerikanische und britische Behörden renoviert, jedoch fast nichts getan, um den Bedürfnissen der deutschen Einwohner nachzukommen. Mehr Aufmerksamkeit hat man diesen Dingen im sowjetischen Sektor gewidmet; hier haben sich die Behörden vor allem um öffentliche Gebäude wie Museen, Theater, die Universität und Krankenhäuser gekümmert. Gerüste umgeben die historischen Gebäude Unter den Linden; diese Allee soll nach städtebaulichen Plänen ihren ehemaligen repräsentativen Charakter wiederbekommen, jedoch mit dem Unterschied, dass sie in Zukunft der Repräsentation jener Kräfte des deutschen Fortschritts dienen wird, die den friedlichen Wiederaufbau des Landes realisieren.

In ihren Entwürfen zur Zukunft Berlins teilen sich die deutschen Architekten in Optimisten und Pessimisten. Die Optimisten, die vor Kurzem eine Ausstellung architektonischer Skizzen der Stadt der Zukunft organisiert haben, behaupten, dass man bei entsprechender finanzieller Hilfe und der Garantie für Baumateriallieferungen innerhalb von 25 Jahren ein ultramodernes Berlin unter Beibehaltung seiner historischen Eigenschaften aufbauen könnte; die Pessimisten dagegen behaupten, dass beim heutigen Tempo allein der Abtransport von Schutt so viel Zeit in Anspruch nähme.

---

74 Hervorhebung im Original.

Auch für die Nutzung von Schutt gibt es verschiedene Projekte. Eines von ihnen will einen gigantischen Berg anhäufen (von ähnlichen Projekten hat man in anderen vom Krieg zerstörten Städten gehört). Wenn man die ganze Sache aus der Berliner Perspektive betrachtet, müsste man den Pessimisten recht geben. Die Deutschen haben keine Baumaterialien, aber das ist es nicht, was das Tempo des Wiederaufbaus bremst. Die Hauptursache ist das sonderbare Fehlen jeglicher Initiative in dieser Richtung; dieser Initiative mit Energie und Begeisterung, die für die Warschauer so charakteristisch ist. Der Berliner baut höchstens einen Laden oder eine Zeitungsbude und damit endet seine „Privatinitiative".

Wie lebt ein Einwohner von Berlin?

Ein oberflächlicher Blick auf die Stadt und ihre Einwohner sagt nicht viel darüber aus: Insgesamt sehen sie nicht schlecht aus, sie sind bescheiden, jedoch sorgfältig gekleidet. Die „Lumpenzeit" ist längst vorbei, auch der damals leider weitverbreitete Brauch der Bettelei auf der Straße um eine Zigarette oder des Aufhebens von Kippen, die die Soldaten vor ihre Füße geworfen haben. Die Deutschen haben mittlerweile an Selbstsicherheit gewonnen; und obwohl ihnen noch viel bis zum Zustand des Überflusses fehlt, der für unsere Städte und unsere Geschäfte charakteristisch ist, kann man nicht sagen, dass in gleichmäßig versorgtem Berlin Hunger herrschen würde.

Die Ernährung der arbeitenden Bevölkerung stützt sich auf das System von Lebensmittelmarken. Die Aufteilung der Produkte wird äußerst rigoros vorgenommen, aber auch pünktlich. Die Lebensmittelmarken werden in drei Kategorien aufgeteilt. Die Höchste – für die Schwerarbeiter, die Mittlere – für Arbeiter in gemeinnützigen Betrieben und Beamte von Alliiertenbehörden und die Letzte – für Angestellte deutscher Ämter und Mitglieder ihrer Familien.

Die Eigentümer der Lebensmittelmarken der ersten Kategorie erhalten täglich 600 g Brot, 100 g Fleisch, 30 g Fett sowie kleine Mengen von Zucker, Graupen, Kaffeeersatz usw.; die zweite Kategorie bekommt 500 g Brot, 65 g Fleisch, 15 g Fett usw.; die dritte schließlich bekommt 100 g Brot weniger als die zweite, 40 g Fleisch und 10 g Fett täglich. Die Arbeiter, die in Betrieben im sowjetischen Sektor beschäftigt sind, erhalten darüber hinaus eine warme Mahlzeit ohne Lebensmittelmarken, was sich positiv auf die Erhöhung des Niveaus und der Qualität der Produktion auswirkt.

Im amerikanischen Sektor erhalten nur diejenigen Deutschen Mahlzeiten ohne Lebensmittelmarken in besonderen Kantinen, die in amerikanischen Büros oder als Wächter arbeiten; sie bilden eine Art „Aristokratie" des Sektors und schauen auf ihre weniger privilegierten Landsleute herab, die bei deutschen Institutionen schwer arbeiten und sich mit ihrem Lebensmittelmarkenessen zufriedengeben müssen.

Gastronomische Fragen
Ein Mittagessen für 2,50 RM – Kann man davon satt werden?
Die Rolle von Kantinen für das Berliner Publikum erfüllen Berliner Restaurants: Sie bieten für einen Preis zwischen 1,50 bis 2,50 RM Mittag- und Abendessen an, wobei sie von den Gästen die Marken für entsprechende Mengen von Fett, Fleisch oder anderen Produkten nehmen, die für das Mittagessen genutzt wurden. Die Karten der Mittagsmenüs werden vor die Eingänge gehängt und von den Passanten mit großem Interesse

studiert, die für ihre Marken und ihr Geld möglichst gut essen wollen. Einmal habe ich ein solches Mittagessen zur Probe gegessen, für das ich von jemandem Lebensmittelmarken bekommen hatte. Ich bekam eine Heringspastete auf einem Stück Schwarzbrot, eine dünne Suppe, in der drei Klößchen aus dunklem Mehl schwammen, ein mikroskopisches Stück Magerspeck, dazu eine Kartoffel, ein paar dünne Scheibchen rote Beete und zum Nachtisch einen Becher ungesüßter Getreideplörre. Das wässrige Bier kann man ohne Lebensmittelmarken bekommen. Das Mittagessen kostete offiziell 2,50 RM und wurde in einem erstklassigen Restaurant auf schneeweißer Tischdecke von einem Kellner im Frack serviert, der, als er die Heringspastete brachte, ein Gesicht machte, als ob es mindestens Lachs vom Grill wäre. Es ist klar, dass ich nach dem Verlassen des Restaurants so schnell wie möglich nach Hause fuhr, um etwas wirklich Reelles zu essen. Aber ich habe eine Ahnung davon gewonnen, wie sich die Deutschen ernähren, die sich den Schwarzmarkt nicht leisten können. Und das sind die meisten. [...]

Ein Moloch von der Größe Berlins kann sich jedoch nicht nur mit Lebensmitteln zufriedengeben, die man einzig gegen Lebensmittelmarken erhalten kann. Zwar bilden sie die Grundlage der Ernährung der arbeitenden Bevölkerung, doch daneben hat der ‚Schwarzmarkt' seine zahlreichen Teilnehmer. Auf diesem Markt, das heißt in Privatwohnungen oder einfach auf der Straße, kann man alles bekommen, angefangen von Kaffee und Zigaretten bis zur Fremdwährung und Gold. Die Spekulanten und Händler versammeln sich an zahlreichen Punkten und in verschiedenen Sektoren, wobei sie ihre Ware in der Kleidung versteckt halten; die Preise, die sie verlangen, sind hundertmal höher als die Preise der Lebensmittelmarkenprodukte (ein Pfund Butter 300 RM). Und doch taucht, kaum dass sie ihre Ware auf den Markt bringen, sofort ein Käufer auf, obwohl der Preis für ein Pfund Butter oder Kaffee dem Monatslohn eines Berliner Beamten entspricht.

Jedoch nicht nur Zigaretten und Butter befinden sich im illegalen Umlauf: Auf der Berliner Schwarzmarktbörse kann man auch Personalausweise auf beliebige Namen kaufen, Interzonenpässe, Bahnpassierscheine, ärztliche Diplome, und sogar polizeiliche Blanko-Bescheinigungen, die feststellen, dass Herr X niemals Mitglied der NSDAP gewesen ist.

Diese Art von Bescheinigungen erfreut sich auf dem Berliner Schwarzmarkt besonderer Beliebtheit und Popularität. Wer also Geld hat, wird keine Schwierigkeiten haben: Er wird die nötigen Dokumente bekommen, sich ein Zeugnis seiner demokratischen Moral erkaufen, seinen Namen, Alter und Beruf ändern, und wenn er Lust hat, wegzufahren – bekommt er bei entsprechender Bezahlung einen Interzonenpass ohne Foto. Für Geld kann man auch ein gutes Mittagessen in einem befreundeten Restaurant essen und ein Glas französischen Cognac trinken.

Am Abgrund des Schwarzmarktes
Kampf gegen Spekulanten – Wer vermittelt? – Verbrechen in Tempelhof – Banditen von der Hitlerjugend

Gegen den Schwarzmarkt und seine Klientel kämpft die Berliner Polizei verbissen. Sie wird von den Deutschen gehasst. Razzien finden nach derselben Methode statt, die auf den Straßen von Warschau genutzt wurde: man umringt ein ganzes Viertel, und dann bringen gedeckte LKWs ein die Polizisten verfluchendes deutsches Publikum aufs Revier. Der Alexanderplatz im sowjetischen Sektor ist bereits von Händlern bereinigt worden, in den Seitenstraßen des amerikanischen Sektors dagegen wird der Handel weiter betrieben und ist schwer zu bekämpfen, denn die seriösesten Warenlieferanten sind amerikanische Soldaten. So manches Mal hat der Befehlshaber der amerikanischen Garnison Befehle in dieser Sache erteilt, so mancher Soldat und Militärbeamter wurde disziplinär bestraft oder sogar im Strafverfahren zurück nach Übersee abkommandiert; das Verlangen nach Verdienst besiegt die Disziplin und daher gibt es auf dem deutschen Markt Waren amerikanischer Abstammung in Hülle und Fülle. Vermittler bei diesen „Schwarztransaktionen" sind oft die „schwarzen" Gardisten – deutsche Wächter im amerikanischen Dienst, die direkten Kontakt zu den Soldaten haben und die Produkte und Zigaretten aus den Kasernen heraustragen können. [...]

Die deutsche Grausamkeit, die wir während des Krieges aus nächster Nähe kennengelernt haben, kommt auch jetzt voll zur Geltung: alte Frauen, die mit einer Drahtschlinge erwürgt, Rentner, die mit einem Axtschlag ermordet, kleine Kinder, die mit Messern ans Bett genagelt werden – das sind alltägliche Geschichten aus der Kriminalchronik Berliner Tageszeitungen. Die Täter findet man später in den Berichten aus dem Gerichtssaal. Es sind oft 15-17-jährige Jungen, ehemalige Mitglieder der Hitlerjugend. Ich werde niemals vergessen, wie bei einer dieser Gerichtsverhandlungen zwei jugendliche Banditen mit Zynismus darüber erzählten, wie sie Karten darum spielten, wer das vorgesehene Opfer mit dem Messer erstechen sollte; bei dem Opfer handelte es sich um eine 70-jährige Frau.

Hitler hat nicht nur Feuersbrunst und Ruinen als Erbe hinterlassen, sondern auch eine für ein Volk katastrophale Moral und verbrecherische Instinkte geweckt. Das ruft bereits heute Beunruhigung unter den deutschen Pädagogen und sozial engagierten Menschen hervor.

Es ist bezeichnend, dass sich diese Nazi-Rowdys vor Gericht gern als Mitglieder einer „Untergrundorganisation" ausgeben, ehemalige SS-Offiziere als Befehlshaber nennen, und als Ziel „den Kampf gegen den Kommunismus". Dies ist in letzter Zeit auch zu einer Taktik ihrer deutschen Verteidiger geworden, die auf diese Weise beim amerikanischen Gericht ein milderes Urteil für die minderjährigen Banditen erwirken wollen.

Es gibt keinen Zweifel daran, dass das geborene Banditen sind; vorerst morden sie ihre Landsleute, da sie wissen, dass die Deutschen keine Waffen besitzen; sie zerstören nachts Grabsteine auf jüdischen Friedhöfen, schmieren hier und da schwarze Hakenkreuze an die Gebäude der sozialistischen Partei, aber verüben noch keine größeren Aktionen, aus Angst vor der Besatzungspolizei und -armee. Wenn diese Polizei und diese Armee jedoch eines Tages aus den Straßen Berlins verschwänden, würde dieses Nazigesindel wieder an die Oberfläche kriechen, um noch einmal seine Kräfte im Kampf gegen die zum Glück immer fester werdende Front der Berliner Arbeiterlinken zu erproben.

Aus dem Polnischen von Agnieszka Grzybkowska

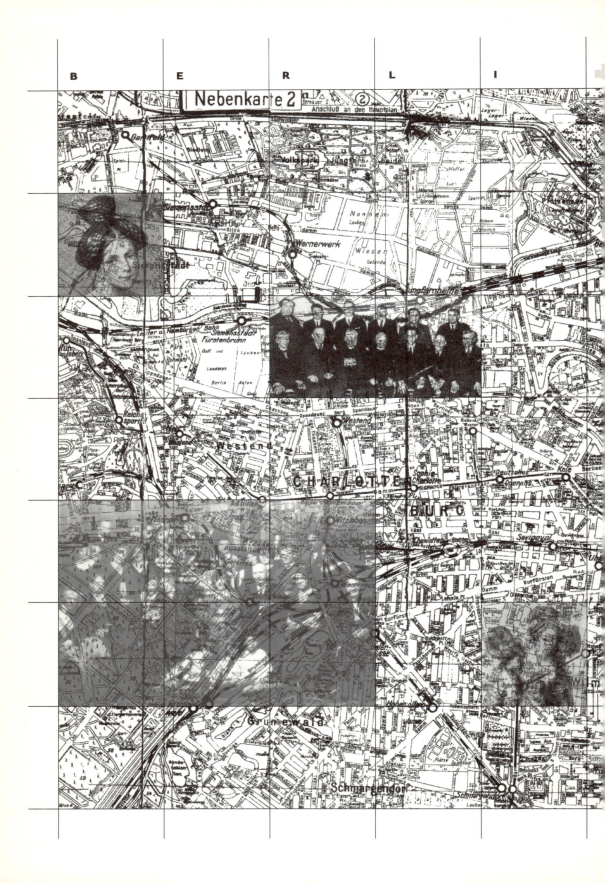

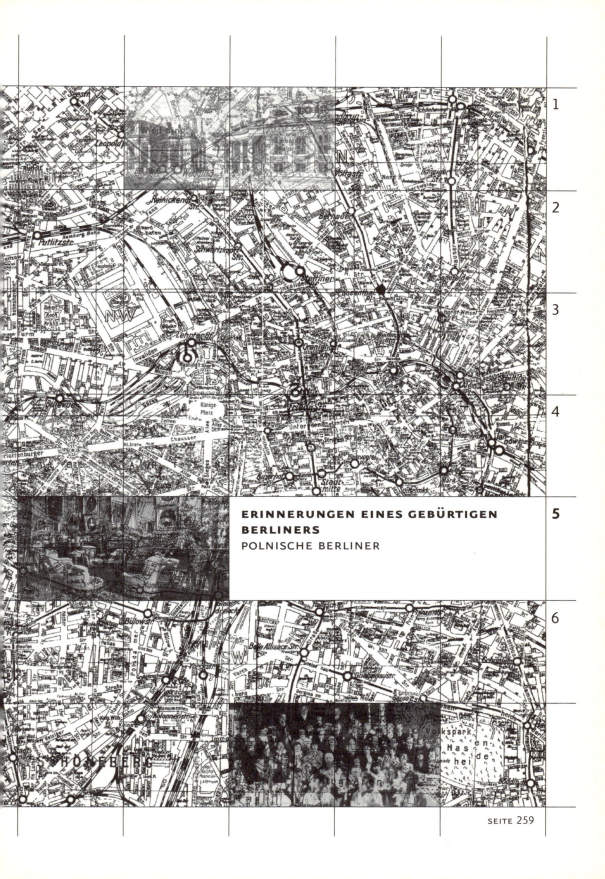

ERINNERUNGEN EINES GEBÜRTIGEN BERLINERS
POLNISCHE BERLINER

EINLEITUNG
JOANNA SCHALLERT „DIE BERLINER POLONIA". POLNISCHE ZUWANDERER IM WANDEL DER ZEITEN

"Es gibt einen Grund, warum man Berlin anderen Städten vorziehen kann: weil es sich ständig verändert."
Bertolt Brecht, 1928

Man kann Berlin mögen, oder nicht, diese Stadt der Veränderungen, in der „ein so verwegener Menschenschlag beisammen lebt", wie Goethe 1823 die Berliner erlebte. Ein „Wohnplatz für Wahlfische und Heringe", nannte es einst Heinrich von Kleist, „es ist dort eine große persönliche Freiheit und eine Ungezwungenheit im bürgerlichen Leben", schrieb 1804 Friedrich Schiller; als „Opfer des Ost-West Konfliktes" bezeichnete es 1963 Willy Brandt.

Vorgeschichte

Auch die Polen blieben der Stadt gegenüber nicht gleichgültig. Doch gab es Polen in Berlin? Es ist nicht leicht die Anfänge der polnischen Zuwanderung nach Berlin und die Rolle, die diese Stadt im Leben der polnischen Einwanderer spielte, eindeutig zu bestimmen. Seit dem Ende des 17. Jahrhunderts bis zu der letzten Teilung Polens (1795) kamen nur vereinzelt Polen nach Berlin. Zu dieser Zeit war Berlin keine Stadt, die kulturell oder wirtschaftlich eine besondere Anziehungskraft besessen hätte. So zog es die polnischen Intellektuellen, Künstler und Musiker, wie auch alle anderen, nach Paris oder Rom. Berlin wurde oft nur zu einer kurzen Station auf ihrer Reise.

Da der europäische Adel des 18. Jahrhunderts eine soziale Existenzform über politische Grenzen hinweg bildete, gestaltet es sich umso schwieriger, die wahre Bedeutung der polnischen Zuwanderung für das damalige Berlin zu bestimmen. Zwischen dem deutschen und polnischen Adel wurden familiäre Bande geknüpft, so heiratete beispielsweise Fürst Antoni Henryk Radziwiłł die Prinzessin Luise von Preußen. Die Künstler dieser Epoche wanderten zwischen den Höfen, und nicht nur Paris und Wien sondern auch Warschau war ein bedeutender Anlaufpunkt und Auftraggeber. In der sächsischen Zeit (erste Hälfte des 18. Jahrhunderts) kamen viele Künstler aus Sachsen nach Polen, wie zum Beispiel der Italiener Bernardo Bellotto. Der Trend setzte sich auch in der späteren Zeit fort, wie das Beispiel von Christian Breslauer zeigt.

Obwohl 1795 ein nicht geringer Teil des polnischen Territoriums unter die Herrschaft der Hohenzollern fiel, und Warschau zu einer preußischen Provinzstadt wurde, war in Berlin zu dieser Zeit hauptsächlich der polnische Landadel vertreten, der in der Regel aus beruflichen Gründen oder wegen einer Heirat hierherkam. Unter König Friedrich Wilhelm I. wurde der polnische Kleinadel (Schlachta) zum Militärdienst im preußischen Heer angeworben. Was heute absurd klingt, war damals keine Besonderheit, schließlich handelte es sich bei ihnen ja um preußische Untertanen.

Die „Ostflucht" nach Berlin

Indessen entwickelte sich Berlin dynamisch, sowohl kulturell als auch wirtschaftlich. Bereits 1696 rief Friedrich I. die „Academie der Mahler-, Bildhauer- und Architectur-Kunst" ins Leben. 1810 wurde die Berliner Universität (die Vorläuferin der heutigen Humboldt-Universität) gegründet. Der erste Jahrgang an der im Raczyński-Palais eingerichteten „Hochschule für ausübende Tonkunst" nahm 1869 das Studium auf. Die Beschlüsse des Wiener Kongresses und die erneute Aufteilung Polens schufen eine gänzlich veränderte politische Situation, in deren Folge es immer mehr adelige und bürgerliche Jugend an die Berliner Universitäten zog. Schon 1818 wurde der erste polnische Akademische Verein gegründet, 1869 die Polnische Wissenschaftliche Akademische Gesellschaft, die noch bis 1939 unter anderem Namen als Studentenorganisation fortbestand. Einige dieser polnischen Studenten sollten sich in späterer Zeit einen Namen machen. Zu ihnen gehörten unter anderem Aleksander Brückner, Feliks Nowowiejski und Ignacy Jan Paderewski. Der Letztere beschreibt seine Studienzeit in Berlin folgendermaßen: „Als Pole füllte ich mich sehr einsam. Wenn ich mich nicht täusche, studierten nicht viele meiner Landsleute damals in Berlin, und die Deutschen waren nicht wirklich sympathisch."[1] Diese Erfahrung machte nicht nur Paderewski. Die antipolnische Stimmung auf den Straßen Berlins wurde zunehmend spürbar, je mehr Migranten aus dem Osten Deutschlands in die Stadt kamen. Die preußischen Behörden befürchteten, die Abwanderung der Deutschen aus den Ostprovinzen und die dortige Dominanz der polnischen Bevölkerungsgruppen könne zu einer Stärkung der nach staatlicher Eigenständigkeit strebenden polnischen Nationalbewegung führen, was die Zugehörigkeit der betreffenden Gebiete zu Preußen und zum Deutschen Reich infrage stellen würde. Das Phänomen der „Ostflucht" zwang nicht nur die preußische Bevölkerung, die östlichen Provinzen zu verlassen, auch der polnischsprachige Bevölkerungsanteil wollte die Industrieregionen im Westen des Reiches erreichen. Von dieser Wanderungsbewegung zeugt beispielsweise auch die Häufung polnischer Familiennamen im Ruhrgebiet. Auch wenn Berlin, nach dem Ruhrgebiet das zweitgrößte Zentrum polnischer Migration im Deutschland des Kaiserreiches zu einem wichtigen Ort für die polnischen Auswanderer geworden war, so stellte die Stadt für viele weiterhin einen Haltepunkt auf der Durchreise dar. So beispielsweise für die polnischen Bauern, die Ende des 19. Jahrhunderts massenhaft in die Vereinigten Staaten oder nach Brasilien emigrierten.

Seit der zweiten Hälfte des 19. Jahrhunderts dominierten Arbeiter, die meist in den zahlreichen neu entstandenen Industriebetrieben arbeiteten, das Spektrum der polnischen Zuwanderer. Begleitet von Träumen, Sehnsüchten und Hoffnungen waren sie auf der Suche nach einer neuen Zukunft. Wie viele tatsächlich kamen, ist schwer zu ermitteln, denn als Grundlage der statistischen Zählung diente die polnische Sprache: „zu der sich ein armer polnischer Arbeiter auf dem Berliner Pflaster nicht öffentlich zu bekennen wagte, auch wenn er ein guter Patriot war und ausschließlich Polnisch sprach. Es entspricht jedoch den Tatsachen, dass

---

1 Ignacy Jan Paderewski, Pamiętniki (Tagebücher), Warszawa 1984, S. 89.

die Berliner Polonia bis Kriegsbeginn stetig anwuchs und bisweilen auf 100.000 Personen geschätzt wurde", so Karol Rose, der spätere polnische Konsul in Berlin (1918-1924). In den Volkszählungen tauchten Polen zwar unter dem Punkt Nationalität auf, die geografische Bezeichnung „Polen" war aber in den preußischen Schulbüchern und Karten ausschließlich auf dessen russischen Teil beschränkt.

Die Wahlberliner

Mit dem Ende des Kaiserreiches verblassen auch die Spuren der Polen in Berlin. Vielleicht, weil sie sich langsam, aber unaufhörlich in die Berliner Landschaft integrierten, den Berlinern ihre Redekunst abgelauscht haben, die Vorzüge des anonymen Großstadtlebens, die Dynamik dieser Stadt und ihre Angebote zu schätzen lernten. Zeichen dieser Akkulturation und Integration findet man in Berliner Telefonbüchern und auf Berliner Friedhöfen – am deutlichsten sichtbar in der Veränderung der Namensgebung.

Vielleicht verblassten die Schatten der Polonia, weil sie sich auf Berliner Pflastern unsichtbar machte, um in der eigenen, von der Straße nicht wahrnehmbaren Oase des Polentums ihrem eigentlichen Leben nachzugehen. „Wenn es schon unser Los war, in der Fremde zu bleiben und dort unser Nest einzurichten, dann war es unserer Meinung nach nur konsequent, aus dieser Wohnung eine Festung zu machen, die allen umgebenden Einflüssen unzugänglich war", schrieb Władysław Berkan, ein bekannter und angesehener Berliner Schneider. Man kann jedoch bezweifeln, ob solche Einstellung unter den polnischen Berlinern die Regel war. Tatsache ist, dass sich im Laufe der Zeit viele polnische Mitbürger assimilierten und zu echten Wahlberlinern wurden.

Die Ausnahme bildeten die polnischen Juden, die mehr als die Polen selbst die polnische Sprache pflegten, die Sitten und Bräuche beibehielten, einen besonders strengen, orthodoxen religiösen Ritus pflegten, sich aber auch von den Polen sowie von den deutschen Juden abgrenzten. Zwischen den Weltkriegen konzentrierte sich die polnisch-jüdische Bevölkerung vorwiegend in den Großstädten. In Berlin lebten etwa 50 Prozent aller polnischer Juden. Viele von ihnen siedelten sich nördlich vom Alexanderplatz ein. In dem Archiv des Vereins zur Vorbereitung einer Stiftung Scheunenviertel Berlin e. V. finden sich Berichte, wie dieser: „Die Grenadierstraße, das war die Straße, in der wir faktisch lebten. In dieser Straße war das Zentrum der polnischen Juden, und sie war hauptsächlich von Juden bewohnt. Dort war ein Lebensmittelgeschäft Tennenbaum und ein Fleischgeschäft Sussmann, es gab ein Geflügelgeschäft – Szydlow, ein rituelles Tauchbad, ein Restaurant, eine jüdische Nachmittagsschule für ausschließlich jüdische Fächer, um zu ergänzen, was am Vormittag nicht gelernt wurde. Die Synagogen der polnischen Juden waren dort, Stibbelek wurden sie genannt, das heißt kleine Stuben, in denen man betete, jede hatte ihren eigenen Ritus."[2] Die polnischen Berliner Juden verstanden sich als eine eigene ethnische Minderheit und sie schafften es, alle theoretischen Akkulturations- und Integrationsannahmen ins Schwanken zu bringen.

2 Helas, Horst: „Ein Ghetto mit offenen Toren", Berlinische Monatsschrift, Heft 6/2000, S. 39

Das bewegte Jahrhundert

Eine neue Ära für die polnische Zuwanderung nach Berlin begann 1914. Der Erste Weltkrieg stellte die polnischen Berliner vor neue Herausforderungen. Viele von ihnen wurden in das deutsche Heer eingezogen, die polnischen Saisonarbeiter gezwungen in Berlin zu bleiben. Nach der Erlangung der Unabhängigkeit Polens 1918 wurden die Polen im Deutschen Reich vor die Alternative gestellt, in Berlin zu bleiben oder nach Polen zurückzukehren. Keine leichte Entscheidung angesichts der instabilen politischen Situation beider Länder, des polnisch-sowjetischen Konflikts, der Kriegsschäden und der wirtschaftlichen Lage Polens. Im Hinblick darauf sind viele Polen in Berlin geblieben, manche aber auch, weil ihnen die Stadt an der Spree zur Heimat geworden war.

Politisch hatte Polen nach dem Ersten Weltkrieg zum ersten Mal einen internationalen Status, den auch das Deutsche Reich nun anerkennen musste. Über das Ausmaß, die Bedeutung und die Folgen der Zuwanderung oder Zwangsaufenthalte der Polen nach und in Berlin in dieser Zeit wurde schon an anderer Stelle dieses Buches berichtet. Anzumerken wäre, dass es nach dem Zweiten Weltkrieg zu einer starken Rückwanderung der Polen kam.

Viele polnische Berliner ließen sich in der Volksrepublik nieder, vor allem in Stettin und Hirschberg. In den ersten Jahren begegnete man diesen Menschen auch in Polen mit Misstrauen und verurteilte pauschal deren Vergangenheit. Der Eiserne Vorhang, der immer dichter zugezogen wurde, erschwerte lange die Kontakte der polnischen Berliner zu ihrem Herkunftsland.

Nach dem Zweiten Weltkrieg begann die Einwanderung nach Westberlin nur zögernd und vorsichtig, obwohl es die am nahesten gelegene westliche Demokratie war und von Polen aus schnell zu erreichen. So wählten die polnischen Intellektuellen, die infolge der März-Unruhen 1968 Polen verließen eher Paris oder London als ihren Aufenthaltsort und nur wenige ließen sich in Berlin nieder, manche auch nach Umwegen über andere europäische Metropolen. Erst in den 1980er Jahren konnte man wieder vermehrt Polnisch auf den Straßen Berlins hören. Nach der Streikwelle in Polen im Sommer 1980 kam es zur Gründung der Gewerkschaft Solidarność. Das am 13.12.1981 verhängte Kriegsrecht, die Repressionen und die katastrophale Wirtschaftslage lösten die erste bedeutende Emigrationswelle nach Berlin aus. Viele Solidarność Aktivisten fanden in Berlin eine neue Arena für ihr politisches Engagement. Die Ausrufung des Kriegsrechts überraschte in Berlin auch viele Arbeitsmigranten und Pendler, die daraufhin mit der Rückkehr nach Polen zögerten. Den polnischen Emigranten begegnete man damals mit Sympathie und Solidarität.

Doch die Zeiten der „Polenbegeisterung" waren in Berlin meist nur von kurzer Dauer.

Die Märzrevolution 1848 oder die Solidarität mit den Polen 1981 bildeten nur kurz aufflackernde Lichter auf dem Jahrhunderte alten Firmament der Stereotype. Die Meinungen über Polen, ob richtig oder falsch, die sich gebildet und gefestigt haben, blieben bestehen und sind noch heute bei manchem Berliner anzutreffen. Die Stereotypen der „polnischen Wirtschaft" und „der polnischen Putzfrau" halten sich hartnäckig und werden von einer Lücke im Wissen um den eigentlichen Beitrag der Polen zur Entwicklung dieser Stadt sowie der Rolle, die diese Stadt im Leben der polnischen Berliner spielte, begleitet. Denn schon 1837 bemerkte

Heinrich Laube spöttisch: „Mit Berlin und dessen Weise ist für den Berliner alles erschöpft ..." Dabei sind „die echten Berliner sparsam zu finden, und diese Stadt ist mehrenteils mit Ausländern ausgefüllt, die ein buntes Gemisch darstellen", beobachtete schon 1786 Anton Balthasar König.

Allerdings spielten in Berlin nicht nur die polnischen Arbeiter, die bei dem Bau des Teltowkanals oder des Reichtags härteste Arbeit leisteten, sondern auch die polnischen Eliten, die schon seit dem 18. Jahrhundert das Stadtbild prägten, eine wichtige Rolle. So beispielsweise Johann Ernst Gotzkowsky, der Retter Berlins in Zeiten Friedrich II, Boguslaw Radziwiłł, der Stifter des St. Hedwig Krankenhauses oder der Kunstmäzen Athanasius Raczyński.

Berlin wurde von den hier lebenden Polen aus den unterschiedlichsten Blickwinkel gesehen und beschrieben. Mal spöttisch, mal liebevoll, mal mit Humor und manchmal mit Groll. Für viele war es einfach ihre Stadt.

MARIA MAŁGORZATA Z RADZIWIŁŁÓW FRANCISZKOWA POTOCKA, ERINNERUNGEN (1983)

Maria Małgorzata z Radziwiłłów Franciszkowa Potocka (1875-1962). Polnische Adlige, lebte nach dem Zweiten Weltkrieg in Krakau.

Ich wurde am 16. Dezember 1875 in Berlin geboren. Meine Eltern hatten nach dem Verkauf des alten Palais Radziwiłł[3] im Jahre 1874 eine geräumige Wohnung im Haus an der Alsenstraße 9 gemietet. Das Haus gehörte dem reichen Juden Salomonson und meine älteren Brüder nannten uns daher, wenn sie mich und meinen jüngeren Bruder Janusz ärgern wollten, „die Judenkinder". Unsere älteren Brüder Michał und Karol hatten noch im „alten Haus", wie das Palais Radziwiłł in der Familie genannt wurde, das Licht der Welt erblickt. Während der ersten britischen Luftangriffe auf Berlin im Herbst 1943 wurde dieses „alte Haus" angeblich zerstört. Damit ist die letzte Spur, das letzte Andenken an den Aufenthalt dreier Generationen Radziwiłł in Berlin verschwunden. Ich werde hier festhalten, was ich über jene alten Zeiten aus dem Munde meiner Eltern viele Male gehört habe.

Als mein Urgroßvater, Antoni Fürst Radziwiłł, der spätere Statthalter von Posen[4], 1797 Prinzessin Luise von Preußen heiratete, die Tochter Prinz Ferdinands, des jüngsten Bruders Friedrichs II., kaufte sein Vater, der Wilnaer Wojewode Michał Fürst Radziwiłł dem Brautpaar von Graf Schulenburg das Palais an der Wilhelmstraße 77. Residenz des Prinzen Ferdinand war Bellevue an der Spree im Berliner Park Tiergarten, und dort fand die Verlobung von Fürst Antoni statt.

Das Palais Radziwiłł, im französischen Stil und mit Flügeln, die zur Vorderseite hin ein Eisengitter verband, trug die Aufschrift „Hôtel de Radziwill". Dieses Detail war zur Zeit meines Urgroßvaters der Anlass einer lustigen Begebenheit. Ein auf der Durchreise befindlicher anglikanischer Pastor klingelte am Tor und

---

3 „Hôtel de Radziwill", Wilhelmstraße 77, nach dem Verkauf des Hauses diente es als Reichskanzleramt.
4 Fürst Antoni Henryk (Anton Heinrich) Radziwiłł, seit 1815 preußischer Statthalter des Großherzogtums Posen. Im Februar 1831 wurde die Posener Statthalterschaft von König Friedrich Wilhelm III. suspendiert.

bat das Personal um ein Nachtlager, weil dieses Hotel ihm gefalle. Das Personal war in Verlegenheit und meldete das dem Fürsten, der voller Freude befahl, dem Engländer alles zu geben, was er fordere, wie in einem Hotel, und erst am nächsten Tag erfuhr der Engländer beim Mittagessen, dass es sich hier nicht um eine gewöhnliche *table d'hôte* handelte. Eine allgemeine Heiterkeit kam auf und der Pastor war von nun an mit der ganzen Familie befreundet.

Mein Urgroßvater mochte Witze und Schabernack, er war von sehr fröhlicher Natur, was seine Söhne und Enkel denn auch von ihm geerbt haben. [...] Von seiner Komposition zum „Faust" schenkte er die Partitur der Singakademie in Berlin, deren aktives Mitglied er war. Und für mehr als fünfzig Jahre hatte nur sie das Recht, dieses Werk aufzuführen. Zum ersten Mal wurde es im königlichen Schloss Monbijou in Berlin gegeben, und das in Gegenwart des gesamten Hofes und des Dichters Goethe persönlich. Wegen dieser Komposition war mein Großvater 1814 beim Dichter in Weimar und hat mit ihm gewisse Fragen besprochen, welche die musikalische Komposition des „Faust" betrafen. Goethe war von der Musik meines Großvaters und von seiner Persönlichkeit bezaubert und hat für ihn sogar die Gartenszene im „Faust" verändert, wie aus einem Brief des Dichters an Fürst Antoni und aus dem Auszug eines Briefes des Dichters an Karl Ludwig von Knebel hervorgeht. [...]

Meine Urgroßmutter, Prinzessin Luise, war eine Frau von großem Verstand und weitem Herzen. Wenngleich sie am preußischen Hofe erzogen wurde, an dem damals ausschweifende Sitten herrschten, war sie doch unter dem glücklichen Einfluss einer ganz hervorragenden Gouvernante, einer Französin, welche ihr die edelsten Grundsätze von Religiosität und Pflichtbewusstsein einflößte. Später hatte meine Urgroßmutter in dieser Hinsicht einen sehr großen Einfluss auf ihren Mann und die Töchter. Sie war eine sehr fromme Protestantin. Ihre Töchter Eliza und Wanda, die spätere Ehefrau Adams und Fürstin Czartoryska[5], waren ebenfalls Protestantinnen, die Söhne dagegen nach der Religion des Vaters Katholiken. Die Kirche tolerierte einst einen solchen Zustand. Daher hatte die Religiosität in der Familie ihre Quelle in einem gewissen protestantischen Puritanismus, der, wie ich später feststellte, auch in der Generation meines Vaters tiefe Spuren hinterlassen hatte. Dieser Einfluss der Mutter war so dominierend, dass es eine Zeit gab, da ihr zweiter Sohn Bogusław, mein Großvater[6], als junger Mann ernsthaft erwog, zur Religion seiner Mutter überzutreten. Sein älterer Bruder Wilhelm[7], der für Einflüsse weniger empfänglich und ausgeglichener war, brachte ihn von diesem Schritt ab. Mein Großvater war den ganzen Rest seines Lebens ein höchst eifriger Katholik und beschäftigte sich vorwiegend mit karitativen und sozialen Angelegenheiten.

Von den acht Kindern haben nur drei ihre Eltern überlebt: Wanda Fürstin Czartoryska, Wilhelm, verstorben 1870, und mein Großvater Bogusław, verstorben 1872.

---

5 *Adamowa (Augusta Wilhelmina Luisa Wanda) Czartoryska (1813–1846), Tochter des Fürsten Anton und Friederike Luise Dorothea Philippine Prinzessin von Preußen, Fürstin Radziwiłł.*

6 *Bogusław Fryderyk Ludwik Radziwiłł (1809-1873), Bruder von Augusta Wilhelmina Luisa Wanda Czartoryska, Herrenhausmitglied, preußischer General.*

7 *Wilhelm Fryderyk Paweł Radziwiłł (1797-1870), Sohn von Anton und Luise Radziwiłł, Herrenhausmitglied, preußischer General, Vorsitzender der Numismatischen Gesellschaft zu Berlin.*

Im Salon meiner Großmutter in Palais Radziwiłł waren breiteste Kreise zu Gast, nicht nur Kreise des Hofes, sondern auch wissenschaftliche, künstlerische und literarische: Frau de Staël schreibt in ihrem Buch „De l'Allemagne"[8] von ihm. Mein Urgroßvater war gut etabliert und ein Liebling der musikalischen Kreise Berlins. Die ganze Geschichte der Liebe des Prinzen Wilhelms, des späteren Kaisers Wilhelm I, zu seiner Cousine Eliza Radziwiłł, der ältesten Tochter der Fürstenfamilie Antoni Radziwiłł, ist allzu gut bekannt, um sie hier zu wiederholen.[9] In jenen romantischen Zeiten haben diese bitteren Augenblicke und Entscheidungen zwischen den Personen, die davon am meisten betroffen waren, nicht die herzlichen Beziehungen getrübt, welche beide Familien verbanden. Der alte Kaiser hatte auf seinem Schreibtisch ein Porträt der Fürstin Eliza. Gleichwohl ist die Version, Fürstin Eliza sei „aus enttäuschter Liebe" zu ihrem Cousin gestorben, falsch. Später liebte sie noch Friedrich Fürst Schwarzenberg, aber sie war schon krank und ist an der Schwindsucht gestorben, die man damals nicht zu heilen verstand.

Prinz Wilhelm und sein 1829 verstorbener Bruder Ferdinand[10] hatten als 17- und 19-jährige Jungen 1815 an der Kampagne gegen Napoleon I. teilgenommen, und bei Michał Radziwiłł in Nagłowice befindet sich noch ein silberner Becher in Futteral aus der Toilette Napoleons I., der während der Kampagne erobert worden war.

Der Bruder meiner Urgroßmutter, Prinz Louis Ferdinand, ist am Vortag der Schlacht bei Jena während einer Aufklärungsaktion bei Saalfeld 1806 heldenhaft ums Leben gekommen. Er war der geliebte Bruder meiner Urgroßmutter, und sie hat ihren an ihn gerichteten Brief, den der Prinz während des tödlichen Gefechts bei sich hatte und der ganz blutbefleckt war, voller Pietät aufbewahrt. Zwei Kinder aus der morganatischen Ehe des Prinzen sind bei meiner Urgroßmutter Seite an Seite mit ihren eigenen Kindern aufgewachsen. Der König gab ihnen den Titel der Barone von Wildenbruch. Dies waren Louis, der Vater des späteren Dichters Ernst von Wildenbruch, und Blanche, die spätere Gräfin Röder. Mein Vater und seine Brüder und Schwestern sind mit ihnen noch per Du gewesen.

Der älteste Sohn Fürst Antonis, Wilhelm, widmete sich der militärischen Laufbahn und war Adjutant des preußischen Königs und kommandierender General eines Armeecorps in Magdeburg; er war mit ganzer Seele Soldat. Er war es, der seinerzeit seinen jungen Adjutanten von Moltke dem Generalstab empfahl; er hatte bei ihm herausragende Fähigkeiten bemerkt, und später sollte dieser in den Kriegen der Jahre 1866 und 1870 als Stabschef zu Ruhm gelangen.

8   Anne Louise Germaine de Staël-Holstein, De l'Allemagne, London 1813.
9   Eliza Radziwiłł (1803-1834) wurde zwar als die erste Liebe des späteren Kaisers Wilhelm I. in die deutsche Geschichtsschreibung aufgenommen, doch — anders als von manchen deutschen Autoren vermutet — endete ihr Leben nicht im Jahre 1826, als der preußische König die Hochzeitspläne seines Sohnes platzen ließ. Die Geschichte der Liebe zwischen Eliza und Wilhelm wurde 1938 verfilmt.
10 Ferdynand Fryderyk Wilhelm Radziwiłł (1798-1827), Sohn von Antoni und Luise Radziwiłł.

An das großartige Begräbnis Moltkes in Berlin kann ich mich sehr gut erinnern, da er plötzlich gestorben war. Moltke kam bis zuletzt in sein Büro im Generalstab, was folgende Geschichte, die man nach seinem Tod erzählte, bewies: Die vor dem Generalstab stehende Wache notierte unter anderem in ihrem Rapport über die Nachtschicht, Feldmarschall von Moltke habe um soundsoviel Uhr den Generalstab betreten. Wie sich herausstellte, waren das der Tag und die Stunde seines Todes.

Aber kehren wir zu Onkel Wilhelm zurück. Er war sehr an Geschichte und insbesondere an Numismatik interessiert. Er hatte eine wunderschöne Sammlung polnischer und besonders Radziwiłłscher Madaillen. Mit General Dezydery Chłapowski[11] lebte er in großer Freundschaft und im Jahre 1830 drängte es ihn, wie er es selbst meinem Vater erzählte, am Aufstand teilzunehmen. Ich weiß nicht, welche Gründe ihn daran gehindert haben, aber er erzählte es meinem Vater in dem Augenblick, als dieser ihm anvertraute, er wolle sich dem Aufstand von 1863 anschließen. Damals brachte Onkel Wilhelm meinen Vater von dieser Absicht ab.

Onkel Wilhelm hatte viel mehr Polentum und patriotische Gefühle in sich als sein jüngerer Bruder, mein Großvater Bogusław, der von seiner Mutter und der deutschen Umgebung beeinflusst war, und da er von Natur aus sehr religiös war, widmete er sich ganz der katholischen religiösen Bewegung in Deutschland. Er stand Bischof Wilhelm Emmanuel von Ketteler nahe, der die katholische soziale Bewegung ins Leben rief. Mein Großvater stiftete in Berlin die Gesellschaft des Heiligen Vinzenz a Paulo, deren eifriges Mitglied er war, und wurde in Arbeiterkreisen als Wohltäter der Armen bekannt.

Während der Straßenunruhen im Jahre 1848 wurde unter bedrohlichen Ausrufen der erregten Menge seine Kutsche angehalten. Doch als man Fürst Bogusław erkannt hatte, ließ man ihn einmütig ziehen und sagte: „Dieser arbeitet für das Volk". Dank seinem Einfluss wurde es den Schwestern des Heiligen Karl Borromäus erlaubt, sich in Berlin anzusiedeln, und diesen ist später seine ältere Tochter Jadwiga[12] beigetreten.

Bis zuletzt stand seine Büste im Refektorium des Schwesternklosters an der Großen Hamburgerstraße in Berlin. Wohl auch dank seinem Einfluss wurde die sogenannte katholische Abteilung im Kultusministerium geschaffen, dessen Chefs Brüggemann und Abeken seine großen Freunde waren. Am Anfang des 'Kulturkampfes' bemühte sich Bismarck nach Kräften, die katholische Abteilung zu kassieren. Das war im Jahre 1871. Was dieses betrifft, hat mir meine Mutter folgende Geschichte erzählt: Zum 1. Januar überbrachten die Fürsten, wie üblich, anlässlich des neuen Jahres bei Hofe ihre Wünsche. Nach der Rückkehr von diesem Besuch machte mein Großvater meiner Mutter bittere Vorwürfe, weil sie nach dem, was vorgefallen war, Bismarck die Hand gegeben habe. Er selbst habe den Kanzler ostentativ nicht begrüßt.

Die Erziehung Wilhelms und seiner Brüder ähnelte zu einem gewissen Grade der Erziehung der preußischen Prinzen. Sehr früh hatten sie einen militärischen Lehrer, einen Franzosen von Herkunft, Monsieur Royer, der die jungen Radziwiłłs in der Kampagne des Jahres 1815 begleitet hatte. Aus vielen Briefen Fürst Antonis, die er während des Kongresses 1815 aus Wien an seine Frau geschrieben hatte, weiß ich auch, wie er ständig um Nachrichten bat, ob und wie seine Kinder Polnisch lernten und wie er seine Frau ermahnte, sie möge diesen Unterricht nicht vernachlässigen. [...]

11 *Dezydery Chłapowski (1788-1879), polnischer General, nahm an Napoleonischen Kriegen und am Novemberaufstand (1830-1831) teil. Großgrundbesitzer in Großpolen.*
12 *Jadwiga Paulina Ludwika Radziwiłł (1841-1894). Tochter von Bogusław und Leontyna Gabriela Radziwiłł.*

Dominik Fürst Radziwiłł erlag 1813 den Verletzungen, die er, an der Seite Napoleons kämpfend, bei Hanau erlitten hatte. Er hinterließ nur ein rechtmäßiges Kind, Fürstin Stefania[13], die das Majorat nicht erben konnte, sondern nur Allodialgüter. Stefania heiratete Fürst Wittgenstein und hatte eine Tochter, die spätere Ehefrau von Chlodwig und Fürstin zu Hohenlohe[14], welche die riesigen Radziwiłłschen Allodialgüter noch in der Zeit, an die ich mich erinnern kann, besessen hat (z. B. den Wald von Naliboki)[15]. Nach dem Tode ihrer Mutter mussten die Kinder diese Güter verkaufen, weil das neue russische Recht es fremden Untertanen untersagte, in Russland Land zu erben. [...]

Mein Urgroßvater, Fürst Antoni, der Statthalter von Posen, starb 1833. Seine zwei Söhne Wilhelm und Bogusław haben die Güter nie unter sich aufgeteilt. Sie hatten eine gemeinsame Kasse und Kanzlei und teilten die Einkünfte in zwei Hälften. [...] Das Vermögen der Fürstin Louise, der Frau von Antoni, bestand aus einer Rente in Höhe von 24.000 Taler jährlich, die ihr der preußische Hof zahlte. Nach dem Tode der Fürstin Louise sollte diese Rente ihren Kindern ausgezahlt werden (den Enkeln jedoch nicht mehr). Dafür mussten jedoch sowohl sie als auch ihre Kinder den Verzicht auf jegliche weiteren Rechte an möglichen Erbschaften unterschreiben.

Nach dem Tode von Wanda Fürstin Czartoryska teilten nur die zwei Brüder Wilhelm und Bogusław die Rente unter sich. Die Fürstenfamilie Antoni war ewig in finanziellen Schwierigkeiten, was zu Händel und Reibereien mit dem Vater des Fürsten, dem alten Wilnaer Wojewoden Michał Radziwiłł, führte; er war zwar enorm reich, aber ein knauseriger Kauz. Daher ist die Legende entstanden, er habe in Nieborów über seinem Bett ein Kämmerlein, wo er Säcke voller Gold aufbewahre, und nachts zähle er die Dukaten. In der Familie wurde er 'Perewerek' genannt (von dem Wort 'pervers').

Wenngleich er ein fast hundertjähriger Greis war, so brachte er doch durch seine Lebensweise seine Frau, Wojewodin Helena dazu, nicht allzu oft mit ihm in Nieborów zu wohnen. Sie war es, die das berühmte Arkadien bei Łowicz geschaffen hatte, womit sie mit ihrer Freundin Izabela Fürstin Czartoryska[16] im Sammeln antiker Gegenstände für den Arkadienpark im romantischen Stil der Epoche wetteiferte. Sie war eine glühende Patriotin; ihre Söhne Ludwig, Walenty, Antoni und Michał waren sofort den Aufständischen Kościuszkos beigetreten, doch sie selbst gehörte eher zur preußischen Orientierung, wie man heute sagen würde. Mit Prinz Heinrich von Preußen, seinerzeit Kandidat für den polnischen Thron[17], Bruder König Friedrichs II. und Prinz Ferdinands von Preußen, war sie in großer Freundschaft.

13 *Stefania Radziwiłł (1809-1832). Tochter von Dominik Hieronim und Teofila Radziwiłł geb. Morawska, Ehefrau des russischen Feldmarschalls Ludwig Sayn Wittgenstein.*
14 *Maria Antonina zu Hohenlohe-Schillingsfürst (1829-1897).*
15 *Puszcza Nalibocka (Naliboki Wald), liegt im nordwestlichen Weißrussland.*
16 *Izabela Czartoryska geb. Flemming (1743-1835), berühmte Mäzenin, Ehefrau von Fürst Adam Kazimierz Czartoryski.*
17 *Die Kandidatur des Prinzen wurde von Katharina II. erfolgreich gebremst.*

Sein Bruder, König Friedrich II., sandte ihn mit dem Vorhaben, König von Polen zu werden, zu Katharina II. Die Kaiserin empfang ihn mit großen Ehren und zur Abreise beschenkte sie ihn mit einer Sammlung wunderbarer Chinoiserien, doch von dem polnischen Projekt wollte sie nichts hören. Die Chinoiserien kamen mittels Erbschaft auf meine Urgroßmutter und einen Teil habe schließlich ich von meinen Eltern geerbt (eine Sammlung von Lackarbeiten, zwei emaillierte Bilder, ein Wandbehang mit einem aus Gold gestickten Drachen).

Prinz Heinrich war auch sehr mit Jan Potocki[18] befreundet, dem berühmten Reisenden, und umgab sich gerne mit Polen. Er protegierte auch die Vermählung Fürst Antonis mit seiner Lieblingsnichte Prinzessin Louise, die sich, auch wenn sie einige Jahre älter war als der junge Antoni, in den bezaubernden und begabten 19-jährigen Jüngling unsterblich verliebt hatte. Diese Ehe war denn auch ungewöhnlich einträchtig und glücklich.

Die Napoleonischen Kriege zogen herauf. Das Fürstenpaar Antoni samt Familie reiste gemeinsam mit dem preußischen Hof nach der Niederlage bei Jena nach Königsberg, wo sie sich das ganze Jahr 1806 und 1807 unter recht schwierigen Bedingungen aufhielten. Königin Louise und meine Urgroßmutter, die Fürstin Antoni, liebten sich wie Schwestern und ihre Freundschaftsbande haben sich in diesen schweren Zeiten im Exil noch gefestigt. Als sie einmal die Gräber der Hohenzollern in Königsberg besuchten, zeigte man ihnen die Särge von Fürst Albrecht von Hohenzollern, dem ersten souveränen Fürsten sowie von Bogusław Fürst Radziwiłł[19]. Die beiden Damen waren damals guter Hoffnung und beschlossen, die erwarteten Kinder, falls es Söhne sein sollten, Albrecht und Bogusław zu nennen. Diesem romantischen und originellen Projekt verdanken der jüngste Bruder Kaiser Wilhelms, Albrecht von Preußen und mein Großvater Bogusław ihre Namen.

Mein Urgroßvater bewunderte und liebte Fürst Józef Poniatowski[20] sehr, obwohl er „auf der anderen Seite der Barrikade" stand. Anfang 1813 bat der preußische König meinen Großvater, nach Krakau zu Fürst Józef zu fahren, um ihn zu überreden, Napoleon zu verlassen, was jedoch bekanntlich nicht gelang.

Einer der Beschlüsse des Wiener Kongresses von 1815 war – nach der Schaffung des Königreichs Polen unter dem Zepter Kaiser Alexanders als polnischem König – die Bildung eines Großherzogtums Posen unter dem Zepter des preußischen Königs Friedrich Wilhelm III. Damals wurde mein Urgroßvater Antoni zum Statthalter ernannt und übersiedelte mit der ganzen Familie nach Posen, wo er in ein schönes altes Palais neben der Pfarre (heute Sitz der Wojewodschaft) einzog. [...] 1831 verließ der Statthalter sein Amt, wobei er von allen Polen mit großer Trauer und Dankbarkeit verabschiedet wurde. [...]

18 Jan Potocki (1761-1815), Historiker und Schriftsteller, Autor des Romans Handschrift von Saragossa.
19 Bogusław Radziwiłł (1620-1669), polnischer Magnat, kämpfte während des Schwedenkrieges im 17. Jahrhundert gegen den polnischen König Jan Kazimierz auf der Seite des schwedischen Königs Karl Gustav. Bogusław Radziwiłł ist in dem Roman Die Sintflut von Henryk Sienkiewicz zum Synonym eines Verräters geworden.
20 Józef Antoni Poniatowski (1763-1813), polnischer und sächsischer General, französischer Marschall; nahm am polnisch-russischen Krieg 1792, Kościuszko-Aufstand 1794 und an den Napoleonischen Kriegen teil. In der Regierung des Warschauer Herzogtums (1806-1814) war Poniatowski Kriegsminister. Nach dem katastrophalen Russlandfeldzug (offiziell von Napoleon der „Zweite Polnische Krieg" genannt) kämpfte Poniatowski mit den polnischen Truppen in Nachhut der Großen Armee. 1813 starb er während der Völkerschlacht. Am Ort seines Todes wurde ein Monument errichtet.

Das Radziwiłłsche Haus in Berlin beherbergte nach dem Tod des Fürstenpaares Antoni Radziwiłł weiterhin zwei Ehepaare, die dort patriarchalisch und einträchtig lebten. Fürst Wilhelm heiratete Mathilde Gräfin Clary et Aldringen aus Teplitz, Fürst Bogusław wenig später ihre Schwester, Gräfin Leontine Clary. Beide Damen waren sehr gute Ehefrauen und Mütter, und in dieser zahlreichen Familie herrschten wahrhaft römische Strenge und Disziplin. Das Ehepaar Wilhelm hatte drei Söhne und fünf Töchter, das Ehepaar Bogusław dagegen fünf Söhne und drei Töchter. Vollständige Symmetrie. Prinz Wilhelm, der immer darunter litt, dass er in seiner Jugend nicht gut genug polnisch gelernt hatte, hatte sich auf Vermittlung von Aleksander Graf Przeździecki[21] früh mit dem jungen Lehrer Herrn Feliks Podlewski verabredet, der die Familie Radziwiłł dann nie mehr verlassen sollte und der bei Onkel Antoni in Berlin im Alter von 97 Jahren starb. Wenn wir ihn besuchten, war es in seinem Zimmer schwer zu atmen, weil er frische Luft nicht ausstehen konnte und von Büchern, Papieren und verschiedenen antiken Gegenständen umgeben war, zwischen denen nur der Papagei Lorchen und der widerliche alte Mops 'Daisy' nach Herzenslust herumtollten. Mit dem Hündchen sprach er nur deutsch und behauptete, eine andere Sprache verstehe er nicht, weil die deutsche Sprache eine Hundesprache sei. Er konnte es nicht ausstehen, wenn jemand fehlerhaft polnisch sprach. Er war leidenschaftlich und korrigierte alle in scharfem Ton. Wenn ich sagte: „Auf Wiedersehen der Herr", antwortete er zornig: „Ich sehe sowieso nichts, man sagt: ‚Auf Wiedersehen mit dem Herrn'". Er war gegenüber unserer Familie sehr anhänglich und liebte meinen Vater und Onkel Antoni wie eigene Söhne, doch er tadelte alle und ich fürchtete mich vor ihm. Er selbst fürchtete nur Tante Maria, die Frau von Onkel Antoni, die ihn selten besuchte und daher bei dem alten Herrn großes Ansehen und Dankbarkeit genoss. [...]

Wie die Brüder Wilhelm und Bogusław ihre Güter gemeinsam hatten, so schrieben sie auch gemeinsam ihr Testament, das für sie sehr einfach, doch für die Erben recht kompliziert war. Sie teilten ihre Güter in zwei Hälften. Die eine bildeten die Majorate von Nieśwież[22] und Ołyka[23], die andere Przygodzice und das Palais Radziwiłł in Berlin. Diese beiden Teile sollten ihre älteren Söhne Antoni und Ferdinand untereinander aufteilen. Alle jüngeren Brüder und Schwestern sollten je 12.000 Taler bekommen.

Nach dem Tod meines Großvaters Bogusław wurde die Teilung vorgenommen. Im Testament war noch verfügt, dass jedes der Geschwister, falls das Palais in Berlin verkauft werden würde, aus der Aufteilung des erhaltenen Bargelds eine zusätzliche Summe erhalten sollte.

Als das Testament vollstreckt werden sollte, hatte Onkel Antoni als der Ältere das Recht der Wahl. Er wählte die Majorate Nieśwież und Ołyka. Nun willigte mein Vater ein, Przygodzice und das Berliner Palais zu übernehmen. Daraufhin erhob Onkel Antoni Ansprüche auch auf das Palais, und daher verzögerte sich die ganze Entscheidung. Wie sich herausstellte, hatte der Onkel Fürst Leon Antoni versprochen, wenn dieser Nieśwież und Ołyka erhalten sollte, ihm auch Kleck zu überlassen, damit alle diese Güter in einer Hand seien.

---

21 Aleksander Przeździecki (1841-1871), Historiker, Schriftsteller, Mäzen.
22 Heute liegt Nieswierz (Нясвіж) in Weißrussland.
23 Heute liegt Olyka (Олика) in der Ukraine.

Es begannen lange und unangenehme Verhandlungen, bis es, nicht ohne Beteiligung meiner Mutter, unter folgenden Bedingungen zu einer Einigung kam: Im Interesse der jüngeren Geschwister wird das Palais verkauft, und zur Entschädigung tritt Cousin Antoni meinem Vater das Majorat Olyka ab.

Die preußische Regierung kaufte das Palais Radziwiłł für den Reichskanzler, damals Bismarck. Das Verlassen des geliebten „alten Hauses" war für die ganze Familie sehr schmerzhaft, doch meine Mutter empfand es eher als eine Befreiung und als den Anfang eines eigenen, unabhängigen Lebens. Seitdem wohnten wir in Berlin in verschiedenen Mietwohnungen. Erst Alsenstraße 9, dann Behrenstraße 46, Vossstraße und zuletzt Wilhelmstraße 66, in einer Wohnung, die meine Eltern erst nach dem Krieg 1920 verließen, als sie für kurze Zeit nach Krakau übersiedelten. [...]

Im Radziwiłłschen „alten Haus" saßen aus der Familie selbst 20 Personen bei Tisch. Die Hausherren besorgten die Küche. Eine Woche bestellte Onkel Wilhelm das Mittagessen, die nächste mein Großvater. Das Fürstenpaar Wilhelm und das Fürstenpaar Bogusław saßen bei Tisch als Hausherren einander gegenüber, der Mann neben seiner Frau, an den Seiten, wenn keine Gäste da waren, dem Alter nach die Kinder. So saß beispielsweise meine Mutter nach der Hochzeit links von ihrem Schwiegervater und daneben ihr Mann.

Heutzutage klingt das unwahrscheinlich, doch die Jugend war so erzogen, dass selbst die erwachsenen Söhne Angst hatten, zu spät zu kommen oder die Vorschriften des Hauses auch nur geringfügig zu verletzen, und manchmal getadelt wurden wie kleine Kinder. Meine Mutter erzählte mir, wie ihr Mann in ihrer Gegenwart für eine Verspätung bei Tisch wie ein Schuljunge öffentlich getadelt wurde.

Vor allem Großvater war rigoros und konnte überhaupt nicht verstehen, dass die Jugend Bedarf hatte, sich zu amüsieren. Bälle und Gesellschaft sah er als Pflicht, nicht als Vergnügen, und so musste man diplomatisch vorgehen, wenn es sich darum handelte, ins Theater oder zu einem anderen „inoffiziellen" Vergnügen zu gehen.

Dennoch hinterließ das Leben im 'alten Haus' bei allen Kindern Erinnerungen wie an einen Hafen im Paradies oder an eine Oase in Berlin, wie Tante Ello mir oft sagte. Das 'alte Haus' war für sie alle so etwas wie ein Vaterland. Das schöne Palais, der reizende Park und das Familienleben waren ihnen Glückes genug. Keiner von den acht jungen Menschen, die dort wie Brüder aufwuchsen, suchte je außerhalb des Hauses Unterhaltung, wie sie bei der damaligen *jeunesse dorée* Berlins üblich war. Die Atmosphäre im 'alten Haus' war würdig und rein. [...] Oft erzählte mir meine Mutter, dass sie, als sie erstmals die Schwelle dieses Radziwiłłschen Hauses überschritten habe, zunächst den Eindruck hatte, in einer völlig deutschen Familie zu sein. Wegen der Mütter sprachen die Geschwister untereinander deutsch. Nur mit Herrn Podlewski wurde polnisch gesprochen.

Auf die Etikette wurde streng geachtet. Damals und auch noch in der Zeit, an die ich mich erinnern kann, gab es in Berlin Droschken der ersten und zweiten Klasse. Letztere hatten altmodische Formen und waren geräumige, mit rotem Plüsch ausgeschlagene Halblandauer. Noch heute sehe ich die Kutscher dieser Droschken, wie sie im Winter weite blaue Mäntel und lange Pelerinen trugen und auf dem Kopf einen hohen, mit rotem Stoff gefütterten Kalpak, von dem nach Husarenmanier ein Zipfel zur Seite herabhing.

Ich weiß nicht, ob solche Droschken, wie sie in Berlin genannt wurden, ihren Anfang nicht in der Zeit Alexanders I. hatten, als alles Russische in Berlin gefeiert, verehrt und in Mode war. Mit der zweiten Klasse zu fahren schickte sich nicht, damit vor dem Palais vorzufahren war erst recht unvorstellbar. Wenn also jemand von den jungen Leuten in Eile war, doch keine der (weniger zahlreichen) Droschken ersten Klasse gefunden hatte, befahl er seinem Gefährt, an der Straßenecke zu halten, und betrat den Hof des Hauses zu Fuß.

Die jungen Paare, die Familie von Onkel Antoni und meine Eltern hatten jeder seine eigene Equipage und eigene Pferde, eine geschlossene Kutsche (Brougham) und eine sogenannte 'Viktoria', die man, was mein Vater oft tat, zu einem selbst zu steuernden Wägelchen umbauen konnte, indem man den Bock abnahm. [...]

Der ständige Aufenthalt außerhalb Polens hat vor allem Felicja, der zweiten Schwester meines Vaters, zu schaffen gemacht. Sie war eine Person von außergewöhnlichem Verstand und heißem Herzen und eine fanatische polnische Patriotin. Gerade sie beschloss als vierzehnjähriges Mädchen, worin sie von Herrn Podlewski bestärkt wurde, mit ihrer Schwester Elżbieta ausschließlich Polnisch zu sprechen. Diese beiden Fräulein nahmen die schwierige Aufgabe auf sich, in dem Meer des Deutschen untereinander nur die polnische Sprache zu gebrauchen, die sie überdies nicht allzu flüssig beherrschten.

Tante Felicja hätte als Mann zur Welt kommen sollen. Sie war außerordentlich verständig und sehr energisch. Eine ungezähmte Natur, der man nicht beigebracht hatte, sich selbst zu beherrschen, und die von den Eltern und der ganzen Umgebung sehr verwöhnt worden war. Ein Vorfall in Wien, wo meine Tante mit ihrem Mann, Fürst Clary, den Winter verbrachte, beschreibt ihren Charakter treffend. Fürst Philipp Eulenburg, der deutsche Botschafter, hatte das Fürstenpaar Clary, Familie Roman Potocki[24] und viele andere am 1. April, dem Geburtstag Bismarcks, zum Mittagessen eingeladen. Tante Felicja saß rechts vom Botschafter, Betka Potocka links von ihm. Die Damen hatten vergessen, welches der Anlass dieses Empfangs war. Während des Essens erhob sich Fürst Eulenburg, um auf das Wohl des großen Kanzlers anzustoßen. Mit höflichem Lächeln gab er seiner Freude Ausdruck, dass just an diesem Tage zwei Damen „Berliner Herkunft" zugegen seien, erhob sein Glas und wollte mit Tante Felicja anstoßen. Diese jedoch nahm ihr Glas empört beiseite und sagte, als Polin könne sie nicht auf das Wohl Bismarcks trinken. Der Botschafter überging das mit Schweigen und wandte sich an seine andere Nachbarin, die sich ihm nun nicht mehr verweigerte. Angeblich wurde Betka Potocka dafür später von ihrer Schwiegermutter, der Gräfin und Frau von Alfred Potocki[25], scharf gerügt.

Tante Felicja träumte von Polen. Sie liebte meine Mutter nicht nur dafür, dass sie verständig, freundlich und wunderschön war, sondern auch, weil sie Polin und Patriotin war. Tante Felicjas Mann, Onkel Carlos Clary, war der älteste Sohn von Onkel Edmund Clary und dadurch mit seiner Frau eng verwandt (Cousin und Cousine). Merkwürdigerweise machte diese enge Verwandtschaft meinen Großeltern, die doch die katholischen Vorschriften und Regeln so genau befolgten, überhaupt keine Sorge, und beide wünschten sich diese Ehe sehr. Tante Felicja heiratete ihren Cousin und liebte ihn überaus, doch glücklich war sie nicht. Die Entfernung von Polen belastete sie immer mehr, und auch wenn sie von Liebe, Freundschaft, Reichtum und

---

24 Roman Potocki (1851-1915) und Elżbieta Matylda Kudegunda Potocka geb. Radziwiłł (1861-1950), „Betka" gennant.
25 Maria Potocka geb. Sanguszko (1830-1903), Ehefrau des galizischen Gouverneurs Alfred Potocki.

allem umgeben war, was das Leben angenehm machen konnte, sehnte sie sich nach ihrem Land. Sie und Onkel Carlos waren große Kunstkenner und liebten schöne Dinge. Außer dem Palais in Wien hatten sie ein Palais in Venedig am Zattere, wo sie sich oft aufhielten. Onkel Carlos bezahlte ein Vermögen für Bilder und Statuen. Aus eigenen Mitteln baute er die Kirche in Eichwald bei Teplitz. Sie war die treue Kopie einer Kirche in Venedig. Für diesen Bau importierte er Stein und Marmor aus Italien und hat etwas wahrlich Wunderbares geschaffen. Leider haben die istrischen Steine und der rosafarbene Marmor das tschechische Klima nicht vertragen, sodass ständige Reparaturen nötig waren. [...]

Onkel Edmund war sehr begabt und fleißig. Er hat einige Werke geschrieben und beteiligte sich als in den Reichstag gewähltes Mitglied des Zentrums aktiv am politischen Leben. Er war Vikar in Ostrowo[26] bis 1885, als er in Maredsous in Belgien und später in Beuron in das Noviziat der Benediktiner eintrat. Der vierte und jüngste Bruder meines Vaters, Onkel Boas[27], war ein Original. Die Güte, Milde und Hilfsbereitschaft in Person. Er war von schwacher Gesundheit oder ein *malade imaginaire* und ständig in Behandlung. Ohne seinen ihm ergebenen Diener Johann Huss machte er keinen Schritt. Beide kümmerten sich fürsorglich umeinander. Huss pflegte dem Dienstfräulein von Tante Ello, der berühmten Hermina, lange Ergüsse zu schreiben, und auf diese Weise erhielt die Familie Nachrichten über den Onkel, der den Sommer lang immer verschwunden war und von Kurort zu Kurort fuhr, wo er eine Menge Freunde und immer wieder neue 'Flammen' hatte. Einige Male war er unsterblich verliebt, doch geheiratet hat er nie, und der Witwer Onkel Karol[28] und Tante Ello haben mit ihm zu dritt später einen reizenden heimischen Herd geschaffen, wo sie an den Abenden alte Briefe der Mütter und Großmütter vorlasen.

Schade, dass Onkel Boas sich nicht der wissenschaftlichen Laufbahn gewidmet hat, denn er war ein hervorragender Historiker, er studierte viel und war sehr gebildet. Als Antwort auf eine fehlerhafte Erwähnung der Familie in Treitschkes Geschichte schrieb er ein Werk über die Haltung der Radziwiłłschen Familie mit dem Titel „Die Stellung des Hauses Radziwill".[29] Ich erinnere mich, wie Huss in Antonin nach einer Erkältung zum ersten Mal hinausging und Onkel Boas neben ihm herlief und aufpasste, dass er das Taschentuch vor Mund und Nase hielt und nur durch das Tuch hindurch atmete. Huss führte die Kasse des Onkels und das Geld, das er für ihn ins Portemonnaie legte, wusch und desinfizierte er sorgfältig. [...]

Zu Lebzeiten meiner Großmutter Radziwiłł, die eine geräumige, wunderschöne Wohnung im Parterre des Palais Blücher mit Eingang von der Königgrätzerstraße hatte, waren wir in den Jahren von 1885 bis 1890 oft abends bei ihr zum Essen. Zwei Salons meiner Großmutter waren denkbarst ähnlich jenen im „alten Haus" in Berlin eingerichtet. Der erste war *le cabinet* und ganz mit dunkelrötlichem gefaltetem Stoff drapiert, der unter der Decke eine leichte weiße Draperie trug. In der Ecke am Fenster stand Omas großer Schreibtisch voller verschiedener Gegenstände, von denen manche sehr wertvoll waren; in der Mitte lag ein großer *buvard*, in Leder gebunden und mit einer türkisbesetzen Klammer aus Bronze; daneben standen ein riesiges Tintenfass aus Kristall mit Metallboden und einem *nielle*-Deckel, marmorne Briefbeschwerer in Form von Büchern,

---

26 Heute Ostrów Wielkopolski in Großpolen.
27 Bogusław Adam Jerzy Radziwiłł, preußischer Offizier.
28 Karol Fryderyk Wilhelm Radziwiłł (1839-1907), preußischer Offizier, Großgrundbesitzer (u. a. die Güter Bagatela).
29 Bogusław Radziwiłł, *Die historische Stellung des Hauses Radziwill*, Berlin 1892.

eine reife Feige aus Marmor und die verschiedensten Schächtelchen aus Achat, Lapislazuli und anderen Steinen. Außerdem befand sich dort eine ganze Sammlung kunstvoll bearbeiteten Bernsteins in Goldfassung mit Türkis, Miniaturen und in der Mitte, dahinter, ein Bild der Muttergottes und um es herum ein Rosenkranz aus großen Achatkugeln.

All das ließ uns die Augen übergehen und war für uns Kinder eine Quelle ständiger Bewunderung und Faszination, um so mehr, als man nichts anfassen durfte und alles an seinem Ort in wunderbarer Ordnung stand und täglich von dem idealen Diener, dem feinen Mischke, abgestaubt wurde. Meine Großmutter pflegte viele Stunden am Schreibtisch zu verbringen; früher führte sie eine umfangreiche Korrespondenz und schrieb auch sehr schöne Gedichte [...]. Der Stil dieses Arbeitszimmers war sehr eigentümlich und spiegelte den Geschmack der romantischen Epoche und die Sentimentalität meiner Großmutter wieder.

Ein von Otto gemaltes Porträt des älteren Töchterchens meiner Großmutter, der reizenden Marynia, die im 5. Lebensjahr in Antonin gestorben war, hing an der Wand und darunter im Oval ein Porträt meines Vaters als neunjähriger Junge. An dieser Wand stand ein langes Empiresofa, dessen ein Ende eine Ecke bildete, und davor ein Tisch mit Marmorplatte, die aus Quadraten aus den unterschiedlichsten Arten und Farben des Marmors bestand. In dem Winkel nahe dem Sofa hing in der Ecke wie in einem Herrgottswinkel die „Mater Dolorosa" von Carlo Dolci und davor gab es stets Blumen in einer flachen Schale. Dazu ein großes, wunderschönes, aus Holz geschnitztes gotisches Kruzifix. Dort hing auch ein besonders stimmungsvolles Bild der deutschen Schule. Aus der Tiefe eines hohen gotischen Lehnstuhls blickte ein alter Ritter mit Bart, in Gedanken versunken, durch das weit geöffnete Fenster auf die untergehende Sonne, deren Schein auf zwei Kinder fiel, die sich an ihn schmiegten.

Hinter dem Schreibtisch und inmitten des Grüns der Palmen war eine Büste von Großvater Antoni und auf einer Staffelei das runde große Portrait zweier Mädchen, die Locken à la Winterhalter und dekolletierte weiße Tüllkleidchen trugen, und einen Korb mit wunderschönen Früchten halten: Dies waren die Tanten Felicja und Ello als Kinder. Otto hat auch dieses Bild gemalt, es war in der Bagatela bei Władzio (gibt es sie noch?). Miss Telford nannte diese Ecke des Zimmers *the shrine*; vervollständigt wurde sie von einem wunderschönen Marmor Christian Daniel Rauchs, einem postum gefertigten Kopf von Tante Eliza. Zu hohen Festtagen wurden Kerzen angezündet, die in größeren und kleineren Alabastervasen standen, und ich kann mich erinnern, wie mein Vater in dieser Stimmung am Vorabend des neuen Jahres aus einem alten Gottesdienstbuch meines Großvaters auf Deutsch der versammelten Familie Neujahrsbetrachtungen vorlas.

In dieser Atmosphäre erzogen, suchte ich nach meiner Trauung ein entsprechendes Gebet auf Polnisch (ich habe keines gefunden) und bedauere bis heute, dass ich diese Tradition nicht auf meine Familie übertragen konnte. Dazu bedarf es Autorität und einer Traditionsdisziplin, die ich nicht einzuführen vermochte.

Der andere Salon meiner Großmutter, der größere, war mit Familienporträts behängt und mit chinesischen Vasen, einem Lackkunstwerk in Form eines Schränkchens und einer hohen Etagere aus Bambus verziert, die *La Grande Maitresse* genannt wurde und auf der alle möglichen Lackarbeiten aufgestellt waren, zum Beispiel ein Schiff, große und kleine Tabletts, Vasen, vergoldete Tassen und Schatullen usw., die sich bis heute in meinem Besitz befinden. Ein riesiges halbrundes Kanapee im späten Empirestil und vor ihm ein großer ovaler Mahagonitisch. Vor ihm pflegte, umgeben von Büchern und Fotografien, auf einem Sessel unsere Oma zu sitzen. [...]

Die Jahre 1873-1879 waren die Zeit des heißesten 'Kulturkampfes' in Deutschland. Nach dem Tod meines Großvaters Bogusław Radziwiłł 1872 nahm mein Vater seinen Platz im Herrenhaus und wenig später als im Bezirk Ostrowo-Adelnau[30] gewählter Abgeordneter in den Reichstag ein. Von da an bekleidete er fast 50 Jahre lang ununterbrochen dieses Mandat. Als eifriger Katholik beteiligte er sich mit der ganzen Polnischen Fraktion am Kampf gegen den 'Kulturkampf'. Dieser Kampf fand auch in ganz Deutschland statt, wo fast alle Ordensgemeinschaften des Landes verwiesen und katholische Schulen geschlossen wurden.

Bismarcks erster Schritt im Kampf gegen die katholische Kirche war 1871 die Abschaffung der sogenannten Katholischen Abteilung im preußischen Kultusministerium, eine Tatsache, die meinen Großvater Bogusław so schwer getroffen hat, wie ich es oben beschrieben habe.

Als Nächstes trat ein Gesetz über die Schulaufsicht in Kraft und passierte 1872 beide Kammern in Preußen. Der Kanzler setzte im Reichstag und im Bundesrat auch zwei andere antikirchliche Maßnahmen durch: Die Möglichkeit Priester zu bestrafen, denen vorgeworfen wurde, von der Kanzel staatliche Anordnungen kritisiert zu haben, und die Aussiedlung der Jesuiten, die ausländischen Bürger waren und zugleich das Verbot jeglicher Tätigkeit für die deutschen Jesuiten. Dieses Verbot galt auch für alle Ordensbrüder und -schwestern, die sich den Jesuiten beigesellt hätten.

Die im Mai 1873 erlassenen sogenannten Maigesetze waren die Fortsetzung des Kampfes gegen die Kirche. Minister Falck legte sie dem preußischen Abgeordnetenhaus am 9. Januar 1873 vor. Nach langer Diskussion passierten sie im März die Kammer und wurden anschließend dem Herrenhaus übersandt, das in ihnen nur geringfügige Änderungen anordnete und sie zum Abgeordnetenhaus zurückschickte, also dem Unterhaus, wo sie schließlich verabschiedet wurden. Doch dies geschah nicht ohne einen sehr harten Kampf. Der König unterschrieb, die Gesetze wurden am 15. Mai desselben Jahres öffentlich bekannt gegeben.

Das erste dieser Gesetze betraf das Schulwesen und die Nominierung von Priestern für jegliche geistlichen Ämter. Bisher wurde von Priestern verlangt, dass sie an staatlichen deutschen Universitäten studiert und auch Examen abgelegt hatten. Jede Nominierung eines Priesters sollte von der Kirche dem jeweiligen Bezirkspräsidenten zur Kenntnis gebracht werden, der das Recht hatte, den Kandidaten innerhalb von 30 Tagen abzulehnen. Die anderen Gesetze verringerten die disziplinäre Gewalt der Bischöfe, führten königliche Gerichte für geistliche Angelegenheiten ein, welche Berufungen von Priestern nach einem Urteil des bischöflichen Gerichtes annehmen konnten und auf Antrag der zivilen Behörden einen Priester, welcher der Insubordination gegenüber staatlichem Recht beschuldigt wurde, aus dem Amt entfernen konnten.

Unter Führung des Bischofs von Köln versammelten sich die Preußischen Bischöfe in Prag zu einer Beratung, die von 29. April bis 2. Mai 1871 dauerte und während der sie ein Rundschreiben an die Geistlichkeit und die Gläubigen verfassten. Darin empfahlen sie Widerstand gegen Gesetze, die „den Grundlagen der Verfassung widersprechen, welche Gott der Kirche gegeben hat, und die der Freiheit der Kirche entgegenstehen".

---

30 Heute Odolanów in Großpolen.

Die Mitglieder der katholischen Partei, des sogenannten Zentrums, die schon 1871 mit einer Zahl von etwa 60 im Reichstag vertreten waren, überschritten in den nächsten Wahlen 1874 die Zahl von 90 bei einer Gesamtzahl von 397 Abgeordneten. [...] Die Zeiten des 'Kulturkampfes' waren so heiß, dass sogar manche deutschen Katholiken, die um ihre Stellung in Berlin besorgt waren, unser Haus nicht betreten wollten, weil dieses Haus ein Ausdruck offener Opposition gegenüber der Regierung war. Einige unserer Bekannten, wie die Familien Lichnowski und Czapski beendeten in der Zeit des Kulturkampfes ihre Aufenthalte bei uns aus Angst um ihre Stellung bei der Regierung. Aber das dauerte nur kurz.

Onkel Roman Czartoryski[31] hat in politischer Hinsicht meinen Vater stark beeinflusst. Der Sohn von Tante Wanda Czartoryska war ein sehr umsichtiger, distinguierter und edler Mensch. Ich erinnere mich gut an ihn. Er war fürchterlich hässlich, aber voller Witz und Fröhlichkeit. Er war der Vorsitzende der Polnischen Fraktion, bis er heiratete und auf das Gut seiner Frau nach Galizien übersiedelte. Wenig später übernahm mein Vater den Vorsitz in der Fraktion und blieb bis 1917 in diesem Amt.

Gelegentlich hörte ich in der Diplomatenloge im Reichstag zu, wenn mein Vater redete. Zumeist sprach er ohne Notizen. Wenn er die Tribüne betrat, kamen Abgeordnete aus allen Parteien in Mengen zusammen und man lauschte ihm in völliger Stille. Das machte um so größeren Eindruck, als während anderer Reden die Abgeordneten oft auseinanderliefen oder der Gesprächslärm den Vorsitzenden zwang zu intervenieren. Die grandseigneurhafte Persönlichkeit meines Vaters imponierte, und seine Redeweise war zwar oft sehr derb und kräftig, doch war sie immer kultiviert, selbst wenn er anlässlich der Anfrage zum sogenannten Maulkorbgesetz wetterte und direkt auf den gesenkten Kopf Kanzler Bülows schaute oder wenn er von der Tribüne des Herrenhauses, wo der Minister ihm vorgeworfen hatte, die Polen würden sich einem König „von Gottes Gnaden" widersetzen, diesem entgegenrief: „Auch die Völker sind von Gottes Gnaden." Die Rede meines Vaters zum Thema der Kinder von Wreschen[32] fand fast allgemeinen Beifall.

Verbündete im Reichstag waren nahezu das ganze Zentrum, dazu konjunkturabhängige Sympathisanten wie die Dänen und die Elsässer sowie manche Sozialisten wie Bebel, Ledebour und viele andere. Im preußischen Herrenhaus dagegen saß nur eine kleine Handvoll Polen, und wenn man von ihren Leiden sprach, hatte man eine eisige oder regelrecht feindliche Zuhörerschaft vor sich, den hier herrschte die 'Hakata', deren Einfluss im Wachsen begriffen war. Der Begriff 'Hakatisten' war aus den Namen dreier Deutscher entstanden, die Grundbesitzer im Posenschen waren: Hansemann, Kennemann und Thiedemann, die um 1885 eine antipolnische Vereinigung gebildet hatten, um das Großherzogtum Posen einzudeutschen, und die eine wahnsinnige Agitation betrieben. Mein Vater genoss bei seinen Landsleuten in jener Zeit großes Ansehen, aber er hat den Einfluss, den er in der polnischen Gesellschaft hätte haben können, nie ausgenutzt. Ihm fehlte das, was man ein politisches Temperament nennt, oder er hatte in dieser Hinsicht vielleicht auch zu wenig Ehr-

---

31 *Roman Adam August Czartoryski (1839-1887), Großgrundbesitzer, deutscher und österreichischer Abgeordneter, Teilnehmer des Januaraufstands.*

32 *Es handelt sich um Schulstreiks in Września in der Provinz Posen (1901-1904 und 1906-1907) gegen Einführung der deutschen Sprache im katholischen Religionsunterricht. Die streikenden Kinder wurden durch körperliche Züchtigung bestraft, einige Eltern zu Haftstrafen verurteil. Das Vorgehen der deutschen Behörden fand ein kritisches Echo im Ausland.*

geiz. Was er tat, entsprang seinen Überzeugungen, er nahm auf nichts und niemanden Rücksicht. Er hatte eine unerhörte Zivilcourage und diese unabhängige Haltung verschaffte ihm bei Feinden wie bei Freunden Respekt. Er verlangte nichts für sich selbst und war vielleicht der einzige Abgeordnete, der, ohne sich je Stimmen zu kapern, fast vierzig Jahre lang immer wieder aufs Neue wiedergewählt wurde. [...]

Mein Vater war mehr als 30 Jahre lang Vorsitzender der Polnischen Fraktion in Berlin, und seine ganze Politik stützte er auf seine Zusammenarbeit mit dem Zentrum, das die polnischen Anträge unterstützte. Auch waren Anfragen erfolgreich, wenn sie um eine Stimmenmehrheit aus dem Zentrum ergänzt wurden, weil die polnische Fraktion nicht genügend Mitglieder hatte.

Als es zur Einigung zwischen Papst Leo XIII. und Bismarck kam, fühlten sich viele Zentrumsleute verletzt, weil die Einigung über ihre Köpfe hinweg geschlossen wurde. Bismarck erhielt den Christus-Orden, während das Zentrum keinerlei Ehrungen bekam. Allgemein sagte man, wenn es zum zweiten Mal zu einem ähnlichen Kampf kommen sollte wie zwischen dem Zentrum und der Regierung, würde dieser Kampf nicht mehr auf so heißen Enthusiasmus stoßen. [...] Nach dem Tod Kaiser Wilhelms I. begann die kurze Herrschaft Kaiser Friedrichs III., der bereits tödlich an Kehlkopfkrebs erkrankt war. Kaiser Friedrich III. war von einem ganz anderen Naturell als sein Vater. Ein Liberaler von Gemüt, wurde er in seinen Überzeugungen noch von seiner Frau gestützt, der Tochter der englischen Königin, Kaiserin Viktoria, die Bismarck nicht ausstehen konnte; beide haben ihre Abneigung gegenüber seiner Politik nie verborgen. Es war tragisch, dass ihr Sohn, der spätere Wilhelm II., schon früher in Opposition zum Vater geriet und mit Bismarck gut befreundet war. [...]

Im alten Palais Radziwiłł herrschte die deutsche Sprache uneingeschränkt. Als meine Mutter als junge Ehefrau das sah, bemühte sie sich nicht, deutsch zu lernen, um zumindest in ihrer Familie diese Gewohnheit zu kassieren. Natürlich sprach man in jener Epoche ohnehin viel französisch, der Hof sprach mit meiner Mutter nie anders, ebenso mit Tante Maria, der Frau von Antoni Radziwiłł, die eine gebürtige Gräfin Castellane und Französin war. [...]

Die Trauung meiner Eltern fand am 9. Juli 1864 in Ehrenbreitenstein bei Koblenz statt. Man hatte diesen Ort gewählt, weil er der ganzen Familie gelegen kam, und auf jener Seite des Rheins die standesamtliche Trauung noch nicht gültig war, die man zur Empörung der Katholiken kürzlich in Norddeutschland eingeführt hatte.

Im Berliner Palais erhielt das Brautpaar einen Salon und zwei schöne Zimmer, die zum Garten hinausgingen, als Etablissement, aber meine Mutter hatte zehn Jahre lang kein anderes Heim, keinen Haushalt und keine wahre Unabhängigkeit. Doch es kam gar nicht in Frage, sich zu beklagen und um etwas anderes zu bitten. Die entschiedene und kompromisslose Haltung, die meine Eltern schon zu Zeiten des 'Kulturkampfes' eingenommen hatten, trübte jedoch nicht die Beziehungen zum Kaiserhof. Die Loyalität gegenüber der Dynastie kollidierte nicht mit der politischen Einstellung. Meine Familie genoss bei Hofe eine besondere Stellung. Die Kaiserin Wilhelm und die Kaiserin Friedrich sprachen meine Mutter beim Vornamen an und besuchten sie gelegentlich. Als mein Bruder Karol und ich 1887 die heilige Erstkommunion empfingen, führte uns Mama am Nachmittag zur Kaiserin, die jedem von uns eine kurze Morallehre vortrug und meinen Bruder fragte, was er einmal werden wolle.

Die Haltung meines Vaters führte nicht zu einer Abkühlung der Beziehungen zwischen dem Hof und uns. Die Deutschen waren in der Regel große Snobs und aufgrund der Vertrautheit, die uns mit dem Hof verband, genossen wir in deutschen gesellschaftlichen Kreisen besondere Vorteile. Viele unsere Freunde gehörten dem diplomatischen Corps an. So zum Beispiel Familie Baron Jules Greindl; er war langjähriger belgischer Gesandter, ein sehr feiner und kluger Mensch, hatte selbst seine sehr bedeutenden Kollegen beraten und genoss großes Ansehen. Seine Frau und seine zahlreichen Töchter nahmen regen Anteil an einer Gesellschaft, zu der unter anderen Mendez Vigo (Spanier) und Panafiel (Portugiesen) gehörten, deren allerliebste Tochter Maria mir und Helenka[33] bis heute eine Freundin ist (die heutige Marquise de Funchal), Lascelles, Engländer und schließlich noch Graf Lanza, ein Italiener, der jahrelang in der Wilhelmstrasse 66, unserer letzten Wohnung in Berlin, unter uns gewohnt hatte. […]

Zu meiner Zeit, als Oma in Berlin wohnte, stand bei ihr immer das Weihnachtsbäumchen und sie selbst wohnte separat mit Tante Ello und den Onkeln Karol und Boas im Palais bei Blücher in der Königgrätzerstraße. Sie war schon krank und leidend und bemühte sich dennoch um Geschenke und wählte sie für alle aus. So erhielten wir denn wunderbares Spielzeug. Zum Beispiel ein Puppen-Service aus Berliner Porzellan mit goldenen Initialen. Ich erinnere mich an die schönen Wägelchen meiner Brüder mit Zaunzeug für Miniaturpferde aus echtem Leder, womit man anspannen und ausspannen konnte, und einen Landauer, den man öffnen und schließen konnte, mit einem Oberteil aus lackiertem Leder, mit Postillonen und livrierten Lakaien. Oma mochte es, wenn es um sie herum fröhlich war, und konnte herzlich lachen.

Ich erinnere mich, wie die alte Kaiserin Wilhelm unerwartet nach einem Essen zu Besuch zu ihr kam. Oma war in ihr Schlafzimmer gegangen, und in den zwei dürftig beleuchteten Salons schliefen auf einem Kanapee Onkel Karol und auf dem anderen Onkel Boas. Der Diener der Kaiserin, die aufgrund ihrer Krankheit gefahren werden musste, schob sie auf einem Sessel auf Rädern in den Salon und der Diener meiner Großmutter, der alte Mischke, ging voran. Plötzlich erschienen der Kaiserin im Halbdunkel von zwei Seiten zwei Männerköpfe. „Ist denn kein weibliches Wesen da?"[34], sagte die Kaiserin mit etwas gequälter Stimme … Diese Szene war noch lange ein Quell großer Heiterkeit. Doch kehren wir zum 'alten Haus' vor meiner Zeit zurück.

Im 'alten Haus' war das Mittagessen stets um fünf nachmittags. Sehr reichlich, natürlich mit Fleisch und einem *entrée*, zwei Sorten Fleisch, Gemüse und Süßspeisen; der französische Koch war hervorragend, aber das war die einzige Mahlzeit! Das Frühstück am Morgen bekam jeder bei sich. Es bestand aus Kaffee mit Milch und zwei Brötchen. Dann bis fünf Uhr nichts, so schlich die Jugend oft ins Kinderzimmer, wo es für die Kleinen um ein Uhr Mittagessen gab, um dort etwas zu knabbern.

Als meine Mutter leidend war, bekam sie separat eine dickflüssige Suppe mit einem Stück Brot oder einem Brötchen, ebenfalls um ein Uhr, was ihre Umgebung begierig mit ansah. Nach dem Essen ging man zu sich, ins Theater oder auf einen Empfang, und um neun abends versammelte man sich wieder zum Tee,

---

33 *Helena Augustyna Radziwiłł (1874-1958), Tochter von Antoni Fryderyk Wilhelm und Marie Radziwiłł geb. Castellane, Frau von Józef Potocki.*

34 *Im Original auf Deutsch.*

eine Woche bei Tante Matilde, die nächste bei Oma. Zum Tee wurden zwei Körbchen mit Plätzchen gereicht, auf die sich der jüngere Teil der Gesellschaft begierig stürzte, sodass darin große Breschen entstanden, was die verspäteten Hausherren zu der Erklärung veranlasste: „Da waren die Heuschrecken wieder da!"[35]

Jeden Morgen fuhren meine Großmutter und mein Großvater mit der Kutsche *à huit ressorts* in die Kirche, zur Hl. Hedwig zur Heiligen Messe, mit einem hinten stehenden Diener. Den Diener kannte ich noch. Das war der alte Mischke, der bei meiner Großmutter und später bei meiner Tante Ello blieb. Bei uns war der Duchardt mit hochmütiger Miene und grauem Backenbart Kammerdiener; bei Tisch servierte er voller unerschütterlicher Würde. Er, Mischke und die alte Hermina, das Dienstfräulein meiner Tante, waren mehr als 50 Jahre in der Familie und bekamen dafür eine in Deutschland begründete Medaille.

Nach langer Krankheit starb meine Großmutter am 10. Juni, umgeben von ihren acht Kindern, in Warmbrunn. Eine seltene Gnade Gottes. Nicht ausgenommen waren die Borromäerin Jadwiga, der Jesuit Władysław und der Benediktiner, Pater Benedikt (Edmund), die Erlaubnis bekommen hatten, sich von der geliebten Mutter zu verabschieden. Auch ich und meine Eltern waren dort. Danach kehrten wir zum Begräbnis nach Antonin zurück.

Fürstin Matilda, die Schwester meiner Großmutter, überlebte sie und starb 1898 im Alter von 97 Jahren in Berlin. In ihrer Jugend war sie sehr schön gewesen. Dem Charakter nach war sie weniger mild und höflich als meine Großmutter, gelegentlich konnte sie in ihren Aussprüchen sogar etwas brutal sein. [...]

Vivre et laisser vivre konnte man als das Motto Onkel Antonis ansehen. Von runder Gestalt und immer lächelnd, erzählte er pausenlos Witze oder Berliner Anekdoten (die meine Tante nicht mochte). Wir mochten ihn sehr und zu allen Geburtstagen, sogar denjenigen von uns Kindern, kam er mit Geschenken in der Hand. Um des lieben Friedens willen ließ er seine Frau regieren und so war es ihm bequem.

In den heißen Tagen des 'Kulturkampfes' hielten sich beide vorsichtig und diplomatisch aus dem Kampf heraus. Einmal gab Onkel Antoni Bismarck sogar soweit nach, dass er gestattete, sich in Schlesien als Gegenkandidat zu einem Zentrumsmann aufstellen zu lassen. Er verlor haushoch, was doppelt kompromittierend für ihn war. Einmal verkündete Tante Maria im Salon, einen Mann wie Windthorst[36] werde sie nie empfangen, worüber Windthorst herzlich lachte, als man ihm das hinterbrachte. Erst recht interessierte sich Tante Maria nicht für die polnische Frage, weil sie für Leute, die den Mächtigen nicht die Klinken putzten, keinerlei Verständnis hatte. So hatte ich immer den Eindruck, Maria schaue von oben auf uns herab, die wir so unansehnliche Leute wie die Herren aus der Polnischen Fraktion und dem Zentrum um uns versammelten.

Doch man muss zugeben, dass Tante Maria Gutes wirkte, wo und für wen auch immer sie konnte, und so manchem dank ihres Einflusses bei Hofe geholfen hat. Auch in religiöser Hinsicht war sie korrekt und befasste sich mit Wohltätigkeit. Jedes Jahr hielt sie in ihren Salons *un bazar de charité*, der drei Tage dauerte. An überall aufgestellten Tischen wurden Pfänder unterschiedlichster Art verkauft. Die schicksten jungen Damen verkauften und kümmerten sich ums Buffet, und am Tor baten große Plakate die Gäste herein. Das war bereits eine Institution, und die ganze Berliner Gesellschaft schob sich durch diese Salons. Der ganze Hof

---

35 Im Original auf Deutsch.
36 *Ludwig Johann Ferdinand Gustav Windthorst (1812-1891), einer der wichtigsten Gegner von Bismarck, Vorsitzender der katholischen Zentrumspartei.*

und die Prinzen pflegten auch dort zu sein und waren für die Berliner eine erhebliche Attraktion. Diese Veranstaltung musste für die Dame des Hauses mit einigen Kosten und Erschöpfung verbunden sein, aber den Nutzen davon hatten die Borromäerinnen aus der Stiftung meines Vaters, die ich oben erwähnt habe. Von diesen Summen bauten sie nach und nach ihr großes Spital an der Großhamburgerstraße aus, welches heute sicherlich in Trümmern liegt.

Eine meiner frühen Erinnerungen ist die Prozession am Gründonnerstag bei der Hl. Hedwig; ich sehe noch Onkel Antoni und meinen Vater, wie sie mit Kerzen in den Händen im ersten Paar hinter dem Baldachin an der Spitze der Herren vom Gemeinderat schreiten. [...]

Wenn ich an meine Kindheit und Jugend denke, kann ich Gott für so viel Glück und Segen, die ich erfahren habe, gar nicht genug danken. Von der Wiege an durch die Eltern auf das Fürsorglichste gepflegt und unter drei Brüdern die einzige Tochter, wurde ich vielleicht allzu nachsichtig erzogen und verwöhnt. Meine Eltern hatten ein älteres Töchterchen, die reizende Marysia, genannt Misia. Das Mädchen hatte rotgoldenes lockiges Haar, war wunderschön und klüger, als ihr Alter vermuten ließ. Als sie erst drei Jahre alt war, setzte sie sich neben Mutter, fasste sie an den Händen und sagte: „Jetzt werden wir miteinander reden wie zwei Schwesterchen." Ein andermal war sie von einem Spaziergang im Garten des 'alten Hauses' in Berlin zurückgekehrt und sagte der Mutter, sie habe einen groß gewachsenen Herrn mit leuchtenden Knöpfen getroffen, der sie an die Hand genommen habe und mit ihr spazieren gegangen sei. Sie fügte hinzu, das sei „womöglich vielleicht Bismarck" gewesen. Es war tatsächlich so, denn der Radziwiłłsche Garten grenzte an den Garten des Auswärtigen Amtes, wo Bismarck damals wohnte, und als es darum ging, dem Ministerium einen Streifen Land zu verkaufen, kam Bismarck, um dieses Stück zu begutachten. [...]

Im Winter 1904, als ich 18 Jahre alt war, wurde ich, wie es hieß, „in die Welt eingeführt". Meine Mutter ließ mir aus Paris zwei wunderbare Kleider kommen. Das eine, ein Weißes von Doucet, sehe ich bis heute vor mir. Ein glatter Atlasrock, der Büstenhalter drapiert und ganz mit Pailletten besetzt; riesige bauschige Ärmel aus Atlas. Das Zweite, rosenfarben mit einer Eglantine-Girlande mit Laubgewinden am Rocksaum. Die übrigen Kleider nähten im Hause Otylia, das Dienstfräulein meiner Mutter und mein Dienstfräulein Marianna, die beide gute Schneiderinnen waren. In verschiedenen Salons gab es bereits Unterricht im Menuett und der Gavotte für Personen aus der Gesellschaft, den Frau Wolden erteilte, und da sie mich bereits gut angelernt hatte, glänzte ich in diesem Tanz.

Mein erster Hofball war in den kleinen Privatgemächern der Kaiserin und wurde zu Ehren der spanischen Prinzessin Eulalia gegeben. Doch die Eröffnung der Saison der Hofbälle begann stets mit der sogenannten *Defilier-Cour*, wo die jungen Damen und Herren zusammen mit dem ganzen Kreis jener, die auf den Hofbällen zugegen sein sollten, sowie dem ganzen diplomatischen Corps vorgestellt wurden.

Eine drei Meter lange Schleppe war Pflicht. Man nähte mir eine weiße Schleppe, die ganz mit Schwanendaunen besetzt war. Auf dem Kopf ein weißer Schleier aus Tüll oder Spitzen. Das Dekolletee musste den oberen Teil der Arme unbedeckt lassen. Handschuhe bis zum Ellbogen, ein Fächer und ein Spitzentaschentuch ergänzten die Ausstattung. Mein Vater war in der Paradeuniform der Ulanen und mit dem St. Georgs-Orden gegürtet; so hat er mich immer bezaubert. Meine Mutter trug ein diamantenes Diadem aus Sternen auf ihren dunklen Haaren, ein Kollier aus Perlen und Diamanten und an der Schulter den Malteserorden.

Wir waren in lange, ärmellose Pelze gehüllt und mein Vater trug einen großen Uniformmantel aus Wolfsfell, und so bestiegen wir unseren Landauer. Wir hatten immer unsere eigene Equipage und eigene Pferde, die Jahr für Jahr aus Antonin gebracht wurden. Der Diener auf dem Kutschbock musste nur sagen, wessen Wagen da komme, dann wurden wir als erste durch eine lange Reihe von Wagen und Droschken durchgelassen, durch die hindurch zu kommen schwer war. So fuhren wir *coupant la file* ohne Hindernisse auf den Hof des Schlosses. Erst nachdem sich die erste Tür nach uns geschlossen hatte, öffnete ein Portier in Galauniform die zweite Eingangstür. Auf diese Weise gab es nie Durchzug. Auf der Treppe nahm uns der Diener unsere Pelze ab und kehrte zur festgelegten Zeit mit dem Wagen zurück. Jetzt schritten wir in der Menge der Bekannten und Unbekannten die breite Treppe zur ersten Etage hinauf, dann durch eine lange Bildergalerie, in der ein Spalier von Pagen in roten Fräcken, Hemdkrausen, weißen Strumpfhosen und Schnallenschuhen stand. Dies waren ältere Schüler der Kadettenanstalt; sie standen reglos und gespannt wie Saiten. Man kam durch verschieden Säle und Salons, wo die Hofmarschälle die Plätze zuwiesen: Diplomaten für sich, daneben der Saal für die Fräuleins, dann der Saal für die Fürsten, Fürstinnen, Minister usw. Der Kaiser und die Kaiserin standen auf einem Podest im Thronsaal, umgeben vom Erbadel und dem Hofe.

Jetzt begann das Defilee, ich weiß nicht mehr in welcher Ordnung, aber nach eines jeden Ranges. Aus dem Hochadel waren nur wenige Fräuleins zugegen, und so kam es, dass ich stets an der Spitze unseres Saales ging. Ich kann mich erinnern, dass die Prinzessin Salm meine Schleppe hinten zurechtlegte. So ging man zum Klang langsamer Musik durch den ganzen Saal. Vor dem Kaiser machte man einen tiefen Knicks, und einen zweiten zwei Schritte weiter, vor der Kaiserin, und diese neigten die Köpfe mit einem mehr oder weniger freundlichen Lächeln. Dieses Gebaren war reichlich *intimidant*. Es wurde von vielen beobachtet und fiel oft recht ungeschickt aus. Später ging man in den großen Ballsaal hinüber, in dem eine lange Reihe von Tischen mit dem Bufett stand. In der Regel hatten wir eine andere Einladung für den weitern Verlauf des Abends, denn das war bereits das Ende dieser Fête.

Nach der *Defilier-Cour* gab es einmal, wie ich mich erinnere, ein sehr fröhliches Abendessen mit Tanz bei Familie Józef Kościelski[37], die damals viele Empfänge gab und sehr *en vogue* war. Er unterhielt den Kaiser mit seinen Konzepten, seine Frau war sehr witzig und schön, wenngleich deutlich semitischen Typus (geborene Bloch)[38]. Einmal wurden sie sogar auf die kaiserliche Jagd und zur Regatta nach Kiel eingeladen, was eine große Ehre war und eine Sensation auslöste.

Kościelski hatte in der Polnischen Fraktion durchgesetzt, dass die Fraktion für die Flottenvorlage[39] stimmte, die zur großen Freude des Kaisers mit den vierzehn polnischen Stimmen verabschiedet wurde. In Posen nannte man dafür Kościelski den „Admiral auf dem Gopło"[40]. Aus dieser Zeit datierte die enge Freundschaft mit dem Kaiser. Frau Kościelska ist die Autorin des Romans „C'était á Berlin"[41], in dem sie die damalige Berliner Welt auf den Bällen bei Hofe beschreibt.

---

37 Józef Kościelski (1845-1911), polnischer Politiker, Reichstagsabgeordneter, Vorsitzender der polnischen Fraktion.
38 Maria Kościelska geb. Bloch (1850-1900), Schriftstellerin, verfasste Memoiren.
39 Gesetz über zusätzliche Haushaltsmittel für den Ausbau der Kriegsmarine.
40 Ironisch (Gopło, deutsch Goplosee in der Nähe von Kruszwica).
41 M. Aveline [Maria Kościelska], C'était à Berlin, Paris 1913.

Die alte Hofetikette untersagte es, den Wiener Walzer „à six pas" zu tanzen. Man durfte ihn nur zu drei Schritten tanzen, eine Art Galopp, den niemand ausstehen konnte. Wenn jemand diese Vorschrift heimlich zu umgehen versuchte, steckten die Kammerherren den Tanzenden Stöcke zwischen die Beine.

Während der Saison fanden in der Regel zwei bis drei Hofbälle statt, der letzte am Dienstag in der Karwoche. Auf diesen Bällen waren alle in besondere Weise gruppiert, ehe der Kaiser und die Kaiserin hereinkamen. Rechts vom Thron das diplomatische Corps, links die Fürsten usw. Wir, die tanzenden Fräuleins, hatten unseren Platz hinter der Gruppe der Minister. Diese Herren waren zumeist von beträchtlichem Wuchs und Körperumfang und verdeckten uns die ganze Sicht. Aus Rache hängten wir ihnen einmal Ballkärtchen in verschiedenen Farben an die goldenen Knöpfe, die sie hinten an ihren Fräcken trugen. Das löste in unserer Truppe allgemeine Heiterkeit aus und war eine offensichtliche Niederlage der stattlichen Minister. Wenn der Kaiser und die Kaiserin hereinkamen, wurden sie von allen Teilnehmern des Balls mit höfischen Verneigungen begrüßt. Der Kaiser ging zuerst, um mit den Botschaftern zu reden und die Kaiserin mit den Fürstinnen. Musik und Tanz begannen erst dann, wenn die Kaiserin sich auf den Thron gesetzt hatte. Ich erinnere mich an einen Ball, auf dem mir ein furchtbarer Fehltritt unterlief, zur Empörung meiner Mutter und zur stillen Bestürzung jener, die meine naive Frage gehört hatten. Im Gespräch mit der Kaiserin hatte ich sehnsüchtig zum Orchester geschaut und gesagt: "Wann fangen sie endlich an zu spielen und wann können wir tanzen?" – "Sicher schon bald", sagte die etwas überraschte Kaiserin.

Kaiser Wilhelm mischte sich gern in alles ein und führte auf den Bällen das Menuett und die Gavotte ein. Ich glänzte im Menuett. Er wurde direkt vor dem Thron der Kaiserin getanzt und der Vortänzer[42] wählte in der Regel mich. Auch der letzte Ball vor Aschermittwoch ist mir in Erinnerung geblieben. Als Katholiken hielten wir uns in Berlin streng an die Regeln der Kirche und tanzten am Dienstag nach zwölf Uhr nicht mehr. Meine enge Freundin, Pauline Wimpffen, die spätere Gräfin de Montgelas, war Katholikin, ebenso einige andere. Die Mehrheit unserer protestantischen Tänzer zog es vor, uns im Gespräch Gesellschaft zu leisten als zu tanzen, und so saßen wir auf der wenig frequentierten Treppe, die zur höheren Galerie des weißen Saales führte, und rauchten heimlich Zigaretten.

Einem unserer Tänzer, Graf Hahn, sandte Prinzessin Fedora, die Schwester der Kaiserin, durch einen Kammerherrn eine Einladung zum Tanz. Hahn sagte dem Kammerherrn, er sei Katholik und die Vorschriften erlaubten ihm nicht, nach 12.00 Uhr zu tanzen. In Wahrheit war er Protestant, aber es war ihm angenehmer, bei uns zu bleiben. Der *coup d'oeil* dieser Bälle war wirklich zauberhaft. Ein wunderbarer weißer Stucksaal, die vielfarbigen und vor Gold glänzenden Uniformen der Militärs und die goldbesetzten Fräcke der Diplomaten und Minister. Die helle Garderobe der Damen und der Glanz des Schmucks steigerten noch den Prunk dieses Anblicks, den kein schwarzer Frack trübte. Wer keine Uniform trug oder nicht hoffähig[43] war, konnte nicht eingeladen werden, doch den 'jungen' Kaiser Wilhelm, wie man ihn damals nannte, zeichnete aus, dass er gerne Leute der Wissenschaft und Künstler zu sich zog. Ich erinnere mich an den Anblick des kleinen Theodor Mommsen in Professorentoga und Barett auf seinem langen weißen Haar, den Maler Franz von Lenbach und andere. Wenn der Kaiser in seiner roten Lieblingsuniform eines Husaren in der Menge einher-

---

42 Im Original auf Deutsch.
43 Im Original auf Deutsch.

schritt, folgte ihm stets ein riesiger junger Leibgardist mit Ringkragen auf der Brust und einem glänzenden Helm auf dem Kopf. Der Kaiser unterhielt sich in der Regel sehr lebhaft, wobei er mit scharfem Blick umherschaute, und häufig war sein lautes Lachen zu hören. Oft war er *bourchicose* und hatte eine Vorliebe für Witze. Er war nervös, wie man an seinen Bewegungen sah. Er mochte Menschen, die ihn unterhielten, und dadurch geriet er einige Male in die Gesellschaft wenig wertvoller Leute. Er war sehr begabt und von guter Auffassungsgabe und ich hörte, dass Fachleute, mit denen er über ihr Fachgebiet sprach, von seinem vielseitigen Wissen überrascht waren. Es gab kein Gebiet, das ihn nicht interessiert hätte, vor allem interessierte er sich für die Flotte.

Die Hofbälle dauerten nie länger als bis 1.00 Uhr, spätestens bis 2.00 Uhr, aber auch die privaten dauerten nicht wesentlich länger, die Offiziere der Potsdamer Garnison mussten zum Morgen zurückkehren, denn mit dem letzten Zug um 1.30 Uhr, und das war fast die ganze Garde. Ein sehr schickes Regiment war auch das 1. Garde-Ulanenregiment, in dem früher Onkel Karol gedient hatte und später mein Bruder Karol. Dort waren auch unsere Lieblingstänzer: die drei Brüder, Grafen Anton, Franz und Wilhelm von Magnis, Graf Friedrich Solms, Graf Karl Eulenburg, Graf Johannes von Hahn, Ortolf Freiherr von Bernewitz und Fürst Emanuel Salm. Dieses Regiment war in Moabit, und wenn es von seinen Übungen in Tempelhof über die Wilhelmstraße zurückkehrte und an unserem Haus (Nr. 66) vorbeifuhr, bekam das Orchester stets Befehl, den damaligen Schlager „Margarete, Mädchen ohne gleichen"[44] zu spielen.

In verschiedenen Botschaften wurden hervorragende Bälle mit wunderbaren Cotillons gegeben, auch bei Fürst Pless im Palais, das es schon lange nicht mehr gibt. Die Schwiegertochter des alten Fürsten, Angelika geborene Cornwallis West, war eine berühmte Schönheit, bekannt für ihr Aussehen und ihren Leichtsinn. Man sagte, ihr erstes Kind sei bald nach der Geburt gestorben, weil sie es zum Spaß wie einen Ball in die Höhe warf. Dies war die berühmte Daisy Pless[45]. Auch wir gaben alljährlich einen Ball, wofür wir geeignete Säle sowohl in der Wilhelmstraße wie in der Vossstraße hatten. Wir haben uns köstlich amüsiert, wenn auch vielleicht bescheidener als in Warschau, was zum Beispiel Blumen, Buffet, *Livrée* betrifft.

Die ersten Häuser, die einen gewissen ausländischen Luxus einführten, waren zwei junge Ehepaare: Familie Jerzy Radziwiłł und Familie Karl Egon Fürstenberg, sie geborene Talleyrand. Ich weiß noch, was ich noch als Kind über Familie Jerzy hörte, als sie sich nach ihrer Heirat in einem gemieteten Haus in der Vossstraße eingerichtet hatten. Damals war ich 7-8 Jahre alt. Berlin war noch sehr kleinstädtisch und die Gesellschaft in ihren Bräuchen noch sehr „bourgeois", und der Hof Wilhems I. gab der Gesellschaft und der Diplomatie ein Beispiel in der Bescheidenheit der Empfänge und der Strenge der Sitten. Eine um so größere Sensation, sozusagen das Durchbrechen eines Fensterchens zur Welt, war das Haus der Familie Jerzy. Bichetta[46] war seit ihrer Kindheit den Luxus in Paris und in Biała Cerkiew[47] gewohnt und blendete damit die Berliner sofort, zum Ärgernis der einen und zur Begeisterung der anderen. Wunderschön, jung, voller Leben und Witz, wurde sie sofort zum Mittelpunkt der *jeunesse dorée*.

---

44 Im Original auf Deutsch.
45 Daisy Pless geb. Cornwallis-West (1873-1943), Memoiren-Autorin, bis 1922 Frau des Fürsten von Pless.
46 Bichetta: es geht um Maria Róża Rozalia Radziwiłł, geb. Gräfin Branicka (1863-1941).
47 Heute Bila Cerkva in der Ukraine.

Ihr Charme entwaffnete alle Kritiker. Ihre Schlichtheit, Herzlichkeit und natürliche Güte schufen schon damals gleichsam eine Atmosphäre der Antithese zu jenem Snobismus, wie man ihn bei vielen, selbst vornehmen Menschen antrifft. Die Unmittelbarkeit im Umgang mit jeder Person, ob sie nun hochgestellt oder ganz bescheiden war, und die vom Herzen kommende Güte waren, wie mir scheint, wohl Bichettas hervorstechendste Eigenschaften. Doch die Gerüchte, die in der Stadt in Umlauf waren, waren ohne Zahl: „Das ganze Personal ist französisch und die Butter lassen sie aus Paris kommen, weil die hiesige nicht gut genug sei. Die Wäsche schicken sie nach London zum Waschen, weil sie nur Hemden tragen können, die dort gebügelt wurden, usw." Die Küche, die Tischblumen, die Empfänge, alles wurde, natürlich von denen, die nicht eingeladen waren, kommentiert und beredet. Ich erinnere mich an die hübsche Livrée ihres Kutschers mit kurzem Karakulkragen, in Berlin eine noch nicht gesehene Neuigkeit. Bald darauf erschien eine ähnliche bei Familie Karol Egon Fürstenberg (sie Dolly Talleyrand, Tochter des Fürsten von Sagan). Ihr Haus wetteiferte mit der Familie Jerzy. Wenn die einen eine Fête gaben, so sagte man, mussten die anderen sie beim nächsten Mal übertrumpfen. Der spätere Kaiser Friedrich III., seine Frau und die Töchter waren bei Familie Jerzy häufige Gäste; ich weiß noch, wie sie bei der Taufe von Familie Jerzys drei älteren Kindern Rózia, Aba und Teresa im Salon an der Vossstraße waren. Es war eine Menge Leute da und auch wir Kinder waren nach der Zeremonie zum Frühstück geladen. Ich kann mich noch erinnern, wie der bedienende Franzose mir *l'eau rougie* anbot; begierig nahm ich an und freute mich auf diesen mir unbekannten Nektar, und dann meine Enttäuschung, als es nur Wein mit Wasser war, wie wir es täglich zu Hause tranken ...

Bichetta liebte meine Mutter sehr. Trotz der Unterschiede im Alter und vor allem im Lebensstil kam sie oft zu uns und war unglaublich lieb und gut zu mir, was mich natürlich außerordentlich eingenommen hat. Trotz dieser guten Eigenschaften hatte meine Mutter recht, als sie Tante Maria, der Frau von Antoni, seinerzeit von dieser Verbindung abriet. Der *grand train*, die Pferderennen und vor allem das Kartenspiel sollten nämlich Jerzy in solch skandalöse Schulden stürzen, dass er das Regiment „Gardes du Corps", in dem er diente, verlassen musste. Seine Mutter beklagte sich, Familie Jerzy gehe nicht zur Messe, wenn am Sonntag Pferderennen sei, denn die Frühmesse sei zu früh, die Summe um 10.00 Uhr zu lang und die letzte um 11.00 Uhr zu spät, weil man den Zug nach Karlshorst[48] nicht mehr erreichen könne. [...]

Einmal gab der Kaiser – anlässlich der Hundertjahr-Feier der Königin Louise von Preußen, wie mir scheint – einen Kostümball in den Gewändern jener Lieblingskönigin, die sehr populär gewesen war. Meine Mutter trug ein Kleid, geschneidert nach dem Porträt meiner Urgroßmutter Ludwika, wie es Élisabeth Vigée-Lebrun gemalt hatte, und ich ein weißes Kleid mit blauer Schärpe, ebenfalls nach dem Proträt meiner Großmutter, und eine große blonde Perücke mit Locken, die auf die Schultern herabfielen. Für diesen Ball mussten wir eine besondere Gavotte lernen, bei der ich Herzog Adolf von Mecklenburg zum Partner hatte. Die Offiziere trugen Uniformen aus der Zeit der Napoleonischen Kriege und die Musik spielte die damaligen Melodien zum Tanz.

48 *Im Original: Carlshorst.*

Nachdem die Kaiserin mit ihrem Gefolge den Weißen Saal betreten und vor der versammelten Gesellschaft einen Knicks gemacht hatte, wie die Mode des Jahres 1800 es befahl, führte der Kaiser die ganze Einheit des 1. Infanterieregiments mit Perückenzöpfen[49] und in den Uniformen der Epoche herein. Das war für alle eine Überraschung. Der Kaiser marschierte persönlich an der Spitze der Einheit herein, die sich in dem großen Ballsaal in einer Reihe aufstellte und nach einer Melodie der Zeit eine Fanfare spielte. Das Fest war wunderbar, die historischen Kostüme waren sehr getreu und der Kaiser erfreut. [...]

Als ich 1912 den Winter bei den Eltern in Berlin verbrachte, luden mich Kaiser und Kaiserin Wilhelm einmal zum Frühstück nach Potsdam ein. Ich fuhr mit dem Zug und am Bahnhof warteten zwei Hofgefährte: eines für den neuen amerikanischen Botschafter Lippman, der ebenfalls eingeladen war, das andere für mich.

Es war ein frostiger Tag, der Park am Neuen Palais war von Schnee bedeckt, um so freundlicher für das Auge war der Anblick eines großen Parterres voller wunderbarer Blumen, der die ganze Mitte des großen runden Esstisches einnahm. „Zumindest im Hause ein wenig Frühling", lachte der Kaiser. Er war von fröhlicher Natur und mir gegenüber freundlich, allerdings ein wenig auf Kosten seiner Frau, denn indem er meine pfauenfarbene Pariser Toilette mit schwarzer Kokarde bewunderte, klagte er, seine Frau kenne keine anderen Farben außer Violett und Aschgrau. In der Tat, die gottesfürchtige und gütige Kaiserin hatte keinen Geschmack, und zu allem Übel wurde sie nur von Berliner Schneiderinnen eingekleidet – in solide genähte, üppige Stoffe, aber *most teutonic*, wie Mrs. Tyrrell gesagt hätte.

Ich saß links vom Kaiser, rechterhand seine Tochter, die junge Prinzessin Viktoria Luise, die spätere Herzogin zu Braunschweig.[50] Uns gegenüber die Kaiserin mit dem Botschafter, an den Seiten einige Hofherren und -damen.

Die Breite des Tisches ließ eine allgemeine Unterhaltung nicht zu. Der Kaiser fragte mich aus über die Gegend, in der ich lebte, über Odessa, wo der kommandierende General sein Bekannter ist, und bat mich, ihn von ihm zu grüßen. Er sprach vom russischen Kaiser, von den Reformen Stolypins[51] usw. Darauf erzählte ich ihm Details vom Kiewer Attentat, die alle sehr interessant fanden. Er fuhr fort über die Verhältnisse und die Politik in Russland, wobei er die neue Verordnung über die Abtrennung des Gebiets von Chełm vom Königreich Polen und seinen Anschluss an das Kaiserreich eigens tadelte. Der Kaiser sagte sehr lebhaft, dies sei gegen den Wiener Vertrag 1815 und er habe in diesem Sinne an Nikolaus geschrieben. Dann wandte er sich wieder an mich und fragte, ob es wahr sei, dass die Verbitterung aus diesem Grund in Polen so groß sei, dass die Polen lieber unter seinem, dem deutschen Zepter sein würden.

Darauf erwiderte ich ihm, die Verbitterung und Empörung wegen des Gebiets von Chełm seien bei uns groß, doch hätte ich noch nie gehört, jemand ziehe es vor, unter deutscher Regierung zu sein, denn man müsse zugeben, auch unter dem Zepter Seiner Kaiserlichen Hoheit geschehe viel Unrecht und Unzufriedenheit herrsche.

49 Im Original: harzapf.
50 Prinzessin Viktoria Luise von Preußen (1892-1980), Tochter Kaiser Wilhelms II.
51 Pjotr Arkadjewitsch Stolypin (1862-1911), russischer Innenminister und Premierminister (seit 1906), hatte eine tief greifende Agrarreform durchgeführt. 1911 ermordet von Dimitri Bogrow, einem Mitglied der Sozialrevolutionären Partei.

Darauf fuhr der Kaiser auf und begann von all dem zu sprechen, was er für die Polen getan habe; doch aus seinem Redeschwall ging eigentlich nur hervor, dass er auf Empfehlung von Onkel Antoni polnische Künstler heranziehe. Fałat habe er viele Aufträge gegeben und ihn ausgezeichnet, Kossak desgleichen, doch dann hätten sie ihm den Rücken gekehrt, Kościelski habe er wie einen Freund behandelt, doch dann habe dieser ihn in einer in Lemberg gehaltenen Rede schändlich verraten; in Posen habe er ein Schloss gebaut, um dort länger weilen zu können, doch sei keine der polnischen Damen von Posen zur Einweihung des Schlosses gekommen, um die Kaiserin zu begrüßen, was die Kaiserin sehr verletzt habe usw.

Zufällig wusste ich mit Sicherheit, dass zu dieser berühmten Schlosseinweihung von den polnischen Damen nur meine Mutter eingeladen war. Meine Mutter rechtfertigte ihre Abwesenheit mit ihrem Gesundheitszustand. Mein Vater und viele polnische Herren waren jedoch zugegen, doch wurden sie alle, außer meinem Vater, an Tischen weit weg vom kaiserlichen Tisch platziert; so saß zum Beispiel Witold Skórzewski[52] (wütend) neben seinem eigenen Friseur.

All das erzählte ich dem Kaiser, der sehr erstaunt erwiderte, der Oberpräsident habe ihm gesagt, die Damen seien eingeladen gewesen. Ich nutzte die Gelegenheit, um ihn zu bitten, nicht einseitigen Berichten zu glauben, wonach Fałat ein guter Künstler sei und Kościelski ein witziger und angenehmer Geselle, doch ich fügte hinzu, es „sei eines Kaisers unwürdig"[53], seine Politik gegenüber der gesamten Bevölkerung auf die Meinung zu stützen, die man von Personen wie Kossak, Fałat und Kościelski hat, und verwies auf eher geeignete Bürger, die man konsultieren möge.

Hier wurde unser Gespräch unterbrochen, weil man sich erhob, der Kaffee serviert wurde und der Kaiser kurz darauf mit dem Botschafter beiseite ging. Ich blieb bei den Damen, doch in Gedanken war ich immer noch von dem umfangen, was ich gehört hatte, und verwundert von dieser Vision: Einerseits wurde der Kaiser belogen, andererseits war da der Unwillen oder die Unfähigkeit, die Wolke der Illusionen zu zerreißen, mit der sich der Herrscher – freudig und leichtsinnig, wie mir scheint – umgab.

Es hat mich immer gewundert, dass der Kaiser mit meinem Vater weder vor noch nach dieser Konversation jemals über polnische Angelegenheiten gesprochen hatte. Wie ich oft hörte, und zwar von verschiedenen Personen, die den Kaiser gut kannten, wie die Familie von Onkel Antoni Radziwiłł, Fürst Hugo von Radolin, Graf Emil von Görtz etc., war Wilhelm II. ein merkwürdiger Charakter, guten Herzens und von edlen Regungen, ein vorbildlicher Gatte und Familienvater, bemüht, die Fahne der Familientugend hochzuhalten und besorgt um die Reinheit der Sitten, doch nicht so ultrafromm wie die Kaiserin. Obwohl er persönlich ein tugendhaftes Leben führte, liebte er es, sich mit Leuten geradezu entgegengesetzter Art zu umgeben, weil sie ihn amüsierten und ihm schmeichelten; „der Kaiser muss Sonne haben"[54], sagte man von ihm. Er kannte kein Maß in dem, was er tat, und hatte, Personen betreffend, eindeutig kein gutes Urteilsvermögen. Ehrgeizig, wie er war, konnte er nicht leiden, dass Bismarck auch unter seiner Herrschaft ihn an Popularität übertraf, wie er auch zu Zeiten des klugen und würdigen Wilhelm I. diesen übertroffen hatte. Denn er war neidisch deswegen, sogar rückwirkend wegen seines geliebten Großvaters. Er war begabt und – was damit oft

---

52 *Witold Skórzewski (1864-1912), Großgrundbesitzer aus Großpolen.*
53 *Im Original auf Deutsch.*
54 *Im Original auf Deutsch.*

einhergeht – faul, er mied schwierige Probleme und bemühte sich nicht, wirklich in sie einzudringen (wie z. B. das polnische Problem), doch er neigte zu Oberflächlichkeit, zu schnellen Urteilen und glanzvollen Erfolgen (Flotte, Armee, klangvolle Reden, Reisen), alles, was ihn amüsierte und ihm gefiel, tat er mit Eifer und berauschte sich daran so, dass er nicht sah und nicht verstand, wie trügerisch der Beifall der Liebediener war, wie unehrlich die Schmeichelei und wie trügerisch der Rat und die Worte der eigenen Minister (siehe die Memoiren Bülows).

Der alte Kaiser Wilhelm I. hatte im Gegensatz dazu weniger effektvolle Eigenschaften, doch dafür verband er Edelmut und Feinheit der Gefühle mit einem hohen Verantwortungsbewusstsein. Von Egoismus und Eitelkeit weit entfernt, hatte er von seiner Jugend an gelernt, seine persönlichen Gefühle, auch wenn es ihm das Herz zerriss, der Staatsräson unterzuordnen. Sein ganzes Leben lang war ihm die Pflicht das Wichtigste und heilig, und was den Kanzler betraf, den er persönlich nicht mochte (er litt darunter, dass der gewaltige Minister den Thron verdeckte), und gegen den seine Frau, Kaiserin Augusta, gelegentlich heftig intrigierte – so hat er doch all diesem Begehren zum Trotz den großen Kanzler bei sich behalten, weil er glaubte, das Land brauche ihn. Obschon Wilhelm II. oft seine Anhänglichkeit gegenüber seinem Großvater verkündete, hat er ihm nicht im geringsten nachgeeifert.

Der Vorfall meines oben erwähnten Gesprächs mit ihm bewies mir eindeutig, wie flach und wie erschreckend leichtsinnig dieser Mann schwierige Angelegenheiten behandelte; sie langweilten ihn und daher fürchtete er sich, sie anzufassen.

Die Anekdötchen und Witze über den jungen Kaiser zu Beginn seiner Herrschaft waren sonder Zahl. Der alte Kaiser Wilhelm I., so hieß es, hatte das Motto: „Ich habe keine Zeit, müde zu sein"[55]; Kaiser Friedrich: „Lerne leiden, ohne zu klagen"[56]; der Junge dagegen: „Wann geht mein Zug"[57], denn er reiste ja ständig. Er war der Erste, der seiner Unterschrift stets ein I.R. (Imperator Rex) hinzufügte, woraus die Straße machte: „Ich reise"[58].

Als der alte Kaiser starb, wurden auf den Straßen mit Trauerflor umwickelte Kornblumen verkauft, weil das seine Lieblingsblume war. Nach dem Tod Friedrichs gab es aus dem gleichen Grund mit Flor umwickelte Veilchen. Jetzt fragte man sich, was Wilhelm II. Lieblingsblume sei? Die Antwort: „Das Löwenmaul".[59]

Wie weit war man damals von der Vermutung entfernt, der Tod dieses berühmten Monarchen werde nicht nur ohne Gedenkblume verhallen (obwohl er sie in Doorn züchtete), sondern auch ohne Echo!

Im Jahre 1913 fand wohl die Heirat der Prinzessin Viktoria Luise, der einzigen Tochter Kaiser Wilhelms, mit Herzog Ernst zu Braunschweig statt. Diese Ehe sollte die feindliche Haltung des Hauses Hannover beenden, dem die Hohenzollern nach dem Krieg von 1870 den Thron weggenommen hatten. Das passte dem Kaiser also sehr, um so mehr, als seine geliebte Tochter in ihren Verlobten außerordentlich verliebt war.

---

55 *Im Original auf Deutsch.*
56 *Im Original auf Deutsch.*
57 *Im Original auf Deutsch.*
58 *Im Original auf Deutsch.*
59 *Im Original auf Deutsch.*

Zur Hochzeit kamen der König und die Königin von England und der russische Kaiser, beides Cousins des Verlobten, weil die Fürstin von Braunschweig die Schwester der englischen Königin Alexandra und der russischen Kaiserin Maria Fjodorowna war. Während ich in Berlin war, wurde ich zu einem Gala-Theater in der Oper eingeladen. Der Saal war wunderbar mit Girlanden aus echten Blumen und mit Lampions geschmückt, und in der großen Mittelloge saß, von der Familie umgeben, das Brautpaar. Rings umher glänzte alles von Schmuck und Diademen der Damen und von goldenen Uniformen.

Eine märchenhafte und blendende Szenerie, bei der Lohengrin mit seinem Schwan vor uns auf der Bühne nur eine Nebenrolle spielte. Ich konnte feststellen, wie unerhört ähnlich sich König George und Kaiser Nikolaus sahen – beide waren in preußischer Uniform, wie Zwillinge. Damals ließen sie sich in Berlin gemeinsam Hand in Hand fotografieren.

Aus dem Polnischen von Gerhard Gnauck

STANISŁAW PRZYBYSZEWSKI, AUS DER FERNE KOMM ICH HER ...
ERINNERUNGEN AN BERLIN UND KRAKAU (1926)

Stanisław Przybyszewski, (1868-1927), polnischer Schriftsteller, studierte in Berlin Architektur und Medizin; 1893 nach einer Verhaftung wegen der Kontakte zur Arbeiterbewegung von der Berliner Universität relegiert. Obwohl das Polnische seine Muttersprache war, schrieb er zunächst auf Deutsch. Er wurde schnell im literarischen Berlin berühmt, neben August Strindberg und Edvard Munch war er führender Kopf der Berliner kosmopolitischen Bohemiens der Jahrhundertwende. 1895 Mitbegründer der Zeitschrift „Pan", veröffentlichte daneben aber auch in Karl Kraus' „Fackel" und in der „Freien Bühne". 1898 zog er nach Krakau, wo er sich als Vertreter der Kunstrichtung „Junges Polen" profilierte. 1916-18 bestimmte er die Programmlinie des führenden Organs der polnischen Expressionisten „Zdrój" („Die Quelle"). Nach dem Ersten Weltkrieg arbeitete er intensiv am Aufbau des polnischen Staates mit.

Nietzsche wusste sehr wohl, er käme bei seinen psychologisch-philosophischen Überlegungen nicht ohne naturwissenschaftliche Kenntnisse aus; es ist bekannt, dass er kurz vor Ausbruch seiner Krankheit an die Wiener Universität gehen wollte, um sich dort vor allem gründlich mit Biologie zu befassen, von der er nur sehr wenig Ahnung hatte. Kein Wunder also, dass er keinen Einfluss auf mich haben konnte zu einer Zeit, da mein Hirn gerade die Grundlagen der Psychophysiologie verarbeitete und ich sogar eine Arbeit über die „Bewusstseinsschwelle" von Gustav Theodor Fechner schrieb – natürlich nicht für mich, sondern für einen Herrn, der gerne Doktor werden wollte, aber die Doktorarbeit selber nicht zu Stande brachte.

Man muss nämlich im Bilde darüber sein, dass es damals in Berlin ein Büro gab, das reichen Doktoranden Arbeiten lieferte, für die man ihnen dann die Doktorwürde verlieh.

Nun, und mit meiner Arbeit in diesem Büro beschaffte ich mir die Mittel zum Leben – gebenedeites Büro, ich habe keine Ahnung, wie ich mich sonst hätte an der Universität halten sollen.

Ich schrieb mehrere solcher Arbeiten. Eine über Napoleons Feldzug gegen Moskau – das kam mir sehr zustatten, denn ich lernte seine von Napoleon III. herausgegebene Korrespondenz aus dieser Zeit vollständig kennen. Ich schrieb auch über die Einwirkung des Chloroforms auf den tierischen Organismus; eine Arbeit über Histologie, und zwar über die Zahnbildung beim Embryo; eine andere über die neuesten Theorien zur Struktur der organischen Zelle und schließlich über die besagte Bewusstseinsschwelle.

Da aber der Doktorand beim Examen in Zürich von dieser unseligen Schwelle keine Ahnung hatte, ja nicht einmal wusste, sie könnte durch einen Logarithmus dargestellt werden, rasselte er schmählich durch; seine Arbeit erregte einen starken Verdacht, über den Faden gelangte man zum Knäuel, und eines Tages fand ich das Büro leer: Der Herr Direktor hatte sich noch rechtzeitig aus dem Staube machen können.

Dieser Reinfall ereignete sich, kurz, nachdem ich Stanis-aw Grabski kennen gelernt hatte, den die Berliner politische Polizei damals höchst aufmerksam überwachte.

Es gab damals in Berlin eine polnische Zeitschrift für sozialistische Arbeiter, die „Gazeta Robotnicza", die der Vorstand der Sozialistischen Arbeiterpartei Deutschlands finanzierte, die aber völlige Handlungsfreiheit besaß und von der deutschen Partei weder kontrolliert noch behindert wurde. Sie konnte ebenso den Interessen der Internationale dienen wie dem nachdrücklichen Wunsch, eine eigene sozialistische polnische Partei zu gründen.

Im deutschen Parteivorstand verfolgte nur Auer[60] argwöhnisch dieses Vorhaben, das zuerst unter der Redaktion von Ignacy Daszyński[61] dann unter Stanisław Grabski immer klarer und deutlicher hervortrat. Dass das Polentum der polnischen sozialistischen Arbeiter dauernd unterstrichen wurde, passte Auer nicht, und so begrüßte er uns schon an der Tür mit dem ironischen Ausruf: „Polen kommt! Polen kommt!" Bebel verhielt sich gleichgültig, er wusste nur zu gut: Aus diesem Mehl – das heißt aus dem polnischen Arbeiter – wird kein Brot gebacken. Uneingeschränkte Sympathie brachte der Partei der alte Liebknecht entgegen, eine der schönsten und ehrenwertesten Gestalten, die ich in meinem Leben kennen lernte; und hinreißend war der alte Singer, ein reicher jüdischer Fabrikant, aber „der Sache" treu ergeben, wenn er den neuesten Witz hervorsprudelte, den er im berühmten Börsen-Café gehört hatte, und bekanntlich werden ja die besten Witze an der Börse fabriziert.

Die Berliner Polizei machte mit Daszyński kurzen Prozess, aber auch Grabski, russischer Untertan, fühlte die Unmöglichkeit, in Berlin länger zu bleiben. Der Boden wurde ihm zu heiß, denn eine ganze Spitzelmeute war ihm auf den Fersen; gerade noch rechtzeitig, einen Tag, bevor ihn ein paar Spitzel triumphierend über die Grenze abschoben, vertraute er mir die Redaktion der „Gazeta Robotnicza" an.

Da ich preußischer Untertan war, konnte man mich nicht hinauswerfen, und da ich keine andere Religion als meine Liebe zum Elend und Leid der Menschen, nein! Nicht der Menschen, sondern der Arbeitenden, Enterbten, Betrogenen, Ausgebeuteten, kannte, übernahm ich mit Vergnügen den Redakteursstuhl in der Zeitschrift.

60   Ignaz Auer (1846-1907) Sozialdemokrat, Mitglied des Reichstags, Mitredakteur des „Vorwärts".
61   Ignacy Daszyński (1866-1936) – sozialdemokratischer Politiker, Mitbegründer der Polnischen Sozialistischen Partei Galiziens und Teschener Schlesiens (PPSD), sowie der Polnischen Sozialistischen Partei (PPS); 7.11.-19.11.1918 Premierminister der Provisorischen Regierung der Volksrepublik Polen; Vorsitzender des Sejm 1928-1930.

Schon Grabski hatte sich erkühnt, Marx und Lassalle zu kritisieren. Ich ging noch weiter. Die alte polnische Internationale versuchte, den polnischen Arbeiter vor allem von der Kirche loszureißen, ihm jeden religiösen Glauben zu nehmen und ihn in diesem Sinn zu beeinflussen.

„Der gerissene Großpole", wie mich Herr Kazimierz Ehrenberg, heute Redakteur beim „Kurier Poranny", noch in Krakau nannte, erwähnte Marx und Lassalle kein einziges Mal. Das war den polnischen Arbeitern, meist Analphabeten, Hekuba.

Hingegen berief er sich dauernd auf das Evangelium, auf die Schriften der Kirchenväter, den heiligen Ambrosius, auf Tertullian, Lactantius, nahm den Kampf gegen die konservativ-katholische, erzdeutsche, aber in polnischer Sprache herauskommende Presse in Oberschlesien auf, deren bissigstes Organ der „Katholik" des Herrn Napieralski[62] in Beuthen war – ihr kennt ihn sicherlich aus der Zeit des Krieges. Der „gerissene Großpole" beschrieb in feurigen Artikeln, was mit Christus geschehen würde, wenn er jetzt auf Erden erschiene; und mit dem Artikel „Die sieben Lügen des 'Katholiken'" erreichte er sogar, dass ihm London[63] wohlwollend auf die Schulter klopfte. [...]

Mein sechstes Medizinsemester ging zu Ende, die Polizei beobachtete mich seit Langem eifrig, aber irgendwie konnte sie nicht an mich heran, da kam Stanislaw Grabski, der aus Lemberg nach Paris vertrieben worden war, trotz strengen Verbots plötzlich nach Berlin, um an den Wahlen in Schlesien teilzunehmen. Ich mietete heimlich eine Wohnung für ihn, was damals ein politisches Verbrechen war, und wir waren beide so naiv zu glauben, niemand würde ihn mehr erkennen, weil er eine riesige blaue Brille trug. Aber wir hatten uns getäuscht.

Am nächsten oder übernächsten Tag wurde Grabski verhaftet, ich saß schon im Gefängnis Moabit, und als ich wieder frei gelassen wurde, fand ich eine Aufforderung vor, beim Rektor, dem großen Virchow, zu erscheinen, der mich mit folgenden Worten entließ: „Wenn Sie von der Universität nicht weggehen, so werden Sie gegangen."

So endeten meine psychopathischen Träume von einer Professur in der Psychiatrie, denn mein schönster Wunschtraum war gewesen, ein großer Psychiater zu werden!

Meine Liebe galt schon immer den Umnachteten, den Psychopathen, Abartigen, Entgleisten, den unvollkommenen, bresthaften Menschen, denen, die den Tod suchten, der sie meidet. Mit einem Wort: den armen, enterbten Kindern Satans, und sie erwiderten meine Liebe.

Rate, rate, Sa encore rate! [...]

---

62 *Adam Napieralski (1861-1928) Redakteur, schlesischer Politiker, Reichstagsabgeordnete. Seit 1889 war Napieralski Redakteur der national-demokratischen, konservativen Zeitschrift „Katolik". Anfang des 20. Jahrhunderts gründete Napieralski ein Medienkonzern und wurde allgemein als „König der Schlesischen Presse" bezeichnet. Während des Ersten Weltkrieges stand er entschieden für die deutsche Option, wobei er die Sympathien der Polen aus anderen Teilungen (und damit auch die Leser) verlor. Während der Schlesischen Aufstände vertrat er die Idee des „selbstständigen" und ungeteilten Schlesiens.*

63 *Gemeint ist die Londoner Zentrale der Polnischen Sozialistischen Partei.*

Eines Tages kletterte der damals bereits berühmte Kritiker Franz Servaes die unerhört schmutzige Treppe des verwahrlosten Hauses im ärmsten Arbeiterviertel bis zu meiner Wohnung (hehehe: ein Stübchen, wo mit Mühe und Not ein Bett, ein Tisch und zwei kleine Stühle Platz hatten) im vierten Stock empor.

„Kommt der Berg nicht zum Propheten, muss der Prophet zum Berg kommen", sagte er scherzhaft. „Aber ich gestehe, ich hätte diese Reise zum Wedding – brrr! Was für eine Gegend, ich sehe sie zum ersten und zum letzten Mal! – niemals gemacht, wenn mich mein bester Freund, Ola Hansson[64] nicht so inständig gebeten hätte, Sie ihm, wenn möglich, lebend zu bringen. Ich fahre heute hin, machen Sie sich fertig. Hansson will unbedingt den Mann kennen lernen, mit dem er sich hier in Deutschland endlich wird verständigen können. Die Karte, die er mir schreibt, ist nicht schmeichelhaft für uns Deutsche, aber sehen Sie, ich kann diese Pille schlucken, ich stamme aus Holland."

Ola Hansson!

Ich erzitterte bei dem Gedanken, dass ich dem Mann gegenübertreten sollte, der für mich seit Langem etwas wie ... Ich bin in Verlegenheit, wenn ich definieren soll, was mir Ola Hansson damals bedeutete.

Freilich: Er selbst gab jener ungeheuren Bedeutung einen Namen mit seinem Buch „Seher und Deuter", einem Band kritischer Essays, den Stanisław Lack glänzend ins Polnische übersetzt hat, wo es, wenn ich nicht irre, „Seher und Propheten" heißt. [...]

Und nicht nur in meinem geistigen Leben spielte er eine wichtige Rolle, er schrieb sich mit unauslöschlichen Lettern in die gesamte deutsche Literatur zwischen 1880 und 1890 ein.

Er lehrte ja die Deutschen ein sehr schwieriges Kunststück oder wollte es sie zumindest lehren: das zu schreiben, was sich Essay nennt. Seine Sprache, unerhört suggestiv und eindringlich, scharf und geschmeidig wie ein Toledaner Florett aus edelstem Stahl, war so erstaunlich neu, dass sich die Sprache eines deutschen Schriftstellers gegen Hanssons Stil ausnahm wie der plumpe Hieb des schweren Rapiers eines deutschen Burschenschaftlers. Dieser junge Schwede betrat die Arena der deutschen Literatur in der reichen und blitzenden Rüstung der europäischen Kultur. [...]

Klopfenden Herzens trat ich über die Schwelle des kleinen Hauses, das Ola Hansson mit seiner Frau und seinem zweijährigen Sohn bewohnte. Die Begrüßung war schlicht, ohne jede Herzlichkeit; der Schwede kann nicht herzlich oder überschwänglich sein, er macht niemals irgendwelche Komplimente, deutet höchstens durch ein leises Lächeln an, ob er über einen Gast erfreut ist oder nicht. [...]

---

64 Ola Hansson (1860-1925) ein in Berlin lebender schwedischer Schriftsteller, mit der deutsch-baltischen Autorin Laura Marholm verheiratet.

Gegen Abend kamen ein paar Vertreter des „neuen Deutschland" zu Besuch die ständig in Friedrichshagen wohnten: Bruno Wille[65], Wilhelm Bölsche[66], die Brüder Hart, Julius und Heinrich.[67]

Friedrichshagen, eine sehr schöne Ortschaft, eigentlich eine kleine Stadt im Osten von Berlin, an einer Seenkette – den Müggelseen –, gelegen, umrahmt von Hügeln – den Müggelbergen –, liegt eingebettet in ausgedehnte, schöne Kiefernwälder, sodass man jedes Haus leicht für ein Forsthaus halten kann, auch das von Hansson, und dieses Friedrichshagen war zu jener Zeit fast ein literarisches Programm.

Wenn man von Friedrichshagen sprach, dann nicht von dieser Ortschaft, sondern von den literarischen Strömungen des „Jungen" oder vielmehr des „Grünen" Deutschland, denn die deutsche Kritik hatte aus *Jung-Deutschland*[68] boshaft *Grün-Deutschland* gemacht, die Hauptvertreter dieses „Jungen Deutschlands" aber waren die Brüder Hart, Wille und Bölsche.

Sie alle waren dem „steinernen Meer" der Großstadt entronnen: Untragbar und mörderisch erschien ihnen das Leben ohne Natur, ein reiner Kulturästhetizismus stellte sie nicht zufrieden; hier, im Schoße der Natur, inmitten von Wäldern und Seen, erhofften sie sich Linderung und Stille, denn ein jeder war vor allem Philosoph und mit allen Fasern dem Mystizismus von Friedrich Hölderlin, Novalis, Fechner verhaftet, und ein jeder suchte für sich selbst Befreiung – nicht in der Kunst, obschon sie zahllose Bände in Lyrik und Prosa verfassten, sondern in der Beglückung der Menschheit.

Es hielt schwer, mit ihnen einer Meinung zu sein, wenn man sie als Künstler betrachtete, aber sie verdienten die allerhöchste Achtung als Erzieher der Massen, als Kultursozialisten, als Menschen, die unter harten Mühen einen höheren Wissensgrad und höhere und edlere Weltsicht für die Arbeitermassen erstritten. Und alle diese leidenschaftlichen Bekenner sozialer Ideen, die die Natur anbeteten, und das in jener übersteigerten Weise, wie sie der sentimentalen Epoche der deutschen Romantik zu Beginn des 19. Jahrhunderts eigen war – ich sah ja, wie sie einander bei den Händen fassten und eine alte Eiche umtanzten, wie sie ihre Hüte mit Eichenlaub umkränzten und Hymnen zu Ehren der Menschheit, Freiheit, Brüderlichkeit sangen –, ach, wie naiv sie sich vergnügten und, was weit mehr war: wie sie sich vergnügen konnten!

---

65 *Bruno Wille (1860-1928) Prediger, Philosoph, Journalist und Schriftsteller, Mitglied des „Berliner Naturalistenvereins", Freidenker. 1890 ließ er sich im Berliner Vorort Friedrichshagen nieder und wurde dort zusammen mit Bölsche zum Wegbereiter des Friedrichshagener Dichterkreises. Begründer der Freien Volksbühne und der Neuen Freien Volksbühne.*

66 *Wilhelm Bölsche (1861-1939) Schriftsteller, Mitbegründer des Deutschen Monistenbundes, schrieb über naturwissenschaftliche Themen in populärer Form. Mitglied des „Berliner Naturalistenvereins".*

67 *Julius Hart (1859-1930) Dichter und Literaturkritiker, Mitherausgeber der Zeitschrift „Kritische Waffengänge", Anhänger des Naturalismus. Heinrich Hart (1855-1906) Literatur- und Theaterkritiker, Mitherausgeber der Zeitschrift „Kritische Waffengänge". Mitglied des Friedrichshagener Dichterkreises.*

68 *„Jung-Deutschland", eigentlich Friedrichshagener Dichterkreis. Eine 1888 gegründete literarische Vereinigung der Naturalisten mit Wilhelm Bölsche, Julius und Heinrich Hart, Lou Andreas-Salomé, Stanisław Przybyszewski u. a.*

Ein Fässchen Bier *avant toute chose*, Bier, viel Bier, ein paar kindliche Witze, bodenlos tiefe und bodenlos öde theoretische Ergüsse über die Menschheit, die Kunst, die Ethik, verkündet in der trostlosen Terminologie Hegels und Schellings, leidenschaftliche Wortgefechte um Systeme und Systemchen, die beständigen, erbarmungslosen Spötteleien eines jeden über jeden – und wieder Bier, Bier; verlockend waren die Geselligkeiten in Friedrichshagen nicht, und wenn sie einem besonders fremd sein mussten, dann Hansson.

Keiner von den deutschen Künstlern, auch nicht der kultivierteste, hatte die Unarten des deutschen Burschenschaftlers abgelegt, jeder bildete sich etwas ein auf sein zersäbeltes Gesicht, auf seine burschikosen Umgangsformen, kam nicht aus ohne seinen *Frühschoppen*, nach dem ihm für den ganzen Tag ein paar Maß Bier das Hirn vernebelten, und der erstaunliche Mangel an Kinderstube – es waren vorwiegend Leute aus den unteren Sphären der Gesellschaft –, der Mangel an gesellschaftlichem Schliff erschwerte es einem Fremden und „Ungeübten" beträchtlich, in der Gesellschaft dieses *Jung-Deutschlands* zu verweilen; besonders wenn bereits das zweite oder dritte *Achtel*-Fässchen unterm Triumphgeschrei der Zecher auf dem Tisch erschien.

Die Frauen nahmen überhaupt nicht teil an diesen Zusammenkünften der deutschen Künstler. Diese Frauen lebten zumeist vom Wohnungsvermieten und teilten alle ihre Einkünfte, ja selbst Tisch und Bett, mit dem notleidenden Künstler; und es war ein schöner Zug von ihm, wenn er eine solche Frau dann heiratete, obwohl sie unfähig war, auch nur einen Satz zu verstehen, den ihr Mann niederschrieb. Es waren Näherinnen, die ihre letzten Groschen für den Künstler hergaben, und es kam niemals vor, dass er ihr Vertrauen enttäuschte. Er gab ihr seinen Namen, adoptierte ihre Kinder, aber dessen nicht genug; es gab sogar Fälle, dass ein Künstler eine Prostituierte vom schlimmen Joch der Polizeiaufsicht befreite, mehr konnte er fürwahr nicht tun!

Am Geistesleben des Künstlers hatte die deutsche Frau meistens keinen Anteil, sie konnte ihn nicht haben, und man muss ihr noch zugutehalten, dass sie keinerlei Anspruch auf einen Platz im Leben ihres Mannes stellte. Sie war für das dreifache K zuständig – genauso, wie es Wilhelm II. von der Frau verlangt hatte: für *Kinder, Küche, Kirche!* […]

5

Genau gesehen brachte die Entwicklung, die sich angeblich zwischen 1880 und 1890 in Deutschland vollzog, keine literarische Revolution. Es gibt in der gesamten deutschen Literatur nicht ein Werk, das man als Wendepunkt bezeichnen könnte.

Jung-Deutschland lebte vor allem von den Brosamen der königlichen Tafel, die Frankreich, Russland und vor allem Skandinavien reich gedeckt hatte.

Zola, Zola! So lautete der Schlachtruf des Naturalismus oder vielmehr des konsequenten deutschen Realismus. Man war entzückt von Guy de Maupassant, hin und wieder munkelte jemand etwas von Joris-Karl Huysmans, man las Dostojewski, Tolstoi, aber am meisten gefiel Turgenjew; in den deutschen Zeitungen und Zeitschriften erschienen zahllose Kritiken über Ibsen, Björnson, Kielland, Jacobsen, aber die Deutschen selber hatten nichts, was sie diesen Leuchten fremder Literaturen entgegensetzen konnten.

Ich will nicht ungerecht sein, aber dieses ganze *Jung-Deutschland* war im Grunde erschreckend unfruchtbar und lebte von der Gnade anderer.

Sobald einer seiner Vertreter tiefer lotete, stieß er unweigerlich auf Goethe. Und ein Ausspruch von Richard Beer-Hofmann, der seinerseits *Jung-Wien*, das Junge Österreich, vertrat, erscheint mir sehr bezeichnend: „Ich höre, Sie sind kein großer Goethe-Verehrer. Sie müssen aber wissen, dass sich keiner von uns zu Bett legt, ohne nicht vorher mindestens zehn Seiten in Goethes Schriften gelesen zu haben. Was ist schon unser Hugo von Hofmannsthal? Doch nur ein aufgefrischter alter Goethe. Und unser Hermann Bahr? Doch nur eine durchaus gelungene Kopie des jungen Goethe, womöglich auch des Goethe, der Napoleon kennenlernte und so für ihn entflammte, dass er nach Paris zu ziehen gedachte."

Ein schauerliches Gebräu aber entstand in der deutschen Literatur, als man auf Biegen und Brechen Goethe mit Zola, Turgenjew mit Spielhagen und den armen Hauptmann mit Ibsen in einen Topf zuwerfen suchte! [...]

Es fiele schwer, wollte man die ganze materielle Not beschreiben, in der dieser Kreis der deutschen „Weltumstürzler" lebte. Die deutsche Öffentlichkeit war ja so unglaublich borniert, diese „konsequenten Realisten", diese sanften und zahmen Naturalisten für Umstürzler zu halten. [...]

Mit jedem gewagteren Ausdruck beschwor der deutsche Künstler mörderische Stürme der Entrüstung, und ich erinnere mich, welch ein Orkan in der deutschen Kritik losbrach, als der Held irgendeines deutschen Romans „vor Ekel seine Seele auskotzte".

Und jeder dieser Umstürzler und höchst abgeklärten Theoretiker und Ideologen, die hungernd und frierend die Menschheit befreiten, verkündete das dritte Testament für das Proletariat und bekannte sich glühend zur Heilsbotschaft von Marx und Lassalle.

Bruno Wille war ein paar Jahre lang ein rühriger sozialistischer Agitator, organisierte die Arbeitermassen, schuf für sie die *Freie Volksbühne*, hielt Vorträge, rezitierte seine Gedichte, arbeitete an einer grundlegenden Reform der Menschheit. Das Gleiche tat Wilhelm Bölsche, weit mehr Naturwissenschaftler und Philosoph denn Dichter, ein glühender Verehrer Ernst Haeckels und begeisterter Verkünder des Monismus. Ein Menschheitserlöser wollte auch Heinrich Hart sein, der sein ganzes Leben damit zubrachte, das gewaltige Epos „Lied der Menschheit" zu schreiben, aber nur bis zu Moses kam. Nach den Sternen griff sein Bruder Julius; mit Hilfe von Hegel und Fechner zertrümmerte er die apokalyptischen Siegel. Arno Holz[69] stellte sämtliche Regeln der romantischen und klassischen Lyrik auf den Kopf und schrieb nach einer Theorie Poeme, die den deutschen Kritikern die Galle ins Blut trieben, doch heute allenfalls ein nachsichtiges Lächeln auslösen.

Parturiunt montes, nascetur ridiculus mus! Nur einer war unter ihnen, der höhnte, spottete und ewig lachte, und da sein Magen ständig leer war, genügten ihm ein paar Gläschen, um tagelang nicht mehr aus dem Rausch herauszukommen: Paul Scheerbart.[70] Er hatte mir verraten, er sei in Danzig geboren und kaschubischer Abstammung, also taufte ich ihn feierlich auf den neuen Namen Paweł Szczerba. [...]

Eine Armut, wie ich sie unter den deutschen Künstlern sah und selber miterlebte, hat kein Künstler im viel geschmähten Polen je erlebt. [...]

Aber: *revenons à nos moutons*.

---

69 *Arno Holz (1863-1929) Dichter und Dramatiker, einer der Pioniere des deutschen Naturalismus.*
70 *Paul Scheerbart (1863-1915) Kunstkritiker, Schriftsteller, Zeichner, Theatertheoretiker.*

An jenem, für mich so denkwürdigen Abend versammelte sich die kleine Schar dieser deutschen „Weltumstürzler" im gastlichen Haus von Ola Hansson.

Auf dem Tisch standen plötzlich eine Flasche Whisky und eine Flasche Kognak, das Dienstmädchen brachte den Samowar herein; man goss die Gläser drei viertel voll mit heißem Wasser und darauf Whisky oder Kognak – das Getränk heißt auf Skandinavisch Toddy –– und die Unterhaltung begann. Man musterte mich, den fremden Ankömmling, man richtete das Wort an mich, klopfte mir nachsichtig auf die Schulter, denn mein Büchlein „Chopin und Nietzsche" war schon bekannt, aber, ich weiß nicht, wie es geschah, allmählich verstummten alle und lauschten wie gebannt der Erzählung der Hausherrin Laura Marholm[71].

Ein so großartiges, an Genialität grenzendes Erzähltalent, das sich zu höchster Virtuosität entfaltete, war mir nie zuvor und ist mir danach nie wieder begegnet.

Sie war hässlich, sogar sehr hässlich, so schien es auf den ersten Blick, aber wenn sie zu sprechen, zu erzählen anhob, wenn sie mit feinen, aber anschaulichen Gebärden ihre Erzählung unterstrich, ihr durch Nuancenreichtum ihrer Stimme Farbe gab, wurde ihr Gesicht schön, edel,, und man vergaß die körperliche Hässlichkeit: Laura Marholm-Hansson war schön. [...]

Als ich in dieser Nacht nach Hause kam, fand ich dreiundzwanzig von liebender Hand nach deutschem Brauch angezündete Kerzen auf dem Tisch vor – mein dreiundzwanzigstes Lebensjahr vollendete sich an ebendiesem Tag.

Aus dem Polnischen von Roswitha Matwin-Buschmann

WŁADYSŁAW BERKAN, AUTOBIOGRAPHIE (1924)

Władysław Berkan, (1859-1941), Berliner Schneider mit einem Konfektionshaus an der Ecke Friedrichstraße/ Leipzigerstraße, Mitglied des Vereins der Polnischen Unternehmer, aktiv in der polnischen Gemeinde in Berlin vor dem Ersten Weltkrieg.

[...] Es kamen immer mehr Kunden, was mich bewog, dauerhaft in Berlin zu bleiben. Ich verständigte mich darüber mit meiner Verlobten und dann suchten wir uns eine Wohnung an einer kleinen Straße (Junkerstraße) im vierten Geschoss unter dem Dach, eine sogenannte Mansardenwohnung. Sie war ordentlich und bestand aus zwei hellen Zimmern und einer Küche, wofür ich monatlich 43,75 Mark Miete zahlte. Wir beschlossen, im Frühling zu heiraten, und davor trafen wir alle Vorbereitungen. Unsere Hochzeit war Anfang April, und danach zogen wir in unsere Residenz ein. Der Bruder meiner Frau wohnte auch bei uns und zahlte uns dafür monatlich einen bestimmten Betrag, um den sich dann unsere Miete entsprechend verringerte.

---

71 *Laura Marholm (Laura Mohr, 1854-1928) eine deutsch-baltische Autorin, schrieb Bücher und Essays, die als antiemanzipatorisch bezeichnet wurden. 1889 heiratete sie Ola Hansson. Von 1891 bis 1893 Mitglied des Friedrichshagener Dichterkreises. Von 1905 bis zu ihrem Tod lebte Marholm in einer psychiatrischen Anstalt.*

Ich komme nicht umhin, die Ereignisse bei unserer Hochzeit zu schildern. Wir wollten natürlich, dass sie auf Polnisch stattfindet, was damals enorm erschwert wurde. An der St.-Hedwigs-Kirche, zu deren Pfarrbezirk wir gehörten, gab es einen Priester, der zwar gut polnisch sprach, aber nicht polnisch empfand, und zu ihm begab ich mich, um ihn um eine polnische Hochzeit zu bitten. Er redete mir zu, dies sei nicht notwendig, da wir doch beide Deutsch könnten, und vielleicht werde er an diesem Tag außerhalb Berlins beschäftigt sein, aber einen anderen Priester, der Polnisch spräche, gäbe es nicht. Ich antwortete ihm, dass wir beschlossen hätten, uns auf Polnisch das Jawort zu geben, und davon nicht abweichen würden. Außerdem würden wir uns mit der Hochzeit nach seinen Terminen richten. Nachdem er sah, dass seine Überredungsversuche keinen Erfolg zeitigten, ließ er sich letztlich auf unseren Termin ein, fügte aber hinzu, wir sollten pünktlich zur Hochzeit erscheinen. Auch dies sagte ich ihm zu, merkte aber gleich an, dass wir das Ehegelöbnis keinesfalls auf Deutsch ablegen würden, falls man uns im letzten Moment dazu zwingen wolle, auf Deutsch zu heiraten, was leider häufig vorkäme. Das Unglück wollte es jedoch, dass der Wagen, den wir gemietet hatten, um uns zur Kirche zu bringen, nicht kam, da, wie sich später herausstellte, der Fuhrunternehmer unsere Bestellung wohl vergessen hatte. Unsere Situation war vor allem deswegen so unangenehm, weil wir nun befürchteten, dass man uns wegen unserer Verspätung nicht mehr auf Polnisch trauen werde. Also schickten wir ein altes Mütterchen los, das gerade zur Stelle war (die Gäste waren schließlich schon zur Kirche gefahren), und diese kam mit einer Droschke zweiter Klasse zurück, da sie eine bessere nicht hatte finden können. Dadurch verspäteten wir uns eine halbe Stunde, aber der Priester hat uns nicht nur auf Polnisch getraut, sondern auch noch eine schöne Predigt auf Polnisch gehalten. Es war deutlich, dass das energische Vorbringen unserer Bitte Erfolg gehabt hatte. Hinsichtlich unserer Droschke zweiter Klasse hörte ich, wie unsere Bekannten, die gekommen waren, um sich unserer Hochzeit anzusehen, abschätzige Bemerkungen darüber machten, wir wären wohl aus lauter Knauserigkeit mit einer solchen Droschke zur Hochzeit gekommen. Und als wir von der Kirche zurückkamen, bot uns einer der Gäste seinen Wagen an, und ich antwortete auf diese ironische Bemerkung: „Mit einer Droschke zweiter Klasse sind wir zur Hochzeit gefahren, dafür sind wir mit einem Vierspänner von unserer Hochzeit zurückgekehrt, [und] so wird sich unser ganzes Leben fügen."

Wie es mit meinem Geschäft anfing

Zuerst kalkulierte ich, wie viele Vorräte wir hatten. Ich hatte 2.100 Mark Erspartes, von denen ich 700 für die Wohnungseinrichtung ausgegeben hatte; der Rest blieb als Kapital für laufende Umsätze. In der Wohnung richteten wir uns bescheiden ein. Meine Frau hatte schon einen Teil der kleineren Möbel, und wir kauften nur das, was unbedingt nötig war. Schließlich musste ich daran denken, wie es meinem Bekannten aus Warschau ergangen war, der fest mit der Aussteuer seiner Frau gerechnet und entsprechend Möbel bestellt hatte. Als nämlich die Aussteuer dann doch nicht seinen Erwartungen entsprach, musste er einen Teil davon wieder verkaufen, darunter auch das Möbelstück, auf dem er schlief. Also wollte ich lieber vorsichtig sein.

Wie ich schon oben erwähnte, erhielt ich zuvor einige Bestellungen. Nachdem ich verheiratet war und eine eigene Wohnung hatte, kamen immer mehr Kunden. Dabei arbeitete ich weiterhin für ein fremdes Geschäft, um Woche für Woche Bares zu haben, denn nicht alle meine Abnehmer zahlten auch gleich mit Bargeld. [...]

Die Werkstatt wurde größer, und schon vor Weihnachten beschäftigte ich vier Mitarbeiter. Das waren junge Arbeitskräfte, die mir nur zuarbeiteten, also musste ich die schwierigeren Arbeiten, wie zum Beispiel das Plätten selbst ausführen. Meine Frau half mir, Geld zu verdienen, indem sie selbstständig eine Schneiderei für Damenmoden leitete. […]

Der Zufall wollte es, dass sich mir bereits im ersten Winter zwei Kundenkreise erschlossen, durch die ich meinen Absatz vergrößern konnte; vor allem der erste Kundenkreis war für mich von Bedeutung. Ich hatte einen Bekannten, der Friseurgehilfe war; er wurde von zwei miteinander verschwisterten Amerikanern, die zum Studium nach Berlin gekommen waren, gefragt, ob er nicht einen Schneider kenne, und zwar einen, der für einen geringen Preis gute Kleidung liefere. Mein Bekannter verwies sie an mich, und das war der Anfang meines eigentlichen Erfolgs. Sie probierten es erst mit einer kleineren Bestellung, aber als sie mit deren Erledigung zufrieden waren, bestellten sie eine ganze Ausstattung, zumal sie beabsichtigten, nach Amerika zurückzukehren, wo alles viel teurer war. Sie reisten ab, aber hinterließen meine Adresse bei ihren Landsleuten, die dann nach und nach zu mir kamen und meine Adresse an Bekannte weiterreichten. Zwischen einigen von ihnen und mir entstand sogar so etwas wie eine freundschaftliche Beziehung, sodass sie auch noch aus Amerika mit mir korrespondierten und dort ihren Bekannten, die nach Berlin wollten, meine Adresse gaben. Einige von ihnen kamen von Zeit zu Zeit aus Amerika nach Berlin und haben mich dabei nie vergessen. Auch hat mich niemand von ihnen je hintergangen. Wenn zum Beispiel jemand nicht mehr genug Geld hatte, um seine Rechnung zu bezahlen, schickte er mir bald nach der Rückkehr nach Amerika einen Check, auf den wegen der Verzögerung immer ein gewisser Prozentsatz hinzuaddiert worden war.

Beim Bestellen waren sie unkompliziert, jeder wusste, was er wollte, auch wenn es relativ oft vorkam, dass jemand kein Deutsch konnte und ich Schwierigkeiten hatte, mich mit ihm zu verständigen. Nach ein paar Minuten war das Geschäft unter Dach und Fach. Das hat mir außerordentlich gefallen, und ich dachte mir, wenn doch auch unsere Leute so auf die Zeit bedacht sein würden. […] Der zweite Kundenkreis, der vielleicht nicht ganz so gut war, durch den ich aber ebenso meinen Absatz vergrößern konnte, erschloss sich mir gleichfalls über den Friseur. Es handelte sich um die besseren Schlachtergesellen, die sich gut anziehen wollten. Unter ihnen erlangte ich eine solche Bekanntheit, dass ich jeden Sonntag einige Bestellungen von ihnen erhielt.

Schon im zweiten Jahr war mir klar, dass meine bescheidene Wohnung zu klein war, um meinen Geschäften weiterhin nachzugehen. Wir mussten uns nach etwas Größerem umsehen, und so etwas fanden wir an der Friedrichstraße, also an einer der Hauptstraßen, nahe der Kochstraße. Sie befand sich im zweiten Stock und besaß vier Zimmer, von denen eins nach vorne war. Mann konnte hier sicherlich auch bessere Kundschaft empfangen. […]

Meine weiteren gesellschaftlichen Aktivitäten

Mit meiner Rückkehr nach Berlin begann ich von Neuem, mich in Vereinen zu engagieren. Regelmäßig ging ich zu Sitzungen, am häufigsten zu denen des Vereins Polnischer Unternehmer (Towarzystwo Polskich Przemysłowców). Aus diesem hatten sich die Sozialisten zurückgezogen, besonders weil sie einen eigenen Verein Polnischer Sozialisten gegründet hatten und nur an dessen Veranstaltungen teilnahmen, aber auch, weil unsere national gesinnte Vereine beschlossen, niemand könne bei ihnen Mitglied sein, der gleichzeitig einem sozialistischen Verein angehörte. Die sozialistische Agitation wurde vollkommen aus dem Verein Polnischer Unternehmer verdrängt. Obwohl rund ein Dutzend solcher Mitglieder austrat, belebte sich der Verein und immer mehr Mitglieder kamen zu den Versammlungen.

Manchmal habe ich aus Neugier beim sozialistischen Verein vorbeigeschaut und bin dort mit ihnen aneinandergeraten. Wenn ich mich bei ihnen zu Wort meldete und mich einige Genossen dabei zu stören versuchten, so rügte sie der Vorsitzende dafür und mahnte, man solle mich ungestört reden lassen. Ganz so, als ob sie sich sicher wären, dass meine Argumente ohnehin niemanden überzeugen würden und bei ihnen die Freiheit des Wortes herrschen sollte. In dieser Zeit, aber auch schon zuvor, ist zwischen einigen Sozialisten und mir eine dauerhafte Freundschaft entstanden, die auch unterschiedliche politische, religiöse und soziale Anschauungen nicht zerstören konnten und die bei denen, die noch leben, bis heute andauert. Einige von ihnen sind mit der Zeit in unser Lager übergewechselt, als sie erkannten, dass sie auf dem Holzweg waren.

Unsere polnischen Sozialisten in Berlin verdienen einige Bemerkungen. Als sie sich organisierten, schlugen sie mit ganzer Kraft auf alles ein, was die Berliner Polonia hervorgebracht hatte, und wollten die Bewegung beherrschen. Und sie hinterließen einige Scharten. Das Geld hierfür haben sie in ihren eigenen Reihen gesammelt, aber am meisten gab ihnen die Organisation der deutschen Sozialisten. Deren Führern mag es wohl so geschienen haben, als ob auf der Basis des Nationalen ihre Agitation am ehesten fruchten würde. Man gründete eine „Gazeta Robotnicza"[72] (Arbeiterzeitung), die überall verbreitet wurde. Ich war einer von denen, die sich dem entschieden widersetzten, aber davon abgesehen schaute ich ruhig in die Zukunft, ohne zu befürchten, durch ihre Arbeit würde unser nationales Leben paralysiert werden. Ich war mir sicher, dass dieses Phänomen nur mit dem Herdentrieb zu erklären sei und vorübergehenden Charakter besäße. Sie hingegen fühlten sich ihrer Sache sicher, nicht nur in Berlin, wo ihre Agitation angefangen hatte, sondern auch in der Heimat, wohin sie ihre Aktivitäten ausweiteten, also im preußischen Teilgebiet und in Schlesien. Und unsere Lager rangen miteinander, vor allem bei öffentlichen Versammlungen, die dadurch nicht eben ruhiger wurden. [...]

Der Umzug und die Vergrößerung des Unternehmens

Ich blieb sieben Jahre in der Friedrichstraße, aber da das Geschäft in dieser Zeit erheblich wuchs, mussten wir uns wieder um eine größere Wohnung kümmern. 1902 mietete ich 10 Zimmer an der Ecke Leipziger Straße/Friedrichstraße im zweiten Stock, wo sich das Geschäft noch bis heute befindet. Bald musste ich die Privatwohnung einen Stock höher verlegen. Dort war es angenehmer, sowohl für die Wohnung als auch für das Geschäft. [...]

So vergingen einige Jahre, und erst dann begannen unsere Landsleute, mir Aufträge zu erteilen, nachdem sie erfahren hatten, dass ich eine beachtliche Werkstatt besitze und in der Lage bin, meine Kunden zufriedenzustellen. Obwohl ich in verschiedenen Vereinen tätig war, habe ich diesen Rahmen nie genutzt, um auf mein Geschäft aufmerksam zu machen, denn ich war der Meinung, dass man sich nicht gesellschaftlich engagiert, um seine persönlichen Interessen zu verfolgen. Es wäre mir sogar unangenehm gewesen,

---

72 „Gazeta Robotnicza", eine Zeitschrift der polnischen sozialistischen Gemeinschaft in Berlin, wurde 1894 gegründet.

hätte jemand aus Anlass einer Vereinssitzung mit mir ein Geschäft tätigen wollen, das dort nichts zu suchen hatte. Und als mir mal einer der örtlichen Landsleute, der der Intelligenz angehörte, erzählte, er empfehle meinen Laden weiter, weil ich mich gemeinnützig engagiere, da antwortete ich ihm, er solle als Grund für die Empfehlung besser die gute Ausführung und seine Zufriedenheit angeben, denn aus Patriotismus angefertigte Kleider würden normalerweise schlecht sitzen.

Außer den in Berlin ansässigen, besser situierten Landsleuten, von denen es nicht allzu viele gab, begannen auch mehr und mehr Studenten, sich bei mir einzukleiden. Auch ihnen verdanke ich einen bedeutenden Teil meines geschäftlichen Erfolges. Zwar waren das keine sehr finanzstarken Kunden, denn nur selten zahlte jemand von ihnen sofort, es sei denn es handelte sich um einen, der neu an die Uni war, ein paar Groschen in der Tasche hatte und nicht wusste, dass er bei mir Kleidungsstücke auch auf Kredit bekommen konnte. Später belehrten ihn schon seine Kollegen eines Besseren.

Einer der ersten studentischen Kunden traf mit mir folgende Vereinbarung: Ich verpflichtete mich, ihn auf Kredit bis zum Ende seines Studiums auszustaffieren, wobei der gewöhnliche Verkaufspreis berechnet werden sollte zuzüglich Zinsen bis zum Tag der Bezahlung. Sein Bruder, der Bergwerksdirektor war, hatte sich ihm gegenüber verpflichtet, nach Bestehen des Abschlussexamens alle seine Schulden zu begleichen. Für den Fall aber, dass der Student vor der Abschlussprüfung sterben sollte, waren alle Gläubiger durch eine Lebensversicherungspolice abgesichert, die die Familie abgeschlossen hatte. Der Student hatte schon einige Semester hinter sich, also rechnete ich damit, dass ich nicht allzu lang würde warten müssen. Aber ich hatte mich getäuscht, mit dem Studienabschluss war es ihm nicht allzu dringend, ein Semester verging nach dem anderen und ich … wartete. Damals war ich es noch nicht gewohnt, so lange auf die Begleichung einer Rechnung warten zu müssen, und erst diese Herrschaften haben mich später daran gewöhnen lassen. Also wurde ich ungeduldig, und als eines Tages zwei seiner Kollegen zu mir kamen, fragte ich sie: „Wann beabsichtigt eigentlich ihr Kollege, sich zum Examen zu melden?", und fügte hinzu: „Soll er's doch endlich bestehen oder sterben, denn länger kann ich nicht mehr warten." Klar, dass sie ihm das gleich weitererzählt haben. Er zog schließlich das Erste vor, auch wenn es noch ein Weilchen dauerte. Am Ende ging die Geschichte folgendermaßen aus: Der Bruder hat die Rechnungen des Studenten aus irgendeinem Grund nicht bezahlt, zumindest nicht bei mir, und ich musste noch viele, viele Jahre warten. Dies wiederum war der Grund dafür, dass wir über all die Jahre hinweg Kontakt miteinander pflegten und eine wirkliche, aufrichtige Freundschaft daraus entstanden ist, die, wie ich wage zu behaupten, auch nach Begleichung der Rechnung Bestand hatte. Seinem Wohlwollen verdanke ich viel, und wenn ich heute noch ein Geschäft besäße, würde ich aus Dankbarkeit mit seinen erwachsenen Söhnen (heranwachsende hat er schon) eine ähnliche Abmachung treffen wie einst mit ihrem Vater, auch wenn heute die Preise höher sind.

Ich schildere diesen Fall so ausführlich, weil er allgemein mein Verhältnis zu den Studenten illustriert. Ihnen verdanke ich meinen guten Ruf in ganz Polen, und nicht nur in Polen, sondern überall dort, wo sie später einen Posten besaßen, besonders als Ingenieure in Russland. Sie schickten mir ihre Verwandten und Bekannten als Kunden, Leute unterschiedlicher Nationalität, sogar Kirgisen, die natürlich nicht in Naturalien, sondern mit Bargeld zahlten. Durch sie und die Amerikaner gewann mein Geschäft einen internationalen Charakter. Berlin ist eines der Zentren, zu dem Interessenten aus aller Welt strömen, vor allem aus Petersburg, Moskau, Kiew, Baku, Taschkent, Wladiwostok und anderen Städten Russlands. Es gab Leute, die regelmäßig nach Berlin kamen – so alle paar Jahre, jährlich oder auch öfter –, um hier verschiedene Dinge zu erledigen, aber auch solche, die gezielt aus Petersburg oder Kiew angereist kamen, wenn sie eine größere Bestellung hatten, denn in Russland musste man für gut gemachte Kleidung vergleichsweise viel mehr zahlen als in den guten Berliner Geschäften. Für sie war das nur von Vorteil, denn sie verbrachten ein paar Tage in Berlin und kamen zusammengenommen trotzdem billiger weg, als wenn sie den Auftrag in ihrer Heimat erteilt hätten.

Außerdem verdanke ich den jungen Leuten, dass viele der Stadt- und Landbewohner Posens und Pommerellens meine Kunden waren. [...] Dadurch, dass ich Studenten Kredit gewährte, erfreute ich mich unter ihnen einer gewissen „Berühmtheit", und sie pflegten zu sagen, es gäbe für junge Leute zwei Studienbeihilfen, eine von zu Hause und eine in Berlin, mit dem Unterschied, dass man von der zweiten mehr hätte.

Aber haben wirklich alle nach all den Jahren bezahlt? Nein, nicht alle. Dafür sind verschiedene Gründe verantwortlich. Ein sehr kleiner Teil starb, bevor er zahlte, ohne etwas zu hinterlassen, sodass ich meine Forderungen in den Wind schreiben musste. Manchmal bekannte sich die Familie in einem solchen Fall zu ihrer moralischen Pflicht und bezahlte. Einige haben sich mit der Zahlung der Rechnung so lange Zeit gelassen, bis uns der Krieg überraschte und es schwierig wurde, sie wiederzufinden. Vielleicht lebt der eine oder andere von ihnen nicht mehr oder schweift irgendwo in der Welt umher. Auch gab es welche, die verlottert sind, aber das sind nur sehr wenige, vielleicht ein halbes Prozent. Etwas größer ist die Zahl derjenigen, die fragwürdige moralische Vorstellungen haben und aus Prinzip nicht zahlen, obwohl sie das Geld dazu hätten. In erster Linie sind das solche, die heute, in unserem Polen, zur „Minderheit" gehören. [...]

Die Einrichtung meines Hauses in Berlin und die Erziehung der Kinder

Wenn es schon unser Los war, in der Fremde zu bleiben und dort unser Nest einzurichten, dann war es unserer Meinung nach nur konsequent, aus dieser Wohnung eine Festung zu machen, die allen umgebenden Einflüssen unzugänglich war. Wir richteten uns so ein, dass es in unserer Wohnung keinen einzigen fremden Gegenstand gab. Alles, was da war, war unser, nach unserer Art. Selbst eine fremde Zeitung, und sei es auch nur eine lokale, hatten wir nicht, ungeachtet dessen, dass ich sehr stark an unserem gesellschaftlichen und politischen Leben teilhatte, und trotzdem kam ich mit der Politik zurecht. Dafür abonnierte ich bis zu 15 polnische Zeitungen und unterhielt im Haus eine polnische Bibliothek, zu der auch kleinere Zeitschriften und Kinderbücher gehörten.

Der Herrgott schenkte uns vier Kinder, von denen das jüngste Töchterchen noch im Morgengrauen ihres Lebens starb, aber es blieben uns zwei Töchter und ein Sohn. Für sie galt es, eine rein polnische Atmosphäre zu schaffen, in der sie aufwachsen sollten, damit sie sich wie in Polen fühlten und gestärkt würden gegenüber den äußeren Einflüssen. Bevor wir nämlich unser eigenes Haus einrichteten, hatte ich in der Fremde viele Jahre lang beobachtet, wie die äußeren Verhältnisse stärker waren als der Wunsch und das Wollen meiner Landsleute und wie ihnen fast alle erlagen, besonders wenn es um die Kinder ging. Ich hatte gesehen, dass es nur wenigen polnischen Familien gelungen war, ihre Kinder in den ersten Jahren polnisch zu erziehen (jugendliche oder erwachsene polnische Kinder gab es damals in Berlin noch nicht). Ich prüfte, woran das lag, und bemühte mich, all jene Fehler zu vermeiden, die sie gemacht hatten.

Uns war daran gelegen, die Kinder von fremden Einflüssen zu bewahren, und zwar nicht nur bis zum Zeitpunkt, wo sie in die Schule geschickt wurden, sondern umso mehr auch dann, wenn sie begannen, in die Schule zu gehen und sich notwendigerweise mehr außer Haus aufhielten. Unser häuslicher Einfluss bildete solch einen Schutzschild um sie, dass die Einflüsse von Schule und Straße an ihnen abperlen mussten. Es galt, für uns eine besondere Weise der Kindeserziehung in der Fremde zu entwickeln, eine widerstandsfähigere als in der Heimat, wo Luft und Umgebung polnisch sind.

Weiterhin wussten meine Frau und ich, dass es zwar einigen Eltern gelungen war, ihre Kinder in ihrem Polentum zu halten, aber nur so lange, bis diese flügge geworden waren, denn dann wurden sie von den äußeren Verhältnissen leider auf die andere Seite gezogen. Dies ließen wir uns eine Lehre sein, und so fragten wir uns, was zu tun sei, damit auch dann in dieser Lebensphase unser Einfluss stärker als der der Umgebung bleibe oder die Kinder so sicher sein würden, dass ihnen nichts mehr schaden könne.

An dieser Stelle muss ich mit allem Nachdruck betonen, wir haben unseren Kindern nie Hass gegen andere Nationen eingeimpft, auch nicht auf die uns umgebende Nation, selbst dann, als unsere Kinder bereits unser Verhältnis zu der deutschen Nation begreifen konnten und erfuhren, welches Unrecht man uns antat. Wir lehrten sie, dass genauso gut wie der Herrgott uns als Polen erschaffen hat, er auch andere erschaffen hat als das, was sie sind; also darf man sie nicht dafür hassen und noch viel weniger verfolgen. Und wenn stärkere Völker schwächere unterdrücken, dann begehen sie einen Fehler, und das wird sich früher oder später an ihnen rächen.

Wir lehrten unsere Kinder die Unterschiede zwischen den Nationen, dass es gelte, das Fremde lediglich zu achten, aber das der Herrgott uns gebiete, unsere eigene Nation über alles zu lieben, genauso wie alles, was mit ihr in Verbindung stehe. Dies stützten wir auf die religiöse Lehre unserer Kirche, in der das Gebot enthalten ist, das Vaterland zu lieben, und die gebietet, sein Vaterland nicht nur in glücklichen Zeiten zu lieben, sondern viel mehr noch in seinen unglücklichen. Wir bemühten uns, unser Haus nicht nur rein polnisch zu erhalten, sondern nicht weniger auch katholisch, denn das eine schadet dem anderen keineswegs, sondern ergänzt sich gegenseitig. Ich kann nicht verstehen, dass es noch immer Leute gibt, die das eine oder das andere in den Vordergrund rücken, so, als ob das eine oder das andere besser wäre. Nationalität und Religion müssen in unserem ganzen Leben und Handeln immer Hand in Hand gehen, und erstere muss auf der zweiten basieren.

Auch brachten wir ihnen bei, alle Stände zu achten, ohne Rücksicht, wer was ist. [...]

Als ich, noch bevor wir Kinder hatten, diese Grundsätze im Bekanntenkreis und bei Versammlungen erläuterte, sagte man mir: „Warte nur, bis du Kinder hast und die Realität kennenlernst. Dann wirst du deine Ansichten ändern und noch nicht einmal bemerken, wie alles ganz von alleine anders kommt." Diese Vorhersagen haben uns jedoch überhaupt nicht beunruhigt, denn wir waren uns unserer Sache sicher.

5

Als wir später Kinder hatten und sich unser System bewährte, sagte man uns: „Sollen die Kinder erst einmal zur Schule gehen, dann werdet ihr sehen, was mit ihnen passiert!" Schließlich war es so weit, und sie gingen, wie alle anderen Kinder auch, jahrelang zur Schule, aber unsere Erziehungsmethode blieb und bewies dadurch, dass es auch in der Fremde möglich war, seine Kinder polnisch zu erziehen. Dies hatte man zuvor nicht vermutet und im Allgemeinen, von wenigen Ausnahmen abgesehen, nicht geglaubt, so etwas vollbringen zu können. Dabei gilt es zu bemerken, dass uns in Berlin die deutschen Behörden bei der Kindeserziehung weniger bevormundet haben, als unsere Landsleute in der Heimat, sieht man einmal von kleineren Schikanen ab; die Behörden glaubten, schon allein die Umgebung und die Verhältnisse würden das Ihrige tun. Außerdem hatten wir in Berlin noch nicht einmal das Recht, solche Zugeständnisse zu verlangen, wie unsere Landsleute in der Heimat, denn immerhin waren wir nicht bei uns zu Hause. Wenn damals einer von unseren Landsleuten in der Fremde trotz seines guten Willens seine Kinder nicht zu Polen erzog, so ist er selbst schuld daran, weil er seine Pflicht nicht ordentlich erfüllt hat. [...]

Unsere Kindern bekamen von Anfang an nur die polnische Sprache zu hören. Ihnen sollte es so vorkommen, als ob die Eltern keine andere Sprache verstünden. Unser Hausmädchen war auch immer eine Polin, was in Berlin nicht schwierig war. Wir behüteten unsere Kinder schon aus allgemein-erzieherischen Gründen und ließen sie nie aus unserer Obhut. [...]

Als sie fünf Jahre alt geworden waren, unterrichteten wir unsere Kinder nicht nur mit Hilfe von Bilderbüchern, sondern auch mit polnischen Fibeln, damit sie schon etwas Polnisch lesen und schreiben konnten, noch bevor sie in die Schule kamen. Durch diese Erziehung angeleitet, lernten sie nicht, deutsch zu sprechen, bevor sie zur Schule gingen – außer dem, was sie auf der Straße aufschnappten. Trotzdem fürchteten wir uns nicht vor dem deutschen Unterricht [...], und haben uns dabei auch nicht getäuscht, denn schon nach zwei Monaten in der Schule war unsere älteste Tochter die Beste in ihrer Klasse.

Unser Sohn, der wegen einer Beinbehinderung nicht sofort zur Schule gehen konnte, bekam pflichtgemäß Privatunterricht und lernte so gut, dass er auf Anhieb in die sogenannte Sexta aufgenommen wurde. Also erwies sich unser System als vollkommen tauglich. Wir gingen von der Annahme aus, dass unter den Bedingungen, unter denen es zu leben galt, die Eltern nicht die Lehrer derjenigen Sprache sein sollten, die in der fremden Umgebung benutzt wurde, sondern vielmehr dafür Sorge tragen sollten, dass die Muttersprache unverfälscht erlernt wurde. Schließlich kamen wir, Emigranten aus dem ehemaligen russischen Teilgebiet, die wir hier aufgewachsen waren, in der Fremde mit der deutschen Sprache gut zurecht, daher also die Sorge um unsere Kinder, die im Zentrum Deutschlands geboren waren, wo sie schon allein durch das fremde Umfeld das Deutsche lernten.

Unsere Kinder durften sich an uns, die Eltern, auch in Gegenwart von fremden Personen nur in ihrer Muttersprache wenden, obwohl sie später bereits gut Deutsch konnten. Erst als sie groß waren, durften sie im Bedarfsfall an einer Unterhaltung mit Deutschen teilnehmen. Bei den Schulaufgaben achteten die Kinder selbst darauf, dass das eine das andere nur auf Polnisch bat, ihm irgendeinen Gegenstand zu erläutern.

Von unseren Leuten habe ich auch gehört, wie die Lehrer von den Eltern verlangen würden, mit ihren Kindern deutsch zusprechen, um sie in dieser Sprache zu üben. In solchen Fällen riet ich, den Pädagogen zu antworten, das sei ihre Aufgabe, die Eltern aber hätten nur darauf zu achten, dass die Kinder ordentlich ihre Muttersprache lernen würden. [...]

Unser Sohn besuchte eine Realmittelschule, die nicht katholisch war, da es eine solche katholische Schule in Berlin nicht gab. Dort wurde Geschichte vom national-deutschen und protestantischen Standpunkt aus unterrichtet, besonders, wenn es um die Reformation Luthers ging. Diesen Stoff kannte unser Sohn schon zuvor vom katholischen Standpunkt aus, den er in der Geschichte Janssens[73] nachgelesen hatte, und so blieben die Ausführungen des Lehrers ohne negative Folgen. Dasselbe galt für die Geschichte Polens. Unser Sohn war vom Sportunterricht befreit und wechselte in diesen Stunden, um keine Zeit zu vergeuden, von seiner Klasse in eine andere. Einmal hielt dort der Ordinarius seiner Klasse einen Vortrag über die „Ostmarken" und legte dabei ganz unbefangen seine chauvinistisch-nationalen Ansichten dar. Plötzlich blickt er auf und fragt: „Ist der Berkan da?" Unser Sohn steht auf und sagt „Ja". Sofort hört der Ordinarius auf, über das Thema weiterzusprechen, und geht zu einem anderen über. Schließlich wusste er nur allzu gut, dass unser Sohn den nämlichen Ostmarkenverein von einer anderen Seite aus kannte, und so war es ihm unangenehm, in dessen Gegenwart seinen einseitigen Vortrag fortzusetzen. Dies geschah in einer der höheren Klassen.

Unsere Töchter schickten wir vor Ort in eine Ursulinenschule. Die ältere schickten wir später eine Zeit lang auf eine bekannte Mädchenschule im pommerellischen Berent[74], wo den Kindern auf Wunsch der Eltern jedwedes Fach auf Polnisch unterrichtet wurde. Dann schickten wir sie in eine Ursulinenschule in Belgien, wo sie unter die Leute kommen und auch ihre Ausbildung im Polnischen vervollständigen sollte. Diese Lehranstalt war in ganz Polen bekannt und musste wohl gut sein, wenn auf ungefähr 500 Schülerinnen etwa die Hälfte Engländerinnen und Protestantinnen kamen. Unsere ältere Tochter war dann ein Jahr lang Lehrerin an der polnischen Abteilung dieser Schule.

Den Sohn wollten wir zum Handwerker werden lassen. Die Realschule sollte er bis zum einjährigen Wehrdienst besuchen, dann sollte er meinen Beruf erlernen. Vervollkommnen sollte er sich erst in Berlin, dann im Ausland. Von dort zurückgekehrt, sollte er sich in Posen niederlassen, um in seiner Heimat zu arbeiten. Das Geschäft in Berlin hatte ich für meinen Bruder vorgesehen. Unser Sohn sollte sich in Posen und nicht in einem anderen Teilgebiet Polens niederlassen, um dort nicht vor den Preußen zurückzuweichen und bei der Entwicklung eines polnischen Unternehmertums zu helfen. [...]

Mit der Berufswahl unseres Sohnes kam es jedoch anders, als wir geplant hatten. Im Laufe der Zeit rieten uns die Ärzte davon ab, ihn Schneider lernen zu lassen, weil sich sein Bein an der Hüfte versteift hatte und ihm dieses Problem bei der Ausbildung hinderlich gewesen wäre. Dies hat mich schließlich überzeugt, und danach war es mir egal, welchen Beruf er wählte, da ich jeden für gut hielt. So besuchte er die Schule bis zum Ende und entschied sich für den Beruf des Juristen. [...]

---

[73] *Die Geschichte des deutschen Volkes seit dem Ausgang des Mittelalters* (8 Bde., Freiburg, 1878-1894) von Johannes Janssen (1829-1891), einen der bedeutendsten katholischen Theologen des 19. Jahrhunderts und Historikern.

[74] Kościerzyna

Der Verein Polnischer Unternehmer in Berlin

Dass ich nur über einige wenige der so zahlreichen Berliner Vereine schreibe, vor allem über den Verein Polnischer Unternehmer, liegt vor allem daran, dass ich in und mit diesem Verein am aktivsten war, ihn gut kannte und dort sehr gute und angenehme Stunden im Kreise meiner Vereinskameraden verbracht habe. […]

Dem Verein bin ich erst im sechsten Jahr meines Aufenthaltes in Berlin beigetreten, wiewohl ich zu seinen Sitzungen schon früher fast regelmäßig gegangen bin. Bis 1889 war ich normales Mitglied, danach Schatzmeister, seit 1902 wiederum Vorsitzender, und zwar ohne Unterbrechung bis zu meinem Verlassen Berlins, also bis zum Herbst 1917, folglich über 25 Jahre. […]

Der Verein besaß sechs Abteilungen für verschiedene Berufsgruppen, und zwar für: Metaller, Schneider, Tischler, Maler, Schuhmacher und Bauunternehmer. Jede Abteilung hatte 30 bis 100 und mehr Mitglieder. Die Sitzungen mancher dieser Abteilungen waren interessant, vor allem dann, wenn es den Abteilungen gelang, entsprechende Fachleute für Vorträge zu gewinnen. […]

In seiner höchsten Blüte hatte der Verein der Unternehmer bis zu 300 Mitglieder, aber es gab auch eine Zeit, in der es nur ungefähr 60 waren. Die Teilnahmefrequenz bei den Sitzungen betrug 20 bis 40 Prozent. Die Sitzungen verliefen zumeist sehr lebhaft und fanden immer samstags statt. […]

Für fast jede Sitzung musste ein Vortrag oder ein Bericht vorbereitet werden, und hier gab es ein Problem mit den Referenten, denn solche waren unter den Mitgliedern kaum zu finden. […] Der Grund hierfür war, dass es Mitglieder einer beruflichen Intelligenz in Berlin kaum gab, und die, die es gab, interessierten sich nicht für unsere Arbeit. Am ehesten gelang es mir, einen der Studenten für diese Aufgabe zu gewinnen. Deswegen auch musste meistens ich selbst die Kraft für Vorträge aufbringen, und bei mehr als der Hälfte aller Sitzungen blieb es mir überlassen, etwas zu erzählen. […]

Manchmal war ich von der alltäglichen Arbeit so müde, dass ich, obwohl ich der Sitzung vorsaß, während des Vortrages eines Mitgliedes eindämmerte. Dies wurde mir jedoch verziehen, da alle wussten, welcher Willensanstrengung es mitunter bedurfte, damit ich zu den Sitzungen kam.

In den einzelnen Abteilungen, die zum Verein der Unternehmer gehörten, galt es ebenso, sich zu zeigen, vor allem bei den Schneidern, wo ich als Fachmann am ehesten etwas beizutragen hatte.

1917 waren 50 Jahre seit der Gründung des Vereins vergangen. In dieser Zeit waren viele verschiedene Organisationen entstanden, deren Gründung der Verein der Unternehmer initiiert hatte, die er aber auch auszubauen half und weiterhin betreute. Die Abendschulen, der Verein „Przytulisko" (Zuflucht), der Turnverein „Sokół"[75], der Bildungsverein „Oświata", der Gesangsverein „Harmonia", die Gesellschaft der Kaufleute, der Auszubildenden, die Fürsorge für die Saisonarbeiter, der Sparverein „Skarbona", der „Dziennik Berliński" und viele andere mehr waren sein Werk. Selbst kirchliche und politische Organisationen verdanken dem Verein der Unternehmer ihre Entstehung, auch wenn dies nicht zu seinen Aufgaben zählte.

Im Verein formierte sich der Mittelstand, ohne den unter den heutigen Bedingungen keine Gesellschaft und kein Staat mehr auskommen. […]

---

75 *Siehe: Karol Rose, Berliner Erinnerungen.*

Viele der besten Mitglieder des Vereins sind in die Heimat zurückgekehrt, als diese die Freiheit wiedererlangte, und sind hier bis heute zu ihrer Heimat Nutzen tätig. Diejenigen, die blieben, sind weiterhin aktiv und sind, soweit ich höre, ein würdiger Ersatz für die, die wieder in die alte Heimat zurückgekehrt sind. Der Verein erfreut sich nun einer bedeutenden Zahl neuer Mitglieder, die in nationaler Hinsicht schon gleichgültig geworden waren, bei denen aber erneut ein Nationalgefühl erwacht ist.

Der Verein gibt weiterhin den Ton in der Berliner Polonia an und wird dies mit Sicherheit auch in Zukunft tun.

Etwas über unsere Berliner Vereine im Allgemeinen

Als langjähriger Emigrant in Berlin erlaube ich mir, zumindest in groben Zügen die ältesten Vereine zu beschreiben, zumal es mir vergönnt war, in fast allen von ihnen tätig zu sein.

Die allererste polnische Organisation in Berlin war der Polnisch-Katholische Verein, der schon seit 60 Jahren besteht und in dem sich viele Jahre lang alles, was polnisch war, versammelte. Er saß jahrzehntelang im Zentrum der Stadt, im bekannten katholischen Haus an der Niederwallstr. 11, und jeder von uns, der einen Bekannten treffen wollte, ging dort hin, sei es am Sonntagabend, wenn alle dort vorbeischauten, oder am Montag zur Sitzung des Polnisch-Katholischen Vereins. Diesem Verein konnten alle Landsleute angehören, egal welchem Stand sie angehörten. Ferner kamen unsere Polinnen dorthin, auch wenn sie keine Mitglieder waren.

Den Polnisch-Katholischen Verein hatte ein gewisser Lekel[76] gegründet, der in Pommern als Deutscher und Protestant erzogen worden war, sich aber später, bedingt durch seltsame Umstände, in einen Polen und Katholiken verwandelt hatte.

Der Verein setzte sich fast ausschließlich aus Handwerkern zusammen, und unter ihnen wurden auch die Vorsitzenden gewählt. [...]

In diesem Verein war ich ein paar Jahre lang, in den ersten Jahren meiner Vereinszugehörigkeit, Schriftführer, und viele Jahre lang besuchte ich regelmäßig seine Sitzungen.

Gegenwärtig hat der Polnisch-Katholische Verein seine Bedeutung weitgehend eingebüßt; zwar gibt es noch Versammlungen, an denen aber nur noch wenige teilnehmen, und er lebt ausschließlich von seiner Tradition. Der Verein hat seine Aufgabe erfüllt, denn manch ein Landsmann wurde in ihm zur nationalen Arbeit herangeführt und durch ihn entstanden viele polnische Familien, was zuvor nicht der Fall war.

Der zweitälteste Verein war der Verein Polnischer Unternehmer, über den ich gesondert berichtet habe. Aus dieser Zeit stammt auch der „Verein der Polinnen", der bis heute existiert.

Für Polen, die sich nach Berlin verirrt hatten, aber ohne Lebensunterhalt dastanden, wurde schon damals der Verein „Przytulisko" gegründet. Dort erhielten Bedürftige drei Tage lang eine Unterkunft und eine einfache Verpflegung, und wenn sie in dieser Zeit keine Beschäftigung finden konnten, wurden sie auf Kosten des Vereins in ihre Heimat zurückgeschickt. Dieser Verein wurde vor allem von Berliner Polen unterhalten, aber auch aus der Heimat wurden Spenden geschickt.

---

76 Karol Loeckell (1810-1876), gründete 1865 in Berlin die erste Polnische Gesellschaft.

Überwiegend wurde – wie das nur allzu häufig der Fall ist – diese unsere „Gastfreundschaft" missbraucht, aber sie kam auch vielen zugute, die sie verdienten. Einige von ihnen blieben in Berlin und haben später bei uns mitgemacht. Einige Landsleute, die besseren Gesellschaftsschichten angehörten, interessierten sich für diesen Verein, unter ihnen Graf Konopacki aus Dresden, der dort einige Jahre lebte.

Als 1912 der „Verein für die Betreuung von Saisonarbeitern" gegründet wurde, wurde „Przytulisko" diesem angeschlossen und hörte auf, als eigenständiger Verein zu existieren.

Zu den ältesten Vereinen gehörte ferner die „St. Johannes Cantius Vinzenzkonferenz" (Konferencja św. Jana Kantego), und zwar als polnische Abteilung der Vinzenzgemeinschaft. Sie kümmert sich um verarmte Landsleute, die dauerhaft in Berlin lebten. Für die „Versammlung" interessierte sich bis vor Kurzem, als er noch in Berlin wohnte, Fürst Ferdynand Radziwiłł[77], und in den ersten Jahren auch Dr. Franciszek Chłapowski[78], der eine Zeit lang in Berlin wohnte.

Aufgrund mangelnder Finanzmittel konnte sich die „Versammlung" nicht ganz so entwickeln, wie es nötig gewesen wäre, denn unsere Armut ist in Berlin ziemlich groß, aber was getan werden konnte, wurde getan. In unveränderter Größe existiert er bis heute fort.

Das waren die ältesten Vereine in Berlin, nicht mitgezählt die Wissenschaftliche Akademische Gesellschaft der Polen (Towarzystwo Naukowe Akademików Polaków), die noch früher gegründet wurde, der aber nur junge Leute angehörten, die an den Hochschulen studierten.

Angesichts des immer zahlreicheren Zustroms von Landsleuten nach Berlin genügten diesen im Laufe der Zeit die wenigen älteren Vereine nicht mehr. Waren es in früheren Jahren, abgesehen von den Studenten, nur einige Handwerker und Kaufleute, die nach Berlin kamen, um sich hier beruflich fortzubilden – und auch das nur in begrenztem Maße –, so stieg später nicht nur ihre Zahl kontinuierlich an, sondern auch Fabrikfacharbeiter, gewöhnliche Arbeiter und Frauen, besonders Dienstmägde und Weißnäherinnen kamen nach Berlin. Deswegen wurde es nötig, die Zahl der Vereine zu vergrößern und in bestimmten Stadtteilen und in den Vorstädten neue Vereine zu gründen, um es bei den weiten Entfernungen in der Stadt den Landsleuten leichter zu machen, die Versammlungen zu besuchen. Auch fing man an, sich zu spezialisieren, denn auch dies war eine Notwendigkeit.

Damals entstanden unter verschiedenen Namen neue Vereine, wie Gesangs-, Turn-, Sport-, Kaufmanns-, Erziehungs-, Bildungs-, Arbeiter-, Frauen- und Jugendvereine (sowohl für Frauen als auch für Männer), ja sogar Lotterie-, Kegel- und Schützenvereine. Außerdem fingen die Gewerbevereine an, sich in rein berufsbezogene Verbände zu untergliedern und gesonderte Abteilungen zu gründen. Auch die Schul-, Gesangs- und Arbeitervereine gründeten in verschiedenen Teilen der Stadt ihre Zweigstellen, die sich später zu Bünden zusammenschlossen.

77 Ferdynand Wilhelm Aleksander Radziwiłł (1834-1926), preußischer Abgeordnete, Herrenhausmitglied, Vorsitzender des polnischen Abgeordnetenkreises, Vater von Maria Małgorzata Potocka.

78 Dr. Franciszek Chłapowski (1846-1923), Arzt, Professor an der Posener Universität. Während seines Studiums in Berlin war Chłapowski aktiv in der Wissenschaftlichen Akademischen Gesellschaft der Polen in Berlin. Danach Abgeordnete des Landtags und Mitglied der Posener Gesellschaft der Freunde der Wissenschaft (Poznańskie Towarzystwo Przyjaciół Nauk).

In Berlin belief sich die Zahl der Vereine vor dem Krieg auf ungefähr 60, nicht mitgezählt die politischen Vereine, die in den letzten zehn Jahren gegründet worden waren. In den Vorstädten wiederum sowie im näheren und weiteren Umkreis gibt es ein paar, wenn nicht gar mehrere Vereine. Im benachbarten Spandau, wo seit Langem viele Landsleute in der Waffenfabrik arbeiten, wurde schon früher ein „Verein der Gewerbetreibenden" gegründet, und dann entstanden auch weitere Vereine.

Einige dieser Vereine möchte ich kurz beschreiben und fange dabei mit der „Harmonia" an.

Schon in den ersten Jahren, in denen die Polnisch-Katholischen und die Gewerbetreibenden -Vereine bestanden, wurden in ihnen Sängerkreise gebildet. Diese aber prosperierten kaum oder überhaupt nicht, da es niemanden gab, der sich angemessen darum gekümmert hätte. Ich selbst gehörte, als ich noch ein junger Mann war, für eine gewisse Zeit einem solchen Kreis im Polnisch-Katholischen Verein an, denn ich liebte den Gesang und hatte ihn schon in Lubawa geübt, wo ich dem Verein der hl. Cäcilia angehört hatte. Ich erinnere mich, dass wir damals von einem Handwerker dirigiert wurden, der alles Beliebige auf seiner Geige fiedeln konnte. Aber irgendwie gelang uns dieser Gesang nicht, denn allzu oft spielte der Dirigent auf seiner Geige etwas anderes als das, was wir sangen. Einmal spielte er, und ich sang, und wieder stimmte mein Gesang nicht mit seinen Tönen überein. Aber mit Noten kannte ich mich recht gut aus, und so war ich mir sicher, dass nicht ich falsch lag. Auch mein Hörsinn wurde von dieser Disharmonie gestört. Also rief ich: „Wer von uns liegt falsch, ich oder sie?" Darüber hat sich der Dirigent so aufgeregt, dass ich nicht länger im Gesangskreis bleiben konnte.

Dieser Kreis sang 1883 in der Kapelle an der Großen Hamburger Straße während einer heiligen Messe, die aus Anlass des zweihundertsten Jahrestages der Entsetzung Wiens[79] gelesen wurde. Er sang jedoch so schrecklich, dass selbst die deutschen Burschen, die aus der Kapelle kamen, ironische Bemerkungen machten: „Die Polen haben nach Noten gesungen."[80]

Wenn ich dies erwähne, so nur, um die Anfänge unseres Singens in Berlin zu illustrieren. [...]

Später dann wurde ein eigener Gesangsverein mit dem Namen „Harmonia" gegründet. Dabei bemühte man sich, sowohl den Gesangskreis des einen als auch den des anderen Vereins der „Harmonia" einzugliedern, und zwar unter der Bedingung, dass sie auf den Feierlichkeiten beider Vereine singen würde.

Die „Harmonia" begann sich gut zu entwickeln, vor allem, weil sie Glück mit ihren Leitern hatte. Zuerst dirigierte der Herr Lehrer Mściszewski ganz vorzüglich, dann für ein paar Jahre der inzwischen allgemein bekannte Herr Feliks Nowowiejski[81]. Als dieser nach Krakau umzog, übernahm Herr Adam Dołżycki die Leitung, die er mehrere Jahre innehatte, bis er zum Dirigenten der Oper in Warschau berufen wurde. Danach übernahm Herr Küster das Amt, ebenso ein talentierter Musiker, der noch heute – im elften Jahr – dirigiert.

Die „Harmonia" hatte also Glück mit ihren Dirigenten, von denen sie zu einer gewissen Perfektion geführt wurde. Wegen ihrer Auftritte musste sie sich nicht schämen, weder in Berlin noch in der Heimat, und sie brachte die allerschwierigsten Stücke zur Aufführung. Einem Konzert der „Harmonia" beizuwohnen, war ein großes Vergnügen. Das beweist, wie viel man mit harter Arbeit und gutem Willen erreichen kann.

---

79 *Die Schlacht um Wien von 1683.*

80 *Im Original auf Deutsch.*

81 *Feliks Nowowiejski (1877-1946), polnischer Komponist, komponierte u. a. die Musik zur „Rota" von Maria Konopnicka.*

Denn schließlich gehören der „Harmonia" fast nur Handwerker an. Von Anfang an gehörte ich ihr als Mitglied an, aber aus Zeitmangel konnte ich nicht aktiv teilnehmen. Ich füge hinzu, dass sich der Chor aus Sängern beiderlei Geschlechts zusammensetzte und sehr viele Mitglieder besaß (und wohl auch heute noch besitzt).

1923 begehen wir das 25-jährige Jubiläum der „Harmonia", der ich bei dieser Gelegenheit alles Gute und viel Erfolg wünschen möchte, auf dass sie weiterhin unseren Landsleuten in der Fremde unsere Lieder in Erinnerung bringe und ihnen zumindest ein paar kurze Stunden angenehm gestalten möge. Im Laufe der Zeit entstanden in allen Stadtteilen Berlins verschiedene Gesangsgruppen, die zusammen mit der „Harmonia" einen eigenen Verband gebildet haben.

Die Sokół-Vereine haben sich ebenso hervorragend entwickelt. Der älteste „Sokół" besteht schon seit fast 30 Jahren. Ihre Treffen und Präsentationen zeigen ein tiefes Verständnis für die Ideen der Turnerbewegung, und ihre Aktivitäten waren außergewöhnlich. Zu den jährlichen Treffen kommen Tausende von Leuten, die ihnen bei den gymnastischen Übungen zuschauen. Auch sie sind eine Zierde für die Berliner Polonia, was in der Heimat ebenfalls so gesehen wird. Die Zahl der Sokół-Vereine ist nicht nur in Berlin angestiegen, sondern überall in der Fremde, und auch sie bilden einen eigenen Verband.

Leider mussten sich während des Krieges die meisten Sokół-Anhänger den Reihen der Kämpfenden anschließen, und viele von ihnen sind gefallen. Die aber, die geblieben sind, eilten nach Kriegsende so schnell wie möglich in ihr Vaterland, um seine Grenzen zu verteidigen.

Der Verein „Oświata" entstand mehr oder weniger in derselben Zeit wie die oben genannten Vereine. Seine Aufgabe ist es, sich um die Kinder bis zum 14. Lebensjahr zu kümmern und den Eltern dabei zu helfen, ihren Kindern polnisches Lesen, Schreiben, Geschichte usw. beizubringen. Auch er erfüllt gewissenhaft seine Aufgabe, und wenn die Kinder in Berlin polnisch lesen und schreiben können, so ist das im hohen Maße ein Verdienst der „Oświata". Sie richtet Abendschulen ein, veranstaltet Kindervergnügungen und -treffen, und während der Sommerferien schickt sie ein paar oder sogar einige Hundert Kinder – je nachdem, wie viel das Budget dafür hergibt – für ein paar Wochen in die Heimat.

Im Verein der Jungen Kaufleute war man sehr rührig, um sich weiter- und fortzubilden und das kollegiale Verhältnis zu pflegen. Sie entwickelten sich später zu selbstständigen Kaufleuten und haben heute größtenteils eigene Geschäfte in der Heimat, und allen, die ich kenne, geht es gut.

Hervorragend haben sich die Arbeitervereine entwickelt. In Berlin und all seinen Vorstädten, wie auch überall dort, wo eine größere Zahl von Arbeitern zusammenkommt, gibt es allerhand von ihnen. Einige Vereine haben über hundert Mitglieder, und dem Gesamtverband gehören Dutzende von Einzelvereinen an. Sie kommen gut allein zurecht, und in ihren Reihen haben sich viele gefunden, die sich sehr auf dem Gebiet der gesellschaftlichen Arbeit engagieren.

Darüber hinaus gibt es in Berlin noch weitere Vereine, die spezielle Ziele verfolgen, auf die ich aber nicht gesondert eingehen werde, weil ich persönlich mit ihnen kaum oder überhaupt nicht in Kontakt gekommen bin. […]

Unter dem Krieg litten mehr oder weniger alle Vereine. Und nach dem Krieg litten sie darunter, dass ein gewisser Teil ihrer Mitglieder, vor allem diejenigen, die leitende Posten innegehabt hatten, in die Heimat zurückgekehrt sind. Es wird eine Weile dauern, bis neue Führungspersönlichkeiten herangewachsen sind; die Voraussetzungen dafür sind jedoch gegeben.

Frauenvereine in Berlin

Neben unseren Vereinen für Männer gibt es in Berlin auch relativ viele Frauenvereine. In jedem Stadtteil und in jeder Vorstadt gibt es zumindest einen, meistens aber ein paar. Zwar ist es nach dem Bürgerlichen Gesetzbuch in seiner neuesten Fassung möglich, dass sich Frauen und Männer gemeinsam in einem Verein organisieren, aber die Frauen haben sich daran gewöhnt, sich nur unter ihresgleichen zusammenzuschließen, und offensichtlich fühlen sie sich wohl damit. Nur in einigen Organisationen schließen sie sich mit den Männern zusammen. So war es in Berlin, und so ist es noch immer.

Der älteste Frauenverein ist der „Verein der Polinnen", der im Stadtzentrum residierte. Er ist fast gleichzeitig mit dem ältesten Verein für Männer entstanden. Er besteht noch bis heute und hat sein 50-jähriges Jubiläum sicherlich schon gefeiert oder wird dies in Kürze tun.

Am längsten stand diesem Verein Frau Zimmermann seligen Angedenkens vor, die fast von Anfang dort Mitglied gewesen war und vor Kurzem als alte Dame mit über 80 Jahren verstarb. Sie bemühte sich unermüdlich um den Verein, und in der Berliner Polonia galt sie als „weiblicher" Patriarch.

Der Verein der Polinnen ist sozusagen die Mutter aller anderen Vereine, die sehr viel später und unter verschiedenen Namen entstanden sind.

Was haben die Frauenvereine für die polnische Sache in Berlin geleistet? Sehr viel! Wenn ein Pole eine Polin heiratet, wenn Häuser rein polnisch sind und Kinder auf Polnisch großgezogen werden, dann ist dies hauptsächlich ihrer Tätigkeit zu verdanken. [...]

Ich werde mich nicht darüber auslassen, ob es in Berlin zu viele Vereine für Frauenzimmer gibt oder ob es ihrer noch zu wenig sind. Mag sein, dass mancher überflüssig ist, aber dafür fehlte und fehlt ein gesonderter Verein für Dienstmädchen, von denen es in Berlin relativ viele gab und gibt, um die sich aber niemand kümmert, sodass der überwiegende Teil von ihnen für uns verloren geht. Zwar können sie anderen Frauenvereinen angehören, doch dort gefällt es ihnen nicht, weil sie sich nicht unter ihresgleichen fühlen. Vor einigen Jahren hat man sich im Verband der Vereine mit dieser Frage beschäftigt, und ich war mit einigen Priestern darin übereingekommen, mit ihrer Unterstützung eine gewisse Betreuung dieser Dienstmädchen zu organisieren. (Die Priester haben über die Kirche den stärksten Einfluss auf die Dienstmädchen und wissen, wo sie zu finden sind.) Aber aus formalen Gründen und vielleicht auch, weil kein richtiges Einverständnis erreicht worden war, ist daraus nichts geworden. Meiner Meinung nach sollten solche Mädchenkreise, allerdings als rein polnische, vor allem bei den Pfarrgemeinden angesiedelt werden. Unsere Landsleute sollten versuchen, sich dieser Sache erneut anzunehmen, vielleicht gelingt es diesmal. [...]

Der Verband der Polnischen Vereine in Berlin

Die Berliner Polonia begann, sich über die verschiedenen Teile der Stadt und die Umgebung auszudehnen, wobei sie in verschiedene Gruppen zerfiel, die sich nur in einzelnen Vereinen engagierten. Es galt also, dem vorzubeugen und für sie eine gemeinsame Verbindungsinstanz zu schaffen, die es ermöglichte, sich über verschiedene Dinge zu verständigen.

Damals gab es in Berlin rund 15 und im Berliner Umland sowie in den Vorstädten ein paar weitere polnische Vereine. Schon im November 1890 verfasste eine Gruppe von Funktionären einen Appell (der mir vorliegt), und berief darin eine Versammlung ein, zu der die polnischen Vereine in Berlin und Umgebung ihre Vertreter schicken sollten. Auf dieser Versammlung sollte ein „Ausschuss" aller Vereinsvorstände gebildet werden, in dem folgende Angelegenheiten verhandelt werden sollten:

1. Veranstaltung von Jahrestagen, Vergnügungen, Aufführungen, Ausflügen, Ostertafeln und Weihnachtsfeiern.

2. Angelegenheiten, die das Wohl und das Leben sowohl einzelner Vereine als auch der gesamten Berliner Polonia betreffen.

3. Der gegenseitige Austausch von Namen derjenigen Mitglieder, die aus den Vereinen ausgeschlossen wurden.

Was auf dieser Versammlung beschlossen wurde und ob es danach noch andere Versammlungen dieser Art gab und wie viele, daran kann ich mich nicht mehr erinnern, denn damals hatte ich gesundheitliche Probleme und konnte einige Monate lang nicht am Vereinsleben teilnehmen. Auf jeden Fall ist offenbar nichts Dauerhaftes geblieben. Erst zwei Jahre später ergriff der Verein der Polnischen Unternehmer erneut die Initiative und begann, regelmäßig einmal im Monat eine gemeinsame Versammlung von Vertretern aller Vereine einzuberufen, nachdem er zunächst diese Angelegenheit gründlich auf seiner Sitzung besprochen hatte.

Zunächst war dies eine lose zusammenhängende Organisation, denn sie hatte weder eine Satzung noch einen bestimmten Namen, schließlich wussten wir auch so, was zu tun war. Aber die Polizeibehörden erfuhren von dieser Neuschöpfung und gaben mir den Rat, dem Ganzen doch zumindest irgendeine Satzung, und wenn diese auch nur aus drei Paragraphen bestünde, und irgendeinen Namen zu geben. Wir hörten auf die Polizei – wenn auch aus purer Notwendigkeit –, gaben uns „sogar" fünf Paragraphen und nannten uns „Berliner Komitee Polnischer Vereine" (Berliński Komitet Polskich Stowarzyszeń).

Dieser Organisation traten fast alle Vereine aus Berlin und seinen Vorstädten bei, und zwar sowohl Frauen- als auch Männervereine. Vertreten wurden sie bei den Sitzungen des Komitees von ihren Vorsitzenden oder dessen Vertretern, und für den Fall, dass ein Verein eine größere Zahl von Mitgliedern besaß, von mehreren Delegierten (für je 50 Mitglieder ein Delegierter). Aufgabe der Delegierten war es, in den Sitzungen ihrer Vereine über die Beschlüsse des „Komitees" zu berichten, Aufgabe der Vereine war es, diese auszuführen. Aufgabe des „Verbandes" war es wiederum, auf die Reinerhaltung des nationalen Charakters der Vereine zu achten, die ihm angehörten, die Aktivitäten der Vereine zu kontrollieren, überall dort neue Vereine zu gründen, wo dies nötig schien, aber auch umgekehrt, sich der Gründung solcher Vereine zu widersetzen, für die keine Notwendigkeit bestand, usw.

Zunächst brachten die Delegierten und Vereine den Aufgaben des „Komitees" nicht allzu großes Verständnis entgegen, und es vergingen mehrere Jahre, bis man sich von der Notwendigkeit solcher gemeinsamen Beratungen überzeugt hatte.

In dieser Organisation half uns, genauso wie im „Politischen Komitee", ein gewisser Władysław Ciot, der aus Kongresspolen kam. Das war ein seltsamer Mensch! Manchmal aß er und trank er nicht, um etwas zu erledigen. Zunächst misstrauten wir ihm, aber wir überzeugten uns schnell, dass er sich aufrichtig engagiert. Die Polizei hätte ihn als Aktivisten und „Kongressler" des Landes Preußen verwiesen, aber amtlicherseits wusste sie nichts von ihm, denn er war nicht gemeldet, wo immer er auch wohnte, obwohl er sich zwei Jahre lang in Berlin aufhielt; außerdem ging er der Polizei aus dem Weg. Durch mich lernte er Pfarrer Wawrzyniak[82] kennen, und durch ihn die Genossenschaftsbewegung, was ihm insofern zustattenkam, dass er sich danach in Lodz niederließ und dort eine Kreditgenossenschaft gründete. Er war ein leidenschaftlicher Patriot. Das freie Polen hat er leider nicht mehr erlebt, aber er hat das Seine dazu beigetragen, es vorzubereiten.

1888 gehörten dem Komitee 37 Vereine an, und nur wenige Jahre später waren es über 50. Fast alle nicht politischen Vereine gehörten dem Komitee an, außer denen, die dasselbe aus welchen Gründen auch immer nicht aufnehmen konnte oder wollte. Nach einigen Jahren des Bestehens änderte das Komitee seinen Namen zu „Verband der Polnischen Vereine in Berlin", den es bis heute trägt.

Ferner bemühten wir uns um gemeinsame polnische Lese- und Schreibkurse, um einen Ausbau der Vereinsbibliotheken, um die gemeinschaftliche Einfuhr von Büchern, um Vorträge und Lesungen. Ebenso unterhielten wir Bibliotheken für alle unsere Landsleute in Berlin. Mithilfe des Verbandes der Vereine wurden darüber hinaus verschiedene spezielle Organisationsmaßnahmen durchgeführt. Mit anderen Worten: Alle Angelegenheiten durchliefen, sofern sie nicht unmittelbar die Politik betrafen, den Verband und wurden zuallererst dort auf den Sitzungen besprochen.

Es gab durchaus Versuche vonseiten der Sozialisten, den Verband für ihre Ziele zu nutzen. Eines Tages kamen zwei Studenten aus Kongresspolen zu mir, die sich mit dem Sozialismus vergnügten (einer von ihnen ließ sich später bekehren und ist jetzt sogar Vizeminister). Sie verlangten von mir, in der Bibliothek des Verbandes auch sozialistische Zeitschriften und Bücher zu führen, was ich ihnen entschieden verweigerte. Ich erklärte, ich würde als Pole und Vorsitzender des Verbandes so etwas nie zulassen. Außerdem empfahl ich ihnen, sich besser um ihr Studium zu kümmern, denn ihre Väter hätten sie wohl kaum nach Berlin geschickt, damit sie hier herumpolitisieren. Dafür haben sie sich gerächt und andere gesucht, die gegen mich und die von mir repräsentierten Aktivitäten den Aufstand probten. Dadurch entstanden Streit und Gezänke, die längere Zeit anhielten und nicht nur im Verband zutage traten, sondern sich auch auf einige Vereine und öffentliche Versammlungen ausweiteten. Letztlich gewann jedoch der gesunde Menschenverstand und alle Versuche, die Eintracht zwischen uns zu zerstören, blieben letztlich folgenlos. [...]

Dieser Organisation stand ich von Anfang an ohne Unterbrechung zwölf Jahre lang vor. Und danach noch 1913 und 1915.

---

82 Piotr Wawrzyniak (1849-1910), katholischer Priester, preußischer Abgeordnete, Gründer der Zeitung „Dziennik Berliński" und mehrerer genossenschaftlicher Organisationen in Großpolen, Pommern, Ermland, Masuren, Oberschlesien und Galizien.

So hat also der Verband der Polnischen Vereine in Berlin seine Aufgaben erfüllt und wird sie so lange erfüllen, wie es dort polnische Vereine geben wird. Er ist für die Berliner Vereine zu einer unverzichtbaren Organisation geworden, und ohne ihn könnte man sich inzwischen das Gemeinschaftsleben unserer Polonia nicht mehr vorstellen. Ihm haben wir es zu verdanken, dass sich die Polen Berlins und seiner Umgebung nun kennen.

Aus dem Polnischen von Ingo Eser

WOJCIECH KOSSAK, ERINNERUNGEN (1913)

Wojciech Kossak (Adalbert von Kossak), (1857-1942), polnischer Maler, studierte in Krakau, München und Paris, nach 1916 Professor für Bildende Kunst an der Warschauer Kunstakademie. In den Jahren 1895 bis 1902 lebte er in Berlin, wo er den Respekt und die Freundschaft des Kaisers Wilhelm II. gewann. Dort schuf er bis 1896 gemeinsam mit Julian Fałat das Panorama der Schlacht an der Beresina, welches in Wrocław zu besichtigen ist.

Karriere in Berlin zu machen, lag völlig außerhalb meiner Pläne, und ich war überzeugt, dass ich sofort nach Beendigung des Panoramas Berlin verlassen würde.

Im Winter des Jahres 1895 waren wir in diesem kolossalen Gebäude nur unter drei: Pułaski[83], Wywiórski[84] und ich. Trotz der riesigen, mit Koks bis zur Rotglut erhitzten Öfen war es kalt, und jeder legte von den für die Modelle vorbereiteten Kostümen das wärmste an. Ich trug eine Pelzjacke des *Chasseurs de la Garde*, farbenbefleckte Beinkleider und eine alte Sportmütze auf dem Kopfe. Von Fałat[85] hatte ich seit Langem nichts gehört, ich war überzeugt, er wäre in Krakau.

An den Türen, die nach der Straße führten, standen zwei Portiers, der eine hieß Rauert, der andere Schulze; bei ihnen musste man sich legitimieren, um hereingelassen zu werden. Sie waren auch, die nach der Arbeit Pinsel und Paletten reinigten, die Öfen heizten und das Mittagsessen von der nahen Restauration brachten.

Zu meinem Erstaunen höre ich, wie einer von ihnen die Türe öffnet und den in Pelz und hervorguckender weißer Krawatte eintretenden Fałat mit den Worten begrüßt: „Guten Tag, Herr Professor!" Bewundert über dieses unverhoffte Erscheinen und den Galaanzug um 10 Uhr vormittags, fragte ich Fałat, was dies zu bedeuten habe, worauf er mich seinerseits fragt, weshalb ich nicht im Frack wäre? „Hast du denn mein Telegramm nicht erhalten? Der Keiser und die Kaiserin werden um 11 Uhr hier sein, um das Panorama zu besichtigen." Ich antwortete, dass ich von nichts wisse und kein Telegram erhalten habe, zum Umkleiden keine Zeit hätte … und ihm die Ehre überlasse, das Kaiserpaar zu empfangen. Wir stiegen mit Pułaski und Wywiórski von den

---

83 *Kazimierz Pułaski (?-1944) Maler, Cousin und Mitarbeiter von Kossak.*
84 *Michał Wywiórski (1861-1926) Landschaftsmaler, langjähriger Mitarbeiter von Kossak.*
85 *Julian Fałat (1853-1929) Maler, seit 1893 Mitglied der Preußischen Akademie der Künste. 1886-1895 lebte Fałat in Berlin, 1895-1910 war er Direktor der Schule der Bildenden Künste (danach Akademie der Künste) in Krakau.*

Gerüsten herab, verbargen uns unter dem Podium, wo uns kein menschliches Auge in unseren Maskenballkostümen erblicken konnte und warteten schweigend, eine Zigarette nach dem anderen rauchend, bis das Ganze oben beendet sein würde.

Bald drang das Geräusch einiger heranrollender Wagen von der Straße her zu uns, worauf Schritte, Säbelgerassel und Seidenrauchern schon dicht über unseren Köpfen auf der zum Podium emporführenden eisernen Wendeltreppe sich hören ließen. Es waren keine zehn Minuten vergangen, als jemand rasch herabsteigt und vor uns, die wir vor Kälte zusammengekauert sitzen, hintritt. Es war Fałat. Er bittet mich, im Namen des Kaisers, heraufzukommen. Ich gebe ihm durch Zeichen, um oben nicht gehört zu werden, zu verstehen, dass ich in diesem lächerlichen Aufzuge mich nicht zeigen kann. Endlich flüstere ich ihm zu: „Sage, ich sei nicht da." – „Der Dummkopf Rauert hat aber dem Kaiser schon gesagt, dass Du hier bist." In der Tat fragte der Kaiser beim Eintreten die Portiers: „Sind die beiden Herren da?" – „Zu Befehl, Majestät!" war die Antwort. [...]

Ich besteige das Podium und sehe einige Uniformen und mehrere Damen. In dieser Seelenverfassung verbeuge ich mich sicherlich nicht sehr elegant und stehe da im vollen Bewusstsein der Lächerlichkeit dieser Husarenjacke und meiner Beinkleider, in denen ich mich mehrmals auf die Palette gesetzt hatte, sodass sie ein wenig an einen Regenbogen auf einem sehr schmutzig-wolkigen Himmel erinnerten.

Der Kaiser kam auf mich zu und sagte lebhaft, indem er mir die Hand entgegenstreckte: „Es freut mich, Kossak, Sie endlich persönlich kennen zu lernen; Ihre Bilder kenne ich schon lange." Und als ich, meine Lächerlichkeit und meine regenbogenfarbenen Beinkleider vergessend, ihm mutiger in die Augen blickte, fuhr er temperamentvoll fort: „Donnerwetter! Bei Schulte habe ich ein großes Bild von Ihnen gesehen, es heiß 'Aus meinem Kinderjahren'. Da rasen die wilden Baschkiren durch eine Straße von Warschau mit Jatagans in den Zähnen und Nahajkas in der Faust, ein famoses Bild ... Dann bei Ihrem Kaiser im Schloss Lainz, in seinem Arbeitszimmer, hängt ein Bild von Ihnen! Da stürmt eine hellgraue Infanterie zur Attacke, der Offizier und der Trompeter zu Pferde im Trab! Wissen Sie, dass das Bild mein Lieblingsbild ist? – Der Kaiser hat mir's selbst gesagt! ..."

Auf einmal kehrt meine Zuversicht zurück, was kümmern mich meine Beinkleider; die Kaiserin steht in einiger Entfernung mit ihren Hofdamen, der feierlich gekleidete Fałat neben ihnen, was liegt daran, – um dem Kaiser die Honneurs zu machen, muss ich jetzt jene Gruppe den Rücken zuwenden ... der Skandal ist fertig, aber es ist nicht meine Schuld.

Wir beginnen mit dem Orte Studzianka, dem gegenüber wir an dem linken Ufer der Beresina stehen. Ich erklärte dem Kaiser, weshalb ich von der dreitätigen Tragödie den zweiten Tag gewählt: Am Ersten gab es nämlich noch keine Schlacht. [...]

Da ich sah, wie die ausdrucksvollen blauen Augen Wilhelms II. voll Interesse leuchteten, und seine Aufmerksamkeit auf das Panorama und meine Erzählungen konzentriert war, bezeichnete ich ihm alle Korps: die französischen, die polnischen, die badensischen, die hannoverschen und so weiter und erläuterte ihm die Rolle jedes einzelnen. Gleichzeitig lese ich in seinen Augen und fühle instinktiv, dass er hingerissen ist. Als ich ihm endlich die Gruppe der *Chasseurs à cheval de la Garde Impériale* zeige, die alle, welche noch die kaiserlichen

Adler tragen, dort nach dem Biwak des Kaisers führen, damit sie die Feldzeichen vor ihm verbrennen und sie auf diese Weise vor der traurigen Rolle, als Trophäen im Kreml zu figurieren, bewahren, erreicht sein Enthusiasmus den Höhepunkt. [...]

Heute, da ich dieser Momente gedenke, zweifle ich nicht, dass, trotzdem ich später einen Etikette-Fehler nach dem anderen in der Art jenes im Beresinapanorama bei der ersten Begegnung mit dem Kaiser beging, gerade dort die Sympathie des Monarchen für mich, nicht als Maler, sondern auch als Menschen erwacht war. [...]

Bald darauf kam Kaiser Wilhelm wieder, diesmal ohne sich anzusagen, nur von einem Adjutanten begleitet. Da das Haus unseres Panoramas sich in der Herwarthstraße befand, gerade gegenüber dem Generalstabsgebäude, das der Kaiser, wenn er in Berlin ist, jeden Morgen besucht, kam es dazu, dass er mehrmals in der Woche vorsprach, um die Fortschritte dieses Riesenwerkes mit wachsendem Interesse zu verfolgen.

Ich weiß nicht mehr, bei welchem Besuch es war, als er mich fragte, was ich zu tun beabsichtigte, sobald ich Beresina beendet haben werde. Ich erwiderte, ich gedenke dann, sofort nach meiner Heimat zurückzukehren. Daraufhin sagte er zu mir: „Bleiben Sie in Berlin, Kossak, ich möchte, dass Berlin mal auch zum Zentrum der internationalen Kunst werde."

Dieser lebhafte Anteil, den der Kaiser am Entstehen der Beresina nahm, blieb nicht ohne merkliche Wirkung auf die ganze Berliner Gesellschaft. Sowohl bei den Hofdiners wie bei den von den Botschaften zu Ehren des Kaiserpaares gegebenen Empfängen gehörte Beresina stets zu den Gesprächsthemen. Auch der jüngste Gesandtschaftssekretär, sei es selbst der argentinische, musste darauf vorbereitet sein, dass der Kaiser die Frage an ihn richtete: „Haben Sie das Panorama, das die Polen in Berlin malen, gesehen?" Die Folge davon war, dass wir jeden Nachmittag Besuch aus der großen Welt, der Hofgesellschaft und den diplomatischen Kreisen hatten.

Schöne Frauen und vornehme Herren steigen die Wendeltreppe zum Podium empor. In der Atmosphäre der feuchten Mauern, des hie und da aus den riesigen Öfen herausströmenden Koksrauches und des starken Geruchs ganzer Zentner von Farben, die auf der Leinwand noch nicht getrocknet waren, empfingen wir drei: Pułaski, Wywiórski und ich, farbenbeschmiert, wie wir waren, die reizenden Damen, die *„les plus suaves parfums d'Houbigant"* mit sich brachten.

Insbesondere interessierten sich drei Botschaften für Beresina. Die österreichische, weil mir die ganze Familie des Grafen Czöger sehr wohl gesinnt, und ich bei ihr häufig zu Gast war. Auch deshalb, weil die Gunst Kaiser Wilhelms für einen österreichischen Untertanen dem Botschafter Österreich-Ungarns sehr gelegen war. Die russische, weil sie überzeugt war, ich werde Beresina als einen Triumph des russischen Schwertes auffallen. Die französische Botschaft endlich, weil sie aus denselben Gründen beunruhigt war, welche sie russische zuversichtlich machten.

Der russische Botschafter Nikolaj Graf von der Osten-Sacken kam eines Tages mit dem Grafen Pahlen zum fünften oder sechsten Male. Augenscheinlich nach einem guten Frühstück, denn die Herren waren etwas angeheitert: *„Mon cher Kossak, je ne vois pas encore de troupes russes, quand est-ce que vous allez faire Wittgenstein et Tormassow, a a!?"* (Mein lieber Kossak, ich sehe die russischen Truppen noch nicht, wann wollen Sie endlich Wittgenstein und Tormassow hineinbringen?) *„Ils marchent déjà, Excellence, si vous pouvez monter sur cette* *colline là-bas, où vous voyez les troupes du maréchal Victor, vous verriez l´armée russe marchant au pas gymnastique."* (Sie sind schon im Umzuge, Exzellenz, wenn Exzellenz den Hügel dort besteigen könnte, wo jetzt die Truppen des Marschalls Victor stehen, würden Sie die russische Armee sehen, die im Eilschritt anmarschiert.)

Indem ich auf diese Weise die nicht ganz fest auf ihren Füßen stehende Exzellenz beruhigte, wünschte ich innerlich, dieser Besuch möchte ein Ende nehmen. Der Atem dieser Herren war derart von Alkohol durchtränkt, dass mir geradezu übel wurde. Sie entfernten sich endlich, doch die vergiftete Luft blieb unter dem riesigen Schirm, der das ganze Podium beschattete. Ich ergreife rasch die weggelegte Palette, um aus dem Umkreis dieser Atmosphäre zu entfliehen, als ich plötzlich meinen Kollegen Wywiórski bemerkte, wie er sich mit der Hand die Luft zufächelt, mit der Bewegung eines Menschen, der sich einem herrlichen Duft ergötzt.

„Wywiór, was machst Du da?" – „Ach, lass mich zufrieden, ich ärgere mich. Wir frieren hier in dieser Bude und solche … Leute oh! Oh!" – hier folgt eine raschere Handbewegung – „die trinken Martell!!! …"

Geliebter Wywiór, Genosse aus der Beresina, Somosierra und der Libyschen Wüste, du hast mir so oft deine wirklich gründlichen alkoholischen Kenntnisse bewiesen, dass ich heute nicht im geringsten daran zweifle, dass der von der Botschaft getrunkene Kognak die Marke Martell und keine andere trug.

Als das Panorama seiner Vollendung entgegenging, und die wahre Tendenz meiner Komposition schon sichtbar ward, wurde die russische Botschaft merklich kühler und hörte auf, uns zu besuchen. […]

Das erste Bild für Kaiser Wilhelm II.

Nach Beendigung der Beresina fuhr ich mit meiner Familie nach Zakopane und erhielt dort einen Brief von Generaladjutanten des Kaisers, Exzellenz Hans von Plessen, worin er mir mittelt, der Kaiser wünsche, ich möchte ein großes Bild aus dem Feldzug in der Champagne vom Jahre 1814 malen.

Dieser Brief war in sehr höflichen Ton verfasst, er enthielt unter anderem die Worte: „Seine Majestät sind der Meinung, dass niemand dieser Aufgabe so gewachsen ist, wie Sie."

Ich weiß nicht, ob die äußerst subtile Sensibilität des Kaisers – über die er in Kunstdingen in hohem Maße verfügt – ihn auf die Idee brachte, dass ein Pole vortrefflich nur preußische Niederlagen malen könne, aber tatsächlich zeigten alle von mir gemalten Episoden im Hintergrund eine geschlagene preußische Armee. Nur das Bild von der „Schlacht bei Zorndorf" zeigt einen Sieg, aber dort schlugen die Preußen die Russen, *ambo meliores*, mit voller Überzeugung konnte ich die einen die anderen hauen lassen und *vice versa*. […][86]

Der erste Besuch Kaiser Wilhelms in meinem Atelier

Kaiser Wilhelm verlangt von den durch seine Aufträge ausgezeichneten Malern und Bildhauern eine Skizze oder Makette. Was mich betrifft, so machte ich ziemlich ausgeführte Ölskizzen in einem Fünftel der Bildgröße.

Als die Skizze der „Schlacht von Etoges" beendet war, benachrichtigte ich den Generaladjutanten Exzellenz von Plessen. Als Antwort erhielt ich ein Hoftelegramm mit der Nachricht, dass das Kaiserpaar an einem bestimmten Tage zu einer festgesetzten Stunde bei mir erscheinen werde.

---

86 Dieser Absatz wurde lediglich in der polnischen Version der Erinnerungen veröffentlicht.

Mein Charlottenburger Atelier befand sich in der Achenbachstraße 13, in einem besonderen, im Garten gelegenen kleinen Pavillon. Ich wohnte dort, zusammen mit meinem Better Kasimir Pułaski, bis mir der Kaiser einen prachtvollen, riesigen Saal im Schlösschen Friedrich des Großen, im Monbijou, als Arbeitsstätte zur Verfügung stellte. [...]

Ein Diner bei Hofe.

Das Wohlwollen und die Huld des Kaisers wuchsen mit jeder Woche, mit jedem neuen für ihn gemalten Bilde, und seine Besuche in meinem Atelier wurden immer häufiger.

Eines Tages erhielt ich eine Einladung zum Diner ins königliche Schloss. Für 8.00 Uhr abends befohlen, traf ich im Audienzsaal zwei Hofdamen und zwei Adjutanten. Bald darauf erschien die Kaiserin, zum Schlusse der Kaiser, vor dem alle Damen, die Kaiserin nicht ausgenommen, einen triefen Hofknix machten. Der Kaiser reichte seiner Gemahlin den Arm, und wir begaben uns in den Speisesaal.

Ich saß der Kaiserin zur Rechten, dem Kaiser gegenüber. Dieser Umstand besagt, dass keine Exzellenz und überhaupt niemand außer mir eingeladen waren, sonst hätte man mich weiter unten platziert. Der Tafelschmuck, der Stil des Silberservices, die Weine und Speisen, alles war ausgesucht und bis ins kleinste Detail vollendet. [...]

Das Einzige, was mich störte, war das deutsche „Menu" mit feinen rein pommerschen, wenig euphorischen Benennungen, wie zum Beispiel „Kraftbrühe" anstatt *Consommé*. Am Wiener Hofe ist das „Menu" stets in französischer Sprache abgefasst. Wie dem auch sei, man kann trotz des so harten und norddeutschen Klanges dieser Ausdrücke die Beseitigung der Fremdworte durchaus nicht unberechtigt finden. Unter Marie Andrejewna (Gattin des Generalgouverneurs Hurko) war es schlimmer, da enthielten die Menus Scheußlichkeiten, wie „Aspierznyj kriem" und „Popielicznoje schofra". (*Crême d'aspérges* und *Chaud-froid de perdreaux*.)

Die Kaiserin ist sehr liebenswürdig und macht den Eindruck einer Fürstin von gleichmäßigem und sanftem Charakter. Sie spricht im Allgemeinen wenig. Eine strenggläubige Protestantin tut sie viel für die Propaganda.

Im Vergleich zu der spanischen Etikette, die am Hofe der Habsburger herrscht, wo Kaiser Franz Joseph I. seine eigene Tochter als „Ihre Kaiserliche Hoheit Frau Erzherzogin Gisela" bezeichnet, klingt es merkwürdig, aber sympathisch, wenn der Kaiser seine Gemahlin mit „mein Kind" anspricht und in der Unterhaltung mit anderen sie „meine Frau" nennt.

Nach der Suppe begann der Kaiser lebhaft mit mir über Kunst, insbesondere über die deutsche und französische Malerei zu sprechen. Eine treffende Parallele zog er zwischen Ernest Meissonier und Adolf Menzel. [...]

Nach dem Diner begaben wir uns in das Rauchzimmer des Kaisers, wo der schwarze Kaffee gereicht wurde, gleichzeitig brachte man der Kaiserin und den Damen ihres Gefolges auf silbernen Tabletten ihre Handarbeiten.

Die Kaiserin begann sofort, fleißig zu stricken. Sechs Nadeln und ebenso viele weiße Hände bewegten sich rasch. — Wie ich Gelegenheit hatte, mich später zu überzeugen, dauert diese Beschäftigung zwanzig Minuten, und solange die Drähte über der Wollarbeit tanzen, werden weder Zigarren noch geistige Getränke serviert.

Nach dieser Zeit legt die Kaiserin die Handarbeit zusammen, erhebt sich und macht ebenso wie ihre Hofdamen einen tiefen Knix vor dem Kaiser. Dieser küsst sie auf die Stirn: „Gute Nacht, mein Kind!" und die Herren bleiben allein. Sofort erscheinen durch die andere Tür Diener mit Likören, riesigen Gläsern bayerischen Bieres, Zigarren und Zigaretten. Die Konversation wird freier und sie Atmosphäre bedeutend weniger ernst und feierlich.

Der Kaiser spricht viel und über alles interessant. Sein Wissen und Gedächtnis sind phänomenal; was mich jedoch am meisten frappierte, das ist die irrige Vorstellung, die man sich von Kaiser Wilhelm macht. Es hat sich die Meinung herausgebildet, er leide an Megalomanie und halte sich für ein Universalgenie. Das ist ganz unzutreffend. Wenn der Kaiser irgendeine Frage mit einem Fachmann erörtert, etwa über die Kunst mit einem Maler, über Elektrizität mit Röntgen, oder über französische Literatur mit Constant Coquelin spricht, ist er nur ein wissbegieriger Mensch, der die jeweilige Gelegenheit benutzt, um sein Wissen zu bereichern.

Er stellt sich zwar zeitweilig auf den Standpunkt: *Sic volo sic jubeo*, doch geschieht dies meiner Meinung nach nur deshalb, weil er als Kaiser des Deutschen Reiches wirklich seine Mission als göttliche Fügung und Bestimmung betrachtet. Er beweist dies übrigens durch rastlose Tätigkeit und unaufhörliche Sorge um die Größe Deutschlands.

An jenem Abend sprang er, nachdem die Kaiserin sich zurückgezogen hatte, die Zigarre im Munde, plötzlich auf und reif lebhaft: „Ja, Kossak, ich muss Ihnen doch die Polnischen Kammern zeigen!"

Diese Polnischen Kammern sind das Kostbarste, was das Schloss der Hohenzollern bringt. Sie waren für den Aufenthalt der polnischen Könige aus der Dynastie der Wettiner bestimmt. Dort hängen die Meisterwerke Antoine Watteaus „Le départ por la Cythère" und „Le magazin", die Porträts von Jean-Étienne Liotard und anderen hervorragenden Malern des 18. Jahrhunderts. Dorthin also führte mich der Kaiser, nachdem er eine Reihe von Sälen durchschritten und eigenhändig das elektrische Licht eingeschaltet hatte.

Dann kehrten wir in das Rauchzimmer zurück. Ich erinnere mich daran, es war ein Jahr vor der zweiten Gerichtsverhandlung in Rennes, und diese unangenehme Angelegenheit war aktuell und kochte. An die Einzelheiten kann ich mich heute schon nicht mehr gut erinnern, aber die Namen von Boisdeffre, Saussier, Henry, Esterhazy klingen mir noch nach zehn Jahren in den Ohren. Der moralische Sinn dessen, was der Kaiser sagte, lautete mehr oder weniger so: Alfred Dreyfus, dieser „unerträgliche Jude, den niemand ausstehen konnte", sei im strengen Wortsinn kein Verräter gewesen, aber durch seine Selbstgefälligkeit habe er sich doch nicht richtig verhalten.

Hätte ich damals diese ganze Konversation über Dreyfus, die ich aus dem Mund Kaiser Wilhelms vernahm, noch in frischer Erinnerung in Umlauf gebracht, wäre das wahrscheinlich durch die Presse der ganzen Welt gegangen. Ich folgte jedoch immer dem Prinzip, meine Zunge im Zaum zu halten und habe mir auf diese Weise später oftmals Schwierigkeiten erspart. [...][87]

Man sprach über Musik. Bei diesem Anlass hörte ich aus dem Munde Kaiser Wilhelms eine Ansicht, von deren Richtigkeit ich einige Jahre später in England mich zu überzeugen die Gelegenheit hatte.

---

87 Dieser Absatz wurde lediglich in der polnischen Version der Erinnerungen veröffentlicht.

Man sprach über Chopin, Liszt, Grieg, Richard Strauß, Puccini und Charles Gounod. Alle Völker Europas, mit Ausnahme Spanien und England, waren repräsentiert. Im weiteren Verlauf des Gesprächs entschied der Monarch, dass von allen zivilisierten Nationen England am wenigsten musikalisch sei. Zur Bekräftigung des Gesagten berichtete er mit Humor, was ihm anlässlich eines Besuches bei seiner Großmutter, der Königin Victoria, begegnet war.

„Vor zwei Jahren bin ich mit meiner Großmama im Schloss Windsor zu Besuch gewesen. Sie gab uns einen musikalischen Abend. Es war wirklich großartig. Da sangen die Melba und Ihr Landsmann, von Reszke, Kubelik spielte, kurz und gut lauter „Stars" erster Klasse. Denken Sie sich nun, Kossak! Nach dieser himmlischen Musik erscheint auf der Bühne ein Herr in Frack und weißer Binde, ich schaue ins Programm, der Name ganz unbekannt ... Zu meinem Entsetzen imitiert der Mann alle möglichen Tiere, einen Hahn, einen Esel und ein Schwein! ... Nun glauben Sie es? Die Engländer waren entzückt! ... Können Sie sich so was im Salon der Fürstin Anton denken?"

Fürstin Anton Radziwiłł[88], geborene Gräfin Castellane, die Mutter der Gräfinnen Roman[89] und Jozef Potocki[90], sowie der Fürsten Georg[91] und Stanislaus[92] durch ihren Gatten mit den Hohenzollern verwandt, hat in der Tat zu viel Geschmack und Musikverständnis, als dass in ihrem Salon ein ähnliches Programm ausgeführt werden könnte. Grande Dame durch und durch und von ungewöhnlicher Intelligenz, war sie zu meiner Zeit in der höchsten Berliner Gesellschaft tonangebend. Nach der Verheiratung ihrer Töchter sah man sie nur selten bei Hofe. Dafür verkehrte der Hof bei ihr. Allabendlich drängten sich in ihren wundervollen Salons am Pariserplatz die Hofgesellschaft, die Diplomatie und die polnischen Kreise, um der durch ihren Einfluss so mächtigen und dabei so liebenswürdigen „Fürstin Anton" zu huldigen.

Als ich anlässlich des Namenstages der Fürstin, der in jenem Jahre gerade auf einen Sonntag fiel, mich nach ihrem Palais begab, um meine Karte abzugeben, erblickte ich im Hausflur Kaiser Wilhelm, der mit den Hunden der Fürstin spielte und geduldig ihre Rückkehr aus der Hedwigskirche erwartete. [...][93]

Nach mehrmonatiger Abwesenheit kehrte das kaiserliche Paar aus dem Heiligen Land nach Berlin zurück. Da der Kaiser während seines Aufenthaltes in Palästina viel für die Stärkung des deutschen Einflusses geleistet, die Freundschaft der Türkei erreicht und für die deutsche Mission ein historisches Gelände in der Nähe des Heiligen Grabes, das *Dormitio Sanctae Virginis*, erworben hatte, bereitete ihm Berlin einen grandiosen Empfang.

---

88 *Fürstin Anton Radziwiłł geborene Gräfin Castellane, eigentlich Maria Radziwiłł geb. Castellane (1840-1915), u. a. Autorin von Briefen vom deutschen Kaiserhof 1889-1915 (Berlin: Ullstein, 1936), wo sie ein distanziertes Bild der deutschen Hofpolitik und das Leben im Hause Radziwiłł schildert.*

89 *Elżbieta Matylda Kunegunda Potocka geb. Radziwiłł (1861-1950).*

90 *Helena Augustyna Potocka geb. Radziwiłł (1874-1958).*

91 *Georg (Jerzy) Radziwiłł (1860-1914) Sohn von Antoni und Maria Radziwiłł geb. Castellane, Offizier der Preußischen Garde.*

92 *Stanislaus (Stanisław) Radziwiłł (1880-1920) Sohn von Antoni und Maria Radziwiłł geb. Castellane.*

93 *Weitere Teile der Erinnerungen wurden nur in der polnischen Version veröffentlicht.*

Obwohl er schon vor einer Woche zurückgekommen war, sollte erst heute (das war im September, am Namenstag des Kaisers Franz Josef, den Kaiser Wilhelm immer feierlich beging) die öffentliche und feierliche Rückkehr nach Berlin vonstattengehen. Der Stadtrat hatte genügend Zeit, das Brandenburger Tor und ganz Unter den Linden dekorativ zu schmücken. Die Dekoration war glänzend gelungen und geschmackvoll. Ganz Berlin war in Feststimmung.

An diesem Tag arbeitete ich in meinem Atelier im Monbijou und hörte seit zehn Uhr morgens das Trommeln und Pfeifen der Garderegimenter, die endlos und rhythmisch in Richtung Unter den Linden marschierten, um dort Spalier zu bilden. Es war mir angenehm, meinen ehrwürdigen und mächtigen Mäzen bald in Berlin zu wissen, und niemand konnte es mir übel nehmen, dass ich ihm für alles Gute, das mir vom Kaiser persönlich widerfahren ist, aufrichtig dankbar war und mich auf ein wahrscheinlich baldiges Treffen freute.

Ich hatte allerdings gar nicht die Absicht, mein Atelier zu verlassen und an seinem Empfang im engen Gedränge der Berliner Massen entlang der ganzen Straße Unter den Linden teilzunehmen. Um 12 Uhr ging ich wie immer für ein Weilchen in die nahe gelegene Bodega, um mich dort – statt eines Mittagessens, das ich erst abends, nach der Arbeit aß – mit einem Sandwich und einem Glas Wein zu stärken.

Wie immer befriedigte ich schnell meinen Appetit und kehre zum Monbijou zurück. Dieses eben noch ruhige und leere bezaubernde Eckchen Berlins mit einer Unmenge alter und schöner Bäume ist voller fieberhafter Bewegung. Eine Legion von Hofmädchen in blauen Perkalkleidern und weißen Häubchen säubert Klinken und Fenster, Gärtner lockern die Kiesalleen auf. Der Kastellan beaufsichtigt das Aufräumen des Ateliervorzimmers.

Als mich die Frauen zurückkommen sahen, rufen sie mir – eine mit der anderen wetteifernd, vom Saubermachen noch ganz außer Atem – zu: „Herr Professor!" (ich war niemals einer, als ich vom Kaiser gefragt wurde, ob mir ein solcher Titel Freude machen würde, antwortete ich: die wenigste), „Herr Professor! Der Kaiser und die Kaiserin kommen gleich hierher!"

Lachend sage ich ihnen: „Kinder, seid ihr verrückt geworden, beruhigt euch, das ist rein technisch gar nicht möglich. In diesem Augenblick wird der Kaiser am Brandenburger Tor vom Bürgermeister und Stadtrat empfangen. Danach gibt es Frühstück und dann geht es gleich nach Charlottenburg zum feierlichen Gottesdienst in die Kaiser-Wilhelm-Gedächtniskirche, denn heute ist der Namenstag des Kaisers Franz-Josef."

„Aber Herr Professor, gerade erst ist ein Telegramm vom Hof gekommen." Und tatsächlich, der Kastellan zeigt mir das an ihn adressierte Telegramm: „Gleich nach dem Empfang am Brandenburger Tor möchte das kaiserliche Paar das Atelier von Herrn v. Kossak besuchen."

Kurz danach erschienen beide, der Kaiser noch in Paradeuniform. Nach mehrmonatiger Abwesenheit führten die ersten, die aller ersten Schritte der Beiden in mein Atelier. Das war ein großer Gnaden- und Sympathiebeweis, denn außer mir arbeiteten schließlich in Berlin gleichzeitig mehrere andere Maler und Bildhauer ebenfalls an Werken im Auftrag des Kaisers: Begas, Rocholl, Röchling, Kohnert, Walter Schott usw.[94]

---

[94] Reinhold Begas (1831-1911), Theodor Rocholl (1854-1933), Karl Röchling (1855-1920), Heinrich Kohnert (1850-1905) deutsche Maler; Walter Schott (1861-1938) deutscher Bildhauer; Autoren von zahlreichen Werken mit militärischer und historischer Thematik.

Das kaiserliche Paar, braun gebrannt, angeregt und sehr zufrieden mit der Reise. Der Kaiser begrüßte mich mit dem Ausdruck größten Bedauerns, dass ich nicht bei ihm gewesen war. [...]

Der Kaiser erzählt farbig und lebhaft. Allseitig und kenntnisreich spricht er über Fragen von Wissenschaft, Literatur und Kunst, wenn er sich mit Fachleuten unterhält, im Ton desjenigen, dem man zuhören und von dem man lernen sollte. Abgesehen von seinem Redetalent, von dem er selbst anscheinend viel hält, scheint mir alles, was man über den Anspruch des Kaisers auf Allwissenheit munkelt, nicht der Wahrheit zu entsprechen. Der bedeutendste Charakterzug dieses immerhin äußerst begabten und außergewöhnlichen Menschen ist seine schon fast krankhafte Impulsivität. Unter dem Eindruck einer Nachricht oder einer Tatsache handelt er unmittelbar, und infolge dieser oft fieberhaften Hast bereitet dann vielleicht nicht die Handlung selbst, sondern ihre Form den Herren Bernhard von Bülow, Johannes von Miquel, Theobald von Bethmann-Hollweg usw., die als Kanzler vom Parlament oder von der öffentlichen Meinung zur Rechenschaft gezogen werden, Schwierigkeiten. „Seine Majestät haben sich hinreißen lassen"[95], das ist ein Ausdruck mit dem man gewöhnlich einen solchen Fall kommentiert.

Überall, wo sich der Kaiser öfter aufhält, sei es im Regierungsgebäude, im Generalstab oder im Kronbesitz, wie dem Monbijouschlösschen, sind Blöcke mit Telegrammformularen zur Hand, damit er, wenn er eine Depesche schicken möchte, dies auf der Stelle tun könnte. Auch in meinem Atelier gab es einen solchen Block goldlinierter Formulare, versehen mit goldener Aufschrift und Krone: „Telegramm Seiner Majestät des Kaisers und Königs"[96]. Ich kann mich allerdings nicht erinnern, dass jemals ein kaiserliches Telegramm mein Atelier verlassen hätte.

Auch in seinen körperlichen Reaktionen zeigt Kaiser Wilhelm ein gewisses Ungestüm, das aber fast immer Ausdruck seines eher guten Humors und gnädigen Vertrauens ist, und so wird es auch als natürlich angenommen. Oft vergnügt er sich als andalusisch strenger „Toro" und sticht mit der Spitze seiner Pickelhaube in die Bäuche seiner riesigen Flügeladjutanten.

Ich war selbst Zeuge einer ähnlichen Szene.

Ich arbeitete mit meinem Cousin Pułaski im Atelier, als der Kaiser mit seinem Adjutanten Major von B. kam. Der Kaiser trug einen Kürassierhelm, Herr von B. eine gewöhnliche Offizierskappe, die er im Atelier absetzte. Der Kaiser behielt den Helm auf. Er betrachtete das fast fertige Bild der „Schlacht bei Étoges" und fragte mich, wann ich es in die Ausstellung schicken würde. Ich antwortete, vielleicht in einigen Tagen, aber ich wüsste nicht, wie ich diese Episode im Ausstellungskatalog kurz und bündig beschreiben sollte. „Ich diktiere Ihnen, geben Sie Block und Bleistift her, Sie, Herr von B. schreiben!" Der Kaiser war etwas größer als der Major, stand hinter seinem Rücken und schaute ihm über die Schulter, wie er nach seinem Diktat schrieb. Er begann klar und deutlich den Titel des Bildes zu diktieren und betonte jedes Wort mit einem starken Stoß auf den Kopf des Majors von B.: „Erstes (peng) Leibgrenadier (peng) Regiment (peng) ..." Nach einigen Stößen (und die rechte Hand des Kaisers kann gar nicht leicht zustoßen, so kräftig ist sie), als der blonde Schopf des Majors schon in Pendelbewegung verfiel, drückte er ihn mit derselben starken rechten Hand an

---

95 *Im Text deutsch.*

96 *Im Text deutsch.*

sich und beendete auf die Art das Diktat. Dabei zeigt der Kaiser denen, die er mag, soviel Freundlichkeit und Beachtung, dass ich mich überhaupt nicht wundern würde, wenn sie sich für ihn in Stücke reißen lassen würden.

Nach dem Tod meines teuren Vaters[97] schickte das kaiserliche Paar am Tag der Beerdigung nicht nur ein persönliches Telegramm nach Krakau, sondern kam nach meiner Rückkehr nach Berlin ins Atelier, um mir sein Mitgefühl auch mündlich auszudrücken. Mein großes Bild aus der Zeit Friedrichs des Großen, „Die Schlacht bei Zorndorf", war noch nicht soweit fertig, dass ich es termingerecht zur großen Berliner Frühjahrsausstellung hätte schicken können. Durch die unerwartete Krankheit und den Tod meines Vaters hatte sich die Fertigstellung um ein paar Wochen verzögert. Der Kaiser nahm Rücksicht darauf und fragte mich sehr freundlich, ob es noch eine Möglichkeit gäbe, dieses Bild auf der diesjährigen internationalen Ausstellung zu zeigen. Ich antwortete, wenn die Ausstellungs-Jury mein Bild in meinem Atelier bewerten und dann eine Wand in der Ausstellung reservieren würde, gewönne ich einen Monat Zeit.

Der Kaiser antwortete darauf nicht, kehrte zum Schloss zurück und verlangte Anton von Werner, den Akademiedirektor am Telefon. Er setzte sich persönlich für mich ein und bat die Jury, meine Trauerzeit als Grund der Verspätung zu berücksichtigen und sich ins Monbijou zu begeben.

Er ist in seinen Gefühlen und Sympathien beständig; wem sie einmal zugefallen waren, der hätte schon viel Unheil anrichten müssen, bis er sich von ihm abwenden würde. Er führt ein vorbildhaftes Leben. Er ist ein erklärter Feind von Spiel- und Trunksucht sowie anderen gesellschaftlichen Krankheiten und gibt selbst das beste Vorbild ab.

Was die Kunst angeht, so folgt er der Devise, die in glänzenden goldenen Lettern am Berliner Museum prangt: *Artem non odit nisi ignarus* (Nur ein Barbar ist fähig, die Kunst nicht zu lieben) und er tut sehr viel für die Kunst. Er versteht die Mission der Kunst als Veredelung der Zivilisation (oh Galizien, wie notwendig wäre diese Devise dort, wo Deine Statthalter und Marschälle Platz nehmen!). Er beschäftigt ständig alle ausgezeichneten Maler und Bildhauer Deutschlands und bezahlt jährlich große Summen aus seiner eigenen Schatulle.

Ob das immer von großem Nutzen für das künstlerische Schaffen in Deutschland ist, das ist eine andere Frage. Aber daran ist auch die deutsche Kunst schuld. Wenn die Siegesallee und das Denkmal Wilhelms I. von Reinhold Begas nicht auf der Höhe der Kunst steht, die sich der Kaiser vorgestellt hat, dann ist das nicht die Schuld des Kaisers, sondern die der Künstler. Aus eigener Erfahrung weiß ich, dass der Kaiser in solchen Fragen nicht stur ist, und dass man ihn mit fachlichem Rat beeinflussen kann.

Der Kaiser zahlt großzügig und schnell. […]

Um 1900 wurde die Berliner Atmosphäre für mich immer schwerer. Keineswegs aufgrund meiner Nationalität, die ich immer und überall betont habe, und das am meisten, damit hier kein Missverständnis aufkam, als ich die österreichische Uniform trug. Es ist mir angenehm zu sagen, dass ich während all der sieben Jahre, die ich in Berlin verbracht habe, nie auch nur einen Augenblick den Eindruck hatte, mein Polentum sei ein Ballast oder bringe mir Schaden. In allen Berliner Kreisen hatte ich wohl Gesinnte und Freunde.

---

97 *Juliusz Kossak (1824-1899) polnischer Maler.*

Nein. Die Luft in Berlin wurde schwül durch den, nach und nach immer größere preußische Kreise beeinflussenden *Hakata*[98]. Goethe sagt: „Ein Deutscher muss immer etwas hassen!" Vor und nach dem Jahre 1870 befriedigte Frankreich dieses geistige Bedürfnis für lange Zeit. Auf der Suche nach einem neuen Hassobjekt richtete Hakata die germanische Unversöhnlichkeit gegen uns. In Berlin selbst konnte ich das vergessen, aber jede Reise ins Herzogtum Posen brachte mein Blut in Wallung und entfachte geistigen Zwiespalt. Überheblichkeit und Arroganz der Preußen, die allein schon der Klang unserer Sprache in unserem eigenen uralten Land ärgert. Preußische Taufen und diese für uns abstoßenden Ortsnamen historischer Orte, Schikanen auf Schritt und Tritt, Verkaufsverbot polnischer Zeitungen an den Bahnhöfen, sogar derer, die in Posen selbst erscheinen. Das nagte an mir und vergällte mir alles umso mehr, denn wenn die Kunst international ist, so ist es die Schlachtenmalerei gar nicht. Sie ist eher eine Glorifizierung und *sursum corda*, ob es sich nun um die meisterlichen Szenen aus der Niederlage von 1870 von Alphonse de Neuville handelt oder um die von Wassilij Wassiljewitsch Wereschtschagin aus dem Jahr 1812.

Wenn ich mir im Café polnische Zeitungen geben ließ, fand ich darin soviel Ungerechtigkeiten den Unsrigen gegenüber und soviel preußisches Unrecht, dass ich verbittert ins Monbijou und zu meiner Arbeit zurückkehrte. Was mir jedoch die Deutschen und besonders die Preußen am meisten verleidet hat, war das ewige Kreuzritter-System zur Unterdrückung der Polen, während gleichzeitig das ganze deutsche Volk mit erhobener Stimme zur Verteidigung des unterdrückten Deutschtums aufgerufen wird; immer derselbe Wolf, der das Schaf würgt, sich aber darüber beschwert, dass das Schaf harte Knochen und unverdauliche Wolle hat. […]

Zum Schluss meiner Berliner Erinnerungen muss ich noch etwas hinzufügen, denn das gehört vielleicht auch zur Charakteristik Kaiser Wilhelms. Eigentlich hat mir das Seine Exzellenz Graf Wedel im Vertrauen erzählt, aber ich denke, nach so vielen Jahren wäre er einverstanden, wenn ich es veröffentliche. Als Seine Exzellenz von Plessen dem Kaiser meldete, dass ich die bestellten Aufträge wegen seiner aufbrausenden Attacke gegen die Polen absage und Berlin verlasse, zeigte sich der Kaiser erzürnt („Majestät waren wütend" – so die Worte des Grafen Wedel) und rief laut: „Was gehen ihn meine Untertanen an? Schließlich ist er ein Österreicher!" Warum hob Kaiser Wilhelm II. doch bei jeder Gelegenheit selbst und aus eigenem Willen, wissend, dass er mir dadurch eine große Freude bereitet, meine Nationalität hervor, als wollte er in seiner Gunst und Gnade zu verstehen geben, dass er das nie vergaß? Viele ähnliche Sätze des Kaisers könnte ich anführen, wie den, er habe unter seinen Malern einen, der mit Leib und Seele Pole sei. Erst in seiner Wut flüchtete er sich in diese Kasuistik und machte aus mir einen „Österreicher".

Fragmente aus dem Polnischen von Ruth Henning

---

98 Hakata, seit 1894 Deutscher Ostmarkenverein, eine nationalistische Organisation für Germanisierung der einst polnischen Gebiete. Der Name Hakata wurde aus den ersten Buchstaben der Nachnamen ihrer Gründer zusammengestellt: Ferdinand von Hansemann, Hermann Kennemann und Heinrich von Thiedemann. Deutscher Ostmarkenverein wurde 1934 aufgelöst.

KAROL ROSE, BERLINER ERINNERUNGEN (1932)

Karol Rose (?-1940). Unternehmer, tätig in der Eisenbanbranche, 1902 nach Berlin gezogen, wo er die polnischsprachige Zeitung „Dziennik Berlinski" kaufte; seit 1912 Leiter der Saison Arbeiter Fürsorge.

Die Polonia in Berlin

Nachdem ich drei Söhne in der Posener Realschule zurückgelassen hatte, ging ich selbst 1902 nach Berlin und blieb dennoch in ständigem Kontakt mit Posen und Warschau. Ich war gleichwohl davon überzeugt, dass die polnische Kolonie in Berlin in organisatorisch- gesellschaftlicher und publizistischer Hinsicht ein ausgezeichnetes Tätigkeitsfeld bot, aber zudem hier eine Beschäftigung mit der Politik, wofür ich immer mehr Interesse als Befähigung besaß, möglich war.

Bereits nach einigen Wochen, die ich mit der Untersuchung der Verhältnisse der Berliner Polonia verbrachte, konnte ich mich jedoch davon überzeugen, dass hier keineswegs ein brachliegendes Feld vor mir lag, das einer fundamentalen Aufbauarbeit bedurfte. Ganz im Gegenteil. Die Berliner Polonia war bereits seit Anfang des Jahrhunderts ein durchaus interessantes Werk polnischer Demokraten und verfügte im Verhältnis zu den Gruppen der Polonia in Petersburg, Wien und Paris über deutlich bessere Strukturen. [...]

In Europa war die Berliner Polonia zahlenmäßig am bedeutendsten; zu ihr gehörten nämlich die Polen, die direkt in Berlin, aber auch diejenigen, die in der Umgebung der deutschen Hauptstadt, etwa in Spandau, in Rüdersdorf oder in anderen Industriestädten, lebten. Sie war aufgrund ihrer Größe äußerst wichtig. Ihr genauer Umfang konnte aber nie ermittelt werden, weil bei allen behördlichen Zählungen immer das Kriterium der sogenannten Alltagssprache eine Rolle spielte, zu der sich ein armer polnischer Arbeiter auf dem Berliner Pflaster nicht öffentlich zu bekennen wagte, auch wenn er ein guter Patriot war und ausschließlich Polnisch sprach.

Es entspricht jedoch den Tatsachen, dass die Berliner Polonia bis Kriegsbeginn stetig anwuchs und bisweilen auf fast 100.000 Personen geschätzt wurde. Aber auch wenn wir annehmen, ihr quantitativer Umfang sei geringer gewesen, so war es ganz eindeutig eines der größten polnischen Zentren überhaupt, worauf ihre bekannten Mitglieder gern hinwiesen, vor allem bei Polemiken mit Posener Kreisen über die Rolle der Emigration im öffentlichen Leben in dem von Preußen besetzten Teilgebiet. Auch die Struktur der Berliner war deutlich gesünder; hier gab es keine sehr reichen Menschen und auch keine Staatsbeamten von hohem oder wenigsten mittlerem Rang. Es gab nur einige, nicht einmal 20 Familien der sogenannten Oberschicht, die sich am gesellschaftlichen Leben mehr oder weniger beteiligten. Es gab nicht wie in Paris Clochards, weil die Polonia im Allgemeinen einen engen Zusammenhalt pflegte. Ihre Mitglieder kannten sich zumeist und verdächtige Subjekte konnten sich dort nicht lange herumtreiben. Nur die Akademiker und Studenten, von deren positiver Rolle später noch die Rede sein wird, stellten keine dauerhaft anwesende Gruppe dar. [...]

Die Polonia war organisatorisch außerordentlich gut ausgebaut; man könnte sogar behaupten, sie sei überorganisiert gewesen. Es mutet schon seltsam an, wenn die Zahl der polnischen Vereine dort fast in die Hunderte ging. Das lässt sich nun nicht nur mit dem typisch polnischen Individualismus erklären, was in

Anbetracht des Berliner Gegebenheiten schmunzeln lässt, wenn man feststellt, dass Polen, die im Westen Berlins, etwa in Charlottenburg wohnten, nicht einer Organisation im Osten Berlins angehören wollten. Aber diese etwas merkwürdige Tatsache war aufgrund der großen Entfernungen in Berlin faktisch begründet. Ein durchschnittlicher Pole, der von frühmorgens an arbeitete, wollte keine Zeit mit langen Straßenbahnfahrten verlieren und alles schnell von seiner Wohnung aus erreichen können. Dies war auch der Hauptgrund dafür, dass trotz des relativen Wohlstandes und der Freigiebigkeit der Polonia bis zum Ausbruch des Krieges ein zentrales „Polnisches Haus", obwohl es dafür immer wieder Pläne gab und zweifellos eine Notwendigkeit bestand, nie gebaut wurde. [...] Noch eine andere Erscheinung zeugt vom Patriotismus der Berliner Polen. Ich denke hier an die unversöhnliche und feindselige Haltung der Polonia gegenüber dem Sozialismus. Bemerkenswert ist die verblüffende Tatsache, dass im tiefroten Berlin, das vollkommen vom Sozialismus beherrscht wurde, Jahrzehnte lang eine solche polnische Oase existieren konnte, die gesellschaftlich genauso zusammengesetzt war, wie ihre deutsche Umgebung, aus der die Sozialisten heranwuchsen. Letztgenannten war die Polonia immer ein Dorn im Auge. Ein polnischer Sozialismus existierte damals in Deutschland nur in Schlesien und Delegierte aus Kattowitz, wie Biniszkiewicz[99] bemühten sich mehr als eifrig, die Berliner Polonia, wo sie in manchen Gewerkschaften und sogar bei Kundgebungen aktiv waren, für die sozialistische Idee zu gewinnen. Aber alle ihre Kundgebungen waren anämisch und zogen immer nur die wenigen bekennenden Sozialisten an, die in der gesamten Polonia bekannt waren und aus diesem Grund missbilligt und sogar boykottiert wurden. Neue Adepten für den Sozialismus konnten nicht gewonnen werden. Wenn aber jene Sozialisten mit List zu nationalen Kundgebungen gelangten, um dort in ihrem Sinne zu agitieren, kam es immer so weit, dass sie mit Gewalt aus dem Saal geworfen wurden, wobei es nicht selten zu ziemlich hässlichen Szenen kam. [...]

Der „Dziennik Berliński"

Gleich, nachdem ich mich in Berlin niedergelassen hatte, begann ich mich sehr für den „Dziennik Berliński" zu interessieren, nicht nur, weil die Zeitung selbstverständlich ein Organ der Polonia war, sondern auch deshalb, weil sie eine recht ruhmvolle und originelle Geschichte hatte, wovon aber Ende 1902, als ich zu ihrem Herausgeber wurde, nur noch die Erinnerung geblieben war. Die Zeitung war bereits 1896 gegründet worden und konnte auf eine wechselvolle Vergangenheit zurückblicken. Zur Jahrhundertwende war sie zwar eine Zeitung von nicht besonders großem Umfang, in ideeller Hinsicht aber von großer Reichweite. Sie wurde damals völlig von einer äußerst regen Gruppe begabter Akademiker beeinflusst, die vorwiegend aus Russisch-Polen (dem ehemaligen Königreich Polen) und dem preußischen Teil und nur zum geringen Teil aus Galizien stammten. Das Programm dieser Gruppe erhielt damals durch die Polen aus dem Russischen Reich selbstverständlich ein antirussisches- und durch die Posener ein antideutsches Gepräge. Es scheint, dass die aus dem russischen reich stammenden Polen innerhalb dieser Gruppe am aktivsten waren und der Zeitung

---

99 Józef Biniszkiewicz (1875-1940), sozialistischer Aktivist in Berlin, Hamburg, Westfalen, Posen und in Schlesien. Er beteiligte sich 1921 an der Arbeit des polnischen Plebiszit-Kommissariats in Schlesien. Nach 1918 Abgeordneter des polnischen Sejm und Mitglied des schlesischen Sejm. Biniszkiewicz starb in KZ Auschwitz.

vor allem im Hinblick auf soziale Fragen einen schärferen Ton gaben und sich mit der Parole „Gehen wir unters Volk" stärker links orientiert haben. Ganz allgemein kann man sagen, dass ein unabhängiges und demokratisches Polen das Hauptanliegen dieser Gruppe war. [...]

1902 war der Stern des „Dziennik Berliński" schon etwas verblasst. Das hoch motivierte Redaktionskollegium löste sich aus unterschiedlichen Gründen auf. Ein wesentlicher Grund war, dass die Zeitung zunehmend ins Blickfeld der deutschen Behörden geriet und diese energisch gegen alle Studenten vorgingen, die eine preußische Staatsbürgerschaft hatten und noch viel stärker gegen die ausländischen Polen aus dem Russischen Reich. Das Berliner Pflaster wurde für diese jungen Leute gefährlich heiß, vor allem, als ein Teil dieser Gruppe polnischer Studenten an der Berliner Universität offen gegen die Aussagen des für seine polenfeindliche Haltung berüchtigten Professors Schiemann[100] demonstrierten, als er in einem Vortrag über die Geschichte des 18. Jahrhunderts das polnische Volk schmähte. [...]

Weil dieses wichtige Berliner Zentrum – insbesondere aufgrund der Massen von Arbeitern, die nach nationaler Bildung dürsteten – nicht sein Presseorgan verlieren sollte, entschloss ich mich dazu, die Zeitung Piotr Wawrzyniak abzukaufen und die Redaktion dem bereits verstorbenen Franciszek Krysiak, einem Redaktionsmitglied des „Dziennik Poznański"[101], der mir von unterschiedlichen Seiten empfohlen worden war, anzuvertrauen. Für die erste Ausgabe unter neuer Redaktion war es ein besonderes Geschenk für mich, dank des Wohlwollens Henryk Sienkiewicz'[102] – der sich lebhaft für meine zukünftigen Vorhaben in Berlin interessierte – einen wunderbaren Aufruf unseres großen Patrioten zu erhalten, der eine Ermunterung und die Antwort des Meisters auf meine Darlegungen, Befürchtungen und Zweifel darstellte. [...]

Die moralische Wirkung dieses Aufrufs, der in zahlreichen polnischen Zeitungen Europas und zum Teil auch in Amerika abgedruckt wurde, war selbstverständlich sehr hoch und wurde unter Journalisten intensiv diskutiert. Nichtsdestoweniger war die Herausgabe der Zeitung für mich in den folgenden Jahren – nicht nur aus finanziellen Gründen – mit großen Problemen verbunden. Auf meine Anweisungen hin bemühte sich die neue Redaktion darum, die Beziehungen zwischen Deutschland und der Polonia nicht weiter zu verschärfen und vermied es deshalb, den typisch scharfen Ton aus den früheren Zeiten anzuschlagen. [...]

Die Polonia gewöhnte sich nicht sofort, aber doch mit der Zeit an das neue Programm und den neuen Ton. Von Zeit zu Zeit kam es zu Unstimmigkeiten, vor allem weil immer noch vielen in Berlin lebenden und mit der alten Redaktion sympathisierenden Akademikern, die in der Polonia beliebt waren, weil sie sich durch ihre Bildungsarbeit verdient gemacht hatten, dieses neue Programm zu eng und zu brav erschien. [...]

Was mich angeht, so hat mir der „Dziennik Berliński" unter der Redaktion von Krysiak, außer der Notwendigkeit, über mehrere Jahre hinweg die sehr hohen Defizite des Verlags decken zu müssen, keine Probleme gemacht. Nur ein einziges Mal saß ich wegen der Zeitung auf der Anklagebank im Moabiter Gericht. Damals ging es darum, dass der „Dziennik Berliński" als Prämie für seine Abonnenten Gedichte von Maria

---

100 Es geht um Theodor Schiemann (1847-1921), einen deutschen Historiker.
101 Dziennik Poznański (Posener Tageblatt), erschien in Posen in den Jahren 1859-1939.
102 Henryk Sienkiewicz (1846-1916), Schriftsteller, Nobelpreisträger; engagierte sich für die Rechte der Polen im Kaiserreich sowie für das Schicksal der Bewohner Polens während des Ersten Weltkrieges.

Konopnicka[103] abgedruckt hatte, die bereits ein Jahr zuvor, wenn ich mich richtig erinnere, von einem Düsseldorfer Gericht konfisziert und im ganzen Reichsgebiet aufgrund einiger gegen die Deutschen gerichteter Fragmente verboten worden waren. Ich verteidigte mich selbst und wurde freigesprochen, weil ich mich darauf berufen konnte, dass ich von dem Urteil des Düsseldorfer Gerichts nichts wissen konnte, da es von den Zentralbehörden in Berlin nicht öffentlich bekannt gemacht worden war.

Es kam aber noch aus einem ganz anderen Grund zu einem Hin und Her mit den Behörden. Ich schreibe hier darüber, weil die ganze Angelegenheit recht lustig verlief. Bei einer Kundgebung der „Straż"[104] in Berlin machte ich am 5. November 1905 – unter dem Eindruck wenig geschmackvoller Anwerbungsversuche vonseiten Wilhelms II. gegenüber unterschiedlichen Nationen und dem Angebot, einigen von ihnen, wie zum Beispiel Italien und Amerika, ein Goethe-Denkmal zu schenken sowie aufgrund der Unterstützung des antipolnischen Kurses durch den Monarchen – folgende Äußerung: „Fürst Bismarck hat einmal gesagt: 'Die Deutschen fürchten niemanden außer Gott. Wenn man sich ansieht, wie die Deutschen gegenwärtig einmal Frankreich, dann Russland, dann wieder Amerika hofieren, wobei sie sich nicht selten kompromittiert haben und auf der anderen Seite betrachtet, wie sie mit uns Polen umgehen, nur weil wir schwächer sind, dann gewinnt man bei Gott den Eindruck, dass die Deutschen alle fürchten, nur nicht den Herrgott." Dieser Abschnitt wurde vom „Dziennik Berliński" im Bericht über die Kundgebung abgedruckt. Der wie bei jeder polnischen Kundgebung anwesende Vertreter der politischen Polizei schrieb offensichtlich in seinem Rapport für die Behörden, dass ich gesagt habe: „Die Deutschen fürchten jedermann, nur nicht Gott." Darauf hin wurde ich zur Polizei bestellt, wo man mir erklärte, der erst beste Beamte könne mich auf der Rechtsgrundlage „Pars pro Toto" wegen Beleidigung vor das Gericht bringen, weil er für sich in Anspruch nehme, sowohl ein Deutscher zu sein, als auch den Herrgott zu fürchten. Ich konte mich herausreden, indem ich behauptete, der Schreiber des Rapports beherrsche mit Sicherheit kein polnisch, denn das Wort „Niemcy" bezeichne im Polnischen nicht nur „die Deutschen", sondern auch „Deutschland", was ein völlig abstrakter Begriff sei und in dessen Namen mich niemand anklagen könne. Die Polizei war so vernünftig, aufgrund dieses Arguments die ganze Angelegenheit einzustellen und nicht einmal ein Protokoll anzufertigen. […]

Es gab immer einige Hundert polnische Studenten in Berlin, aber die politischen Gegensätze traten in Berlin deshalb besonders zutage, weil in dieser Stadt viele junge Leute nicht nur aus dem preußischen Teil, sondern auch aus anderen Teilungsgebieten studierten. Die Posener Jugend wurde hier zum ersten Mal mit der linken Ideologie von Studenten aus Galizien und vor allem aus dem russischen Polen konfrontiert. Im Laufe der Jahre wurde Berlin zu einem der größten Zentren polnischer Studenten, was auch erklärt, weshalb die ursprünglich in Warschau gegründete Zentrale der Wissenschaftlichen Akademischen Gesellschaft der Polen nach Berlin verlegt wurde.

Andere Universitäten in Deutschland zogen verhältnismäßig wenig Polen an, höchstens noch München, das eine hervorragende Hochschule besaß und darüber hinaus eine Künstlerkolonie mit Tradition beherbergte, konnte noch einige polnische Studenten anziehen, die aber hauptsächlich aus den besser begütertern

---

103 Maria Konopnicka geb. Wasiłowska (1842-1910), eine der erfolgreichsten polnischen Schriftstellerinnen. Dichterin, Verfasserin des sehr bekannten, antideutschen Gedichtes „Rota", Autorin sozial engagierter Prosa.
104 „Straż", von Józef Kościelski gegründete national-konservative polnische Organisation.

Schichten stammten. Eine gewisse Rolle spielte auch die Tatsache, dass damals im katholischen Bayern die chauvinistisch-antipolnische Haltung nicht so stark wie gegenwärtig ausgeprägt und dass auch eine deutliche Abneigung gegenüber den Preußen spürbar war.

Nachdem ich zunehmend Kenntnisse von den internen Verhältnissen der studentischen Jugend und dem ideologischen Chaos, das dort herrschte, gewonnen hatte, ließ mich der Gedanke nicht mehr in Ruhe, diesen bedauerlichen Missklang im Berliner Umfeld wenigstens etwas abzumildern, indem ich Studierende verschiedener Lager, Schichten und aus unterschiedlichen Teilen Polens sowie Vertreter der älteren Generation, vor allem Mitglieder der polnischen Fraktion des Reichstags, des Preußischen Landtags und des Preußischen Herrenhauses zu mir nach Hause einlud. Davon abgesehen lag mir daran, für die polnischen Studenten ein Forum zu schaffen, das ihnen die Möglichkeit bot, frei und ungezwungen über alle Angelegenheiten zu reden, also nicht nur über kulturelle und gesellschaftliche, sondern auch über politische Dinge und zwar bei mir zu Hause und nicht in einer Gaststätte, wo nie auszuschließen war, dass nicht doch ein Polizeispitzel anwesend war. So kamen die Diskussionsabende zustande, die seit 1903, außer in der Ferienzeit, jeden zweiten Donnerstag in meiner Villa in Friedenau regelmäßig stattfanden. Zu diesen Veranstaltungen konnte eo ipso jeder polnische Student gleich welcher Herkunft kommen und zu meiner Freude kamen mit der Zeit an diesen Donnerstagen Studenten aus Westpreußen und sogar aus weniger wohlhabenden schlesischen Schichten, die anfangs etwas verlegen waren, weil sie das unangenehme Gefühl hatten, die polnische Sprache nicht so gut wie ihre Kollegen aus Posen oder gar aus dem Königreich Polen zu beherrschen. Diese Abende fanden bis 1909 statt, insgesamt 98 an der Zahl.

In den ersten Jahren waren sie gut besucht. Damals kamen zu jedem Treffen gewöhnlich zwischen 30 und 35 Studenten und zu besonderen Angelegenheiten oder bei Feierlichkeiten waren es sogar noch mehr. Die Teilnahme aus den Reihen der älteren Generation war natürlich nicht so stark, aber es waren dennoch immer einige ältere Herren aus der Polonia oder aus der Provinz Posen anwesend. Es gab ein ständiges Komitee, das sich aus drei Mitgliedern, das heißt aus Vertretern aller drei Teilungsgebiete, zusammensetzte. Dieses Komitee wählte nach Absprache mit mir unterschiedliche Themen, über die diskutiert werden sollte, aus und unterbreitete sie einen Monat im Voraus den jeweiligen Referenten. Nach diesen Vorträgen folgte eine Diskussion, die manchmal ziemlich stürmisch verlief. Diese Abende endeten für gewöhnlich gegen Mitternacht, weil dann die letzte Straßenbahn von Friedenau nach Berlin fuhr, aber es kam auch vor, dass es später wurde und dann diskutierten meine lieben Gäste manchmal recht laut auf der Straße weiter, weil einige der Themen sie so gepackt hatten. Nicht selten mussten sie auch noch ziemlich aufgeregt zu Fuß nach Hause gehen, wobei ich erwähnen muss, dass mein Haus recht weit von der Innenstadt entfernt lag.

Nach einigen Jahren kamen weniger Teilnehmer. Die Ursache dafür lag an einer Gegenaktion der Nationaldemokratie unter den Studenten selbst, die mich zu unrecht und ohne konkreten Grund verdächtigte, Studenten nur aus dem Grund zu mir einzuladen, weil ich die Absicht hätte, sie politisch durchzukneten, bearbeiten und zähmen zu wollen. Die stolzen Gemüter dieser jungen Leute waren sehr misstrauisch. Ein zweiter Grund war die wiederkehrende Angst vor der Polizei, der solche Veranstaltungen ein Dorn im Auge waren. Deswegen wurden sie auch regelmäßig von Polizisten kontrolliert, die bei den Versammlungen immer vor meinem Haus auf und ab gingen, um sich das Aussehen meiner studentischen Gäste einzuprägen. Eine bestimmte Rolle spielte hier wohl auch die Tatsache, dass es vor dem Vortragen der Referate immer einen bescheidenen Imbiss gab, was, wie mir gesagt wurde, von einigen studentischen Gruppen nicht gern gesehen und auch falsch ausgelegt wurde.

Wie dem auch sei, starben meine akademischen Versammlungen nach weiteren zwei Jahren an mangelndem Interesse. Während der gesamten Zeit hatten einige Hundert Studenten mein Haus besucht, von denen einige Dutzend ständig kamen und sich auch heute noch, wenn wir uns treffen, positiv über die damaligen Versammlungen äußern. Es ist nicht an mir darüber zu urteilen, ob es von einem allgemeinen Standpunkt aus betrachtet schlecht war, dass sich solche Versammlungen polnischer Studenten in einem privaten Haus in Berlin nicht dauerhaft behaupten konnten. Für mich war es jedenfalls eine traurige Angelegenheit. Ähnlich enttäuscht war ich von den Abgeordneten der polnischen Fraktion, die sich allerdings damit herausreden konnten, keine Zeit zu haben und infolge der Entfernung meines Hauses zur Innenstadt verhindert zu sein. Dennoch kamen von Zeit zu Zeit in den ersten Jahren einige Abgeordnete zu den Versammlungen. Ich erinnere mich an die Abgeordneten Stefan Cegielski, Alfred Chłapowski, Leon Czarliński, Wiktor Kulerski, Dr. Ludwik Kajetan Mizerski, Maciej Mielżyński, I. Szreder, Witold Skarżyński und an die Geistlichen Stychl, Kłos und Styczyński.[105] Einige dieser Herren nahmen sogar gerne an den Diskussionen teil, was den Jungen immer große Freude bereitete. Dennoch konnte ich aus Gesprächen mit unseren Abgeordneten heraushören, dass mein Versuch, Studenten und Abgeordnete an einen Tisch bringen zu wollen, letztgenannten als öffentlichen Vertreter der polnischen Politik etwas merkwürdig, wenn nicht absurd erschien. Es genügt zu erwähnen, dass es auch viele, sogar bekannte Abgeordnete gab, die nie auf meine Einladung reagierten. Im dritten Jahr kamen, wie bereits erwähnt, überhaupt keine Abgeordneten mehr zu den Versammlungen, aber dies ausschließlich wegen der Jugend, durch die es zu einem unangenehmen Zwischenfall gekommen war. In jenem Jahr war es im Reichstag zu einer scharfen Interpellation der Sozialisten wegen des geheimen Ausspionierens russischer Studenten auf dem Gebiet der Berliner Universität gekommen. Diese Spionage erfolgte nicht durch die Berliner Polizei, sondern durch Agenten des Petersburger Geheimdienstes, die mit der Berliner Polizei zusammenarbeiteten, um russische Revolutionäre, größtenteils Juden, die in Berlin studierten, ausfindig zu machen und dem Geheimdienst auszuliefern. Kanzler Bülow antwortete auf solch anmaßende Art, dass er nicht nur den Protest der sozialistischen, sondern auch der jüdisch-demokratischen Presse, à la „Berliner Tageblatt" oder „Vossische Zeitung" provozierte, übrigens derselben Zeitung, die ihn kürzlich nach seinem Tod als Vertreter liberaler Ideen rühmte. Der Kanzler verurteilte mit dem für ihn typischen Zynismus nicht nur die Zusammenarbeit der Berliner Polizei mit dem Geheimdienst keineswegs, sondern bemerkte noch, er bemühe sich vor allem um gute Beziehungen zu Russland und ihn kümmere unter diesen Umständen das Schicksal „irgendwelcher Mandelstamms oder Feigenblatts" wenig, selbst wenn ihnen nach ihrer Abschiebung nach Russland Sibirien drohe. Die Arroganz des Kanzlers rief damals große Empörung im gesamten linken Lager in Deutschland hervor. Die polnische Fraktion, die von der Annahme ausging, es handele sich in

---

105 *Stefan Cegielski (1852-1921), Alfred Chłapowski (1874-1949), Leon Czarliński (1835-1918), Wiktor Kulerski (1865-1935), Dr. [Ludwik Kajetan] Mizerski (1843-1923), Maciej Mielżyński [eigentlich Józef Mielżyński (1824-1900)], I. Szreder (?), Witold Skarżyński (1850-1910), Pfr. [Antoni] Stychel (1859-1935), Józef Kłos (1870-1938), [Tadeusz] Styczyński (1870-1942), polnische Abgeordnete des Reichstags.*

der Angelegenheit nur um nichtpolnische und sogar uns feindlich gesinnte Studenten, ergriff bei dieser Diskussion im Reichstag nicht das Wort. Diese Tatsache rief allerdings bei der Volkspresse in der Posener Gegend Unmut hervor und löste geradezu Aufruhr in studentischen Kreisen aus, weil die Berliner Polizei, wenn auch ohne eindeutige Unterstützung durch den Geheimdienst, auf jede nur erdenkliche Art die polnischen Studenten, vor allem diejenigen aus dem Russischen Reich, ausspionierte und schikanierte. Dieser Umstand wäre nach Meinung der Studenten für die polnische Fraktion nicht nur eine gute Gelegenheit gewesen, sondern habe geradezu zwingend danach verlangt, im Reichstag die Angelegenheit der polnischen Studierenden anzusprechen. Diese Gelegenheit sei angeblich nur aufgrund des Unwillens einiger besonders versöhnlerischen Abgeordneten der Fraktion nicht genutzt worden. Aus diesem Grund war es bei einer normalen Donnerstagsversammlung, die einige Tage nach besagter Interpellation bei mir stattfand, zu einem Zwischenfall gekommen, der endgültig einen Schlussstrich unter die Teilnahme der Abgeordneten an diesen Versammlungen zog. Einer der Posener Studenten, der gegenwärtig im preußischen Teil des Teilungsgebietes in der Politik eine größere Rolle spielt, hielt es für richtig, ohne vorherige Absprache mit mir die Taktik der Fraktion scharf zu kritisieren und wurde dabei lebhaft von anderen anwesenden Studenten unterstützt. Dies brachte mich gegenüber den wenigen anwesenden Abgeordneten, die ebenfalls meine Gäste waren, in eine sehr unangenehme Lage. Einer von ihnen, der Kammerherr Cegielski, hatte sich sogar mit der ihm eigenen Freundlichkeit auf eine inhaltliche Diskussion eingelassen, bei der er die Haltung der Fraktion verteidigte, aber bereits einige Tage später erfuhr ich, dass die Abgeordneten grundsätzlich nicht mehr zu meinen Donnerstagabenden kommen wollten, weil nicht auszuschließen sei, dass sie erneut schweren Angriffen ausgesetzt würden.

Dieser unglückliche Auftritt jenes Studenten, der mich als Hausherren überraschte und sowohl die Abgeordneten als auch meine Gäste beleidigte, war sicherlich wenig taktvoll vonseiten des Interpellanten. Nichtsdestotrotz wollte es der Zufall, dass ich bereits wenige Monate nach diesem Zwischenfall die Gelegenheit hatte, mich davon zu überzeugen, wie unehrenhaft die Vorgehensweise der politischen Polizei in Berlin im Hinblick auf die polnischen Studenten war. Damals wandte sich nämlich der äußerst selten zu unseren Donnerstagen kommende und mir daher kaum bekannte Student Austin, der – wenn ich mich nicht irre – aus Galizien stammte, an mich. Mit bewegter Stimme gestand er mir, er bräuchte in einer heiklen Angelegenheit meinen Rat. Von mir ermutigt, sich mir vollkommen anzuvertrauen, erzählte er, er werde bereits seit ein paar Monaten immer wieder von einem Polizeibeamten aufgesucht, der sich über seine finanzielle Situation erkundige und weil er sich denken könne, wie schlecht sie sei, ihm immer wieder den Vorschlag mache, seine Lage zu verbessern, indem Austin ihm Informationen über die Versammlungen des Sokół-Vereins liefere, ihm mitteile, wer den geheimen Bildungskreis in der Polonia leite und schließlich, was während der Versammlungen in meinem Haus gesagt werde. Nachdem der junge Mann ein paar Mal abgelehnt hatte, habe der Polizeibeamte ihn gewarnt, man werde ihn, falls er diese Vorschläge weiterhin nicht annähme, als „lästigen Ausländer" abschieben. Weil für ihn die Unterbrechung des Studiums einer Katastrophe gleichkäme, sei er zu mir mit der Bitte um Hilfe und Rat gekommen. Ich war in einer schwierigen Lage, weil der junge Mann mich gleichzeitig angefleht hatte, im Falle einer wie auch immer gearteten Intervention – für die mir im Übrigen die nötigen rechtlichen Mittel fehlten – seinen Namen nicht preiszugeben. Unter diesen Umständen konnte ich ihm nur raten, sich an den für solche Angelegenheiten normalerweise zuständigen universitären Richter, der die Studenten in ganz unterschiedlichen Fällen als Mentor unterstützte, zu wenden und ihm das, was er mir gesagt hatte, gleichfalls zu erzählen. Austin erklärte sich trotz großer Zweifel, was seine studentische Zukunft anging, mit meinem Vorschlag einverstanden, aber bereits einige Tage später teilte er mir telefonisch mit, er sei freundlich angehört worden und die Universitätsverwaltung habe sich sogar dazu entschlossen, beim Polizeipräsidenten gegen die Vorgehensweise des Polizisten zu protestieren. Nach ein paar Tagen besuchte mich Austin noch einmal und berichtete, der Polizeipräsident habe ohne Ausnahme allen Beamten befohlen, sich zu versammeln, damit Austin die Person, die ihm das verlockende Angebot unterbreitet habe, herausfinden könne. Austin sei diese 'Front' abgeschritten, habe aber niemanden nennen können, weil der Schuldige mit Sicherheit nicht dabei gewesen sei. Stattdessen habe er eine strenge Ermahnung seitens der Behörden erhalten, dass er, da er offensichtlich an Halluzinationen leide, kein Recht habe, die Polizei zu verleumden. So weit ich mich erinnere, beendete Austin noch das laufende Semester in Berlin, aber danach verlor ich ihn vollkommen aus den Augen und seit jener Zeit habe ich weder von ihm, noch über ihn irgendeine Nachricht erhalten.

Die polnischen Arbeiter in Deutschland

Ich interessierte mich auch sehr für die Sache der polnischen Arbeiter, nicht nur weil sich in Berlin die wahrscheinlich größte polnische Arbeitergruppe befand, sondern weil die Stadt aufgrund ihrer Lage die wichtigste Drehscheibe für all die vielen Polen war, die in den Westen gingen. Diese Migration konnte damals in zwei Kategorien eingeteilt werden, die sich in Genese und Anzahl vollkommen unterschieden: 1) die Wanderungen von Arbeitern aus dem preußischen Teilungsgebiet, die weniger saisonal als auf Dauer angelegt waren; 2) Polen, die aus Russisch-Polen und Galizien kamen und ausschließlich als Saisonarbeiter tätig waren.

Beide Gruppen strebten selbstverständlich nach Westen, weil sie ihr Auskommen aufbessern wollten und die stille Hoffnung hegten, dass die nach einer gewissen Zeit ersparte Geldsumme – sei sie auch noch so bescheiden – groß genug sei, um sich zu Hause ein Stück Land zu kaufen. Der damals verbreitete „Hunger nach Land" der polnischen Bauern war der Motor dieser Bewegung in allen drei polnischen Teilungsgebieten. [...]

Diese schwierigen Verhältnisse wurden von polnischer Seite wie bereits erwähnt ziemlich lange toleriert. Es kam erst nach 1910 zu einer Reaktion. Ich erinnere mich an eine große Beratung im Büro für Sozialfürsorge in der Marszałkowska-Straße in Warschau unter dem Vorsitz des späteren Premiers Władysław Grabski[106], aber der Resolutionstext dieser Versammlung ist mir nicht mehr gegenwärtig. Der allgemeine Eindruck unter uns Anwesenden nach Anhörung aller Vertreter aus den drei Teilungsgebieten, zumeist von Geistlichen, war der, dass man unverzüglich koordinierte Maßnahmen ergreifen müsse. 1911 wurde in Posen die „Saison Arbeiter Fürsorge" (im Weiteren S.A.F. genannt) gegründet und in das preußische Register eingetragen. Sie erhielt kurz darauf im Januar 1912 einen zweiten Sitz in Berlin. Dies war mit Blick auf die Tatsache geschehen, die deutsche Hauptstadt stelle die wichtigste Station für den Transit polnischer Arbeiter dar und sei aus

---

[106] Władysław Grabski (1874-1938), nationaldemokratischer Politiker, Autor der Währungsreform von 1924, die der Hyperinflation in Polen ein Ende setzte.

geografischen Gründen am besten dafür geeignet, eine Einrichtung zu schaffen, der vor allem in Preußen die Aufgabe zukam, das Schicksal der polnischen Arbeiter zu verfolgen. Der Vorstand dieser Einrichtung lag in den Händen des Geistlichen Beisert, der auch Probst in Schrimm war, sowie meiner Person; den Sekretärsposten hatte der energische Leon Barciszewski inne – gegenwärtig Stadtpräsident von Gnesen – der sich gut in Arbeiterfragen auskannte.

Das erste Jahr dieser Einrichtung in Berlin war schwer, weil sie nicht subventioniert wurde und sich vornehmlich durch die Beiträge der ortsansässigen Polonia finanzieren musste. Dennoch war die Notwendigkeit, für die in beide Richtungen über Berlin reisenden Arbeiter und deren Familien eine Anlaufstation zu schaffen, offenkundig, denn die Menschen waren ohne sie gezwungen, manchmal nacheinander ganze Nächte auf den kalten Fliesen des Schlesischen Bahnhofs zu verbringen. Es bestand also die Notwendigkeit, die Einrichtung dauerhaft zu subventionieren. Ich wandte mich damals an den russischen Generalkonsul von Hamm in Berlin, der zuvor in Stettin gewesen war und von der Armut der polnischen Arbeiter in Preußen außergewöhnlich viel wusste. Daraufhin schrieb der Konsul einen Bericht nach Petersburg und wies die russische Regierung auf den Umgang der deutschen Behörden mit den Arbeitern aus Russisch-Polen hin. Ich blieb an dieser Sache dran und reiste nach Petersburg, wo ich in unseren Fraktionen an der Newa selbstverständlich noch größere Unterstützung fand, vor allem seitens des Dumaabgeordneten Ludomir Dymsza[107] und des Staatsratsmitglieds I. Szebeko. Aufgrund der nachdrücklichen Forderungen dieser Herren stellte der russische Staatsschatz als monatliche Subvention die Summe von 1.000 Mark für unsere Einrichtung zur Verfügung. Ein Jahr später reisten Pastor Beisert und ich in derselben Mission nach Lemberg, um mit der Landesabteilung zu verhandeln, die uns ebenso, allerdings erst ab dem 1. Januar 1914 eine dauerhafte Subvention aufgrund des hohen Anteils migrierender galizischer Arbeiter zur Verfügung stellte. Damit konnte in Berlin eine Anlaufstelle für 40 Personen entstehen, die dort drei Tage übernachten konnten, Schutz fanden und verköstigt wurden. Die feierliche Einweihung unserer Einrichtung fand unter Teilnahme der Polizei und deutscher Priester Mitte Januar 1914 statt, worüber auch der „Kurier Warszawski" vom 20. Januar 1914 berichtete.

Der Krieg brach aus [...]. Nur wenige Tage später erhielt ich den polizeilichen Befehl, mich unverzüglich beim Innenminister Friedrich Wilhelm von Loebell zu melden, der mich sofort empfangen würde. Ich fuhr die Allee Unter die Linden entlang und konnte mir nicht einmal vorstellen, weshalb man mich hat rufen lassen. Vom Minister persönlich, der bemüht war seine Unruhe nicht zu zeigen, erfahre ich, Mitglieder des Reichstags aus Pommern seien mit der Hiobsbotschaft nach Berlin gekommen, in Pommern hätten auf einem Dutzend Gütern die polnischen Saisonarbeiter begonnen, ihre Arbeit aufzugeben und würden nun massenweise nach Russisch-Polen flüchten, wobei es schon zu blutigen Auseinandersetzungen mit einigen Toten gekommen sei. Dem Minister sei daran gelegen, dass unsere Fürsorgeorganisation, auf die ihn die Polizei als Institution mit Einfluss auf die Saisonarbeiter hingewiesen habe, versuchen solle, diese Arbeitermassen durch unsere Leute zu beruhigen. Im Zustand höchster Erregung verwies der Minister darauf, es gehe nicht nur um die deutsche Landwirtschaft, sondern auch um meine Landsleute, die sich in höchster Gefahr befänden, falls sie weiterhin ihre Arbeitsplätze auf den Gütern verlassen sollten. Da es durchaus realistisch war, dass bei

---

107 Ludomir Dymsza (1860-1915), Jurist, Professor der Petersburger Universität, Duma-Abgeordneter.

einer solch aufgeheizten Stimmung in ganz Deutschland für unsere flüchtenden Landsleute eine Bedrohung bestand, hatte ich keine andere Wahl, als dem Minister meine Bereitschaft zu erklären, zu diesem Zweck im Sekretariat des Büros die entsprechenden Leute aus Berlin zu mobilisieren; ich verlangte jedoch wenigstens ein paar Autos, da damals der gesamte Schienenverkehr zum Erliegen gekommen war. Der Minister gab bereitwillig sein Einverständnis, aber bereits am übernächsten Tag erklärte er mir in unserem zweiten Gespräch, zu dem er mich hatte rufen lassen, mit saurer Miene, alle Wagen seines Ministeriums seien requiriert worden und er sei nun dazu gezwungen, die Erledigung der gesamten Angelegenheit dem Militär zu überlassen, was er habe verhindern wollen. Die Militärbehörden erstickten natürlich diese Massenbewegung unserer Arbeiter im Keim, aber wer weiß mit welchen Mitteln … Im Übrigen ging bereits einige Tage später die gesamte Zivilverwaltung in die Hände der Militärbehörden über. Deutschland bestand nun nicht mehr aus den miteinander verbundenen Ländern und Provinzen, sondern aus 20 „Stellvertretenden Generalkommandos" und in jedem dieser Militärkreise regierte ab diesem Zeitpunkt allein ein alter General, der *ad hoc* wieder eingesetzt wurde, weil die eigentlichen Generäle an der Front waren. Die Wirtschaft dieser oft von Krankheit gezeichneten Militärbonzen setzte nicht nur deutlich den wie in einem Netz gefangenen Ausländern zu, sondern auch der gesamten deutschen Zivilgesellschaft, die plötzlich vollkommen machtlos war.

Die ganze Episode meines kurzen Gespräches im Ministerium hatte weitreichende Folgen, die mir erst einige Monate später in ihrem ganzen Ausmaß klar wurden. Die Erregung des Ministers war sachlich begründet. Die Mobilisierungsrate in Deutschland war zu Beginn des Krieges deutlich höher als in Frankreich oder Russland. Die gesamte militärische Strategie bestand offenkundig darin, so viele Soldaten wie möglich nach Belgien und Frankreich zu senden, um den entscheidenden Sieg zu erringen, bevor Russland alle Soldaten mobilmachen konnte. Aus diesem Grund fehlten in der deutschen Landwirtschaft bereits im August 1914 Arbeitskräfte, sodass man vor allem nach der Abberufung der galizischen Arbeiter durch die österreichischen Militärbehörden auf die Hilfe der ca. 600.000 Arbeiter aus Russisch-Polen, die sich bei Kriegsausbruch in Deutschland befanden, angewiesen war. Man kann deshalb ohne Übertreibung sagen, nur der Schweiß unserer Landarbeiter habe den Deutschen ermöglicht, die Ernte im Jahr 1914 einzubringen und die Felder neu einzusäen; die Ernte 1915 und weitere Ernten einzubringen. Ohne unsere Arbeiter wäre Deutschland praktisch 1915 aus Arbeitskräftemangel in der Landwirtschaft schon nicht mehr in der Lage gewesen, weiterhin Krieg zu führen. Dieses Argument führte ich während des gesamten Krieges immer wieder bei Konflikten unserer S.A.F. mit den deutschen Behörden an und man pflichtete mir oft bei. Dieser außerordentliche Umstand war offensichtlich in den Julitagen 1914 von der russischen Regierung überhaupt nicht bedacht worden, denn sie hatte die Tatsache, dass sich im Juli fast 1.000.000 Landarbeiter, vor allem aus Zentralpolen, aber auch aus Galizien, Litauen, den baltischen Provinzen, Podolien und Wolhynien in Deutschland aufhielten, nicht in Betracht gezogen. Für alle diese Arbeiter war jedes Jahr eine sogenannte „Karenzzeit" verpflichtend, das heißt, die preußischen Behörden verpflichteten sie dazu, spätestens am 15. November aus Deutschland auszureisen und frühestens am 1. März wieder einzureisen. Hätte Russland mit der Kriegserklärung so lange gewartet, bis die eigenen Untertanen zurückgekehrt wären, wäre es möglicherweise bereits 1915 zur Niederlage Deutschlands gekommen, oder die deutsche Regierung hätte zu diesem Termin vielleicht gar nicht erst den Krieg erklärt. So hatte diese, wie es scheint kleine Unachtsamkeit große Folgen.

In den ersten Kriegsmonaten empfand ich die Situation als sehr bedrückend. Der Sieg Deutschlands in Belgien und Frankreich bis zur Marne und danach die Triumphe im Kampf mit der russischen Armee trieben das deutsche Volk in einen Wahn und ließen Hochmut und Fremdenfeindlichkeit aufkeimen, die nicht mehr zu beschreiben waren. Es war schon gefährlich auf der Straße nicht deutsch zu sprechen. Alle Häuser waren mit Fahnen geschmückt und da auf dem Balkon meines Hauses, das hervorragend zu sehen war, weil es an einem offenen Platz in Friedenau stand, nie eine deutsche Fahne zu sehen war, ließ mich noch mehr leidige Erfahrungen machen. Hinzu kam, dass in Deutschland zu jener Zeit neben den rein militärischen Angelegenheiten ein solches Chaos herrschte, dass es schwirig war, Informationen gleich welcher Art zu bekommen. Ich bekam dies um so deutlicher zu spüren, je mehr ich mit Depeschen und Briefen aus Stockholm überschüttet wurde, die von Personen stammten, die mich kannten, aber auch oft von völlig fremden Menschen, die etwas über das Schicksal ihrer Verwandten erfahren wollten, die in Deutschland, insbesondere in Berlin interniert waren.

Es ist völlig unmöglich dieses Chaos zu beschreiben, deshalb erwähne ich hier nur ein Beispiel. Ende August erhielt ich immer mehr flehende Bittbriefe aus Polen, in denen ich gebeten wurde, etwas über das Schicksal des einen oder anderen Studenten, der in Lüttich vom Krieg überrascht worden war, in Erfahrung zu bringen. Mir war überhaupt nicht klar, was hinter diesen Bitten stand. Die Berliner Behörden wollten und konnten mir vielleicht in jener Zeit auch keine Informationen geben, sodass ich in dem Zeitraum zwischen September und Oktober überhaupt keine Antwortschreiben in Bezug auf diese Studenten nach Polen schicken konnte, weshalb viele Familien mit Sicherheit ärgerlich auf mich waren. Unerwartet rief dann Anfang November die Zentrale der Zionisten bei mir in Berlin an, weil sie erfahren hatten, dass ich mich um polnische Angelegenheiten kümmere; sie baten mich, sofort zu ihnen zu kommen. Ich fuhr ins Büro der Zentrale, wo man mir Folgendes erzählte: Im Lager Münster befänden sich ungefähr 400 Studenten, die russische Untertanen seien. Bei Ausbruch des Krieges hätten sie an unterschiedlichen wissenschaftlichen Einrichtungen dieser Stadt studiert und seien als russische Untertanen sofort in besagtem Lager interniert worden. Unter ihnen befänden sich 100 Studenten polnischer Abstammung, die besonders schlecht behandelt würden, da, ob zu Recht oder nicht, das Gerücht umgehe, diese jungen Leute hätten aus dem Fenster auf deutsches Militär geschossen, als das Regiment Erich Ludendorffs – der zu dem Zeitpunkt noch einfacher Oberst gewesen war und danach ein ebenso allmächtiger Führer des deutschen Militärs wie Hindenburg wurde – nach Lüttich vordrang. Die jüdischen Kollegen besagter Studenten hatten damals irgendwie Kontakt mit einem Rabbiner in Hannover aufgenommen und über ihn dann mit der Zionistischen Zentrale in Berlin, die sich mit Nachdruck um deren Schicksal kümmerte. Demnach hatten sie die Zentrale direkt über die schwere Lage ihrer polnischen Kollegen im Lager informiert, weshalb sich nun die Zentrale an mich wandte, damit ich mich weiter um das Schicksal dieser jungen Polen kümmern konnte. Nur dank der hilfsbereiten Zionisten erhielt ich eine Liste besagter Studenten, die ich sofort an den „Kurier Warszawski" weiterleitete, der sie drucken sollte, um die Familien zu beruhigen. Gleichzeitig schickte die zionistische Zentrale größere Mengen an Unterwäsche und Kleidung nach Münsterlager, die auch ihre Adressaten erreichten. Sie bemühte sich weiterhin um bessere Bedingungen für ihre Studenten, während ich mich in dieser Angelegenheit an den katholischen Bischof in Hildesheim wandte und so wie der Rabbiner Dr. Selig Gronemann aus Hannover, der sich in diesem Zusammenhang besonders verdient gemacht hatte und gegen die Regierung protestierte, konnte ich mich auf den katholischen Bischof berufen. Diese gemeinsame Aktion war allerdings nicht allzu wirkungsvoll. Sie brachte für jene polnische Studenten gewisse Hafterleichterungen, aber nicht die Freiheit.

Im August und September war Berlin voll mit polnischen Familien und Kurgästen, die durch den Krieg überrascht wurden und nicht ausreisen konnten. In manchen Bezirken wurden diese Leute vor Ort interniert, in anderen wiederum wurde ihnen erlaubt, nach Berlin zu reisen. Weil in Berlin die Zahlungsanweisungen polnischer Banken schon nicht mehr anerkannt wurden, bekamen die polnischen Familien immer deutlicher den Geldmangel zu spüren […] vor allem als die Nachricht die Runde machte, das jüdische Komitee habe aus Russland die erste Million Rubel erhalten, die als Soforthilfe für die in Deutschland internierten russischen Untertanen bestimmt seien, wurden die Büros dieses Komitees in der Steglitzer Straße von allen durch den Krieg Betroffenen regelrecht belagert. Auf der Straße gab es mehrere Hundert Meter lange Schlangen, die Frauen weinten, oder wurden ohnmächtig; die Augusthitze tat ihr Übriges und trug mit bei zu einer Aufregung, die sich nicht beschreiben lässt. In dieser bis zum Bersten gespannten Atmosphäre lebten die polnischen Familien in Berlin über mehrere Wochen. Ich betrachtete die Aktivitäten des jüdischen Komitees, an dessen Spitze Dr. Bernard Kahn, ein Vertrauensmann der amerikanischen Juden stand, genauer. Er war loyal und menschlich, verfügte selbst auf militärischer Ebene über sehr gute Kontakte und war mit einer Polin verheiratet. Ich bin froh sagen zu können, bei der Verteilung der Hilfspakete habe das jüdische Komitee die katholischen, polnischen Familien nicht benachteiligt. Ebenso konnte ich feststellen, dass dank der Loyalität von Dr. Kahn dasselbe Komitee bei der Versendung von Kleidung für die jüdischen Kriegsgefangenen aus eigenem Antrieb auch die Bedürfnisse der katholischen berücksichtigt hat. Später wurde diese Hilfsaktion von der spanischen Botschaft abgewickelt, weil Spanien die Interessenvertretung der russischen Bürger übernommen hatte und der damalige Botschaftsrat Marquise Delgado (gegenwärtig spanischer Gesandter in Warschau), mit dem ich mich lange in dieser Sache traf, erwies sich in Bezug auf die polnischen Angelegenheiten als außerordentlich liebenswürdig. […]

Unterdessen wurde der Zustrom polnischer Familien nach Berlin, im Allgemeinen älterer Menschen, Frauen und Kinder von Tag zu Tag größer. Diese Menschen, die meist aus besseren Verhältnissen stammten, forderten nachdrücklich die Rückkehr nach Polen, sei es auf dem Seeweg über Schweden. Dank des Einflusses und den guten Beziehungen Dr. Kahns und des örtlichen polnischen Komitees, begann schließlich die Berliner Kommandantur – vielleicht auch aufgrund der Bemühungen von Vertretern neutraler Staaten in Berlin, zu denen die Polen Kontakt aufnehmen konnten –, sich langsam mit dem Gedanken vertraut zu machen, diese Familien ausreisen zu lassen. Ende September fuhr der erste Zug nach Sassnitz auf Rügen, der die Familien via Haparanda nach Petersburg bringen sollte. Wir verabschiedeten uns von den Reisenden am Stettiner Bahnhof und freuten uns über den gelungenen Durchbruch. Aber was nutzte das schon? Am übernächsten Tag wurde der Kommandantur mitgeteilt, die Familien der ersten Gruppe seien nach ihrer Ankunft in Sassnitz auf Befehl des stellvertretenden Stettiner Generalkommandos mit General Heinrich von Vietinghoff an der Spitze festgehalten worden. Bei den Irrungen und Wirrungen, die polnische Bürger in Deutschland durchlebten, spielte diese Person eine üble Rolle, worüber ich im Kapitel über das Unglück der polnischen Arbeiter noch ausführlich berichten werde. Unter den noch in Berlin verbliebenen Polen, die damit rechneten, mit den nächsten Zügen aus Deutschland herauszukommen, brach daraufhin eine Panik aus. Alle liefen zur Kommandantur und protestierten, schrieen oder brachen in Tränen aus. Unterdessen wurde Dr. Kahn von der Berliner Kommandantur aufgefordert, sich in deren Namen nach Sassnitz zu begeben, um das unerwartete Hindernis zu beseitigen. Dr. Kahn reiste nach Sassnitz und wandte sich an den dortigen Landrat, um ihn über seinen Auftrag zu informieren, aber in Deutschland herrschte ein solches Durcheinander, dass der Landrat aus Stettin den Befehl erhielt, Dr. Kahn mit der Begründung, er mische sich in fremde Angelegenheiten ein, in Haft zu nehmen. Selbstverständlich klärte sich die Sache mit Dr. Kahn nach einem erneuten Depeschenwechsel zwischen den Berliner und Stettiner Behörden auf, aber die Stettiner Kommandantur machte immer noch Probleme. In Sassnitz und Binz kam unter anderem eine zahlenmäßig große polnische Gruppe an, an deren Spitze der ungewöhnlich energische Rechtsanwalt Papieski[108] stand, von dem ich mehrfach Briefe erhielt. Er war es auch, der mir aus Kolberg geschrieben hatte, wo ebenfalls unmittelbar nach Ausbruch des Krieges eine große Gruppe polnischer Kurgäste festgehalten worden war, denen nicht einmal erlaubt wurde, nach Berlin zu fahren. Sein Komitee hatte wirklich einiges zu tun, um über diverse Dinge nachzudenken. Die Hotels in den Badeorten Sassnitz und Binz waren nicht auf Gäste im Spätherbst eingestellt und verfügten demnach auch nicht über Heizmöglichkeiten. Aus diesem Grund äußerte das Komitee nachdrücklich Bitten nach warmer Kleidung, vor allem für Kinder. Aus den zahlreichen Briefen, die ich zu jener Zeit aus Sassnitz und Binz erhielt, geht deutlich hervor, wie dramatisch die Situation dieser Familien aufgrund der Böswilligkeit des besagten General Vietinghoffs wurde. Erst nach und nach und sehr langsam beugte sich Stettin dem Druck der Berliner Kommandantur. Soweit ich mich erinnere, konnten die Betroffenen erst Ende Dezember endgültig nach Polen ausreisen, aber zumeist ohne die jungen Männer – sie wurden interniert. Einige Familien blieben in Berlin, weil sie im Winter nicht die Reise über Finnland riskieren wollten, was damals sicherlich gefährlich war.

Im Herbst wurde es noch beschwerlicher, deutsche Luft zu atmen. Der Chauvinismus feierte immer neue Erfolge, über die nur derjenige etwas sagen kann, der zu jener Zeit in Deutschland lebte. Die Militärbehörden verheimlichten der Bevölkerung die grundlegende Bedeutung der Schlacht an der Marne; der normale Bürger verrückte nur rote Stecknadeln, die es damals in fast jedem Haushalt gab, gemäß den Erfolgen der deutschen Armee im Westen und im Osten, außerdem glaubte er blind an den Sieg Deutschlands. Dieser Stolz nahm manchmal kaum vorstellbare Formen an. So kam es damals zu einer Situation, in der General Ludendorffs Frau im Restaurant Hiller einer fremden Gesellschaft, die am Nebentisch saß, vor dem Kellner verbat, in ihrer Gegenwart polnisch zu sprechen und daraufhin die Direktion des Hotels unsere Landsleute aufforderte, sich dem Willen der Frau des Generals, die offensichtlich ebenso wie ihr Mann (von dem sie sich übrigens nach dem Krieg scheiden ließ) nicht das geringste Taktgefühl besaß, zu beugen. Zu solchen krankhaften Reaktionen kam es häufig, und wenn man die Deutschen beobachtete, konnte man geradezu an der Intelligenz dieses doch sehr gebildeten Volkes zweifeln. [...]

---

108 Leon Papieski (1859-1917), Jurist, arbeitete in Russland und reiste u. a. nach China, publizierte Reiseberichte in der Warschauer Presse.

Ich komme nun zu Angelegenheiten, mit denen ich bis zum Ende des Krieges persönlich befasst war, nämlich zu einem Problem, das große Massen betraf: dem Schutz von Kriegsgefangenen und Arbeitern. Zuvor möchte ich noch einige Worte über die sogenannten Zivilgefangenen sagen. Dieser Begriff entstand erst mit dem Ersten Weltkrieg, war also im Krieg von 1870 noch unbekannt, zumindest äußerst ungewöhnlich. Es genügt zu erwähnen, dass selbst der Umgang mit den Offizieren damals auf der einen wie auf der anderen Seite recht liberal war. So mussten in Posen inhaftierte Offiziere nur ihr Ehrenwort darauf geben, nicht zu flüchten, ansonsten konnten sie sich relativ frei bewegen. Sie konnten sogar manchmal polnische Gutsbesitzerfamilien besuchen und vor diesem Hintergrund kam es häufiger zu Eheschließungen zwischen Franzosen und Polinnen aus Großpolen. In dieser Hinsicht markiert der Große Krieg das Schlimmste, was man sich vorstellen kann: die Aufgabe humanistischer Ideale. In allen am Krieg teilnehmenden Ländern wurden von August 1914 an massenweise Zivilpersonen, die Staatsbürger eines feindlichen Landes waren, in Haft genommen und in Lager interniert. In dieser Hinsicht waren die Deutschen nicht schlimmer als andere Staaten. [...]

Die Mitglieder der polnischen Fraktion im Reichstag hatten ebenso wie ich große Schwierigkeiten, diese zivilen Gefangenen wieder freizubekommen. Bereits Ende 1914 wurden Vorfälle dieser Art so häufig, dass ich mich an Erzberger[109], den Leiter der riesigen und entsprechend dotierten deutschen Propagandabehörde wandte, um ihn vor allem auf das Schicksal jener zivilen Gefangenen aufmerksam zu machen. Erzberger blieb nahezu gleichgültig. Er sagte mir nur Hilfe für die inhaftierten Priester zu, aber wenn ich mich erinnere, hat er nur ein einziges Mal im Fall von Prälat Żak aus Włocławek Wort gehalten.

Wie bereits erwähnt, standen die polnische Fraktion in Berlin, die polnischen Redaktionen in ganz Deutschland und unsere Berliner S.A.F. seit 1915 vor der doppelten Aufgabe, den Arbeitern und den polnischen Kriegsgefangenen mit russischer Staatsbürgerschaft zu helfen. Zahlenmäßig war die erste Gruppe die größte. Ende 1915, nachdem auch Warschau eingenommen wurde, und nicht nur Zentralpolen, sondern auch weiter im Osten gelegene polnische oder teilweise polnische Gebiete von den Deutschen besetzt waren, betrug die Zahl polnischer Arbeiter in Deutschland mit den aus Lodz und Warschau 'importierten' Fabrikarbeitern fast eine Million. Kriegsgefangene gab es Anfang 1919, als ich mich als Konsul um ihre Rückführung ins Vaterland bemühte, dagegen nur etwa 100.000. Es lag in der Natur der Dinge, dass sich die polnische Fraktion und andere polnische Institutionen in Deutschland dem Verhältnis entsprechend, um Hilfe für die einen wie die anderen bemühten. Die Situation der Kriegsgefangenen, die durch Stacheldraht von der Welt um sie herum getrennt waren und sich trotz allem unter der Kontrolle der Genfer Konvention und des Roten Kreuzes befanden, war außerdem eine völlig andere als die der Arbeiter. Die Kriegsgefangenen brauchten vor allem Oberbekleidung, Unterwäsche, ein wenig Bargeld und geistige Nahrung.

Auch im Hinblick darauf wurde von den Institutionen im preußischen Teilungsgebiet, insbesondere vom Nationalrat in Posen, wie auch von unserer S.A.F. alles erdenklich Mögliche getan. Wenn es um Bücher ging, gestaltete sich die Sache für uns in Berlin aufgrund der von Anfang an wenig freundlichen Haltung der Berliner Militärbehörden sehr schwierig. Nachdem ich dort auf Ablehnung stieß, wandte ich mich an den

---

109 Matthias Erzberger (1875-1921), Politiker der Zentrum-Partei, Reichstagsabgeordnete, 1918 unterzeichnete er den Waffenstillstand mit den Alliierten. 1921 von deutschen Nationalisten ermordet.

zuständigen Geistlichen im Moabiter Gefängnis, um die Versorgung mit Büchern über das Komitee der katholischen Verbände in Deutschland zu erleichtern. Aufgrund der Einflussnahme und der Hilfe dieses Geistlichen erklärten sich die Militärbehörden schließlich damit einverstanden, dass wir diese Aktion im Rahmen des „Arbeitsausschusses der katholischen Gefangenenfürsorge" durchführen konnten.

Sie stellten allerdings die Bedingung, jedes ins Gefangenenlager geschickte Buch müsse meine Unterschrift mit dem Stempel „Inhalt unbedenklich" aufweisen, das heißt von mir zuvor gelesen worden sein. Das war natürlich nahezu unmöglich. Stattdessen setzte ich täglich in unserem Büro nach einer schnellen inhaltlichen Überprüfung, ob nicht dieses oder jenes Buch antideutsche Tendenzen, die den Militärbehörden Anlass gegeben hätten, mir diese Aktion in Zukunft zu untersagen, meine Unterschrift unter einige Hundert Bücher. Von Anfang an und über längere Zeit halfen mir in dieser Angelegenheit junge Polen, die in Berlin vom Krieg überrascht worden waren. Ich erinnere mich in Dankbarkeit daran, solche wertvollen und tatkräftigen Mitarbeiter gehabt zu haben. [...]

Diese jungen Leute erstellten mit großer Sorgfalt Kataloge für die jeweiligen Lager, sahen die Bücher, die von mir unterschrieben werden mussten, durch, packten sie anschließend in Kisten und schickten diese deklarierten Kisten in die entsprechenden Lager, wo die Bücher mit Sicherheit von Militärzensoren, die polnisch sprachen, genau unter die Lupe genommen wurden. Die Bücher erhielten wir nach einem Aufruf meinerseits von der örtlichen Polonia, danach aus Warschau und vor allem von der Posener Organisation für Volksbibliotheken unter der Leitung von Pfarrer Ludwiczak[110].

Ich hatte persönlich keine Schwierigkeiten durch die erforderlichen Unterschriften, nur in einem Fall beanstandeten die Militärbehörden gegenüber dem katholischen Komitee, das hinter mir stand, in irgendein Lager seien angeblich mit einem unserer Transporte einige Exemplare über polnische Geschichte mit antideutschen Tendenzen gelangt. Der Vorstand des katholischen Komitees verteidigte mich jedoch und wies darauf hin, bei einem Unternehmen in diesem Umfang könne auch einmal etwas übersehen werden. In der ersten Phase verschickten wir wöchentlich zwei, vielleicht auch drei Transporte mit mehreren Hundert Büchern, Büchlein und Gelegenheitsschriften. Insgesamt wurden mindestens 30.000 Bücher verschickt.

Die Lager waren nicht immer zufrieden. Manchmal kritisierte das Polnische Lagerkomitee die von uns gelieferten Bücher als nur für einfache Leute geeignet und manchmal umgekehrt als zu anspruchsvoll. Deshalb stellten wir am Ende die Transporte gemischt zusammen, damit sowohl für die einen als auch für die anderen etwas dabei war; an Kritik fehlte es trotzdem nie. Mit der Zeit begannen die erwähnten jungen Männer nach Warschau zurückzukehren und etwa nach einem Jahr wurden unsere Aktivitäten in Bezug auf die Bücherlieferungen schon schwächer. Sie waren aber von Anfang an nicht so umfangreich wie die Aktionen von Pastor Ludwiczak aus Posen, der auf diesem Gebiet mit viel Energie tätig war und sich große Verdienste erworben hat. [...]

---

110 Antoni Ludwiczak (1878-1942), katholischer Priester, Vorsitzender der Gesellschaft für Volksbibliotheken, Gründer mehrerer Bibliotheken in Großpolen. 1939 wurde Ludwiczak von Gestapo verhaftet, Häftling in mehreren Konzentrationslagern. 1942 vergast.

Die oben bereits erwähnte unterschiedliche Situation von Arbeitern und Kriegsgefangenen trat im Laufe der Zeit immer deutlicher zutage. Unsere Hilfsaktion zugunsten der Arbeiter gestaltete sich einerseits einfacher, andererseits schwerer als die Hilfe für die Kriegsgefangenen. Einfacher, weil die polnische Seite, wenn sie es nur wollte, trotz aller Schwierigkeiten über die entsprechenden technischen Möglichkeiten verfügte, um persönliche Kontakte mit den Arbeitern zu knüpfen, die über ganz Deutschland verstreut waren. Im Gegensatz dazu erhielten die Delegierten bis Ende 1917 überhaupt keine Zugangserlaubnis zu den Kriegsgefangenenlagern und ließen allerhöchstens aufgrund der Situation immer nur oberflächliche Kontrollen neutraler Komitees zu.

Die Sorge um die Arbeiter war aber gleichzeitig schwerer, weil wir in ihrer Angelegenheit nicht nur gegen die strengen Vorschriften der Militärbehörden, sondern oft auch gegen den Willen der Verwaltungsbehörden anzukämpfen hatten, außerdem gegen die Gier und die Ausnutzung vonseiten der Arbeitgeber, die die Hilflosigkeit der Arbeiter schamlos ausnutzten und am Ende schließlich noch gegen die Willkür und Brutalität auf den Gütern, in den Bergwerken oder Fabriken seitens völlig untergeordneter Verwalter. Die Arbeiter befanden sich in großer Vereinzelung. Die polnischen Kriegsgefangenen repräsentierten in den Lagern immer mehr oder weniger große polnische Gemeinschaften. Ein Arbeiter arbeitete, wenn nicht ganz alleine, dann mit Gruppen von ein paar, zwischen zehn und zwanzig, maximal aber von einiger Dutzend Leuten zusammen [...].

Die rein technische Tatsache, dass diese Arbeitermassen über ganz Deutschland verstreut waren, erschwerte die Lage der Arbeiter in hohem Maße und machte die Vertretung ihrer Interessen durch kompetente polnische Institutionen in Deutschland nicht einfach. Dies erklärt auch den Sachverhalt, dass unter den zahllosen Beschwerden, mit denen die polnische Fraktion, die Redaktionen und unsere S.A.F. geradezu überschüttet wurden, nicht die der Kriegsgefangenen, sondern die der Arbeiter überwogen. [...] Mit Ausbruch des Krieges erhielten viele Rechtsanwälte in Deutschland, vor allem in Berlin den Rang, in jedem Falle aber die Aufgaben von Kriegsgerichtsräten, die zumeist über weit reichende Kompetenzen auf dem Gebiet der Rechtsprechung in den Lagern und Gefängnissen verfügten, kurz gesagt überall dort, wo es um Ausländer ging, vor allem um Fremdarbeiter, die in Deutschland arbeiteten oder interniert waren. Im Berliner Raum tat sich sofort der berühmte und noch heute in Berlin praktizierende Anwalt Dr. Richard Frankfurter hervor und übernahm gleich eine sehr verantwortungsvolle Funktion. Dieser Mann hatte als Rechtsanwalt offensichtlich bereits unmittelbar nach seiner Nominierung als Dezernent für polnische Angelegenheiten angesichts der Flut von Beschwerden polnischer Arbeiter in seinem Bezirk ein Gefühl dafür, welche Beschwerden nicht einfach ignoriert werden konnten, sodass er bereits in den ersten Tagen seiner Amtszeit – was damals ziemlich gewagt war – versuchte, von der Kommandantur das Recht zu erwirken, einen Polen, der sich mit den Angelegenheiten der polnischen Arbeiter befassen sollte, auswählen zu können. Danach hatte er sich offensichtlich in dieser Angelegenheit an die Polizei gewandt, die mich darüber informierte, sie hätte ihm gegenüber auf mich als Leiter unserer S.A.F. verwiesen und es wäre gut, wenn ich mich mit ihm in der Kommandantur bekannt machte und mit ihm spräche. Dies tat ich auch und bereute es nicht, im Gegenteil ich war diesem Mann wirklich dankbar dafür, dass er mir, wenn auch mit mikroskopisch kleinen Handlungsspielräumen und im Rahmen des Wenigen, was ich zu tun vermochte, die Möglichkeit gab, den wehrlosen, machtlosen polnischen Arbeitern zu helfen, die oft ein tragisches Schicksal hatten, weil sie sich plötzlich in die Maschinerie der deutschen Gesetzesmühlen verfangen hatten. Die erste Anordnung Dr. Frankfurters war richtig und menschlich. Er setzte jeden Mittwoch Zeiten fest, an denen Beschwerden der Arbeiter – in seinem Büro bei der Kommandantur – entgegengenommen wurden, und befahl, soweit dies möglich war, diesen Beschwerden augenblicklich nachzugehen. [...]

Meine Rolle an diesem Mittwochtagen war äußerst schwierig, erforderte sehr viel Fingerspitzengefühl und Selbstbeherrschung, denn ich verfügte in dem riesigen Saal, in dem man die Beschwerden vorbringen konnte, weder über ein eigenes Zimmer, noch einen eigenen Schreibtisch. Ich ging nur von Tisch zu Tisch, hörte mir die Beschwerden unserer Leute an und warf auch einen überprüfenden Blick auf die Protokolle, wobei ich, wenn ich überzeugt davon war, jemandem geschehe wirklich Unrecht, mich bemühte, den zuständigen Referenten so gut es ging, für die Angelegenheiten des jeweiligen Arbeiters einzunehmen. Es kam nämlich auch vor, dass ein Arbeiter nur von allgemeinen Bestimmungen, die für ganz Deutschland Geltung hatten, betroffen war, aber nicht von direktem Missbrauch die Rede sein konnte, gegen den man gegebenenfalls schärfer vorgehen musste. Manchmal war ich nur ein bescheidener Übersetzer, manchmal gab man mir sogar an dem einen oder anderen Tisch zu verstehen, dass eine Intervention meinerseits absolut nicht notwendig sei. In schweren Fällen suchte ich immer wieder das Büro von Dr. Frankfurter auf und beschwerte mich über den zuständigen Referenten. Das konnte ich allerdings nicht ständig tun, denn meine Position hing formal an einem dünnen Faden, die nur von der Freundlichkeit Dr. Frankfurters abhing, aber auch er verhielt sich unterschiedlich und wollte sich auf keinen Fall wegen mir mit den Militärbehörden anlegen. Ich habe dennoch aus unterschiedlichen Quellen erfahren, dass er aufgrund meiner Gegenwart an besagten Tagen verschiedene Unannehmlichkeiten in Kauf nehmen musste. So war also das Resultat meiner Gegenwart prozentual bescheiden, und wenn es mir gelang, nach dieser mehrstündigen Plackerei sei es auch nur ein Dutzend einigermaßen günstige Entscheidungen zu forcieren, dann war ich schon zufrieden, obwohl an jedem Mittwoch im Laufe einer Woche einige Hundert Beschwerden eingingen.

Neben diesen Verfahren an jedem Mittwoch hatte ich in den ersten Monaten auch dank der liberalen Haltung von Dr. Frankfurter die Möglichkeit, an Verhören von Polen, die in der Stadtvogtei, einem großen Gefängnis nahe dem Polizeipräsidium einsaßen, teilzunehmen. Dieser offene Umgang war von kurzer Dauer, weil vermutlich die Militärbehörden die Einsicht eines ausländischen Zivilisten in die internen Strukturen des Gefängnisses für sträflich hielten. Abgesehen davon hatte ich auch hier nur einen bescheidenen Einfluss. Ich war zu diesen Verhören nur als Leiter der Berliner S.A.F. in der Funktion eines Experten ohne Stimmrecht zugelassen. Das Gefängnis Stadtvogtei spielte während des gesamten Krieges eine große Rolle im Leben aller Ausländer, die das Pech hatten, sich in jener Zeit in der Reichweite der Berliner Kommandantur zu befinden, gar nicht zu reden von irgendwelchen Verdachtsmomenten, die man auf sich ziehen konnte. Es war im Grunde ein riesiges Untersuchungsgefängnis und mit den dort inhaftierten Personen wurde verhältnismäßig gut umgegangen, zumindest ist mir nichts Gegenteiliges bekannt geworden. Außerdem hielten sich in einem Teil des Gefängnisses die Gefangenen nur in der Nacht in ihren Zellen auf.

Nichtsdestotrotz weckt die Stadtvogtei – zumindest wenn es um Polen geht – bei denjenigen, die dort waren, bis heute schreckliche Erinnerungen. Dort saßen täglich einige Hundert Leute, das heißt, die Verhöre kamen auch beim besten Willen vonseiten Dr. Frankfurters nur langsam voran. Folglich wurden sicherlich viele Leute, nachdem sie einige Tage, vielleicht auch einige Wochen inhaftiert waren, wieder freigelassen, weil sie unschuldig waren oder ihnen keine Schuld nachgewiesen werden konnte, was bei diesen armen Kerlen große Verbitterung auslöste. […]

Unterdessen geschahen in Deutschland, einem Land, das vor dem Krieg für seine Ordnung und Gewissenhaftigkeit bekannt gewesen war, in jenen Jahren fürchterliche Dinge, die kaum zu glauben sind und die sich selbst ein Deutscher, wenn er nicht vollkommen blind war, nicht erklären konnte. Nur ein bestimmter Prozentsatz der aus Polen angeworbenen Arbeiter erhielt eine richtige Arbeit; in diesem Fall waren sie oft zufrieden und hatten ein ausreichendes Einkommen. Merkwürdigerweise war es im Allgemeinen aber umgekehrt. Leute, die normalerweise im Büro arbeiteten, sollten Lasten tragen. Fabrikarbeiter sollten in der Landwirtschaft arbeiten, die Landarbeiter wurden in die Bergwerke geschickt usw. Dieses Chaos und der fehlende Blick für die moralische Verantwortung bei den entsprechenden Referenten führten zum Tod verhältnismäßig vieler Personen. Mir ist zum Beispiel eine ins Auge springende Begebenheit in Erinnerung geblieben. Eine ganze Gruppe von Juden aus Litauen wurde zu einem der tiefsten Bergwerke an der Ruhr geschickt, um unten im Schacht die Kohle in Wagons zu laden. Als man ein paar dieser Juden in die Tiefe ließ, erlitten einige von ihnen noch an Ort und Stelle Herzinfarkte und einer starb.

Vor diesem Hintergrund ist auch die schmerzliche Wahrheit zu erklären, wie unglaublich die Dinge waren, die sich von 1915 an über lange Jahre ereigneten. Die polnischen Arbeiter waren verzweifelt, wurden von ihren deutschen Arbeitgebern sehr schlecht behandelt und, was die Art der Arbeit anging, vor allem durch die Bedingungen in den Westfälischen Bergwerken gesundheitlich ruiniert; daraufhin begannen sie massenhaft aus West- oder Mitteldeutschland nach Polen zu flüchten. Oft zu Fuß, weil sie befürchteten, im Zug festgenommen zu werden, oder weil sie ihr letztes Geld nicht für eine Zugfahrkarte ausgeben wollten, wobei ein Fußgänger oft vom Regen in die Traufe kam, da er bereits auf der Straße verhaftet wurde. So oder so kam der arme Kerl dann nach Berlin und hatte keine Ahnung davon, dass am Schlesischen Bahnhof und in den benachbarten Straßen dieses Viertels patrouillierende Polizisten mit dem Instinkt eines Jagdhundes nach ihm suchten, ihn erkannten, sofort diesen Flüchtling einfingen und der Stadtvogtei überstellten.

Diese traurigen Geschehnisse dauerten fast 3 Jahre. Fast jeden Tag verließen Züge mit polnischen Arbeitern, die nicht immer freiwillig reisten, den Schlesischen Bahnhof in Richtung Westen zum Arbeiten und fast täglich brachen unglückliche Flüchtlinge vor allem aus dem Westen Deutschlands in Richtung Berlin auf, landeten oft schon auf dem Weg dahin in irgendeinem Gefängnis, spätestens aber dann, wenn sie es bis Berlin schafften. In dieser Situation wurde jene Stadtvogtei eine wahre Falle für die polnischen Arbeiter. Wenn sich so ein armer Kerl, außer der Aufgabe seiner Arbeit nichts hatte zuschulden kommen lassen, wurde er nicht bestraft, sondern am übernächsten Tag zu der vorhergehenden Arbeitsstelle geschickt, und man kann sich vorstellen, wie er dort empfangen wurde.

In Hunderten Fällen stellte sich jedoch heraus, dass ein solcher Flüchtling als rückfällig erklärt wurde. In so einem Fall blieb er als Strafe eine Woche unter verschärftem Arrest in der Stadtvogtei und musste danach wieder in den Westen. Die Rückfälligkeit in Bezug auf das Verlassen der Arbeitsstelle trat nicht selten mehrmals auf, vor allem wenn es um Arbeitsstellen im Rheinland und in Westfalen ging. In Berlin wurden die polnischen Arbeiter in den Fabriken, abgesehen von einigen, über die man sich bei der Kommandantur weniger beschweren konnte, allgemein etwas besser behandelt und gegen Ende des Krieges gewährte man vor allem den Metallarbeitern ziemlich hohe Akkordlöhne, um den großen Bestellungen der Militärbehörden nachkommen zu können. So war die besagte Stadtvogtei, wenn ich das so sagen darf, in gewisser Hinsicht eine Art Hotel, das die einen verließen und immer wieder neue Leute ankamen.

Der Kommunist Marchlewski[111] konnte diese besondere Situation hervorragend ausnutzen. Marchlewski, der 1920 im Falle eines Sieges der Bolschewisten Statthalter von Warschau werden sollte, habe ich nicht persönlich kennengelernt, kann mich aber daran erinnern, wie mich gegen Ende des Jahres 1915 seine zierliche Frau besuchte, und mich bat, ihn aus der Stadtvogtei herauszuholen. Auf meine Frage, aus welchem Grund er dort sei, gab sie mir eine vage Antwort. Weil sie aber einen in Posen geschätzten Namen trug, stellte ich mich bei Dr. Frankfurter hinter seine Person, der aber diesen Gefangenen auf keinen Fall freilassen wollte. Es stellte sich heraus, dass sein Gefühl absolut richtig war, denn Marchlewski hatte es später überhaupt nicht mehr eilig das Gefängnis zu verlassen, in dem einfach ideale Bedingungen herrschten, um Tausende Herzen zu vergiften, vor allem mit den Grundsätzen des polnischen Kommunismus. Er machte sich sehr geschickt an die Arbeit. Die deutschen Gefangenen vernachlässigte er, um sich intensiv um die polnischen zu kümmern. Er half diesen Gefangenen bei allen möglichen Dingen, schrieb Briefe an ihre Familien in Polen, half ihnen bei Gesuchen an die deutschen Behörden und brachte ihnen sogar Lesen und Schreiben bei, wobei er ihnen natürlich Broschüren mit kommunistischem Inhalt vorlas. Aus diesem Grund war er bei den Gefangenen in der Stadtvogtei beliebt und hatte deshalb auch entsprechenden Einfluss auf sie. Kurz gesagt konnte er dank dieses merkwürdigen Zufalls ohne Risiko für eine verhältnismäßig lange Zeit das ständig wechselnde Menschenmaterial, das ankam und wieder wegfuhr, im Sinne der kommunistischen Ideologie bearbeiten und es ist anzunehmen, dass er auf diese Weise viele Anhänger für den Kommunismus und vielleicht auch die zukünftigen Agitatoren heranzog. [...]

Ich habe auch versucht, mich an Gerichte zu wenden. In einem ziemlich klaren Fall hatte sich herausgestellt, dass auf einem Gut in der sächsischen Provinz der Besitzer persönlich befohlen hatte, einen polnischen Arbeiter an einen Pfahl zu binden und zuschaute, wie dieser arme Kerl von dem Knecht bis zur Bewusstlosigkeit geprügelt wurde. Dies meldete ich der Staatsanwaltschaft in Magdeburg, legte eine Bescheinigung des örtlichen Arztes über die schweren Wunden dieses Mannes bei und bat um eine offizielle Untersuchung der Angelegenheit sowie die Aufnahme eines Prozesses gegen den barbarischen Arbeitgeber. Erst nach einigen Monaten erhielt die S.A.F. eine knappe Antwort aus Magdeburg, aus der hervorging, die Staatsanwalt sehe nach Untersuchung dieser Angelegenheit keinen Grund für eine Intervention.

---

111 *Siehe: Stanisław Grabski, Memoiren.*

Danach wandte ich mich nicht mehr an Gerichte, da ich jedoch die immer größere Hilflosigkeit unserer S.A.F. sah, richtete ich einen Vorschlag an die polnische Fraktion im Reichstag, unsere von den Behörden schikanierten S.A.F. in eine eigene Firma zu verwandeln. Die Fraktion war in echter Sorge um das Schicksal der polnischen Arbeiter und ging auf meinem Vorschlag ein. Nach einer umfassenden Besprechung in dieser Frage, an der ich teilnahm, wurde mir die Ehre zuteil, mit der Leitung der Institution in ihrer neuen Form betraut zu werden.

So starb im Jahr 1917 „Gustavus obiit, natus est Conradus":[112] unsere S.A.F. und verwandelte sich faktisch in das „Soziale Büro der Polnischen Reichtagsfraktion". Weil ich mir der Unterstützung durch die polnische Fraktion sicher war, die im Reichstag, trotz der großen Abneigung dieser Institution gegen den polnischen Separatismus, eine unangefochten wichtige Position und das 'Gehör' des Parlaments besaß, konnte ich dank der Energie und der Eloquenz seiner von mir bereits zuvor erwähnten Mitglieder eine Zeit lang gegenüber den Behörden etwas forscher auftreten. Auch hier bediente ich mich eines Tricks, der einige Monate, aber leider nicht länger funktionierte. Das sofort angemietete polnische Büro befand sich in der Nähe der Jannowitzbrücke, aber auf dem Firmenpapier war oben erwähnter Briefkopf zu sehen und als Adresse kurz Berlin (Reichstag) angegeben. Diese Adresse machte offensichtlich anfangs bei den Adressaten gewissen Eindruck, die vielleicht glaubten, unser Büro sei eine vom Reichstag geschaffene Institution.

Die Antworten der Arbeitgeber auf unsere mit diesem Papier geschriebenen schriftlichen Interventionen gingen schneller ein und waren höflicher im Vergleich zur armen S.A.F., in einigen Fällen gaben die Arbeitgeber sogar klein bei. In der Praxis nahm das Büro des Reichstags all diese Briefe ohne Probleme an, und wagte es nicht, sie zu zensieren. Sie übergaben – ohne Aufsehen – die Post unserem Angestellten Jan Bruss, einem bescheidenen, aber zuverlässigen Mitglied der polnischen Kolonie, für den die Fraktion eine entsprechende Legitimation hatte ausstellen lassen. Bruss brachte die zahlreichen Briefe der Arbeiter und die selbstverständlich weniger zahlreichen Antworten der Arbeitgeber zu unserem eigentlichen Büro an der Jannowitzbrücke, in dem er schließlich mit großem Nutzen für das Büro von Dr. Zygmunt Karpiński[113], dem jetzigen Direktionsmitglied der Polnischen Bank, arbeitete.

Unsere Denkschrift für die Behörden war mehr oder weniger eine Auswahl der wichtigsten Geschehnisse, über die ich an jedem Mittwoch etwas in der Kommandantur erfuhr und auch der unzähligen Beschwerden, die die Fraktion oder ihre Mitglieder selbst erreicht hatten. In der damaligen Denkschrift waren die Frage der fehlenden Freizügigkeit der Arbeiter und die Tatsache, dass sie keinen Urlaub nehmen konnten, nur summarisch angesprochen worden. Die Probleme verschärften sich nach 1915 immer mehr und waren in den folgenden Jahren Gegenstand vieler sehr kritischer Reden von Mitgliedern der polnischen Fraktion, denn dabei ging es um das Leben von Familien, um Millionen betroffener Menschen aus Russisch-Polen und Galizien.

---

112 *Gustavus obiit, natus est Conradus (Gustav starb und Conrad wurde geboren), Zitat aus dem Nationaldrama „Dziady" (Totenfeier) von Adam Mickiewicz. Der Held des Dramas verwandelt sich von einem romantischen Liebhaber in einen romantischen Freiheitskämpfer; sein Wandel wird durch die Namensänderung symbolisiert.*

113 *Zygmunt Karpiński (1892-1981), Wirtschaftswissenschaftler, 1924-1951 einer der Direktoren der Polnischen Nationalbank, Teilnehmer des Aufstandes in Großpolen 1918.*

Aus diesem Grund möchte ich die Anfänge und den Verlauf dieser Angelegenheiten genau beschreiben. Wie schon oben erwähnt, befanden sich zum Zeitpunkt des Kriegsausbruchs ca. 600.000 polnische Landarbeiter zur Erntesaison in Deutschland. Industriearbeiter gab es deutlich weniger, weil die Sozialdemokraten vor dem Krieg durchsetzten konnten, dass die Landratsämter im Allgemeinen nur sehr selten den Fabrikanten erlaubten, polnische Arbeiter einzustellen. Einen höheren Anteil von Industriearbeitern gab es erst, nachdem ganz Zentralpolen von den Deutschen besetzt worden war. In der zentralpolnischen Industrie, der plötzlich der russische Markt weggebrochen war, kam es fast zu einem Produktionsstillstand. Infolgedessen verloren etwa eine viertel Million Arbeiter, die bis zu jenem Zeitpunkt in Arbeit waren, ihre Einkünfte, sodass diese Massen für die Besatzungsbehörden zu einem lohnenden Objekt wurden, und sie diese ausgehungerten Menschen auf jede erdenkliche Weise, legal oder nicht, nach Deutschland brachten, indem sie ihnen eine gute Entlohnung und Freizügigkeit versprachen oder sie einfach mit Gewalt als sogenannte 'Zivilgefangene' dazu zwangen. Diese Entwicklung fand Ende 1915 ihren Höhepunkt, endete aber tatsächlich erst gegen Ende des Krieges.

In vieler Hinsicht hatten die polnischen Landarbeiter, die seit August 1914 buchstäblich in einer Falle saßen, ein schwereres Schicksal. Als 1914 der Herbst kam, und es in der Landwirtschaft praktisch keine Arbeit mehr gab, sperrte man diese Menschen, nur damit sie nicht weglaufen konnten, über Nacht einfach in Scheunen ein, und als Anfang 1915 in Deutschland das Petroleum knapp wurde, mussten unsere Leute auf vielen Gütern frieren und dazu noch im Dunkeln sitzen. Zur Erklärung: Bis zum Ausbruch des Krieges blieben die Saisonarbeiter den Winter über nie in Deutschland und es gab deshalb auf den Gütern keine winterfesten Quartiere für die Arbeiter. Erst vor dem Winter 1915 begann man im kleinen Rahmen mit ihrem Bau. Die Beleuchtung in diesen Räumen wurde erst nach zwei Jahren, als die Deutschen Zugang zum rumänischen Petroleum erhielten, etwas besser. Unter solchen Bedingungen durchlebten jene 600.000 Polen den Krieg. Von diesen Menschen konnte mit Sicherheit ein großer Teil erst nach dem Krieg nach Hause zurückkehren. Wie hoch dieser Prozentsatz in Wirklichkeit war, konnten wir statistisch nie erfassen, weil die Militärbehörden – im Bewusstsein, der Anteil würde sich als gering erweisen – selbst gegenüber unseren polnischen Abgeordneten keine genauen Angaben über die erteilten Urlaube machten. Es ist schwer zu beschreiben, was in diesen armen Menschen vorging, die ab Herbst 1914, 1915 und 1916 nicht einmal zum Kurzurlaub nach Hause zurückkehren konnten und erst 1917 und 1918 unter größten Schwierigkeiten überhaupt Urlaub erhielten. Damals bekamen die polnische Fraktion, die Einrichtungen in Posen und unsere S.A.F. hunderttausende von Bittbriefen, die mit schwerer Bauernhand geschrieben und manchmal schlecht zu entziffern waren. Sie offenbarten mehr als deutlich die Leiden und das Elend, wobei das Lesen der Briefe für Menschen mit einem sozialen Anspruch einem Albtraum gleich kam. Gleichzeitig gingen an diese Stellen unzählige Briefe aus Polen von den Frauen und Müttern ein, die sich Sorgen um das Schicksal des Familienoberhauptes machten und darum baten, ihnen den Aufenthaltsort des jeweiligen Arbeiters mitzuteilen und Urlaub für ihn zu erwirken – innige Bitten von Frauen, die alleine nicht auf dem Hof zurechtkamen und um die Existenz der gesamten Familie fürchteten.

So tat sich eine wirkliche Hölle für diese Menschen auf, die sie einige Jahre durchleben mussten. Die polnische Seite war in dieser Sache in Deutschland hilflos, vor allem in den ersten Jahren des Krieges. Bis zum Ende des Krieges konnte man nicht einmal davon träumen, für einen polnischen Landarbeiter in der Zeit zwischen März und November Urlaub einzufordern, weil solche Anträge sofort im Mülleimer landeten. Für die Zeit zwischen November und März begann man dagegen erst ab Winter 1916 Urlaub zu genehmigen, die Anträge selbst waren jedoch mit solchen Formalitäten verbunden, dass nicht nur das einfache Volk, das auf den Gütern gefangen und durch eine Reihe drakonischer Vorschriften von der Welt abgeschnitten sowie den Zivil- und Militärbehörden ausgeliefert war, sondern auch wir manchmal einfach nicht mehr wussten, wie wir eine Bresche in diese Mauer von Brutalität und bösem Willen seitens der Deutschen schlagen konnten.

Die polnische Fraktion hat sich in dieser Angelegenheit äußerst verdient gemacht, aber diese Verdienste wurden von den leidenden Arbeitern damals vielleicht nicht ausreichend anerkannt, da die erzielten Resultate nie im Verhältnis zu der Masse an Energie standen, die vonseiten der polnischen Fraktion und den polnischen Institutionen vor allem in der Urlaubsfrage eingebracht wurde. Zu jener Zeit schienen wir mit allem, was wir taten, gegen Wände zu laufen. Wie konnte man den 600.000 über ganz Deutschland verstreuten Menschen helfen, die kein Deutsch konnten und unter ständiger Bewachung standen? Diese armen Kerle konnten jahrelang nicht ihre Arbeit wechseln, denn wenn sie wagten, so etwas zu tun, wurden sie in Straflager geschickt. Es ist mit Worten nicht zu beschreiben, welches Unrecht unseren Landarbeitern, zu denen wir keinen Zugang hatten, deren flehende Stimmen wir hörten, denen wir aber nicht die Hand reichen konnten, widerfahren ist. [...]

Ich habe relativ viel über die Methoden der Militärbehörden geschrieben, die selbstverständlich an erster Stelle die moralische Verantwortung für das trugen, was während des Krieges mit den Polen in Deutschland geschah. Aber auch die Zivilbehörden trugen einen großen Teil der Schuld. Im Allgemeinen hatte ich mit diesen Behörden wenig Kontakt, aber es ergab sich, dass ich vor allem in der ersten Hälfte des Krieges einige Male mit Dr. Theodor Lewald als Untersekretär für Innere Angelegenheiten zu tun hatte. (Lewald war einer der fünf Unterstaatssekretäre, die während des Kapp-Putsches von 1920, als sich die Regierung Ebert vorübergehend nach Stuttgart zurückzog, in Berlin geblieben waren und dort die Regierung übernahmen, bis der Putsch niedergeschlagen werden konnte und die republikanische Regierung nach Berlin zurückkehrte.) Lewald war für uns von Beginn des Krieges an äußerst wichtig, weil er faktisch als Leiter des Innenministeriums schon seit August 1914 die Kontrolle über die Lager für 'Zivilgefangene', Arbeiter und dergleichen hatte. Aus diesem Grund statteten der Abgeordnete Dr. Niegolewski[114] und ich ihm einen Besuch ab, so wie wir damals auch in dieser Angelegenheit, wie ich bereits erwähnt habe, den Breslauer Erzbischof aufgesucht hatten. Danach musste ich einige Male alleine zum Ministerium in der Wilhelmstraße, wo Dr. Lewald sein Büro hatte. Ich erinnere mich daran, wie wir damals über die Lage der internierten Polen, über die Tätigkeit der Rockefellergesellschaft und über die Stimmung der Bevölkerung in Russisch-Polen, sowie die Vorgehensweise der deutschen Behörden sprachen. Jedes Mal hatte ich den Eindruck, dass Dr. Lewald, der sicher, höflich und frei von preußischer Offiziersmanier sprach, in Wirklichkeit ein gerissener, bösartiger und gefährlicher Mensch war. Nach dem Krieg habe ich übrigens auch in deutschen Kreisen erfahren, dass er eben aus diesem

---

114 Stanisław Niegolewski (1872-1948), *Großgrundbesitzer und Reichstagsabgeordneter.*

Grund und weil keiner an seine Aufrichtigkeit glaubte, sich viele Feinde gemacht hatte. Während unserer Gespräche konnte ich immer seine Abneigung gegen uns spüren, was auch deutlich wird, wenn man in Betracht zieht, dass er in der Zeit bevor Beseler[115] kam, sehr großen Einfluss auf die deutsche Verwaltung im neu gegründeten Königreich Polen hatte. Wer weiß, ob der böse Geist, der ganz allgemein über dieser Verwaltung schwebte, nicht zu großen Teilen mit diesem Menschen in Verbindung zu bringen wäre. Unsere Gespräche waren weder besonders lang, noch von besonderer Bedeutung. Dr. Lewald weckte in mir eine Art instinktives Misstrauen, sodass ich immer bemüht war, sein Büro möglichst schnell wieder zu verlassen. [...]

Als nach Lewald die Ära Beseler begann, reisten unsere Aktivisten ziemlich oft nach Berlin und bei dieser Gelegenheit besuchten mich einige von ihnen. Weil mich damals die gesellschaftliche Problematik in den deutsch-polnischen Beziehungen völlig vereinnahmte, kümmerte ich mich verhältnismäßig wenig um die Politik. Ich stand nur mit Wilhelm Feldman[116], einem bekannten Literaturkritiker und Adam Graf Ronikier, einem Mitglied des Bürgerkomitees und späteren Delegierten des Regentschaftsrats für die Verhandlungen mit Deutschland, persönlich in Kontakt. Beide unterstützten mich gerne, wenn ich sie darum bat, mit ihrem Einfluss in deutschen Kreisen, indem sie auf Fälle extremen Missbrauchs im Hinblick auf die polnischen Arbeiter und Kriegsgefangenen aufmerksam machten, aber sie beschäftigten sich hauptsächlich mit Politik, zu der ich damals keine Ambitionen besaß.

Man kann sich kaum zwei unterschiedlichere Menschen und Arbeitsmethoden vorstellen als bei diesen beiden. Feldman, ein Jude, Sozialist, nicht besonders gut aussehend und wenig auf Formalitäten achtend, oft etwas ruppig und scharf – Ronikier, der in allem seine Herkunft aus dem höheren Gutsadel verriet, ein Mensch mit ausgezeichneten Manieren und immer mit einem freundlichen Lächeln im Gesicht. Feldman tauchte in Berlin wahrscheinlich schon 1914 auf und war mit Sicherheit der Vertrauensmann des Krakauer N.K.N.[117] Etwa ein Jahr lang suchte er keinen Kontakt zu mir und ich hörte nur von seiner Propaganda für Polen in deutschen Kreisen und von seinen öffentlichen Vorträgen, die ich mir nach einer gewissen Zeit auch anhörte. Am kulturellen Teil dieser Vorträge war nie etwas auszusetzen. Er sprach ziemlich gut deutsch und machte die deutschen Zuhörer mit unserer Vergangenheit, Literatur und Kunst in einer solchen Weise bekannt, die sehr viel Publikum anzog, sodass ihm vom rein polnischen Standpunkt aus kein Vorwurf zu machen war. Von Zeit zu Zeit glitt er in die Sphären der Politik ab und dabei ging sein Engagement meiner Meinung nach zu weit.

5

---

115 Hans von Beseler (1850-1921), General, Teilnehmer des preußisch-französischen Krieges sowie des Ersten Weltkrieges. 1915 Generalgouverneur in dem von den Deutschen besetzten Teil Kongresspolens, 1916 proklamierte Beseler ein von Deutschland und Österreich-Ungarn abhängiges Königreich Polen.

116 Wilhelm Feldman (1868-1919), Literat, Literaturhistoriker, Kritiker und Politiker, entstammte einer chassidischen Familie, kämpfte um die Assimilierung der polnischen Juden und ihre Anerkennung durch die Polen. Politisch links orientiert wirkte Feldman 1901-1914 als Herausgeber der literarisch-kritischen und politischen „Krytyka".

117 Naczelny Komitet Narodowy (Oberstes Nationalkomitee), vertrat seit 1914 diese Polen, die für engste Zusammenarbeit mit Österreich plädierten.

Bei einem dieser Vorträge, als er über die Verfolgung der Polen im Zarenreich berichtete, vergaloppierte er sich und sagte, Hindenburg werde in Polen als Bezwinger der russischen Armee verehrt und man lege, was die Zerschlagung des Zarenreichs angehe, alle Hoffnungen in die Person Hindenburgs. Seine Worte haben natürlich im Saal großen Beifall hervorgerufen, worüber ich zwei Tage später auch im „Dziennik Berliński" berichtete, selbstverständlich mit der vorsichtigen Formulierung, sein Vortrag sei im Hinblick auf die vielen Informationen über polnische Kultur wichtig gewesen, auf anderem Gebiet habe er aber rein subjektive Ansichten kundgetan. Der Zensur war nicht klar, was ich damit ausdrücken wollte, dafür aber dem Vortragenden selbst umso besser. Am übernächsten Tag besuchte er mich zum ersten Mal und teilte mir mit, er sei mir für eine so ruhige Form der Kritik überaus dankbar. Ab diesem Zeitpunkt entwickelte sich zwischen uns ein engerer Kontakt, allerdings keine Zusammenarbeit. Feldman hatte eine starke Persönlichkeit und wirkte mit suggestiver Kraft auf seine deutschen Zuhörer, aber auch auf Polen, sofern sie ihn näher kennenlernen wollten. Es genügt zu sagen, dass er häufig vom Fürsten Ferdinand Radziwiłł eingeladen war, einem typischen Vertreter klerikal-konservativer Politik, bis zu einem gewissen Punkt moderat, und dessen Einladungen, die in einem sehr höflichen, fast warmen Ton gehalten waren, mir Feldman ein paar Mal mit Freude zeigte.

Im Laufe der Zeit waren die polnischen Aktivisten von der deutschen Politik immer mehr enttäuscht und Feldmans Ton wurde zunehmend schärfer. Ich war bei seinen unterschiedlichen Diskussionsabenden dabei. In seinem bescheidenen Zimmer versammelte sich die Elite aus dem Berliner Universitätsmilieu und der Wissenschaft und die Leute zeigten sich immer sehr beeindruckt, selbst wenn Feldman einen schärferen Ton anschlug. Ich gewann vor dem Mann, der wie ein Asket in Armut lebte, immer mehr Achtung und in mir wuchs die Überzeugung, Polen habe in diesem Juden, der dem galizischen Proletariat entstammte, einen wahren, innigen Patrioten und treuen Diener gefunden. Die Offenheit und der Mut des Verstorbenen sind im Übrigen ein ausreichender Beweis hierfür. Als Anfang 1918 der ekelhafte Friedensvertrag von Brest-Litovsk[118] in Kraft trat, äußerte Feldman in seinen „Polnischen Blättern" lautstarken Protest, worauf ihm die Militärbehörden befahlen, Deutschland sofort zu verlassen. So organisierte ich für ihn einen Abschiedsabend, zu dem ich die in Berlin anwesenden Mitglieder der polnischen Fraktion einlud. An diesem Abend nahm der Abgeordnete Trąmpczyński[119] teil; so weit ich mich erinnere, rechtfertigte sich Dr. Zygmunt Seyda[120], der führende Vertreter der Nationaldemokraten, im Hinblick auf die politische Vergangenheit Feldmans könne er meine Einladung nicht annehmen, was meiner Meinung nach ein großer Fehler war. Feldman

---

118 Ein zwischen den Mittelmächten und Sowjetrussland im Jahre 1918 geschlossener Friedensvertrag, der von der polnischen Öffentlichkeit als Unrecht empfunden wurde, weil er die Teilung Galiziens in ein polnisches und ein ukrainisches Kronland vorsah. Nach heftigen Protesten in Galizien hatte Österreich seine Meinung geändert, aber die Übergabe des von Russland entzogenen Chełm-Gebietes an die Westukrainische Volksrepublik blieb in Kraft, ein Vorgang, der nicht nur von Rose als „ekelhaft" bewertet wurde.

119 Wojciech Trąmpczyński (1860-1953), Rechtsanwalt, nationaldemokratischer Politiker. Landtag- und Reichstagsabgeordneter. Nach 1918 Sejm-Abgeordneter und Marschall des Sejm.

120 Zygmunt Seyda (1876-1925), nationaldemokratischer Politiker, Abgeordnete des Reichstags und – nach 1918 – des polnischen Sejms.

war an diesem Abend bei mir sehr erfolgreich. Er sprach lange und sehr überzeugend. Er sagte damals mit einer frappierenden Sicherheit und Genauigkeit den Zusammenbruch Österreichs voraus, zu dem es erst im November 1918 kam.

Adam Ronikier[121] hatte eine andere Arbeitsweise. Er legte in diese Arbeit viel guten Willen und Energie, die in jedem Falle anerkennenswert waren. Ich habe ihn nicht selten in einem völlig erschöpften und nervlich stark angegriffenen Zustand gesehen. Es ist eine andere Frage, ob er nicht zu den Menschen gehörte, die in der Lage waren, mit den Deutschen zurechtzukommen, gegenüber denen er trotz vieler Enttäuschungen einen gewissen Optimismus hegte. Es freute ihn, die jüdische Presse in Berlin für sich zu gewinnen, deren propolnisches Auftreten – war sie auch äußerst vorsichtig – er als großen Erfolg bezeichnete. Er riskierte es sogar persönlich, Kontakt mit einem unversöhnlichen Nationalisten wie dem Grafen Reventlow[122] aufzunehmen – als ob man diese Menschen überzeugen könnte! – und liebte es, sich mit bekannten Politikern zu umgeben, manchmal auch mit deren Frauen und sie mit seinem ausgesuchten Benehmen zu bezaubern. Er war ständig auf Reisen und nervlich angespannt, er reiste sogar zu Wilhelm II. nach Spa, kurz gesagt, er verausgabte sich total. Er war entschieden nicht der 'richtige Mann am richtigen Ort' und versuchte vergeblich, die Deutschen zu 'überzeugen'. Marschall Foch gelang dies einige Monate später deutlich besser. Die Rolle Ronikiers war zu jener Zeit allerdings so extrem schwierig, dass vermutlich ein anderer auch nicht besser mit den Deutschen zurechtgekommen wäre. Man darf ihn auch nicht verurteilen, weil er keine Resultate erzielte, und höchstens bemängeln, dass er diese Aufgabe freiwillig übernahm und auf diesem falschen Weg bis zum Ende des Krieges fortfuhr und dadurch Polen in den Augen der Alliierten auf problematische Weise repräsentierte.

Ich kehre nun zu den Arbeitern zurück. Ende 1917 wurde es um die Methoden der Militärbehörden in Bezug auf die Behandlung unserer Leute recht laut und zwar nicht nur in Deutschland, sondern auch jenseits der deutschen Grenzen. Unsere Abgeordneten hatten das Thema aufgebracht – ihre Auftritte gewannen zunehmend an Schärfe und fanden ein lebendiges Echo in ganz Europa. Dazu haben auch viele, aus unterschiedlichen Quellen stammende Informationen beigetragen, die von den Posener Institutionen und auch unserer S.A.F. veröffentlicht worden waren. Den vermutlich vom Auswärtigen Amt darauf aufmerksam gemachten und davor gewarnten Militärbehörden begann allmählich klar zu werden, ein solches Verhalten könnte das deutsche Volk in hohem Maße kompromittieren. In dieser Situation kam sie auf eine Idee – der Kriegsminister ordnete 1917 an, jedem Generalkommando solle eine „Fürsorgestelle für polnische Arbeiter" zugeordnet werden. An diese Instanz sollten alle Beschwerden unserer Arbeiter geleitet und dort von speziell dafür eingesetzten Offizieren untersucht und erledigt werden. Eines war und ist klar: Die Militärbehörden hatten, als sie diese Anordnung schufen, nicht etwa die Verbesserung der Situation unserer Arbeiter im

---

121 *Adam Graf Ronikier (1881-1952), ein pro-deutscher, konservativer Politiker. 1918 wurde Ronikier als Vertreter der polnischen Behörden im von Deutschen kontrollierten Königreich Polen nach Berlin gesandt. Während der beiden Weltkriege war er Vorsitzender der Rada Główna Opiekuńcza, einer Hilfsorganisation, die die fehlende staatliche Sozialpolitik zu ersetzen versuchte und humanitäre Hilfe leistete. Nach 1945 emigrierte Ronikier, durch seine Verhandlungen mit NS-Behörden kompromittiert und von der neuen kommunistischen Regierung zum Tode verurteilt, in die USA.*

122 *Es geht um Ernst Graf zu Reventlow (1869-1943), einen deutschen Publizisten und nationalistischen Politiker.*

Auge, sondern versuchten im Gegenteil zu verhindern, dass sich unsere Abgeordneten und Fürsorgeinstitutionen, vor allem unsere S.A.F. in Zukunft in diese Angelegenheiten einmischen konnte. Die Behörden wollten nebenbei möglicherweise noch den Eindruck erwecken, etwas aus eigenem Antrieb getan zu haben (*ut aliquid fecisse videatur*).

Dieser neue Vorschlag rief zu Recht sofort den Protest der polnischen Fraktion hervor. Es war leicht vorauszusehen, dass diese „Fürsorgestellen" – sollten sie von Nutzen sein – mit Offizieren besetzt werden mussten, die die Polen und ihre Sprache kannten, großes gesellschaftliches Verantwortungsgefühl besaßen, sowie gutwillig und geduldig genug waren, um sich mit solchen Dingen auseinanderzusetzen und sich ihrer über längere Zeit systematisch anzunehmen. Solche Offiziere gab es mit Sicherheit – wenn überhaupt – nur wenige, da in der Endphase des Krieges das Verantwortungsgefühl allgemein nachließ. Dennoch versicherten die Militärbehörden unserer Fraktion und der Öffentlichkeit, dass nun alles auf dem besten Wege sei. Irgendwie wurde bei der Generalkommandantur des zweiten Corps in Berlin in der Genthinerstrasse Anfang Januar 1918 ein solches Militärbüro eingerichtet und – oh Wunder – die Militärbehörden erlaubten, vielleicht um sich die Fraktion gewogen zu stimmen und deren Misstrauen gegenüber der neuen Institution zu besänftigen, in meiner Person einen polnischen Experten.

So wurde ich Mitte Januar 1918 in besagtem Büro in der Genthinerstrasse untergebracht, wo mir ein kleines Zimmer zugewiesen wurde, in dem ich ungezwungen die Bittsteller empfangen und vor allem ungezwungen die Beschwerden prüfen konnte, die dort bald nach der behördlichen Bekanntmachung der Generalkommandantur, ein solches Büro sei geschaffen worden, in großer Zahl eingingen. Die ganze Konzeption hätte sich vermutlich, wäre es nicht zu einem glücklichen Zufall gekommen, schon nach ein paar Tagen als in der Praxis nicht durchführbar erwiesen. Als Dezernent des Büros wurde zum gleichen Zeitpunkt der äußerst loyale und menschliche Kriegsgerichtsrat Dr. Fajans aus Berlin nominiert, der zwar kein polnisch sprach, aber sich gerne dazu bekannte, dass er in Polen entfernte Verwandte mit dem gleichen Namen habe. Schon nach ein paar Tagen entwickelte sich zwischen uns eine ungewöhnlich freundliche und mit der Zeit sogar immer wärmere Beziehung und an die Zusammenarbeit mit diesem Menschen, wenn sie auch nicht lange dauerte, erinnere ich mich bis heute sehr, sehr gerne. [...]

Ende Oktober 1918 erhielt ich aus Warschau die Nachricht, dass ich als Generalkonsul der Republik Polen in Berlin nominiert wurde und mich aus diesem Grund beim Passamt in Berlin melden solle, das bereits bevollmächtigt worden sei, mir ein Visum auszustellen. Also machte ich mich am 3. November auf die Reise und kam endlich nach Warschau, von dem ich fast drei Jahre lang abgeschnitten war. Ich kann mich noch daran erinnern, wie mir noch am Anfang an der Station Aleksandrowo, obwohl ich ein formal gültiges Visum besaß, vonseiten der örtlichen Militärkontrolle Schwierigkeiten gemacht wurden, weil es noch aus dem Jahr 1915 einen Erlass gab, mich nicht aus Deutschland einreisen zu lassen. Das, was ich damals auf dem Bahnhof gesehen habe, unterschied sich nicht im Geringsten von der früheren Ordnung und ließ nicht die kleinste Entspannung erkennen. Dennoch kam es fünf Tage später in Berlin zur Revolution, und als ich Mitte November nach meiner Ernennung nach Berlin zurückkehrte, spielten sich auf dem gleichen Bahnhof geradezu verrückte Szenen ab. Das nach Außen hin imponierende Gebäude der deutschen Macht war von innen schon hohl geworden und fiel in so kurzer Zeit in sich zusammen, wie es nicht einmal die Sozialdemokraten erwartet hatten. [...]

Schon Ende November informierte mich von Gerlach[123] telefonisch, er sei von der neuen Regierung zum preußischen Unterstaatssekretär ernannt worden und nun für das Hauptdezernat für polnische Angelegenheiten zuständig. (Übrigens waren die reaktionären Strömungen im preußischen Innenministerium so stark, dass der gesamte Geheimratsstab in diesem Ministerium systematisch alle Anordnungen Gerlachs, die immer humane Aspekte in den Vordergrund rückten, sabotierte. Seine durch und durch reaktionären Untergebenen hatten ihm so übel mitgespielt, dass er nach einigen Monaten sein Amt niederlegte und ab diesem Zeitpunkt in reaktionären Kreisen als *persona ingratissima* galt.)

Bei seinem Telefonanruf bat mich Gerlach darum, mit ihm und dem Abgeordneten Breitscheid, einem äußerst linksgerichteten Sozialisten, nach Spandau zu fahren, wo sich eine große Zahl polnischer Arbeiter aufhielt, von denen man nicht wusste, was man mit ihnen anfangen sollte. Wir fuhren zu dritt nach Spandau und trafen auf dem Bahnhof eine riesige Menge von Menschen vor, die in unterschiedlichen Lagerräumen des Bahnhofs untergebracht waren, ausgehungert, frierend und nicht in der Lage sich mit den deutschen Beamten zu einigen. Ich fragte diese Leute, wie sie hier hergekommen seien, und erfuhr, man habe sie alle seit zwei Jahren zur Arbeit in den Westfälischen Bergwerken gezwungen, jetzt plötzlich entlassen und in Richtung Berlin gebracht, um sie nicht verpflegen zu müssen. Der Zynismus der Bergwerksvorstände hatte sich erneut in seinem ganzen Ausmaß gezeigt und sich noch einmal selbst übertroffen. Ganze Jahre lang hatten diese Herren unsere Leute zu schwersten und am schlechtesten bezahlten Arbeiten gezwungen; wenn sie flüchteten, wurden sie von Gendarmen gesucht und dafür bestraft – und nun, da sie nach der Revolution eine Verschlechterung der Konjunktur befürchteten und deshalb diese Gefangenen nicht mehr brauchten, trieben sie diese armen Kerle ohne sie mit Essen zu versorgen, fast in den Tod. „Der Mohr hat seine Schuldigkeit getan, der Mohr kann gehen." Vermutlich würde Schiller, dieser edelmütige Idealist, bittere Tränen vergießen, hätte er gewusst, wie seine Landsleute 100 Jahre später, über Jahre hinweg Taten billigten, die den Grundsätzen der Ethik Hohn spotteten.

Ein solch schwerwiegender Vorfall löste natürlich Empörung bei Gerlach und Breitscheid[124] aus, die viel guten Willen bewiesen, um die Folgen dieser willkürlichen Entscheidung deutscher Arbeitgeber so schnell wie möglich aus der Welt zu schaffen und diesen Massen von Arbeitern unter besseren Bedingungen die Möglichkeit zu einer Rückkehr nach Hause zu verschaffen. Außerdem wurde die Industrie in Westdeutschland von Berlin darüber informiert, dass ein solches Procedere absolut unzulässig sei. Wie es scheint, zeigte

---

123 Hellmut von Gerlach (1866-1935), Publizist und Politiker, während des Ersten Weltkrieges vertrat er pazifistische Ideen. 1918/1919 war Gerlach Unterstaatssekretär im preußischen Innenministerium. In diesem Amt setzte er sich für die deutsch-polnische Aussöhnung ein und wurde infolgedessen heftig kritisiert. Von Gerlach bekämpfte den deutschen Militarismus und setzte sich für eine deutsch-französische Verständigung ein. Nach Hitlers Machtübernahme flüchtete er nach Österreich, dann siedelte er nach Paris über. In der Sowjetischen Besatzungszone Deutschlands/der DDR existierte bis 1950 die Hellmut-von-Gerlach-Gesellschaft für Kulturelle, Wirtschaftliche und Politische Beziehungen mit dem Neuen Polen; die Gesellschaft gab die Monatsschrift „Blick nach Polen" heraus.

124 Rudolf Breitscheid (1874-1944), sozialdemokratischer Abgeordnete des Reichstags, nach 1933 im Exil in Frankreich. Nach 1940 wurde Breitscheid von den französischen Vichy-Behörden an Gestapo angeliefert und ins KZ Sachsenhausen verschleppt, wo er starb.

dies Wirkung, zumindest wurde mir nichts mehr über ähnlich extreme Situationen wie oben beschrieben bekannt. Trotzdem verlief die Rückführung der Arbeiter ganz und gar nicht unter den Bedingungen, die ich mir wünschte; sie dauerte aus Gründen, die ich nicht beeinflussen konnte, sehr lange, weil die Einteilung dieser Leute in Gruppen technisch sehr aufwendig war. Getrieben von Sehnsucht nach Heimat und ihren Familien machten sie sich in Tausenden von Fällen auf eigene Faust auf den Weg nach Hause und fügten sich selbst unnötig größte Leiden und Enttäuschungen zu. [...] So endete der letzte dramatische Akt für die polnischen Arbeiter in Deutschland während des Krieges. Alles hatte sich gegen diese armen Teufel, die alles ausbaden mussten, verschworen. Sie kamen zwangsweise nach Deutschland, wurden zur Arbeit gezwungen und mussten die Rückkehr ins eigene Land mit neuen physischen und psychischen Leiden bezahlen. [...]

Unterdessen kam es kurz vor Weihnachten zu einem Ereignis, das meine Situation im Amt radikal veränderte und über alle Maßen komplizierte. Die polnische Regierung brach die diplomatischen Beziehungen zu Deutschland[125] ab und der deutsche Gesandte Graf Kessler verließ infolge dessen Warschau. Das Innenministerium informierte mich darüber und fügte hinzu, die dänische Regierung habe darum gebeten, das polnische Konsulat und die polnischen Bürger unter ihren Schutz zu stellen. P. Niemojewski, der nur kurze Zeit bis zu diesem Zeitpunkt als *chargé des affaires* im Amt war, verließ zusammen mit dem Sekretär und gegenwärtigen Rat im Innenministerium Stefan Fiedler-Alberti Berlin. Das Innenministerium überließ mir die Entscheidung, ob ich mit den Herren ausreisen mochte. Ich unterrichtete Warschau über meine Entscheidung, in Berlin zu bleiben und damit begann meine zweite Amtsphase in Berlin, die 16 Monate dauerte, also bis zur Ankunft des ehemaligen Mitglieds des Staatsrates in Petersburg Ignacy Szebeko[126] als Gesandten der Republik Polen [...]

In dieser Phase, als das polnische Konsulat unter dem Schutz des dänischen Gesandten stand, war meine eigene Position sehr schwierig. Es kommt gelegentlich vor, dass beim Abbruch diplomatischer Beziehungen zwischen zwei Ländern der Konsul des einen Landes in der Hauptstadt des anderen Landes bleibt, aber ausschließlich als Privatperson und er gibt sein Amt auf. Bei mir war der Verlauf 1919 ganz anders. Ich blieb nicht als Privatperson in Berlin, sondern im Gegenteil als Leiter des Konsulats und hatte damit eine Menge neuer Angelegenheiten mit den deutschen Behörden zu erledigen.

Dabei bekam ich das unglaublich inkonsequente Verhalten unseres Innenministeriums und des Auswärtigen Amtes, das mich in eine überaus schwierige Lage brachte, ständig zu spüren. Einmal erhielt ich aus Warschau die Anweisung, mich aus allen direkten Beziehungen und Verhandlungen mit dem Auswärtigen Amt herauszuhalten und dann wieder den Auftrag, mich in dieser oder jener rein politischen Angelegenheit an die Wilhelmstrasse zu wenden. Umgekehrt wurde ich vonseiten des Auswärtigen Amtes oft direkt und sehr höflich gebeten, mündlich oder schriftlich die eine oder andere rein politische Sache in Warschau zu erledigen und einige Tage später erhielt ich auf meinen Brief eine sehr formal gehaltene Antwort, die mir nicht direkt zuging, sondern über den dänischen Gesandten übermittelt wurde, so als wollte man deutlich

---

125 Die polnische Regierung brach die diplomatischen Beziehungen zu Deutschland am 15. Dezember 1918 ab, aufgrund der angespannten politischen Situation in Provinz Posen. Am 27. Dezember begann der Krieg zwischen Polen und Deutschen in Großpolen, der bis Februar 1919 dauerte.

126 Ignacy Szebeko (1860-1937), Jurist, Politiker, Abgeordneter der Duma.

machen, wie unbekannt meine Person im polnischen Außenministerium war. Kurz gesagt wusste damals in der Miodowa-Straße und in der Wilhelmstraße die rechte Hand nicht, was die linke tat, sodass die Situation, in der ich mich befand, einfach absurd war. Vor allem wurde sie immer schwieriger. Es muss daran erinnert werden, dass die noch bis Juli andauernden blutigen Kämpfe zwischen dem polnischen und deutschen Militär auf dem Gebiet von Posen nicht einmal für kurze Zeit unterbrochen wurden. Beide Seiten gaben aber formale Stabs-Kommuniques heraus, die deutlich machten, was für schwere und blutige Kämpfe stattfanden. Unter diesen Umständen stellte mein Verbleiben in Berlin und vor allem die Verrichtung meines Amtes ein einmaliges Ereignis dar.

Ich kehre nun zu der Situation Anfang 1919 zurück. Die Atmosphäre in Berlin wurde immer dramatischer und Pulvergeruch lag in der Luft. In der Voraussicht, es könnte zu bedauernswerten Vorfällen kommen, schickte mir die deutsche Regierung für meine Privatwohnung eine Tafel mit der Aufschrift:

„Bescheinigung: Diese Wohnung des polnischen Generalkonsuls untersteht dem Schutze der Dänischen Gesandtschaft und wird damit vom Deutschen Reich als unverletzlich anerkannt.

Die Dänische Botschaft   Namen des Rates der Volksbeauftragten
(-) v. Moltke   (-) Ebert   (-) Haase"

Die Aufschrift auf dieser Tafel wurde im Allgemeinen respektiert und hing noch fast ein Jahr am Eingang des Hauses, wo sie sich weiterhin als sehr nützlich erwies. Sie hat mir große Unannehmlichkeiten aufgrund meiner Amtsstellung erspart und damals kam es in Berlin, wo Bürgerkrieg herrschte, wirklich leicht zu Beschlagnahmen, Revisionen und verschiedenen anderen Streitigkeiten. [...]

Berlin wurde für ein paar Jahre ein Vulkan, der wieder und wieder große Massen glühender Lava ausspie. Es war die Zeit, in der die Spartakisten, die um jeden Preis in Berlin eine Ordnung nach sowjetischem Muster einführen wollten, die Oberhand gewannen. In Berlin kam es immer wieder zu zahlreichen blutigen Kämpfen um Regierungsgebäude und sogar um Privathäuser, die von den Spartakisten erobert worden waren und ihnen dann von regierungstreuen Truppen wieder abgejagt wurden. Dem folgten Massenexekutionen und Streiks von denen einer, der nach wiederholten Unterbrechungen im Verkehrswesen in einen Generalstreik mündete, zum Stillstand der Lebensmittelversorgung und infolgedessen zu einer Hungernot führte. Berlin bot in jener Zeit Vorkommnisse, die einem das Blut in den Adern gefrieren ließen und die in nichts deren nachstanden, die sich zwei Jahre zuvor an der Neva abgespielt hatten. Es kam zu dem abscheulichen Mord an Liebknecht und Rosa Luxemburg, ausgeführt durch Verschwörer, die ein Femeurteil vollstreckten. Die große Fabrikvorstadt Lichtenberg geriet in die Hände der Bolschewiki, die sich dort auf Dauer niederließen und mit schweren Mörsern Berlin bombardierten. Die Fassade des Königsschlosses sah noch lange danach zerschossen aus und an der Vorderseite hing melancholisch der Mittelbalkon herab, von dem Wilhelm II. am denkwürdigen 1. August 1914 zu der dort versammelten Menschenmenge sprach und versicherte, es gäbe mit dem heutigen Tag für ihn keine Klassenunterschiede mehr. Erst nach mindestens einer Woche blutiger Kämpfe konnten die Regierungstruppen Lichtenberg den Spartakisten wieder entreißen. [...]

Seit Anfang 1919 war selbstverständlich die Rückführung unserer Kriegsgefangenen meine Hauptaufgabe. Zu allen Lagern, in denen unsere Landsleute einsaßen, entsandte ich Sonderbeauftragte des Konsulats, die der Berliner Polonia entstammten und mir persönlich noch aus Vorkriegszeiten als vertrauenswürdig bekannt waren. Ihre Aufgabe bestand daraus, das Konsulat über alles, was in den einzelnen Lagern geschah, zu informieren und vor allem den polnischen Gefangenen Mut zu machen und sie von unbedachten Verzweiflungsakten abzuhalten. Es gab 30 solcher Lager, die sich in allen Teilen Deutschlands befanden und in denen sich ca. 100.000 Kriegsgefangene sowie Landarbeiter aufhielten; sie dienten verwaltungstechnisch den deutschen Behörden als Sammellager für die Rückkehrer. In den Lagern kochte die Stimmung geradezu über und zwischen den Sonderbeauftragten und diesen armen Kerlen, die es vor lauter Sehnsucht nach der Heimat und einem normalen Leben fast nicht mehr aushielten, kam es des Öfteren zu schweren Auseinandersetzungen. Die Rückführung dieser Menschen verlief im Januar noch sehr schleppend und zwar deswegen, weil unsere Alliierten vorrangig den Rücktransport ihrer eigenen Kriegsgefangenen durchführen wollten. In 10 bis 20 Fällen geschah es, dass das Konsulat auf der Basis einer behördlichen Mitteilung von der Kommandantur eines bestimmten Lagers über den jeweiligen Sonderbeauftragten die polnischen Kriegsgefangenen darüber informierte, ob sie an einem bestimmten Tag nach Polen ausreisen könnten. In der Zwischenzeit stellte sich aber heraus, dass die deutsche Kommandantur des entsprechenden Lagers, oft in allerletzter Minute, unter dem Druck der Alliierten die Lokomotiven und Waggons, die eigentlich für unsere Leute bestimmt waren, für den Transport von französischen und britischen Kriegsgefangenen abgeben musste. Die polnischen Gefangenen, als sie sahen, wie immer nur andere wegfuhren sie aber nicht, zeigten ihre Empörung dem Konsulat gegenüber und warfen mir vor, meine Versprechen gebrochen zu haben. Aus diesem Grund ging sogar in einem Fall den Warschauer Behörden eine Beschwerde über das Konsulat zu.

Diese Situation, die bei unseren Leuten zu einer extremen Anspannung führte, war auch für mich mit vielen Unannehmlichkeiten verbunden – es kam aber zu weiteren Komplikationen, die noch bitterer waren. Etwa Ende Januar traf mich wie ein Blitz aus heiterem Himmel die Nachricht, die Koalition möchte Deutschland grundsätzlich verbieten, russische Kriegsgefangene aus den Lagern zu entlassen, weil sie Lenin nicht durch die Rückkehr von fast 2.000.000 verzweifelten und verbitterten Kriegsgefangenen stärken wolle, die für die Bolschewiki ein lohnendes Propagandaobjekt darstellten. Da die polnischen Kriegsgefangenen in den Lagern aber einfach als russische Gefangene registriert waren, konnte die Lagerkommandantur, selbst wenn sie wollte, unsere Landsleute aus rein formalen Gründen nicht entlassen. Schon am zweiten Tag, nachdem ich diese Nachricht erhalten hatte, gelang es mir, Zutritt zu einem Lager zu verschaffen, wo die Russen und Polen sich in einem Zustand beängstigender Aufregung befanden. Die Kommandanturen rechneten damit, dass es zu ernsten Protesten kommen konnte. Auch die Sonderbeauftragten äußerten in ihren Berichten solche Befürchtungen.

Ich begab mich damals zur *Commission militaire Interalliée* in Berlin, die in allen die Lager betreffenden Angelegenheiten in letzter Instanz entschied. Bei dieser Gelegenheit hatte ich das Glück General Dupont kennenzulernen, der in besagter Kommission Frankreich vertrat und mit dem mich seit dieser Zeit über eine Reihe von Jahren eine freundschaftliche, fast herzliche Beziehung verband. General Dupont hatte während des Krieges die sehr wichtige Position als Leiter des Geheimdienstes inne. Er besaß einen regen Verstand und verfügte gleichzeitig über ungewöhnlich genaue Kenntnisse der Verhältnisse in Deutschland, weshalb er sich in jeder Situation hervorragend orientieren konnte.

Als ich ihm darlegte, dass schon mit Hinblick auf das sich damals abzeichnende polnisch-französische Bündnis es nicht gut sei, wenn 100.000 Kriegsgefangene Frankreich zurecht übel nähmen, dass sie zusammen mit den Russen in den Lagen bleiben müssten, ließ er mich nicht lange reden. Mit der ihm eigenen Lebhaftigkeit offenbarte er mir kurz: "C`est ça, il faut décidement, que vos compartriotes puissent partir"[127]. Er wurde in dieser Angelegenheit offensichtlich unmittelbar nach unserem Gespräch in einer Sitzung der Kommission tätig, denn bereits einige Tage später kam die Genehmigung aus Paris. Mir fiel wirklich ein schwerer Stein vom Herzen, denn die polnischen Gefangenen waren ziemlich aufgebracht und in einigen Fällen war es sogar zu blutigen Auseinandersetzungen gekommen.

Nun kam es zu anderen Schwierigkeiten. Die deutschen Kommandanturen, die die Alliierten fürchteten, teilten mir über das Ministerium in Berlin mit, sie würden nur die Gefangenen freilassen, bei denen keine Zweifel bestünden, dass sie tatsächlich Polen seien und dass sich das Konsulat unter meiner persönlichen Verantwortung um die Legitimationen kümmern müsse. Nun kamen auf unsere Mitarbeiter schwere Zeiten zu. Jeder Russe, vor allem die Juden aus Litauen, aus Wolhynien und Podolien, wollten, wenn sie wenigstens ein bisschen polnisch sprachen, Polen sein. Diese Menschen beriefen sich gewöhnlich – als einziges Argument – auf ihre mehr oder weniger gute Kenntnisse der polnischen Sprache und wollten aufgrund dessen auf jeden Fall als Polen anerkannt werden.

Das Problem machte unseren Sonderbeauftragten große Sorgen. Auf der einen Seite war die Feststellung der polnischen Nationalität aus formalen Gründen oft sehr schwer, auf der anderen Seite trieb eine Ablehnung diese Petenten regelrecht in die Verzweiflung. Nach intensivem Nachdenken setzte ich bei den aus dem Königreich Polen stammenden Kriegsgefangenen in einer Richtlinie für die Sonderbeauftragten ein Kriterium für das Polentum fest – das katholische Bekenntnis, mit Ausnahme bestimmter Fälle, bei denen aus wichtigen Gründen (z. B. bei Söhnen von Unierten) es sinnvoll erschien, nicht katholische und nicht aus dem Königreich Polen stammende Kriegsgefangene als Polen anzuerkennen. Mir war durchaus bewusst, wie primitiv diese Formel war, mir schien jedoch das Bekenntnis als Kriterium noch am aussagekräftigsten zu sein und dies ist es für mich auch heute noch, weil in Russland einst der katholische Glaube als Synonym für das Polentum stand. Im Übrigen waren unsere Sonderbeauftragten gewissenhafte, ernste Leute mit Lebenserfahrung und ich hatte volles Vertrauen zu ihnen, dass sie in einer so schwierigen Situation keinen großen Fehler machen würden, ganz zu schweigen von deutlichem Missbrauch.

Auf diese Weise gelang es mir, ausschließlich aufgrund der Liebenswürdigkeit und Energie von General Dupont, mich aus dieser schwierigen Lage heraus zu manövrieren und mit der Rückführung unserer Kriegsgefangenen, die bis zur Grenze von den jeweiligen Sonderbeauftragten begleitet wurden, zu beginnen und sie im Mai abzuschließen. Nicht alle Transporte unserer Landsleute verliefen so ordentlich und mit dem

---

127 Das ist wahr, es braucht eine Entscheidung, damit ihre Landsleute ausreisen können.

Tempo, das man sich gewünscht hätte, aber in Anbetracht der großen politischen und technischen Schwierigkeiten, wie sie sich vor dem Konsulat auf Schritt und Tritt auftaten, war der Zeitraum von vier Monaten bis zum Ende der Rückführung von 100.000 Menschen verhältnismäßig kurz. […]

*

Ich habe die den Deutschen nicht zur Ehre gereichende Angelegenheit jener Eisernen Division so ausführlich beschrieben, weil die Ereignisse ein Licht auf die Situation in Teilen der deutschen Armee werfen. Dieser Fall gab einen Vorgeschmack auf die Rolle, die in der Geschichte Nachkriegsdeutschlands noch über Jahre hinweg Aufstände extrem rechtsgerichteter militärischer Gruppen, die von der Rückkehr des alten Regimes träumten, und solchen, die bereit waren, sich sogar den Bolschewiken anzuschließen, spielen sollten. In dieser Hinsicht ist der Aufstand von General Goltz[128] von ausgesprochen symptomatischer Bedeutung. Doch jene baltischen Freikorps waren im Grunde der Prototyp der gegenwärtigen Nationalsozialisten, dieser merkwürdigen Mischung von wütendem Nationalismus, der angeblich der Bolschewismus bekämpft, ihn aber in vielen Dingen kopiert sowie einer gewöhnlichen Demagogie.

Ich wurde Zeuge des Epilogs dieser Begebenheit, die sich Mitte März 1920 in Berlin abspielte. Schon ab Februar kursierten in Berlin Gerüchte, dass die baltischen Freikorps sich der Hauptstadt näherten. Diese Gerüchte wurden immer konkreter und ließen sowohl in der Regierung wie in der Bevölkerung die größten Befürchtungen wach werden. Der Regierung wurde klar, dass sie nicht auf das Militär bauen konnte, versuchte dies aber in ihrer Hilflosigkeit zu verschleiern und berichtete nur spärlich über den Verlauf der Dinge. […]

Um den 15. März waren vielerorts in Berlin die Rufe „Hannibal ante portas" zu hören. Kurze Zeit später zeigten sich Vorposten der baltischen Freikorps im Ostteil Berlins, die nach Westen in Richtung Charlottenburg marschierten.

Einen Teil der Ereignisse habe ich mit eigenen Augen gesehen, als ich am Nachmittag meine Wohnung verließ und über den Tiergarten in Richtung Unter den Linden ging. Den Rest erfuhr ich von Augenzeugen, die mir mitteilten, was sie zuvor gesehen hatten. Ich sah vor dem Hotel Adlon eine riesige Blutlache, die Wände des Hotels zeigten Spuren von Schüssen und die wunderschönen Fenster der Geschäfte im Parterre waren fast alle eingeschlagen. Ich erfuhr, dass die Soldaten eines Bataillons der Division, irritiert durch die feindlichen Schreie der Bevölkerung, und zwar nicht nur der Arbeiter, in die Menge wie auf Spatzen schossen. Ein Panzerfahrzeug des Bataillons, das kurz vor dem Brandenburger Tor stand, feuerte noch eine Salve in die Menge, die vor dem Hotel stand. Das Ergebnis waren 14 Tote und sehr viele Verletzte. Letztere habe ich selbst gesehen, als die Militärambulanz sie mitnahm.

Kurz danach tauchte vor meinen Augen ein anderes Bataillon Unter den Linden auf, das sich in Richtung Brandenburger Tor bewegte und das ich genau betrachtete. Es marschierte mitten auf dieser sehr breiten Allee umgeben von einem Spalier von Menschen, hauptsächlich Arbeiter, und mit ausgebreiteter kaiserlicher Flagge tönte das Lied „Die Wacht am Rhein". Diese Leute schossen schon nicht mehr, aber dafür hatten sie

---

128 *Rüdiger von der Goltz (1865-1946), deutscher General, Freikorpsführer in Baltikum. Er war Militärberater der finnischen Armee. Nach Kriegsende wurde seine Division laut der Forderung der Alliierten nach Deutschland zurückgeschickt. Von der Goltz gehörte zu den hartnationalistischen Gegnern der Weimarer Republik.*

eine andere unglaubliche Taktik. Wenn sie in dem Spalier jemanden sahen, der ihnen feindlich gesinnte Parolen von sich gab und in der ersten Reihe stand, so zogen sie ihn in ihre Reihen und ohne ihren Marsch zu unterbrechen, schleppten sie ihn hinter sich her, schlugen ihn blindlings, mit dem, was ihnen in die Finger kam, zusammen, bis sie ihn nach ein paar Minuten auf der anderen Seite aus der Reihe warfen. Alle Zeugen dieser Szenen überkam ein Gefühl der Bedrohung, aber der Anblick von Tausenden der Banditen mit einer Waffe in der Hand lähmte jeglichen aktiven Widerstand. Nur aus den hinteren Reihen des Spaliers waren Flüche gegen die wilden Henkersknechte zu hören. Das Bataillon marschierte die gesamte Allee entlang, bis es hinter dem Brandenburger Tor verschwand, und zog weiter in das große, ihm offensichtlich von der Regierung zugewiesene Lager in Döberitz, unmittelbar vor Berlin, wo das gesamte Bataillon entsprechend der Vereinbarung sich vorübergehend einquartieren sollte.

So sah der Durchmarsch der baltischen Freikorps durch Berlin aus. Weil diese Horden nicht nur in die Hauptstadt einzogen, sondern auch nach all den Exzessen wieder abzogen, war das in gewisser Hinsicht zwar ein bescheidener Erfolg, aber die Situation war trotzdem weiterhin außerordentlich gespannt. Die Regierung war schwach, weil sie systematisch seit längerer Zeit der Agitation der linken Sozialdemokraten, den sogenannten Unabhängigen, immer mehr Geständnisse machte, in dem Glauben, sie seien das letzte Bollwerk gegen den Bolschewismus. Als die Kommunisten sahen, dass die Verbrechen der baltischen Freikorps ungestraft blieben und nur die Hilflosigkeit der Regierung zum Ausdruck brachten, schritten auch sie zur Aktion, weil sie mit Straffreiheit rechneten. Der Mob in den Vorstädten tobte, wurde aufgestachelt und begann zu plündern und es sah aus, als käme es zu Pogromen gegen die Juden. Und gleichzeitig befanden sich in Döberitz am Rande von Berlin ungefähr 8.000 Freikorpssoldaten, die dort schon Quartier bezogen hatten, dennoch jeden Augenblick nach Berlin zurückkehren könnten, um trotz ihrer nationalistischen Gesinnung Hand in Hand mit den Kommunisten an der Plünderung der Stadt teilzunehmen.

Schon damals entwickelte sich also eine fast analoge Situation zu der, wie sie heute in Deutschland, vor allem in Berlin, herrscht. Auch heute dauern seit einem Jahr die Kämpfe der Nationalsozialisten mit den Kommunisten an, führen zu Hunderten von Opfern und dennoch verbinden sich diese Ultrarechten so wie bei der Abstimmung im Reichstag oder im Berliner Stadtrat von Zeit zu Zeit mit den Ultralinken, um noch mehr Anarchie zu verbreiten.

So war es in jener letzten Märzdekade zu einer geradezu verzweifelten Lage gekommen und es ist nicht verwunderlich, wenn man damals in bürgerlichen Kreisen hören konnte, wie vollkommen offen das Bedauern zum Ausdruck darüber kam, dass die Alliierten Berlin nicht besetzen wollten. Unmittelbar nachdem die baltischen Freikorps die Hauptstadt verlassen hatten, tauchte am Horizont schon das Gespenst eines neuen Streiks auf, der diesmal von den Gewerkschaften proklamiert wurde, die dazu entschlossen waren, einen offenen Krieg gegen die regelrechte Militärdiktatur des rechten Sozialdemokraten und des Kriegsministers Noske zu führen. Die Regierung Ebert war bereit, Noske zu opfern, nur um einen Streik zu verhindern, aber den unabhängigen Sozialdemokraten war dies zu wenig und sie stifteten weiter Unruhe, bis das gesamte Transportwesen stillstand. Die Lebensmittelversorgung brach zusammen und die Vorräte waren selbst in wohlhabenderen Häusern aufgebraucht. Der Moment, an dem sich die hungrigen Massen auf Berlin und dort vor allem auf die besseren Viertel stürzten, stand unmittelbar bevor und er wurde begleitet von der Befürchtung, dass, sollte dieser Fall eintreten, sich die baltischen Freikorps den Kommunisten anschlössen.

Berlin sah beängstigend aus. Die ganze Innenstadt war wie ausgestorben. In der Leipziger Straße, wo sich bekanntlich die vornehmsten Geschäfte befanden, gab es nichts mehr in den Auslagen der Schaufester oder die Schaufester waren mit Brettern zugenagelt. Es waren keine Menschen mehr zu sehen und weder Droschken noch Straßenbahnen fuhren. Auf einem Friedhof war vermutlich mehr los, als damals in Berlin während dieser denkwürdigen Märztage. Die Maschinerie meines Konsulats stand allmählich still, weil sich die Mitarbeiter, die in den Vorstädten lebten, fürchteten, aus dem Haus zu gehen. Wir bekamen dagegen im Konsulat Besuch von polnischen Kommunisten, die uns wissen ließen, dass unser Konsulat völlig bourgeois sei und es durch ein anderes ersetzt werden müsse.

So also sah es in der Berliner Innenstadt aus. Am Rande von Berlin in Döberitz und in den Wäldern von Spandau waren immer noch Tausenden von Freikorpssoldaten einquartiert, sie lagen im Hinterhalt und waren für die Hauptstadt eine ständige Gefahr. Diese Leute hatten das Lager in eine Festung verwandelt. Als Vertreter der Gerichtsbarkeit dorthin fuhren, um die Verantwortlichen für die vielen Toten vor dem Hotel Adlon herauszufinden, wurden sie nicht einmal eingelassen. Die baltischen Freikorps folgten nur dem Befehl eines jungen Fanatikers, einem ihrer Offiziere, dem Major Hermann von Ehrhardt. Ein Name, der noch über Wochen in Berlin in aller Munde war. Der Einfluss dieses jungen Mannes auf die Soldaten war einfach unglaublich. Diese Leute wären sofort wieder bereit gewesen, Berlin anzugreifen, wenn er es ihnen befohlen hätte. Die Regierung Ebert nahm mit dem „Staat im Staat in Döberitz" Verhandlungen auf, die eine Woche dauerten. Sie versprach für die verlorenen kurländischen Parzellen, die diesen Leuten während des Krieges von der kaiserlichen Regierung zugesagt worden waren, Entschädigung in Deutschland. Und so endete der Frühling. Das normale Lagerleben begann die Freikorpssoldaten immer mehr zu langweilen und langsam, aber wirklich sehr langsam gingen sie in der Gesellschaft auf. Wer weiß, ob und wie viele von ihnen später zu ganz normalen Bürgern und Philistern wurden, denn diese Vorkommnisse bedeuteten vielleicht nur den Ausdruck irgendeiner wahnwitzigen Massensuggestion, die nicht ewig dauern konnte.

So endete eine der interessantesten Episoden in der Geschichte Nachkriegsdeutschlands. Sie warf ein Licht auf die Demoralisierung der deutschen Soldaten durch den sträflichen Krieg und die Besetzung von großen fremden Territorien. Die Besatzungssituation bewirkte einen vollkommenen Verfall der militärischen Disziplin im Allgemeinen, aber auch bei jedem einzelnen. Dieser Wahn der Deutschen, ganz Europa besetzen zu wollen, hat sie moralisch viel gekostet, selbst wenn diese Besetzungen, worüber ich kein Urteil habe, taktisch notwendig waren.

Der Zufall wollte es, dass ich die baltischen Freikorpssoldaten noch einmal bei der 'Arbeit' sah. Der bekannte deutsche Pazifist von Gerlach, zu dem ich schon seit einigen Jahren freundschaftliche Beziehungen unterhielt, sollte bei einer politischen Versammlung am Savignyplatz eine Rede halten. Auch ich begab mich dorthin und bemerkte sofort in einer Ecke des Saales eine Gruppe von Freikorpsmännern in voller Ausrüstung. Diese Leute spazierten durch Berlin, ohne die geringsten Interventionen vonseiten der Polizei zu fürchten und suchten Streit. Der Vorsitzende eröffnete die Versammlung und Gerlach betrat die Bühne, wobei er sofort feindliche Zurufe der Gruppe erntete. Mit der ihm eigenen außergewöhnlichen Zivilcourage führte Gerlach seine Rede weiter und sprach die damals besonders bedrückende Frage an: Wer hat den Krieg angefangen? Er sprach sehr objektiv darüber, ohne Deutschland zu verurteilen oder von aller Schuld frei zu sprechen und sagte nur, diese Frage müsse in Zukunft durch kompetente Historiker beantwortet werden.

Aber schon diese Aussage genügte: Vier große Kerle aus der Gruppe standen auf, gingen auf die Tribüne, und einer von ihnen, gebaut wie Herkules, packte den kleinen und nicht stark gebauten Gerlach wortwörtlich am Kragen, zerrte ihn herum und schlug mit seinem Kopf gegen die Wand. Diese widerwärtige Szene elektrisierte alle Anwesenden und ich beobachtete von der hintersten Reihe im überfüllten Saal mit meiner Frau, wie die Kerle verhinderten, dass jemand auf die Bühne ging, wo sie zugleich den armen Gerlach malträtierten.

Im Saal brach Panik aus und Gerlach wurde von drei mutigen Frauen gerettet, die durch ihr lautes Schreien mit den Freikorpsmännern besser fertig wurden als jeder Mann. Kurz danach gingen wir die Treppe herunter, wo wir Gerlach sahen, der weiß wie der Tod und blutverschmiert, aus dem Saal in eine Droschke gebracht wurde. Ich besuchte ihn zwei Tage später, sein ganzer Kopf war geschwollen und erst nach über zwei Monaten war er wieder gesund. Solche Szenen waren seinerzeit in Berlin möglich. Der edelmütige Schiller, der in seinem schönen Gedicht „Die Glocke" schrieb, der Mensch sei die wildeste aller Bestien, ahnte wohl nicht, dass seine deutschbaltischen Landsmänner diese Behauptung ebenso bestätigten, wie die Bolschewiken. [...]

Mit dem Frühjahr 1920 nahmen die Amtsgeschäfte des Konsulats in einem solchen Maß zu, dass wir täglich einige Hundert Briefe erhielten und was noch viel schlimmer war, am Tag mindestens genau so viel, wenn nicht noch mehr Petenten und Interessenten mit unterschiedlichen Anliegen zu verzeichnen hatten, wofür unser Büro in der Potsdamer Straße nicht einmal annähernd ausgelegt war. Es wurde also immer dringlicher, ein ausreichend großes Gebäude für das polnische Konsulat zu finden. Unser erster polnischer Gesandter in Berlin Ignacy Szebeko kam Anfang März 1920 in die deutsche Hauptstadt um sein Amt anzutreten und war gezwungen, aufgrund des Wohnungsmangels mehrere Wochen die Gastfreundschaft des hochbetagten Fürsten Ferdynand Radziwiłł in Anspruch nehmen. Danach musste er einige Monate lang in einer privat auf die Schnelle gemieteten Wohnung seine Amtsgeschäfte aufnehmen, weil es in Berlin schwer war, eine Wohnung zu finden, ganz zu schweigen von einem entsprechenden Gebäude für ein fremdes Konsulat.

Durch einen glücklichen Zufall erfuhr ich, dass die gemeinnützige Kilian-Stiftung eine sehr große Immobilie verkaufen wollte, zu der ein vierstöckiges Gebäude mit 60 Zimmern und außerdem ein angrenzendes Schlösschen inmitten eines großen Gartens – das Ganze recht gut gelegen, gehörte. Diese Immobilie verfügte über 4000 m² und befand sich im Herzen Westberlins in der Nähe des Kurfürstendamms. Ich verlor keine Zeit und reiste nach Warschau, um die nötigen Gelder für den Kauf des Objekts zu organisieren.

Minister Grabski war anfangs nicht besonders geneigt, für diesen Zweck größere Mittel bereitzustellen, vor allem weil aus dem Osten bereits dunkle Wolken aufzuziehen begannen. Aber letztendlich wollte er unter der Bedingung einer Billigung durch die Haushaltsexperten nach eingehender Prüfung der Gegebenheiten vor Ort in Berlin die Gelder bewilligen, wenn diese den Kauf auch für eine gute Investition hielten. Die Experten bestätigten nach ihrer Rückkehr nach Warschau meine Einschätzung und am 22. Juni 1920 wurde ich wegen der Notariatsurkunde in der Posener Kanzlei von Dr. Zborowski vorstellig, um die Immobilie für einen Kaufpreis von 2.250.000 Mark für den polnischen Staat zu erweben. Ich handelte heraus, dass von dieser Summe 1.000.000 Mark bis zum 1. November 1923 in Form eines Hypothekenkredits mit einer Verzinsung von 4,5 Prozent finanziert werden konnten. Aufgrund der starken Entwertung der deutschen Währung hatte diese Summe am 1. November 1923 noch einen Gegenwert von 7 Dollar, sodass der polnische Staat für beide Gebäude und den Garten nicht mehr als etwa 30.000 Dollar gezahlt hat. Weil seit dem Erwerb dieser Gebäude Zehntausende polnische Bürger in verschiedenen Angelegenheiten sich an die Gesandtschaft oder das Konsulat wandten und die Gelegenheit hatten, sich diese Gebäude anzusehen, muss ich sie nicht beschreiben.

Die Stiftung forderte ihrerseits noch eine nachträgliche Aufwertung dieser zweiten Million, aber in bescheidenem Maß. Es war leichter die Immobilie zu erwerben, als sie faktisch in Besitz zu nehmen. Im gesamten Gebäude saß der Reichsverband der deutschen Industrie[129], eine mächtige Institution, die man nicht so einfach herausbekam, weil der Vorstand den Auszug vom Finden eines entsprechenden Gebäudes abhängig machte. Meine ganzen Beziehungen im Auswärtigen Amt waren nutzlos, weil in dieser Zeit die deutsche Gesandtschaft in Warschau ähnliche Probleme in der Piękna-Straße hatte. Jedes Mal, wenn ich mich beschwere, wies man mich im Auswärtigen Amt auf diese Tatsache als Beispiel bösen Willens auf polnischer Seite hin. Ein ganzes Jahr verging schließlich, bis das Gebäude von besagter Institution geräumt wurde. Die feierliche Einweihung des ersten eigenen Sitzes des polnischen Staates in Europa konnte erst im August 1921 stattfinden. Ich habe unserem Innenministerium das Datum bekannt gegeben, aber aus Warschau kam nicht einmal eine Depesche, die ich den zahlreich versammelten Mitgliedern der Polonia, die sehr empfindsam auf jedes Zeichen aus Warschau reagierte, hätte vorlesen können. Zum Glück war der unvergessliche Minister Gabriel Narutowicz auf der Durchreise, den der ehemalige Legationsrat der Botschaft und gegenwärtige Gesandte in Berlin, Dr. Alfred Wysocki[130], dazu überredete, an den Feierlichkeiten teilzunehmen. Als Antwort auf meine Begrüßungsrede als Hausherr hielt der Minister eine sehr warme Rede, die in die Herzen aller Anwesenden drang. Der Moment, als nach der Einweihung des Gebäudes durch einen polnischen Priester am Mast der Kuppel die weiß-rote Flagge hochflog, die bis dahin in Berlin unbekannt war und später bei jeder passenden Gelegenheit wieder gehisst wurde, ist für mich unvergesslich. […]

Ich kehre nun zur Lage in Berlin während der zweiten Jahreshälfte 1920 zurück. Neben den schon auf der Tagesordnung stehenden Streiks, Aufständen und den blutigen Kämpfen mit den Kommunisten beschäftigte sich die öffentliche Meinung hauptsächlich mit der Frage, was mit Polen geschehe und wie sich die Alliierten verhielten. Diese Frage wurde angesichts der näher auf Warschau zurückenden Bolschewisten immer aktueller. Am 26. Juli 1920 gab das Wolffsche Telegraphenbüro bekannt, bolschewistische Militäreinheiten seien nur noch einige Tagesmärsche von Ostpreußen entfernt und deswegen bitte die deutsche Regierung im Hinblick darauf die Allliierten, Freiwilligeneinheiten zu organisieren und diese durch die Plebiszitgebiete um Hohenstein und Marienwerder an die preußische Grenze zu schicken. Gleichzeitig verhängte die deutsche Regie-

---

129 Reichsverband der deutschen Industrie, der 1919 gegründete Spitzenverband der industriellen Unternehmerverbände in der Weimarer Republik. Erster Vorsitzender des RDI war Kurt Sorge.
130 Alfred Wysocki (1873-1959), polnischer Diplomat, 1919-1920 arbeitete er in der polnischen Botschaft in Paris, 1920-1922 war er chargé d'affaires in Berlin. 1931-1933 Botschafter der Republik Polen in Berlin.

rung den Ausnahmezustand in ganz Ostpreußen. Zwei Tage später ging die Regierung noch einen Schritt weiter und sprach ein Verbot für die Ausfuhr und den Transfer von Waffen und Munition aus und durch Deutschland sowohl nach Polen, wie nach Russland aus, was praktisch die einseitige Unterstützung der Sowjets bedeutete und wies die deutschen Gesandten in Warschau an, die polnische Regierung über die Neutralität Deutschlands zu informieren. [...]

*

Ich konnte in Berlin verfolgen, mit welcher Energie während der Plebiszite der Transport all jener deutscher Emigranten, deren Zahl auf zwischen 100.000 und 200.000 Personen geschätzt wurde, verlief. Alle Transporte gingen vom Schlesischen Bahnhof in Berlin aus ab, der mit Fahnen geschmückt war. In den vollen Wagons war die Stimmung aufgeheizt von den Reden professioneller Agitatoren und dem Bier, an dem die „Organisation der heimattreuen Oberschlesier", die natürlich hohe Subventionen von der Regierung erhielt, nicht sparte. Wenn ein Zug losfuhr, stimmten die Emigranten zusammen mit den auf dem Bahnhof Anwesenden die Nationalhymne an, und dieser Ablauf wiederholte sich zur Zeit der Plebiszite, also ab dem 8. März, mehrmals täglich.

Auch hier bewiesen die Deutschen ihren Ordnungssinn und Energie. In Berlin wurde, wie in allen deutschen Städten ein spezielles Büro eingerichtet, das die Standesamtsregister auf die Herkunft der Bevölkerung überprüfte. Jeder Mensch, der aus den Plebiszitgebieten stammte, stand sofort unter Beobachtung und wurde schriftlich und mündlich ständig dazu aufgefordert, Gott bewahre nur nicht zu vergessen nach Schlesien zu fahren und dort für Deutschland zu stimmen. Die Regierungsorganisationen sagten ihm freie Fahrt und eine großzügige Entschädigung für die Mühe zu.

Auf unserer Seite fehlte es auch nicht an Energie, aber das in Betracht kommende Menschenmaterial war vollkommen anders. Die deutschen Emigranten waren fast ausnahmslos mehr oder weniger wohlhabende und unabhängige Leute. In Berlin gab es ein paar Hundert offenkundig reiche Kaufleute, die dieser Kategorie angehörten. Nach Schlesien zu fahren bedeutete für diese Leute keinen Verlust, eher einen Vorteil, weil es ihnen eine gute Position bei den Behörden verschaffte. Unsere Emigranten waren vor allem Arbeiter und Bergleute, die, falls sie zum Plebiszit fuhren, die Aufmerksamkeit auf sich lenkten und bei ihrer Rückkehr damit rechnen mussten, dass ihnen ihr deutscher Arbeitgeber kündigte. Man erzählte mir sogar, die Geschäftsführungen der Bergwerke in Westfalen setzten einen solchen Bergman sofort auf eine ad hoc angelegte schwarze Liste, sodass ein Bergarbeiter sehr viel riskierte, wenn er sich entschloss, zu fahren. Umso mehr muss man anerkennen, wie viele dennoch gefahren sind. Die genaue Zahl dieser Helden kenne ich leider nicht, auf jeden Fall waren es mehrere Hundert vielleicht auch einige Tausend.

Das Ergebnis des Plebiszits löste in Deutschland nicht so große Demonstrationen aus, wie man sie hätte erwarten können. Es ging bei dieser Gelegenheit natürlich nicht ohne laute antipolnische Demonstrationen in den großen deutschen Zentren ab. Und auch in unserem Konsulat in Berlin warfen Demonstranten ein paar Scheiben ein, aber das Auswärtige Amt erklärte gegenüber der Gesandtschaft und dem Konsulat sein Bedauern, womit die ganze Angelegenheit erledigt war. Jedoch einige Wochen später, als in Schlesien die Aufstände losbrachen, packte das deutsche Volk die blanke Wut und es kam in Schlesien zu blutigen Kämpfen zwischen den Polen und nicht nur mit dem deutschen Militär, sondern auch mit den Freikorps, die aus ganz Deutschland kamen. Die Kämpfe in den Jahren 1918 und 1919 in der Provinz Posen waren nicht einmal annähernd so schrecklich wie die Kämpfe in Schlesien.

Aus dem Polnischen von Isabella Such

BRONISŁAW ABRAMOWICZ, ERINNERUNGEN EINES GEBÜRTIGEN BERLINERS (1979)

Bronislaw Abramowicz (?-1972). Aktives Mitglied der Polnischen Sozialistischen Partei (PPS), kämpfte während des Ersten Weltkrieges in der geheimen, von Marschall Jósef Piłsudski ins Leben gerufenen Polnischen Kriegseinheit POW (Polska Organizacja Wojskowa). In Berlin agitierte Abramowicz für die Schlesischen Plebiszite. 1921 wurde er verhaftet und gegen die in Polen inhaftierten Deutschen ausgetauscht. Nach dem Zweiten Weltkrieg lebte er in Posen.

An einem Dezembertag im Jahr 1913 erhielten meine Eltern von unseren Verwandten aus Wronki ein Paket mit Lebensmitteln. [...] In diesem Paket befanden sich unter anderem Eier, die in Polen erscheinende, polnische Zeitungen eingewickelt waren. Mein Vater las gewöhnlich alles, was ihm in die Hände kam und so vergaß er auch nicht die zerknüllten Zeitungen. In einer von ihnen, einer Ausgabe des „Dziennik Poznański" las er, dass die Berliner Firma von Antoni Wiatrak junge polnische Lehrlinge zur Ausbildung im Handel suche. Später fand ich heraus, dass der 1868 in Kempen[131] geborene Antoni Wiatrak, der zu jener Zeit trotz seiner polnischen Staatsbürgerschaft auch als Generalkonsul von Guatemala tätig war, systematisch Auszubildende aus Polen rekrutierte. Er wollte damit jungen Polen, die sich für den Handel interessierten, die Möglichkeit geben, einen Wirtschaftszweig kennenzulernen, der damals in Polen noch nicht entwickelt war, weil es dort in keiner Branche solche Importunternehmen gab.

Mein Vater legte mir nahe, mich in dieser Firma zu erkundigen, ob die erwähnte Ausbildungsstelle noch frei sei. Im Büro des Firmenchefs trug ich meine Anliegen trotz des Gebrauchs des Deutschen in offiziellen Dingen in polnischer Sprache vor, denn ich wusste, dass Wiatrak Pole war. Nach der Vorlage meiner Schulzeugnisse sollte ich am Tag darauf wieder mit meinem Vater zur Unterzeichnung des Lehrvertrags kommen, was auch geschah. [...]

---

131 Kępno in Großpolen.

Die Firma von Antoni Wiatrak importierte hauptsächlich Kaffee, der direkt von den Plantagen in Guatemala kam. Als junger Mann war unser Chef in der Hoffnung auf ein besseres Leben dorthin ausgewandert. Er hatte von 1896 an etwa 10 Jahre in Guatemala auf einer Kaffeeplantage gearbeitet und unterhielt über lange Jahre mit vielen Plantagenbesitzern freundschaftliche wie auch wirtschaftliche Kontakte. Dort im fernen Mittelamerika lernte Wiatrak auch einige berühmte Landsmänner kennen, zu denen auch unserer großen Schriftsteller Henryk Sienkiewicz, mit dem er befreundet war, gehörte. [...]

Die Kaffeeimportgesellschaft Antoni Wiatraks unter dem Namen „Guatemala Kaffee-Import Antoni Wiatrak" war im gesamten Deutschen Reich vor und auch noch nach dem Ersten Weltkrieg das einzige polnische Unternehmen dieser Art und Größe. Damals gab es noch ein ähnliches Unternehmen in Berlin: die „Holländische Kaffee-Rösterei", dessen Besitzer unser Landsmann Rembieliński war. Sie beschäftigte sich im Unterschied zu Wiatraks Firma nicht mit dem Direktimport von Kaffee, etwa aus Guatemala, wo, wie allgemein bekannt ist die edelsten Kaffeesorten angebaut werden. Es war eher ein großes Einzelhandelsunternehmen, das neben anderen Kolonialwaren und Lebensmitteln auch frisch gerösteten Kaffee verkaufte. Rembieliński hatte vorwiegend Laufkundschaft, denn sein Geschäft lag ausgezeichnet, mitten im Zentrum in der Nähe der Seydelstraße unweit des Spittelmarkts und einer der Haupteinkaufsstraßen, der Leipziger Straße. Die vornehmste Einkaufsstraße war damals die drei Kilometer lange Friedrichstraße. Rembielińskis Firma stellte für Wiatraks Unternehmen keine Konkurrenz dar und die Besitzer dieser beiden polnischen Handelsfirmen verhielten sich zueinander äußerst loyal, was durch die Zugehörigkeit zur gleichen Nationalität noch gefördert wurde.

Wiatraks Firma verfügte über eine erstklassige technische Ausstattung, denn sie arbeitete mit dem „Emmericher Kugelröstapparat", einer modernen Kaffeeröstanlage mit einem Volumen von über 40 Kilo Rohkaffee, deren Maschinen mit einem Elektromotor angetrieben wurden. [...]

Ein 'guter Kaffee' wird nicht nur mit einer Kaffeesorte aufgebrüht, sondern stellt eine Mischung verschiedener Sorten dar. Je origineller die Mischung, desto besser ist der Kaffee im Geschmack, im Duft und was die Ergiebigkeit angeht. In Bezug auf die Frage, ob die Mischung vor oder nach dem Rösten zubereitet werden soll, gehen die Meinungen der Fachleute auseinander. Die Zusammenstellung einer guten Mischung kann nur durch fundiertes Fachwissen und langjährige praktische Erfahrung gelingen. Diese beiden Voraussetzungen konnte Don Antonio Wiatrak, der sich durch seinen zehnjährigen Aufenthalt in Mittelamerika und vor allem aufgrund seiner Arbeit auf führenden Kaffeeplantagen in Guatemala einen in jeder Hinsicht breiten Erfahrungshorizont angeeignet hatte, erfüllen. Die Mischungen von Wiatrak waren in Berlin und Umgebung sowie in anderen Städten im Deutschen Reich und in den polnischen Gebieten der damals preußischen Gebiete, also in den damaligen Provinzen Posen, Westpreußen und Schlesien, berühmt. Ausdruck der Anerkennung waren zahlreiche Ehrendiplome und Auszeichnungen, die Antoni Wiatrak als polnischer Unternehmer bei deutschen Fachausstellungen erhalten hatte. Ich erinnere mich daran, dass unser Chef vor dem Ersten Weltkrieg im Rahmen der „Grossen Hygiene-Ausstellung" in Berlin mit einem Ehrendiplom und der Goldmedaille ausgezeichnet wurde und später bei der Fachausstellung des Vereins der Cafetiers Deutschlands e. V. 1908 mit der Goldmedaille, außerdem hatte er 1907 eine Medaille für herausragende Leistungen bei der III. Ausstellung für deutsche Kochkunst und Verwandte Gewerbe in Berlin erhalten. [...]

Aus den Erzählungen Antoni Wiatraks und auf der Basis eines Gesprächs, das wir noch ein halbes Jahr vor seinem Tode führten, habe ich erfahren, dass der junge Wiatrak 1893 nach der Mittleren Reife und dem Abschluss ein Handelsschule in der Kreisstadt Kempen zunächst nach Hamburg ging, von wo aus er nach New York reiste. Dort bestieg er nach einer zweiwöchigen Wartezeit ein Schiff nach Panama.

Von Colon in Panama reiste er über die mittelamerikanische Landbrücke und den Ozean nach St. José, einem Hafen in Guatemala und von dort aus noch 150 Kilometer weiter in die guatemaltekische Hauptstadt, die den gleichen Namen wie die Republik trägt und 1500 Meter über dem Meeresspiegel in den Kordilleren, das heißt in den Anden liegt. Dort arbeitete er ab 1893 hart in der Bar von Maximo Meyer, wo er zusammen mit zwei Indianerinnen von morgens bis abends hinter dem Ausschank stand. Weil er die Landessprache noch nicht beherrschte, sprach Don Antonio mit ihnen Latein und lernte durch sie langsam spanisch. Später nahm er bei einer gebildeten Indianerin, der Frau eines Bekannten, Spanischunterricht. Nach ein paar Monaten erkrankte er schwer an Malaria und musste sich in dem 500 Meter hoch gelegenen Kurort Escuintla behandeln lassen. Nach seiner Gesundung kehrte er wieder nach Guatemala Stadt zurück. Dort begann er bei Romualdo Piątkowski, einem von drei in Guatemala lebenden polnischen Aufständischen des Jahres 1863, der eine Filiale der Pariser Firma „Bon marché" leitete, als Handelsgehilfe zu arbeiten. [...]

Während seiner zehnjährigen Tätigkeit im Handel und auf Kaffeeplantagen gelang es Wiatrak 10.000 deutsche Mark, was damals etwa 2.500 Dollar entsprach, zurückzulegen. 1902 kehrte er auf Zureden von Henryk Sienkiewicz nach Europa zurück. Der entscheidende Grund für seine Rückkehr war aber die Sehnsucht nach der Heimat. Unter großer Freude kam es zu einem Wiedersehen mit seiner Mutter und der engeren Familie. Dann hatte er von einer größeren polnischen Kolonie in Berlin gehört und entschied sich, nach einem mehrmonatigen Aufenthalt in Kempen dazu, in die deutsche Hauptstadt zu gehen. Dort gründete er 1903 die bereits oben erwähnte erste polnische Handelsfirma dieser Art.

Über die Jahre hinweg hatte ich des Öfteren die Gelegenheit, mit einigen Mitarbeitern aus jener Zeit zu sprechen. Sie hatten ebenso wie ich die besten Erinnerungen an die damalige Firma „Guatemala Kaffee-Import" und vor allem an unseren ehemaligen Chef Don Antonio Wiatrak. Am Ende des Ersten Weltkrieges sah sich Antoni Wiatrak gezwungen, sein Berliner Unternehmen, in das er so viel Energie gesteckt hatte, zu verkaufen. Kurz danach zog er mit seiner Familie und einer Haushälterin nach Danzig in die Geburtsstadt seiner Mutter. Hier in der Freien Stadt Danzig gründete er zum dritten und letzten Mal ein solches Unternehmen und sein Sohn Aleksander Wiatrak baute eine Firma für Kaffee- und Teeimport in Gdingen auf. Beide Importunternehmen, das des Vaters und des Sohnes, wurden 1939 bei Ausbruch des Zweiten Weltkrieges als polnische Firmen aufgelöst. [...]

Nach Ausbruch des Ersten Weltkrieges war aufgrund der Seeblockade Großbritanniens gegen Deutschland fast der gesamte Direktimport von Waren aller Art, vor allem Lebensmittel und Kolonialwaren wie Kaffee, Tee und Kakao, zum Erliegen gekommen und die Vorräte im Land schmolzen Tag für Tag mehr zusammen. Nur aus dem damals neutralen Holland konnten wir über Eisenbahntransporte Kaffee importieren und das nur dank der persönlichen Beziehungen Antoni Wiatraks zu wichtigen Importeuren in Amsterdam und Rotterdam. [...]

Kurze Zeit danach war trotz aller Bemühungen der Chef unseres Unternehmens, indem ich nach meiner Lehre nun als Handelsgehilfe arbeitete, nicht mehr in der Lage, den Kundenbestellungen aufgrund eines spürbaren Warenmangels nachzukommen. Der Kaffeeimport kam vollständig zum Erliegen. Auch die vor dem Krieg unbekannten Mischungen von einem Rest Bohnenkaffee mit unterschiedlichen Surrogaten, wie Feigen, Getreide und Chicoree, die selbstverständlich mit dem Wissen der Kunden hergestellt wurden, halfen nicht mehr. Unser Chef sah sich schließlich aufgrund der Situation gezwungen, seinen Angestellten zu kündigen, weil es wegen Kaffeemangels *de facto* nichts mehr zu tun gab. 1916 war die Reihe an mir. [...]

Über polnische Gastwirtschaften in Berlin und ihre gesellschaftliche Bedeutung

Einige unserer Landsleute in Berlin und Umgebung eröffneten Gastwirtschaften entweder mittels finanzieller Unterstützung durch eine Brauerei (von denen es zu meiner Zeit in Berlin mehr als 100 gab) oder sie kauften sie in Stadtteilen, in denen es einen hohen polnischen Bevölkerungsanteil gab, Gaststätten den jeweiligen Vorbesitzern ab. Polnische Konditoreien gab es in Berlin zu meiner Zeit dagegen so wenige, dass man sie an einer Hand abzählen konnte (z. B. „Aurora" an der Potsdamer Straße oder Lipiński in der Markgrafenstraße). Die Existenz der polnischen Besitzer war gesichert, da sie einerseits deutsche Stammgäste aus der Nachbarschaft hatten und andererseits durch ihre polnischen Landsleute unterstützt wurden, die oft auch aus weiter entfernten Stadtteilen kamen und regelmäßig polnische Gaststätten besuchten. Dabei ist es interessant zu wissen, dass einst den polnischen Lokalen in Berlin und Umgebung eine ganz besondere Aufgabe zukam. Sie waren nämlich – obwohl das heute merkwürdig klingt – in diesem riesigen Ballungsraum deutscher Bevölkerungen eine Hochburg des Polentums. Vor dem Ersten Weltkrieg gab es mehr als 60 polnische Gaststätten und noch in den Jahren zwischen 1919 und 1922, als sehr viele unserer Landsleute nach Polen zurückkehrten, gab es immer noch um die 50.

In diesen Lokalen fanden regelmäßig Versammlungen unterschiedlicher polnischer Vereine statt. Sie wurden von Vorträgen und Lesungen begleitet, die oft von Vertretern der polnischen Intelligenz und vor allem von in Berlin studierenden Akademikern gehalten wurden. In den polnischen Gastwirtschaften, also eigentlich in den Sälen oder Gasträumen neben dem Schankraum, wurde getarnt als 'geschlossene Gesellschaft' heimlich Unterricht in polnischer Sprache erteilt, Lieder gelehrt oder die sogenannten Treffen für Kinder organisiert.

In den Gastwirtschaften trafen sich regelmäßig Polen aus den drei Teilungsgebieten. Getragen von patriotischen Gefühlen fühlten sie sich im Kreis ihrer Landsleute wohl, denn sie konnten sich mit ihnen in ihrer Muttersprache unterhalten, ihre Meinung kundtun sowie über ihre Sorgen und Hoffnungen sprechen. Vor allem, wenn es um die Erfüllung der Träume eines jeden ehrenhaften Polen ging – die Wiedererlangung der staatlichen Unabhängigkeit, sei es nun früher oder später. [...]

In diesen Gaststätten gehörte die Arbeiter- und Handwerkerschicht zu den Stammgästen, die Vertreter der polnischen Intelligenz mit den Studenten an der Spitze waren hingegen Gelegenheitsgäste, die kamen, wenn sie Lesungen oder Reden zu bestimmten Anlässen hielten oder auch wenn sie Polnischunterricht erteilten. Diese Tätigkeiten erfolgten ehrenamtlich, denn sie galten als gesellschaftlich-nationale Verpflichtung.

In diesem Zusammenhang erinnere ich mich gerne an einige polnische Wirte und Kneipiers, in deren Lokalen sich das tägliche gesellschaftliche Leben konzentrierte und die oft weniger aus materiellen als aus ideellen Gründen (was manchmal sogar mit Verlusten verbunden war), den polnischen Vereinen ihre Säle für Versammlungen und Feierlichkeiten zur Verfügung stellten. Unter den polnischen Wirten und Kneipiers in Berlin gab es zu meiner Zeit viele Schneider, wie zum Beispiel Józef Buczyński, Jan Głowacki oder Antoni Kubaczewski, die ihren Beruf aufgegeben hatten und nun eine Gaststätte führten. Für jeden polnischen Besitzer war es eine Ehrensache, seinen Gästen polnische Gerichte anbieten zu können, etwa Würste aus eigener Herstellung, für die vor allem das 'sozialistische' Lokal von Antoni Kubaczewski berühmt war, das sich zunächst in der Stallschreiberstraße 55, später Engelufer 2 und zum Schluss am Cottbuser Damm 98 befand. Ich erinnere mich noch daran, wie gut in meiner Kinderzeit die Weiße Wurst mit Knoblauch und Majoran, die Kubaczewskis Frau selbst herstellte, schmeckte, sodass sogar Landsleute, die gegenüber den polnischen Sozialisten feindlich eingestellt waren, nicht selten aus weiter entfernter Stadtteilen zu Kubaczewski kamen, nur um eine „echte polnische Wurst" zu essen. Kubaczewskis Lokal hieß ‚sozialistisch', weil sich dort die polnischen Sozialisten trafen und auch ihre Parteiversammlungen dort abhielten.

Die Wurst war dort zwar verhältnismäßig teuer, weil ein kleines Stück 30 Pfennige kostete (eine Portion Schweinehaxe mit Kohl dagegen 50 Pfennige), aber dafür vorzüglich. Kutteln nach Warschauer Art, wie sie in den polnischen Gaststätten serviert wurden, gehörten zu den beliebtesten Speisen unserer Berliner Landsleute. Erwähnenswert ist auch, dass sogar die Deutschen, die auf ein großes Speiseangebot in deutschen Gasthäusern zurückgreifen konnten, gerne polnische Gastwirtschaften mit ihren polnischen Gerichten besuchten. In Bezug auf die Getränke erfreute sich bei unseren Landsleuten, was den Konsum angeht, neben den unterschiedlichsten Biersorten deutscher Brauereien, vor allem aus Berliner und bayerischer Produktion, das „Grätzer Bier" besonderer Beliebtheit. Wenn es um Wodka und Liköre ging, so führten die polnischen Gaststätten neben den deutschen, meist aus der Umgebung stammenden Spirituosen auch Alkoholika aus Posen, vor allem von der 1823 gegründeten Firma Hartwig-Kantorowicz, die seit dem 19. Jahrhundert in Berlin zwei elegante Spirituosenläden in der damals vornehmen Friedrichstraße und in Charlottenburg besaß. Diese Dependancen belieferten auch den Großhandel mit erstklassigen Wodka- und Likörsorten, also nicht nur deutsche, sondern auch polnische Gastwirtschaften. Davon haben mir Bekannte, die polnischen Landsleute Antoni Dembiński, Jerzy Zygarłowski und Kazimierz Kujaciński erzählt, die als Fahrer in den Berliner Filialen der Firma Hartwig-Kantorowicz von Anfang des 20. Jahrhunderts bis zu ihrer Rückkehr nach Polen zur Jahreswende 1918/19 gearbeitet hatten. [...]

In der Firma Hartwig-Kantorowicz arbeitete in den 1880er Jahren ein Pole als Destillateur, der sich durch seine Intelligenz, seinen Fleiß und Sparsamkeit erheblich von seinen Kollegen unterschied. Da er die Firmengeheimnisse, vor allem im Bereich der Wodka- und Likörproduktion kannte, beschloss er nach einigen Jahren der Arbeit in dieser Firma ein eigenes Unternehmen zu gründen. Er setzte seine Pläne um und gründete in Gnesen eine Destillerie, deren Entwicklung im Laufe der Jahre durch seine Umtriebigkeit und eine günstige Konjunktur von bescheidenen Anfängen zu einer ansehnlichen Größe führte. Bolesław Kasprowicz war ein junger, geschickter, 1859 in Czempin geborener Unternehmer, den ich persönlich 1924 in Polen kennengelernt habe.

Bolesław Kasprowicz nahm als Vorstandsvorsitzender seiner Firma am gesellschaftlichen Leben unterschiedlicher polnischer Vereine aktiv teil, wobei er es als geschickter Unternehmer ziemlich gut verstand, auf die nationalen Sentiments seiner polnischen Konsumenten einzugehen. Auf diese Weise verfolgte er eine eigene Propagandastrategie für seine Produkte, die nicht ausschließlich auf den Werbeplakaten der Firma Hartwig-Kantorowicz basierte, sondern eine ganze Reihe nationaler Symbole auf entsprechend illustrierten Etiketten einführte. So wurden seine Produkte unter den Namen „Zagłoba", „Podkomorzanka", „Nalewajka", „Bohun", „Elektorska" bekannt. Diese Namen sprachen in vertrauter Weise den Nationalgeist unserer Landsleute an, nicht nur in Polen und in Berlin, sondern auch im fernen Rheinland und in Westfalen, wo es noch größere Kolonien von Exilpolen als in Berlin und Umgebung gab.

Von den polnischen Gastwirten, die mir persönlich oder aus Anzeigen der Lokalpresse bekannt sind und die in Berlin und Umgebung Lokale zu meiner Zeit oder davor besaßen, erwähne ich nur einige, die bekanntesten. Man sollte sich an sie erinnern, denn sie haben nicht nur ihre Lokale zur Verfügung gestellt, sondern selbst aktiv am gesellschaftlichen Leben der Berliner Polonia teilgenommen.

Józef Buczyński in Berlin, Weddingstraße 9. In seiner Gaststätte konzentrierte sich das gesellschaftliche Leben der Berliner Polonia, die im nördlichen Teil Berlins im Wedding lebte. In Buczyńskis Lokal hatte der Verein der Polinnen „Gwiazda" unter der führenden Rolle von Anna Brzozowska und Kazimiera Sobierajska seinen Sitz. Diese beiden in der Polonia aktiven Frauen kannte ich seit meiner frühesten Jugend, vor allem Anna Brzozowska, eine Freundin und Schulkameradin meiner Mutter. Brzozowska war 1891 aus ihrem Heimatstädtchen Wronki im Kreis Samter[132] nach Berlin gekommen und nahm dort viele Jahre lang aktiv am gesellschaftlichen Leben der Berliner Polonia teil. Als Mitglied des Vereins „Oświata" gab sie vor dem Ersten Weltkrieg im Gasthaus von Wiktor Żurkiewicz in der Alten Jakobsstraße 60 hinter verschlossenen Türen Polnischunterricht und arbeitete in Lichtenberg in der Gaststätte von Antoni Miedziński leidenschaftlich für den Verein der Polinnen „Eliza Orzeszkowa". Anna Brzozowska ging 1920 zusammen mit ihrem Mann und ihrem Sohn nach Polen zurück. Zunächst lebten sie in Posen, später in Ostrów in Großpolen und nach dem Anschluss der wiedergewonnenen Gebiete an das Vaterland zogen sie nach Breslau.

Antoni Brzozowski kannte ich aus Kindertagen, denn er und seine Frau Anna waren zeit ihres Lebens freundschaftlich mit meinen Eltern verbunden. Er war Tischler von Beruf und war 1890 wie viele andere polnische Emigranten jener Zeit, die versuchten, in Deutschland ihre materielle Situation zu verbessern, nach Berlin gekommen. Er war langjähriges Mitglied des Polnischen Berufsverbandes und später Sekretär des polnischen Wahlkomitees in Berlin-Lichtenberg. Als Sekretär dieses Komitees gehörte es zu seinen Aufgaben, das Datum jeder Versammlung drei Tage vor deren Stattfinden dem zuständigen Polizeirevier zu melden. Bei den Versammlungen des polnischen Wahlkomitees war wie bei allen anderen polnischen Versammlungen nach 1908, nach Verabschiedung des neuen Vereinsgesetzes, die Anwesenheit eines uniformierten und bewaffneten Polizisten mit Helm aus Gründen einer Überwachung verpflichtend. Dieser Helm hieß bei den Polen und Deutschen „Pickelhaube". Auf Initiative von Antoni Brzozowski wurde einmal ein Polizist der allmächtigen Berliner Polizei aus dem Beratungssaal ans Buffet gelockt, wo er so großzügig mit Bier und Wodka bewirtet wurde, sodass der besagte Ordnungshüter, der sonst ein pflichtbewusster und gewissenhafter preu-

---

132 Szamotuły in Großpolen.

ßischer Beamter war, keine Lust mehr hatte, seinen dienstlichen Anweisungen nachzukommen und die Sitzung, die in der Zeit vor der Wahl in polnischer Sprache abgehalten wurde, zu kontrollieren. Er fühlte sich unter den Polen am Buffet so wohl, dass er unter leichtem Alkoholeinfluss zu einer gutmütigen, toleranten Äußerung: „Kinder, ich sehe nichts, macht, was ihr wollt!", hinreißen ließ.

Durch Anna Brzozowska lernte ich in Buczyńskis Lokal im Januar 1915 den gleichaltrigen in Berlin geborenen Władysław Drzewiecki kennen, mit dem ich später in dieser Gaststätte bei Veranstaltungen des Vereins „Gwiazda" und bei anderen Vereinigungen Geige und Klavier spielte. Władysław Drzewiecki machte nach Beendigung der achtjährigen Volksschule ein dreijähriges Propädeutikum für zukünftige Lehrer am Königlichen Lehrer-Seminar im Schneidemühl und studierte parallel dazu Kirchenmusik an der privaten Musikschule von Dr. Józef Kromolicki. Kromolicki war Organist an der katholischen Berliner Michaeliskirche. In dieser Kirche wurden die Gottesdienste teilweise in polnischer Sprache abgehalten. Die im Südosten des Zentrums von Berlin gelegene Michaeliskirche war auch die Garnisonskirche für die preußischen Soldaten römisch-katholischen Glaubens, die überwiegend polnischer Nationalität waren und aus den östlichen Provinzen des Preußischen Königreichs (Posen, Westpreußen und Schlesien) stammten.

Am Ende dieser Ausführungen über die Gaststätten muss noch erwähnt werden, dass es unter ihnen auch solche gab, die vor allem während der Vorbereitungsphase des Aufstands in Großpolen 1918-1919 und bei den Plebisziten im Ermland und in Masuren 1920 sowie in Schlesien 1921 als Orte konspirativer Versammlungen dienten.

Ich habe auf der Basis von Erinnerungen, eigenen Notizen aus dieser Zeit, verschiedenen Anzeigen in polnischen Zeitungen und den Berichten von Berliner Bekannten, allem voran von Roman Paszke, eine Liste von polnischen Gaststättenbesitzern in Berlin erstellt. Mir ist selbstverständlich bewusst, dass trotz aller Sorgfalt diese Liste in alphabetischer Ordnung keinen Anspruch auf Vollständigkeit erheben kann, unter anderem auch, weil es vor meiner Geburt viele polnische Gaststätten gab, die in den polnischen Zeitungen Berlins nie erwähnt wurden:

Banach, Berlin-Lichtenberg, Rummelsburgerstr. 48
Bągart, Ramlerstr. 26
Buczyński Józef, Weddingstr. 9
Buda, Berlin-Schöneberg, Kyffäuserstr. 1
Cześnik Sylwester, Berlin-Charlottenburg, Sesenheimestr. 4
Dominik A., Oberwasserstr. 12
Durzyński, Weddingstr. 9
Felsman Ignacy, Markusstr. 39
Florczak Jan, Berlin-Moabit, Emdenstr. 10
Formela, Palisadenstr. 69
Gmerek, Berlin-Halensee, Ringbahnstr.
Głowacki Jan, Holzmarktstr. 20 i Palisadenstr. 79
Gołąbek Jan, Berlin-Charlottenburg, Kaiser Friedrichstr. 57
Gorgolewski P. Holzmarktstr. 11

Goździewicz Klemens, Andreas-Str. 3
Gruszczyński, Zorndorferstr.
Grześkiewicz, Obserwasserstr. 12
Gulczyński, Berlin-Moabit, Waldenserstr. 5
Handschuh Józef, Berlin-Moabit, Oldenburgerstr. 39
Idziorek, Weidenweg 66
Iwański Józef, Neue Grünstr. 34
Januszkiewicz, Melchiorstr. 15
Jaraczyński F., Strassmannstr. 39
Kierończyk Antoni, Berlin-Schöneberg, Neue Winterfeldstr.
Koczorowski, Schillingstr. 36
Kopeć, Wrangelstr. 15
Kosmala A., Berlin-Charlottenburg, Nehringstr. 4a
Kowalczyk, Sorauerstr.
Krawczyk S., Strassmannstr. 39
Kubaczewski Antoni, Stalischreiberstr. 55
Ligocki, Zorndorferstr.
Lorkiewicz, Strassmannstr. 39
Małecki, Köpenickerstr. 68
Małkowski, Berlin-Rixdorf (Neukölln), Jägerstr. 3
Merkowski, Holzmarktstr.
Miedziński Antoni, Holzmarktstr. 11
Młynikowski, Berlin-Moabit, Bredowstr. 35
Nader Mikołaj, Berlin-Wedding, Köslinerstr. 17
Palacz Józef, kucharz, Raupachstr. 6 (der einzige, polnische Koch, der auch als Restaurator tätig war)
Pietruszyński, Berlin-Moabit, Stephanstr. 24
Piskorski Jan, Berlin-Weissensee
Pluskota Stanisław, Berlin-Moabit, Birkenstr. 48
Promiński Karol, Zorndorferstr.
Radomski Leonard, Neue Jakobstr. 12
Rogała, Berlin-Weissensee, Charlottenburgerstr. 150
Rybka, Comenius Platz 5
Siejak, Berlin-Wedding, Pflugstr. 1
Skorczewski, Berlin-Weissensee, Charlottenburgerstr. 150
Skubel, Pappel Allee 25
Sobkiewicz Jan, Berlin-Tempelhof, Kaiser Friedrichstr. 15
Spychała Andrzej, Berlin-Wedding, Köslinerstr. 17
Ślachciak Jan, Berlin-Charlottenburg

Szafranek, Berlin-Weissensee, Edisonstr. 37

Familie Szmelter, Grüner Weg 27

Szych S., Strassmannstr. 39

Tomaszewski K. Holzmarktstr. 19

Tomikowski Józef, Berlin-Schöneberg, Kyffhäuserstr. 1

Tonder, Gubenerstr. 45

Wakan, Görlizerstr. 52

Wendland, Langestr. 108

Wikary, Neue Jakobstr. 12

Zajchert, Berlin-Oberschöneweide

Zakrzewski, Strausbergerstr. 15

Zawadka, Berlin-Charlottenburg, Sesenheimerstr. 4

Żurawski P., Thaerstr. 32

Żurkiewicz Wiktor, Alte Jakobstr. 60, danach bei „Patria", Grosse Frankfurterstr. 28, Ecke Lebuserstr. 17, endlich Wallstr. 20

In einigen Fällen gelang es trotz meiner Bemühungen nicht, bei den Besitzern die Vornamen oder die Namen zu ermitteln. Auch konnten sich einige von mir befragte ältere Berliner nicht mehr an die entsprechenden Daten erinnern. Dagegen ist sicher, dass es außer der auf der obigen Liste aufgeführten Gaststättenbesitzer in Berlin noch andere polnische Lokale gab, beispielsweise in der Veteranenstraße 18, der Steinmetzstraße 76, der Bülowstr. 21 und der Skalitzerstraße. Die polnischen Gastwirte in Berlin und Umgebung machten sich, wovon ich zweifelsfrei überzeugt bin, für die Sache der polnischen Nation sehr verdient.

Manchmal platzten die Säle in den polnischen Gasthäusern in Berlin und Umgebung, von denen der größte, der Patria-Saal in Wiktor Żurkiewiczs Gaststätte, für etwa 1.000 bis 1.200 Personen geeignet war, aus den Nähten und konnten nicht mehr die Massen unserer Landsleute, die aus allen Stadtteilen und der Umgebung anlässlich der großen nationalen Feiertage, Festlichkeiten oder Kundgebungen heranströmten, fassen. Solche Veranstaltungen wurden in Berlin vor allem unter der Federführung des „Politischen Komitees" und des „Polnischen Gesellschaftsverbandes" organisiert, aber auch auf Initiative anderer polnischer Verbände. Jahrzehntelang fanden zu Ehren des größten polnischen Poeten Adam Mickiewicz jedes Jahr Festakte statt. Zu meiner Zeit gab es auch Feste zu Ehren von Zygmunt Krasiński[133] und Juliusz Słowacki[134], Piotr

---

133 Zygmunt Napoleon Krasiński (1812-1859), romantischer Dichter und Philosoph, einer der 'Propheten' der polnischen Romantik.

134 Juliusz Słowacki (1809-1849), romantischer Dichter und Philosoph, neben Mickiewicz und Krasiński der berühmteste polnische Nationalschriftsteller des 19. Jahrhunderts.

Skarga[135], Józef Ignacy Kraszewski, Henryk Sienkiewicz[136], Eliza Orzeszkowa[137] sowie Maria Konopnicka – der Autorin der „Rota" – aus Anlass ihres Aufenthaltes in Berlin. Wir erinnerten auch an unsere Nationalhelden – an König Johann Sobieski[138], an Tadeusz Kościuszko[139], Jan Kiliński[140] und Fürst Józef Poniatowski. Auch anlässlich des Verfassungstages vom 3. Mai 1791[141] sowie des 500sten Jahrestages der Schlacht von Tannenberg[142] organisierte die polnische Kolonie in Berlin Feierlichkeiten.

Um diese Art von Großveranstaltungen im Rahmen nationaler Feierlichkeiten durchführen zu können, wurden einige der größten Säle in Berlin von deutschen Wirten angemietet, vor allem von solchen, die dafür bekannt waren, dass sie den Polen wohl gesonnen waren. Zu ihnen zählte auch der Abgeordnete der Sozialdemokraten Hirsch, der Eigentümer des „Volkshauses" in Charlottenburg in der Rosinenstr. 3 war. In den Sälen dieses Volkshauses fanden über viele Jahre hinweg regelmäßig vielfältige nationale Feiern statt. Das Wohlwollen, das Hirsch den Polen entgegenbrachte, war ein Dorn im Auge der Charlottenburger Polizeibehörden. Ich habe erst in den letzten Jahren anhand von Abschriften aus Archivakten festgestellt, dass sich der Charlottenburger Polizeipräsident insbesondere für die Person von Hirsch und dessen politische Haltung gegenüber den Polen interessierte. Sein Volkshaus befand sich unter ständiger Beobachtung der allmächtigen preußischen Polizei, aber das hat auf den deutschen sozialdemokratischen Abgeordneten des preußischen Landtags keinen großen Eindruck gemacht. Trotz der Beobachtung durch die Polizei änderte er seine Haltung gegenüber den Polen nicht. Ähnlich wohlwollend gegenüber Polen verhielten sich die Besitzer der Arnim-Hallen in der Berliner Kommandantenstr. 20, wo während der gesamten Zeit ihres Bestehens – bereits seit Ende des 19. Jahrhunderts die unterschiedlichsten nationalen Feierlichkeiten und Versammlungen stattfanden. Die Arnim-Hallen wurden, soweit ich mich erinnere, kurz vor dem Ersten Weltkrieg abgerissen und an ihrer Stelle entstanden neue Gebäude.

---

135 Piotr Skarga (Powęski, 1536-1612), polnischer Prediger, Jesuit und Befürworter politischer Reformen der Adelsrepublik.
136 Henryk Sienkiewicz (1846-1916), Schriftsteller, Nobelpreisträger; engagierte sich für die Rechte der Polen im Kaiserreich sowie für das Schicksal der polnischen Bevölkerung während des Ersten Weltkrieges.
137 Eliza Orzeszkowa (geb. Pawłowska, in zweiter Ehe Nahorska, 1841-1910), polnische Schriftstellerin, Vertreterin des Realismus.
138 Jan III Sobieski (1629-1696), polnischer Magnat, König von Polen in den Jahren 1674-1696, Hauptbefehlshaber der polnisch-kaiserlichen Armee während der Schlacht von Wien 1683.
139 Tadeusz Kościuszko (1746-1817), polnischer und amerikanischer General, Führer des polnischen Aufstandes 1794.
140 Jan Kiliński (1760-1819), einer der Anführer des Kościuszko-Aufstandes. Ein Warschauer Schumacher, wurde zum Symbol der Demokratisierung der polnischen Nationalbewegung.
141 Konstytucja 3 maja 1791, die Reformverfassung vom 3. Mai 1791, die zwar nie in Kraft getreten, aber zum Symbol des polnischen Befreiungskampfes geworden ist. Ihren Jahrestag feierte man schon im 19. Jahrhundert, heute ist es ein staatlicher Nationalfeiertag.
142 Grunwald (deutsch: Tannenberg), die bekannte Schlacht vom 15. Juli 1410, in der die Armee des Deutschen Ritterordens von einem Heer des Königreiches Polen und des Großherzogtums Litauen geschlagen wurde. Sie wird in der deutschen Geschichtsschreibung als Schlacht bei Tannenberg genannt.

Außer den erwähnten großen Lokalen nutzte die polnische Kolonie seit Ende des 19. Jahrhunderts bis zum Ersten Weltkrieg, manchmal sogar noch während des Krieges, die folgenden großen Säle, Gärten und Rennbahnen, deren Besitzer Deutsche waren:

1. Kellers Festsäle, Koppenstr. 29
2. Neue Philharmonie (Kellers), Köpenickerstr. 96/97
3. Concordia Festsäle, Andreasstr. 64
4. Alhambra, Wallner Theaterstr. 10
5. Neue Welt, Hasenheide 108-114 (für mehr als 5.000 Besucher)
6. Buggenhagen, Moritzplatz (mit einem großen Garten)
7. Bock-Brauerei, Fidizinstr. 2
8. Katholisches Vereinshaus, Niederwallstr. 11
9. Deutscher Hof, Luckauerstr. 15
10. Frankes Festsäle, Sebastianstr.
11. Feuersteins Festsäle, Alte Jakobstr. 75
12. Englischer Garten, Alexanderstr.
13. Süd – Ost. Waldemarstr. 75
14. Nord-West, Moabit, Wiclefstr.
15. Saal, Berlin-Rixdorf (Neukölln), Bergstr. 151
16. Saal, Annestr. 16
17. Leo-Hospiz, Rüdersdorferstr. 45
18. Hohenzollern-Garten, Landsberger Allee
19. Rennbahn Berlin-Treptow
20. Rennbahn Olympia-Park

An den drei letztgenannten Orten fanden zu meiner Zeit vor allem die jährlichen Treffen und andere Vorführungen des Gymnastikvereins „Sokół" statt, der zu dem Bund der polnischen Sokół-Vereine in Deutschland mit Sitz in Posen zählte. Der 5. Bezirk hatte seinen Sitz in Berlin. Bei diesen Treffen waren natürlich am häufigsten Mannschaften des Berliner Sokół und Vereine aus der Umgebung vertreten.

Aus dem Polnischen von Isabella Such

ANTONI NOWAK, SCOUTING – DAS POLNISCHE PFADFINDERWESEN IN BERLIN 1912–1939 (1983)

Antoni Nowak (1902-?), Gründer und Gruppenführer der ersten polnischen Pfadfindergruppe in Berlin in den Jahren 1918-1921. Autor zahlreicher Publikationen zur Geschichte der polnischen Pfadfinder.

Meine Eltern stammen aus Großpolen. Mein Vater Antoni, Sohn eines Landwirtes, geboren 1858 in der Ortschaft Topola Mała, Kreis Ostrów, starb 1944 in Warschau während des Aufstandes. Meine Mutter Anna, Mädchenname Czepczyńska, geboren 1865 in Szamotuły, starb 1924 in Posen. Meine Eltern hatten sich in Berlin kennengelernt und geheiratet, wohin sie etwa 1882 auf der Suche nach Arbeit ausgewandert waren. Weil sie große Patrioten waren, engagierten sie sich in verschiedenen polnischen Vereinen. Sie scheuten keine Mühen, um ihre fünf Söhne zu guten Polen zu erziehen. Mein Vater war sehr rührig und saß in den Vorständen des Polnischen Gesangvereins „Harmonia", des Bildungsvereins „Oświata", des Vereins der Polnischen Unternehmer sowie des Vereins für Ferienlager „Sanitas". In der Wohnung meiner Eltern in der Lützowstraße 23, wo sie eine Schneiderei besaßen, war eine Geheimschule für polnische Kinder eingerichtet, die vom Verein „Oświata" unterhalten wurde. Ebenso befand sich hier der Buchverleih für das Viertel sowie ein Kolportagepunkt für Fibeln und Hefte, die vom Verein herausgegeben wurden, um polnische Rechtschreibung zu unterrichten.

Ich wurde am 24. November 1902 als viertes Kind geboren. Im Bezirksstandesamt wurden meinem Vater Probleme gemacht: Der Beamte weigerte sich, meinen Namen sowie den Geburtsnamen meiner Mutter in polnischer Schreibweise in das Geburtenregister einzutragen. Nur durch das kategorische und unnachgiebige Verlangen meines Vaters ließ er sich dazu bewegen, die Eintragungen korrekt vorzunehmen.

Unter dem Einfluss meiner Eltern wurde ich ganz vom polnischen Geist beseelt und entwickelte eine Begeisterung für die national-gesellschaftliche Arbeit. Meine älteren Brüder Kazimierz (1889–1939) und Maksymilian (1891–1964) waren Mitlieder der Jugendabteilung des Turnvereins „Sokół"–Berlin I. [...]

Ende Juni 1913 hielt sich eine Delegation der polnischen Scouts in Berlin auf, die von Galizien zum Internationalen Scouting-Treffen in Birmingham nach England fuhr. Während ihres Aufenthaltes in Berlin und besonders bei einem Treffen mit den vielen Angehörigen der Berliner Polonia im großen Saal des „Lehrervereinshauses"[143] am Alexanderplatz, rief diese Gruppe mit ihren Uniformen, ihrer hervorragenden Darbietung und ihrem patriotischen Geist unter den Landsleuten große Begeisterung hervor, zumal sie von einem Gruppenführer präsentiert wurde, der in Berlin geboren worden war, von Kazimierz Nowak.

Dieses Treffen, das zu einer Kundgebung unserer nationalen Gefühle wurde, schlug sich auch in einer Reihe von Artikeln nieder, die im „Dziennik Berliński" abgedruckt wurden (einer 1894 gegründeten polnischen Tageszeitung, die unter der Polonia weit verbreitet war).

---

143 Im Original auf Deutsch.

An diesem Treffen nahm auch ich mit meinen Eltern teil. Die Gruppe beeindruckte und interessierte mich sehr, also bat ich meine Eltern, mich nach Lemberg zu schicken, wo ich die Gelegenheit hätte, eine Schule mit polnischer Unterrichtssprache zu besuchen und mich den Scouts anzuschließen. Nachdem mein Bruder nach Lemberg zurückgekehrt war, erhielten meine Eltern ein Telegramm, aus dem hervorging, alles sei für meine Abreise geregelt. [...]

In Lemberg blieb ich bis Anfang Juli 1914, denn wegen der allgemeinen Kriegspsychose, die Österreich erfasste, nachdem der österreichisch-ungarische Erzherzog Franz-Ferdinand am 28. Juni in Sarajevo ermordet worden war, musste ich nach Berlin zurückkehren. Die politische Lage war hier noch ruhig, also schickten mich meine Eltern zusammen mit meinem jüngeren Bruder Edmund in ein Ferienlager, das Jahr für Jahr vom polnischen Verein für Ferienlager „Sanitas", der 1912 gegründet worden war, organisiert wurde.

Unsere Abfahrt erfolgte Mitte Juli nach Skalmierzyce, wo wir auf dem nahe gelegenen Gutshof untergebracht wurden. Am 1. August wurde unsere Lagerleitung von der Nachricht überrascht, Deutschland habe Russland den Krieg erklärt. Wir konnten nicht mehr länger im Grenzgebiet bleiben, wo sich unser Ferienlager befand. Unsere Rückkehr nach Berlin wurde auf den 3. August festgesetzt. In der Nacht, die diesem Tag vorausging, wurden wir von einem riesigen Lichtschein am Himmel aufgeweckt. Das war das brennende Kalisz, das von der deutschen Armee bombardiert und angezündet worden war. Es war das erste Kriegsverbrechen, das die Deutschen begingen. [...]

Bekümmert und niedergeschlagen kehrten wir nach Berlin zurück. Nachdem der Schock des Kriegsausbruchs überwunden und sich die Stimmung langsam wieder beruhigt hatte, gaben mir meine Eltern die Erlaubnis, im November 1914 der Jugendgruppe des Turnvereins „Sokół"-Berlin I beizutreten, von der man wusste, dass dort die Erziehung nach der Scouting-Methode stattfand.

Bis 1906 gab es in Berlin keine einzige polnische Jugendorganisation. Die polnischen Jugendlichen waren von der Entnationalisierung bedroht, besonders diejenigen, deren Eltern mit schwerer Erwerbstätigkeit beschäftigt waren und keine Kraft und Zeit hatten, um ihre Kinder im polnischen Geist zu erziehen. Diese Kinder besuchten deutsche Schulen, waren unzulänglich betreut, verbrachten den ganzen Tag außer Haus in Gesellschaft deutscher Kinder und unterlagen unaufhörlich der Germanisierung.

Mit dem Ziel, besonders diese Jugendlichen in feste Vereinsstrukturen einzubinden, sie im patriotischen Geist zu erziehen und sie für den Sport zu gewinnen, dabei aber auch Nachwuchs für die eigenen Reihen zu gewinnen, beschloss der Turnverein „Sokół"-Berlin I, eine Abteilung für Jugendliche unter 18 Jahren zu gründen.

Diese Abteilung, die erste ihrer Art unter allen Sokół-Vereinen Berlins, wurde am 25. August 1906 gegründet. Da laut Satzung des Bundes der Polnischen Sokół-Vereine im Deutschen Reich, die von den deutschen Behörden bestätigt worden war, nur solche Personen Mitglied in einem Sokół-Verein (einem sog. „Nest") werden konnten, die das 18. Lebensjahr vollendet hatten, war die erwähnte Jugendabteilung nur inoffiziell tätig. Aus diesem Grund tauchte sie auch in den alljährlichen Tätigkeitsberichten des Vereins nicht auf. Einer der ersten Leiter der Jugendabteilung des Sokół war Karol Głowacki, geb. am 30 April 1889 in Berlin. Zum Namenspatron der Gruppe wurde Tadeusz Kościuszko bestimmt. Die Treffen fanden im Sitz des Turnvereins

„Sokół"–Berlin I statt, im Lokal des polnischen Restaurants von F. Goździejewicz am Grünen Weg. Das Programm der Scouting-Aktivitäten umfasste neben den Versammlungen der Gruppe auch Ausflüge mit Geländeübungen. [...]

Im November 1914 trat ich der Sokół-Jugendgruppe bei, und nach kurzer Zeit war ich bereits Leiter der Sippe für die Jungen der unteren Altersstufe. Als 'Lemberger' Scout wurde ich, ebenso wie mein Bruder, von den Mitgliedern der Gruppe besonders geschätzt, was mir die Führung der Sippe sehr erleichterte. Leider konnte mein Bruder seine weitreichenden Pläne zum Ausbau des Scoutings in Berlin nicht in die Tat umsetzen, da er im April 1915 zur Armee eingezogen wurde. Die Leitung der Gruppe übernahm wieder Karol Głowacki, aber nicht für lange. Im November 1915 wurde auch er in die Armee eingezogen. Nach Kriegsende siedelte er nach Posen über, wo er am 15. November 1967 verstarb.

Hieronim Rogaliński, geb. am 15. September 1882 in Dobrojewo bei Ostroróg kam schon als junger Bursche, nachdem er seine Ausbildung zum Schlosser beendet hatte, nach Berlin, um hier sein Brot zu verdienen. Die Zeit von 1900 bis 1912 sind die Jahre seiner angestrengten gesellschaftlichen Arbeit. Er war ein aktives Mitglied polnischer Vereine in Berlin, wie zum Beispiel des Bildungsvereins „Oświata", des Vereins der Polnischen Unternehmer (Vorstandsmitglied, zeitweise auch Vorsitzender) und des Polnischen Gesangvereins „Harmonia" (Vorstandsmitglied). Auch engagierte er sich im Sokół-Turnverein in seinem Viertel.

Er interessierte sich für alle gesellschaftlich-kulturellen Lebensäußerungen der erwähnten Vereine. Mit besonderer Hingabe betätigte er sich als Laienschauspieler bei verschiedenen Theateraufführungen, die der Verein „Harmonia" organisierte. Er schrieb ein Theaterstück, einen Einakter namens „Ojcowizna" (Väterliches Erbe), der vom erwähnten Verein aufgeführt wurde.

Überall unterstrich er sein Polentum. Ähnlich wie bei vielen anderen Landsleuten, die ihren Kindern polnische und slawische Namen gaben, wollte der Beamte des Standesamtes auch in seinem Fall die Namen der Söhne, Dzierzysław und Władybój, nicht in das Geburtenregister eintragen und behauptete, diese Namen gäbe es nicht. Erst als ihm ein Kalender vorgelegt wurde, in dem die slawischen Namen aufgeführt wurden, nahm er die Eintragung vor. Hieronim Rogaliński weigerte sich jedoch, die Eintragung zu unterzeichnen, weil der Beamte den Nachnamen der Mutter der Kinder nicht in seiner polnischen Schreibweise eingetragen hatte. In seiner Wohnung im Osten Berlins, in der Elbinger Straße 86, leitete er eine Geheimschule für polnische Kinder im Alter von 8 bis 12 Jahren, die auf Initiative des Vereins „Oświata" eingerichtet worden war. Der Unterrichtsplan der Schule umfasste die Fächer Polnisch, Geschichte und Geografie Polens.

1913 siedelte er nach Ostroróg über, und nach einem misslungenen Versuch, dort eine eigene Handwerkswerkstatt zu gründen, zog er nach Posen. Hier lernte er eine neue Bewegung zur Erziehung der Jugend kennen, das Scouting, das in Großpolen immer mehr polnische Jugendliche in seinen Bann zog.

Anfang 1914 kehrte er nach Berlin zurück. Er setzte seinen Unterricht in der polnischen Schule fort, die in dieser Zeit von fast 40 Jungen und Mädchen aus Arbeiter- und Handwerksfamilien besucht wurde. Aus diesen Kindern wählte und organisierte eine Gruppe, der er den Charakter einer Scouting-Schar verlieh. In ihrer Blütezeit umfasste diese Schar 30 Kinder. Die „Stelldicheins", also die Versammlungen, fanden in der Wohnung des Schar-Leiters statt. Schritt für Schritt begann er, neben den normalen Fächern auch Scouting zu unterrichten, was er dem Alter der Schar-Mitglieder anpasste. Es wurden Ausflüge in die Wälder der Umgebung unternommen, bei denen Spiele und Scouting-Übungen, Schnitzeljagden und Geländeerkundungen durchgeführt wurden. Es tauchten erste Uniformen auf, die denen des Scoutings glichen. [...]

Der Leiter der Scouting-Schar musste zur Jahreswende 1916/17 darauf verzichten, ihr weiterhin vorzustehen, da sich sein Gesundheitszustand verschlechtert hatte. Die Schar wurde aufgelöst. Einige der Jungen, unter ihnen sein Sohn Ludomir, traten der Scouting-Gruppe „Karol Marcinkowski" bei, die zur selben Zeit ebenfalls im Osten Berlins bestand. Hieronim Rogaliński hielt den Kontakt zu dieser Gruppe, soweit ihm dies sein gesundheitlicher Zustand erlaubte. Er starb allzu früh am 11. Januar 1918 in Berlin, gerade mal 36 Jahre alt, wohl wissend – wie alle seine Landsleute –, dass ein freies und unabhängiges Polen dabei war, zu entstehen. Es fehlte nicht viel, nur zehn Monate bis zum historischen November von 1918, und er hätte dieses Glück erleben dürfen.

Im Osten Berlins, in der Kniprodestraße 2, leitete der Musikprofessor Bolesław Marcinkowski (1856–1938) ein eigenes Konservatorium, das nach Fryderyk Chopin benannt war und von der musikalisch begabten polnischen Jugend besucht wurde. Er war der Berliner Polonia als Künstler bekannt – als Violinist, Leiter polnischer Chöre und Organisator alljährlicher Konzerte polnischer Musik.

Sein Sohn Mieczysław, der Jüngste von acht Geschwistern, geboren am 21. Dezember 1896 in Posen, lernte während eines Ferienaufenthaltes bei seinem Bruder in Prokocim bei Krakau im Sommer 1914 das polnische Scouting kennen. Er wurde ein leidenschaftlicher Anhänger dieser Bewegung. [...]

Nach seiner Rückkehr nach Berlin, kurz nach dem Ausbruch des Ersten Weltkrieges, machte sich Mieczysław Marcinkowski daran, eine Scouting-Gruppe zu organisieren. Er warb in den Familien von Bekannten Jungen im Alter von 10 bis 18 Jahren an, was keine leichte Aufgabe war. Er sammelte 11 Jungen, die den Kern einer Scouting-Gruppe darstellten, die er am 10. Februar 1915 gründete. Zum Namenspatron der Gruppe wurde Karol Marcinkowski (1800–1846) bestimmt, der große Arzt und Gemeinwohlmensch, der Wirtschafts- und Bildungsaktivist in Posen. Dank großer Anstrengungen wuchs die Zahl der Gruppenmitglieder auf 22, die in zwei Sippen aufgeteilt wurden, nach ihrem Wappen „Raben" und „Pferde" benannt. Ihre Zusammentreffen, „Plaudereien" genannt, fanden in der elterlichen Wohnung des Gruppenleiters statt.

Anfang 1916 zogen die Eltern des Gruppenleiters in eine kleinere Wohnung in der Ortschaft Baumschulenweg bei Berlin um, um Geld zu sparen. Dadurch wurde eine Fortsetzung der Gruppenversammlungen unmöglich gemacht.

Der Leiter der Gruppe wandte sich an den Vorstand des Turnvereins „Sokół"–Nest Berlin-Weißensee, der im Nachbarort Lichtenberg einen Sportplatz besaß, und bat darum, diesen Sportplatz sowie die auf ihm befindliche Umkleidebaracke für die Versammlungen der Gruppe zur Verfügung zu stellen. Der Vorstand des Sokół gab seine Zustimmung, und im Gegenzug verpflichtete sich die Gruppe, den vernachlässigten Sportplatz aufzuräumen und in einem ordentlichen Zustand zu halten. Beide Seiten hatten also davon einen Vorteil, und die Mitglieder der Scouting-Gruppe haben ihre Verpflichtungen gewissenhaft erfüllt.

Nach Ablauf nur weniger Monate erklärte der Vorstand des Sokół in der Absicht, die Reihen seiner Jugendabteilung zu vergrößern, dem Leiter der Scouting-Gruppe, wenn er und seine Jungs nicht ihre Zugehörigkeit zur Jugendabteilung des Sokół erklären würden, dürften sie nicht weiter den Sportplatz und die Baracke benutzen. Auf dieses Verlangen ging man nicht ein und verwies darauf, die Gruppe wolle ihre Unabhängigkeit bewahren, die Mitglieder der Gruppe müssten aber auch das Scouting-Gesetz achten: weder Tabak rauchen noch alkoholische Getränke trinken, was für den Sokół nicht gelte. Das war jedoch in Berlin der einzige Fall, in dem sich ein Sokół-Verein unkooperativ gegenüber einer Scouting-Gruppe verhielt.

Die Gruppe stand wieder ohne einen festen Platz da, wo sie ihre Versammlungen abhalten konnte. Versuche, die Versammlungen in irgendeiner Wohnung durchzuführen, die den Eltern eines der Gruppenmitglieder gehörte, hatten keinen Erfolg, da die Wohnsituation hierfür zu angespannt war. Seitdem fanden die Versammlungen jeden Sonntag im Freien statt, in Abhängigkeit von den jeweiligen Wetterbedingungen. Anfang 1917 kam Hieronim Rogaliński der Gruppe zu Hilfe, der Vater eines der neuen Mitglieder, und gestattete, dass die Versammlungen in seiner Wohnung stattfanden. Trotz seiner Krankheit entschloss er sich, für die Gruppe die ihm nahegelegte Funktion eines Schatzmeisters zu übernehmen, die er jedoch nur kurz ausfüllte. Die Gruppe konnte seine Wohnung nur einige Monate lang benutzen, und danach fanden die Versammlungen wieder an der frischen Luft statt.

In der ganzen Zeit, in der die Gruppe bestand, wurden viele Ausflüge unternommen. Von den Entfernungen her waren sie eher klein, denn die Jungen, die zumeist aus Arbeiterfamilien kamen, wo jeder Groschen umgedreht wurde, hatten für so etwas nicht viel Geld. Die Beiträge bewegten sich in einer Höhe von 10 bis 50 Pfennig im Monat, und das solcherart eingenommene Geld wurde dafür verwandt, ärmeren Jungen die Teilnahme an den Ausflügen zu ermöglichen, aber auch kleinere Ausrüstungsgegenstände für das Zelten anzuschaffen.

Zumeist gingen die Ausflüge in die Ortschaft Baumschulenweg, von wo aus es nicht mehr weit bis zum Wald war. Während der Ausflüge (oft fuhr man samstags los) wurden verschiedene praktische Übungen zum Trainieren von Scouting-Techniken durchgeführt, wie Geländekunde, Lagerkunde und Schnitzeljagden. Zwei Zelte, ein Geschenk Władysław Marcinkowskis, versahen gute Dienste. Als sehr nützlich erwies sich ein zweirädriger Klappkarren, den der Gruppenleiter konstruiert hatte. Bei Bahnfahrten nahm dieser Karren wenig Platz ein. Auch im Winter wurden kurze Ausflüge ins Umland unternommen, wobei Schnitzeljagden veranstaltet und die Tierwelt anhand der Spuren im Schnee erkundet wurden; auf diese Weise wurde der Beobachtungssinn trainiert, der so wichtig für das Leben ist.

An einigen Ausflügen, bei denen zusammen mit den Eltern Lagerfeuer angezündet wurden, nahm Hieronim Rogaliński Teil. Er trug schöne Geschichten über die Historie der slawischen Völker vor, die einstmals diese Gebiete bewohnten.

Auf den Gruppentreffen sprach der Leiter über Scouting-Themen und machte darüber hinaus die Jungen mit der Geschichte Polens bekannt. Das Jahrbuch der Zeitschrift „Skaut", ein Geschenk Dr. Mieczysław Seidlitz' aus Posen, war der Gruppe beim Lernen sehr behilflich. Der Gruppenleiter stand im ständigen Kontakt mit Michał Kucharski, dem Redaktionssekretär des „Skaut" (damals das Amtsblatt der Leitung des Scouting-Bundes in Lemberg), was für die Aktivitäten der Gruppe ebenso förderlich war.

Die weitere Entwicklung der Gruppe, die bis dahin so vielversprechend gewesen war, wurde unterbrochen, als ihr Leiter im September 1917 zur deutschen Armee einberufen wurde. Da es keinen Ersatzmann gab, wurde die Gruppe aufgelöst.

Ende November 1918 wurde Mieczysław Marcinkowski aus der Armee entlassen. Im Dezember fuhr er nach Posen. Er nahm am Posener Aufstand Teil, wofür er vom Oberkommando der Volkswacht in Posen die Auszeichnung für Tapferkeit erhielt. Nach dem siegreichen Ende des Aufstandes ging er nach Warschau. Er arbeitete in einem Militärbüro, das Polen, die Soldaten in der deutschen Armee gewesen waren und von der russischen Front zurückkehrten, für das polnische Militär anwarb. Danach schickte man ihn als Ausbilder in ein Funk- und Telegrafiebataillon.

Im Dezember 1919 bekam er Heimaturlaub, um seine familiären Angelegenheiten in Berlin zu erledigen. Hier erfuhr er von der Existenz der Scouting-Gruppe „Zawisza Czarny"[144], die 1918 gegründet worden war, und schickte ein paar der Mitglieder seiner ehemaligen Gruppe dorthin.

Anfang 1918 beschlossen einige Mitglieder der Jugendabteilung des Turnverbandes Sokół–Nest Berlin-Schöneberg im westlichen Teil Berlins, eine Scouting-Gruppe zu gründen. Einer von ihnen war Józef Kwietniewski (geb. 19. April 1903 in Lünen, Westfalen, gestorben 4. August 1969 in Bytom). Er schlug mir vor, die Gruppe zu organisieren. Er kannte meine Familie, denn er arbeitete als Lehrling bei der polnischen „Skarbona"-Bank, wo mein Bruder Franciszek (1892–1978) Vorstandsmitglied war. Gerne sagte ich zu und machte mich an die Organisationsarbeit. Ich lernte Bronisław Karpiński kennen, den Vorsitzenden des Turnvereins „Sokół"–Berlin Schöneberg, der als großer Freund der polnischen Jugend bekannt war. Es gelang mir, ihn soweit für das Scouting einzunehmen, dass er dem Beitritt der vorgeschlagenen Jugendgruppe des Sokół zu der von mir organisierten, selbständigen Scouting-Gruppe zustimmte. Dieser Entscheidung stimmte jedoch der Vorstand des Sokół-Vereins nicht zu, was den Rücktritt Bronisław Karpińskis vom Amt des Vorsitzenden zur Folge hatte; er wurde künftig zu einem aktiven Unterstützer des Scoutings.

Aus den ersten Kandidaten für eine Mitgliedschaft in der Gruppe wurde eine Sippe zusammengestellt, die ich auf die Prüfung zur dritten Stufe und den Scout-Schwur vorbereitete. Die zweite Sippe wurde erst noch organisiert. Weitere Mitglieder warben wir aus dem Kreis der uns bekannten oder uns empfohlenen polnischen Familien.

Unser erster offizieller Schritt war es, mit dem Scouting-Hauptquartier für das Deutsche Reich, das in Posen saß, Kontakt aufzunehmen. Bald darauf bekamen wir von dort Materialien, um unsere Arbeit beginnen zu können. Als sehr hilfreich für unsere Aktivitäten erwies sich das aus Lemberg mitgebrachte Buch *Harce młodzieży polskiej*[145], das ich und Józef Kwietniewski mit der Hand abgeschrieben haben, woran wir schwer zu schaffen hatten. Die beiden Exemplare, die wir auf diese Weise erhielten, wurden von den Mitgliedern der Gruppenleitung benutzt.

In den letzten Maitagen erreichte mich aus Posen die traurige Nachricht, die deutschen Behörden haben am 14.5.1918 das polnische Scouting aufgelöst. Zugleich teilte man mir im Vertrauen mit, die Scouting-Aktivitäten würden im Verborgenen weitergehen, also hörte auch ich nicht mit meinen organisatorischen Arbeiten auf.

---

144 Zawisza Czarny, berühmter polnischer Ritter um die Wende des 14./15. Jahrhunderts, Teilnehmer der Schlacht bei Tannenberg.

145 Eugeniusz Piasecki, Mieczysław Schreiber, Harce młodzieży polskiej, Lwów 1912, eines der ersten Bücher über Scauting in Polen. Die von den Autoren vorgeschlagene Nomenklatur gilt im polnischen harcerstwo (Skauting) bis heute.

Es kam der denkwürdige 15. Juni 1918, den ich für die Feierlichkeiten zur Gründung der Scouting-Gruppe und für den Scouting-Schwur bestimmt hatte. An diesem Tag trafen sich in den Morgenstunden alle Jungen, die bis dahin angeworben worden waren, in der St.-Hedwigs-Kirche (in der Nähe der Allee Unter den Linden) zu einer polnischen heiligen Messe. Am Nachmittag fand in der Wohnung meiner Eltern die Feierlichkeit zur Gründung der Gruppe statt. Zum Patron unserer Gruppe wurde auf meinen Vorschlag hin Zawisza Czarny bestimmt. Dabei knüpfte ich an meine Zeit bei der 13. Lemberger Scouting-Gruppe „Zawisza Czarny" an. Die Gruppe erhielt also den Namen: 1. Scouting-Gruppe Berlin „Zawisza Czarny". [...]

Wir erlebten unvergessliche Momente. Hier, in der Fremde, in der Hauptstadt des Deutschen Reiches, nur einen Monat nachdem per Erlass das polnische Scouting „im Interesse der öffentlichen Sicherheit" aufgelöst worden war, wurde eine Scouting-Gruppe „Zawisza Czarny" gegründet, deren erste Mitglieder gelobten, ihrem Vaterland und dem Scouting-Gesetz die Treue zu halten. [...]

Zwei Monate später fand die nächste Feierlichkeit zu einer Scout-Vereidigung statt. Es wurde eine zweite Sippe gegründet. Sippenführer wurde Józef Miaszkiewicz.

Wir arbeiteten im Geheimen. Unter Beachtung aller Vorsichtsmaßregeln setzten wir unsere Zusammenkünfte fort und warben neue Mitglieder an. Die Rekrutierung wurde dadurch erschwert, dass die meisten unserer Landsleute damals noch keine Vorstellung davon hatten, welche Ziele unsere relativ junge Scout-Bewegung besaß und was sie so tat.

Die Gespräche, bei denen wir unseren Landsleuten unsere Ziele erklärten, verliefen nicht immer erfolgreich. Außerdem lebten die Polen über alle Bezirke des Großberlins verstreut, sodass es schwierig war, miteinander Kontakt zu halten.

Polnische Vereine halfen uns, die Adressen polnischer Familien ausfindig zu machen. An diese Anschriften schickten wir Briefe, in denen wir um Anmeldung der Söhne bei unserer Gruppe warben, und manche Familien besuchten wir mehrere Male. Auf besondere Schwierigkeiten traf unsere Rekrutierungsaktion bei den Familien, in denen die Germanisierung bereits weit fortgeschritten war und wo die älteren Familienmitglieder aus verschiedenen Gründen keinem polnischen Verein angehörten, von denen es schon damals in Berlin viele gab.

Die ersten Treffen der Gruppe fanden in der Wohnung meiner Eltern statt, nach ein paar Monaten aber wechselten wir wegen unserer ständig wachsenden Mitgliederzahl in den kleinen Saal eines polnischen Restaurants an der Kyffhäuserstraße 1 im Westen Berlins. Der Besitzer des Lokals, unser Landsmann Hr. Buda, überließ uns das Sälchen, ohne einen Pfennig dafür zu verlangen. Hier fühlten wir uns relativ sicher, da in diesem Lokal die Versammlungen mehrerer polnischer Vereine stattfanden, die legal tätig waren. [...]

Bei jeder Versammlung der Gruppe, die regelmäßig einmal pro Woche erfolgten, unterrichtete ich vor dem eigentlichen Scouting-Programm die polnische Sprache, Geschichte und Geographie Polens, um die Jungen auch mit den patriotischen Traditionen unseres Volkes vertraut zu machen. Ebenso lernten wir Volks- und Arbeiterlieder sowie patriotische Gesänge. Unsere erste Uniform bestand aus einem Scouting-Hemd, kurzen Hosen und einer Maciejówka[146] als Kopfbedeckung.

---

146 Maciejówka, eine populäre, vor allem in Großpolen getragene Mütze.

Unsere Fahrten begannen wir mit Abstechern in die nächste Umgebung der Stadt. Da draußen habe ich dann Scouting-Spiele und Feldübungen veranstaltet. [...]

Die Mitglieder der Gruppe, das waren Jungen im Alter von über 14 Jahren, die großenteils aus armen Arbeiter- und Handwerkerfamilien kamen. Diese Jugendlichen kannten Polen nur aus den Erzählungen ihrer Eltern und beherrschten meist nur noch schlecht die polnische Sprache. Deswegen musste man ständig darauf achten, dass die Jungen in ihren Gesprächen keine deutschen Ausdrücke benutzten oder gar deutsch miteinander sprachen, was auch vorkam. [...]

Unser Engagement für die Unabhängigkeit umfasste neben der vorbereitend-militärischen Schulung vor allem die Verbreitung eines patriotischen Empfindens. Schon nach kurzer Zugehörigkeit zu unserer Gruppe vergrößerte und verfestigte sich die Liebe der Jungen zu ihrem Vaterland, was nicht ohne Auswirkungen auf ihr häusliches Umfeld blieb. Sie ermunterten ihre Eltern zur Teilnahme an Feierlichkeiten zu nationalen Gedenktagen, was erhebliche Bedeutung für die Aufrechterhaltung des Polentums besaß.

Der bereits seit vier Jahren dauernde Krieg dehnte sich fast über ganz Europa aus. Es kam der November 1918, ein Monat großer historischer Ereignisse. Die Mittelmächte erlitten eine militärische Niederlage. In Deutschland brach in den ersten Novembertagen eine Revolution aus, wobei sie Großstädte und Häfen erfasste. Es entstanden Arbeiter- und Soldatenräte, die die Macht über den Staat übernahmen. [...]

Am 11. November unterzeichnete Deutschland in Compiègne ein Waffenstillstandsabkommen. Es folgte das für die Polen wichtigste historische Ereignis, die Wiedererlangung der Unabhängigkeit nach 123 Jahren Unfreiheit. [...]

Am 27. Dezember begann in Posen der Aufstand, der bald darauf ganz Großpolen erfasste und zu einem siegreichen Ende geführt wurde. Es erfüllten sich die Träume und Hoffnungen ganzer Generationen von Polen, die weder mit ihrem Blut noch Leben geizten, um das heiligste Ziel zu erreichen: die Widererlangung der Freiheit und Unabhängigkeit ihres Vaterlandes. Aber noch nicht alle polnischen Gebiete kehrten zum Mutterland zurück.

Die Berliner Polonia hat diese historischen Ereignisse mit großer Freude erlebt. Die Geschehnisse übten einen positiven Einfluss auf diejenigen Polen aus, die sich bislang nicht in polnischen Vereinen engagiert hatten, und so wuchsen die Reihen ihrer Mitglieder. Gemeinsam nahmen die Landsleute an Feierlichkeiten zu den so wichtigen Anlässen Teil. Auch eine außerordentliche Versammlung der Scouting-Gruppe „Zawisza Czarny" wurde einberufen, an der auch ausgewählte Eltern teilnahmen. [...]

Am 30. März 1919 wurde auf einem Treffen der Leiter der Scouting-Gruppen des ehemaligen Deutschen Reiches der Beschluss gefasst, das Scouting-Hauptquartier für das Deutsche Reich in Oberste Leitung der Pfandfindergruppen Großpolens (Naczelnictwo Harcerskich Drużyn Wielkopolskich) umzubenennen. Gleichzeitig wurden offiziell statt der bislang üblichen Bezeichnungen „Scouting" und „Scout" die Ausdrücke „Pfadfinderwesen" (harcerstwo) und „Pfandfinder" (harcerz) eingeführt, die schon seit längerer Zeit immer häufiger in Gebrauch waren. Entsprechend änderte auch die Berliner Gruppe ihren Namen zu 1. Pfadfindergruppe „Zawisza Czarny".

An den Feierlichkeiten zum 15. Juni 1919, dem ersten Jahrestag der Gründung der Gruppe, nahmen Eltern und ausgewählte Sympathisanten des Pfadfinderwesens Teil. In einer Ansprache, die ich aus diesem Anlass hielt, rief ich dazu auf, die Gruppe zu unterstützen und die Jugendlichen dazu zu ermuntern, den Reihen der Pfadfinder beizutreten. Ein Bericht von dieser Feierstunde erschien im „Dziennik Berliński" vom 25. Juni 1919.

Zahlreiche Ausflüge, die bereits über Nacht gingen und meist die Umgebung von Potsdam zum Ziel hatten, wie auch ein einwöchiges Wanderlager in der Märkischen Schweiz – das erste Lager dieser Art, das das Gruppenkommando organisiert hatte – trugen dazu bei, dass sich die Pfadfinderjugend aufeinander einspielte. Die Gruppe besaß bereits ihre eigene Lagerausrüstung, die von den Beiträgen der Mitglieder und von Zuwendungen des Pfadfinderpatronats gekauft worden war.

Die meisten der Jungen waren uniformiert. Große Freude bereiteten den Mitgliedern der Gruppe einige Dutzend Pfadfindermützen, die wir im Sonderangebot kaufen konnten, da uns meine Eltern etwas Geld liehen, das wir schnell wieder zurückzahlten. Die Hüte trugen wir mit hochgehefteter rechter Krempe und einer weiß-roten Kokarde, auf der eine Pfadfinder-Lilie angebracht war (die Lilie hatten wir uns schon beim KDH in Posen besorgt[147]), später aber mit gerader Krempe und einem polnischen Adler.

In dieser neuen, einheitlichen Uniformierung nahmen die Mitglieder der Gruppe an Fahrten und verschiedenen Feierlichkeiten teil. Natürlich weckten wir die Neugier vieler Deutscher, und dies umso mehr, als dass wir uns in unserer Muttersprache unterhielten. Um 'Missverständnissen' mit den Deutschen vorzubeugen, die uns feindlich und antipolnisch gesinnt waren, und die Jungen vor eventuellen Zwischenfällen zu schützen, antworteten wir auf die Frage, welcher Sprache wir uns bedienten, wir sprächen miteinander bulgarisch oder russisch. Wenn sie die Adler sahen, erklärten wir ihnen, das […] sei[148] […]. Während des Marsches sangen wir nationale Kampf- und Pfadfinderlieder, und wenn man uns nach der Bedeutung der Abkürzung O.N.C.[149] an unseren Pfadfinderlilien fragte, behaupteten wir, das sei eine Abkürzung für den Namen „Ostdeutscher Nomaden-Club"[150].

Frei fühlten wir uns erst in den Wäldern und auf den Feldern außerhalb der Stadt. Dort sangen wir beim Marschieren nationale Kampf- und Pfadfinderlieder, und bei unseren „Plaudereien" am Lagerfeuer sprachen wir über die Geschichte des polnischen Volkes und die Pflichten, die wir künftig in einem freien Vaterland zu erfüllen hätten.

Das erste Mal, dass sich die Pfadfindergruppe offiziell in voller Uniformierung präsentierte, darunter auch der Berliner Polonia, war beim Treffen des Bezirkes 5 des Verbandes der Polnischen Sokół-Vereine im August 1919 im Stadion von Berlin-Treptow. […]

Im Herbst 1919 rief das Gruppenkommando seine Mitglieder dazu auf, an den langen Herbst- und Winterabenden unterschiedlichste Modelle aus dem Bereich der Pfadfindertechnik, Gebrauchsgegenstände, Schaubilder oder andere Arbeiten eigenhändig anzufertigen, die bei einer Pfadfinderausstellung gezeigt werden

---

147 KDH, Komisja Dostaw Harcerskich, Kommission für Pfadfinderausrüstung.
148 Hier fehlendes Fragment im Original.
149 ONC: Ojczyzna, Nauka, Cnota, zu Deutsch: Vaterland, Wissen, Tugend.
150 Im Original auf Deutsch.

sollten. Diese hatten wir für den Februar 1920 geplant. Bei jeder Zusammenkunft und unermüdlich wurden die Jungen dazu ermuntert, neben ihrem Schulunterricht oder ihrer Tätigkeit in den Werkstätten sich etwas Zeit zu nehmen, um Arbeiten für die Pfadfinderausstellung anzufertigen. Die Pfadfinder behandelten diese neue Aufgabe mit großem Ernst und scheuten keine Mühen, um ihre Ausstellungsstücke interessant zu gestalten und sorgfältig auszuführen. Viele Jungen beschäftigten sich schon seit Langem mit Basteln und gaben uns für die Ausstellung ihre besten Stücke.

Am 1. Februar 1920 wurde die Ausstellung feierlich eröffnet. Der größte Saal des polnischen Restaurants an der Kyffhäuserstraße war mit rund einhundert Ausstellungsstücken angefüllt. Dort gab es auch Schautafeln, die die bisherige Entwicklung der Gruppe verdeutlichten. Den meisten Exponaten sah man an, mit welcher Könnerschaft sie angefertigt worden waren, und sie zeugten von den allumfassenden Begabungen und Interessen der Pfadfinderjugend.

Eine Kommission, die aus Mitgliedern des Pfadfinderpatronats bestand, dem Vorsitzenden Bronisław Karpiński, Herrn Śniegowski (einem Veteran von 1863[151]) und Antoni Mierkiewicz, zeichnete einige Exponate mit folgenden Preisen aus: Den ersten Preis erhielt Józef Kwietniewski für ein gesticktes Wappen seiner Sippe, den zweiten Preis erhielt Henryk Onderko für ein Korallenhalsband, das er aus Elfenbein-Abfällen angefertigt hatte (er war Lehrling in einer Werkstatt für chirurgische Instrumente und Prothesen), den dritten Preis erhielt Edmund Nowak für ein Flachrelief, das eine Büste Tadeusz Kościuszkos zeigte und aus Alabaster-Gips gegossen war. [...]

Es kam das Jahr 1921, das Jahr der Volksabstimmung in Oberschlesien, dem zwei bewaffnete Aufstände des oberschlesischen Volkes vorangegangen waren. Über die staatliche Zugehörigkeit dieses Gebietes sollte eine Abstimmung entscheiden. Eine Interalliierte Kommission legte im Namen der Koalition von England, Frankreich und Italien, die den Ersten Weltkrieg 1914–1918 gewonnen hatten, den Termin zur Abhaltung des Plebiszits auf den 20. März 1921 fest.

Ende 1920 nahm ich Kontakt zum Polnischen Abstimmungskomitee in Berlin auf und erklärte, die Pfadfindergruppe werde sich an der Propagandaarbeit zum Plebiszit beteiligen. Dies wurde mit großer Befriedigung zur Kenntnis genommen. Von diesem Komitee erhielt ich Propagandamaterial in polnischer und deutscher Sprache, in dem dazu aufgerufen wurde, für Polen zu stimmen, darunter Flugblätter, Broschüren, Zeitschriften, Aufkleber und Plakate. Diese Materialien verteilten die Mitglieder der Gruppe auf polnischen Versammlungen von Oberschlesiern und an Familien von Oberschlesiern, deren Adressen wir auf den Versammlungen erhalten hatten. Von den Publikationen in polnischer Sprache, die wir verteilten, erfüllte die humoristisch-satirische Schrift „Kocynder" am besten seinen Propagandazweck. Von den Propagandalosungen wiederum war „Nur mit Polen wird das schlesische Volk die Fesseln seiner Unfreiheit sprengen" am überzeugendsten.

151 Gemeint ist der Januaraufstand 1863/1864.

All diese Propagandamaterialien waren wichtig, um das nationale Empfinden der polnischen Oberschlesier zu verbreiten und zu festigen. Auch sorgten sie dafür, dass die Masse der Oberschlesier, die für Deutsche gehalten wurde, über sich nachzudenken begann und sich fragte, warum ihr Band zum Polentum zerrissen war. Und die Materialien trugen – wie man vermuten kann – zu einer Wiedererlangung des Nationalbewusstseins bei.

Auch auf die für die Polen ungünstige Entscheidung der Interalliierten Kommission ist hinzuweisen, die es zuließ, dass an der Abstimmung auch all diejenigen teilnehmen konnten, die zwar in Oberschlesien geboren waren, dort aber nicht mehr lebten.[152] Diese Gruppe umfasste über 180.000 deutsche Emigranten, aber nur rund 10.000 polnische. Zur ersten Gruppe waren viele Oberschlesier zu zählen, die unter dem Einfluss einer langjährigen nationalen Diskriminierung und Unterdrückung germanisiert worden waren. All diesen Leuten haben die deutschen Behörden eine kostenlose Fahrt ins Abstimmungsgebiet und zurück zugesichert. Die deutschen Plebiszit-Organisationen, die über ungeheure Zuwendungen aus dem Fiskus verfügten, organisierten eine riesige Propagandaaktion, ohne auf das Geld achten zu müssen. Unsere Mittel waren hingegen bescheiden.

Mit großem Eifer machten wir uns an die Propagandaarbeit. In der Umgebung von Orten, wo Tags drauf deutsche Kundgebungen stattfinden sollten, klebten wir nachts deutschsprachige Aufkleber und Plakate, die zur Stimmabgabe für Polen aufriefen, auf Hauswände und Schaufensterscheiben. Von solchen Kundgebungen erfuhr man durch große Anzeigen in der deutschen Presse sowie durch Plakate auf allen Bekanntmachungssäulen Berlins. Aus Taxis warfen wir auf die Straßen, die zum Kundgebungsort führten, kurz vor Beginn der Veranstaltung unsere Propagandaflugblätter. Wenn die Kundgebungen in Sälen stattfanden, warfen wir die Flugblätter von den Emporen herunter und sahen zu, dass wir so schnell wie möglich fortkamen. Die Vorkehrungen, die zur Abschirmung deutscher Kundgebungen vor allem von der Polizei getroffen wurden, waren erheblich. Wir gingen immer in kleinen Gruppen, oft einzeln vor, was den Polizisten und Ordnungskräften nicht auffiel. Eine andere Aktion bestand darin, spät nachts in der S-Bahn oder U-Bahn auf die Fensterscheiben der Abteile, die zu dieser Tageszeit leer waren, Propagandazettel aufzukleben. Unsere Fahrtstrecke haben wir dabei häufig gewechselt.

An vielen solchen Aktionen habe ich teilgenommen. Ich möchte nur noch eine erwähnen, die wir im Lustgarten durchgeführt haben, einem großen Platz (in der Nähe des nicht mehr existierenden Kaiserschlosses), wo häufig Arbeiterkundgebungen stattfanden. Nachts, am Vorabend einer Massenkundgebung, die für hier geplant war, klebten wir auf die große, dekorative Granitschale in der Mitte des Platzes aus vielen Dutzend kleinen Propagandablättern den großen Schriftzug „Stimmt für Polen!"[153] Die langwierige Arbeit des Aufklebens war gerade beendet, als wir einige Polizisten bemerkten, die angelaufen kamen. Die Verfolgungsjagd blieb erfolglos, wir waren schneller. [...]

---

152 *Der Beschluss, auch die sog. „Emigranten" abstimmen zu lassen, ging auf eine polnische Anregung zurück in der Hoffnung, die im Ruhrgebiet lebenden Polen würden an dem Plebiszit teilnehmen. Siehe auch: Karol Rose, Berliner Erinnerungen.*

153 *Im Original auf Deutsch.*

Die Rückkehr in die Heimat, auf die in der Fremde Tausende von Landsleuten seit Jahrzehnten gewartet hatten, begann gleich, nachdem Polen seine Unabhängigkeit wiedererlangt hatte. Die Migration gewann Mitte des Jahres 1919 an Intensität und erreichte 1921 ihren Höhepunkt. Die Polen strebten massenweise in ihr Vaterland, wohl wissend, dass das Land, das mit Kriegszerstörungen zu kämpfen hatte, ihre Arbeitskraft brauchte.

Um den Landsleuten die Rückkehr zu erleichtern, wurde in Berlin ein Polnisches Remigrationsbüro eingerichtet, das allen Interessierten die benötigten Informationen erteilte. Die Remigranten nahmen ihren ganzen Besitz mit und Handwerker auch die Gerätschaften aus ihren Werkstädten. Täglich erschienen im „Dziennik Berliński" Anzeigen von deutschen Bewohnern großpolnischer Städte, vor allem Posens, die einen Wohnungstausch vorschlugen. Ebenso annoncierten Speditionsunternehmen, die Umzüge von Wohnung zu Wohnung anboten. Von solch einem Angebot machten auch meine Eltern Gebrauch und zogen im Sommer 1920 nach Posen um. Ich blieb in Berlin, um mein Bankenpraktikum abzuschließen.

Die Massenabwanderung in die Heimat hat die Tätigkeit der polnischen Vereine empfindlich gestört. Einige hörten auf zu existieren. Die Arbeit in der Pfadfindergruppe „Zawisza Czarny" erfuhr hingegen keine größeren Störungen. Im April 1921, kurz vor meiner Abfahrt nach Posen, verabschiedete ich mich bei einer feierlichen Versammlung meiner Gruppe von den Kameraden. Alle Pfadfinder, es waren etwa zwanzig, waren erschienen. In einer herzlichen Ansprache wünschte ich ihnen für ihre weitere Arbeit an der Entwicklung des polnischen Pfadfinderwesens in Berlin viel Ausdauer.

Aus dem Polnischen von Ingo Eser

EDWARD KMIECIK, HALTESTELLE BERLIN (1971)

Edward Kmiecik (1915-?), Journalist, arbeitete in der Vorkriegszeit als PAT Korrespondent (Polnische Nachrichtenagentur) in Berlin. Nach 1945 Journalist des „Kurier Szczeciński", Korrespondent des polnischen Rundfunks und Fernsehens in der DDR. In den siebziger Jahren Diplomat in der polnischen Botschaft in den USA / Washington.

In den dreißiger Jahren war das Leben in Berlin nicht leicht, aber dafür sehr interessant. Vom Berliner Büro der Polnischen Telegrafischen Agentur (Polska Agencja Telegraficzna, PAT) aus hatte man einen guten Überblick über die Ereignisse im In- und Ausland. Kurz vor dem Krieg habe ich als junger Redakteur für die PAT gearbeitet, um mir mein Geld für das weitere Studium zu verdienen. Die Zentrale des „Bundes der Polen [in Deutschland]" hatte mich auf Druck der deutschen Behörden von seiner Stipendiatenliste streichen müssen, weil ich polnischer Staatsbürger war. Aber die PAT zahlte auch nicht schlecht. Das erste Mal in meinem Leben hatte ich Geld. Meine Arbeit in der Pressezentrale, beim Bund der Polen und im „Dziennik Berliński" [Berliner Tageblatt] habe ich jedoch fortgesetzt. Presseagenturen aus der ganzen Welt, die damals ihre Vertreter in Berlin hatten, eröffneten ihre Büros in den Räumlichkeiten des Gebäudes, wo das Deutsche Nachrichtenbüro (DNB) untergebracht war – jene Presseagentur des Reiches, die nach der Übernahme von „Wolffs Telegraphenbüro" entstanden war, dessen Besitzer jüdische Pressemagnaten in Berlin gewesen waren. Ebenso wie die gesamte deutsche Presse war die Agentur „arisiert" worden, hatte jedoch ziemlich viele von ihren alten Mitarbeitern behalten, vor allem vom technischen Personal, aber auch von den Inlands- und Auslandskorrespondenten, die zumeist „ohne Bauchschmerzen" in den Dienst der Nazis überwechselten. Im Haus der DNB an der Ecke Zimmer- und Friedrichstraße befanden sich also Repräsentanzen aller ausländischer Presseagenturen mit Ausnahme der TASS. Deren Redakteure arbeiteten im alten Gebäude der sowjetischen Botschaft, das sich schon damals an der Allee Unter den Linden befand. Sie enthielten sich aller gesellschaftlicher Aktivitäten und pflegten auch beruflich keine Kontakte. Das Berliner PAT-Büro war sehr bescheiden. Es bestand aus zwei recht großen, aber finsteren Zimmern, in denen ein paar uralte Sekretäre als Schreibtische standen. Es gab keine Gardinen, die Lampen waren ohne Schirme, aber immerhin die Couch war bequem … Technisch gesehen war die PAT nicht schlecht ausgestattet. Als eine der ersten Auslandsabteilungen besaß das Berliner PAT-Büro ein Gerät, das sich „Hell-Schreiber" nannte, ein Prototyp des Fernschreibers, der die per Morsezeichen empfangenen Informationen mit Buchstaben auf ein schmales Band druckte. Das alles hat man dann auf altes Zeitungspapier geklebt, um es als Ganzes lesen zu können. Alles in allem war dies eine schmutzige und übel riechende Arbeit, aber wir waren gut und früh informiert. Mit Warschau hielten wir telefonisch Kontakt; zweimal täglich lieferten wir unseren Nachrichtenservice, um 19:00 und 22:15 Uhr, und zwar in affenartiger Lautstärke, denn schließlich saß der Stenograph, der die Information empfing, in Warschau. Auf dem sehr alten Telefonapparat, der noch auf einer großen Holzkiste angebracht war, stand die wichtigste Nummer mit Farbe aufgemalt: die Nummer der nächsten Kneipe, aus der uns ein Kellner auf Bestellung mit Würstchen, Bier und Cognac belieferte. Der Kellner war außerdem eine wichtige Informationsquelle. An der Zimmerstraße befand sich schließlich das „Revier" der öffentlichen Damen, die vor allem von Gästen des benachbarten Regierungsviertels frequentiert wurden. Kontakte haben wir ebenso in unserer Kneipe geknüpft, aber die Informationen betrafen nicht so sehr Staatsgeheimnisse als das Kommen und Gehen in den Ministerien, von Personen, die nach Berlin kamen oder es verließen. Das war wichtig zu wissen. Informationen dieser Art waren erhellend für die politischen Plänkeleien im Land, die es damals häufig gab. Die Polnische Telegrafie-Agentur in Berlin versuchte, so viele Nachrichten wie möglich zu übermitteln, aber in der Nazizeit wurde es immer schwieriger, die Presse zu zitieren, da sie nur wenige Informationen lieferte. Wir hatten jedoch gute Informanten, die wir in den Nachrichten für die Presse zu Hause meist „politische Kreise" oder „für gewöhnlich gut informierte Kreise" nannten, wenn die Informationen aus dem Umkreis der Regierung kamen. Informationen, die wir aus der polnischen Botschaft erhielten, wurden als „Nachrichten von gut informierten Kreisen" umschreiben. Die Deutschen haben natürlich die Telefonate der PAT abgehört. Nicht nur einmal wiesen sie die Redakteure des Berliner Büros darauf hin, dass sich der Nachrichtenservice der PAT auf gefährliche Weise der Grenze dessen annähere, was an Informationsbeschaffung in Deutschland zulässig sei.

In Nazideutschland fand zu dieser Zeit eine Reihe politischer Prozesse statt. Die Urteile waren drakonisch, die Strafen beliefen sich auf 10 bis 20 Jahre Zuchthaus, immer häufiger wurden Todesurteile gefällt. Die deutsche Presse hat über diese Gerichtsverhandlungen meist nicht berichtet, es sei denn, dass lokale Tageszeitungen den Auftrag erhielten, darüber zu berichten, um die Bevölkerung entsprechend einzuschüchtern. Normalerweise wurde nur der Urteilsspruch abgedruckt, und alten Vorschriften folgend informierte man auch über die Vollstreckung einer Todesstrafe. In Berlin wurden außerdem an den Tagen, an denen Todesurteile vollstreckt wurden, in den frühen Morgenstunden rote Plakate an den Litfaßsäulen angebracht, die etwa halb so groß wie eine Zeitung waren und die Passanten davon in Kenntnis setzten, das Todesurteil gegen eine bestimmte Person sei durch das Fallbeil vollstreckt worden.

Zu meinen Aufgaben im Berliner Büro der PAT gehörte es, unter anderem, die Berichterstattung in den Lokalblättern außerhalb der Hauptstadt zu beobachten und in ihnen Informationen über Prozesse und Urteile zu suchen. In den samstäglichen Presseschauen konnten wir bisweilen darüber informieren, dass in einer einzigen Woche im Reich ein Dutzend Todesurteile und mehr vollstreckt wurden, und die polnische Presse hat diese Nachrichten regelmäßig veröffentlicht.

Dem Berliner PAT-Büro ist es einige Male gelungen, früher als andere Agenturen aus erster Hand Informationen über außergewöhnliche Ereignisse zu bekommen. Der Bürgerkrieg in Spanien hatte 1936 begonnen. Nazitruppen haben sich an diesem aktiv aufseiten der Faschisten beteiligt, worüber in Deutschland wenig geschrieben wurde, was aber allgemein bekannt war. Im April 1937 bombardierte Hitlers Luftwaffe die Stadt Guernica. Dies war der erste Terrorangriff auf eine offene Stadt, ein düsteres Vorzeichen der Schrecken, die da noch während des Zweiten Weltkrieges kommen sollten. Ende Mai 1937 bombardierten spanische Regierungsflugzeuge einen Nazi-Kreuzer, der in den Gewässern rund um Spanien patrouillierte. Es war Sonntag, in Berlin erschienen keine Zeitungen – abgesehen von morgendlichen Sonntagsausgaben, die für gewöhnlich zurückdatiert wurden –, und am Montag erschienen nur zwei Nachmittagszeitungen, die wenige politische Informationen, dafür viele Sportnachrichten enthielten. Die deutschen Journalisten gaben ungern Auskunft, aber ich habe einige Bekannte angerufen und bekam noch am Sonntagabend von Ihnen die Vorgaben des Propagandaministers Goebbels für die Leitartikel, die anderntags, am Montag, erscheinen sollten. Aus ihnen ging hervor, dass die Deutschen an den Roten in Spanien „ein Exempel statuieren"[154] wollten. Die Presse zu Hause erhielt von uns noch weitere Einzelheiten, und schon am Montag konnte die erste Zeitung darüber berichten, dass die deutsche Kriegsmarine in einer Vergeltungsaktion den unbefestigten spanischen Hafen von Almería von See aus beschossen hatte.

Mir gelang es also, bereits in den ersten Monaten meiner Arbeit einen *Scoop* zu landen, das heißt eine Exklusivmeldung zu bringen, aber dadurch gewann ich natürlich nicht die Sympathien des Reichsministeriums für Propaganda, und selbst der Presseattaché der polnischen Botschaft ereiferte sich, dass wir „die guten polnisch-deutschen Beziehungen unnötig gestört" hätten.

Zum zweiten Mal gelang es uns 1938, die anderen Agenturen auszustechen. Das Berliner PAT-Büro hat als Erstes die Zeitungen in Polen über den „Anschluss"[155] informiert. Schon seit Februar 1938 war der Nazi Arthur Seyß-Inquart Innenminister von Österreich gewesen und stieg Anfang März 1938 zum Kanzler auf. Es war also seit einigen Wochen klar, dass sich die Österreich-Frage verschärfen würde, aber wir wussten nicht, wie man die Angliederung bewerkstelligen würde. In Berlin waren keine konkreten Informationen zu bekommen. Ich nahm also aus einem deutschen Reisebüro Prospekte über Kurorte im deutsch-österreichischen Grenzgebiet mit. Meine Kollegen von der PAT-Redaktion und ich riefen dann in den Orten an, die an den wichtigsten

154 Im Original auf Deutsch.
155 Im Original auf Deutsch.

Grenzübergängen lagen, behaupteten, dort Urlaub machen zu wollen, und baten darum, Hotelzimmer zu reservieren. Überall bekamen wir Absagen mit der Begründung, dass die Hotels schon belegt seien. Dabei war die Wintersaison im März schon zu Ende, und die Sommersaison hatte noch nicht begonnen. Auf der Grundlage dieser Informationen konnten wir die Marschroute, die die Wehrmacht vermutlich nehmen würde, auf einer Karte einzeichnen. Daraus machten wir eine Nachricht und übermittelten sie an die PAT-Zentrale in Warschau. Die deutsche Wehrmacht marschierte bekanntermaßen am 11. bis 13. März 1938 in Österreich ein, aber die Berliner PAT-Redaktion hat schon am 9. März angedeutet, dass ein solches Ereignis bevorstünde.

Auch an die Vorkommnisse in der Tschechoslowakei kann ich mich lebhaft erinnern. Es war genau ein Jahr nach dem „Anschluss", am 13. und 14. März 1939. Die Tschechoslowakische Republik war damals schon um das Sudetengebiet beschnitten. Ihr Präsident Emil Hácha wurde nach Berlin bestellt. In der Reichshauptstadt kursierten die verschiedensten Gerüchte. Im Allgemeinen vermutete man, dass Deutschland eine noch weit reichendere Grenzrevision zulasten der Tschechoslowakei durchsetzten werde, da einige sudetendeutsche Gebiete, die in den Grenzen der Tschechoslowakei verblieben waren, dies lauthals verlangten. Auch erwartete man eine Intervention des Deutschen Reiches zu Gunsten der Slowakei. Die Telefonverbindungen unseres damaligen tschechischen Kollegen aus Prag waren schon seit einer Woche unterbrochen. Also half er uns in der PAT. Fieberhaft sammelten wir Informationen und übermittelten sie nach Warschau. Am 14. März 1939, so um Mitternacht, wollte ich zu Fuß über die Allee Unter den Linden nach Hause gehen. Im Hotel Adlon, nahe dem Brandenburger Tor, hatte Präsident Hácha sein Quartier bezogen. Noch am Tag war die Atmosphäre vor dem Hotel eher feierlich gewesen. Am Haupteingang eine schwarz uniformierte Ehrengarde der SS mit weißen Handschuhen und Bajonetten auf den Gewehren die zahlreichen Diplomaten und Persönlichkeiten der deutschen Regierung salutiert, die den Präsidenten in seiner Suite besuchten. Doch in der Nacht hatte sich das Bild vollkommen geändert. Auf dem Wachposten standen bereits SS-Leute in Felduniform, vor dem Hoteleingang stand ein Panzerwagen. Das ganze Hotel war abgesperrt, man konnte die Allee Unter den Linden nicht entlanggehen, sondern musste einen Umweg nehmen und die Nebenstraßen benutzen. In der Reichskanzlei an der Wilhelmstraße und im Hotel Adlon auf dem Stock, wo Hácha und sein Gefolge wohnten, brannte noch Licht. Ich kehrte in die PAT-Redaktion zurück, rief – ohne mit dem Chef des Büros Rücksprache gehalten zu haben – in einem Blitzanruf Warschau an und berichtete von diesen Vorgängen, damit es die Nachricht noch in die Morgenblätter schaffen konnte.

Wieder waren wir die Ersten. Am nächsten Tag wurde Hácha vor das Antlitz Hitlers geführt und „bat um den Schutz des Reiches", der ihm – wie Goebbels später formulierte – „großmütig gewährt" wurde. Es entstand das Protektorat Böhmen und Mähren. Die Slowakei wurde ein Satellitenstaat Deutschlands. Unser Kollege von der Tschechischen Nachrichtenagentur verließ an diesem Tag die Redaktionsräume der PAT, wo er in den Tagen zuvor übernachtet hatte, und kehrte nicht mehr zurück.

Das war meine letzte journalistische Tat für die Berliner Abteilung der PAT. Wir wussten in Berlin, dass nach der Tschechoslowakei Polen das nächste „zu erledigende Problem in Europa" war. Wir spürten dies sofort an den Schwierigkeiten, die uns bei der journalistischen Arbeit und bei der Informationsbeschaffung bereitet wurden. Die Telefonverbindungen nach Warschau brachen immer häufiger zusammen.

Extrem missfallen hat den Deutschen meine letzte (Festtags-) Reportage über den traditionellen Berliner Weihnachtsmarkt, einer (Festtags-) Kirmes, die damals noch vor dem Schloss im Lustgarten stattfand. Die geschäftstüchtigen Organisatoren der Buden hatten dort einen Schießstand aufstellen lassen, an dem man mit Sportkarabinern und scharfer Munition auf die Silhouetten von Soldaten schießen konnte, deren Helme wie polnische aussahen. Auch gab es „einfallsreiche" Karussells mit verschiedenen Flugzeugmodellen; durch Drücken eines Knopfes konnte man Bomben auf ein Ziel werfen – kleine Feuerwerkskörper, die mit einem Knall explodierten. Außerdem konnte man zum ersten Mal auf einem Weihnachtsmarkt das Schießen mit einem Maschinengewehr auf bewegliche Ziele üben, das heißt auf Silhouetten von Menschen und Fahrzeugen, die auf einem Band vorüberzogen. Diese Nachricht erschien unter anderem als Zweispalter auf der ersten Seite des damaligen Warschauer „Kurier Poranny". Ihr Titel erinnerte daran, dass Weihnachten offenbar nicht überall auf der Welt ein Fest des Friedens war.

Nicht alle Verantwortlichen daheim schenkten unseren Berichten Glauben. In dieser Hinsicht stellte die PAT in Warschau eine Ausnahme dar, denn sie gab fast alle Pressemeldungen weiter, die von uns gebracht worden waren. Das Hauptbüro der PAT an der Królewska-Straße in Warschau interessierte sich für alles, was in Deutschland geschah. Die Wirtschaftsredaktion zum Beispiel erkundigte sich regelmäßig nach den Berichten der Reichsbank über den wachsenden Geldumlauf und die Devisenknappheit; dabei verbreitete man die naive Vorstellung, Hitler und Hjalmar Schacht (der damalige Präsident der Reichsbank) würden dann doch einmal bankrottgehen und es würde zu einem Krieg mit Polen nicht kommen, weil hierzu dem Feind das Geld fehlen werde.

Außer Nachrichten, die für die Allgemeinheit bestimmt waren, gaben wir natürlich auch interne Meldungen heraus.

Ende 1938 war in Berlin der Krieg schon zu spüren. Es konnte kein Zweifel bestehen, dass er schon bald ausbrechen würde. Umso näher die Katastrophe rückte, umso mehr Institutionen interessierten sich für Personen, die über gute Kontakte verfügten oder mit ihren eigenen Beobachtungen nützlich sein konnten. Und die Polen in Berlin wussten einiges: Sie kannten die Stimmung unter den Deutschen, ja selbst die Vorgänge innerhalb der Nazipartei, über die Produktion in den Berliner Fabriken und Ähnliches. Anfänglich, nach Abschluss des Nichtangriffspaktes mit Deutschland, waren sowohl das damalige Außenministerium im Brühl'schen Palast in Warschau als auch unsere Botschaft in Berlin darum bemüht, diese Art von Informationsbeschaffung in Grenzen zu halten. Sie hätte die offizielle These des Sanacja-Regimes infrage gestellt, dass die Deutschen nur bluffen und dass man sich mit ihnen verständigen könne. So sehr waren wir damals davon überzeugt „stark, geschlossen und bereit" zu sein. Die polnische Presse unterlag also aus verschiedenen Gründen einer gewissen Beschränkung. Die deutsche Presse hingegen, und vor allem die in der Provinz, äußerte sich immer offener antipolnisch, besonders in den letzten zwei Jahren vor dem Krieg. Über Polen verbreitete sie unglaublichen Blödsinn und beleidigte sogar die Polen. Zu Anfang hat niemand in der polnischen Botschaft in Berlin darauf reagiert. Erst, nachdem Józef Beck[156] im März 1939 die Residenz Hitlers in

---

[156] Józef Beck (1894-1944) polnischer Außenminister 1932-1939, hat zur Verbesserung der polnisch-deutschen Beziehungen 1934 beigetragen. 1939 hat Beck die deutschen territorialen Ansprüche gegenüber Polen abgewiesen. Er starb im rumänischen Exil.

Berchtesgaden besucht hatte, fing das Büro des Presseattachés der polnischen Botschaft in Berlin plötzlich damit an, im Außen- und Propagandaministerium des Deutschen Reiches vorstellig zu werden, um gegen falsche und verletzende Nachrichten zu protestieren, die in der deutschen Presse über Polen verbreitet wurden. Damals wurde ich vom Presseattaché in die polnische Botschaft bestellt, wo wir zwei Wochen lang auf der Grundlage von Presseausschnitten, die im PAT-Büro gesammelt worden waren, Dutzende von Eingaben formulierten, in denen antipolnische Ausfälle der deutschen Presse zitiert wurden. Diese Eingaben blieben jedoch ohne Antwort.

Damals wurde Berlin zum Schauplatz einiger Spionageaffären.[157] Schon berüchtigt war ein Fall von 1934/35, bei dem ein polnischer Rittmeister gleich zwei Geliebte hatte, die Sekretärinnen und Vertrauten hoher Persönlichkeiten im Reichskriegsministerium waren. Die Affäre wurde aufgedeckt, die deutschen Frauen geköpft, der Pole kam ins Gefängnis, wurde später aber den polnischen Behörden übergeben. Nicht alle Spionageaffären fanden jedoch einen solchen Widerhall und besaßen einen derartig amourösen Hintergrund.

An dieser Stelle muss betont werden, dass das Interesse des damaligen polnischen Geheimdienstes für die Polen in Deutschland nur zu verständlich war. Große Konzentrationen polnischer Bevölkerung in den grenznahen Gebieten, zahlreiche Gruppen von Polen, die in Schlüsselbereichen der deutschen Industrie arbeiteten – das alles bot selbstverständlich ein treffliches Betätigungsfeld. Damals herrschte zwischen allen Verantwortlichen ein Gentlemen's Agreement, dass die Zwei[158] Personen, die bekannte und aktive Vertreter der Polen in Deutschland waren, nicht zu ihren Arbeiten heranziehen werde, um sie nicht in Verruf zu bringen oder ihr Leben zu riskieren. Weder die Polen in Deutschland noch die Behörden zu Hause haben zu irgendeinem Zeitpunkt eine polnische Diversion im Deutschen Reich vorbereitet – dies gilt es, mit Nachdruck festzuhalten! Aber es ist auch klar, dass einige Polen in Deutschland den polnischen Geheimdienstleuten Informationen lieferten, um wenigstens auf diese Weise ihrem Vaterland zu dienen, zumal sie ob die Unvermeidlichkeit des Krieges wussten. Schon nach der Befreiung wurde darüber geschrieben, wie in der Vorkriegszeit die Außenstelle des Geheimdienstes in Bydgoszcz (Bromberg) im polnisch-deutschen Grenzgebiet rund 80 Informanten angeworben habe; dabei muss daran erinnert werden, dass die Deutschen gerade in diesem Gebiet Befestigungsanlagen errichteten. Auch während des Krieges stützten sich die Geheimdienste der Heimatarmee und anderer Organisationen bei ihren Aktionen in Deutschland auf die aktive Hilfe der dort lebenden Polen, wie aus den veröffentlichten und fragmentarischen Überlieferungen hervorgeht. Dies war eine gefährliche Arbeit, worüber sich nicht alle im Klaren waren, aber niemand konnte damals vorhersehen, dass die Gestapo nach dem Einmarsch in Warschau einen Teil der Akten der Abteilung Zwei finden würde, darunter auch Namensverzeichnisse aller polnischen Geheimdienstleute und Informanten in Deutschland. Später, bei den Prozessen, konfrontierten die Staatsanwälte des Nazi-Regimes die Inhaftierten mit Berichten von Zweier-Leuten, in denen die Namen der Informatoren angegeben wurden und mitunter auch auf den Arbeitsplatz hingewiesen wurde, um die Wichtigkeit und Bedeutung der so gewonnenen Nachrichten zu unterstreichen. Diese unverzeihlichen „Kunstfehler" haben so manchem von uns das Leben gekostet.

---

157 Sehe: Maria Jehanne Wielopolska, Staat und Staatsverrat.
158 Abteilung II des Geheimdienstes.

Heute ist es schwierig, die Namen all derjenigen Personen und Kollegen aus dem Berliner Freundes- und Bekanntenkreis aufzuzählen, die in jenen kritischen Vorkriegstagen Polen helfen wollten. Einige Fragen sind bis heute nicht geklärt und werden wohl nie mehr völlig geklärt werden. Der Geheimdienstmann stirbt einsam, und kein Orden hängt glänzend an seiner Brust. Einige Personen haben überlebt und leben seitdem wohl in Deutschland. Die Enthüllung ihrer Vergangenheit kann selbst heute noch gefährlich sein für sie, sei es in Westberlin oder in der Bundesrepublik.

Aus dem Polnischen von Ingo Eser

EDMUND OSMAŃCZYK, DIE ENTSTEHUNG DES „RODŁO" 159

Ich bin dabei gewesen. Es geschah im November 1932 in der Hauptstadt Preußens und des Deutschen Reiches, in Berlin im Stadtteil Charlottenburg in der Schlüterstraße, wo damals die Zentrale des Bundes der Polen in Deutschland ihren Sitz hatte. [...]

Bis zum 11. November 1918 waren der weiße Adler und die weiß-rote Fahne im Reich wie auch in Europa und der Welt das Nationalsymbol der Polen gewesen. Doch mit jenem Tag wurden diese Symbole Wappen und Flagge eines souveränen, mit Preußen benachbarten Staates, der wiedergeborenen Republik Polen. Folglich verboten die preußischen Behörden den polnischen Organisationen und den Bürgern Preußens polnischer Volkszugehörigkeit, das Staatswappen des unabhängigen Polens zu verwenden. Die Wettbewerbe zur Bestimmung eines originellen „Zeichens des Polentums", die der Rat des Bundes der Polen in Deutschland von Zeit zu Zeit ausschrieb, brachten kein Ergebnis.

Die Angelegenheit war in der Tat unermesslich schwierig. Doch diesmal musste sie geregelt werden.

„Wenn wir das Hakenkreuz und den ‚deutschen Gruß' akzeptieren, ist das nur eine Zustimmung zur totalen Germanisierung", sagte damals der oberste Leiter des Bundes, Dr. Jan Kaczmarek. „Wir müssen also so schnell wie möglich einen Weg finden, das Hakenkreuz und ‚Heil Hitler!' nicht zu akzeptieren, ohne uns dem Vorwurf auszusetzen, wir würden die Symbole des Staates nicht anerkennen, dessen Bürger wir sind. Im letzteren Falle haben die Nazis es uns leicht gemacht, indem sie ihre faschistische Geste ‚deutscher Gruß' genannt haben; damit ist er nur für Deutsche verpflichtend, nicht für Polen. Dem Hakenkreuz werden wir uns nur entgegenstellen, wenn wir ein eigenes, nationales Zeichen haben werden, das unzweifelhaft nur die Polen verbindet." Während der Diskussion, an der sich unsere hervorragende, damals 28 Jahre alte Grafikerin Janina Kłopocka beteiligte, ergriff Stefan Murek das Wort, mein Freund aus Bielany.

Stefan also begeisterte alle mit der Idee, den „treuen Fluss des polnischen Volkes, die Weichsel", zum Symbol unserer nationalen Identität zu machen. [...] Janka Kłopocka begann sofort, Entwürfe dieses Weichselzeichens zu skizzieren, und da sie mehrere Jahre des Zeichen- und Grafikstudiums an der Kunstaka-

---

159 „Rodło" wurde das runenartig stilisierte „S" genannt, das dem Lauf der Weichsel mit Krakau nachgebildet war und zum Symbol und sogar zum offiziellen Bestandteil des Namens des „Bundes der Polen in Deutschland" wurde.

demie in Berlin und an der Akademie der Schönen Künste in Warschau hinter sich hatte (abgeschlossen mit dem höchsten Lob „summa cum laude"), erfasste sie die Proportionen der Biegungen der Weichsel im Handumdrehen.

Wir sahen jedoch, dass da noch etwas fehlte, dass das Zeichen nicht aussagekräftig genug war. Da schlug Dr. Kaczmarek der Künstlerin vor, doch irgendwie Krakau als Wiege der polnischen Kultur kenntlich zu machen. Erst machte sie also unten ein Kreiszeichen, doch einen Augenblick später entschied sie sich für eine ebenso rechteckige Stilisierung Krakaus wie auch der Weichsel.

Das Zeichen des „Rodło" wurde also mit einem Mal viel klarer, doch es fehlte ihm noch etwas sehr Wesentliches. Janina Kłopocka nahm einen roten Stift zur Hand, und wie einst der weiße Adler auf rotem Tuch aufleuchtete, so strahlte jetzt das Weiß der Weichsel auf dem Rot der polnischen Erde. [...]

Sofort wurde Kłopocka beauftragt, ein farbiges Flugblatt anzufertigen, das durch Gegenüberstellung des „Rodło" mit dem originalen Verlauf der Weichsel und der Silhouette des Wawel-Schlosses seinen Sinn erklären sollte.

Am meisten freute sich Dr. Kaczmarek, der Initiator des „Zeichens des Polentums", und erzählte uns dann, wie er zum ersten Mal in Polen gewesen war. Und zwar gerade in Krakau; zum ersten Mal sah er die Weichsel vom Wawel aus am 15. Juli 1910! [...]

Der Kongress der Polen im Herzen Berlins

Gott ist unser Zeuge, dass wir unseren Kongress zum 15-jährigen Bestehen des Bundes der Polen in Deutschland im August 1937 erst in Oppeln veranstalten wollten, dann im Dezember 1937 in Breslau. In Oppeln sagten die preußischen Behörden nach dem unrühmlichen Tode der Genfer Konvention am 15. Juli 1937: Nein!

In Breslau war die Antwort nach dem unrühmlichen historischen Tag des 5. November 1937 ebenfalls negativ.

Übrig blieb also Berlin, der Ort der Gründung des Bundes der Polen und seiner Anerkennung durch die preußischen Behörden im August und Dezember 1922. Die Festlegung eines in das Jahr 1938 verschobenen Datums war von zwei Faktoren abhängig: der Zustimmung des Innenministers des Dritten Reiches, Wilhelm Frick, zu Berlin als Tagungsort und dem Einverständnis der Eigentümer eines größeren Saals oder einer Halle, diese an einem Tag als Begegnungsstätte der Polen aus dem ganzen Reich für ihren ersten Kongress zu vermieten.

Im Januar 1938 hatten wir die Zustimmung von Minister Frick zum Standort Berlin. In dieser Zeit planten die faschistischen Minderheitsorganisationen in Polen für das Jahr 1938 fünf Kongresse in Posen, Bromberg, Kattowitz, Lodz und Bielitz (Bielsko-Biała). Frick wollte nach Oppeln und Breslau mit einem weiteren Verbot kein Risiko eingehen. Er stimmte zu.

Daraufhin mieteten wir für den ganzen Sonntag, den 6. März 1938 von morgens bis 18 Uhr abends, den größten Theatersaal Berlins, das Theater des Volkes, größer als die Krolloper und mit 5000 Plätzen, am zentralen Bahnhof Friedrichstraße gelegen, gleich bei Unter den Linden, dem Brandenburger Tor und dem abgebrannten Reichstag! Den Vertrag schloss unser Syndikus Dr. Brunon von Openkowski; er garantierte dem Theater die Übergabe des Saales um 18 Uhr in einem Zustand, der eine normale Sonntagsvorstellung um 20

Uhr ermöglichte, bei Zahlung eines Bußgelds in dreifacher Höhe sämtlicher Kosten und des Gewinns aus dieser Aufführung im Falle einer Vertragsverletzung. Nachdem diese Garantie akzeptiert und die unglaublich hohe Entschädigungssumme festgelegt war, setzte unser Syndikus die identische Summe als Entschädigung an den Bund ein für den Fall, dass das Theater des Volkes den Vertrag nicht einhalten sollte …

Weder für den Bund Deutscher Osten noch für die Gestapo hätte es sich gelohnt, den Bund der Polen mit einer solch atemberaubenden Summe zu unterstützen, und so fand der Kongress am 6. März 1938 im Theater des Volkes statt. [...]

Wir hatten sieben Wochen Zeit. Wir nahmen an, es würden von außerhalb Berlins – auf eigene Kosten und Risiko – etwa dreitausend anreisen, Berlin werde zweitausend geben. Die Zeiten waren wirtschaftlich weiterhin schwierig. Politisch erforderte es viel Mut, als Vertreter eines Dorfes, einer Siedlung oder eines Stadtteils am Kongress der Polen unter dem Zeichen des „Rodło" teilzunehmen; das betraf vor allem die Gebiete an der Oder und Ostpreußen, wo die Polen unter ständiger Beobachtung durch die Faschisten standen. Die Anmeldungen aus den Provinzen haben unsere vorsichtigen Erwartungen sehr schnell über den Haufen geworfen. Für die mit gesonderten Bussen und Zügen Anreisenden aus dem ganzen Reich mussten wir mehr als viertausend Plätze reservieren. Dazu zahllose Einzelanmeldungen. Für die Berliner Polonia konnten am Ende nur 500 Plätze für 1000 Exilpolen reserviert werden, die eine Hälfte für den ersten Teil des Kongresses, die übrigen für den zweiten Teil.

Ein großartiges Plakat von Ludomir Kapczyński, das bereits Mitte Januar gedruckt und im ganzen Reich ausgehängt worden war, rief die Polen zum Kongress. Es fand so viel Gefallen, dass für die Kongressteilnehmer nach seinem Muster Metallplaketten geprägt wurden, auch Briefmarken. Sie wurden zu einer philatelistischen Rarität, weil ein deutsches Postamt, das auf unsere Initiative hin in den Wandelgängen des Kongresses installiert worden war, Postkarten und Briefe auf beiderlei Marken, einer deutschen, braunen Drei-Pfennig-Marke mit Hindenburg-Büste und der polnischen, „unbezahlbaren", weiß-roten mit der Rodło-Standarte, mit dem Datum 6. März 1938 abstempelte.

Die Pressezentrale hatte auch ein Kongressprogramm, einen „Kongressführer", eine Reihe von Postkarten und eine Sonderausgabe von „Der Pole in Deutschland", „Der junge Pole" und „Der kleine Pole" vorbereitet. [...]

Viele Delegationen reisten in Tracht an, alle natürlich mit Rodło-Standarten. Dieser sonnige Märzsonntag war im Zentrum Berlins vom Morgen bis zur Dämmerung weiß-rot. [...]

Sechs Tage nach dem Kongress verbreiteten alle Sender des Polnischen Radios die „Wahrheiten der Polen". Die Gestapo wurde davon völlig überrascht, denn sie hatte nicht vermutet, dass es außer der Aufzeichnung des Kongresses, die sich in ihrem Besitz befand, noch eine weitere gab. Diese Geschichte war in der Tat überraschend, denn sie hatte mit Schweden zu tun. Schon seit Langem hatten wir mit der schwedischen Firma Mix and Goenest eine enge konspirative Zusammenarbeit. Begonnen hatte es auf recht ungewöhnliche Weise. Zwei Schweden kamen in die Zentrale des Bundes und baten, mit ihnen nach Tiergarten zu fahren. Ich fuhr mit Wilhelm Poloczek hin. In der Mitte des Parks hielten wir an. Sie eröffneten uns Folgendes: „Wir wollten nicht bei euch im Büro reden, denn vielleicht ist dort eine Abhöranlage. Nun sind wir gerade Experten für Abhöranlagen. Wir sind zu euch gekommen wegen der Abhöranlage, die im zweiten polnischen Gymnasium in Marienwerder, das im Bau befindlich ist, organisiert werden soll. Wir haben den

Auftrag der Gestapo, eine solche Anlage in Marienwerder zu installieren, aber eure Maurer sind unbestechlich. Wir schlagen vor: Helft uns, diese Anlage zu installieren, und wir bringen euch bei, wie man sich vor der Abhöranlage der Gestapo schützt."

Wir informierten Dr. Kaczmarek. Es kam zu einem ungeschriebenen Vertrag. Im Marienwerderschen Gymnasium war neben dem Zimmer des Direktors eine Telefonanlage; dort konnte sich jeder Schüler davon überzeugen, dass in dem Staat, in dem er lebt, „die Wände Ohren haben". Zugleich brachten die Schweden uns bei, wie man bestimmte Teile des Gebäudes von der Abhörung ausschalten kann. In der Zentrale des Bundes lehrten sie uns das Gleiche. Und während des Kongresses halfen sie, uns an das Kabel des Deutschlandsenders anzuschließen, der den Verlauf des Kongresses für die Gestapo aufzeichnete. Diese polnisch-schwedische, antifaschistische Zusammenarbeit im Dritten Reich ist es wert, erinnert zu werden.

Das Polnische Radio, das mit dem Berliner Deutschlandsender bei technischen journalistischen Diensten seit 1934 in Austausch stand, hatte mit diesem einen Vertrag über eine Tonbandaufzeichnung vom Verlauf des Kongresses geschlossen. Als das der Leitung des Bundes der Polen mitgeteilt wurde, erklärte sie, eine solche Aufzeichnung werde mit Sicherheit zum Sitz der Berliner Gestapo am Alexanderplatz gelangen, jedoch nie in die Zielna-Straße in Warschau. So installierte der Bund im Theater des Volkes heimlich zwei – von der schwedischen Firma gemieteten – Tonbandgeräte. Sie waren an das Mikrofon des Deutschlandsenders angeschlossen, das über der Bühne hing, und zeichneten den ganzen Verlauf des Kongresses technisch einwandfrei auf. Auch der Deutschlandsender bespielte mithilfe eines großen Übertragungswagens mindestens zwei Tonbänder: für sich und für die Gestapo. Doch am nächsten Tag teilte er dem Polnischen Radio mit, die Aufnahme sei „aufgrund technischer Mängel der Apparatur" leider nicht zu Stande gekommen ...

Die Sprache ist unser Vaterland

Die große Freude über den siegreichen Kongress in Berlin wurde sehr schnell von den alltäglichen und immer größeren Sorgen der Frühlings-, Sommer- und Herbstmonate des Jahres 1939 getrübt.

Monat für Monat schrumpfte unsere Mannschaft junger Aktivisten, weil sie zum obligatorischen halbjährigen Arbeitsdienst oder zur zweijährigen Wehrmacht eingezogen wurde. Im Herbst 1938 ging der ganze Jahrgang der ersten sechs Beuthener Abiturienten zur Wehrmacht. Zugleich begannen die Einberufungen älterer Jahrgänge zu Schulungen, die zehn bis zwanzig Wochen dauerten. Ich wurde als „älterer Jahrgang 1913" zu einem zwölfwöchigen „Schliff" zum preußischen Infanterieregiment No. 67 in die Festung Spandau bei Berlin einberufen. Ich kannte (aus Beschreibungen) diese düsteren Kasematten und die Nummer des Regiments. Dort hatte 1901 mein Vater gedient, weil das ein Bataillon für Polen aus Oberschlesien war, das auf Germanisierung spezialisiert war. Mein Soldbuch trug den roten Stempel „Achtung Pole! Mitglied der polnischen Minderheit!" und beim Arbeitsplatz auch noch den Eintrag „Leiter der Pressezentrale des Bundes der Polen in Deutschland". Von der ersten Minute meines Aufenthalts in der Kaserne, die mein Vater gekannt hatte, war mir nicht sehr wohl. Noch dazu war der Kompaniechef ein Deserteur aus der polnischen Armee, ein Volksdeutscher aus Graudenz (Grudziądz) namens Quade. Später ist er bei Stalingrad ums Leben gekommen ...[160]

---

160 Siehe Marian Brandys, *Meine Abenteuer mit dem Militär*.

SEITE 391

Ich habe es natürlich ausgehalten, denn zwölf Wochen sind ja nicht mal drei Monate. Aber ich wusste bereits, was meine jüngeren Freunde erleben mussten, die zu zwei Jahren Wehrmacht verurteilt waren – oder im Kriegsfalle noch mehr.

Nachdem ich im November 1938 das Fort Spandau verlassen hatte, kehrte ich zur Redaktion des „Polen in Deutschland" zurück, dessen Chefredakteur ich war.

Aus dem Polnischen von Gerhard Gnauck

ANATOL GOTFRYD, DER HIMMEL IN DEN PFÜTZEN. EIN LEBEN ZWISCHEN GALIZIEN UND DEM KURFÜRSTENDAMM (2005)

Anatol Gotfryd, (1930), Zahnarzt und Kunstsammler, entstammt einer jüdischen Familie aus Galizien, Überlebender des Holocaust. Nach dem Zweiten Weltkrieg studierte er in Breslau Zahnmedizin, 1958 emigrierte er nach West-Berlin. Er promovierte an der Freien Universität Berlin in Zahnmedizin und eröffnete mit seiner Frau eine Dentalpraxis am Lehniner Platz.

Als wir im Mai 1958 vom Bahnhof Berlin-Lichtenberg nach Grunewald unterwegs waren, ahnten wir nicht, dass wir gerade in ein Land eingereist waren, das bald unsere neue Heimat werden würde. [...]

Vor einigen Jahren stand ich auf der Berliner „Grünen Woche" vor einem Getreidebehälter. Eine alte Frau fragte mich, was für ein Getreide das sei, und ich zeigte auf eine Informationstafel. „Kanadischer Hartweizen" stand darauf. Ich weiß immer noch nicht, was Hartweizen ist, denke aber, es müsse etwas sein, das zwischen den Zähnen knirscht. Es erinnert mich an die Hartherzigkeit, auf die wir bei der kanadischen Behörde stießen, als wir im Jahre 1958 dorthin auswandern wollten.

Dennoch ist uns die Entscheidung, in Berlin zu bleiben, nicht schwer gefallen. Die Stadt, die Freie Universität und die schützende Anwesenheit der Westmächte gefielen uns. Letztendlich ging es uns wie vielen Menschen damals, die unterwegs zum Land ihrer Träume waren und ganz woanders landeten.

Der Sommer 1958 war ungewöhnlich sonnig und warm, und ich habe ihn wie eine Hymne der Natur an die Stadt Berlin empfunden. Auch die Menschen, mit denen wir zu tun hatten, waren hilfsbereit und neugierig auf uns. Sie empfingen uns überall mit offenen Armen. Wir waren viel unterwegs, und soweit es möglich war, erkundeten wir die Stadt zu Fuß. Wir wanderten vom S-Bahnhof Halensee bis zur Gedächtniskirche, betrachteten die Auslagen der Geschäfte und waren nach der Wanderung beschwingt und erschöpft zugleich. Auch hier leben Zahnärzte, dachte ich damals und stellte mir vor, wie großartig es sein müsste, hier zu arbeiten.

Manchmal unternahmen wir einen Spaziergang durch den Park des Schlosses Charlottenburg und besuchten Ausstellungen in der Orangerie. Ein anderes Mal fuhren wir im Sessellift über die Straße des 17. Juni. Von hier oben sah man, wie der Tiergarten aufgeforstet wurde und die letzten Bautätigkeiten am Hansaviertel vorangingen, und wir stellten uns vor, wie schön es wäre, dort irgendwann einmal zu wohnen. [...]

Mit der Entscheidung, in Berlin zu bleiben, wurde es für uns dringend notwendig, die schöne Welt der Bernadottestraße zu verlassen und ein eigenes Leben aufzubauen. Leo[161] hatte sich zwar erhofft, dass ich in sein Geschäft einsteigen und ihn entlasten würde. Ich hätte ihm diesen Gefallen gern getan, weil ich ihn mochte, aber schließlich hatten wir einen Beruf erlernt, auf den wir neugierig waren und den wir auch ausüben wollten. Deshalb waren wir ja in den Westen gegangen. So wandte ich mich an Professor Harndt[162], den Direktor der neuen Zahn- und Kieferklinik der Freien Universität, die in einem modernen Bau mit einem schönen Atriumgarten untergebracht war, und fragte ihn, ob er uns als Hospitanten nehmen würde. Zu unserer Freude stimmte er zu, aber da die Semesterferien gerade begonnen hatten, konnten wir erst im Oktober dort anfangen. So nutzten wir die Zeit, indem wir einen Deutschkurs belegten und stundenweise bei verschiedenen Zahnärzten arbeiteten oder Ferienvertretungen übernahmen. Zahnärzte hatten damals viel zu tun, und sie waren dankbar für unsere Hilfe – zumal sie nur wenig dafür zahlen mussten.

Inzwischen waren unsere Visa abgelaufen, und wir stellten bei der Fremdenpolizei Anträge auf Aufenthaltserlaubnis. Die Behörde zog unsere polnischen Papiere ein, gab uns Fremdenpässe für Staatenlose mit einer auf drei Monate befristeten Aufenthaltsgenehmigung und mit einem Vermerk, der uns jegliche Erwerbstätigkeit untersagte. Plötzlich befanden wir uns in einer Art Niemandsland, irgendwo im luftleeren Raum, denn ein Staatenloser ist nirgendwo gern gesehen, und wenn er nicht abgeschoben wird, dann nur deshalb, weil kein anderes Land bereit ist, ihn aufzunehmen.

Immerhin beschied man uns mit der Auskunft, dass einer Erteilung von Aufenthalts- und Arbeitsgenehmigungen nichts im Wege stehe, sofern der Senator für Gesundheitswesen seine Zustimmung zur Ausübung der Zahnheilkunde geben würde. Ich trug das bei der zuständigen Dezernentin vor, die wirklich bemüht war, uns zu helfen. Das sei aber nur möglich, erklärte sie, wenn wir die Hauptvoraussetzung erfüllten und eine langfristige Aufenthaltsgenehmigung vorweisen könnten. Kurzum, dank widersprüchlicher Vorschriften waren die Behörden bis zur Unbeweglichkeit blockiert. Die Lage war aussichtslos.

In der Zahnklinik erfuhr ich, dass die Freie Universität einen kostenlosen juristischen Beratungsdienst für Studenten eingerichtet hatte. Dort empfing mich ein junger, gut aussehender Mann in meinem Alter, der, wie ich später erfuhr, soeben sein Jurastudium abgeschlossen hatte. Die Aufgabe, Studenten zu beraten, übte er ehrenamtlich aus. Schweigend hörte er sich meine Geschichte an. Als ich zum Ende gekommen war, stand er auf und bat mich, ihm zu folgen. Wir stiegen in sein Auto und fuhren zum Flughafen Tempelhof, wo die Fremdenpolizei residierte. Er ließ mich im Auto warten und ging allein hinein. Nach einer halben Stunde kam er zurück und überreichte mir lächelnd die Pässe. Sie waren für weitere zwei Jahre verlängert worden; zugleich hatte man uns eine befristete Arbeitsgenehmigung erteilt. Fassungslos fragte ich, wie ihm das gelungen sei. „Ich bin", erklärte er, „mit dem Chef der Behörde zur Schule gegangen".

Im selben Jahr wurde uns in der Leibnizstraße ein Zimmer zur Untermiete angeboten. Es war heruntergekommen und schäbig, und die Vermieterin, eine exaltierte Ukrainerin um die fünfzig, war eine prätentiöse, unter Putz- und Sauberkeitszwängen leidende Person mit einer hohen Duttfrisur. Sie liebte es, uns nach

---

161 Onkel des Autors.
162 Ewald Harndt (1901-1996) Professor für Zahnmedizin, 1967-1969 Rektor der FU Berlin.

Kräften zu schikanieren, und wenn Danka[163] oder ich das Badezimmer benutzten, rannte sie sofort mit einem Lappen hinterher und wischte alles trocken. Ich habe sie mehrmals zur Hölle gewünscht und unserem Quartier auch später nie eine Träne nachgeweint – zumal die Leibnizstraße zwischen Kantstraße und Kurfürstendamm von trostloser Hässlichkeit war, woran sich bis heute nichts geändert hat. [...]

Einige Wochen später fanden wir ein neues Zimmer. Es befand sich in einer Villa in der Weinheimer Straße in Schmargendorf und war genau sechzehn Quadratmeter groß. Der Besitzer hatte das einstige Familienhaus in ein Mietshaus umfunktioniert: Im Untergeschoss gab es zwei Apartments, und in der ersten Etage standen fünf kleine Zimmer und ein Bad zur Verfügung. Eines des Zimmers war zur Küche umgebaut worden, und drei waren an alleinstehende Frauen vermietet. Für sechzig Mark im Monat mieteten wir das letzte freie Zimmer, und in den folgenden drei Jahren zogen wir innerhalb des Hauses mehrmals um, bis wir schließlich das größte Apartment bewohnten, dessen Tür sich zum Garten hin öffnete.

Schon im Herbst 1958 hatte ich mich im amerikanischen Krankenhaus beworben, weil man dort keine Arbeitsgenehmigung brauchte, und eines Tages wurde ich in das amerikanische Hauptquartier in der Clayallee bestellt, wo mich ein Offizier mehrere Fragebögen ausfüllen ließ. Er erklärte mir, dass der Geheimdienst meine Angaben vor Ort in Polen überprüfen würde. Zwei Wochen später bekam ich eine Benachrichtigung: Man war bereit mich einzustellen, allerdings unter der Voraussetzung einer deutschen Approbation. Eile sei geboten, teilte man mir mit, weil die Stelle schnell besetzt werden müsse.

Ich fuhr sofort zu der Sachbearbeiterin im Gesundheitsamt, erzählte ihr von dem Angebot und fragte, ob die Genehmigung schon erteilt worden sei. Sie bestätige dies, aber ihr Tonfall war wenig ermutigend und stand in krassem Gegensatz zu meiner Hochstimmung.

„Kann ich sie haben?", fragte ich.

„Ja, aber erst in drei Tagen", erhielt ich zur Antwort.

„Wieso erst in drei Tagen?", staunte ich. „Wenn sie fertig ist, dann würde ich sie gern heute schon mitnehmen."

„Ausgeschlossen. Die Urkunden liegen zurzeit in der dritten Etage", belehrte sie mich. „Sie müssen noch in den zweiten Stock, wo sie mit Gebührenmarken versehen werden. Erst dann kommen sie zu mir und können ausgehändigt werden."

„Dann verstehe ich nicht, wo das Problem liegt", sagte ich. „Sie können doch in der dritten Etage anrufen und sagen, dass ich sie abhole und die Marken bezahle."

„Das geht nicht", sagte sie.

„Würde man Ihnen die Urkunden geben?", fragte ich schon etwas verwirrt.

„Ja, aber das geht eben nicht! Sehen Sie, ich bin Beamte im höheren Dienst, und die Papiere kommen per Hausbote hierher. Das ist der Dienstweg, und es wäre ganz unüblich, wenn ich sie selbst holen würde."

„Dann machen Sie heute eine Ausnahme", bat ich. „Schließlich geht es doch um meine Anstellung."

„Na gut", gab sie sich geschlagen, und man konnte fast hören, wie ihr Gewissen über die Beamtenehre triumphierte.

---

163 Ehefrau des Autors.

Jetzt stand mir nur noch eine praktische Fachprüfung bevor. Der Chef der amerikanischen Dental Clinic führte mich zu einem Patienten, dem ein tief im Kiefer verlagerter Weisheitszahn gezogen werden musste. Der Oberst erklärte, ich könne mir ruhig Zeit lassen, er würde im Café auf eine Nachricht von mir warten. Nun erwies es sich als ein Segen, dass ich im städtischen Ambulatorium in Kattowitz in der Chirurgie gearbeitet, und sieben Stunden kaum etwas anderes getan hatte als Zähne zu ziehen.

Ich hatte also, ohne es zu ahnen, für die bevorstehende Fachprüfung geübt, und so gelang es mir ohne größere Schwierigkeiten, den Zahn meines neuen Patienten herauszuheben. Ich versorgte die Wunde und ging ins Café. Noch am Eingang traf ich den Obersten und meldete ihm, dass die Extraktion vollzogen sei. Er war beeindruckt und schrieb mir zum Abschied ein Arbeitszeugnis, in der er mich „for any position in dentistry" empfahl.

Die Organisation der Dental Clinic, ihre Effizienz und der großzügige Umgang mit Zeit und Material waren im Europa der Nachkriegszeit ungewöhnlich. Auch die Verpflegung war hervorragend, und ich hatte überdies das Glück, während einer Zeit dort zu arbeiten, in der ein amerikanischer Starkoch zum Militär einberufen und zu uns beordert worden war. Seine Schweinerippchen in Tomatensauce mit Honig überbacken waren legendär.

Fast jede Woche fanden Vorträge und Vorführungen neuer Behandlungsmethoden statt, die von hochrangigen US-Experten durchgeführt wurden. Sie verfügten über exzellente Kenntnisse und beneidenswerte Geschicklichkeit, und mit Dankbarkeit denke ich noch heute an die Zeit, die ich dort verbrachte. Sie dauerte allerdings nur ein Jahr, denn ich war entschlossen, die Assistentenstelle, die Professor Harndt mir angeboten hatte, anzunehmen. Danka übernahm meine Stelle im US-Hospital, und sie blieb noch volle vier Jahre dort. […]

Die Kollegen in der Klinik begegneten mir mit Sympathie, und was die älteren unter ihnen betraf, so vermieden wir es, über unsere Erfahrungen während des Krieges zu sprechen. Wenn die Rede doch darauf kam, dann versuchte ich wegzuhören und tröstete mich mit dem Gedanken, dass in ein paar Jahren eine neue, weniger belastete Generation heranwachsen würde. Aber als mir der Verwaltungsdirektor eines Tages stolz ein persönliches Belobigungsschreiben des „Führers" zeigte, beschloss ich, die Verwaltung in Zukunft zu meiden.

Auch Harndt machte die Vergangenheit mitunter zu schaffen. Wenn Studenten oder Doktoranden aus dem Ausland kämen, erklärte er mir, sei er völlig unbefangen. Doch bei den Juden sei das anders. Er empfinde keinerlei Abneigung, sei ihnen gegenüber aber angespannt und verkrampft und fühle sich geradezu körperlich unwohl. Dabei sei er kein Antisemit und könne sich seine Gefühle nur mit dem Schuldbewusstsein gegenüber den Juden erklären. „Ja", sagte ich, „vielleicht sind nicht nur die Juden, sondern auch die Deutschen in gewisser Hinsicht ein Opfer der Nazizeit. Jedenfalls befinden wir uns in einer vertrackten Situation, denn beide Seiten sind befangen."

Dann erzählte ich ihm, dass ich Anfang 1946 den ältesten Bruder meiner Mutter besucht hatte. Er hatte damals ein deutsches Kind bei sich aufgenommen, dessen Eltern im Krieg umgekommen waren. Voller zwiespältiger Gefühle war ich zu meinem Onkel gefahren, in der Erwartung, ein fremdartiges Wesen dort vorzufinden. Stattdessen hatte ich ein reizendes Mädchen angetroffen, und schon nach wenigen Minuten waren meine Beklemmungen verflogen. [...]

Am gleichen Tag, an dem die Berliner Schaubühne gegründet wurde, weihten wir im Herbst 1962 unsere Praxis mit einer kleinen Feier ein. Auf Wunsch unserer amerikanischen Gäste gab es Erbsensuppe, Sauerkraut mit Würstchen und riesige Portionen Eis.

Das Haus am Lehniner Platz, nur wenige Meter vom Kurfürstendamm entfernt, hatte eine ideale Lage für eine Zahnarztpraxis. Die heutige Bebauung rund um den Platz gab es noch nicht, und dort, wo jetzt ein Parkplatz ist, stand ein Holzhaus, in dem sich eine Apotheke befand. Man betrat sie durch eine Schwingtür und fand sich dann in einem engen und sauerstoffarmen Raum wieder, der so sparsam beleuchtet war, dass man geraume Zeit brauchte, um sich in der Dunkelheit zu orientieren. Man hatte das Gefühl, in einen orientalischen Gewürzladen geraten zu sein.

Zum Kurfürstendamm hin, an der Stelle, wo sich heute ein wunderliches Ensemble von Toilette und Zeitungskiosk befindet, standen drei gut frequentierte Geschäftsbuden. In einer davon verkauften zwei hübsche Schwestern gehobene Damenbekleidung, und als sie sich später in der Bleibtreustraße niederließen, wurde ihre noble Boutique zur Pilgerstätte der Berliner Gesellschaft. Der Kunsttischler von Wild platzierte einen riesigen Baumstamm der Länge nach durch das Geschäft, und jede Kundin kam sich auf dem wippenden Baum wie auf dem Laufsteg bei Coco Chanel vor.

In den anderen beiden Baracken waren ein Blumenstand und eine Würstchenbude untergebracht, die den kuriosen Namen „Zur nervösen Bulette" trug. Was der Name zu bedeuten hatte, begriff man, sobald man einmal dort gegessen hatte. Schon der erste Biss in eine der teuflisch gewürzten Buletten trieb einem die Tränen in die Augen, aber dennoch wurde man mit der Zeit geradezu süchtig danach.

Später entstand an der Westseite des Platzes ein großer Wohnblock, der von den Anliegern bald „Stoßburg" genannt wurde, weil dort fast ausschließlich Apartments für Junggesellen angeboten wurden. Die Wohnungen waren mit so genannten „Moltke-Betten" versehen. Wegen der Platzersparnis befand sich das Bett in einer Nische, in deren Mitte, direkt vor dem Bett, ein tragender Pfeiler verlief. Wenn zwei Personen gleichzeitig in das Bett steigen wollten, musste der eine das vom Kopfende, der andere vom Fußende aus tun. In Abwandlung des bekannten strategischen Spruchs von Moltke hieß es dann: „Getrennt marschieren – vereint schlafen."

Schräg gegenüber, auf der anderen Kurfürstendammseite, in Erich Mendelsohns „Universum", in dem sich heute die „Schaubühne" befindet, gab es die Kinos „Studio" und „Capitol", ein elegantes Lampengeschäft von Hella Fuhrmann und das Nachtlokal „Ricci". Die Ecke war voller Trubel, es war immer etwas los, und Rolf Edens Nachtclub und Heinz Holls Restaurant in der Damaschkestraße waren Treffpunkte der Stadt. Jeder kannte jeden, und Heinz Holl sagte, dass jeder ein Hobby habe, und seines sei Heiraten.

Als die Bebauung um den Platz komplett wurde, verschwanden die Apotheke und die Buden, und auch das Mendelssohn-Haus leerte sich, so dass die Gegend sehr ruhig wurde. Erst mit dem italienischen Restaurant „Ciao" kam das Leben zurück, vor allem um die Mittagszeit, wenn die erfolgreichen Baulöwen sich dort zum Essen trafen. Sie fuhren mit ihren PS-starken Karossen vor und parkten die teuren Autos auf dem Mittelstreifen, sodass sie aus dem Lokal noch gut gesehen werden konnten. Unmittelbar vor dem Betreten des Restaurants begutachteten die Besitzer die Position ihrer Vehikel noch einmal mit einem zärtlichen Blick.

Eintretende wurden vom Personal vertraulich empfangen, und ich erinnere mich an eine Begrüßung, die wie ein Lautgedicht klang, als ich eines Tages mit dem Architekten Jürgen Sawade und dem Schaubühnen-Direktor Schitthelm das Lokal betrat: „Buongiorno Dottore, buongiorno Direttore, buongiorno Ingegnere."

Mit Jürgen Schitthelm und seiner Familie wohnten wir im gleichen Haus. Als das Theater zum Lehniner Platz umsiedelte, lag sein Arbeitszimmer in der Sichtachse zu meinem. Dreißig Jahre lang schaute ich zu ihm hinüber, von Charlottenburg nach Wilmersdorf, denn der Mittelstreifen des Kurfürstendammes trennt die Bezirke an der Stelle, wo die Skulptur von Bernhard Heiliger steht.

„Keiner ist klüger als alle", pflegte mein Freund Werner Düttmann zu sagen, der für seine genialen Sprüche berühmt war.

Doch Oberst Thompson war es!

Zur Praxiseröffnung schenkte er uns das Buch „How to make 100.000 Dollars more", ein Ratgeber für Zahnärzte, wie er nicht besser sein konnte, und ich vermute, dass Thompson ihn selbst geschrieben hat.

Als eines Tages meine Sprechstundenhilfe bei mir zu Hause anrief und sagte, ein Patient mit Zahnschmerzen warte auf mich, machte ich mich unverzüglich auf den Weg, denn in Thompsons Buch hieß es, dass die Erreichbarkeit in Notfällen zu den wichtigsten Aufgaben des Arztes zähle. Ich erfuhr, dass zwei Männer in die Praxis gekommen waren, von denen der ältere unter den Schmerzen litt. Ich solle mich beeilen, habe der jüngere mir ausrichten lassen, denn einen so bedeutenden Patienten hätte ich sicherlich noch nie behandelt. Von unterwegs aus ließ ich dem jungen Mann mitteilen, dass ich bereits Marika Rökk[164] behandelt hätte und so gesehen nicht mehr einzuschüchtern sei.

Aber es war Samuel Beckett, der auf mich wartete, und ihn vor mir stehen zu sehen hat mich dann doch sehr beeindruckt. Seine Kunst hatte ich erst richtig begriffen, als meine Eltern nach Berlin umsiedelten und Miecio[165] einen Rentenantrag stellte. Zwei Jahre dauerte es, bis die Behörden seine Beamtenzeit in Österreich anerkannten. Während dieser zwei Jahre standen meine Eltern schweigend am Fenster ihrer Wohnung und schauten in die Ferne. Sie warteten. [...]

Die Zeit rast. Viele haben schon längst vergessen, dass Westberlin auch nach dem Mauerbau eine von den Alliierten besetzte Stadt blieb. Nach wie vor waren es die Amerikaner, die den Ton angaben und als Vorbilder des Neuanfangs die Lebensform bestimmten. Man hatte den Eindruck, dass sie es sich leisten könnten, ganz Europa aufzukaufen, denn der Dollar war stark.

---

164 Marika Rökk (1913-2004) ungarische Schauspielerin, bekannt in Deutschland aus ihren Rollen in deutschen Filmen.
165 Stiefvater des Autors.

Auch unser Privat- und Berufsleben wurde noch weitgehend von den Kontakten mit Amerikanern geprägt, wenngleich der Kreis unserer Patienten immer größer wurde. Zu ihnen zählten inzwischen auch zahlreiche Architekten, die sich als erste von der amerikanischen Partysucht hatten anstecken lassen und wilde Abrissfeste veranstalteten. Ständig wurde aus irgendeinem Anlass gefeiert, und besonders in der Kunsthochschule und später in der Akademie der Künste waren die Feste verschwenderisch und extravagant.

Auch Bubi Scholz, der im Jahr 1964 Europameister im Halbschwergewicht geworden war, erschien dann und wann in unserer Praxis, denn wir fertigten für seine „fights" schützende Zahnschienen aus Kautschuk an. Nach dem Großvater, dem kräftigsten Mann meiner Kindheit, und Wolodia, dem Bären meiner Studienzeit, hatte ich in Bubi meinen dritten starken Freund gefunden. Er war ein glänzender Techniker und boxte hinreißend elegant, war aber auch ein hübscher Junge und immer um seine Schönheit besorgt.

„Wie war ich?", fragte er mich nach einem Kampf, in dem er sehr zurückhaltend geboxt hatte.

„Feige", sagte ich.

„Bist du verrückt?", schrie er mich an. „Der Gegner ist dafür bekannt, dass er hart schlägt. Willst du etwa, dass ich mir die Gesundheit ruinieren lasse?"

Damals war Bubi äußerst prominent, und in seinem Haus am Rupenhorn in Westend gab er ausschweifende Kellerpartys, zu denen fast alle Berühmtheiten der Zeit kamen. Das Kellergewölbe war mit Fotos von seinen Kämpfen dekoriert, und er selbst bediente an der Bar. Wir tanzten zur damals populären Musik, und eine facettenhaft verspiegelte Kugel drehte sich an der Decke und warf regenbogenfarbige Reflexe auf die Fotos und die Tanzenden.

Schöne Frauen, Bürgermeister, Fabrikanten, Makler, Schauspieler, Schlagersänger und Kaufleute gingen bei Bubi ein und aus. „Heute kommt auch Axel Springer zu uns", sagte Bubi jedes Mal, doch ich habe ihn dort nie gesehen. […]

Viele Jahre später wurde ich in das Kuratorium des Vereins der Freunde der Nationalgalerie gewählt, zusammen mit dem Vorstandsmitglied einer Großbank. In der Mitgliederversammlung erklärte Peter Raue, der Vorsitzende des Vereins, man habe sich für mich wegen des Sachwissens und für den Bankier wegen des Geldes entschieden. Umgekehrt wäre es mir lieber, dachte ich damals, obwohl Raues Bemerkung reine Courtoisie war, denn selbstverständlich verfügte auch der Bankier über Kunstverstand.

Die Mitgliedschaft im Verein der Freunde der Nationalgalerie und in der Graphischen Gesellschaft zu Berlin waren für mich Ausnahmen, denn grundsätzlich mag ich keine Vereine, und in einer Gruppe Verschworener fühle ich mich unwohl. Die Möglichkeit, in den Entscheidungsgremien des Vereins der Freunde der Nationalgalerie und der Graphischen Gesellschaft mitzuarbeiten, machte mir hingegen viel Spaß, und im Nachhinein bin ich über diese Zeit sehr glücklich. Ich habe viel gelernt, wunderbare Begegnungen erlebt und neue Freundschaften geschlossen. […]

Dass ich schließlich auch Gründungsmitglied der Graphischen Gesellschaft zu Berlin wurde, verdankt sich meiner Freundschaft mit Alexander Dückers, dem Direktor des Berliner Kupferstichkabinetts, das eine der größten Grafiksammlungen der Welt beherbergt. Alexander ist einer der wenigen Menschen, mit dem ich mich auch ohne Worte verstehe. Oft verbringen wir Stunden in heiterer Ausgelassenheit, und Danka meint, wir erinnerten sie an die Geschichte von den zwei Frauen, die zehn Jahre lang in der gleichen Gefängniszelle gesessen haben und die nach ihrer Entlassung noch lange vor dem Gefängnistor stehen bleiben, weil sie sich noch etwas zu erzählen haben. Im Jahr 1967 zogen wir in eine größere Wohnung nach Zehlendorf. Von dem Vormieter übernahmen wir einige Möbel, darunter einen alten Billardtisch, der in der Eingangshalle stand und der mich auf die Idee brachte, regelmäßig Spiel- und Schachabende zu veranstalten, die schließlich zu einer jahrelangen Tradition wurden. Jeden Montag kamen Freunde zum Abendessen, und anschließend spielten wir bis tief in die Nacht Billard und Schach. Manchmal dämmerte schon der Morgen, wenn die letzten Gäste das Haus verließen. In einer dieser Nächte wurde ein Einbruch in das Nachbarhaus verübt, und als unsere Gäste aufbrachen, wurden sie prompt festgenommen, denn die Polizisten waren felsenfest davon überzeugt, dass es sich um die gesuchten Einbrecher handelte, und konnten sich vor Lachen kaum halten, als meine Besucher, nach ihren Berufen gefragt, allesamt „Hochschulprofessor" angaben. [...]

Von der Anlage her, auch wenn ich mich genau betrachte, bin ich ein Schulmediziner, der immer bemüht war, die Beziehung zwischen Ursache und Wirkung herauszufinden. Schon der Großvater hatte mir beigebracht, dass nach dem Blitz der Donner folgt, und die Großmutter sagte, dass es, wenn es viel regnet, ein gutes Pilzjahr geben wird. Andererseits habe ich Schicksalswendungen erlebt, die rational schwer zu erklären sind, und so denke ich manchmal, dass nicht alles auf der Welt kausal bedingt ist. Aus meiner Lebenserfahrung jedenfalls kann ich Miecios Behauptung, dass Gutes unverhofft kommt, nur bestätigen.

Anlässlich einer Tagung des Vorstandes und Kuratoriums des Vereins der Freunde der Nationalgalerie besichtigten wir 1987 in Reinersreuth den größten deutschen Steinhandel, in dem viele Bildhauer arbeiteten und dem sich ein Granitsteinbruch anschloss. Die verschiedenfarbigen, aus aller Welt stammenden und mehrere Etagen hoch gestapelten Granit-, Marmor- und Kalksteinblöcke vermittelten an diesem nebligen Tag einen erhabenen Eindruck, dem sich niemand entziehen konnte. Es war noch sehr früh am Tag, langsam verzog sich der Nebel, die Sonne kam durch, und die noch feuchten Steine glitzerten in der Sonne. An einer Stelle lagen mehrere breite Leinensäcke. Sie waren mit pflastersteingroßen, farblich geordneten Granitwürfeln aus unterschiedlichen Ländern gefüllt. Ich stand mit Dieter Honisch an einem dieser Säcke, der lauter rote Granitwürfel enthielt. Plötzlich fiel mir ein Würfel ins Auge, und eine eigenartige Aufregung befiel mich. Ich nahm ihn heraus, und obwohl er sich von den anderen Steinen kaum unterschied, hatte ich das Bedürfnis, ihn meinen Freunden zu zeigen.

Ich fragte den Besitzer, ob er bereit wäre, mir den Stein zu schenken. Selbstverständlich könne ich ihn mitnehmen, erklärte er. „Wo kommt der Stein denn her?", wollte ich wissen, und als ich erfuhr, dass er aus einem Steinbruch in der Nähe von Jablonow[166] stammte, reagierte ich verwirrt. Zuerst dachte ich an einen Scherz, obwohl keiner der Anwesenden meinen Geburtsort kannte.

„Dann kommt dieser Stein aus Polen?", fragte ich noch.

„Nein", sagte er, „aus der Ukraine."

In meiner Aufregung hatte ich vergessen, dass sich mein Städtchen heute in der Ukraine befindet.

Als ob er mir einen Gruß aus meiner Kindheit senden wollte, hatte der Stein mich gefunden und den Zauber meines Städtchens wieder aufleben lassen.

166 Jabłonów, heute Jabluniv (Яблунів) in der Ukraine.

VIKTORIA KORB, LEBEN MIT „68ERN" TAGEBUCH AUS DEM STUDENTENHOF BERLIN-SCHLACHTENSEE 1969-1972 (2004)

Viktoria Korb, Wirtschaftswissenschaftlerin und Schriftstellerin, studierte Wirtschaftswissenschaften in Warschau, lebt seit 1970 in Berlin, 1977 promovierte sie an der Freien Universität Berlin. In den Jahren 1979-1988 lebte sie in Indonesien, auf den Philippinen und in der Schweiz, wo sie für die UNO tätig war. 1991-1992 arbeitete sie für die deutsche Entwicklungshilfe in Polen.

In Berlin gelandet. Mein polnischer Ex, Edward, der hier seit Jahren lebt, empfängt mich.

Ich frage ihn, wie man in Berlin in ein Studentenheim reinkommt. Er sagt: „Im Sigmundshof so gut wie unmöglich. Geh zu Rolf nach Schlachtensee, vielleicht kann er dir helfen. Alle Heime sind voll, aber es gibt eine Regelung für Härtefälle".

„Schlachtensee?"

„Ein Campus in Zehlendorf, ein Provisorium im Gegensatz zur „ewigen" antifaschistischen Mauer. Wurde von Amerikanern gebaut, als die Situation in Berlin brenzlig wurde. Man munkelt ständig, dass es abgerissen werden soll, aber, wie alle Provisorien, scheint es für die Ewigkeit zu sein."

21. Juni 1969

Ich erwische Rolf und frage nach Möglichkeiten, ins Studentendorf einzuziehen.

„Warteliste von einem Jahr", murmelt er.

„Aber es gibt angeblich Härtefälle, die sofort aufgenommen werden?" frage ich hartnäckig weiter. „Damit du hier als Härtefall anerkannt wirst, müsstest du schon mit deinem Kopf unter dem Arm kommen. Aber geh zu Ingrid, die kümmert sich in der studentischen Selbstverwaltung um Frauenangelegenheiten."

Ich gehe zu Ingrid und sage, dass ich unbedingt in einem Studentenheim wohnen will.

„Warum?" fragt sie.

„Ich bin vor drei Jahren aus Polen „ausgewandert worden", und kam über Wien nach Deutschland, weil ich die deutsche Staatsbürgerschaft bekommen habe und meine Eltern nach Köln gezogen sind. Das Jahr in Köln war grauenvoll. Im Arbeitsamt hat man mich mit meinem Beruf Diplom-Volkswirtin als Mann eingestuft, weil sie in der Frauenabteilung bestenfalls Jobs für Sekretärinnen hatten. Es war für mich wirklich der totale Kulturschock: Mit den Kollegen im Büro konnte ich nur über Arbeit reden und fühlte mich bald vollkommen isoliert. Mein Chef hat mich gefragt, warum ich nicht heirate, statt mich im Beruf abzustrampeln. Ich habe gekündigt und ein Jahr in London studiert, aber jetzt will ich in Deutschland promovieren, weil ich nur hier Chancen auf ein Stipendium sehe. Aber ich brauche auch menschliche Kontakte."

Ingrid denkt nach und sagt nach einer Weile: „Kann ich verstehen. Du wurdest über diese Republik abgeworfen, und kein Mensch kümmert sich um dich. Ich bin im Aufnahmeausschuss und werde tun, was ich kann."

15. August 1969

Die Nachricht kommt, dass ich ein Zimmer im Studentendorf bekomme. Selbst Rolf hält es für ein Wunder.

22. August 1969

Bin ins Haus 6 eingezogen. Ich inspiziere mit Edward das Parterre, wo sich mein Zimmer befindet. Zwei Flure, hauchdünne Wände, 16 Zimmer, jeweils zweieinhalb mal dreieinhalb Meter groß, dazwischen eine Küche, ein Telefon, ein Gemeinschaftsraum und zwei Toiletten mit Dusche für sechzehn Leute beider Geschlechter. Ich gehe in die Toilette. Vor dem Spiegel steht eine nackte Frau und zupft sich ihre Augenbrauen.

„Muss sie dabei nackt sein?" frage ich meinen Begleiter.

„Unbedingt! Sie befreit sich gerade von bürgerlichen Vorurteilen", antwortet er.

Abends gehe ich in die Küche und treffe einige am Tisch versammelte Mitbewohner. Ich erfahre, dass mir ein Regal im Kühlschrank und ein Regalbrett im Küchenschrank zustehen. Man sagt mir auch, eine jugoslawische Putzfrau säubere jeden Tag die Gemeinschaftsräume und einmal in der Woche unsere Zimmer. Sie wechsle auch die Bettwäsche. Sonst bestünde Seuchengefahr. Das Geschirr müssen wir aber selbst abwaschen, die Putzfrau liefert nur Bürsten und Spülmittel. Dann stelle ich mich vor und beantworte Fragen über mich und meine Herkunft. [...]

23. August 1969

Ich gehe morgens in die Küche und treffe Irene. Ich frage sie, wo man hier etwas zu essen kaufen kann. Sie sagt, am Dorfeingang gebe es einen kleinen Laden, der Besitzer heißt Muggenfeld und wird Muggi genannt. Sonst nur EDEKA, circa zwei Kilometer entfernt, oder erst Zehlendorf-Mitte, recht weit weg. Irene lädt mich ein, mal bei ihr vorbeizukommen. Ich gehe in den Laden. Alle Wände des kleinen Geschäfts sind mit Graffitis bemalt: „Kapitalist Muggi raus aus dem Dorf" und „Monopolist Muggi muss weg". Ich kaufe Grundnahrungsmittel bei dem Monopolkapitalisten und bin recht froh, dass es ihn hier gibt. Auf dem Rückweg fallen mir große Aufschriften an den Häusern auf: „Unsere Betten sind asexuell! Wir verlangen größere Betten!" [...]

3. September 1969

Aus dem Zimmer meines Nachbarn Friedrich dröhnt der Plattenspieler stundenlang: „Baby, Baby, Baby you are not miiiiiiine ..." Ich beschließe, Irene zu besuchen. Sie wohnt auf der gegenüberliegenden Seite des Flurs. Unterwegs sehe ich Friedrich, der, mit Kopfkissen und Bettdecke beladen, „Baby, Baby, Baby ..." pfeift und triumphierend lächelnd durch den Flur eilt. Irene ist aus Baden und stellt badischen Wein auf den Tisch. Neugierig frage ich sie: „Wieso nomadisiert Friedrich mit dem Bettzeug?"

Sie lacht: „Ungefähr einmal in der Woche schläft er mit Maria. Heute scheint es wieder so weit zu sein. Spätestens, wenn sie morgen duscht, wissen alle Bescheid. Sie behauptet nämlich, dass man von häufigem Duschen Frauenkrankheiten bekommt und tut es deshalb nur nach dem Sex."

„Interessante Theorie. Und wie lebt es sich hier sonst so?"

„Ganz gut. Unser Haus gilt als recht harmonisch, in den anderen gibt es manchmal Mord und Totschlag. Aber die Einrichtung ist etwas karg. Vielleicht willst du morgen mit mir zum Sperrmüll gehen?"

„Gern."

4. September 1969

Wir stöbern im Sperrmüll, so was habe ich noch nie gesehen. Macht wirklich Spaß! Ich greife mir einen riesengroßen Ohrensessel, eine fast neue Taucherbrille sowie Hitlers »Mein Kampf« in gotischer Schrift und in Leder gebunden. Dann zeigt mir Irene den *Klub A-18*, der nach der zu uns führenden Buslinie benannt ist. Man kann dort Würstchen essen und bis zum Morgen trinken. Wir setzen uns zu einigen Leuten, die Irene kennt, und ich lerne unter anderem Eugen kennen, den ältesten Schwarzbewohner des Dorfes. Eugen ist über siebzig und hat seit dem Tod seiner Frau den Halt verloren. Er hat eine Nagelschere, mit der er die ganze Zeit seine Finger malträtiert. Schließlich ist er so besoffen, dass sein Kopf auf den Tisch fällt und er einschläft. Irene erzählt, Eugen schlafe, falls ihm niemand sein Zimmer überlässt, manchmal längere Zeit in Gemeinschaftsräumen. Frau Benkowski von der Verwaltung weiß davon, hat aber Mitleid mit ihm. Das Dorf und der *Klub A-18* sind Eugens ganzes Leben. Außer Eugen gibt es im Dorf noch viele andere Schwarzbewohner, meistens Bekannte von Studenten, die bei einer »Beziehung« wohnen, aber von deren Haltbarkeit nicht ganz überzeugt sind und ihre Zimmer nicht aufgeben wollen.

10. September 1969

Ich lerne weitere Hausbewohner kennen – den Amerikaner Jeff, der uns manchmal billige Zigaretten und Schnaps aus dem PX-Laden besorgt, Horst, der mir stolz seine afrikanische Skulptur zeigt und den Staubpinsel, mit dem er sie entstaubt, die ruhige Claudia, die Tiermedizin studiert. Oft sitzen wir abends zusammen in der Küche oder zusammengequetscht in einem der Zimmer und trinken Wein. Manche Leute verlassen das Dorf wochenlang nicht. Ich freunde mich mit Irene an. Sie verkörpert für mich viele deutsche Traditionen, darunter gute, wie das gemeinsame Musizieren in der Familie; sie spielt Geige. Sie scheint mir aber mit ihrem bürgerlichen Hintergrund ein wenig verloren unter den revolutionären Sitten im Dorf und an der FU, der Freien Universität Berlin. Nicht nur sie übrigens. Bei den hitzigen politischen Diskussionen gehen manche so weit nach links, dass sie rechts landen, und oft ist das letzte Argument: „Geh doch nach drüben." […]

15. Oktober 1969

Ich versuche, bei weit geöffnetem Fenster etwas für mein Studium zu tun. Auf einmal höre ich, wie das Wort „Hurensöhne" auf Polnisch durch die warme Herbstluft zischt. Schnell stecke ich den Kopf zum Fenster raus: „Ihr glaubt wohl, ihr habt hier die volle Freiheit zu fluchen, und niemand versteht es? Kommt doch auf einen Tee vorbei."

So mache ich die Bekanntschaft mit Olek, dem neuen polnischen Schwarzbewohner im ersten Stock von Haus 6. […]

30. Oktober 1969
Mittags besuche ich Olek, der noch schläft. Ich wecke ihn. Auf dem Tisch steht eine geöffnete Flasche Bier, daneben liegt ein Würstchen. „Was soll das?" frage ich.
„Habe ich mir gestern Abend aus dem Klub zum Frühstück geholt."
„Toll, warmes Bier und kaltes Würstchen zum Frühstück. Zeigt die polnische Kulturnation in einem guten Licht. Und das alles, weil Muggi verjagt wurde." [...]

17. Dezember 1969
Irene beschwert sich wütend bei mir: „Es ist doch nicht auszuhalten, die Ausländer kochen jeden Abend stundenlang. Alle Kochplatten sind besetzt, man kann sich nicht mal einen Tee machen."
„Wen meinst du jetzt? Mich? Ich koche fast gar nicht, nur ab und zu schnell etwas Tiefgefrorenes, ich kann gar nicht kochen. Jeff kocht auch so gut wie nie."
„Nein, ich meine nicht euch. Ich meine die Ausläääääääänder."
„Ja, welche denn?"
„Die Perser natürlich. Muss denn jeder von ihnen jeden Abend einen großen Topf Reis kochen und ihn noch stundenlang mit diesem anbrennenden Lappen dämpfen?"
„Ich freue mich, wenn sie mir etwas von ihrem Reis abgeben, schmeckt ganz toll. Auch dieses trockene grüne Gras, das sie in großen Paketen von ihren Familien aus dem Iran zugeschickt bekommen."
„Haben sie mir noch nie angeboten."
„Vielleicht haben sie bemerkt, dass du sie schief anguckst. Aber ich werde mit ihnen reden, von Ausländer zu Ausländer. Vielleicht kochen sie dann den Reis gemeinsam, statt jeder für sich." [...]

15. Januar 1970
Irene stürzt aufgeregt in meine Bude und sagt: „Komm, es ist Winterschlussverkauf, großes Gedränge in den Geschäften. Gehen wir in die Warenhäuser und klauen uns ein paar Sachen zum Anziehen."
„Entschuldige, ich habe so was noch nie gemacht. Ich habe zwar keine prinzipiellen Bedenken, Eigentum ist auch Diebstahl, hat schon Marx entdeckt, aber ich bin zu feige. Außerdem habe ich einen polnischen Akzent, und nur eine richtige Deutsche kann in Deutschland stehlen. Stell dir vor, ich werde erwischt ..."
„Schon gut, schon gut, komm nur mit, dann sehen wir weiter."
Ich begleite sie aus Solidarität. Irene führt mich zu Peek & Cloppenburg: „Jetzt such dir ein paar Klamotten aus, die dir gefallen. Dann gehen wir in die Kabine, und du probierst sie an."
„Und weiter?"
„Du gehst aus dem Geschäft und überlässt den Rest mir. Ich klaue sie für dich."
„Wie nett von dir, aber ich werde vor Angst sterben." „Bist du denn vollkommen bescheuert? Du musst doch nichts tun. Nur die Sachen aussuchen."
„Und du?"
„Ich lasse mich schon nicht erwischen."

Eine so freundschaftliche Geste kann ich doch nicht ablehnen; es wäre beleidigend. Ich lasse Irene in der Kabine mit den Kleidern meiner Wahl und gehe auf die Straße. Nach einigen Minuten kommt sie angerannt, ruft:

„Schnell weg, bevor sie es merken", und übergibt mir meine neuen Kleider. [...]

März 1970

Je mehr Seminare ich besuche, um so mehr staune ich über die FU. Ich bin oft die einzige Frau, die in Lehrveranstaltungen nicht strickt. Ich versuche zu begreifen, wie sich Stricken mit dem ewigen Studentengerede von der Frauenemanzipation verträgt, und kann es beim besten Willen nicht nachvollziehen. Auch politisch ist es spannend – die Maoisten sind an jeder Ecke aktiv. Am Otto-Suhr-Institut für Politische Wissenschaft hängt ein Plakat über „Schwans Schweinereien". Professor Schwan behauptet, dass ihn die linksextremistischen Studenten aus dem Fenster des Instituts hinauswerfen wollten. Ich habe selbst erlebt, wie riesengroße Maoisten-Kerle in die Vorlesung meines Professors, eines schmächtigen Reemigranten aus der Nazizeit, kamen und ihn durch ein Megaphon als „Volksfeind" beschimpft haben. Einer der populärsten Ausdrücke an der FU ist „Stamokap" – Staatsmonopolistischer Kapitalismus.

Solche Worte und noch vieles mehr erinnert mich an satirische Bücher über die Zeit der Großen Sozialistischen Oktoberrevolution in Russland. Nach den Veranstaltungen rennt hier aber jeder in Windeseile weg, statt, wie in Warschau, Wien oder London, mit Anderen Kaffee oder Wodka trinken zu gehen. Gott sei Dank, war ich so schlau ins *Studentendorf* einzuziehen.

7. April 1970

Ein Kollege von der FU, Karl, fängt an, mich öfter im Dorf zu besuchen. Er sitzt neben mir auf dem Bett und hält meine Hand. In jedem anderen Land hätte ich gedacht, dass er mich verführen will. Warum aber macht er nicht weiter? Wie pflanzen sich die Deutschen fort, wenn man nichts erkennen kann, das Mal dazu führen könnte? Nach einigen Wochen bin ich so genervt, dass ich den nächsten Schritt mache. Es scheint, als habe Karl nur darauf gewartet. Alle paar Tage finde ich jetzt an meiner Türklinke kleine Geschenke – mal Blumen, mal eine kleine Flasche Wodka, mal ein Buch. Er kauft auf meine Bitte einen neuen Motor für mein Auto und lässt es waschen, wobei diesmal das Waschen das Geschenk ist. Karl ist Sozialist und hält die DDR für den besseren deutschen Staat. [...]

25. Mai 1970

Im Großen und Ganzen ist unser Haus aber recht lustig und vor allem solidarisch. Die Medizinstudenten kümmern sich um uns und bringen uns jede Menge stärkster Schlaf- und Aufputschmittel, wenn wir wollen. In letzter Zeit fahren wir oft um Mitternacht über die AVUS zum „Koma" nach Schöneberg und essen die größte und beste Pizza in der Stadt. Ab und zu feiern wir mit anderen Häusern große Feste im Gemeinschaftsraum. Sie verlaufen immer gleich: Bei lauter Musik hält jeder seine Flasche Bier in der Hand und starrt die Wand an. „Kontaktarm" nennt Irene das. Niemand kommt auf die Idee zu tanzen – es gilt als bürgerliches Relikt. Wir leben recht angenehm im gemütlichen Schatten und der Geborgenheit unseres antifaschistischen Schutzwalls. [...]

1. Juni 1970

Im Dorf ist Hysterie ausgebrochen – die Verwaltung geht gegen die Illegalen vor, hat schon mehrere Zimmer geöffnet und die Sachen rausgeschmissen. Alle legen sich jetzt Steckschlösser zu – auch die Legalen.

18. Juni 1970

Die Nachricht, dass die Verwaltung das Steckschloss von Oleks Zimmer aufgebrochen hat, versetzte alle in Schrecken. Er muss einige Tage im Gemeinschaftsraum schlafen. Es stellt sich jedoch bald heraus, dass er sich in der Zwischenzeit, wie viele andere auch, über die Warteliste einen legalen Status im Dorf erarbeitet hat. Aber die polnische Botschaft wollte ihm seinen Pass nur unter der Bedingung verlängern, dass er seine Landsleute in Berlin ausspioniert. Er hat es abgelehnt und politisches Asyl beantragt, Von den deutschen Behörden hat er aber nur die so genannte „Duldung" – eine Aussetzung der Abschiebung für ein Jahr – bekommen.

19. Juni 1970

Wir besuchen mit Olek den indischen Wissenschaftler Paul Kumer, der in Polen in Geschichte promovieren wollte und wegen „antisozialistischer Umtriebe" des Landes verwiesen wurde. Jetzt arbeitet er am Osteuropa-Institut und wohnt zusammen mit seiner polnischen Frau in einer der wenigen Assistentenwohnungen im Dorf. Olek nimmt als Geschenk eine leere Weinflasche mit. Kumer verspricht nachzudenken, was er für ihn tun könne.

15. September 1970

Karl teilt mir seine Zweifel mit – er ist nicht sicher, ob er seine Promotion zu Ende bringen soll oder sich von seinem Onkel überreden lässt, dessen Betrieb weiterzuführen und später zu erben. Er ist zwar ein Sozialist, aber die Existenz eines mittelständischen Betriebs zu retten ist doch auch eine ehrenwerte Aufgabe. […]

20. April 1971

Franz gesellt sich nach seinem allabendlichen Waldgang mit dem Bundeswehrspaten zu uns in die Küche. Er fragt mich, welcher Nationalität ich bin. Ich sage: „Dem Pass nach eine Deutsche."

Er fragt: „Du bist aber keine Urdeutsche."

„Nein", gebe ich zu.

Alle anderen lachen sich kaputt und das Wort „urdeutsch" geht in unseren täglichen Wortschatz ein. […]

7. November 1971

Ich veranstalte mit Olek und anderen polnischen Freunden ein großes Fest zum siebenundfünfzigsten[167] Jahrestag der Oktoberrevolution. Wir wollen alle absurden Feste parodieren, die wir im sozialistischen Polen „feiern" mussten. Wir behängen die Wände mit Porträts von Lenin, die wir mit buntem Make-up aufpeppen und auf die wir „Lenin lebt ewig" und „Lenin im Oktober – Katzen im März" schreiben. Um auch der deut-

---

[167] 1971 konnte man lediglich den vierundfünfzigsten Jahrestag der Oktoberrevolution feiern.

schen Ordnung Tribut zu zollen, nimmt das Plakat „ALLES VERBOTEN" den Mittelpunkt ein. Unsere über hundert Gäste haben wir in der Einladung strikt angewiesen, in Abendkleidern oder schwarzen Anzügen und weißen Hemden mit Schlips zu erscheinen. Alle halten sich an die Kleiderordnung, mit Ausnahme eines Gastes, der mit einem roten Trainingsanzug erscheint – immerhin auch stilvoll. Ich habe nach langen Bemühungen das Studentendorf überzeugt, endlich einen Flügel zu kaufen, und jetzt gibt es auch ein klassisches Konzert. Danach werden Schallplatten mit revolutionären Liedern gespielt, und wir tanzen. Sekt wird natürlich in roten Plastikgläsern serviert. Ich halte eine Rede, in der ich den Spruch Lenins zitiere: „Bevor Deutsche einen Bahnhof erobern, kaufen sie sich Bahnsteigkarten." Ein voller Erfolg. […]

10. Februar 1972

Ich versuche, mich auf meine Doktorarbeit zu konzentrieren. Das einzige Telefon für die sechzehn Bewohner läutet pausenlos. Die Türen gehen auf und zu, aus der Küche kommen Gesprächsfetzen und das Klappen der Töpfe, aus dem Zimmer von Siegfried dumpfes Klopfen (was ist es diesmal?), aus dem Zimmer von Friedrich dröhnt „Baby, Baby, Baby …", aus dem Zimmer von Horst der Staubsauger, im Haus gegenüber gibt es eine Fete, und im Zimmer von Jeff heult der Fernseher mit voller Lautstärke. Das bringt das Fass zum Überlaufen. Ich gehe zu Jeff und bitte ihn, seinen Fernseher leiser zu stellen:

„Ich bin allergisch gegen Werbung."

Jeff sagt: „Nach zwei Jahren im Dorf werden alle Leute extrem geräuschempfindlich. Dabei drehst du selber den Schlüssel im Schloss viel zu laut um."

Ich verstehe, dass die Zeit gekommen ist, das Dorf zu verlassen.

8. März 1972

Werner und ich heiraten, ohne zur Entschuldigung irgendwas von Kindern und Steuern zu erfinden, und ich ziehe in mein nächstes Exil, ins tiefste Kreuzberg.

25 Jahre danach

Edward, mein polnischer Ex, ist Soziologie-Dozent in Bielefeld, mit einer Gynäkologin verheiratet.

Maria kocht immer noch im Studentendorf, jetzt aber professionell im Klub. Sie hat das Menü um Schweinekoteletts bereichert, Schlachtensee nie verlassen, und ihre Tochter wohnt im Studentendorf.

Irene hat eine gutgehende Praxis als Frauenärztin in Bremen und besitzt ein altes Bürgerhaus. Die Vorderseite ist sehr schmal, es geht aber weit in die Tiefe, weil früher die Steuer anhand der Breite berechnet wurde. Sie hat ihre „Beziehung" verheiratet und ihren Partner, einen gebildeten Architekten, in einen Hausmann verwandelt. Sie haben zwei Musterkinder und ein Haus in der Provence, damit die Kinder mit der Natur aufwachsen.

Friedrich ist auch nach „Westdeutschland" gegangen, womit seine Beziehung mit Maria ihr Ende fand. Es scheint nicht so, als ob es ihnen Probleme bereitet hätte. […]

Horst mit seinem Staubpinsel ist Lehrer in Kleve geworden und betet mit seinen Kindern vor jeder Mahlzeit.

Franz hat nach dem Biologiestudium noch Medizin abgeschlossen und ist Arzt in Köln geworden. Er kann aber nicht mal eine Spritze richtig geben.

Olek hat dank Pauls Beziehungen ein geheimnisvolles Stipendium in Kanada bekommen und ist dann beim Radio Freies Europa in München gelandet, wobei, wie gemunkelt wird, ein Zwischenstopp beim CIA sehr hilfreich war. In München traf er zufällig auf Gela, die dort Slawistik studierte. Sie begannen wieder ein Verhältnis, aber Olek bemerkte bald, dass sie ihn noch einmal in ein „menage à trois" hineinziehen wollte, und gab ihr den Laufpass. Nach fünf Jahren beim Radio Freies Europa bekam er die amerikanische Staatsbürgerschaft und ist nach der Schließung des Senders Berliner Korrespondent der polnischen Abteilung von BBC.

Karl hat den Betrieb seines Onkels geerbt und bewohnt drei große Altbau-Wohnungen in Berlin, wovon eine ausschließlich der Aufbewahrung seiner Sammlung von Spielautomaten dient. Er besitzt einen Mercedes, einen Porsche, einen Jeep, ein Häuschen auf einem Wassergrundstück in der Ex-DDR und eine Wohnung in Oberursel, wo er immer öfter ist. Vielleicht, weil er dort ein kleines Kind mit seiner Steuerberaterin hat. Seine älteren vier Kinder in Berlin darf er nicht sehen, ihre Mutter, eine ehemalige Arbeiterin, verbietet es. Er zieht daraus die Konsequenz: „Mit Prolls soll man sich nicht einlassen."

Paul Kumer hat nach der Wende in Polen zahlreiche Bücher veröffentlicht, vor allem diverse Biographien polnischer Kardinäle und rechter Politiker, in denen er mit Vorliebe »jüdische rituelle Morde« erwähnt. [...]

Und das Studentendorf? Das Dorf hat jetzt Einrichtungen, von denen wir nicht einmal geträumt haben wie Fitnessraum, Theater, Kino, Fotolabor und Kinderladen. Der Klub ist viel geräumiger und eleganter geworden. Statt Muggis Laden gibt es auf der anderen Seite der Potsdamer Chaussee Supermärkte. Die Bäume sind hochgewachsen, und der Garten wurde zu einem prächtigen Park. Das Studentendorf wurde nach langem Kampf gegen den geplanten Abriss, Verkauf und Umbau zu einem weiteren Villenviertel, unter Denkmalschutz gestellt. Dies ist nicht zuletzt der Hartnäckigkeit seiner heutigen und ehemaligen Bewohner zu verdanken, die auch in der Berliner Architektenszene eine wichtige Rolle spielen. Trotzdem wurden schon beinahe alle Bewohner ausgesiedelt. Die alten Graffiti sind aber immer noch an den Wänden zu sehen ... Der Freundeskreis Studentendorf Schlachtensee versucht zusammen mit der Studentischen Selbstverwaltung das Dorf als Studentenheim zu retten und verkauft zu diesem Zweck Teile des Gründstücks, Aktien und genossenschaftliche Anteile am Dorf ...

Im Juni 2004 melden die Studenten: „Das Dorf ist unser! Das Abgeordnetenhaus stimmt dem Verkauf an die Genossenschaft Studentendorf Berlin-Schlachtensee eG zu. [...] Berliner Studenten retten ihr Dorf."

LESZEK SZARUGA, KLEINE BERLINER NARRATION (2000)

Leszek Szaruga (Pseudonym von Aleksander Wirpsza), (1946), Dichter, Literaturkritiker, Übersetzer, Professor für Literaturwissenschaft, Sohn der Übersetzerin Maria Kurecka und des Schriftstellers Witold Wirpsza. Lebte in den Jahren 1986-1992 im Westen Berlins. In den siebziger- und achtziger Jahren war Szaruga in der antikommunistischen Opposition tätig, u. a. als Mitbegründer und Redakteur von Untergrundzeitschriften („Puls", „Wezwanie"). In den Jahren 1979-1989 Mitarbeiter von Radio Free Europe, Deutsche Welle und BBC. Von 1979 bis 2000 arbeitete er eng mit der renommierten Exilzeitschrift „Kultura" zusammen. In den neunziger Jahren unterrichtete Szaruga Literaturwissenschaft an der Stettiner Universität, heute ist er Professor an der Warschauer Universität.

Damals war es noch Westberlin. 1976 kam ich zum ersten Mal hierher und einer der ersten Orte, die ich besuchte, war der Friedhof Ruhleben. Inka Słucka[168] brachte mich dorthin, damit ich das Grab ihres Ehemannes Arnold[169] sehen konnte, eines der besten polnischen Nachkriegsdichter. Er wurde 1968 aus seiner Heimat vertrieben, hinausgestoßen in die Fremde durch die anschwellende Welle des amtlichen – doch nicht nur amtlichen – Antisemitismus. [...]

Der erste Ort in Berlin war natürlich die Wohnung meiner Eltern in Alt Moabit 21/22, gleich neben dem Moabiter Gefängnis, das von Geschichte gezeichnet ist, auch der Geschichte Polens. Gegenüber dem Gefängnis gibt es eine kleine Kneipe, jedenfalls gab es sie dort noch bis vor Kurzem, und darin saß – um seine Besuchszeit bei den Wirpszas[170] zu verkürzen – in einer Dezembernacht mein Freund und wunderbare Dichter Antoni Pawlak[171]. Jahre später hatte er diese Episode beschrieben:

„Die Dezemberdämmerung fiel langsam über Alt Moabit/ im Licht der Laternen kreisten Schneeflocken/ hinter dem angelehnten Fenster des alten Mietshauses/ ertönte 'Stille Nacht heilige Nacht' ich wunderte mich/ weil ich einen Moment lang dachte ich wäre in Danzig/ und hier plötzlich ein deutsches Weihnachtslied und ich fühlte mich noch einsamer/ es wurde immer kälter und ich ließ mich vom Neonlicht der kleinen Kneipe gegenüber dem Gefängnis verführen/ an der Bar bestellte ich Whisky mit Cola/ langsam wurde mir warm und sympathisch/ im dämmrigen Licht im Geruch von Tabakrauch im Geschmack des Alkohols/ es war fast leer kaum ein paar Tische waren besetzt/ ein schmusendes Paar drei Arbeiter die auf dem Nachhauseweg hier hereingeschaut hatten/ ein paar Langhaarige plötzlich bemerkte ich aus dem Augenwinkel/ einen alten Mann in Lederjacke und Offiziersstiefeln/ der sein Kleingeld in Pfennigen in eine Musicbox warf/ einen Moment später ertönte das Gebrüll eines Militärmarsches der Greis streckte sich/ knallte die Absätze zusammen streckte seinen Arm zum Hitlergruß/ und begann etwas zu schreien meine bescheidenen Deutschkennt-

---

168 Iwona Słucka geb. Lauk, Polonistin.

169 Arnold Słucki [Aron Kreiner] (1915-1972), polnischer und jüdischer Dichter und Übersetzer, während des Krieges Soldat der Roten Armee und der polnischen Armee in der UdSSR. Nach den antisemitischen Ereignissen 1968 emigrierte Słucki nach Israel und schließlich nach Berlin (West).

170 Witold Wirpsza (1918-1985), polnischer Dichter, Schriftsteller und Übersetzer, lebte seit 1970 in Berlin (West). Maria Kurecka-Wirpszowa (1920-1989), Schriftstellerin und Übersetzerin.

171 Antoni Pawlak (geb. 1952), polnischer Dichter, mit der Solidarność-Bewegung verbunden.

nisse/ erlaubten mir nur zu verstehen dass er einsam unglücklich ist/ und dass er seine Jugend in der SS beweint/ die langhaarigen Jungen am Ecktisch prusteten vor Lachen/ und mir wurde traurig zumute zuerst dachte ich dass mir der alte Mensch Leid tut/ dann dachte ich ob ich auch in einigen Jahren weinen werde bei der Erinnerung an meine Jugend/ die Werfttore voller Blumen und die Solidarność/ dann dachte ich dass dieser Mensch wahrscheinlich ein Mörder ist/ dass er Erschossene zu Tode Gequälte und Erniedrigte auf dem Gewissen hat/ zum Schluss trank ich meinen Whisky aus und dachte ich bin kein guter Pole/ wenn in mir kein Zorn kein Rachebedürfnis und kein Traum von der Gerechtigkeit der Geschichte ist/ ich zahlte und einen Augenblick später drang wieder/ die Dezemberkälte der Straße unter meine Jacke/ das Gefängnis auf der anderen Seite versank im Traum."

Ich erinnerte mich an dieses Gedicht, als ich vor Kurzem mit der U-Bahn fuhr. Mir gegenüber saß ein sympathischer, älterer Herr mit Ohrenklappenmütze. Über der Stirn, auf dem umgeschlagenen Pelzteil hatte er ein metallenes Abzeichen – vielleicht irgendeines Vereins? – mit den gekreuzten Fahnen Israels und Deutschlands. In der anderen Ecke des Waggons brüllte ein betrunkener, verhältnismäßig junger Mensch in schwarzer Lederjacke und mit kahl rasiertem Kopf „Sieg heil!", er erhob den Arm zum Hitlergruß und beschuldigte die Juden, und bei der Gelegenheit, aber nur bei der Gelegenheit, auch die übrigen Ausländer, aller möglichen Verbrechen. „Berlin ist", dachte ich mir damals, „ein wirklich merkwürdiger Ort für einen Polen, ein Knoten, der verschiedene Zeiten und Räume miteinander verbindet." Und mir fiel wieder ein, wie ich damals, im Jahre 1976 – es war im Sommer – in den Bus gestiegen war (damals durfte man in den Doppeldeckerbussen oben noch rauchen) und, einem älteren Herren gegenübersitzend, darüber nachzudenken begann, was er wohl in den dreißiger, und insbesondere in den vierziger Jahren gemacht haben könnte. Ein Assoziierungsautomatismus. Da verschob sich sein Hemdärmel etwas nach oben und entblößte auf seinem Unterarm eine eintätowierte Lagernummer.

Vermutlich ebenfalls aufgrund jener automatischen Assoziationen befanden viele Freunde meiner Eltern damals, in den siebziger Jahren, dass sie allem zum Trotz doch schlechte Polen seien, vielleicht sogar Verräter Polens und des Polentums, da sie sich gerade in Deutschland „für die Freiheit entschieden haben", dem Lande Hitlers, unter Landsmannschaften, die von Polen die Rückgabe seiner Westgebiete verlangten. Meine Eltern hatten zwar die Freiheit in Deutschland, dem Lande Goethes, gewählt, unter Menschen, die die Nachkriegsrealitäten anerkannten und Polen wohl gesonnen waren. Tatsächlich entschieden sich meine Eltern natürlich für die „Freiheit" in Deutschland, dem Lande Goethes und Hitlers, zwischen Landsmannschaften und Polen wohl gesonnenen Menschen. So war es, und solch ein Berlin lernte ich eben kennen, als ich zum ersten Mal hierher kam.

Aber das stimmt nicht – ich war 1976 nicht zum ersten Mal hier. Zum ersten Mal war ich 1964 in Berlin und bin später noch einige Male hierhergekommen. Es war jedoch immer – abgesehen vom ersten Mal, als ich eine organisierte Reise mit dem Reisebüro „Gromada" machte (als Geschenk zum Abitur und für die Zulassung zum Studium) – die östliche Seite, die kommunistische, ein Ort kurzer, auseinandergerissener Treffen mit meinen Eltern. Das echte Berlin war drüben, auf der anderen Seite, hinter dem Brandenburger Tor, vor dem wir stehen blieben – vor den Schlagbäumen und den Stacheldrahtverhauen, die den Zugang zu ihm versperrten, denn das Tor befand sich in der Mitte des „Niemandslandes" – und schauten abends, langsam in die osteuropäische Dunkelheit der Abenddämmerung versinkend, in den Neonlichtschein und die Lichter dieser vom Leben pulsierenden Insel des Kapitalismus. Doch damals, während jener Spaziergänge mit meiner Mutter, die am Bahnhof Friedrichstraße begannen, zum Alexanderplatz und zur Straße Unter den Linden führten, damals erfuhr ich auch, dass ihr Vater, Aleksander Kurecki, ausgerechnet hier in Berlin, 1940 von der Gestapo verhaftet wurde, und dass er von hier, vom Alexanderplatz, nach Dachau gebracht und dort ermordet worden war. Jahre später streunte ich durch die Ruinen des Gestapositzes und suchte in verschiedenen Ecken der aufgedeckten Keller nach ... was?

Meine Mutter fand in Westberlin die Landschaften und die Atmosphäre der Freien Stadt Danzig wieder. Die Worte aus Pawlaks Gedicht, die beschreiben, wie der Erzähler glaubte, in Danzig zu verweilen, hätten sie gar nicht gewundert. Aber etwas anderes hätte sie gewundert. Und zwar, dass jenem Helden, nachdem er die deutsche Sprache gehört hatte, bewusst geworden sei, dass er sich nicht in Danzig befände. Für sie war nämlich die deutsche Sprache ein natürlicher, offensichtlicher Bestandteil der Danziger Realität.

Ich habe einige Zeilen zuvor geschrieben, meine Eltern hatten weder „die Freiheit gewählt" noch die Freiheit gewählt, sondern „die Freiheit" gewählt. Sie hatten eine freie Wahl, das ist sicher, aber die Freiheit selbst blieb, wie immer, problematisch. Vater sagte, man lebe auf beiden Seiten der Mauer in Scheiße, nur dass jene drüben, die kommunistische, künstlich sei, daher unfruchtbar, während die westliche natürlich sei, und somit dem Leben förderlich. Übrigens bleibt ein Gefangener ein Gefangener, sowohl in der Zelle, als auch außerhalb – Polen war damals ein Gefängnis und die Polen, ob sie es wollten oder nicht, Gefangene. In dieser Situation erwies sich auch der Begriff der Freiheit zumindest als relativ. [...]

Irgendwo in Berlin, dem heute vereinten, umgebauten und sich dynamisch entwickelnden, kann man sowohl das alte Westberlin als auch einen Hauch von Erinnerungen an die Freie Stadt Danzig finden. All das durchbricht die Einschränkungen der grammatikalischen und der historischen Zeiten, es geschieht einfach außerhalb der Zeit. Und so war es gerade, als meine Mutter hier ihren Landsmann fand – Günter Grass. Auf einem der Fotos – die während einer Pen-Club-Sitzung gemacht wurden – steht Grass zwischen meinen Eltern und hält in der Hand die erste, damals nur im Untergrund erschienene Ausgabe der polnischen Übersetzung der „Blechtrommel", weil die offizielle Fassung von der Zensur der Volksrepublik Polen gestoppt worden war. Meine Eltern waren es, die ihm die polnische „Blechtrommel" überreicht haben. Dieses Buch, auf seine Art mythisch, oder wie man heute sagt, ein Kultbuch – also dieses Buch, das die bedrohlich und wie unbemerkt ansteigende Welle des nationalsozialistischen Totalitarismus beschreibt, verwurzelte meine Erfahrungen in den Erfahrungen der Vergangenheit. Doch noch bevor das Buch erschien, ging ich, 1976, auf Einladung der Akademie der Künste, zu einer der ersten Aufführungen des Films, der auf der Grundlage des Buches produziert wurde. Aber vielleicht war es gar nicht damals? Vielleicht drei Jahre später, 1979? Ich erinnere mich nicht mehr und habe auch keine Lust, jetzt nachzuschauen. Es überlagert sich sowieso alles, und die Bilder durchdringen sich. Um so mehr, da die im Film gezeigte Polnische Post nicht die Danziger Post war, diese war ja zerstört, sondern ein Postgebäude, das der Regisseur wohl in der Hauptstadt des heute nicht mehr existierenden Jugoslawien gefunden hatte. Und so schreibe ich den Text in einer Zeit, in der

Polen als NATO-Mitglied – zumindest indirekt – an Luftangriffen gegen die Städte des Landes teilnimmt, das von Jugoslawien übriggeblieben ist, und in dem ein Wahnsinniger an der Macht ist, verantwortlich für eine neue Art der Exterminierung von Menschen – ethnische Säuberungen.

So gab es also kein Ostberlin, dieses Etwas mit dem stolzen offiziellen Namen Hauptstadt der DDR existierte nicht, das war eine Art Übergangsgebiet zwischen der Volksrepublik Polen und Westberlin, eine Schleuse, deren Mechanismen jeder zu erfahren hatte, der mit dem Zug hierher kam, und der, während er am Bahnhof Friedrichstraße hielt – manchmal sogar anderthalb Stunden lang – so genau abgetastet und beschnüffelt wurde (diese Tätigkeit wurde von Schäferhunden ausgeführt, die unter die Waggons gelassen wurden), dass nicht mal eine Maus durchgeschlüpft wäre. Neben den Waggons, in denen die Passagiere dazu verpflichtet waren, „in ihren Abteilen zu bleiben", stellten sich breitbeinig ostdeutsche Soldaten in Uniformen auf, die ein wenig an jene erinnerten, die wir aus den Kriegsfilmen kannten, mit denen uns das Fernsehen bis zum Überdruss gefüttert hatte. Diese Soldaten wurden wiederum von echten, sowjetischen Soldaten bewacht, die auf einer besonderen Plattform unter dem Dach des Bahnhofs standen. Neben den Gleisen befanden sich auch erhöhte Wachtürme, aus denen die Gesichter einer weiteren Gruppe von bewaffneten „Friedensverteidigern" herausguckten. In den Korridoren des Zuges beschäftigten sich entsprechende Dienste mit dem Abschrauben der Deckenplatten und der Überprüfung, ob darunter doch nicht etwas oder, was noch schlimmer wäre, jemand versteckt war. [...]

Das war die Schleuse Ostberlin, die für manche – diejenigen, die noch in die DDR fahren durften und keinen Pass für den Westen bekamen – ein Ort eiliger, heimlicher, angstvoller Treffen mit ihren Nächsten war, die „auf der anderen Seite" geblieben waren und nun ein Risiko eingingen, indem sie aus Paris oder London hierher kamen (nicht nur hierher: Ähnliche Treffen fanden auch an bulgarischen Stränden oder am Balaton statt, aber das war bereits mit ziemlichen Ausgaben verbunden).

Ostberlin gab es also nicht. Es gab den alptraumhaften Fernsehturm am Alexanderplatz, auf dessen Umfallen viele Bürger der Stadt warteten mit der Hoffnung, er würde in die richtige Richtung fallen und als Brücke oder Tunnel in die bessere Welt dienen. [...]

Darüber hinaus gab es ein schmuddeliges, billiges Hotel, es gab auch – zumindest Anfang der siebziger Jahre – Coca-Cola, die in den anderen Ländern des sowjetischen Imperiums immer noch verboten war, in der DDR jedoch erlaubt, offiziell verkauft, in Plastikbechern, original, amerikanisch. Und nur hier konnte man probieren, wie eines der am häufigsten benutzten Symbole der Ausbeutung des Menschen durch den Menschen schmeckt, das Getränk, das Adam Ważyk[172] in seinem berühmten sozialistisch-realistischen „Lied von der Coca-Cola" beschrieben hatte.

Aber in Wirklichkeit existierte Ostberlin nicht. Wenn etwas existierte, dann die Wege und Pfade des alten Berlins aus der Vorkriegszeit, jenes Berlins, das meine Mutter mit ihrem Vater besucht hatte. Es gab das Pergamonmuseum, und es gab Privatquartiere mit dem ewig „kaputten Fernsehgerät", damit man während des Aufenthalts der Gäste den Empfang nicht vom verbotenen Westprogramm auf das offizielle Ost-

---

172 Adam Ważyk (Adam Wagman 1905-1982), polnischer Dichter, Schriftsteller und Übersetzer, einer der wichtigsten Vertreter des Sozrealismus in der Literatur, dann einer seiner Hauptkritiker. Später mit der demokratischen Opposition verbunden.

programm umstellen konnte. Und schließlich gab es die traurigen, immer bewegenden Abschiede von den Eltern vor der verglasten Halle in der Friedrichstraße, die den Übergang „nach drüben" darstellte, oder auf dem Bahnsteig des Ostbahnhofs, der von Honecker in Hauptbahnhof umbenannt worden war – es war doch die Hauptstadt! – und der heute wieder so heißt, wie es sich gehört und wie es immer gewesen war: der Ostbahnhof.

Am Ostbahnhof stieg ich aus, wenn ich zu den Treffen mit meinen Eltern nach Ostberlin kam – sie waren 1970 emigriert. Es waren kurze, 2-3 Tage dauernde, immer nervöse und nicht beendete Gespräche, mit dem Gefühl von Vorläufigkeit, im ständigen Suchen nach einem freien Platz im Café, immerfort irgendwo bei fremden Leuten. Meine Eltern kamen mit einem 24-Stunden-Passierschein, abends mussten sie wieder auf die Westseite zurück, was sie übrigens immer mit Erleichterung taten. Sie mochten diese Touren nicht – alle damit verbundenen bürokratischen Formalitäten waren demütigend, die Dokumentenkontrollen waren demütigend, die Leibesvisitationen während jeder Grenzüberschreitung waren demütigend – und man musste auf sich selbst aufpassen, damit man aus Vergesslichkeit nicht zufällig unrechtmäßige illegale Druckerzeugnisse in Gestalt einer westlichen Zeitung oder eines Buches mitnahm – und noch demütigender waren die Fragen nach dem Ziel dieses nicht normalen „Ausflugs". Einmal fuhr mein Vater über die Demarkationslinie mit dem Auto – und auf dem Rücksitz lagen zwei Bücher: „Deutschland, Deutschland" von Hans Magnus Enzensberger sowie „Farm der Tiere" von Orwell. Der Zöllner nahm beide suspekten Publikationen in die Hand, erfasste sie fachmännisch mit seinem Zensorenblick und urteilte: „Das sind nationalistische Schweinereien", er zeigte auf den Enzensberger-Band, „wir konfiszieren das, und das Buch über die Tierhaltung können Sie behalten."

Es waren also Zeiten, die, wenn man Glück hatte, eines eigenartigen Humors nicht entbehrten. Ich erfuhr es auch selbst, Jahre später, als ich bereits in Westberlin wohnte und eingeladen wurde, für oppositionelle Kreise in Ostberlin einen Vortrag über polnische Untergrundverlage zu halten. Ich wurde von Michael Bartoszek eingeladen, der zusammen mit Ludwig Mehlhorn der Mitbegründer der unabhängigen Organisation „Demokratie Jetzt" war. Beide gaben damals im Untergrund den Almanach „Oder" heraus, in dem sie unter anderem die unbekannte und in der DDR verbotene polnische Literatur präsentierten – von Miłosz bis Zagajewski. Das ostdeutsche Regime neigte sich seinem Fall zu, obwohl es sich dessen nicht bewusst war. Ich erinnere mich an meine unglaubliche Überraschung, als ich, nachdem ich den Fernseher auf die Nachrichten aus Ostberlin eingestellt hatte, Erich H. sah, der wohl eine halbstündige Rede aus Anlass einer Preisverleihung an die Erfinder irgendeines Mikroprozessors, wahrscheinlich des größten der Welt, hielt – zur selben Zeit verließen die Bürger der DDR zu Tausenden ihre „sozialistische Heimat" durch das ungarische Loch im Zaun, was weder er – das war wohl klar – aber auch in jenen Fernsehnachrichten keiner auch nur mit einem Wort erwähnte.

Ich war von Warschau aus nach Ostberlin geflogen, um den Gegner zu täuschen, hatte also 24 Stunden Zeit für den Transit in die westlichen Bezirke, so waren die Vorschriften. Was ich bis dahin tat, war meine Sache. Ich machte mich also auf zur angegebenen Kirchenadresse, wo ich in einem Keller mit meinem zu jener Zeit noch äußerst schlechten Deutsch den Reichtum und die Herrlichkeiten der Verlagstätigkeit im Untergrund Polens beschrieb, wo bereits die Juniwahlen stattgefunden hatten, und vor Freiheit und Demokratie kochte. Als ich vom Flughafen ins Zentrum fuhr, sah ich in den Fenstern der DDR-Hauptstadt brennende Kerzen – ein Zeichen dafür, dass die Menschen der kürzlich verhafteten Oppositionellen gedachten, aber auch ein Signal dafür, dass sie aufgehört hatten, Angst zu haben. Ich wusste, es war der Anfang vom Ende des „ersten deutschen Arbeiter- und Bauernstaates".

Für meinen Auftritt bekam ich 50 ostdeutsche Mark, was keine geringe Summe war. Früh morgens, nach nächtlichen Gesprächen mit meinen Gastgebern, machte ich erst einmal einen Rundgang durch die Plattenläden – die Schallplatten waren hier billig und außerdem gab es, da man in der DDR die Sache mit den Autorenrechten nicht so ernst nahm, viele Kopien westlicher Schallplatten. Ich konnte für mein Honorar eine ganze Menge Blues kaufen, und so ausgestattet fuhr ich zur Friedrichstraße, um durch das Loch in der Erde in die bessere Welt zu gelangen. Mit Bier abgefüllt, gelockert und zufrieden mit dem Verlauf der konspirativen Operation erschien ich vor den todernsten Wächtern der ostdeutschen Souveränität. In meinem Rucksack hatte ich eine ganze Menge polnischer Zeitungen.

Und da ging es los. Der ganze Zirkus. Die Typen reagierten auf Worte, und Worte gab es genug. Die Worte „Solidarność" und „Wałęsa" gefielen ihnen ganz besonders nicht. Ich wurde festgenommen und vor das Antlitz eines Offiziers geführt. Eine Leibesvisitation wurde durchgeführt. Man begann mich auszufragen, wo, wozu, warum und was ich so lange in der DDR gemacht hätte, wo ich geschlafen hätte, mit wem gesprochen usw. Ich sagte, ich wäre durch die Stadt spazieren gegangen und hätte ihre umwerfende Schönheit bewundert. Dass ich mich verirrt hätte. Dass ich eine Dame kennen gelernt hätte, deren Vor- und Nachnamen ich nicht kenne, ich wüsste auch nicht, wo sie wohne, und beschreiben könne ich sie auch nicht. Und diese Dame hätte mich zu ihren Bekannten eingeladen. Wer diese Bekannten gewesen seien, wüsste ich nicht und ich könnte auch nicht zeigen, wo sie wohnten. Nein, ich erinnere mich an keine Namen. Wir hätten uns, fügte ich schon ganz amüsiert hinzu, auf Russisch unterhalten, weil mein Deutsch, wie die Herren selbst hören könnten, nicht besonders gut sei.

Und da gaben sie auf. Sie reichten mir meinen Pass zurück, erlaubten mir, meinen Rucksack wieder zu packen und brachten mich zum Grenzübergang. Wirklich wahr, in der DDR war es manchmal lustig.

Aber ich mochte es eher nicht besonders, in der DDR zu verbleiben. Und in Westberlin war ich bis zum Tode meines Vaters nur selten. Ich war dreimal da, immer nur kurz, so lange, wie es mir mein Reisepass erlaubte. Ich hielt mich an die Termine, weil ich nicht wollte, dass deren Überschreitung einen Vorwand für die nächste Absage bieten würde.

Nachdem ich zum Begräbnis meines Vaters gekommen war, blieb ich ein paar Jahre. Ich wurde in Berlin heimisch, hatte die Stadt gern, ihre Atmosphäre, die Menschen. Ich lernte die Sprache, begann, deutsche Lyrik zu übersetzen, fand eine eigene Bleibe, und erlebte hier sowohl den Fall der Mauer als auch die deutsche Wiedervereinigung.

Dann starb meine Mutter. Beide liegen in Ruhleben. Jetzt komme ich zweimal im Jahr hierher … und bringe die Gräber in Ordnung.

Aus dem Polnischen von Agnieszka Grzybkowska

DOROTA DANIELEWICZ-KERSKI, 1981, BERLIN (2008)

Dorota Danielewicz-Kerski, Rundfunkjournalistin und Literaturwissenschaftlerin, lebt seit 1981 im Westen Berlins, studierte Slawistik und Ethnologie an der Freien Universität Berlin und an der Ludwig-Maximilian-Universität in München, langjährige Mitarbeiterin von RBB-Radio Multikulti und Radio France International. Als freie Lektorin arbeitet sie mit zahlreichen deutschen Verlagen zusammen.

Im Frühsommer 1981 verließen meine Eltern Poznań, um nach Berlin zu ziehen, in das westliche Teil der Stadt. Meine damals zehnjährige Schwester und ich mussten mit ausreisen. Es hieß, es wird uns im Westen besser gehen, die Chancen für Arbeit, Bildung, Wohlstand stünden besser in Deutschland als in unserer Heimat. Wir, Kinder, hatten keine Entscheidungskraft, mussten mit, ob wir es wollten oder nicht.

Unser erster Wohnort in Berlin war das Lager für Aus- und Übersiedler in der Marienfelder Allee, im Süden der Stadt. Es war eine langweilige Gegend, in der einzig und allein die angetrunkenen polnischen Aussiedler auf der Straße für Abwechslung sorgten. Emotionen weckte lediglich die sich in der Nähe befindende Mercedes-Benz Fabrik.

Meine Familie bekam eine winzige Wohnung – ein Zimmer mit Bad und Küche zugewiesen, ich durfte in der Küche schlafen. Das waren Luxusbedingungen in dem sonst sehr überfüllten Lager, andere schliefen auf Hochbetten in kleinen, engen Zimmern, Gemeinschaftsbäder für Männer und Frauen waren die Regel, Essen gab es gegen Marken in der Kantine. Im Lager erledigte man alle Anmeldungsformalitäten, bewies in einer langwierigen Prozedur deutsche Abstammung der Familie, wurde von britischen, amerikanischen und französischen Geheimdiensten ausgefragt. Die Geschichte mit der deutschen Abstammung erfuhr ich erst in Berlin, in Polen war es nie ein Thema für die Familie gewesen. Nach zwei Monaten im Lager wurden wir aus unbekannten Gründen in ein Heim in der Grunewaldstraße in Berlin-Schöneberg versetzt. Der Ort war zwar zentral gelegen, die Lebensbedingungen waren jedoch schlechter. Ein karges Zimmer mit zwei Hochbetten, ein Waschbecken in der Ecke, Gemeinschaftsbad für die gesamte Etage. Wir warteten auf den sogenannten Wohnberechtigungsschein, der uns den Bezug einer Sozialwohnung ermöglichen sollte.

Die Grunewaldstraße verläuft nicht weit vom Rathaus Schöneberg, in dem damals der Senat Westberlins – einer in vier Teile zerrissenen Stadt – seinen Sitz hatte. Im Jahr 1963 hat der USA Präsident Kennedy vom Balkon eben dieses Rathauses den berühmten Satz „Ich bin ein Berliner" gesprochen – eine Solidaritätsbekundung mit dem westlichen Teil der Stadt.

Jedoch am Tag, als Minister Haig[173] Berlin besuchte, wusste ich noch nichts von Kennedy, so wie mir noch viele andere Dinge über die Geschichte dieser Stadt unbekannt waren. Eigentlich wusste ich fast nichts von Berlin West. Im polnischen Erdkundeunterricht wurde zu jener Zeit diese Stadt nicht behandelt; für uns, Osteuropäer war dieser Teil von Berlin ein weißer Fleck auf der Karte Europas.

---

173 Alexander Haig (geb. 1924), ein amerikanischer General und früherer NATO-Oberbefehlshaber in Europa, wurde 1981 von Präsident Ronald Reagan zum Außenminister nominiert.

Zurück zum Herbst 1981. Auf der Straße tummelten sich Tausende, meist junge Berliner, die gegen die „bösen Machenschaften" der Weltmacht USA protestierten. Ich war in der Stadt erst drei Monate lang, dachte freilich, dass ich mich im Westen befand, und verstand überhaupt nicht, warum man hier gegen den Vertreter eines anderen demokratischen Staates demonstrieren sollte, eines Staates, der die Berliner von dem faschistischen Regime befreite. Waren es nicht die Amerikaner, die während der Blockade von Berlin West die Luftbrücke organisierten und die Stadt mit Lebensmittel, Medikamenten und Kohlepaketen aus der Luft versorgten? Diesen Teil der Geschichte Berlins erzählte man sich schon im Lager, in welchem die amerikanischen CIA-Mitarbeiter fleißig Propaganda betrieben.

An diesem Tag trug ich Jeans und war sehr stolz darauf wie jemand, der gerade aus einem kommunistischen Land in den Westen kam und seine erste, richtige Jeans bekommt. In diesen Jeans also ging ich auf die Straße, neugierig vor allem die gepanzerten Polizeiautos im Einsatz zu sehen, die mit kräftigen Strahlen Wasser auf die demonstrierende Jugend spritzten.

Ich folgte dem Menschenzug durch die Martin-Luther-Straße. Unter den Demonstranten wurde über den dritten Weltkrieg und Pershing-Raketen diskutiert. Einer von ihnen hieß Peter oder Piotr, er stammte aus Polen. Peter–Piotr lebte in Berlin seit 15 Jahren, sprach jedoch fast kein Polnisch mehr. Er war ungefähr dreißig Jahre alt. In seinem gebrochenem Polnisch versuchte er mir zu erklären, um was es bei dieser Demo geht, er sagte zum Beispiel, die Deutschen würden die amerikanischen Streitkräfte nicht mehr auf ihrem Territorium dulden, die Raketen dürfen nicht stationiert werden, und außerdem seien die Amis allgemein Imperialisten und Schweine. Es fiel mir schwer, seine Argumente zu verstehen, ich folgte dennoch weiter den Demonstranten, bis es auch mich erwischte; der Wasserstrahl zwang mich zu Boden, die Jeans war hin. Zum ersten Mal begriff ich, was es bedeutet, für fremde Vergehen bestraft zu werden, denn die Vorstellung, dass alle Amerikaner Schweine und Imperialisten seien, war mir fremd.

Es blieb mir nichts mehr übrig, als umzukehren unter einem großen Schock des Gesprächs mit Piotr-Peter. Dass man so schnell die Muttersprache vergessen kann, dachte ich mit Verwunderung. Diese Erfahrung hat mich stärker beeindruckt als die Demonstration als Ganzes. Vielleicht werde auch ich bald nicht mehr polnisch sprechen, trauerte ich schon im Voraus.

Als mich meine Eltern sahen, nass und mit zerrissener Hose, kommentierten sie die antiamerikanischen Demonstrationen als Ergebnis der sowjetischen Propaganda und Provokation. Vielleicht hatten sie recht, vielleicht auch nicht.

Unsere erste Wohnung

Meine Eltern entschlossen sich, eine Dreizimmerwohnung mit einer geräumigen Küche in der Steinmetzstraße zu mieten. Sie haben die Wohnung und die Straße sonntags vormittags gesehen, es ist schon immer ein üblicher Termin für Wohnungsbesichtigungen gewesen. Die Steinmetzstraße war sonntags vormittags eine schöne, ruhige Straße, das Haus aus rotem Backstein war erst vier Jahre alt und bequem, ein Balkon, ein Fahrstuhl, eine große Wohnküche, die uns, polnische Standards gewohnt, traumhaft schien. Nur, dass die Steinmetzstraße parallel zu der Potsdamer verlief. Und das war nicht gut, denn Anfang der achtziger Jahre gehörte diese, die Stadt durchquerende Arterie, die heute am schicken Sony Center mündet, zu den Rotlichtvierteln.

In jedem zweiten Haus war ein Bordell, in fast jeder Eckkneipe verkehrten Drogendealer, alle Hotels boten Stundenzimmer an, in den Seitenstraßen standen Strichmädchen, die für Geld und Drogen alles von ihnen Verlangte taten. Diese Gegend beschrieb Christiane von Bahnhof ZOO in ihrem berühmten Bestseller, den ich damals natürlich noch nicht kannte. Vielleicht haben sich sogar unsere Wege hier und da gekreuzt.

Und in solch einer Gegend sollten wir unser Berliner Leben anfangen: in direkter Nähe der Gestrandeten, an den Rand der Gesellschaft Gedrängten. Es war nicht einfach, in der Nähe der Potsdamer Straße ein positives Lebensgefühl aufzubauen und an unbegrenzte Möglichkeiten des Aufstiegs im Westen zu glauben.

Jeden Tag, als ich Brot bei der traditionsreichen Supermarktkette *Bolle* holte, sah ich eine Prostituierte ohne Beine, die auf einem Elektrokasten auf ihre Kunden wartete. Wenn sie kamen, wurde sie aufs Zimmer getragen. Nach getaner Arbeit wurde sie wieder von den dankbaren Kunden rausgetragen und auf den Kasten gesetzt. Noch heute treffe ich immer wieder Bekannte, die einst in der Potsdamer wohnten und sich an die beinlose Königin der Dirnen erinnern.

Durch mein Zimmerfenster hörte ich oft Ziegen und Kühe. Lautes Mühen. Manches Mal roch man durch das geöffnete Fenster Mist, eher selten mitten in einer Großstadt. Nach einem Erkundungsspaziergang stellte sich heraus, dass in dem Altbau nebenan, im Hof, sich tatsächlich Ställe mit Kühen und Ziegen befanden, man könnte dort Milch holen und Käse kaufen. Vor dem Tor, auf dem Bürgersteig wurde sogar Mosaik mit Kuhmotiv gelegt, bis heute zu besichtigen, obwohl die Ställe Mitte der achtziger Jahre aufgegeben wurden. Wir fingen an unsere Milch mit einer altmodischen, polnischen Kanne zu holen, der Käse war ebenfalls vorzüglich, aber teuer.

Die anderen umliegenden Altbauten waren weniger durch Kühe und Ziegen als durch junge Menschen besetzt, die in West Berlin dieser Zeit aus ihren spießigen Provinznestern in Westdeutschland flohen, um in der Großstadt freieres Leben zu führen. Da viele Häuser leer standen und von ihren ursprünglichen Eigentümern schlichtweg ignoriert wurden, haben die jungen Alternativen beschlossen, einzuziehen, irgendwo in der Nähe Strom anzuzapfen, die Kachelöfen mit Kohle zu füllen und wohnen zu bleiben, ohne Miete, ohne lästige Rechnungen. Der Frieden in der Steinmetzstraße wurde oft durch Räumungen der Polizei in den besetzten Häusern gestört. Die größte und schlimmste erfolgte auf Befehl des damaligen Innensenators Heinrich Lummer, der in der ganzen Stadt gleichzeitig aus acht besetzten Häusern 1200 Personen räumen ließ. Es war am 22. September 1981. Besetzer, liberale Professoren, linke Post-, Bank- und Senatsangestellte, solidarische Arbeiter, Krankenschwestern, Pfarrer, Lehrer und Eltern, die zu ihren besetzenden Kindern gehalten hatten, demonstrierten gegen die Räumungen, die sie dennoch nicht verhindern könnten.

Als Innensenator Lummer in einem frisch geräumten Haus in Siegerpose eine Pressekonferenz abhielt, brüllten die angesichts der Übermacht eher friedlichen Demonstranten vor dem Haus in ohnmächtiger Wut. Sie wurden mit Knüppeln und Hunden die Straße hinuntergejagt. Ich bin nicht dabei gewesen, die Bilder der Ausschreitungen kenne ich aus den Nachrichten. Einer von den Demonstranten wurde vor einen BVG-Bus getrieben und starb unter den Rädern. Die Polizei räumte mit Wasserwerfern und Tränengas die Todesstelle,

Stiefel zertraten die Blumen, die auf die Blutlache gelegt wurden. Am Abend demonstrieren über 20.000 Menschen, und in der unvermeidlichen, brutalen Schlacht nahmen viele zum ersten Mal seit '68 wieder einen Stein in die Hand.

Freunde nahmen mich mit zu der Todesstelle des Klaus-Jürgen Rattay. Es schien mir schier unbegreiflich, dass auch hier, in Berlin, solche Dinge passieren konnten, in meinem Weltbild existierten ausschließlich Solidarność-Demonstrationen in einer kommunistischen Diktatur.

Genau gegenüber meiner Zimmerfenstern, welche auf die Hinterhöfe der Potsdamer Straße hin ausgerichtet waren, stand ein besetztes Haus, ein bekanntes, weiß gestrichen, mit einer Kneipe und Galerie unten, namens K.O.B. Die Abkürzung bedeutete „Kids ohne Bier", die Kneipe war oft von Punks besucht, die spät am Abend Radau machten und in Konflikte mit den friedlicheren Hausbesetzern gerieten. Sie gehörten zum Bild der Potsdamer Straße genau so wie die Prostituierten, man traf sie am U-Bahnhof Kleistpark, wie sie um eine Mark bettelten. Das erbettelte Geld wurde am Abend meistens im K.O.B. gegen Bier umgetauscht.

Ich schaute oft abends in die beleuchteten, gardinenlosen Fenster von diesem besetzten Haus und stellte mir vor, wie es ist, dort zu wohnen.

BASIL KERSKI, HOMER AUF DEM POTSDAMER PLATZ. EIN BERLINER ESSAY (2003)

Basil Kerski, (1969), Publizist und Politikexperte, lebt seit 1979 im Westen Berlins, an der Freien Universität studierte er Slawistik und Politikwissenschaft; seit 1998 Chefredakteur des zweisprachigen „Deutsch-Polnischen Magazins DIALOG".

Die Berliner Mauer ist fast aus der Stadtlandschaft verschwunden. Nur noch an wenigen Stellen kann man Fragmente der Grenze finden, die früher die Stadt, die deutsche Nation und den Kontinent teilte. Ein schmaler Streifen in den Asphalt eingelassener Steine erinnert noch auf den Straßen des Stadtzentrums an die Spuren einer alten Wunde. Ein Besucher, der die geteilte Stadt nicht kannte, der diesen versteinerten „Herzinfarkt", wie der niederländische Schriftsteller Cees Nooteboom[174] den Grenzstreifen bezeichnete, aus der Zeit vor 1989 nicht miterlebt hatte, kann sich nicht vorstellen, wie verschieden die Welten waren, die zwischen der einen und der anderen Straßenseite lagen. Es fällt ihm schwer zu begreifen, dass sich an dem heute mit Leben pulsierenden Ort noch vor ein paar Jahren eine grenznahe Wüste erstreckte. Kein Wunder also, dass einige deutsche Historiker sich wegen des Verschwindens der Mauer Sorgen machen, einen besonderen Schutz für dieses Denkmal des Kalten Krieges verlangen und die erhaltenen Mauerreste auf die UNESCO-Liste des Welterbes setzen lassen wollen. Der Berliner Senat hält wenig von dieser Idee. Nach Ansicht der Stadtverwaltung sollten zwar an einigen Stellen die Spuren der innerdeutschen Grenze erhalten werden, die Mauer aber, dieses Werk einer Diktatur, das die Ostdeutschen hinter Stacheldraht und Minenfeldern wie in einem Gefängnis einschloss, könne jedoch nicht wie ein wertvolles Kulturerbe behandelt werden.

174 Cees Nooteboom, *Rückkehr nach Berlin*, Frankfurt am Main 1998.

Wie ist dieser Streit um die Berliner Mauerreste zu deuten? Machen sich einige Berliner sorgen um das Verschwinden der Grenzanlagen, weil sie fürchten, dass in der Hauptstadt nicht nur die Betonspuren der Diktatur sondern auch die Erinnerung an den Kalten Krieg verschwindet? Ist diese Debatte ein Zeichen einer weit fortgeschrittenen Wiedervereinigung beider Stadtteile? Oder ist Berlin vielleicht zu einer so durchschnittlichen Metropole geworden, in der man um der Originalität des Stadtantlizes willen die Spuren real existierenden Sozialismus bewahren will?

Eine Zeitreise

In den Jahren nach dem Mauerfall hat sich Berlin grundsätzlich verändert. Demjenigen, der die geteilte Stadt nicht kennengelernt hat, schlage ich die folgende Zeitreise vor: zuerst eine zweistündige Kinoaufführung von Wim Wenders „Himmel über Berlin", einer poetischen Huldigung an die geteilte Stadt und danach einen Spaziergang über den heutigen Potsdamer Platz. Welch ein Kontrast! Einerseits das Bild des Lebens einer verwundeten Stadt Ende der achtziger Jahre und andererseits ein in der grenznahen Wüste entstandenes, vom Leben pulsierendes Zentrum einer modernen Stadt.

Protagonisten des Filmes von Wim Wenders sind die Engel Damiel und Cassiel. Nach den Erfahrungen der Zeiten von Totalitarismen schickt sie Gott, enttäuscht von der Menschheit, auf die Erde, ins geteilte Berlin. In dieser Stadt erinnert nichts mehr an deren alte Pracht. Damiel und Cassiel wandern durch die Ruinen des zwanzigsten Jahrhunderts, wo sie trotz der Spuren politischer Katastrophen und der Teilung des Kontinents zu Zeugen der Schönheit des Lebens werden. In ihrer Wanderung durch die Stadt treffen sie einen alten Weisen, einen Berliner namens Homer, der in der weiten Wüste im Herzen der Stadt nach den Spuren seiner Jugend am Potsdamer Platz sucht. Diesen Berliner Homer spielt im Film der 85-jährige Schauspieler Curt Bois, eine Legende des deutschen Films und Theaters, der – ähnlich wie Marlene Dietrich und Fritz Lang – auf der Flucht vor dem Nationalsozialismus in den dreißiger Jahren nach Hollywood emigriert war. Bois, Wenders Berliner Homer, kehrte nach dem Krieg in seine zerstörte Heimat zurück, ohne Berlins Glanz oder die Spuren der zerbrechlichen Demokratie der Zwischenkriegszeit wieder zu finden. Nur in der Erinnerung des in seiner Heimatstadt nun fremden Homer ist die Kontinuität des Gedächtnisses der verschwundenen Stadt erhalten geblieben.

Wenders Berlin der achtziger Jahre ist grau, schmutzig, voller heruntergekommener Jugendstilhäuser, Bunker und Häuserlücken, eine attraktive Filmkulisse. Obwohl der Holocaust einen deutlichen Schatten auf die Stadt wirft, ist Wenders' Berlin auch ein lebendiger, freundlicher, authentischer Ort, eine offene Bühne für existenzielle menschliche Erfahrungen, eine zerstörte Stadt, in der die Schönheit des Lebens und der Vergänglichkeit immer noch präsent sind. Damiel und Cassiel, zwei unsichtbare, schlendernde Passanten, sind von diesem Ort und seinen Einwohnern bezaubert. Damiel verlangt, nachdem er die Zirkuskünstlerin Marion gesehen hat, nach einer menschlichen Existenz, er will das ewige Leben des Engels gegen die kurze und leidensvolle Existenz eines Menschen tauschen. Das irdische Leben eröffnet ihm den Weg zur Sinnlichkeit, zur Schönheit von Farben und Gerüchen, zur Berührung, zur süßen und bitteren Liebe.

Ich weiß nicht, ob Damiel und Marion immer noch die Liebe verbindet, und ich weiß nicht, ob sie in Berlin geblieben sind. Würden sie wohl am heutigen Potsdamer Platz umherwandern wollen? Was würde der Berliner Homer beim Anblick dieses Ortes sagen? Ich fürchte, dass der neue Potsdamer Platz seine Sehnsucht nach dem Vorkriegsberlin vertieft hätte. Die Architektur dieses Ortes ist kühl, sie enttäuscht jeden, der die Atmosphäre der Straßenszenen von den Bildern der Expressionisten oder Fotos aus den zwanziger Jahren erwarten würde. So mancher Besucher wird richtigerweise bemerken, die Gebäude, Passagen und Geschäfte am Potsdamer Platz erinnern an moderne, reiche Handelszentren in den Vororten amerikanischer Städte und verkörpern eine versnobte Architektur ohne Charakter.

Trotzdem ist dieser Ort, der nicht nach dem Vorbild historischer Bauten wiederaufgebaut worden ist, von den Berlinern schnell akzeptiert worden. Wohl bei jedem von uns Berlinern, die durch diesen Teil der Stadt wandern, tauchen in der Erinnerung Bilder vom geteilten Berlin wieder auf. Jeder ruft sich die Stände des großen Flohmarktes auf dem Sand des Grenzstreifens ins Gedächtnis und erinnert sich an das verwaiste Gebäude des Hotels Esplanade, in dem nur noch der neubarocke wilhelminische Saal an die Pracht der kaiserlichen Metropole erinnerte.

Wir, die polnischen Berliner, erinnern uns an den polnischen Flohmarkt im Schlamm des Potsdamer Platzes, wo unsere Landsleute im Winter nach dem Mauerfall illegal auf den Motorhauben polnischer Fiats russische Samoware, polnische Wurst und „twaróg", den polnischen Schichtkäse verkauften. Welch eine Freude für uns, die wir uns nach den heimatlichen Leckerbissen sehnten, und welch ein Schock für die Deutschen, dieser Überfall der Barbaren aus dem Osten, die massenweise die Westberliner Discounter leer kauften.

Sehnsüchte von Provinzbewohnern

Trotz der Kälte der Architektur und der Versnobtheit der Geschäfte am Potsdamer Platz sieht der Berliner, welch einen weiten Weg die Stadt in so kurzer Zeit gegangen ist. Der Potsdamer Platz symbolisiert die Vitalität dieses Spree-Athen und seinen Überlebenswillen. Für viele Berliner erfüllt dieser Ort – vielleicht auf eine provinzielle Weise – ihren Traum, Einwohner einer Weltmetropole zu sein. Ist Berlin, dieser Archipel Brandenburger Dörfer, Kleinstädte und Landgüter, nicht die kleinstädtischste Millionenstadt Europas? Jeder von uns Berlinern hat in dieser Stadt seinen „Kiez", seine kleine Heimat. Wir sind Patrioten unserer Dörfer und Städtchen, und nicht einmal die mobilsten unter uns haben alle Ecken des Berliner Archipels kennengelernt. Gerade das Fragmentarische der Stadt, die Anwesenheit vieler parallel lebender gesellschaftlicher Strukturen gibt Berlin sein Lokalkolorit. Die Kieze hatten sich als wichtiges Refugium in der schweren Zeit der Stadtteilung erwiesen. Trotz der Kriegszerstörungen und der späteren Teilung konnten Berliner in ihrer Stadt einen geschlossenen, geschützten Ort finden; der Kiez war nach dem Mauerbau nicht verschwunden, und die postglazialen Seen und Wälder halfen den Westberlinern, auf diesem abgeschlossenen Stück freier Welt zu überleben.

Trotz aller Kontinuitäten unterlag die soziale und topographische Struktur der Stadt in den letzten Jahrzehnten grundlegenden Veränderungen. Schon in den siebziger und achtziger Jahren war Kreuzberg kein Bezirk deutscher Arbeiter mehr, sondern ein Stadtteil linker Intellektueller, Anarchisten und türkischer Gastarbeiter. Im Wedding und Neukölln nahm der Arbeiterkiez einen orientalischen und slawischen Charakter an.

Das jüdische Bildungsbürgertum Wilmersdorfs und Schönebergs ist untergegangen, heute dominiert die aus Westdeutschland eingewanderte liberale Intelligenz in diesen Westberliner Stadtteilen. Der Grunewald verwandelte sich von einem Viertel preußischer und jüdischer Kapitalismusdynastien in ein Refugium für Neureiche.

Auch Ostberlin hat, trotz barbarischer Eingriffe kommunistischer Ideologen, seine alten Inseln behalten. Die Ostberliner Plattenbausiedlungen, anonymen Alleen und Plätze erinnern an viele sozialistische Städte zwischen Elbe und dem Ural. Die alten Berliner Bezirke wurden systematisch mit treuen Genossen aus brandenburgischen und sächsischen Kleinstädten und Dörfern besiedelt, mit dem Ziel, die traditionelle soziale Struktur Ostberlins zu zerstören. Trotzdem ist es den Ideologen des Marxismus nicht gelungen, die Stadt gänzlich zu erobern: Die alten Arbeiter- und Kleinbürgernischen sind erhalten geblieben, später kamen sogar farbenfrohe antikommunistische Inseln der jungen alternativen Szene im Prenzlauer Berg hinzu.

Nach der deutschen Wiedervereinigung versuchte man, unter großen Bemühungen privater und staatlicher Investoren, die Wunden der Stadt zu heilen und die von der gefallenen Berliner Mauer gebliebenen Lücken zu schließen. Die Dynamik der Wiedervereinigung zog Hunderttausende von Menschen nach Berlin an. Neben den politischen und journalistischen Eliten, die nach dem Umzug des Bundestages vom Rhein an die Spree in die Hauptstadt kamen, zogen auch Jugendliche aus der deutschen Provinz nach Berlin. Die meisten neuen Migranten bevölkerten die Mitte, das politische und kulturelle Zentrum der Stadt sowie die ehemaligen Ostberliner Arbeiterbezirke Prenzlauer Berg und Friedrichshain, deren Restaurants, Cafés, Clubs, Theater und Kinos heute zu den attraktivsten Orten der Hauptstadt gehören. Wenn man sich durch diese Bezirke bewegt, könnte man den Eindruck gewinnen, dass in Berlin die Verbindung der beiden Stadtteile gelungen und eine neue Metropole entstanden sei, die eine Symbiose des Ostens und des Westens darstelle, der Geschichte und der Modernität.

Dieses Bild ist zugleich Illusion und Realität. Wie ein Westberliner Provinzler trete ich eine touristische Reise in diese neue Stadt in meiner Stadt an. Die neuen Bewohner Berlins sind mir fremd. Als Tourist in eigener Stadt empfinde ich dieses Fremdsein nicht als Bedrohung für meinen Kiez, mein verschlafenes Dorf rund um den Westberliner Markusplatz, der von alten Berliner Bürgerhäusern umgeben ist, wo ich weit entfernt vom nervösen Zentrum der neuen Metropole lebe. Ich fahre hin, um eine neue Welt kennenzulernen; der großstädtische Glanz des Regierungsviertels, die kulturelle Vielfalt von Mitte, Prenzlauer Berg oder Kreuzberg helfen mir dabei, die Minderwertigkeitskomplexe eines Berliner Provinzlers loszuwerden.

„Es war immer leicht, Berliner zu werden"

Unsere Berliner Dörfer helfen uns, in dieser Metropole zu überleben, uns von der Dynamik der Stadt, die einer ständigen Metamorphose unterliegt, zu erholen. Diese doppelte Identität des Provinzlers und des Einwohners einer großen Metropole ist wahrscheinlich die Quelle der sprichwörtlichen Berliner Offenheit und Toleranz. Mir scheint diese Toleranz auch eine Folge davon zu sein, dass sich keiner in dieser Stadt eingeschränkt fühlt, keiner braucht jemanden vorzutäuschen, wer er nicht ist. Die Offenheit der Berliner ist nonchalant, frech. Typisch für sie ist eine stoische Gleichgültigkeit gegenüber allen Moden und Snobismen. Vermutlich rührt die Berliner Toleranz vom Bewusstsein der meisten Berliner her, dass sie in einer Stadt der

Emigranten leben und selbst Nachkommen von Fremden seien. Es war schon immer leicht, Berliner zu werden, behauptet Günter de Bruyn[175]. Das moderne Berlin ist ein Sammelbecken von Emigranten. Eingewanderte Hugenotten und Juden stärkten das Bürgertum, die Berliner Arbeiterschicht wuchs im Zuge der Migration aus Mittel- und Osteuropa. Hitler, Himmler und Goebbels hassten Berlin, dieses Zentrum der Sozialdemokratie, diese multikulturelle Metropole, in der vor 1933 die Hälfte aller deutschen Juden lebte.

In den Augen de Bruyns ist die Aufnahmefähigkeit von Fremden der Hauptvorzug dieser Stadt: „Nicht in einem ethnisch einheitlichen Stammesgebiet war Berlin entstanden, sondern in Kolonisationsräumen, in die Zuwanderer vom Rhein und aus Flandern, aus Niedersachsen und Franken strömten, sich mit den slawischen Autochthonen vermischten und auch in den nachfolgenden Jahrhunderten Toleranz gegen Fremde ausbilden mussten, da Einwanderung immer nötig blieb. [...] Man war hier also immer gewohnt, mit Zugereisten zu leben, und da diese in der stets wachsenden und sich wandelnden Stadt mit ihrer Vielfalt an Lebensformen schnell heimisch wurden, war es immer leicht, zum Berliner zu werden. Nicht in Berlin geboren zu sein, war nie ein Problem. Die Redensart der Jahrhundertwende, dass der richtige Berliner aus Schlesien stamme, gab in witziger Übertreibung eine Wahrheit wieder. Sie hatte auch noch für das geteilte Berlin Geltung, setzte man für Schlesier einerseits Sachsen und Mecklenburger, andererseits Niedersachsen und Schwaben ein."

Dem idealisierenden Berlin-Bild de Bruyns, das sich mit meinen Erfahrungen deckt, kann man die ironisch-distanzierte Beschreibung der Berliner Gesellschaft von Gustav Seibt[176] entgegenhalten. Im Gegensatz zu de Bruyn sieht Seibt in der Offenheit der Stadt gegenüber Einwanderern nicht nur einen Vorzug, sondern auch eine Schwäche, die es verhindert eine breite, einheitliche bürgerliche Schicht zu bilden, eine funktionierende gesellschaftliche Struktur. Berlin sei eine Stadt ohne Kontinuität und mit einem geschwächten Abwehrsystem, eine Stadt, in der keine große gemeinsame öffentliche Sphäre entstanden sei. Die Grundlage Berlins bilde ein Netz aus vielen privaten, informellen und gesellschaftlichen Strukturen, ein Organismus, in dem es schwierig ist, eine einheitliche demokratische Identität, ein Gefühl der Verantwortung für den ganzen Stadtorganismus zu begründen.

Das von Seibt beklagte Fehlen einer traditionellen, das Stadtleben bestimmenden Gesellschaftsschicht war für mich, einen Einwanderer, eine Chance der Verwurzelung. Die unterschiedlichen, nebeneinander existierenden, ethnischen und gesellschaftlichen Elemente halfen mir, einen polnisch-irakischen Einwanderer aus Danzig, mitten im Leben dieser Metropole meinen Platz zu finden. Ich habe mich in kein Ghetto einschließen müssen. Ganz im Gegenteil: Von den Deutschen, die in der Spreemetropole polnische, französische oder flämische Namen tragen, werde ich als ein typischer Berliner angesehen – ein slawischer Einwanderer und Kind eines orientalischen Gastarbeiters. Erst in dieser Stadt habe ich gelernt, dass ich mich nicht zwischen meinen polnischen und irakischen Wurzeln entscheiden muss, auch zwingt mich niemand, einen gebürtigen Deutschen vorzutäuschen. Eine solche Entscheidung würde nur das Gefühl des Fremdseins vertiefen und Minderwertigkeitskomplexe hervorrufen. Meine komplizierte Identität schreibt sich in die Stadtgeschichte ein, ist eines der wenigen Elemente der Kontinuität, die Berlin geblieben sind.

175 Günter de Bruyn, „Es war immer leicht, Berliner zu werden", in: „Europa erlesen. Berlin", hrsg. v. Helmuth A. Niederle, Klagenfurt 1998.
176 Gustav Seibt, Berliner Leben, Merkur, Nr. 4. April 2003.

Die Berliner Offenheit zieht neben Millionen ausländischer Touristen auch viele junge Deutsche an die Spree. Berlin ist für deutsche Verhältnisse eine ausgesprochen junge Stadt, fast die Hälfte der Berliner ist unter 35 Jahre alt. Der Fall der Mauer und die Verbindung der beiden Stadtteile zogen und ziehen bis heute Jugendliche aus ganz Europa an, die neugierig auf diese Berliner Werkstatt der Zusammenführung von zwei Seiten des Kontinents sind.

Manche Menschen fühlen sich von dem Zusammenstoß unterschiedlicher historischer Epochen und architektonischer Stile abgestoßen, andere dagegen empfinden diese Konfrontation als einen ganz besonderen *Genius Loci* Berlins. Die deutsche Vereinigung rief eine Renaissance des Berlin-Mythos hervor: als einer dynamischen Stadt, die ihr Antlitz verändert. Schon in den zwanziger Jahren charakterisierte Franz Hessel Berlin als eine Stadt, die sich im Zustand der Mobilität befände, bereit für eine grundlegende Veränderung. Diese faszinierende Dynamik Berlins der Weimarer Republik hatte jedoch zwei widersprüchliche Seiten, die der britische Schriftsteller Stephen Spender treffend beschrieben hat: „In dieser Stil und Tradition entbehrenden Stadt erlebte man vor allem, dass alle das Gefühl hatten, in jeder Hinsicht von einem Tag auf den anderen zu leben. Die Stärke und Schwäche der Berliner lag in ihrem Gefühl, dass sie jederzeit ein vollkommen neues Leben beginnen könnten – da ihnen nichts zur Verfügung stand, was ihnen als Anfang dienen könnte."[177]

Bestehende Teilungen

Das heutige Berlin vermittelt den Eindruck einer dynamischen Stadt. Die Verbindung von zwei Verkehrsnetzen, der Wiederaufbau der Metropole, das Ausfüllen der Nachkriegslücken, die Renovierung der vom real existierenden Sozialismus vernachlässigten historischen Wohnhäuser sowie der Umzug von Bundestag und Bundesministerien an die Spree haben eine intensive Bautätigkeit bewirkt. Berlin wurde zum größten realisierten architektonischen Projekt Europas. Der Wiederaufbau des Regierungsviertels oder die Rekonstruktion der Friedrichstraße, zwei Schlüsselprojekte dieser Aktivitäten, sind beendet worden und verleihen Berlin eine neue Aura. Schon ist das Antlitz einer neuen Stadt klar zu erkennen, man sieht aber gleichzeitig ganz deutlich, wie schwer es ist, trotz großer Anstrengungen mit den Folgen des letzten Krieges und der ideologischen Bebauung des Raumes durch Kommunisten fertig zu werden. Der von anonymen sozialistischen Wohnblocks verunstaltete Alexanderplatz sowie die Ruine des Palastes der Republik, der anstelle des ehemaligen Königsschlosses gebaut wurde, sind eine architektonische Wunde, die das Zentrum der Stadt verunstaltet. Sie zerstören das Gleichgewicht zwischen der West- und Ostteil des historischen Zentrums, das im Westen mit dem Brandenburger Tor und dem Pariser Platz beginnt, und im Osten mit der Betonwüste des Alexanderplatzes und des Fernsehturms endet.

Diese Wunden, dieser Kontrast zwischen der Pracht der neuen Gebäude und dem schwer loszuwerdenden architektonischen Erbe der Ära Honecker, verleihen der Stadt jedoch Originalität, insbesondere im Vergleich mit dem monotonen Wohlstand westdeutscher Kleinstädte.

---

177 Das Zitat von Stephen Spender stammt aus dem Buch des ungarischen Schriftstellers László F. Fölnény über Berlin „Mit dem Unbegreiflichen Leben. Notizen aus Berlin", Berlin 2000, S. 37.

Sowohl die Umgestaltung als auch die Massenmigration junger Westdeutscher in die Ostberliner Bezirke Prenzlauer Berg oder Friedrichshain können die weiterhin existierende Teilung der Stadt in einen Ost- und einen Westteil nicht verbergen. Ich kenne nur wenige Deutsche aus dem Osten, die nach der Wende in den Westteil der Stadt gezogen, und auch kaum Berliner Türken, die in den Osten gegangen sind. Diese kulturelle Teilung der Stadt offenbarten auch die letzten Wahlen. In den Ostberliner Bezirksrathäusern dominiert die postkommunistische, linke, sozialistische PDS, eine Gruppierung, die ehemalige DDR-Funktionäre und neomarxistische Jugendliche versammelt. Im Westen regieren die Christdemokraten, die Postkommunisten haben hier keine Chance. Nur die Sozialdemokraten erreichen in beiden Teilen der Stadt ähnliche Ergebnisse, ohne im einen oder anderen Teil die dominierende Kraft zu sein: Sie regieren Berlin in einer Koalition mit den Postkommunisten. Welch eine Ironie der Geschichte! Die Gruppierung, die den Bau der Mauer initiiert hatte, nimmt jetzt an der Wiedervereinigung Berlins teil. Die SPD, die Partei von Ernst Reuter und Willy Brandt, der Demokraten, die um ein freies Berlin gekämpft haben, paktiert mit Kräften, die bis heute die Teilung der Stadt als Element der Stabilisierung des Kontinents während des Kalten Krieges verteidigen, und die DDR nicht als eine Diktatur, sondern als das erste Projekt des Sozialismusaufbaus auf deutschem Boden ansehen. Das erste Projekt ist misslungen, aber vielleicht gibt es ja ein zweites ...

Das erinnert an eine Vernunftehe aus Not und ohne Liebe, in schwierigen Zeiten einer gigantischen Verschuldung der Stadt und einer Wirtschaftskrise, die den Sozialisten und Sozialdemokraten nur eine Lösung lassen: den Weg wenig populärer Kürzungen und Sparsamkeit in allen Haushaltssparten, auch in der Sozial-, Kultur-, und Bildungspolitik.

Die Wiedervereinigung hat die wirtschaftliche Situation der Stadt nicht verbessert, im Gegenteil. Der Fall des real existierenden Sozialismus in Ostberlin sowie die Abschaffung der staatlichen Subventionen für die Industrie im Westteil der Stadt haben den Prozess der Entindustrialisierung beschleunigt. Nach der Wende wurden in Berlin über zwei Drittel der Arbeitsplätze in der Industrie abgebaut. Mehr als 300.000 Berliner suchen heute nach Arbeit. Berlin ist nicht imstande, mit den westdeutschen Industrieregionen zu konkurrieren, von Weltmetropolen wie London und Paris ganz zu schweigen.

Diese schwierige Situation ist nicht alleine eine Folge der Transformationsprozesse, dazu gehören ebenfalls grundlegende strukturelle Veränderungen, die in Deutschland nach dem Krieg stattgefunden haben. In den zwanziger Jahren war die deutsche Hauptstadt nicht nur das politische und kulturelle, sondern auch das Wissenschafts- und Bankenzentrum des Landes, der Sitz von Weltkonzernen. Die wirtschaftliche Topographie Deutschlands hat sich gewandelt und lässt sich in kurzer Zeit nicht verändern. Der Umzug des Bundestages hat zwar die Öffnung vieler Vertretungen großer deutscher und europäischer Konzerne in Berlin zur Folge gehabt, es handelt sich jedoch dabei um politisch-lobbystische Strukturen. Sie erschaffen nicht die großen Mengen von Arbeitsplätzen, die Berlin braucht. Unter den anderen Hauptstädten der Staaten der Europäischen Union gibt es keine ähnliche Millionenmetropole, die im Wirtschaftsleben der Nation eine so zweitrangige Rolle spielen würde wie Berlin. Die schwierige wirtschaftliche Situation spiegelt sich auf katastrophale Weise im Haushalt der Stadt wider. Die zurückgehenden Steuereinnahmen lassen die Verschuldung wachsen. Von jedem eingenommenen Euro gibt der Stadthaushalt 27 Cent für Kredittilgungszinsen aus. Die Haushaltslage zwingt den Senat zu drastischen Kürzungen, die die Entwicklungschancen von kulturellen Institutionen und Hochschulen einschränken.

Die schwierige wirtschaftliche Lage Berlins, die hohe Arbeitslosigkeit sowie die sozialen Probleme haben die Atmosphäre in der Stadt abgekühlt. Depression, Unzufriedenheit und lautes Klagen sind anstelle der Euphorie aus der Zeit nach dem Mauerfall getreten. Dieser psychische Zustand hat nicht nur die Berliner, sondern auch die Mehrheit der Deutschen erfasst. „Also hat die Nation schlechte Laune. Sie ist wieder vereint, aber nicht glücklich", so beschrieb Günter de Bruyn diese kollektive Gemütsverfassung. In einer solchen Situation, unterstreicht de Bruyn, griffen die Völker nach ihrer Erinnerung, aus der sie das herauszögen, was ihnen in der Gegenwart fehle. Dies sei jedoch nicht nur die Erfahrung von Individuen, sondern auch der Öffentlichkeit, wo die Folgen eines so selektiven Gedächtnisses sich als fatal erweisen können.

Die Nostalgie nach den Jahren vor dem Mauerfall und der Wiedervereinigung hat nicht nur die ehemaligen Bürger der DDR erfasst, die sich nach der Nestwärme des Honeckerschen Sozialismus sehnen. Auch im Westteil der Stadt herrscht Nostalgie, schwärmt sich so manch ein Bürger vom subventionierten Wohlstand im Vorposten der freien Welt und klagt über die Last der Solidaritätszahlungen für den Wiederaufbau der neuen Bundesländer.

Berliner Republik

Die schwierige ökonomische Situation der Stadt hat dazu geführt, dass Berlin entgegen der Hoffnungen nicht zu einer bedeutenden wirtschaftlichen Brücke zwischen Ost- und Westeuropa geworden ist. Die Handelsumsätze des süddeutschen Bundeslandes Baden-Württemberg mit Polen sind höher als die von Berlin. Das zeigt deutlich, wie entscheidend heute die Dynamik der ökonomischen Entwicklung einer Region ist – die geografische Lage bestimmt nicht mehr alleine über die Handelschancen. Die Entwicklung Berlins wird auch durch das Fehlen von starken regionalen Partnern auf der polnischen Seite erschwert. Die westpolnischen Woiwodschaften sind ökonomisch noch zu schwach, um die wirtschaftlichen Perspektiven Berlins und der Region auf entscheidende Weise zu verbessern.

Dennoch spielt Polen, vor allem polnische Kunden, eine immer größere Rolle bei der Entwicklung des Handels- und Wirtschaftsstandortes Berlin. Polen werden in der deutschen Hauptstadt nicht mehr mit den Barbaren assoziiert, die die Supermärkte stürmen; sie sind zu wichtigen Kunden geworden. In manchen Abteilungen des Luxuskaufhauses KaDeWe sichern polnische Gäste bereits ein Viertel der Jahresumsätze. Viele Berliner Firmen nutzen polnische Dienstleistungen, große Hotelketten schicken ihre Bettwäsche zum Waschen nach Polen. Tausende von Polinnen aus den grenznahen Dörfern sichern die Existenz ihrer Familien, indem sie in Berlin schwarz arbeiten, putzen oder Kinder und Rentner betreuen. Immer mehr junge Polen entscheiden sich für ein Studium in Berlin – hier ist es einfacher, ein Zimmer oder eine Wohnung oder sogar Zeitarbeit zu finden, als in polnischen Universitätsstädten. Viele von ihnen fliehen vor den Einschränkungen oder dem Mief polnischer Provinz und suchen nach Abenteuern in der Millionenmetropole an der Spree.

Früher sagte man, der Westberliner Stadtteil Kreuzberg sei die größte türkische Stadt in Europa nach Istanbul. Heute könnte man die Behauptung riskieren, Berlin sei zu einem der wichtigsten Orte für die polnische Kultur und Wissenschaft geworden.

Offiziell sind in Berlin über 30.000 polnische Staatsbürger gemeldet: Wenn man die Berliner polnischer Abstammung mit deutschem Pass dazu zählt, könnte man behaupten, dass in Berlin mehr als 100.000 polnischsprachige Einwohner leben. Sie bilden nach den Türken die zweitgrößte Nationalitätengruppe in Berlin. Trotzdem sind die Polen in der Stadt nicht zu sehen, sie sind eine gut integrierte gesellschaftliche Gruppe und leben nicht in Ghettos. Die Nähe zu Polen verursacht, dass es hier nicht sehr viele gute polnische Geschäfte oder Restaurants gibt, es gibt auch keine polnischen Buchläden. Die Lage sowie die internationale Bedeutung Berlins für das europäische politische und kulturelle Leben bewirken, dass die ganze Elite des polnischen kulturellen und politischen Lebens regelmäßig nach Berlin kommt. Es gibt Tage, an denen ich den Eindruck habe, als ob Berlin zu einer der wichtigsten polnischen Metropolen geworden wäre, und vielleicht sogar zur dritten Kulturhauptstadt Polens nach Warschau und Krakau ...

Als der Bundestag 1999 nach Berlin umzog, herrschte unter vielen Journalisten die Überzeugung, der Umzug der Hauptstadt in den Osten und die Nähe der polnischen Grenze würden die Gestalt der deutschen Innen- und Außenpolitik beeinflussen. Man erwartete, dass die Anwesenheit der politischen Eliten in Berlin ihre Sensibilität gegenüber den Problemen der postkommunistischen Transformation der neuen Länder vergrößern und auch die Zusammenarbeit mit den neuen EU-Mitgliedern stärken würde. Das rheinische Bonn symbolisierte auf ideale Weise Adenauers Politik der Westintegration, vielleicht würde Berlin in Zukunft die historische Rückkehr der östlichen Nachbarn nach Europa symbolisieren.[178]

Der Umzug der Regierung war eine wichtige Geste, um den deutschen Einigungsprozess zu vertiefen, obwohl er natürlich weder die Probleme Berlins noch die der neuen Bundesländer löste. Ob und wie der Regierungsumzug das außenpolitische Denken Deutschlands beeinflusst, ist schwer festzustellen. Die neuen außenpolitischen Konturen des vereinigten Deutschlands sind zwar deutlich erkennbar, die deutsche Diplomatie sucht aber noch ihren Stil. Die politischen Eliten balancieren weiterhin zwischen Zurückhaltung, was am Beispiel des Irakkriegs zu erkennen ist, und weitgehendem internationalen Engagement, wovon die Afghanistan- oder Balkanpolitik zeugt. Auch auf dem Feld der europäischen Politik schickt die „Berliner Republik" ihren östlichen Nachbarn widersprüchliche Signale: Mal träumen deutsche Politiker vom Projekt eines Kerneuropas innerhalb der EU, ein anderes Mal setzen sie sich stark für die Integration der postkommunistischen Nachbarn ein. Die Berliner Republik befindet sich im selben Zustand wie ihre Hauptstadt. Obwohl schon viele Jahre seit der Vereinigung vergangen sind, fällt es dem neuen Deutschland – und auch dem neuen Berlin – immer noch schwer, seinen Platz in Europa, seine Identität zu definieren.

Aus dem Polnischen von Agnieszka Grzybkowska (und Basil Kerski)

---

178 Vergleiche: Manfred Bissinger, Ein Land rückt nach Osten, Merian, Nr. 9, September 2001.

PERSONENVERZEICHNIS

A

Abramowicz, Bronisław	360
Adamczewski, Henryk	196
Adlung	170
Akakijewitsch, Akakij	94
Alexander I.	272
Alexandra (*englische Königin*)	288
Ambrosius (*Heiliger*)	290
Amts, Caspar von	164
Andreas-Salomé, Lou	292
Andrieșescu, Ioan	85
Andrzejewski	78
Anselm	71
Archipowicz, Aleksander	241, 243
Arciszewski, Tomasz	191
Arnim	44, 50
Arnim, Achim von	27
Auer, Ignaz	80, 289
Auerswald, Rudolf Ludwig Cäsar von	44
Austin	329f

B

B. von (*Major, Adjutant von Kaiser Wilhelm II.*)	320
Babel, Isaak	96, 222
Bach, Johann Sebastian	69, 96
Bachmann, Ingeborg	144
Bärensprung, Edmund	169
Bachoro	243
Bągart	366
Bahr, Hermann	294
Banach	366
Barciszewski, Leon	331
Bartoszek, Michael	412
Bartsch, Inge	98, 100
Baarová, Lída	19
Baum, Vicky	103
Bebel, August	22, 71, 78, 79, 83, 276, 289
Becher, Johannes	95
Beck, Józef	124, 386
Beckett, Samuel	397
Bednarek, Józef	227-229
Beethoven, Ludwig van	151, 220
Beer-Hofmann, Richard	294
Begas, Reinhold	319, 321
Beisert (*Pastor*)	331
Bellotto, Bernardo	260
Benedikt, Edmund	279
Benkowski	402
Benrath, Frédéric	150
Berg, Benita von	116
Berger, Elisabeth	117
Bergson, Melanie	69
Berkan, Władysław	262, 295, 303
Berling, Zygmunt	226
Bernhard (*Heiliger*)	397
Beseler, Hans von	345
Beseler, Marcin	168
Bethmann-Hollweg, Theobald von	320
Bilewicz	75
Biniszkiewicz, Józef	324
Bismarck, Otto von	20-22, 67, 76, 139, 160f, 239, 240-242, 267, 271f, 275, 279, 280, 286, 326
Bissinger, Manfred	425
Bjesjada, Grischka	188
Björnson, Björnstjerne	293
Blum, Ignacy	214
Bodelschwingh, Ernst von	44, 164
Bogrow, Dimitri	285
Bois, Curt	418
Bölsche, Wilhelm	292, 294
Bola, Leon	198f
Bomhard	144
Borejsza, Jerzy (*Beniamin Goldberg*)	217, 219, 224, 230
Borromäus, Karl	267
Bortnowska, Maria	180f
Bosch-Gimpera, Pedro	85

Botticelli, Sandro (*Alessandro di Mariano Filipepi*)   18
Bożena   183, 188, 192
Brachvogel   166, 170
Brandenburg, Friedrich Wilhelm Graf von   60-63
Brandt, Willy   260, 423
Brandys, Kazimierz   213, 216
Brandys, Marian   216, 232, 234, 244, 391
Braun (*Obermeister*)   198f, 203
Braun, Otto   26
Brauner, Artur   28
Braunschweig, Ernst zu   287
Braunschweig, von (*Fürstin*)   288
Brecht, Bertolt   100, 135, 150, 260
Brentano, Franz   72
Breslauer, Christian   260
Brückner, Aleksander   22, 84f, 87, 261
Brückner, Antoni   87
Brüggemann   267
Brühl, Heinrich von   386
Brucz, Stanisław   93
Bruyn, Günter de   421, 424
Brzozowska, Anna   365f
Brzozowski, Antoni   365
Buber-Neumann, Margarete   137
Buczyński, Józef   364-366
Buda   376f
Bülow, Bernhard von   276, 287, 320, 328
Büsching (*Polizeipräsident*)   40

C

Callier, Edmund   176
Camphausen (*General*)   44
Caprivi, Leo von   76
Cegielski, Stefan   328f
Chałupiec, Barbara Apolonia (*Pola Negri*)   24, 27, 125
Chanel, Coco   396
Charell   115
Chénier, André   178
Chłapowski, Alfred   328

Chłapowski, Dezydery   267
Chłapowski, Franciszek   306
Christus   277, 290
Chopin, Fryderyk (*Frédéric*)   19, 22, 81f, 127, 220, 295, 318, 374
Cicero, Marcus Tullius   138
Ciesielski, Henryk   184f
Ciesielski, Zdzisiek (*Zdzisław*)   195
Cieślak   206
Ciot, Władysław   311
Ciszewski   68f
Clary et Aldringen, Mathilde   270
Clary, Carlos   273
Clary, Edmund   272
Clary, Felicja   272
Clary, Leontine   270
Coquelin, Constant   317
Crapülinski   160
Crelinger, Ludwig   45, 164
Curzon, George   142
Cybulski, Wojciech   22, 51, 54-56
Czarliński, Leon   328
Czapski (*Familie*)   276
Czapski, Józef   28f, 136, 139, 169
Czartoryska, Augusta Wilhelmina Luisa Wanda   265
Czartoryska, Izabela   268
Czartoryska, Luisa Wanda   264
Czartoryska, Wanda   276, 268
Czartoryski, Adam Kazimierz   265, 268
Czartoryski, Bogusław   268, 265
Czartoryski, Roman Adam August   176, 276
Czartoryski, Wilhelm   265, 268
cześnik, Sylwester   366
Czöger (*Graf*)   314

D

Dagower, Lil   117
Daluege, Kurt   27
Damiel   418f

Danielewicz-Kerski, Dorota	16, 414
Dąbkowski, Przemysław	35f
Dąbrowska, Maria	68
Daszyński, Ignacy	77f, 289
Debussy, Claude	135
Delavigne, Casimir François	107
Delgado (*Botschaftsrat*)	334
Dembiński, Antoni	364
Dembiński, Stanisław	131
Demosthenes	138
Demps, Laurenz	18
Deyck	53
Deyks	166
Dienheim, Bolesław Juliusz (*Graf Chotomski*)	176
Dietrich, Marlene	93, 100, 418
Dix, Otto	93
Dmitrów, Edmund	210
Döblin, Alfred	103
Dolci, Carlo	274
Dołżycki, Adam	307
Domański, Bolesław	124
Dominik, A.	366
Dorizio (*Frau*)	96, 98f
Dostojewski, Fjodor Michailowitsch	292
Drewniak, Bogusław	97
Dreyfus, Alfred	317
Dückers, Alexander	398
Dumas, Alexandre	73
Dupont (*General*)	352f
Dürer, Albrecht	96
Durzyński	365
Düttmann, Werner	397
Dymsza, Ludomir	331
Działyński, Jan Kanty Kościelec	166f, 175
Drzewiecki, Władysław	366

E

Ebbinghaus, Hermann	74
Eden, Rolf	396
Edward	400f, 406
Ehrenberg, Kazimierz	290
Ehrhardt, Hermann von	356
Eisenstein, Sergei	96
Elgar, Edward William	135
Elven	166f, 170f, 173, 175
Engels, Friedrich	79f
Enzensberger, Hans Magnus	412
Erzberger, Matthias	336
Escher, Felix	17
Eser, Ingo	12, 83, 136, 165, 243, 247, 312, 382
Esterhazy	317
Esterka	107
Eugen	402
Eulalia (*Prinzessin*)	280
Eulenburg, Karl	283
Eulenburg, Philipp	272
Euterpe	98

F

F., Christiane	416
Fajans	348
Falkenhayn, von	116
Fałat, Julian	19, 312
Fechner, Gustav Theodor	288, 292, 294
Fedora (*Prinzessin*)	282
Feldman, Wilhelm	345f
Fels, Susanne	148
Felsman, Ignacy	366
Ferndinand I.	43
Feuchtwanger, Lion	103
Fiedler-Alberti, Stefan	350
Finck, Werner	100
Florczak, Jan	366
Flottwell, Eduard von	20
Foerster, Friedrich Wilhelm	103
Fölnény, László F.	422
Fontane	82
Formela	366

Franciszka	169f
Frank, Leonard	103
Frankfurter, Richard	338-341
Franko, Iwan	69
Franz	405, 407
Frick, Wilhelm	389
Friedrich	401, 406
Fritsch, Willy	19
Freilich, Dora	129
Freundlich, Otto	25
Freytag, Gustav	159
Fuchs, Daniela	21
Fuhrmann, Hella	398
Fürstenberg, Karl Egon	283f

G

Gałczyńska, Kira	96
Gałczyńska, Natalia	96
Gałczyński, Konstanty Ildefons	96, 99-101
Gawroński, Wacław	101
Gebethner, Gustaw Adolf	75
Gela	407
Gerlach, Hellmut von	349, 356f
Giedroyc, Jerzy	28
Giraudoux, Jean	138
Gluck, Christoph Willibald	135
Głowacki, Aleksander (*Bolesław Prus*)	35, 64f, 189
Głowacki, Karol	372f
Głowacki, Jan	364, 366
Głuchowska, Lidia	24
Gmerek	366
Gnauck, Gerhard	12, 88, 176, 288, 392
Gneist, Rudolf	166, 170-172
Goebbels, Joseph	104, 113, 128, 132, 162f, 189, 192, 212, 219, 232, 236, 242, 384f, 421
Goebbels, Magda	106
Goethe, Johann Wolfgang von	103, 150f, 181, 260, 265, 294, 322, 326, 409
Gogh, Vincent Van	137
Gogol, Nikolai	95
Goltz, Rüdiger von der	354
Gołąbek, Jan	366
Gombrowicz, Witold	29, 37, 144
Gorgolewski, P.	366
Gorki, Maksym	135
Göring, Hermann	27, 104, 115, 127f, 194, 200
Görtz, Emil von	286
Górecki	195
Górny, Maciej	12
Gotfryd, Anatol	392
Gotzkowsky, Johann Ernst	264
Gounod, Charles	318
Goździejewicz, F.	373
Goździewicz, Klemens	367
Grabow	60
Grabowski (*Hauptmann a. D.*)	52
Grabowski, Adam	47
Grabowski, Józef	47
Grabski, Stanisław	73, 289f
Grabski, Władysław	330, 341, 357
Grapiński	122
Grass, Günter	145, 150, 152f, 410
Greindl, Jules	278
Gresham, Thomas	89
Grieg, Edvard	318
Gronemann, Selig	333
Grosz, Georg	93
Grot-Rowecki, Stefan	27
Grueber, Kurt (*Curt*) von	197f
Gruszczyński	267
Grynszpan, Herszel	128
Grześkiewicz	267
Grzybkowska, Agnieszka	12, 195, 207, 216, 257, 413, 425
Guesde, Joul	71
Guevara, Che	21
Gulczyński	367
Gurtzman	74-76
Gustafsson, G. Lovisa (*Greta Garbo*)	93

Gutenberg, Johannes 40
Guttry, Aleksander 54, 175
Guttry, Prowidencja 54

H

Haase 351
Habsburg, Franz Josef I. 319
Habsburg, Franz-Ferdinand 372
Haeckel, Ernst 294
Hahn, Hans Henning 37
Hahn, Johannes von 282f
Haig, Alexander 414
Heilmann, Christoph 17
Halder, Franz 163
Halecki, Oskar 27
Hamlet 146
Hamm, von (russischer Generalkonsul) 331
Hamsun, Knut 81
Handschuh, Józef 367
Hannibal 354
Hansemann, Ferdinand von 276
Hansson, Ola 81, 291-295
Hart, Heinrich 292, 294
Hart, Julius 292
Hartmann, Gottfried 23, 25f
Hasenclever, Walter 152
Hauptmann, Gerhart 294
Hauptmann von Köpenick (Friedrich Wilhelm Voigt) 230
Hausmann, Raoul 25
Hegel, Georg Wilhelm Friedrich 43, 151, 293f
Heine, Heinrich 34, 102, 159f
Helas, Horst 262
Helldorf 132
Hemingway, Ernest 103
Henning, Ruth 12, 37, 45, 64, 73, 85, 99, 101, 119, 134, 322
Herkules 357
Hermina 273, 279
Hernik-Spalińska, Jagoda 24

Hesse 63
Hessel, Franz 422
Heydrich, Reinhard 128
Himmler, Heinrich 232, 421
Hindemith, Paul 135
Hindenburg, Paul von 333, 346, 390
Hinz, Werner 117
Hirschfeld, Magnus 103-105
Hitler, Adolf 20, 27, 94f, 98, 104f, 108, 110, 113, 114-116, 119, 126f, 140f, 143, 147f, 154, 161f, 178, 193, 203, 219, 231, 244, 257, 349, 384-386, 402, 409, 421
Hofmannsthal, Hugo von 294
Hohenlohe-Schillingsfürst, Maria Antonina zu 268
Hohenzollern, Albrecht von 269
Hohenzollern, Augusta 287
Hohenzollern, August Wilhelm 115
Hohenzollern, Ferdinand von 264, 268
Hohenzollern, Friedrich II (Friedrich der Große) 40, 264, 269
Hohenzollern, Friedrich Wilhelm I. 39f, 117, 119, 260
Hohenzollern, Friedrich Wilhelm III. 264, 269, 287
Hohenzollern, Friedrich Wilhelm IV. 20f, 50
Hohenzollern, Friedrich Wilhelm 19, 60
Hohenzollern, Louise von (Louise von Preußen) 265
Hohenzollern, Viktoria Luise von (Prinzessin, Herzogin zu Braunschweig) 285
Hohenzollern, Wilhelm I. 19, 44, 265, 286f
Hohenzollern, Wilhelm II. 19, 76, 251, 277, 282, 286f, 293, 312-322
Hohl 189
Hölderlin, Friedrich 100
Holitscher, Arthur 103
Holl, Heinz 396, 398
Holland 185, 187
Höllerer, Walter 144
Holthoff 166
Holz, Arno 294
Homer 417-419
Honecker, Erich 412, 422, 424

Horst	402, 406
Hosenfeld, Wilm	212
Höfken, Gustav	161
Hulewicz, Walery	176
Hurko, Marie Andrejewna	316
Huss, Johann	273
Huysman, Joris-Karl	293

I

Ibsen, Henrik	293f
Idziorek	367
Irene	401-404, 406
Ingarden, Roman	27
Ingrid	400
Iwański, Józef	367

J

Jabłoński, Antoni	241
Jackowski, Teodor	176
Jacobsen, Jens Peter	293
Jaesrich, Helmut	152
Jakubowski, Józef	25
Janecki	166
Jannings, Emil	100, 117
Janssen, Johannes	303
Januszkiewicz	367
Jaraczewski, Zygmunt	175
Jaraczyński, F.	367
Jarecki	196
Jarochowski, Cyprian	176
Jasieński, Bruno (Wiktor Zysman)	93
Jaspers, Karl	216
Jeff	402f, 406
Jersch-Wenzel, Steffie	23
Jerzewski	166
Joachimides, Christos M.	149
John, Barbara	23, 30
Johnson, Uwe	145, 152f
Jordan, Carl Friedrich Wilhelm	160

K

Kaczmarek, Jan	124, 388f, 391
Kaczmarek, Ehefrau von	Jan 124
Kahn, Bernard	334f
Kajzar, Helmut	29
Kalinowski, Konstanty	17
Kalkowska, Eleonora	24f
Kalkstein, Edward	176
Kania	203
Kant, Immanuel	79
Kantak, Kazimierz	56f
Kantor, Tadeusz	29
Kapczyński, Ludomir	390
Kapp, Helmut	344
Kara, Stanisław	123, 129f, 132f
Karajan, Herbert von	153
Karl	404f, 407
Karl der Große	136
Karpiński, Bronisław	376, 380
Karpiński, Zygmunt	342
Karpowicz (Korporal)	241
Kästner, Erich	103
Katharina II.	269
Katelbach, Tadeusz	35f
Katte, Hans Hermann von	118
Kazimierz der Große	107
Kellermann, Bernhard	103
Kennedy, John Fitzgerald	414
Kennemann, Hermann	276, 322
Kerner, Justinus	159
Kerr, Alfred	103
Kerski, Basil	417, 425
Kessler (Graf)	350
Ketteler, Wilhelm Emmanuel von	267
Kielland, Alexander Lange	293
Kiepura, Jan	27, 125
Kiepura, Ladis (Władysław)	125, 127
Kierończyk, Antoni	267
Kiliński, Jan	369

SEITE 431

Kinsky, Esther	96	Kośny, Augustyn	26
Kirchmann, Julius Hermann von	63	Kośny, Witold	27
Kisch, Egon Erwin	103	Korzeniewski, Mieczysław	87, 367
Kiss, August	41	Koźmian, Jan	52, 54-56
Kistiakowsky, Bohdan	69	Krampitz, Gustav-Adolf	68
Kläber, Kurt	94	Krasicki, Ignacy	117
Kleist, Heinrich von	260	Kraszewski, Józef Ignacy	35, 37, 39, 369
Kłopocka, Janina (*Janka*)	388f	Kraus, Karl	288
Kłos, Józef	328	Krawczyk	367
Kmiecik, Edward	382	Kromolicki, Józef	366
Knebel, Karl Ludwig von	265	Kruczkiewicz, Adam	120, 123, 129
Kochanowski, Jerzy	12, 213	Krüger (*Gerichtsrat*)	170, 172
Koczalski, Raul	127	Krüger, Hans	181
Koczorowski	267	Krysiak, Franciszek	325
Koczorowski, Adolf	54-56	Krzemiński, Adam	22
König, Anton Balthasar	264	Krzoska, Markus	12, 38
Kohnert, Heinrich	319	Krzywicki, Ludwik	69
Konkiel	166	Krzyżanowski, Wojciech	99
Konopacki (*Graf*)	306	Kubaczewski, Antoni	364, 367
Konopnicka, Maria	307, 326, 369	Kubelik, Rafael Jaromir	318
Kopanica, Jaxa von	87	Kubicki, Stanisław	24f
Kopeć	367	Kubicki, Stanisław Karol	25
Kopernikus, Nikolaus (*Mikołaj Kopernik*)	106	Kujaciński, Kazimierz	364
Korb, Viktoria	400	Kulerski, Wiktor	328
Kosiński, Władysław	167, 176	Kulińska-Krautman, Barbara	115
Kosmala, A.	367	Kumer, Paul (*Peter Raina*)	405, 407
Kossak, Julisz	321	Kurecka-Wirpszowa, Maria	408
Kossak, Wojciech (*Adalbert von Kossak*)	19, 77, 286, 312-314, 317-319, 321	Kurecki, Aleksander	410
		Kurnatowski, Włodzimierz	176
Kossakowski, Stanisław Szczęsny	169	Kurpiński, Karol	107
Kossinna, Gustaf	85f	Kühl, Olaf	12, 71, 92, 143, 230
Kossowski, Bolesław	169	Kwietniewski, Józef	376, 380
Kostrzewski, Józef	37, 85		
Koszutski, Stanisław	35, 37, 72	**L**	
Koszutski, Wacław	176	L., Maria	133
Kościelska, Maria	281	Lack, Stanisław	291
Kościelski, Bolesław	176	Lactantius	290
Kościelski, Józef	76f, 281, 286, 326	Lagarde, Paul de	161
Kościuszko, Tadeusz	228, 268f, 369, 372, 380	Lanckorońska, Karolina	177, 180

Lang, Fritz	100, 418
Lanza (*Graf*)	278
Lascelles	278
Lasky, Melvin	28
Lassalle, Ferdinand	290, 294f
Latel, Tadeusz	231
Laube, Heinrich	254
Lenau, Nikolaus	159
Ledebour, Georg	69f, 276
Ledóchowski, Mieczysław	52
Leibniz, Gottfried Wilhelm	40, 42
Lekel, Karol (*Karol Loeckell*)	305
Lenbach, Franz von	282
Lenin, Wladimir Iljitsch	80, 103, 352, 405f
Lensky, Gustav von	51
Lent	166
Leo XIII	277
Leo, Edward	47
Leon	393
Lessing, Gotthold Ephraim	40, 150
Lewald	166
Lewald, Theodor	344f
Libelt, Karol	43, 45, 52, 54, 164
Lichnowski	276
Liebknecht, Karl	351
Liebknecht, Wilhelm	69, 289
Liesel	178, 181
Ligocki	367
Lingen, Theo	100
Liotard, Jean-Étienne	317
Lippman	284
Lipski, Józef	27, 122, 124f, 131
Lisiecki	166
List, Friedrich von	85
Liszt, Franz (*Ferenc*)	318
Loebell, Friedrich Wilhelm von	331
London, Jack (*John Griffith London*)	103
Löffler	198
Lorkiewicz	367
Louis Ferdinand (*Prinz*)	266
Lubitsch, Ernst	24, 100
Ludendorff, Erich	333, 335
Ludwiczak, Antoni	337
Ludwig, Emil	103
Lukian (*von Samosata*)	91
Lummer, Heinrich	416
Lutomski, Bolesław	175
Luxemburg, Rosa	22, 80, 351

Ł

Łukaszewski, Julian Ksawery	175

M

Macbeth (*Lady*)	147, 149
Mäher, Kurt	95
Magnis, Anton von	283
Magnis, Franz von	283
Magnis, Wilhelm von	283
Majakowski, Vladimir	96
Malczewska, Pelagia Katarzyna	54
Malczewski, Adolf	54
Małecki, Franciszek	55f, 367
Małkowski	367
Manet, Édouard	137
Mankiewicz, Tola	117, 126
Mańkowski, Napoleon Ksawery	166, 171, 176
Mann, Heinrich	103, 216
Mann, Thomas	162
Mannová, Elena	37
Manz	204f
Marchlewski, Julian Baltazar	80, 341
Marcinkowski, Bolesław	374
Marcinkowski, Karol	374
Marcinkowski, Mieczysław	374
Marcinkowski, Władysław	87, 375
Marholm, Laura (*Laura Mohr*)	291, 295
Maria	401, 406
Maria Fjodorowna Romanow	288

Marianna	280
Marion	418f
Mark Aurelius (*Marcus Aurelius Antonius*)	92
Marschak, Leopold	247
Martwell, Leon	176
Martyniak	196
Marx, Karl	69, 72, 79f, 103, 290, 294, 403
Matecki, Teodor Teofil	164
Maupassant, Guy de	293
Mayo, Archie	93
Mdivani (*Prinz*)	125
Mecklenburg, Adolf von	284
Mehlhorn, Ludwig	412
Meissonier, Ernest	316
Melba, Nellie (*Helen Porter Mitchell*)	318
Mendelssohn, Erich	396
Menzel, Adolf	316
Merkowski	367
Metternich, Klemens Lothar von	43
Meyer, Maximo	362
Meyer	185
Miaszkiewicz, Józef	377
Michelet, Edmond	140
Mickiewicz, Adam	107, 342, 368
Miecio	397, 399
Miedziński, Antoni	365, 367
Mielęcki, Józef	176
Mielżyńska, Franciszka	54
Mielżyński Józef	328
Miełżyński, Maciej	328
Mierkiewicz, Antoni	380
Mierosławski, Ludwik	21, 45, 52, 54
Mierzejewski, Eugeniusz	241
Mikuś	84
Miłosz, Czesław	412
Minutoli, von (*Polizeichef*)	54, 56, 58
Mirka	192
Mischke	274, 278f
Mittelstädt, Julian	176

Miquel, Johannes von	320
Mix, Andreas	158
Mizerski, Ludwik Kajetan	328
Młynikowski	367
Möllendorf, Johann Karl von	49, 60
Moltke von (*Botschafter*)	351
Moltke, Helmuth von	266f, 396
Mommsen, Theodor	282
Moraczewski, Julian	47
Morel, Hans Peter	97
Moses	294
Moszczeński, Bolesław	176
Mozart, Wolfgang Amadeus	135, 220
Mötefindt, Hugo	86
Mroza (*Oberleutnant*)	243
Mściszewski	307
Muggenfeld (*Muggi*)	401
Mühleisen, Horst	212
Müller	189, 190f, 193f
Müller, Hermann	26
Munch, Edvard	288
Murawjow, Michail	174
Murek, Stefan	388
Mussolini, Benito	103, 181
Mützenberg	95

N

Nabokov, Vladimir	17
Nader, Mikołaj	367
Napieralski, Adam	290
Napierski, Stefan	93
Napoleon III.	289
Napoleon, Bonaparte	40, 266, 268f, 294
Narutowicz, Gabriel	358
Narzymski (*Familie*)	172
Natzmer, Renate von	116
Nebe	98
Neuville, Alphonse de	322
Niederle, Helmuth A.	421

Niegolewski, Stanisław — 344
Niegolewski, Władysław — 169, 176
Nietzsche, Friedrich Wilhelm — 22, 82, 288, 295
Niewrzęda, Krzysztof — 31
Nikisch — 69
Nikolaus II. — 285, 288
Niobe — 223
Noske (*Kriegsminister*) — 355
Nooteboom, Cees — 417
Norwid, Cyprian Kamil — 143
Novalis
(*Georg Friedrich Philipp Freiherr von Hardenberg*) — 292
Nowacki, Kazik (*Kazimierz*) — 196-198, 204
Nowak, Antoni — 371
Nowak, Antoni (*Vater*) — 371
Nowak, Edmund — 380
Nowak, Kazimierz — 371
Nowowiejski, Feliks — 261, 307

O

Offenbach, Jacques — 135
Olek — 402f, 405, 407
Olszewski, Dominik — 196
Onderko, Henryk — 380
O'Neill, Eugene — 135
Openkowski, Brunon von — 389
Oppenheim, Heinrich Bernhard — 57
Orwell, George — 412
Orzeszkowa, Eliza — 369
Osmańczyk, Edmund Jan — 12, 215, 216-224, 226, 228-230, 232, 239, 244, 247, 388
Ossietzky, Karl von — 93f
Osten-Sacken, Nikolaj von — 314
Otab, Kazimierz — 241
Otylia — 280

P

Pabst, Georg Wilhelm — 100
Paderewski, Ignacy Jan — 261
Padlewski, Stanisław — 70
Pahlen (*Graf*) — 314
Palacz, Józef — 367
Panafiel — 278
Papieski, Leon — 335
Pascha, Kemal „Atatürk" — 101
Pasternak, Boris — 17, 88
Pasternak, Augustyn — 121f, 129, 131f
Paszke, Roman — 366
Paszkiewicz — 129
Paulus (*Heiliger*) — 71
Pawełczyńska, Anna — 213
Pawlak, Antoni — 408, 410
Peter–Piotr — 415
Pfuel — 43
Philippe, Louis — 46
Piasecki, Eugeniusz — 376
Piątkowski, Romualdo — 362
Pietruszyński — 367
Picasso, Pablo — 137
Piłsudski, Józef — 116, 122, 162f, 360
Piscator, Erwin — 25
Piskorski, Jan — 367
Pitigrilli — 103
Platte, Rudi — 100
Pless, Angelika (*Daisy*) von — 283
Pless (*Fürst*) — 283
Plessen, Hans von — 315, 322
Pluskota, Stanisław — 367
Płoński, Dorian — 222, 243
Podlewski, Feliks — 270-272
Polaczek, Julian Sjerp — 167
Polanski — 199
Polański, Roman — 24
Poloczek, Wilhelm — 390
Poniatowski, Józef Antoni — 269, 369
Pośpieszyński, Witold — 196
Potocka, Elżbieta (*Betka*) Matylda Kudegunda — 272, 318
Potocka, Helena Augustyna — 318

Potocka, Maria	272	Radziwiłł, Georg (Jerzy)	273, 283
Potocka, Maria Małgorzata z Radziwiłłów Franciszkowa	264, 306	Radziwiłł, Helena Augustyna	278
		Radziwiłł, Jadwiga Paulina Ludwika	267, 279
Potocki, Alfred	272	Radziwiłł, Jerzy	318
Potocki, Jan	269	Radziwiłł, Karol Fryderyk Wilhelm	273
Potocki, Józef Karol	75, 278	Radziwiłł, Maria	278, 318
Potocki, Roman	272	Radziwiłł, Leontyna Gabrela	267
Promiński, Karol	367	Radziwiłł, Maria Róża Rozalia (*Bichetta*)	283f
Przeździecki, Aleksander	270	Radziwiłł, Michał	266, 268
Przybyszewski, Dagny	82	Radziwiłł, Rózia	283
Przybyszewski, Stanisław	22, 74, 80-83, 288, 292	Radziwiłł, Stanislaus (*Stanisław*)	318
Przymanowski, Janusz	232	Radziwiłł Teofila	268
Puccini, Giacomo	318	Radziwiłł, Wilhelm Fryderyk Paweł	52, 265
Pułaski, Kazimierz	312	Ratajczak	198
Puttkamer, Eugen von	21	Rath, Ernst vom	128
		Rattay, Klaus-Jürgen	417
Q		Raucheisen, Michael	191
Quade	391	Rauchs, Christian Daniel	274
Quercy, Du	70f	Raue, Peter	398
		Ravel, Maurice	135
R		Rawita-Gawroński	126
Raczyński, Athanasius	17, 18, 264	Reagan, Ronald	414
Raczyński, Edward	17	Reed, Piers	150
Radecki, Szymon	175	Reinhardt, Max	100
Radolin, Hugo von	286	Remarque, Erich Maria	103f
Radomski Leonard	367	Rembieliński	361
Radziwiłł, Aba	284	Renn, Ludwig	103
Radziwiłł, Antoni Henryk (*Anton Heinrich*)	18-20, 260, 264f, 267, 270	Reszke, Jan Mieczysław	318
		Reuter, Ernst	423
Radziwiłł, Antoni (*Wilhelm Radziwiłł*)	266f, 269, 277	Reventlow, Ernst	347
Radziwiłł, Bogusław	263, 269	Rimpler, Otto	61
Radziwiłł, Bogusław (*Boas*) Adam Jerzy	273, 278	Ringel	192
Radziwiłł, Bogusław Fryderyk Ludwik	265, 273	Röchling, Karl	319
Radziwiłł Dominik Hieronim	268	Rocholl, Theodor	319
Radziwiłł, Eliza	266	Rogaliński, Dzierzysław	373
Radziwiłł, Elisabeth	19	Rogaliński, Hieronim	373-375
Radziwiłł, Ferdynand	84	Rogaliński, Władybój	373
Radziwiłł, Ferdinand	24, 346, 357	Rogalski, Aleksander	134
Radziwiłł, Ferdynand Fryderyk Wilhelm	266, 306	Rogała	376

Rökk, Marika	397
Ronikier, Adam	345, 347
Rose, Karol	84, 262, 304, 323, 346, 381
Rossi, Tino (Constantino)	126
Royer	267
Rozdejczer	87
Röhm, Ernst	115
Rustejko, Józef	176
Rybka	367
Rymarkiewicz, Stanisław	176
Rymarowicz, Caesar	43
Ryszanek, Władysław	122

S

Sadluk	206
Salm, Emanuel	283
Salm (Prinzessin)	281
Salomonson	264
Santucho, Roby (Roberto Mario)	149
Sarasati	69
Sartre, Jean Paul	145
Sawade, Jürgen	397
Sawicki, Mietek (Mieczysław)	200
Schacht, Hjalmar	386
Schack, Friedrich	59
Schallert, Joanna	12, 260
Schaper (Generalpostmeister)	55
Scheerbart, Paul	294
Schelling, Friedrich	293
Schiemann, Theodor	325
Schiller, Friedrich	181f, 260, 349, 357
Schinkel, Karl Friedrich	18, 42
Schitthelm, Jürgen	397
Schliz, Alfred	85
Schott, Walter	319
Schmoller Gustav von	73f
Scholz, Bubi	398
Scholz, Stephan	37
Schostakowitsch, Dymitr	135
Schön	44
Schreiber, Mieczysław	376
Schröter, Christian	16
Schulenburg (Familie)	18
Schulenburg, von (Graf)	132, 264
Schwan, Alexander	404
Schwarzenberg, Friedrich	266
Schwerin	50
Sczaniecki, Stanisław	176
Seeckt, Hans von (General)	89, 161f
Seibt, Gustav	421
Seidlitz, Mieczysław	375
Seifert	198-201, 203, 206f
Seifert, Franz W.	25
Selivestrov (General)	70
Seume, Johann Gottfried	160
Servaes, Franz	291
Severing, Carl	245
Seyda, Zygmunt	346
Seyfried, Józef Alojzy	175
Seyß-Inquart, Arthur	384
Shaw, George Bernard	135
Siejak	367
Sienkiewicz, Aleksander Witold	125, 127
Sienkiewicz, Henryk	269, 325, 361f, 369
Sienkiewicz, Karol	107
Sienicki, Wiktor	240
Simmel Georg	69
Sinclair, Upton	103
Singer, Paul	76, 83, 289
Skarga, Piotr (Powęski)	369
Skarzyński, Witold	328
Skokowski (Oberst)	216
Skoraczewski, Filip	175
Skorczewski	367
Skoropadsky, Pavlo	69
Skórzewski, Witold	286
Skubel	367
Slipyj, Josif	139

Słonimski Antoni	108	Struwe, Pjotr	74
Słowacki, Juliusz	368	Stychel, Antoni	328
Słucka, Iwona (*Inka*)	408	Styczyński, Tadeusz	328
Słucki, Arnold	408	Such, Isabella	12, 360, 370
Smitkowski, Leon	176	Sulerzyski, Natalis	165, 167f, 176
Smosarska, Jadwiga	117	Suttner, Bertha von	103
Sobański, Antoni	35f, 101	Suvorov-Rymnikski, Alexander Wassiljewitsch	228
Sobieski, Jan III.	369	Swinarski, Konrad	29
Sobierajska, Kazimiera	365	Sybel, Heinrich von	159
Sobkiewicz, Jan	367	Sym, Igo	117
Solms, Friedrich	283	Szafranek	368
Sorel, Georges	141	Szarota, Tomasz	12, 36, 213
Sorge, Kurt	358	Szaruga, Leszek (*Aleksander Wirpsza*)	408
Sosnkowski, Kazimierz	116	Szebeko, Ignacy	331, 350, 357
Sosnowski, Jerzy	116	Szlosarek, Artur	31
Spencer, Herbert	74	Szmelter	368
Spender, Stephen	422	Szpilmann, Władysław	24
Speer, Albert	17	Szreder I.	328
Spielhagen, Friedrich	294	Szulc, Kazimierz	176
Spinoza, Baruch	102	Szuman, Henryk	45, 164
Springer, Axel	398	Szuman, Leon	45, 47
Spychała, Andrzej	367	Szuman, Norbert	164
Stach, Andrzej	30	Szuwalska, Ludmiła C.	183
Stalin, Josef (*Josef Wissarianowitsch Dschugaschwili*)	95, 128, 140-142, 210, 245	Szych, S.	368
		Szymanik, Stanisław	241
Staël-Holstein Anne Louise Germaine de	266		
Staschek	188	**Ś**	
Stauffenberg, Claus Schenk Graf von	163	Ślachciak, Jan	367
Stefanko, Tadeusz	196	Śniegowski	380
Stempowski, Jerzy	68, 88	Śródecki, Józef	196
Stempowski, Stanisław	35-37, 68	Świtkowski, Adam	122
Stieff, Helmuth von (*General*)	212		
Stjepan	188	**T**	
Stojowski	68	Taczanowski, Edmund	175
Stolypin, Pjotr Arkadjewitsch	285	Talleyrand, Charles-Maurice de (*Talleyrand-Périgord*)	283
Strauß, Richard	318	Talleyrand, Dolly	283f
Stravinski, Igor	135	Telford	274
Stresemann, Gustav	26, 162	Teresa	186
Strindberg, August	81, 289	Tertullian	290

Thadden, Rudolf von	21
Thiedemann, Heinrich von	276, 322
Thompson (*Oberst*)	397
Thümen, Wilhelm von	62
Tiel, Walter	155
Til	82
Till	78
Tizian	96
Toeplitz, Teodor	75
Toller, Ernst	103
Tolstoi, Lew Nikolajewitsch	293
Tomaszewski, K.	368
Tomikowski, Józef	368
Tonder	369
Tormassow, Alexander Petrowitsch	314
Traba, Robert	11f, 16
Trąmpczyński, Wojciech	346
Treitschke, Heinrich von	161, 273
Trenkamp, Oliver	25
Tretjakow, Sergei	96
Troicki, Mikołaj	241
Tschilingirov, A.D.	85f
Tucholsky, Kurt	94f, 98, 103
Tugan-Baranowskij, Mychajło	74
Tuwim, Julian	108
Tworowska	168
Tyrrell	285
Tyszkiewicz, Michał	47

U

Uhde	44
Uhland, Ludwig	159
Ulatowski, Serafin	176
Ulbricht, Walter	142
Unruh, Hans Victor von	61

V

Vania, Wacław	196f
Verdi, Giuseppe	135
Victor-Perrin, Claude	315
Vietig, Jürgen	17
Vietinghoff, Heinrich von	334f
Vigée-Lebrun, Élisabeth	284
Vigo, Mendez	278
Virchow, Rudolf	290
Vivaldi, Antonio	96
Voigt, Friedrich Wilhelm (*Hauptmann von Köpenick*)	45
Vollmar, Georg von	71
Voltaire (*François Marie Arouet*)	117

W

Wachowiak, Stanisław	84
Wagner, Adolph	73, 85
Wajda, Andrzej	29
Wakan	368
Walden, Herwarth	25
Wałęsa, Lech	413
Waschlapski	160
Wassermann, Jakob	103
Wat, Aleksander	92, 95
Watteau, Antoine	317
Wawrzyniak, Piotr	311, 325
Ważyk, Adam (*Adam Wagman*)	411
Weber, Max	161
Wedekind, Frank	135
Wedel	322
Weger, Tobias	37
Weiss, Peter	145, 152f
Weizsäcker, Ernst von	27
Welczeck, Johannes von	128
Wenders, Wim	418
Wendland	368
Wenzel (*Oberstaatsanwalt*)	53
Wereschtschagin, Wassilij Wassiljewitsch	322
Werfel, Franz	103
Werner	397, 406
Werner, Anton von	321
Wiatrak, Aleksander	362

Wiatrak, Antoni	360-362
Wieczorkowski	196
Wielopolska, Maria Jehanne	35, 116, 121f, 131f
Wienberg, Günther	94
Wiesner	185, 187, 193
Wikary	368
Wildenbruch, Blanche (*Röder*)	266
Wildenbruch, Ernest von	266
Wildenbruch, Louis	266
Wille, Bruno	69, 292
Wimpffen, Pauline	282
Windthorst, Ludwig Johann Ferdinand Gustav	279
Winkler, Heinrich August	162
Winkler-Kętrzyński	176
Wirpsza, Witold	29, 408
Wirth, Joseph	162
Wiszowaty, Zdzisław	243
Witte	121
Wittgenstein, Ludwig Adolph Peter	268, 314
Wodzicki, Roman	120
Wohlbrück, Adolf	117
Wohlfart, Anton	159
Wolden	280
Wójtowski, J.	55f
Wolf, Friedrich	95
Wolff, Karin	182
Wolff, Robert	75
Wolff, Theodor	103
Wolniewicz, Włodzimierz	167, 175
Wolodia	398
Woron, Andrej (*Andrzej*)	29
Wrangel, Friedrich von	60-63
Wróblewska, Jadwiga	86
Wsjewolod	188
Wundt, Wilhelm	73, 79
Wysocki, Alfred	358
Wywiórski, Michał	312, 314f
Wyzewa, Téodor de	71

Z

Zabłocki, Erazm	176
Zagajewski, Adam	29, 412
Zajchert	368
Zakrzewski, Władysław	175, 368
Zamojska, Jadwiga	87
Zawadka	368
Zawisza, Czarny	377
Zborowski	357
Zimmermann	309
Zimniak, Leon	196
Zweig, Arnold	103
Zweig, Stefan	103
Zwetajewa, Marina Iwanowna	17
Zwierzański (*Major*)	225f, 243
Zygarłowski, Jerzy	364
Zysman, Wiktor (*Bruno Jasieński*)	93

Ż

Żak (*Prälat*)	336
Żórawski, Józef	176
Żurawski, P.	368
Żurkiewicz, Wiktor	365, 368

BERLINER ORTSNAMENREGISTER

A

Achenbachstraße	360
Adlershof	87
Adolf-Hitler-Platz	106
Akademie der Künste	29, 144f, 153, 312, 398, 411
Alexanderplatz	44, 49, 56, 94, 177, 234f, 240, 248f, 252, 257, 262, 371, 391, 410f, 423
Alexanderstr.	370
Alhambra	370
Alsenstraße	264, 271
Alt Moabit	408
Alte Jakobstr.	370

Altstadt	48, 59, 243f
Andreasstr.	370
Annestr.	370
Arnim (Hallen)	370
Augsburger Straße	99
AVUS-Rennstrecke	250, 405

B

Bahnhof Berlin-Lichtenberg	392
Bahnhof Friedrichstraße	36, 65, 84, 390, 410f
Bahnhof Lichterfelde	188f
Bahnhof Tiergarten	241
Bahnhof Zoo	133, 416
Bahnstation Kreuz	60
Bank Słowiański	124, 234
Bartningallee	146
Baumschulenweg	374f
Bayerischen Platz	243
Behrenstrasse	48, 59, 63, 271
Bellevue-Residenz	60, 264
Bellevuestraße	100
Bergstr.	370
Berliner Ostbahnhof	197, 412
Berliner Ring-Bahn	84
Berliner Rundfunkgebäude	252
Berliner Straße	240, 243
Berliner Universität	21, 34, 42, 51, 54, 72, 74, 84f, 88, 241, 255, 261, 288, 325, 329, 346
Berliner Volksbühne	25, 291, 294
Bernadottestraße	393
Bernau	225-230, 239
Berolina Denkmal	235
Birkenstr.	368
Bismarck-Denkmal	242
Bismarckstraße	240, 251
Bleibtreustraße	396
Bock-Brauerei	370
Borsig-Fabrik	52
Börsen-Café	289

Brandenburger Tor	42, 44, 47, 60, 100, 103, 134, 210, 240-242, 249f, 319f, 355, 385, 390, 410, 423
Bredowstr.	367
Breitestraße	47f
Bülowstr.	368
Buggenhagen	370
Bundesrat	275

C

Café am Kurfürstendamm	148
Café Einstein	27
Café Viereck	76f
Café Zuntz	152
Carlshorst (Karlshorst)	284
Charlottenburg	45, 68f, 77, 240, 246, 316, 319, 324, 354, 364, 368f, 388, 393, 397
Charlottenburger Straße	242, 367
Clayallee	394
Comenius Platz	368
Concordia Festsäle	370
Cottbuser Damm	364

D

Damaschkestraße	397
Dental Clinic	395
Deutscher Hof	370
Denkmal Friedrichs des Großen	42, 134
Denkmal Wilhelms I.	134, 322
Döberitz	355f
Dorotheenstadt	42
Dorotheenstraße	66

E

Eden-Hotel	115
Edisonstr.	368
Ehrenmal des sowjetischen Soldaten	250
Emdenstr.	367
Elbinger Straße	373
Englischer Garten	370

SEITE 441

Engelufer	364
Ernst-Reuter-Platz	243

F

Fehrbelliner Platz	146
Fernsehturm am Alexanderplatz	411, 423
Festung Spandau	391f
Feuersteins Festsäle	371
Fidizinstr.	370
Fleischgeschäft Sussmann	262
Flohmarkt (polnischer)	419f
Flughafen Tempelhof	393
Flugplatz Tegel	144
Frankes Festsäle	370
Frankfurter Allee	217, 225, 240, 248
Freie Universität Berlin	12, 25-27, 392f
Friedenau	327f, 333
Friedhof Ruhleben	409, 414
Friedrich-Karl-Platz	243
Friedrichshagen	292f, 295
Friedrichshain	51, 56, 421, 423
Friedrichsstraße	44, 47f, 65f, 76, 93, 249, 295, 297f, 361, 364, 367f, 383, 412f, 423
Friedrichstadt	41
Friedrich-Wilhelm-Stadt	41-43
Friedrich-Wilhelm-Universität	84
Funkturm	250, 252

G

Gedächtniskirche	242, 319
Gefängnis in Moabit	44-46, 52f, 121, 131f, 168f, 174, 290, 337, 339, 341, 387, 408-410, 418
Gendarmenmarkt	16, 49, 56
Genthinerstrasse	348
Görlizerstr.	368
Goethestraße	69
Grenadierstraße	262
Grosse Frankfurterstr.	368
Große Hamburger Straße	267, 280, 370

Grüner Weg	368
Grunewald	253, 392, 420
Grunewaldstraße	414f
Gubenerstr.	368

H

Halensee	367
Hallesches Tor	49
Hansaplatz	147
Hansaviertel	393
Hasenheide	370
Hauptbahnhof in Berlin	412
Haus der Kultur der Sowjetunion	249
Hedwigskathedrale	42, 242, 295, 319, 377
Herwarthstraße	314
Hochschule für ausübende Tonkunst	261
Hohenzollerndamm	16, 145
Hohenzollern-Garten	370
Holzmarktstr.	367f
Hotel Adlon	106, 242, 354, 356, 385
Hotel Esplanade	419
Hôtel de Radziwill (Palais Radziwill, Wilhelmstraße 77)	18-20, 264
Hotel Prinz Preußen	44
Humboldt-Universität	85, 261

J

Jägerstraße	49, 56, 367
Jannowitzbrücke	234, 342f
Juliusturm	240
Junkerstraße	295

K

KaDeWe	425
Kaiserdamm	234, 240, 243, 252
Kaiser-Friedrich-Museum	85, 96
Kaiserstraße	41
Kastanienhain	58
Kellers Festsäle	370

BERLINER ORTSNAMENREGISTER

Kino „Capitol"	397
Klub A-18	402
Knie (heute Ernst-Reuter-Platz)	243
Kniprodestraße	374
K.O.B. („Kids ohne Bier", Kneipe und Galerie)	417
Kochstraße	297
Komische Oper	249
Kommandantenstr.	370
Konstanzer Straße	125
Königliche Bibliothek	59, 69
Königliche Hauptwache	42
Königliche Kunsthochschule	25
Königlicher Schloss	44, 46-48, 50, 52, 54, 56, 103, 316, 352, 423
Königgrätzerstraße	273, 278
Königsstraße	49, 55f
Königstadt	41
Köpenick (Kopytnik; Kopanica)	37, 87, 134, 230f
Köpenicker Feld	58
Köpenickerstr.	367, 370
Köslinerstr.	367f
Koppenstr.	370
Kreutzstraße	69
Kreuzberg	406, 420f, 425
Krumme Lanke	134
Kurfürstenbrücke	49
Kurfürstendamm	35, 93, 128, 134, 249, 251f, 254, 358, 392, 394, 396f
Kurfürstenstraße	99, 234, 242f
Kyffhäuserstraße	368, 377, 380

L

Landsberger Allee	370
Langestr.	368
Lankwitz	207
Lebensmittelgeschäft Tennenbaum	262
Lebuserstr.	368
Lehniner Platz	392, 396f
Leibnizstraße	394f

Leipziger Straße	44, 60, 242, 295, 298, 356, 361
Lichtenberg	231f, 352, 365f, 374, 392
Lichterfelde-Nord	187f
Lichterfelde-Süd	184
Liebknechthaus	94
Lindenstraße	62
Literarisches Colloquium	29, 152
Luckauerstr.	370
Luisenstadt	41
Lustgarten	42, 112, 115, 381, 386
Lutherstraße	234, 246
Lützowplatz	242
Lützowstraße	371

M

Marienfelder Allee	414
Marienwerder	259, 391
Markgrafenstraße	363
Markusplatz	421
Markusstr.	367
Märkisches Museum	17
Martin-Luther-Straße	415
Maschinenbaufabrik Curt von Gruebers	197f
Melchiorstr.	367
Mendelssohn-Haus	397
Michaeliskirche	366
Mitte	31, 248, 421
Moabit	21, 45, 53, 254, 283, 367f, 370
Molkenmarkt	59
Moritzplatz	370
Museumsinsel	96
Müggelseen	292
Münchner Straße	96
Museum für Völkerkunde	87

N

NAAFI-Gebäude (Navy Army Air Forces Installation)	252
Nehringstr.	367
Nettelbeckstraße	242

Neue Grünstr. 367
Neue Jakobstr. 368
Neue Philharmonie 153, 370
Neue Königsstraße 49
Neue Synagoge 16
Neue Welt 370
Neue Winterfeldstr. 367
Neukölln (*Nowa Kolonia*) 16, 231, 234, 254, 367, 370, 420
Niederwallstr. 305, 370
Nollendorfplatz 242
Nord-West 370

O

Oberschöneweide 231, 368
Oberwasserstr. 367
Oldenburgerstr. 367
Olivaer Platz 125
Opernhaus 242f
Opernplatz 42, 102
Oranienburger Straße 16
Oranienburger Tor 48, 54
Otto-Suhr-Institut für Politische Wissenschaft 404

P

Palais Blücher 273, 278
Palast der Republik 423
Palast des Prinzen von Preußen 44
Palisadenstr. 367
Pankow 31, 134
Pappel Allee 368
Pariser Platz 42, 318, 423
Pflugstr. 368
Pizzeria „Koma" 405
Platz der Republik 17
Polnische Botschaft in Berlin 120, 127, 131, 234, 382-384, 386f, 405
Polnisches Institut 27, 31
Polnische Militärmission in Berlin 99, 216

Polnische Telegrafie-Agentur (PAT) Büro 131, 383-386
Polnischer Konsulat in Berlin 24, 96-101, 120-125, 129-133, 246, 350-360
Potsdamer Chaussee 407
Potsdamer Platz 30, 98, 242, 418-420
Potsdamer Straße 189, 234, 242, 357, 363, 416f
Prenzlauer Berg 235, 421, 423

R

Raczyński-Palais 17, 261
Ramlerstr. 366
Rathaus Schöneberg 415
Raupachstr. 367
Reichskanzlei 20, 234, 240, 385
Reichskanzlerplatz 106
Reichstag 17, 95, 98, 242, 342, 390
Rennbahn Berlin-Treptow 370
Rennbahn Olympia-Park 370
Residenzstraße 236
Restaurant „Ciao" 397
Restaurant Hiller 336
Restaurant Mielentz 63
Restaurant Tietz 47
„Ricci" 397
Ringbahnstr. 367
Rosenthaler Vorstadt 42
Rosinenstr. 369
Rüdersdorf 323
Ruhleben 134
Rummelsburgerstr. 366

S

S-Bahnhof Friedrichstraße 65
S-Bahnhof Halensee 392
Savignyplatz 68, 357
Schauspieltheater 249
Schillingstr. 367
Schlachtensee 400f, 407f
Schlesischer Bahnhof 197

Schloss Monbijou	265, 316, 319-322
Schlossbrücke	42
Schlosspark	235
Schlossplatz	46f, 50, 56
Schlossterrasse	112f
Schlüterstraße	388
Schmargendorf	244, 394
Schöneberg	99, 367f, 376, 405, 414, 420
Schönholz	233, 244
Schulenburg-Palais	18, 20, 264
Sebastianstr.	370
Sesenheimerstr.	367f
Seydelstraße	361
Siegesallee	241, 243, 251, 322
Siegessäule	17, 210, 241, 250
Sigmundshof	400
Singakademie in Berlin	19, 265
Skalitzerstraße	368
Sony Center	416
Sophie-Charlotte-Platz	243
Sorauerstr.	367
Spandau (*Szpandawa*)	116, 239f, 243, 307, 323, 349, 356
Spandauer Viertel	41
Spittelmarkt	241, 361
Spree	16f, 23, 26, 28, 31, 39, 41, 46, 82, 87f, 134, 231, 242, 263f, 420-423, 425
Spreebrücke	44
Spreestraße	87
Stallschreiberstraße	364
Steglitzer Straße	334
Steinmetzstraße	368, 416f
Stephanstr.	367
Stettiner Bahnhof	335
Stralauer Brücke	41
Stralauer Viertel	41
Strassmannstr.	367f
Straße des 17. Juni	393
Strausbergerstr.	368

Süd – Ost	370
Supermarket Bolle	416

T

Taubenstraße	48, 51, 55
Technische Hochschule	27, 68, 74, 77, 84, 240
Tegel	145
Teltow	87, 188, 192, 197f, 200-202, 204f, 207
Teltow-Kanal	135, 264
Tempelhof	112f, 256, 283, 368
Tempelhofer Feld	114f
Thaerstr.	370
Theater des Volkes	390f
Theaterplatz	61f
Tiergarten	17, 37, 42, 46, 77, 107, 144f, 240-242, 250f, 264, 354, 391, 393
Titania Palace	137

U

U-Bahnhof Kleistpark	417
Ufa-Palast	117, 119
Uhlandstraße	126
Universitätsbibliothek	84
Unter den Linden	18, 42, 44, 47f, 54, 59, 61, 63, 86, 103, 134, 186, 234, 240f, 249, 254, 319, 354f, 377, 383, 385, 390, 410

V

Veteranenstraße	368
Viktoria-Luise-Platz	96
Vossstraße	271, 283f

W

Waisenbrücke	41
Waldenserstr.	367
Wallner Theaterstr.	370
Wallstr.	368
Wannsee (*See*)	135, 144, 152
Wannsee (*Stadtteil*)	250, 253

Wedding	16, 235, 243, 291, 365, 367-369, 420
Weddingstraße	365, 367
Weidenweg	367
Weinheimer Straße	394
Weißensee	235, 374
Werderplatz	49
Westend	240, 243f, 398
Westhafen	135
Wiclefstr.	370
Wilhelmstraße	18, 20, 59, 126, 242, 264, 271, 278, 283, 345, 351, 385
Wilmersdorf	128, 243, 397
Wittenbergplatz	134, 242
Wrangelstr.	367

Z

Zehlendorf	399-401
Zentrum für historiche Forschung	12
Zeughaus	43, 48, 40f, 54, 59f, 62, 186, 241
Zimmerstraße	383
Zitadelle Spandau	239f
Zorndorferstr.	367f

QUELLENVERZEICHNIS

Józef Ignacy Kraszewski, Reiseblätter, übersetzt von Ceasar Rymarowicz, Berlin: Rütten&Loening 1986.

Karol Libelt, Listy, Hg. Zdzisław Grot, Warszawa: Pax, 1978.

Henryk Szuman, Wspomnienia berlińskie i poznańskie z r. 1848, Warszawa: Biblioteka Dzieł Wyborowych, 1900.

Gustav-Adolf Krampitz, Das Bild des Deutschen in den Werken von Bolesław Prus, Wiesbaden: Harrasowitz, 2004.

Stanisław Stempowski, Pamiętniki (1870-1914), Wrocław: Ossolineum, 1953.

Stanisław Koszutski, Walka młodzieży polskiej o wielkie ideały. Wspomnienia z czasów gimnazjalnych i uniwersyteckich: Siedlce, Kielce, Warszawa, Kijów, Berlin, Paryż (1881-1900), Warszawa: Dom książki polskiej, 1928.

Stanisław Grabski, Pamiętniki, Bd. 1., Warszawa: Czytelnik, 1989.

Stanisław Wachowiak, Czasy które przeżyłem. Wspomnienia z lat 1890-1939, Warszawa: Czytelnik, 1983.

Józef Kostrzewski, Z mego życia, Wrocław: Ossolineum, 1970.

Jerzy Stempowski, Od Berdyczowa do Rzymu, Paris: Instytut Literacki, 1971.

Aleksander Wat, Jenseits von Wahrheit und Lüge. Mein Jahrhundert; gesprochene Erinnerungen, 1926 – 1945, übersetzt von Esther Kinsky, Frankfurt am Main: Suhrkamp, 2000.

Kira Gałczyńska, Srebrna Natalia, Warszawa: Świat Książki, 2006.

Wojciech Krzyżanowski, Konstanty Ildefons w Berlinie, „Archipelag" 9 (14) 1984.

Maria Jehanne Wielopolska, Więzienne drogi Komendanta. Gdańsk – Szpandawa – Wesel – Magdeburg, Warszawa: Główna Księgarnia Wojskowa, 1935.

Antoni Sobański, Nachrichten aus Berlin, übersetzt von Barbara Kulińska-Krautman, Berlin: Parthas, 2007.

Roman Wodzicki, Wspomnienia. Gdańsk – Warszawa – Berlin 1928-1939, Warszawa: PWN, 1972.

Peregrinus [Aleksander Rogalski], Miasta niemieckie dzisiaj, Poznań: Wydawnictwo Zachodnie, 1946.

Józef Czapski, W Berlinie o zjednoczonej Europie, „Kultura" 9/47, 1951.

Witold Gombrowicz, Die Tagebücher, Bd. 3 (1962-1969) übersetzt von Walter Tiel, Pfullingen: Neske, 1970.

Natalis Sulerzyski, Pamiętniki, Warszawa: Pax, 1985.

Karolina Lanckorońska, Mut ist angeboren, übersetzt von Karin Wolff, Wien, Köln, Weimar: Böhlau, 2003.

Z literą „P". Polacy na robotach przymusowych w hitlerowskiej Rzeszy 1939-1945. Wspomnienia, Hg. Ryszard Dyliński, Marian Flejserowicz, Stanisław Kubiak, Poznań: Wydawnictwo Poznańskie, 1976.

Marian Brandys, Moje przygody z wojskiem, Londyn: Puls, 1992.

Edmund Jan Osmańczyk, Był rok 1945, Warszawa: Państwowy Instytut Wydawniczy, 1970.

Jerzy Kochanowski, Mieć Ruska na sobie ..., „Rzeczpospolita" 19.04.1997.

Leopold Marschak, Berlin dzisiejszy, Łódź: Główna Księgarnia Wojskowa, 1948

Maria Małgorzata z Radziwiłłów Franciszkowa Potocka, Z moich wspomnień (pamiętnik), Hg. Eligiusz Kozłowski, London: Katolicki Ośrodek Wydawniczy Veritas, 1983.

Stanisław Przybyszewski, Ferne komm ich her ... Erinnerungen an Berlin und Krakau, übersetzt von Roswitha Matwin-Buschmann, Paderborn: Igel, 1994.

Władysław Berkan, Życiorys własny, Poznań: Fiszer & Majewski, 1924.

Wojciech Kossak, Wspomnienia, Kraków: Gebethner, 1913 [=Adalbert von Kossak, Erinnerungen, Berlin: Morawe&Scheffert, 1913].

Karol Rose, Wspomnienia berlińskie, Warszawa: F. Hoensick, 1932.

Bronisław Abramowicz, Ze wspomnień rodowitego berlińczyka, Zielona Góra: Lubuskie Towarzystwo Naukowe, 1979.

Antoni Nowak, Skauting – harcerstwo polskie w Berlinie 1912-1939, Poznań: Komenda Chorągwi Wielkopolskiej ZHP, 1983.

Edward Kmiecik, Przystanek Berlin, Warszawa: Książka i Wiedza, 1971.

Edmund Jan Osmańczyk, Wisła i Kraków to rodło, Warszawa: Nasza Księgarnia, 1985.

Anatol Gotfryd, Der Himmel in den Pfützen. Ein Leben zwischen Galizien und dem Kurfürstendamm, Berlin: Wsj, 2005.

Viktoria Korb, Leben mit „68ern" Tagebuch aus dem Studentenhof Berlin-Schlachtensee 1969-1972, In: Die neuen Mieter. Fremde Blicke auf ein vertrautes Land, Hg. Iwona Mickiewicz, Berlin: Aufbau, 2004.

Leszek Szaruga, Węzły polsko-niemieckie, Warszawa 2000.

Basil Kerski, Homer na Placu Poczdamskim. Szkic berlinski In: Joachim Trenkner, Wolfgang Templin, Basil Kerski: Berlin: Berlin Zachodni, Berlin Wschodni, Berlin. Szkice i rozmowa o stolicy Niemiec, Szczecin: Instytut Niemiec i Europy Północnej 2003.

Anmerkung:

Leider war es uns trotz aller Bemühungen nicht möglich, sämtliche Rechteinhaber ausfindig zu machen. Bitte wenden Sie sich an den Berlin Story Verlag, sollten Sie noch Rechte geltend machen wollen.